中国法学前沿·研究生教学参考书
Frontier of Chinese Law Research
Reference Books for Postgraduates

物权：规范与学说
——以中国物权法的解释论为中心（下册）
（第二版）

崔建远　著

清华大学出版社
北京

版权所有，侵权必究。举报：010-62782989，beiqinquan@tup.tsinghua.edu.cn。

图书在版编目（CIP）数据

物权：规范与学说：以中国物权法的解释论为中心.下册/崔建远著.—2版.—北京：清华大学出版社，2021.11（2023.8重印）

（中国法学前沿.研究生教学参考书）

ISBN 978-7-302-58971-6

Ⅰ.①物… Ⅱ.①崔… Ⅲ.①物权法-研究-中国 Ⅳ.①D923.24

中国版本图书馆CIP数据核字（2021）第174697号

责任编辑：李文彬
封面设计：傅瑞学
责任校对：赵丽敏
责任印制：杨　艳

出版发行：清华大学出版社
网　址：http://www.tup.com.cn，http://www.wqbook.com
地　址：北京清华大学学研大厦A座　邮　编：100084
社 总 机：010-83470000　邮　购：010-62786544
投稿与读者服务：010-62776969，c-service@tup.tsinghua.edu.cn
质量反馈：010-62772015，zhiliang@tup.tsinghua.edu.cn
印 装 者：三河市东方印刷有限公司
经　销：全国新华书店
开　本：170mm×240mm　印　张：41.5　插页：2　字　数：765千字
版　次：2011年2月第1版　2021年11月第2版　印　次：2023年8月第3次印刷
定　价：158.00元

产品编号：070118-01

第 二 版 序

《物权：规范与学说——以中国物权法的解释论为中心》（上、下册）（第1版）出版以来，获得了读者的好评，先后入选"三个一百"原创图书出版工程，荣获第三届中国出版政府奖。同时，我也收到一些认真阅读本书的法律人的校订意见、读后疑问和修改建议。鼓励和鞭策均使我获益匪浅，随时或经深思之后修改本书的相关内容，直接或间接地帮助了本书提升质量。

本书出版以来，最高人民法院陆续出台了《最高人民法院关于审理建筑物区分所有权纠纷案件具体应用法律若干问题的解释》《最高人民法院关于适用〈中华人民共和国物权法〉若干问题的解释（一）》等有关物权的司法解释，《最高人民法院关于适用〈中华人民共和国公司法〉若干问题的规定（三）》《最高人民法院关于审理买卖合同纠纷案件适用法律问题的解释》等司法解释虽非直接解释物权法的，但也涉及物权的理念甚至具体制度。这些司法解释于2020年被修正。解读和反映它们无疑是本书及其作者义不容辞的责任。

近些年，党和政府领导探索社会改革，总结经验，提出了一系列政策，如农地"三权分置"，法律平等保护国家土地所有权和农民集体土地所有权，允许集体经营性建设用地使用权和国有建设用地使用权一同进入土地市场，奉行同权同价的平等对待等。这些政策来源于实践，又指导改革的实践。对于这些成果，应由法律予以固定。

事实也正是如此，全国人大先行修正《中华人民共和国土地管理法》《中华人民共和国农村土地承包法》《中华人民共和国城市房地产管理法》等单行法。对于其中的若干制度及规则，有必要升华到民事基本法的层面，即被纳入《中华人民共和国民法典》之中，其方式或是浓缩经修正而成的制度及规范，或是采取引致性（管道性）条款立法技术，把对某特定社会关系的法律调整引向载有构成要件和法律效果的单行法。此外，《中华人民共和国民法典》还增设了居住权制度，变通了流押条款、流质条款的效力规则，由允许抵押物转让、抵押权的追及效力、涤除权和提存制度取代抵押财产的流转须经抵押权人同意的规则，创设了超级优先权制度，简化甚至统一物权登记的机构设置。所有这些，都决定了本书必须修订并体现其真意。

本书的出版没有阻止我对物权法的思考，相反，探讨物权法的科研成果陆续地形成，将它们汇入书中是件有积极意义的工作，这也是本书修订的动力源之一。

《中华人民共和国物权法》实施期间，本书把汇聚物权规范的法律统称为"物权法"，十分贴切。《中华人民共和国民法典》取代《中华人民共和国物权法》等法律，本书仍然将物权法律制度称作"物权法"，而非繁复的"《民法典》物权编"这种表达也不违规。

尽管《中华人民共和国物权法》等若干法律已于2021年1月1日被废止，某些司法解释也是如此，但基于展现法律发展史、相互比较以及脉络清晰的需要，《物权：规范与学说——以中国物权法的解释论为中心》（上、下册）（第二版）难免会涉及之，但没承认它们依然具有法律效力之意。

崔建远
于2021年8月9日
序于清华大学法学院明理楼516室

序

历时两年半才定稿的《物权法》教科书,于 2009 年 9 月在中国人民大学出版社出版发行以来,受到了读者的厚爱,有些民法学教授、法官将之评价为"体现了对物权法相当纯熟的把握和功力,特别是[引申]等部分加大了深度,具有开放性。""它几乎解决了自己一直思考的许多问题。"

诚然,我深知这些肯定是对我的鼓励,更是对该教科书未来完善的期待。事实的确如此。在给清华大学法学院法 8 的本科生讲授物权法课程的过程中,同学们就已经发现了该教科书存有错别字、法条数字错误等硬伤,同时希望对某些法律规定及学术观点阐释得更加清晰和简要。这些意见十分宝贵,应当立即纠正错误,更上一层楼。

还有,撰写教科书须简明的基本要求,客观上限制了对许多问题的展开,即使前述《物权法》教科书载有[引申][论争]等部分内容,也是尽量地"节衣缩食",使得不少重要的、有个人见地的观点也被忍痛割爱了,有必要在适当的场合采取恰当的形式予以释放。

随着时间的推移,学界对物权法的研究在进一步深化,审判实务遇到并解决了相当棘手的难题,我也在不断地思索和积累,所有这些,都催生着更为全面、详细而深刻的物权法著作的问世。

李文彬女士作为《物权法》教科书的责任编辑,一直要求我撰写既保留物权法教科书优点又更加细致而深入的物权法专著,并作为清华大学百年校庆的献礼作品。对她成人之美的策划和安排,精心编辑与校对,在谨表由衷谢意的同时,立即付诸行动。

各种因素共同作用,产生了这部《物权:规范与学说——以中国物权法的解释论为中心》作品。

有必要提及的,至少有如下的人和事。就地役权与在供役地上先成立的用益物权并存场合谁的效力优先的问题,戴孟勇博士认为《物权法》教科书第 385 页的解说宜再斟酌。该项意见十分中肯,此次修订时重新阐释了两者的效力冲突。他在民法沙龙上报告《狩猎权的法律问题》时,批评我关于狩猎权的客体为一定的狩猎场所的观点,主张狩猎权的客体为特定的狩猎场所和生活于其中的可狩猎野生动物。该项观点确有道理,亦被本书采纳。汤文平博士向我建议,赃物的善意取得,作为收缴的例外,在价值评价上应当严于遗失物例外的善意取得,至少在构成要件上两者一致。此言非虚,本书采纳了他的意见。陈探博士、章丞亮、马进、汪铭瑞等同学指出,前述《物权法》教科书可能存在129处问题。其中大部属实,本书均予更正。还有,陈进同学也认为《物权法》教科书存在27处问题,有些与陈探博士等同学发现的相同,本书采纳了25处建议。姚明斌博士提出了15处问题,其中2处与陈进同学提出的相同,被本书采纳了12处。就《物权法》第245条第1款后段规定的"因侵占或者妨害造成损害的,占有人有权请求损害赔偿",是否属于占有人的物上请求权,刘卉博士问询我,并指出《物权法》教科书第1页、第174页关于这个问题的行文布局和叙述容易使人觉得它属于物上请求权。此次修订明确了它不属于物上请求权,而是侵权损害赔偿请求权。龙俊博士核实和确定了若干处日文文献的准确含义。对于诸位严肃、认真和负责的态度,深表感佩!

值此佳时,寥寥数语,权且为序。

崔建远

于2010年5月25日

定稿于清华大学法学院明理楼

凡　　例

一、本书中以"[ ]"标示的用楷体字阐述的内容，不强求初学者必须掌握，它们是为学有余力、欲深入钻研物权法及其理论的法律人准备的。

二、本书的注释，未标有"参见""参考"字样的，意指本书所用观点来自所引出处的作品，只是为了叙述简洁、一气呵成和上下文衔接得平滑，本书才未采用直接引用法。

出于尊重原作者及其观点的考虑，避免读者误将所引观点作为笔者的看法，尽管是间接引用，此类注释也不标示"参见""参考"字样。与此有别，本书中有些注释标有"参见""参考"字样，大多为本书在解释中国物权法等法律、法规及司法解释，但所用思考的路径及方法或所显现的观点，却来自境外专家学者解释域外法律的作品，为避免读者误认为这些境外作品是在解释中国法律、法规及司法解释，特意标示"参见""参考"的字样。

在少数情况下，本书就某个原则、规则、规定不便于长篇大论，只能点到为止，但他人的著述对此已有精妙之论，阅后必有收获。于此场合，"指引"显示出必要，本书的注释标有"参见""参考"字样，旨在引导刨根问底、拓展视野、志向高远的读者去阅读这些著述。

三、本书的行文中加书名号的法律、法规及司法解释的名称，意指特定的法律、法规及司法解释。

例如，《中华人民共和国民法典》或《民法典》专指第十三届全国人民代表大会第三次会议于2020年5月28日通过的《中华人民共和国民法典》。

与此不同，行文中出现的物权法、合同法、破产法等，未加书名号，则是泛指。

例如，"物权法"泛指有关物权方面的法律、法规、规章及司法解释；"合同法"泛指有关合同方面的法律、法规、规章及司法解释；"破产法"泛指有关破产方面的法律、法规、规章及司法解释。

四、法律、法规、规章和司法解释的缩略语一览表：

序号	法律、法规、规章、司法解释全称	法律、法规、规章、司法解释简称	效 力
1	《中华人民共和国宪法》	《宪法》	
2	《中华人民共和国民法典》	《民法典》	
3	《中华人民共和国立法法》	《立法法》	
4	《中华人民共和国民法通则》	《民法通则》	2021年1月1日废止
5	《中华人民共和国民法总则》	《民法总则》	2021年1月1日废止
6	《中华人民共和国物权法》	《物权法》	2021年1月1日废止
7	《中华人民共和国土地管理法》	《土地管理法》	2019年修正
8	《中华人民共和国城市房地产管理法》	《城市房地产管理法》	2019年修正
9	《中华人民共和国农村土地承包法》	《农村土地承包法》	2018年修正
10	《中华人民共和国海域使用管理法》	《海域使用管理法》	2018年修正
11	《中华人民共和国矿产资源法》	《矿产资源法》	2009年修正
12	《中华人民共和国民用航空法》	《民用航空法》	2018年修正
13	《中华人民共和国城乡规划法》	《城乡规划法》	
14	《中华人民共和国民用航空器权利登记条例》	《民用航空器权利登记条例》	
15	《中华人民共和国城镇国有土地使用权出让和转让暂行条例》	《城镇国有土地使用权出让和转让暂行条例》	2020年修正
16	《中华人民共和国合同法》	《合同法》	2021年1月1日废止

续表

序号	法律、法规、规章、司法解释全称	法律、法规、规章、司法解释简称	效 力
17	《中华人民共和国担保法》	《担保法》	2021年1月1日废止
18	《中华人民共和国公司法》	《公司法》	2018年修正
19	《中华人民共和国证券法》	《证券法》	2019年修正
20	《中华人民共和国合伙企业法》	《合伙企业法》	2006年修正
21	《中华人民共和国企业破产法》	《企业破产法》	
22	《中华人民共和国海商法》	《海商法》	
23	《中华人民共和国继承法》	《继承法》	2021年1月1日废止
24	《中华人民共和国票据法》	《票据法》	2004年修正
25	《中华人民共和国民事诉讼法》	《民事诉讼法》	2017年修正
26	《中华人民共和国水法》	《水法》	2016年修正
27	《中华人民共和国环境保护法》	《环境保护法》	2014年修正
28	《中华人民共和国大气污染防治法》	《大气污染防治法》	2018年修正
29	《中华人民共和国海洋污染防治法》	《海洋污染防治法》	2017年修正
30	《中华人民共和国环境噪声污染防治法》	《环境噪声污染防治法》	2018年修正
31	《中华人民共和国野生动物保护法》	《野生动物保护法》	2018年修正
32	《中华人民共和国婚姻法》	《婚姻法》	2021年1月1日废止
33	《中华人民共和国渔业法》	《渔业法》	2013年修正

续表

序号	法律、法规、规章、司法解释全称	法律、法规、规章、司法解释简称	效　力
34	《中华人民共和国渔业法实施细则》	《渔业法实施细则》	
35	《中华人民共和国矿产资源法实施细则》	《矿产资源法实施细则》	
36	《中华人民共和国商标法》	《商标法》	2019年修正
37	《中华人民共和国专利法》	《专利法》	2008年修正
38	《中华人民共和国著作权法》	《著作权法》	2010年修正
39	《中华人民共和国行政许可法》	《行政许可法》	2019年修正
40	《中华人民共和国刑事诉讼法》	《刑事诉讼法》	2018年修正
41	《中华人民共和国招标投标法》	《招标投标法》	2017年修正
42	《中华人民共和国拍卖法》	《拍卖法》	2015年修正
43	《中华人民共和国村民委员会组织法》	《村民委员会组织法》	2018年修正
44	《中华人民共和国国家赔偿法》（2012年修正）	《国家赔偿法》	2012年修正
45	《中华人民共和国侵权责任法》	《侵权责任法》	2021年1月1日废止
46	《中华人民共和国生产安全法》	《生产安全法》	2014年修正
47	《中华人民共和国水产资源繁殖保护条例》	《水产资源繁殖保护条例》	
48	《中华人民共和国船舶登记条例》	《船舶登记条例》	
49	《德意志联邦共和国基本法》	《德国基本法》	

续表

序号	法律、法规、规章、司法解释全称	法律、法规、规章、司法解释简称	效　力
50	最高人民法院《关于贯彻执行〈中华人民共和国民法通则〉若干问题的意见（试行）》	《关于民法通则的意见》	2021年1月1日废止
51	最高人民法院《关于人民法院民事执行工作若干问题的规定（试行）》	《执行规定》	2021年1月1日废止
52	最高人民法院《关于贯彻适用〈中华人民共和国婚姻法〉若干问题的解释（一）》	《婚姻法解释（一）》	2020年12月23日修正
53	最高人民法院《关于审理存单纠纷案件的若干规定》	《存单解释》	2021年1月1日废止
54	最高人民法院《关于审理农业承包合同纠纷案件若干问题的规定》	《农业承包合同解释》	
55	最高人民法院《关于适用〈中华人民共和国合同法〉若干问题的解释（一）》	《合同法解释（一）》	2021年1月1日废止
56	最高人民法院《关于审理票据纠纷案件若干问题的规定》	《票据解释》	2020年12月23日修正
57	最高人民法院《关于审理涉及金融资产管理公司收购、管理、处置国有银行不良贷款形成的资产的案件适用法律若干问题的规定》	《涉及金融资产管理解释》	2021年1月1日废止
58	最高人民法院《关于适用〈中华人民共和国担保法〉若干问题的解释》	《担保法解释》	2021年1月1日废止
59	最高人民法院《关于审理商品房买卖合同纠纷案件适用法律若干问题的解释》	《商品房买卖合同解释》	2020年12月23日修正
60	最高人民法院《关于建设工程价款优先受偿权问题的批复》	《建设工程价款优先受偿权解释》	2021年1月1日废止
61	最高人民法院《关于人民法院民事执行中拍卖、变卖财产的规定》	《执行中拍卖、变卖解释》	

续表

序号	法律、法规、规章、司法解释全称	法律、法规、规章、司法解释简称	效力
62	最高人民法院《关于审理涉及国有土地使用权合同纠纷案件适用法律问题的解释》	《国有土地使用权合同解释》	2020年12月23日修正
63	最高人民法院《关于审理涉及农村土地承包纠纷案件适用法律问题的解释》	《农村土地承包解释》	2020年12月23日修正
64	《最高人民法院关于适用〈中华人民共和国合同法〉若干问题的解释(二)》	《合同法解释(二)》	2021年1月1日废止
65	《最高人民法院关于审理建筑物区分所有权纠纷案件具体应用法律若干问题的解释》	《建筑物区分所有权解释》	2020年12月23日修正
66	《最高人民法院关于审理城镇房屋租赁合同纠纷案件具体应用法律若干问题的解释》	《城镇房屋租赁合同解释》	2020年12月23日修正
67	《最高人民法院关于审理外商投资企业纠纷案件若干问题的规定(一)》	《外商投资企业纠纷解释(一)》	2020年12月23日修正
68	《最高人民法院关于审理买卖合同纠纷案件适用法律问题的解释》	《买卖合同解释》	2020年12月23日修正
69	《最高人民法院关于适用〈中华人民共和国公司法〉若干问题的规定(三)》	《公司法解释(三)》	2020年12月23日修正
70	《最高人民法院关于适用〈中华人民共和国物权法〉若干问题的解释(一)》	《物权法解释(一)》	2020年12月23日修正
71	《最高人民法院关于修改〈关于审理民间借贷案件适用法律若干问题的规定〉的决定》	《民间借贷解释》	2020年12月23日修正
72	《全国法院民商事审判工作会议纪要》	《九民会议纪要》	

续表

序号	法律、法规、规章、司法解释全称	法律、法规、规章、司法解释简称	效力
73	《最高人民法院关于适用〈中华人民共和国民法典〉时间效力的若干规定》	《民法典时间效力解释》	
74	《最高人民法院关于适用〈中华人民共和国民法典〉婚姻家庭编的解释（一）》	《婚姻家庭编解释（一）》	
75	《最高人民法院关于适用〈中华人民共和国民法典〉继承编的解释（一）》	《继承编解释（一）》	
76	《最高人民法院关于适用〈中华人民共和国民法典〉物权编的解释（一）》	《物权编解释（一）》	
77	《最高人民法院关于审理建设工程施工合同纠纷案件适用法律问题的解释（一）》	《建设工程施工合同解释》	
78	《最高人民法院关于适用〈中华人民共和国民法典〉有关担保制度的解释》	《担保制度解释》	
79	《最高人民法院关于适用〈中华人民共和国民事诉讼法〉的解释》	《民事诉讼法解释》	2020年12月23日修正
80	日本大审院判决	大判	
81	日本最高裁判所判决	最判	
82	日本大审院（连合部）判决	大连判	
83	日本大阪高等裁判所判决	大阪高判	
84	日本东京高等裁判所判决	东京高判	
85	日本大审院民事判决录	民录	
86	日本大审院民事判决集，日本最高裁判所民事判决集	民集	

目　　录

第十章　用益物权总论 ·· 1

第一节　用益物权的概念 ·· 1
一、用益物权的界定 ··· 1
二、用益物权的法律性质 ·· 1

第二节　用益物权的分类 ·· 4
一、概说 ·· 4
二、典型用益物权与准物权 ··· 4
三、有偿用益物权与无偿用益物权 ·· 5
四、无从属性用益物权与有从属性用益物权 ·· 5
五、让与性用益物权与限制让与用益物权 ··· 5

第三节　用益物权与相关权利 ·· 6
一、用益物权与所有权 ·· 6
二、用益物权与担保物权 ·· 7

第四节　用益物权的效力冲突及其协调 ··· 10
一、土地承包经营权或土地经营权与有关权利之间的效力冲突及其
协调 ··· 10
二、建设用地使用权与有关权利之间的效力冲突及其协调 ···················· 13
三、宅基地使用权与有关权利之间的效力冲突及其协调 ······················· 15
四、海域使用权与相关物权之间的效力冲突及其协调 ··························· 16
五、地役权与用益权之间的效力冲突及其协调 ····································· 19

第十一章　土地承包经营权 ·· 22

第一节　土地承包经营权概述 ·· 22
一、土地承包经营权的界定 ··· 22
二、土地承包经营权的法律性质 ·· 23
三、土地承包经营权的精神实质 ·· 27

四、农村土地承包的原则…………………………………………28
第二节　土地承包经营权的取得………………………………………29
　　一、概述…………………………………………………………29
　　二、通过家庭承包方式设立土地承包经营权…………………30
第三节　农地"三权分置"模式下的土地经营权……………………35
　　一、"三权分置"的基本含义与创设根源………………………35
　　二、农民集体土地所有权行使说之反驳………………………37
　　三、土地经营权制度具有法理依据……………………………39
　　四、对土地经营权的定性和定位………………………………41
　　五、《民法典》新创了一种权利产生的机制……………………44
　　六、通过招标、拍卖、公开协商等方式,设立"四荒"土地经营权…44
第四节　土地承包经营权的效力………………………………………47
　　一、土地承包经营权人的权利…………………………………47
　　二、土地承包经营权人的义务…………………………………59
第五节　土地承包经营权的消灭………………………………………61
　　一、土地承包经营权消灭的事由………………………………61
　　二、土地承包经营权消灭的程序性要求………………………63
　　三、土地承包经营权消灭的法律后果…………………………64

第十二章　建设用地使用权……………………………………………65

第一节　建设用地使用权概述…………………………………………65
　　一、建设用地使用权的界定……………………………………65
　　二、建设用地使用权的类型……………………………………66
　　三、建设用地使用权的法律性质………………………………77
　　四、建设用地使用权与有关权利的辨析………………………88
第二节　建设用地使用权的取得………………………………………90
　　一、建设用地使用权取得概述…………………………………90
　　二、行政划拨建设用地使用权的取得…………………………90
　　三、出让的建设用地使用权的取得……………………………91
第三节　建设用地使用权的效力………………………………………109
　　一、建设用地使用权人的权利…………………………………109
　　二、建设用地使用权人的义务…………………………………127
第四节　建设用地使用权的消灭………………………………………128

一、建设用地使用权消灭的事由 ……………………………… 128

　　二、建设用地使用权消灭的法律后果 …………………………… 133

第十三章　宅基地使用权 ………………………………………… 135

第一节　宅基地使用权概述 ……………………………………… 135

　　一、宅基地使用权的概念 ………………………………………… 135

　　二、宅基地使用权与建设用地使用权 …………………………… 140

第二节　宅基地使用权的取得 …………………………………… 141

　　一、概述 …………………………………………………………… 141

　　二、宅基地使用权的设立 ………………………………………… 142

　　三、宅基地使用权取得的时间点 ………………………………… 143

第三节　宅基地使用权的效力 …………………………………… 144

　　一、宅基地使用权人的权利 ……………………………………… 144

　　二、宅基地使用权人的义务 ……………………………………… 147

第四节　宅基地使用权的消灭 …………………………………… 148

　　一、宅基地使用权消灭的事由 …………………………………… 148

　　二、宅基地使用权消灭的法律后果 ……………………………… 149

第十四章　居住权 ………………………………………………… 150

第一节　居住权概述 ……………………………………………… 150

　　一、居住权的界定 ………………………………………………… 150

　　二、居住权的类型 ………………………………………………… 150

　　三、生活性居住权的法律性质 …………………………………… 153

　　四、居住权制度的必要性 ………………………………………… 155

第二节　居住权的取得 …………………………………………… 156

　　一、居住权取得概述 ……………………………………………… 156

　　二、以书面形式的居住权合同设立居住权 ……………………… 156

　　三、以遗嘱方式设立居住权 ……………………………………… 159

第三节　居住权的效力 …………………………………………… 159

　　一、占有住宅 ……………………………………………………… 159

　　二、使用住宅 ……………………………………………………… 160

　　三、受到限定的收益权 …………………………………………… 161

　　四、不得转让、继承 ……………………………………………… 161

第四节　居住权的消灭 ··· 162
　　一、居住权消灭的事由 ··· 162
　　二、注销居住权登记 ··· 162

第十五章　海域使用权 ··· 164

第一节　海域使用权的概念 ··· 164
　　一、海域使用权的界定 ··· 164
　　二、海域使用权的法律性质 ··· 164
第二节　海域使用权的取得 ··· 170
　　一、海域使用权概述 ··· 170
　　二、海域使用权设立的程序 ··· 171
　　三、海域使用权的母权 ··· 172
　　四、海域使用权设立的登记 ··· 172
第三节　海域使用权的效力 ··· 173
　　一、概述 ··· 173
　　二、海域使用权人的权利 ··· 173
　　三、海域使用权人的义务 ··· 175
第四节　海域使用权的消灭 ··· 176
　　一、消灭的事由 ··· 176
　　二、海域使用权消灭的法律效果 ····································· 177

第十六章　地役权 ··· 178

第一节　地役权概述 ··· 178
　　一、地役权的概念 ··· 178
　　二、地役权与相邻关系 ··· 191
　　三、地役权与建设用地使用权 ······································· 192
第二节　地役权制度的历史沿革 ··· 194
第三节　地役权的分类 ··· 198
　　一、地役权的种类 ··· 198
　　二、地役权的分类 ··· 199
第四节　地役权的取得 ··· 200
　　一、概述 ··· 200
　　二、通过地役权合同设立地役权 ····································· 201

第五节　地役权的效力 ·· 205
　　　　一、地役权人的权利与义务 ································ 205
　　　　二、供役地权利人的权利与义务 ···························· 210
　　第六节　地役权的消灭 ·· 212
　　　　一、地役权的消灭事由 ···································· 212
　　　　二、地役权消灭的法律后果 ································ 214

第十七章　准物权 ·· 215
　　第一节　准物权总论 ·· 215
　　　　一、准物权的概念 ·· 215
　　　　二、准物权的类型 ·· 224
　　　　三、准物权与用益物权 ···································· 224
　　　　四、准物权的取得 ·· 225
　　　　五、准物权的物权效力 ···································· 244
　　　　六、准物权的消灭 ·· 246
　　第二节　矿业权 ·· 248
　　　　一、矿业权的概念 ·· 248
　　　　二、探矿权的内容 ·· 254
　　　　三、采矿权的内容 ·· 258
　　　　四、矿业权的转让 ·· 261
　　第三节　取水权 ·· 264
　　　　一、取水权的概念 ·· 264
　　　　二、取水权的主体 ·· 273
　　　　三、取水权的设立 ·· 277
　　　　四、取水权的优先权 ······································ 277
　　　　五、取水权的转让 ·· 282
　　第四节　渔业权 ·· 285
　　　　一、渔业权的概念 ·· 285
　　　　二、渔业权的性质 ·· 289
　　　　三、渔业权的主体 ·· 294
　　　　四、渔业权的取得 ·· 295
　　　　五、渔业权的内容 ·· 295
　　　　六、渔业权的物权效力 ···································· 299

第十八章　担保物权总论 · 303

第一节　担保物权概述 · 303
一、担保物权的概念 · 303
二、担保物权与人的担保 · 312
三、担保物权与金钱担保 · 313
四、担保物权与所有权保留 · 316
五、担保物权的社会作用 · 317
六、担保物权的类型 · 319

第二节　担保物权的担保范围 · 333
一、概述 · 333
二、主债权 · 333
三、利息 · 333
四、违约金 · 334
五、损害赔偿金 · 335
六、保管担保财产的费用 · 335
七、实现担保物权的费用 · 335

第三节　担保物权与人的担保的并存 · 336
一、概述 · 336
二、《民法典》第392条及《担保制度解释》的几层意思 · 337

第四节　担保物权的消灭 · 375
一、担保物权消灭的事由 · 375
二、担保物权消灭的法律后果 · 376

第十九章　抵押权 · 377

第一节　抵押权概述 · 377
一、抵押权的界定 · 377
二、抵押权的性质 · 377
三、抵押权的标的物 · 390

第二节　抵押权的取得 · 394
一、抵押权取得概述 · 394
二、抵押权的设立 · 398

第三节　抵押权的效力（Ⅰ） · 414

　　　　一、概述 · 414
　　　　二、抵押权的效力所及的标的物的范围 · 414
　　第四节　抵押权的效力（Ⅱ） · 429
　　　　一、在同一抵押物上设立多个抵押权的权利 · 429
　　　　二、在抵押物上设立用益物权的权利 · 431
　　　　三、出租抵押物的权利 · 431
　　　　四、出借抵押物 · 433
　　　　五、转让抵押物的权利 · 434
　　第五节　抵押权的效力（Ⅲ） · 448
　　　　一、抵押权的顺位权 · 448
　　　　二、抵押权的处分 · 456
　　　　三、抵押权的保全 · 458
　　　　四、物权请求权 · 461
　　　　五、侵权损害赔偿请求权 · 463
　　　　六、抵押权的实行 · 464
　　第六节　抵押权的消灭 · 474
　　　　一、抵押权消灭的事由 · 474
　　　　二、抵押权消灭的效果 · 478
　　第七节　特殊抵押权 · 478
　　　　一、共同抵押权 · 478
　　　　二、财团抵押权 · 483
　　　　三、浮动抵押权 · 484
　　　　四、最高额抵押权 · 493
　　　　五、所有人抵押权 · 512

第二十章　质权 · 515

　　第一节　质权概述 · 515
　　　　一、质权的概念 · 515
　　　　二、质权的类型 · 515
　　　　三、质权的社会作用 · 518
　　第二节　动产质权 · 519
　　　　一、动产质权的概念 · 519
　　　　二、动产质权的取得 · 521

三、动产质权的效力 …… 527
　　四、动产质权的实行 …… 541
　　五、动产质权的消灭 …… 542
第三节　最高额质权 …… 543
第四节　权利质权 …… 543
　　一、权利质权概述 …… 543
　　二、票据质权 …… 552
　　三、债券质权 …… 562
　　四、存款单质权 …… 565
　　五、仓单质权 …… 569
　　六、提单质权 …… 577
　　七、股权质权 …… 577
　　八、基金份额质权 …… 583
　　九、知识产权质权 …… 584
　　十、应收账款质权 …… 587
　　十一、其他财产权的质押 …… 610

第二十一章　留置权 …… 611

第一节　留置权概述 …… 611
　　一、留置权的概念 …… 611
　　二、留置权与动产质权的区别 …… 613
　　三、留置权与同时履行抗辩权的关系 …… 614
　　四、留置权与抵销权的区别 …… 616
　　五、留置权的分类 …… 617
第二节　留置权的取得 …… 618
　　一、概述 …… 618
　　二、留置权成立的积极要件 …… 618
　　三、留置权成立的消极要件 …… 626
第三节　留置权的效力 …… 627
　　一、留置权所担保债权的范围 …… 627
　　二、留置权的效力所及于标的物的范围 …… 627
　　三、留置权人的权利义务 …… 628
　　四、留置物所有权人的权利义务 …… 631

五、留置权与动产抵押权、质权的竞存 …………………………… 632
六、留置权的实行 …………………………………………………… 633
七、留置权的消灭 …………………………………………………… 635

参考文献 ………………………………………………………………… 638

第十章 用益物权总论

第一节 用益物权的概念

一、用益物权的界定

所谓用益物权,是指以支配标的物的使用价值为内容的物权,或者说是权利人对他人所有的物依法享有占有、使用和收益的定限物权。土地承包经营权、土地经营权、建设用地使用权、宅基地使用权、居住权、地役权、探矿权、采矿权、养殖权、捕捞权等属于此类。用益物权不是一种物权的概念,而是一组物权的集合的称谓。这也影响到它的法律性质。

二、用益物权的法律性质

(一) 用益物权人的规格因具体类型的用益物权而表现出差异

从权利主体方面看,用益物权人的规格因具体类型的用益物权而表现出差异。例如,以家庭承包方式设立的土地承包经营权,其主体限于本集体经济组织成员组成的农户。通过招标、拍卖、公开协商等方式设立的"四荒"土地承包经营权,以及由土地承包经营权派生的土地经营权,其主体则无身份限制。出让的建设用地使用权,其主体的限制很少;而行政划拨的建设用地使用权,其主体则无自然人、私营企业、个体工商户、中外合资经营企业、中外合作经营企业等。宅基地使用权的主体,在现行法上限于农村村民,实际上为农户。地役权的主体则没有上述限制,只要是两项不动产权利相互之间基于合同有扩张权利行使效力的,有容忍该项扩张的,其不动产权利人就可以是地役权的主体。甚至是一项不动产权利基于地役权合同将要容忍他人架设线路或铺设管道等,该项不动产权利人和享受便利之人均可为地役权的主体。探矿权和采矿权的主体均有严格的限制,非一般人所得充任。捕捞权的主体限于渔民或渔业公司,养殖权的主体为渔民、渔业公司或其他土地承包经营户。

(二) 用益物权的标的物应为不动产,《民法典》也承认有动产

从标的物方面看,《民法典》第323条规定,用益物权的标的物有不动产和动产。因为《民法典》采取严格的物权法定主义(第116条),《民法典》及其他法律规定的用

益物权，只含有土地承包经营权、土地经营权、建设用地使用权、宅基地使用权、居住权、地役权、海域使用权、探矿权、采矿权、取水权、养殖权、捕捞权，而这些用益物权的标的物均为不动产，所以，在现行法上，用益物权的标的物只有不动产，尚无动产。

[讨论]

《民法典》承认不动产、动产均可为用益物权的客体。对此，可有两个角度的观察。其一，《民法典》采取严格的物权法定主义（第116条），只有它和其他法律所规定的物权才具有物权效力，而这些法律规定的用益物权都是以不动产为标的物的，没有以动产作为客体的类型。就此看来，《民法典》第323条规定动产为用益物权的标的物，自相矛盾，有欠周全。其二，这样解释虽然符合事实，但显然消极。本着应尽可能地避免使法律条文形同虚设、最大限度地使法律规定发挥积极效果的法解释的精神，可从积极的角度对待它，前瞻性地审视它。也就是说，《民法典》和其他法律规定的物权不敷使用，难以满足社会实际生活对物权种类及效力的需求，如《民法典》对典权不赋予物权的效力，导致农户融资渠道狭窄，有的根本融不到资。有鉴于此，当社会生活中出现某个或某些以动产为客体的以用益为内容的权利需要具有物权的效力时，若被社会实践反复证实只有承认其为物权才是最佳的方案，且为越来越多的人所认识，已经形成习惯，应当认可它（们）为物权。认可的法律依据之一，就是《民法典》第323条规定的动产可为用益物权的客体。

（三）用益物权的内容包含占有、使用、收益

从权利内容方面看，用益物权以占有、使用标的物并保有收益为内容。至于处分，不允许针对标的物，只能处分用益物权自身。这是用益物权不同于所有权的突出之点，所有权可以处分标的物。用益物权的概念已经彰显出其使用和收益的内容。这是它不同于担保物权的重要之处。

（四）用益物权派生于所有权

从权利设立方面看，用益物权系分享了标的物所有权中的占有、使用、收益的权能而形成的物权。标的物所有权为用益物权产生的"母权"，用益物权为"子权"。没有标的物所有权，就不会有用益物权。①

[探讨]

需要探讨的是，建设用地使用权人以其建设用地作为供役地，土地承包经营权人以其承包地作为供役地，宅基地使用权人以其宅基地作为供役地，与他人协商一致设

---

① 关于用益物权和担保物权派生于不动产所有权的原理及其详细阐述，见崔建远：《论争中的渔业权》，北京大学出版社2006年版，第229-237页；崔建远：《论他物权的母权》，载《河南省政法管理干部学院学报》2006年第1期，第10-23页。

立地役权的场合，此类地役权还是分享不动产所有权中的占有、使用和收益的权能而形成的他物权吗？对此，可有两种思路。其一，即使是建设用地使用权人以其建设用地作为供役地，土地承包经营权人以其承包地作为供役地，宅基地使用权人以其宅基地作为供役地，地役权所分享的权能，依然是土地所有权中的占有、使用、收益诸项权能。建设用地使用权人、土地承包经营权人、宅基地使用权人之所以能使供役地所有权的权能由需役地人分享，是因为在其权利设立时法律已经将处分权直接授予他（它）们了。建设用地使用权人、土地承包经营权人、宅基地使用权人正是借由这种法律的授权，将建设用地、承包地的土地所有权中的部分权能分离给地役权人；地役权人正是借由这种法律的授权，合乎双方当事人的意思且合法地分享了建设用地、承包地的土地所有权中的部分权能，从而形成了地役权。这种法律授权说有其应用的市场。例如，认定银行系统各分行、支行及分理处办理存贷款等业务时享有代理权，大多不是由于银行总行出具了授权书，实际上也往往没有这种授权书，而是推定法律已经将代理权授予了各分行、支行及分理处。再如，在高度集中的计划经济时代，国营企业/国有企业在对外购进原材料、销售产品时之所以有权处分国有财产，也不是由于国务院等部门出具了授权书，实际上也没有此类授权书，而是推定法律已经将代理权授予了各国营企业/国有企业。从母权——子权的结构方面观察和命名，土地所有权是地役权的母权，地役权为土地所有权的子权。其二，在建设用地、承包地或宅基地作为供役地的场合，将建设用地使用权、土地承包经营权、宅基地使用权视为民法上的"物"，其上存在着"所有权"，因建设用地使用权、土地承包经营权、宅基地使用权含有占有、使用和收益的权能，该"所有权"自然含有这些权能，地役权系分享其中的权能而形成。这种思路可能有助于大财产权及其理论的建构。笔者赞同第一种思路。

接下来的问题是，可否直接将建设用地使用权、土地承包经营权、宅基地使用权作为地役权的母权，而不必路途遥远地到土地所有权中去攀亲呢？回答是否定的，因为在建设用地、承包地、宅基地作为供役地的情况下，若把建设用地使用权、土地承包经营权、宅基地使用权作为地役权的母权，则因建设用地使用权、土地承包经营权、宅基地使用权本身欠缺用水、排水、采光、眺望、通行等权能以及将它们转让给他人的权能，无法将这些权能遗传给地役权，因而不符合母权的规格。之所以称建设用地使用权、土地承包经营权、宅基地使用权本身欠缺用水、排水、采光、眺望、通行等权能以及将它们转让给他人的权能，而拥有占有、使用、收益和处分自己的权能，是因为建设用地使用权、土地承包经营权、宅基地使用权所含有的占有、使用、收益和处分自己的权能，具有特定的意义，即使用权人自己为达其权利目的可用水、排水、采光、眺望、通行等，无权为了另外的目的及利益而擅自将用水、排水、采光、眺望、通行等权能转让给他人。之所以说建设用地使用权、土地承包经营权、宅基地使用权所含有的占有、使用、收益和处分自己的权能,具有上述特定的意义,是因为建设用地使用权、土地承包经营权、宅基地使用权含有的占有、使用、收益和处分自己的权能,正好与使用权人支付的一定对价或土地所有权人给予的优惠政策相吻合、相匹配、相协调;假如认为建设用地使用权、土地承包经营权、宅基地使用权还含有用水、排水、采光、眺望、通行等权能,就会出现使用权人获得的利益大于支付的对价或享受的优惠,额外地剥夺了所有权人的合法权益,破坏了所有权人与使用权人之间的利益平衡关系。

以上分析及结论,同样适合于土地经营权派生于土地承包经营权。

(五) 用益物权为他物权

从权利所归属的体系方面看,用益物权是权利人直接支配标的物的权利,具有绝对性、排他性、优先性,故为物权。用益物权的标的物为他人所有的不动产,在地役权场合可能是他人使用的不动产,故为他物权。

(六) 用益物权的存续期限较为复杂

从权利的存续期间方面看,情况较为复杂。出让的建设用地使用权都有明确的存续期间,不过,住宅建设用地使用权的存续期间届满时自动续期。行政划拨的建设用地使用权没有明确的终期。宅基地使用权具有永久性。通过招标、拍卖、公开协商等方式设立的"四荒"土地承包经营权具有明确的存续期间,以家庭承包方式设立的土地承包经营权的存续期间届满,发包人负有强制缔约义务。

第二节 用益物权的分类

一、概说

在现行法上,用益物权包括土地承包经营权、土地经营权、建设用地使用权、海域使用权、宅基地使用权、居住权、地役权、取水权、探矿权、采矿权、养殖权和捕捞权。将它们按照一定标准分类,可有不同的类型。诸如意定用益物权与法定用益物权、登记用益物权与不登记用益物权、有期限用益物权与无期限用益物权等,符合第二章"物权通论"第二节"物权的类型"中的基本原理,此处不赘。

二、典型用益物权与准物权

土地承包经营权、建设用地使用权、宅基地使用权、居住权、海域使用权、地役权均为典型用益物权,而取水权、探矿权、采矿权、养殖权和捕捞权为准物权。对此,本书将在第十七章"准物权"中详细讨论。

三、有偿用益物权与无偿用益物权

（一）区分标准

以用益物权的取得是否需要对价为区分标准,用益物权可分为有偿用益物权和无偿用益物权。

（二）界定

有偿用益物权,是指取得用益物权必须支付对价的用益物权。出让的建设用地使用权、"四荒"土地承包经营权为其代表。无偿用益物权,是指无需支付对价即可取得的用益物权。宅基地使用权、行政划拨的建设用地使用权为其代表。地役权是否有偿,取决于当事人的约定。

（三）分类的法律意义

区分有偿用益物权与无偿用益物权的法律意义在于,法律对它们调整的规则有所差异。例如,对有偿用益物权,法律一般允许转让、抵押;而对无偿用益物权,法律一般不允许转让、抵押。[1] 不过,地役权即使为无偿的,法律也允许其转让、抵押。

四、无从属性用益物权与有从属性用益物权

（一）区分标准

以用益物权是否具有从属性为区分标准,用益物权可分为无从属性用益物权与有从属性用益物权。

（二）界定

无从属性用益物权,即用益物权没有从属性。应当说,用益物权一般都无从属性,是完全独立的定限物权。有从属性用益物权,即用益物权具有从属性。学说认为,地役权具有从属性。

（三）分类的法律意义

区分无从属性用益物权和有从属性用益物权的法律意义在于,有从属性用益物权,即地役权,其设立以需役地的存在为前提,地役权不得单独转让、抵押。而无从属性用益物权没有这些限制。

五、让与性用益物权与限制让与用益物权

（一）区分标准

以用益物权的让与性是否受限制为区分标准,用益物权可分为让与性用益物权

---

[1] 房绍坤:《用益物权基本问题研究》,北京大学出版社2006年版,第21页。

和限制让与用益物权。

（二）界定

让与性用益物权，是指权利人可依法自由处分的用益物权。出让的建设用地使用权为其代表。限制让与用益物权，是指法律限制或禁止让与的用益物权。宅基地使用权为其典型。当然，所谓自由让与、限制让与是相对而言的。宅基地使用权虽属限制让与的用益物权，但也可随着地上住宅的转让而移转。出让的建设用地使用权虽为让与性用益物权，但建设用地未达到开发程度时，法律也不允许其转让。

（三）分类的法律意义

区分让与性用益物权和限制让与用益物权的法律意义在于：（1）两者的转让条件及其法律后果不同。（2）"自由流通型用益物权侧重的是资源利用的效率，以提高资源的经济效益；而限制流通型用益物权侧重的是社会保障，以实现社会的公平。当然，这两种用益物权都包含有效率、公平的价值观念，只不过各有所侧重而已。"①

第三节　用益物权与相关权利

一、用益物权与所有权

在同一标的物上并存着所有权和用益物权，该用益物权系分享该所有权中的占有、使用和收益的权能而形成的权利，为子权；该所有权为母权。所有权将其占有、使用、收益的基因遗传给用益物权。

用益物权尽管派生于所有权，但为实现其目的及功能，它们的法律效力必须在一定范围内抑制着所有权的效力，否则，用益物权就会形同虚设。应当指出，所谓用益物权的效力抑制着所有权的效力，是相对而言的，系以每种用益物权的特定目的及功能为边界。超出这个边界，便构成权利的滥用，可能属于侵害所有权，产生侵权责任。此时，当然是以所有权的效力为准。还有，因某些用益物权欠缺若干物权请求权，例如，养殖权和捕捞权对于水生动物没有物的返还请求权，矿业权对于矿产品欠缺物的返还请求权，地役权和留置权同样没有物的返还请求权，所有权所拥有的物权请求权可被用来保护用益物权，使之保持理想的效力、运行状态的功能。例如，在他人不法侵占供役地，致使地役权人无法行使其地役权情况下，供役地的所有权人可以行使物的返还请求权，收复失地，使地役权人可以正常行使地役权。这也是所有权和用益物权相得益彰的一个表现。最后，在用益物权的存续期限届满时，所有权的效力恢复如

---

① 房绍坤：《用益物权基本问题研究》，北京大学出版社2006年版，第23-24页。

初,具有"收复失地"的效力及功能。①

二、用益物权与担保物权

用益物权和担保物权均为定限物权,限制着所有权的效力,自己的效力也受到限制,包括受所有权效力的限制。至于二者相互之间,存在着某些用益物权是担保物权的标的物的关系,如出让的建设用地使用权、土地经营权、"四荒"土地承包经营权都可作为抵押权的客体。除这些共同点之外,它们更具有如下差异:

1. 权利内容不同,所关注标的物的价值不同。用益物权以占有、使用和收益为内容,关注着标的物的使用价值。担保物权旨在取得标的物的交换价值,是一种价值权。由此决定着担保物权拥有物上代位性,而用益物权没有;同一标的物上可以并存着数个担保物权(只是需要确定担保物权的效力顺序),而不得并存着数个不相容的用益物权。

2. 权利客体的法律属性有别。(1)用益物权的客体,在现实生活中为不动产及某些不动产权利。担保物权的客体则可以是不动产,也可以是动产;可以是不动产权利,也可以是债券、股权等权利。(2)用益物权旨在支配标的物的使用价值,不重视标的物的让与性,故标的物是否为限制流通物或禁止流通物,可以不问。例如,国有土地为禁止流通物,不妨在其上设立建设用地使用权。与此不同,担保物权旨在支配标的物的交换价值,故其标的物必须具有让与性。②

3. 权利实现的时间不同。权利人取得用益物权的当时即可实现其权利——占有、使用和收益。可见,用益物权的取得与权利的实现同时发生,二者并无时间的间隔。权利人取得担保物权不能当即实现其权利,须待债权已届清偿期而未获清偿时,才可行使变价权,使其债权获得清偿。可见,担保物权的权利取得与权利实现之间存在着时间间隔。③

4. 权利的存续期间及确定方式有所不同。在现行法上,用益物权的存续期间及确定方式不尽一致。例如,宅基地使用权具有永久性,行政划拨的建设用地使用权没有明确的终期,土地承包经营权具有明确的存续期间。担保物权是有期物权,其存续期间的确定方式,在通常情况下由被担保债权及其救济权的存续期间决定,即被担保债权及其救济权的存续期限就是担保物权的存续期间。当事人直接约定担保物权存续期间的不多。

---

① 崔建远:《土地上的权利群研究》,法律出版社2004年版,第316-317页。
② 王利明、尹飞、程啸:《中国物权法教程》,人民法院出版社2007年版,第290页。
③ 梁慧星、陈华彬:《物权法》(第4版),法律出版社2007年版,第256页。

[反思]

《担保法解释》第12条第1款规定,当事人约定的或登记部门要求登记的担保期间,对担保物权的存续不具有法律约束力。有学者对此表示赞同。① 对此,笔者持有不同意见。因为担保人存在着风险,为了把担保风险降到最低,担保人有权采取必要的措施,包括约定担保物权的存续期间。担保人之所以愿意为主债务人的债务清偿提供担保,动机和目的固然较多,但其中包含着这样的情况:担保人经过调查研究得出结论,在某特定的时间段(如债务履行期)债务人有较强的清偿能力,自己于此期间提供担保并不会实际履行担保债务;但若逾此期间,主债务人的财产状况就会恶化,很可能无力清偿,自己恐怕要实际履行担保债务。面对此情此景,担保人和主债权人约定担保物权存续期间相同于主债权的诉讼时效期间,有何可非难之处呢?当然,约定担保物权的存续期间不得与担保物权的目的和性质相抵触。例如,主债权的清偿期为2007年1月26日至2008年2月26日,担保人和主债权人约定的担保物权存续至2007年2月26日。这意味着担保物权实现的条件尚未成就它便归于消灭,违反了担保物权的目的和性质,此类约定应为无效。不过,如果当事人约定担保物权存续至2009年2月26日,就不应认定该约定无效。

[辨析]

一种观点认为,《物权法》第202条亦即《民法典》第419条关于"抵押权人应当在主债权诉讼时效期间行使抵押权;未行使的,人民法院不予保护"的规定,说明担保物权的存续期间无须当事人约定和登记,即便当事人约定了或登记了,也是无效的。担保物权的存续期间为主债权的诉讼时效期间。主债权的诉讼时效期间因中止、中断的事由发生而变得可能不确定,担保物权的存续期间也因此不确定。法律未对诉讼时效的中止、中断的次数加以限制,因此很难说对担保物权的存续期间的上限有规定。②

在笔者看来,这种理解有误。(1)《物权法》第202条亦即《民法典》第419条系专门就抵押权作的规定,并非当然地适用于其他担保物权。法律人不作阐释就直接地将其适用范围扩张至所有的担保物权,不合法解释学的规则。盲目扩张适用范围,留置权和质权领域可能会有不公平的结果。③(2)更为重要的是,《物权法》第202条亦即《民法典》第419条系为修正《担保法》第52条关于"抵押权与其担保的债权同时存在,债权消灭的,抵押权也消灭"的规定,第74条关于"质权与其担保的债权同时存在,债权消灭的,质权也消灭"的规定,第88条第1项关于债权消灭的留置权也消灭

---

①② 王利明、尹飞、程啸:《中国物权法教程》,人民法院出版社2007年版,第290页。
③ 胡康生主编:《中华人民共和国物权法释义》,法律出版社2007年版,第440-441页。

的规定,以及《担保法解释》第12条第2款关于"担保物权所担保的债权的诉讼时效结束后,担保权人在诉讼时效结束后的二年内行使担保物权的,人民法院应当予以支持"的规定而特意设置的。而《担保法解释》第12条第2款的本意是认为担保物权的存续期间为被担保主债权的诉讼时效期间再加上2年。① 这违反了担保物权与被担保债权之间主从权利关系的原理,剥夺了抵押人援用主债务人对债权人的抗辩权的权利,也忽视了担保人于诉讼时效期间届满2年以后仍自愿、主动地清偿债务的情况。《物权法》第202条亦即《民法典》第419条没有采纳《担保法解释》第12条第2款的思路和观点,而是采取了这样的意见:"过了主债权诉讼时效期间后,抵押权人丧失的是抵押权受人民法院保护的权利即胜诉权,而抵押权本身并没有消灭,如果抵押人自愿履行担保义务的,抵押权人仍可行使抵押权。"② 总的结论是,担保物权的存续期间应为被担保债权及其救济权的存续期间,被担保债权或其救济权存在,担保物权就存续;被担保债权及其救济权均已消灭,担保物权就消失。

毋庸讳言,《物权法》第202条亦即《民法典》第419条的规定的确不同于德国民法和中国台湾地区的"民法"及其学说。在德国,请求权上设有抵押权等担保物权的场合,请求权虽已罹于时效,权利人仍可实现其担保物权。本来,抵押债务人得依《德国民法典》第1137条第1项前段关于"所有可以对抵押权主张特定人的债务人(即就本身事由而负责的债务人)对债权所有的抗辩,及保证人依第770条所有的抗辩,土地所有人均得援用对抵押权主张之"的规定,质押债务人得依《德国民法典》第1121条第1项前段关于"土地之出产物及其他构成部分以及从物,在为债权人之利益予以扣押以前,已经出让者,应免除其担保责任"的规定,主张从属性的抗辩。但《德国民法典》第223条第1项关于"以抵押权或质权担保的请求权虽经时效消灭,但不妨碍权利人就担保物请求履行"的规定放松了这种从属性抗辩。以抵押为例,该规定的意义在于,若债权人对债务人即所有权人既提起要求付款的对人诉讼,又提起要求其容忍强制执行抵押土地的对物诉讼,而被告主张请求权消灭时效期间已经届满的,则对人诉讼因《德国民法典》第222条第1项关于"消灭时效完成后,义务人有拒绝给付的权利"的规定而不成立;相反,债权人得依《德国民法典》第223条第1项的规定执行抵押土地,此项行使抵押权的权利不受时间方面的限制。③

类似地,中国台湾地区"民法"第880条规定:"以抵押权担保之债权,其请求权已因时效而消灭,如抵押权人于消灭时效完成后,五年间不实行其抵押权者,其抵押

---

① 李国光、奚晓明、金剑锋、曹士兵:《最高人民法院关于适用〈中华人民共和国担保法〉若干问题的解释理解与适用》,吉林人民出版社2000年版,第88-89页。
② 胡康生主编:《中华人民共和国物权法释义》,法律出版社2007年版,第441页。
③ [德]迪特尔·梅迪库斯:《德国民法总论》,邵建东译,法律出版社2000年版,第103页。

权消灭。"实乃物权因除斥期间的经过而消灭的例外规定。良以抵押权系不占有标的物的物权,自不宜令其久悬,有害于抵押人的利益。何况外国立法例上,亦有担保物权得因一定时间经过,依公示催告程序,宣示为无效(《瑞士民法典》第 871 条,《德国民法典》第 1170 条、第 1171 条),则中国台湾地区"民法"径以抵押权因除斥期间经过而消灭,更为便捷,似无不可之处。再者,此项除斥期间系自消灭时效完成后起算,而消灭时效尚有时效中断或时效不完成的情形,故抵押权的消灭时间非必为消灭时效期间加 5 年除斥期间,以 15 年的一般请求权消灭时效期间为例,其抵押权非必然届满 20 年后即行消灭。①

究竟孰优孰劣?从抵押权与被担保债权之间的主从关系的机理、请求权与抗辩权的对抗层面观察,中国大陆《物权法》第 202 条亦即《民法典》第 419 条的规定更具合理性;若着眼于实务,则有这样的现象:因被担保债权虽然罹于时效但并未消灭,抵押权也因而存续,抵押物上的负担依旧,这影响了抵押物的转让及价款,对抵押人十分不利。解决的方案之一,可以规定一段不同于被担保债权的存续期间的抵押权的存续期间,该存续期间一旦届满,抵押权就归于消灭,即使被担保债权依然存续,也是如此。只不过该种方案未被《民法典》采纳罢了。

5. 权利是否有主从性不同。在现行法上,用益物权原则上为独立的物权,只有地役权除外;担保物权均为从物权,因被担保债权的存在而存续(时间方面不一定先有债权,后产生担保物权),随着被担保债权的消灭而消失。

6. 权利消灭的原因有异。标的物灭失,用益物权因无法达到目的而归于消灭,而担保物权则不一定,只要存在着标的物的代位物,担保物权就继续存在于该代位物之上。

第四节　用益物权的效力冲突及其协调

一、土地承包经营权或土地经营权与有关权利之间的效力冲突及其协调②

(一) 土地承包经营权或土地经营权与建设用地使用权之间的效力冲突及其协调

土地承包经营权或土地经营权和建设用地使用权不会并存于同一宗土地的地表而相互排斥。不过,建设用地使用权以地下、地上为客体时,与土地承包经营权或土

---

① 谢在全:《民法物权论》(中册),三民书局 2003 年修订 2 版,第 637 页。
② 参见崔建远:《土地上的权利群研究》,法律出版社 2004 年版,第 322-325 页。

地经营权可发生相邻关系或地役权关系。

（二）土地承包经营权或土地经营权与矿业权之间的效力冲突及其协调

在现行法上,土地承包经营权或土地经营权与矿业权的客体存在于土地的不同部位,二权有并存的可能。在二权的客体未呈上下排列结构的情况下,二权或为物权之间的一般关系,或为相邻关系,或为地役权关系,不存在谁的效力优先的问题。在二权的客体呈上下排列结构,建设用地使用权不取代土地承包经营权或土地经营权的情况下,同样如此。

如果勘查、开采作业需要占用农户承包的土地,那么,只有矿业权人依法取得该宗土地的建设用地使用权,方能从事勘查、开采作业。在一般情况下,矿业权与土地承包经营权并无高下优劣之分,矿业权人并不享有必定终止土地承包经营权而代之以建设用地使用权的特权。于此场合,需要矿业权人和土地承包经营权人洽商,达成终止土地承包经营权的协议,由矿业权人向土地承包经营权人支付约定的赔偿金;而后,国家将该宗土地征为国有,自然资源管理部门和矿业权人签订建设用地使用权出让合同,矿业权人交付建设用地使用权出让金(矿地使用费),自然资源管理部门予以登记,发给矿业权人建设用地使用权证,矿业权人自此取得建设用地使用权。一旦土地承包经营权人不同意终止土地承包经营权,矿业权人便不能取得建设用地使用权。所以,那种绝对的"矿地使用优先权"说,即"矿业生产经营者所必须占用的土地的位置,具有先定性"①的观点,值得商榷。

当然,如果矿业权的运作,取得特定的矿产品,事关国计民生、国家战略利益,勘查、开采矿产资源的作业必须占用农户承包的土地,那么,应该适用"矿地使用优先权"理论,土地承包经营权必须终止,再经过征归国有、出让、登记发证等手续,由矿业权人取得建设用地使用权。

土地经营权与矿业权之间的关系,在原理上如同土地承包经营权与矿业权之间的关系,不再赘述。

（三）土地承包经营权或土地经营权与渔业权之间的效力冲突及其协调

土地承包经营权的适用范围非常广泛,包括农户使用特定水域从事养殖并获得利益的权利类型。② 土地经营权也是如此。《土地管理法》关于"农用地是指直接用于农业生产的土地,包括耕地、林地、草地、农田水利用地、养殖水面等"(第4条第3款前段)的规定,关于"农民集体所有和国家所有依法由农民集体使用的耕地、林地、草地,以及其他依法用于农业的土地,采取农村集体经济组织内部的家庭承包方式承

---

① 江平主编:《中国矿业权法律制度研究》,中国政法大学出版社1991年版,第129页。
② 崔建远:《"四荒"拍卖与土地使用权》,载《法学研究》,1995年第6期,第29页。

包,不宜采取家庭承包方式的荒山、荒沟、荒丘、荒滩等,可以采取招标、拍卖、公开协商等方式承包,从事种植业、林业、畜牧业、渔业生产"(第13条第1款前段)的规定,为其法律根据。这就出现了它与渔业权的关系问题。由于按照《渔业法》的规定,养殖必须取得养殖证,必须由县级以上地方人民政府核发(第11条第1款),而按照《民法典》的规定,土地承包经营权、土地经营权的产生无须行政许可,而是基于承包合同(第333条第1款)或流转合同(第339条以下),《农村土地承包法》也体现了这一精神,因此可以说,对于农户承包集体所有的或国家所有由集体使用的水面从事养殖的权利,在无须该农户申请养殖许可的情况下,认定为土地承包经营权或土地经营权;在该农户取得养殖证的情况下,渔业权产生。如果该农户首先基于农业承包合同取得土地承包经营权,其内容系养殖水生动植物,而后又取得养殖证,土地承包经营权或土地经营权和渔业权是并存还是排斥?从《渔业法》第11条第2款关于"集体所有的或者全民所有由农业集体经济组织使用的水域、滩涂,可以由个人或者集体承包,从事养殖生产"的规定看,不宜认定为养殖权排斥土地承包经营权、土地经营权,而应该解释为两类权利并存。如此解释的根据还在于:(1)两类权利的母权不同。养殖权自水资源所有权或曰水域所有权中派生,土地承包经营权的母权是土地所有权,土地经营权的母权何在?可有不同的路径,如土地承包经营权之说或土地所有权之论。(2)赋予两类权利的主体不同。养殖权由渔业行政主管部门授予,土地承包经营权来自发包方和承包方签订的承包合同(《农村土地承包法》第23条),县级以上人民政府对承包经营权进行登记、颁发土地承包经营权证或林权证,只起确认权利的作用(《农村土地承包法》第24条第1款)或使权利具有对抗效力(《农村土地承包法》第35条)。土地经营权源自土地承包经营权人和第三人订立的流转合同、自然资源行政主管机关的登记。在某些养殖权业已存在的情况下,排斥土地承包经营权、土地经营权在同一水域产生。例如《渔业法》规定,重要的苗种基地和养殖场所不得围垦(第34条后段)。

土地经营权与渔业权之间的关系,在原理上如同土地承包经营权与渔业权之间的关系,不再赘述。

(四)土地承包经营权或土地经营权与取水权之间的效力冲突及其协调

取水权与土地承包经营权、土地经营权系分立的两类权利,它们发生联系,主要表现在以下三个方面:

1. 土地承包经营权系某些取水权取得的根据。按照河岸权原则,河岸的地权人就与河岸毗连的水流享有取水权。按照《水法》第48条第1款的规定及其解释,河岸的土地承包经营权人为家庭生活和零星散养、圈养畜禽饮用等少量取水的,无须取水许可就可以享有取水权。土地承包经营权人属于地权人,他基于对河岸的土地承包经营权便当然地获得上述类型的取水权。于此场合,土地承包经营权就是某些取水权取得的根据。土地经营权设立之后,伴随土地承包经营权的取水权也被承继过来。

2. 即使承包地远离河岸,土地承包经营权人为家庭生活和零星散养、圈养畜禽饮用等从地下少量取水,也无须经过水资源行政主管部门的审批,即可打井取水,当然享有取水权(《水法》第48条第1款)。土地经营权设立之后,伴随土地承包经营权的取水权同样被承继过来。

3. 无论承包地是否为河岸地,土地承包经营权人或土地经营权人大量的农业用水等,依据《水法》第48条第1款的规定及其解释,都需要通过申请用水许可的方式取得取水权。当然,实务中落实得不尽理想。

(五)土地承包经营权或土地经营权与狩猎权之间的效力冲突及其协调

狩猎权在一般情况下不涉及土地承包经营权,如果狩猎权人需要进入土地承包经营权人所承包的区域,行使狩猎权,需要获得土地承包经营权人的同意;否则,构成侵权。当然,如果承包合同已经规定承包地属于狩猎场所,土地承包经营权人有义务容忍狩猎权人在此处狩猎,那么,只要狩猎权的行使方式合理,就不以侵权行为论,而是按相邻关系的规则处理。

土地经营权与狩猎权之间的关系,在原理上如同土地承包经营权与狩猎权之间的关系,不再赘述。

二、建设用地使用权与有关权利之间的效力冲突及其协调[①]

(一)建设用地使用权与土地承包经营权、土地经营权之间的效力冲突及其协调

1. 在现行法上,建设用地使用权与土地承包经营权、土地经营权的目的及功能不同,决定了其客体不会重合,它们能同时存在。在其并存期间,仅仅发生相邻关系,或地役权关系,或一般的物权关系,不产生其他效力冲突。

2. 如果需要在承包地进行房地产开发建设,就必须依法先终止土地承包经营权,若存有土地经营权,也要终止该权,将该承包地征收,变成国有土地,然后再出让给用地者,产生建设用地使用权。

3. 如果需要在承包地进行采矿,就必须依法先终止土地承包经营权,若存有土地经营权,也要终止该权,将该承包地征收,变成国有土地,然后再出让给用地者,产生建设用地使用权。

4. 如果需要将承包地变成铁路或公路,也必须依法先终止土地承包经营权,若存

---

① 参见崔建远:《土地上的权利群研究》,法律出版社2004年版,第317-321页。

有土地经营权,也要终止该权,将该承包地征收,变成国有土地,然后再出让给用地者,产生建设用地使用权。

(二)建设用地使用权与矿业权之间的效力冲突及其协调

1. 在矿区或工作区和建设用地使用权的客体未呈上下排列结构的情况下,矿业权和建设用地使用权之间的关系,或是物权之间的一般关系,或是相邻关系,或是地役权关系,不存在谁的效力优先的问题。在二权的客体呈上下排列结构,建设用地使用权不取代矿地使用权(建设用地使用权的一种形式)的情况下,同样如此。建设用地使用权人基于房地产开发建设的需要,可以改变基地的形状,新建或改建房屋。更有甚者,即使因施工而挖掘出矿产品,只要不是以勘探、开采矿产资源为目的,就仍系行使建设用地使用权,而非侵害矿业权。当然,这种行为的合法性有一定的边界,即不得破坏矿产资源,不得严重损害矿业权人的合法权益。另一方面,矿业权的行使也应该选择不损害或少损害建设用地使用权的方式,例如,不得因勘探、开采矿产资源而使土地地表断裂乃至塌陷,使房屋倒塌。

2. 矿业权先成立并处于有效期间,如果建设用地使用权在矿区或工作区上产生会损害矿业权和矿地使用权,那么,建设用地使用权不得成立。于此场合,贯彻不相容物权之间先成立者排斥后设立者的规则。

3. 建设用地使用权先成立,矿业权后产生,矿区或工作区须占用存在建设用地使用权的地表时,应该如何协调它们之间的效力冲突?在一般情况下,由当事人双方协商解决。经协商同意,终止原建设用地使用权,改设用于探矿或采矿的建设用地使用权,矿业权人赔偿原建设用地使用权人的损失。在港口、机场、国防工程设施圈定的区域,重要工业区、大型水利工程设施、城镇市政工程设施附近一定距离以内的区域,铁路、重要公路两侧一定距离以内的区域,重要河流、堤坝两侧一定距离以内的区域等,矿业权不得取代原建设用地使用权,除非国务院授权有关主管部门同意(《矿产资源法》第20条)。除上述区域外,如果国计民生、国家战略利益决定,矿业权必须产生,矿区或工作区必须占用存在建设用地使用权的地表,那么,原建设用地使用权必须终止,用于探矿或采矿的建设用地使用权取而代之,效力优先。①

(三)建设用地使用权与取水权之间的效力冲突及其协调

一般来说,建设用地使用权与取水权系两立的关系,两者分别产生,既可以归同一个主体享有,也可以分属于不同的主体。在后者场合,可能发生相邻关系、地役权的问题。但细细琢磨,此二权之间的关系呈现着几种类型。

1. 建设用地使用权人当然享有取水权,无须水资源行政主管部门的审批。这发

---

① 崔建远、晓坤:《矿业权基本问题探讨》,载《法学研究》1998年第4期,第87页。

生在国有土地系河岸地(包括湖边地,下同),建设用地使用权人为家庭生活和零星散养、圈养畜禽饮用等少量取水的情况下(《水法》第48条第1款)。

2. 国有土地远离河岸,建设用地使用权人为家庭生活和零星散养、圈养畜禽饮用等从地下少量取水,有时无须经过水资源行政主管部门的审批,即可打井取水,当然享有取水权(《水法》第48条第1款);但有的也必须经过有关行政主管部门的审批,才可以打井。

3. 无论国有土地是否为河岸地,建设用地使用权人的工业用水、农业用水等,都需要通过申请取水许可的方式取得取水权。

三、宅基地使用权与有关权利之间的效力冲突及其协调①

(一)宅基地使用权与建设用地使用权之间的效力冲突及其协调

在现行法上,宅基地使用权以集体所有的土地为客体,建设用地使用权基本上以国有土地为标的物,所以,二权难以发生冲突。不过,由于《民法典》第345条规定了以地表、地上或地下为客体的建设用地使用权,这就可能发生地表上存在着宅基地使用权、地下或地上存在着建设用地使用权的情况。于此场合,二权适用相邻关系或地役权的规则,不存在谁优先于谁的问题。

(二)宅基地使用权与土地承包经营权之、土地经营权间的效力冲突及其协调

这两类权利均以地表为客体,不会重叠于同一宗土地上,故不会发生谁优先于谁的问题,而是一般物权之间的关系,或是相邻关系,或是地役权关系。

(三)宅基地使用权与取水权之间的效力冲突及其协调

取水权与宅基地使用权系一对相容物权,无相互排斥的属性,因而它们可以归同一主体享有。并且,由于这二权均为人们日常生活的重要法律手段,在宅基地使用权人的用水非基于水合同债权的情况下,同一主体必然拥有这二权。在上述情况下,二权不发生冲突。但在二权分属于不同的主体享有的前提下,取水权人引水、排水需要通过宅基地时,按相邻关系规则处理,有时由双方签订地役权合同加以解决。由宅基地使用权的特殊性所决定,相邻关系规则大多不允许引水、排水的渠道通过宅基地。

(四)宅基地使用权与矿业权之间的效力冲突及其协调

矿业权与宅基地使用权之间的关系,由矿业权的特殊性质和法律对其主体的特殊要求所决定,此二权基本上不会归同一个主体享有;同时,因为它们在目的、客体方面不同,所以,只要矿业权人勘查、开采作业不影响宅基地使用权人的正常生活,不损害住宅或不妨碍建造住宅,矿业权与宅基地使用权就可以呈上下排列结构并存。在

---

① 参见崔建远:《土地上的权利群研究》,法律出版社2004年版,第320-321页。

这种情况下，宅基地使用权人为建造住宅，可以改变宅基地的形状，即使因施工打井而挖掘出矿产品，也不以侵害矿业权论。如果行使矿业权非占用宅基地或损害住宅不可的话，须经有关部门批准，方可以终止宅基地使用权，由自然资源行政主管部门将土地使用权出让给矿业权人。在宅基地属于集体所有的情况下，终止宅基地使用权后，先将宅基地征为国有，然后把建设用地使用权出让给矿业权人。①

四、海域使用权与相关物权之间的效力冲突及其协调②

海域使用权、渔业权、某些土地承包经营权、某些土地经营权都以特定海域为客体，且都以占有、使用、收益为内容，因而，它们若并存于同一海域，难免要发生效力冲突。有冲突就必须协调，笔者就此提出以下建议：

（一）海域使用权与渔业权之间的效力冲突及其协调

依据《海域使用管理法》第22条的规定，海域使用权有时先于渔民的养殖权产生，虽然该条的文义本身不含有哪个权利优先的意思，但因二权均具有排他性，依据物权的排他效力的原理，先产生的物权优先，严格地说是后设立者不得存在。如果养殖权先设立，得出养殖权优先的结论，值得肯定。如果海域使用权先设立，便得出海域使用权优先于养殖权的结论，严格地说，于此场合，养殖权不得产生。养殖权不得产生的结论，一是不符合《海域使用管理法》第22条规定的文义和精神，二是违反《渔业法》关于养殖特许的制度要求，三是未与国际惯例接轨。解决这个问题，在解释论的架构下，有如下方案可供选择：第一，就使用特定海域从事养殖而言，《渔业法》为特别法，《海域使用管理法》系普通法，依据特别法优先于普通法的规则，还先适用《渔业法》，确保渔民的养殖权。如此，不论是坚持养殖权的排他性，不许海域使用权产生，还是暂时忽略排他性，赋予养殖权优先效力，都能达到目的。第二，按照民法解释学的规则，当适用某一具体规范解决个案会出现不适当的结果时，法官应当放弃该规范的适用，而改为以民法的基本原则判案。③ 对于《海域使用管理法》第22条的规定也可如此适用，为了优惠地保护渔民的合法权益，有利于发展渔业，当适用该条的规定处理个案会剥夺养殖权的优先效力时，就不再适用它，而基于公平正义的理念确认养殖权优先。第三，套用专用渔业权——入渔权的法律架构，赋予海域使用权专用渔业权的地位和功能，使捕捞许可证产生入渔权的效力。渔民要想取得捕捞许可证（相当于获得入渔权），得向拥有海域使用权（相当于专用渔业权）的农村集体经济组织或

---

① 崔建远、晓坤：《矿业权基本问题探讨》，载《法学研究》1998年第4期，第88页。
② 参见崔建远：《土地上的权利群研究》，法律出版社2004年版，第322-344页。
③ 史尚宽：《债法总论》，荣泰印书馆股份有限公司1978年9月5刷，第319页；谢怀栻：《〈中华人民共和国合同法立法方案〉之说明》，载梁慧星：《民法解释学》，中国政法大学出版社1995年版，第311-312页。

村民委员会(相当于渔业合作社或渔会)提出申请,经批准方能如愿以偿。

第二个方案的实施,既需要主审法官拥有民法解释学的修养,熟知解释和适用法律的规则,还要求法官具有大无畏的精神,勇于承担责任,不怕受到批评、取消奖金和其他压力。在目前,我们不敢保证每个主审法官都能做到这一点。

第三个方案的实施面临着更大的困难,一是它缺乏立法目的和立法计划的支撑,无论是《海域使用管理法》还是《渔业法》,均无此类目的与计划。二是入渔权乃至整个渔业权制度尚付阙如,海域使用权制度与专用渔业权制度也相去甚远。一句话,连专用渔业权——入渔权的法律架构的雏形都不具备。三是捕捞许可证的审批机关,在现行法上根本不是农村集体经济组织或村民委员会,而是渔业资源行政主管部门。

相对而言,第一个方案容易实施,且还有以下理由的支持:渔业权的主体有资格上的限制,换言之,渔业权的主体必须具有渔民的身份。在将渔业权赋予特定的主体时,应当尊重历史习惯和满足就业需要,养殖权的授予应当考虑就近和方便的原则,捕捞权的授予应当考虑渔民世代以捕鱼为生的实际。而依据《海域使用管理法》的规定及其解释,海域使用权的主体身份不限于渔民(第3条、第16条等),海域使用权的取得方式相对较多,除申请—审批—登记—发证的方式以外,还有招标的方式和拍卖的方式(第19条、第20条)。招标方式增加了海域管理部门的自由裁量的机会,存在着不让历史上在特定海域从事渔业活动的渔民中标的可能。拍卖方式是价高者得,渔民因其经济实力一般来说较弱,更有可能失去祖祖辈辈利用的海域,丧失生活来源。如此说来,若赋予海域使用权优先于渔业权的效力,会使渔民失业,酿成严重的社会问题。①

倘若渔民非取得海域使用权和渔业权不可,那么,为了不加重渔民的负担,应当只收取一种权利代价(权利使用金)。渔民取得了养殖证或捕捞许可证,缴纳了渔业资源增值保护费,就不要再强制其取得海域使用权,支付海域使用金;渔民取得了海域使用权,支付了海域使用金,就不要再强制其领取养殖证和捕捞许可证。

在渔民首先取得海域使用权的情况下,因为海域使用权本身不包含渔民利用海域进行经营的目的及功能,究竟是利用特定海域从事养殖,还是进行捕捞活动,抑或是其他,海域使用权自身无法反映出来,相应的主管部门也无进行此类管理的职能,所以,客观上需要渔民再申领养殖证,取得养殖权,或申领捕捞许可证,取得捕捞权。

---

① 因实际上实行海域使用权优先的做法,所以产生了不容忽视的社会问题。参见《中国海洋报》2002年2月26日,2002年4月9日,2002年5月10日;《内参选编》2002年第41期;中央电视台《焦点访谈》,2003年4月16日;《加快渔业现代化建设为全面建设小康社会作出新的贡献——农业部渔业局局长杨坚在全国农业工作会议渔业专业会上的讲话》,载《中国渔业年鉴(2003年)》,中国农业出版社2003年版,第281页;等等。

道理很简单,只有养殖证、捕捞许可证才会清楚地标明渔民所享有的权利性质,所从事的经营项目及活动范围。

(二)海域使用权与土地承包经营权、土地经营权之间的效力冲突及其协调

分析《海域使用管理法》第22条后段关于"将海域使用权确定给该农村集体经济组织或者村民委员会,由本集体经济组织的成员承包"的规定,似乎在说海域使用权系土地承包经营权或土地经营权的标的物,前者受后者的支配。但依据《农村土地承包法》的规定,土地承包经营权的标的物是土地(准确地说是地表)而非权利(第3条、第5条等),土地经营权亦然(第36条以下),从土地承包经营权、土地经营权的运作机理来讲,也应如此。所以,这种情况下的土地承包经营权、土地经营权仍然是以特定的海域而非海域使用权作为客体,在暂时不考虑排他性的前提下,海域使用权与土地承包经营权并存于同一海域。

在这里,至少有两个问题需要探讨。其一,这二权是否归属于同一主体?其二,二权在法律效力上的关系如何?

先讨论"其一"。从《海域使用管理法》第22条后段关于"将海域使用权确定给该农村集体经济组织或者村民委员会"规定的文义看,海域使用权由农村集体经济组织或村民委员会取得,至少是首先由它们享有。由于该农村集体经济组织的成员(以下简称为渔民)承包的是海域而非海域使用权,所以,《海域使用管理法》第22条后段关于"由本集体经济组织的成员承包"的规定,仅仅表明渔民取得土地承包经营权,并无也要取得海域使用权之意。也就是说,海域使用权归农村集体经济组织或村民委员会享有,土地承包经营权由渔民取得。经流转产生了土地经营权时,与海域使用权之间的关系也仍然维持这样的格局。

不过,将《海域使用管理法》第22条后段的规定,解释为渔民既要取得土地承包经营权,亦须取得海域使用权,也说得通。究竟如何?站在立法论的立场,笔者赞同通过取消海域使用权的方案来消除这个疑问,在解释论的层面,笔者倾向于二权异其主体的解释。这种状态不会因土地经营权的设立而改变。

再来探讨"其二"。如果采取渔民一并享有海域使用权与土地承包经营权的解释,并且暂时忽略物权的排他性,那么,因二权的主体同一,故谁的效力强弱主要是个理论问题,在实务上显得无关紧要。由于笔者采取二权异其主体的解释,哪个权利的效力强,便成为一个重要的问题。从周到保护渔民的合法权益出发,土地承包经营权的效力必须强于海域使用权,以免有关行政部门动辄剥夺渔民在特定海域养殖或捕捞的权益。土地经营权若被设立,则承继土地承包经营权的优越效力。

(三)海域使用权与建设用地使用权之间的效力冲突及其协调

一般地说,海域使用权与建设用地使用权冲突的机会不多,不过,依据《海域使用管理法》的规定,海域使用权若以建设工程用海为目的,在填海项目竣工并形成了土地的情况下,海域使用权人应当自竣工之日起 3 个月内,凭海域使用权证书,向县级以上人民政府土地行政主管部门提出土地登记申请,由县级以上人民政府登记造册,换发建设用地使用权证书,确认土地使用权(第 32 条)。该条规定至少含有这样的意思:其一,海域使用权以特定海域为客体,而建设用地使用权则以特定的地表为客体,填海项目竣工形成了土地,海域使用权因其客体不复存在而归于消灭,建设用地使用权因拥有客体且经过法定程序而产生。其二,物权的目的居于非常关键的地位,填海形成土地后,目的是要进行房地产开发建设,这正是建设用地使用权的目的所在,海域使用权无此目的,自然无用武之地,只好消失。

(四) 海域使用权与矿业权之间的效力冲突及其协调

依据《海域使用管理法》的规定,在海域从事矿业需要取得海域使用权(第 25 条第 4 项),按照《矿产资源法》的规定,还需要取得矿业权(第 16 条第 1 款第 4 项)。如此,矿业权人必须分别取得海域使用权和矿业权,才符合法律的规定。虽然这违反物权的排他性原理,但在法律修订或废除之前,还得为了适用而予以解释,只好暂时忽略排他性,承认二权归属于同一主体。在内部,因二权由同一人享有,其效力的强弱便无关紧要,但如果二权都要由矿业权人支付代价的话,则加重权利人的负担,笔者赞同只收取一种权利金的方案;在外部,为了对抗行政主管部门的不当干预,又考虑到权利人的目的所在,应当赋予矿业权优先的效力。

五、地役权与用益权之间的效力冲突及其协调①

(一) 地役权之间的效力冲突及其协调

地役权对供役地不具有排他的独占性,地役权Ⅰ设立后,供役地所有权人或使用权人只在地役权Ⅰ行使的必要范围内,负有容忍或消极不作为的义务,在不妨碍地役权Ⅰ行使的范围内,供役地所有权人的用益权仍然继续存在。如此,供役地设立诸如通行地役权等积极地役权后,可以在不妨碍它的范围内,再设立相同的或其他积极地役权Ⅱ,例如采光地役权,或其他用益物权。②

(二) 地役权与其他用益权之间的效力冲突及其协调

在地役权和其他物权共同存在的情况下,各权利的享有或行使,应当依优先原则予以确定。③

1. 地役权的行使与供役地所有权的利用相冲突时,换言之,地役权与供役地所有

---

① 崔建远:《土地上的权利群研究》,法律出版社 2004 年版,第 331-332 页。
②③ 谢在全:《民法物权论》(中册),三民书局 2003 年修订 2 版,第 205 页。

权在行使过程中发生冲突时,原则上应当依双方当事人原来约定的内容所确认的规则加以协调,如果无此约定,则应当依定限物权优先于所有权的原则,确认地役权人有优先使用权。这就是所谓地役权人利用优先原则。①

2. 地役权行使与供役地先成立的用益权并存时,如果用益权属于物权,则应依物权发生先后的次序,确定其优先使用顺序。如果用益权属于债权,除该权为租赁权外,依物权优先于债权的原则,地役权人的使用顺序较债权为优先。不过,地役权系经供役地上先存在用益物权人之同意而设立者,后成立的地役权则优先于先成立的用益物权,原因在于用益物权因该物权人同意设立地役权而受限制。②

3. 地役权与其后的地役权或其他物权并存时,应当适用物权优先效力的原则,成立在先的地役权应当优先于成立在后的地役权或其他物权。在后的物权人行使权利不得妨碍在先地役权人的使用。存在疑问的是,如果成立在后的物权系经地役权人的同意而设立者,按同意者须自我设限的原则,后成立的物权应当具有优先效力。③

(三)地役权与矿业权

矿业权人未选择给矿区或工作区周围的土地的权利人造成损失最小的路线和方式通行、架设管线、施工等,矿业权人又未同矿区或工作区周围的土地的权利人签订地役权合同,那么,这些行为并非在行使相邻权,而是侵权,矿业权人应承担损害赔偿责任;只有矿业权人同矿区或工作区周围的土地的权利人签订了地役权合同,取得了地役权,方有权按高于相邻关系规则所允许的标准通行、架设管线等。在矿区或工作区和供役地不毗邻的情况下,矿业权人只有同供役地的权利人签订合同,取得地役权,方有权通行、架设管线等。当然,也有学说认为,在这种情况下可以产生相邻权。④

(四)地役权与取水权

在取水权人所有或使用的用水地与供水地相邻场合,取水权人未选择给邻地的权利人造成损失最小的路线和方式埋设输水管或修筑输水渠,那么,取水权人就不享有相邻权,在取水权人未同邻地的权利人签订地役权合同的情况下,便构成侵权;只有取水权人同邻地的权利人签订了地役权合同,取得了地役权,方有权埋设输水管或修筑输水渠。在用水地和供水地不相邻的情况下,取水权人只有同供水地的权利人签订合同,取得地役权,方有权埋设输水管或修筑输水渠⑤同样,按照有的学说,在这

---

①② 谢在全:《民法物权论》(中册),三民书局 2003 年修订 2 版,第 223 页。
③ 同上书,第 223-224 页。
④ [德]曼弗雷德·沃尔夫:《物权法》,吴越、李大雪译,法律出版社 2002 年版,第 171 页。
⑤ 崔建远:《取水权与民法理论及物权法典的制定》,载《法学研究》2002 年第 3 期,第 55 页。

种情况下可以产生相邻权。①

（五）地役权与狩猎权

狩猎权只在极个别情况下才需要地役权。狩猎权人未选择给猎场周围的土地的权利人造成损失最小的路线和方式狩猎，未和这些土地的权利人签订地役权合同，那么，该行为并非狩猎权的行使，而是侵权。只有狩猎权人和这些土地的权利人签订了地役权合同，取得地役权，其行为才合法。

---

① ［德］曼弗雷德·沃尔夫：《物权法》，吴越、李大雪译，法律出版社2002年版，第171页。

第十一章 土地承包经营权

第一节 土地承包经营权概述

一、土地承包经营权的界定

按照《民法典》第330条的规定,土地承包经营权,是指农户等承包人对其承包经营的耕地、林地、草地等农村土地依法享有占有、使用和收益的权利,从事种植业、林业、牧业等农业生产活动,保有收获物的所有权的用益物权。其中,占主导地位的是,以家庭承包经营为基础产生的土地承包经营权,下文径称为土地承包经营权。不宜采取家庭承包方式的荒山、荒沟、荒丘、荒滩等农村土地(以下简称为"四荒"),大多采取招标、拍卖、公开协商的方式成立土地承包经营权,下文简称为"四荒"土地承包经营权(《农村土地承包法》第3条第2款)。

[拓展]

林权,有广义的和狭义的区分。狭义的林权,应为土地承包经营权在林地承包方面的表现,为林地承包经营权,属于土地承包经营权的一种类型(《民法典》第331条以下,《农村土地承包法》第21条,《中共中央国务院关于全面推进集体林权制度改革的意见》第3条第8项)。广义的林权,则包括林地的所有权和林地的使用权(《林木和林地权属登记管理办法》第3条)。此处所谓林地的使用权,当指林地的承包经营权。

笔者认为,从界定清晰、使用便利、易于区分可否流转等层面讲,狭义的林权(即林地承包经营权)的概念,更为可取。对此,较为详细地说明如下:

1. 《民法典》《农村土地承包法》的位阶高于《林木和林地权属登记管理办法》,《中共中央国务院关于全面推进集体林权制度改革的意见》更是林权制度改革的纲领性文件,十分重要。它们都使用了狭义的林权概念,我们没有理由改弦更张。

2. 将林权界定为包含林地所有权和林地使用权,违反了财产权体系内部的位阶关系。林权属于财产权,而在财产权体系中,林地所有权的上位权利是财产所有权,再上位权利是物权,不会是林权。林权概念若有存在的必要,逻辑上只能是林地所有权的下位概念。所以,林权包括林地所有权和林地使用权之说,是把林权作为了林地所有权的上位概念,这不符合民法逻辑。

3. 如果一个人既对某宗林地享有所有权,又自己利用该宗林地,那么,在法律上只设置林地所有权制度便足矣,没有林权制度存在的必要。只有在非所有权人为自己的利益而需要使用林地时,为清楚地划分他与所有人之间的利益,也为了对抗其他人,才有设置林权制度的必要。在这种背景下存在的林权,恐怕它只会从林地所有权中派生,系分离所有权中的占有、使用、受益诸权能而形成的他物权。由此可见,林权包括林地所有权和林地使用权之说,犯了本末倒置的错误。

4. 在中国,林地所有权和林地使用权是各自独立的。前者不得易其主体,而后者则可以转让。可见,林权包括林地所有权和林地使用权之说,显然忽视了林地所有权和林权之间的性质差别。其实,持林权含有林地所有权说的法规、规章、专家、学者,都一方面承认林权的转让;另一方面坚持宪法所规定林地所有权归国家享有的原则,否认林地所有权的转让。这使他(它)们陷入自相矛盾之中。这是不遵循民法思维的结果。在民法的视野里,林权系从林地所有权中派生出来的用益物权。这十分清晰、简单。如此,就非常容易表述林地所有权不得转让而林权可以转让的精神。

我们界定一个特定的事物,所采用的概念必须准确地揭示该事物的本质属性,这是起码的要求;其次是受此领域约定俗成的制约,符合此领域大家都遵循的界定概念的规则要求;再次是所用概念在使用上要方便,如果所采用的概念在使用时常常要作许多限定,作若干辅助说明,则所用概念难谓妥当。如果把林权界定为占有、使用、收益特定林地的权利,而非对林地所有的权利,就能避免上述徒劳无用之功。如此界定,才符合法学尤其是民法学既有的权利位阶体系理论,即受制于约定俗成,才遵循了"财产权——物权——所有权——用益物权——林权"的逻辑结构。如此界定,使用林权概念时才最便利,在谈论林权转让等现象时无须再作限定说明。

所谓农村土地,指农民集体所有和国家所有依法由农民集体使用的耕地、林地、草地,以及其他依法用于农业的土地(《农村土地承包法》第2条)。所谓"四荒"土地,属于"其他依法用于农业的土地",是暂时闲置的土地,承包、租赁或拍卖使用权的"四荒"地必须是农村集体经济组织所有的、未利用的土地。自留山、责任山是林地的组成部分,不在"四荒"之列。耕地、林地、草原以及国有未利用土地不得作为农村"四荒"[国务院办公厅《关于进一步做好治理开发农村"四荒"资源工作的通知》(国办发〔1999〕102号)第1条第1项、第4项]。

二、土地承包经营权的法律性质

(一) 权利主体因土地承包经营权的类型不同而异其规格

从主体上看,以家庭承包方式设立的土地承包经营权,其主体具有身份性,必须是本集体经济组织成员所组成的农户,至少在土地承包经营权设立之时是这样的(《农村土地承包法》第3条、第5条、第16条、第27条第3款、第31条);"四荒"土地承包经营权的主体则无身份限制,不但"四荒"土地所在的农村集体经济组织的成员可作承包人,其他集体经济组织的成员也可以,即使是城镇的企事业单位、社会团体及其他组织或个人,只要有治理开发能力的,也可以成为承包人(《农村土地承包法》第48~53条,国务院办公厅《关于治理开发农村"四荒"资源进一步加强水土保持工作的通知》第3条第2项)。

(二)权利客体为土地的地表

从客体方面看,承包地绝大多数为农民集体所有的土地,少数情况下是国家所有由农民集体使用的土地(《民法典》第330条第2款,《农村土地承包法》第2条)。耕地、"四荒"土地、草原、水面均可成为土地承包经营权的客体。由土地承包经营权的目的及功能决定,建筑物、构筑物及其附属设施不会成为土地承包经营权的客体,城市国有土地基本上用作建设用地,只有极个别的宗地用于农业方面,并呈逐渐萎缩的趋势。

土地承包经营权因其目的及功能的缘故,其客体限于承包地的地表,不包含地上、地下,即土地承包经营权不是空间权。这是它与建设用地使用权的不同之处。

(三)权利的目的及功能是在承包地上从事农林牧渔生产经营活动,并保有收获物的所有权

从权利的目的及功能方面看,土地承包经营权的目的是,承包人对承包经营的耕地、林地、草地等享有占有、使用和收益的权利,从事种植业、林业、畜牧业等农业生产活动,保有收获物的所有权。这不同于建设用地使用权的目的及功能是在他人土地上建造建筑物、构筑物及其附属设施并保有所有权。

利用承包地从事养殖的权利也属于土地承包经营权,其目的及功能是承包人利用承包水域从事养殖经营活动,保有水生动植物所有权。

[引申]

由土地承包经营权的目的及功能所决定,承包人无权在承包地上兴建住宅、厂房、加油站、商品房等建筑物、构筑物及其附属设施,不得将承包地出租或转让给他人用于举办中外合资经营企业、中外合作经营企业、股份有限公司、有限责任公司等项目,也不得把承包地作为豪华的墓地。按照现行法的规定,在承包地上建造上述建筑物、构筑物及其附属设施,举办中外合资经营企业等项目的,均属非法,承包人违约,建造者、举办者不会取得建筑物、构筑物及其附属设施的所有权,发包人均有权责令其拆除。

可事实上,有些地区的相当数量的承包人的确将承包地用作了上述用途。对此,我们应当依法处理,坚持上述原则及规则。但同时应当看到,有些地区的处理方法富有弹性,其法律后果亦应相应变化。(1)如果将已经建造住宅的承包地经依法批准变性为宅基地的,此类住宅就不再属于违法建筑,不应再作拆除的处理,而应由农户取得住宅的所有权。(2)如果把用于兴建乡镇企业的承包地经依法批准变性为集体所有的建设用地,此类项目即为合法,厂房等建筑物、构筑物及其附属设施不应作拆除的处理,而应由乡镇企业取得所有权。(3)如果用于举办中外合资经营企业等项目的承包地经依法征收为国有,再由自然资源管理部门出让建设用地使用权给投资者或中外合资企业等主体,那么,此类项目即为合法,由投资者或中外合资企业等主体取得建筑物、构筑物及其附属设施的所有权。(4)如果用作商品房建设的承包地被征收为国有,再由自然资源管理部门出让建设用地使用权给商品房的开发商,则此类商品房即为合法建筑,开发商取得所有权;或者,按照社会主义新农村建设规划,此类承包地经依法批准变性为集体所有的建设用地,建造者或买受人取得此类商品房的"小产权",此类商品房亦为合法建筑,法律应予保护。

（四）土地承包经营权派生于土地所有权

从权利所生之源角度看,土地承包经营权是承包人分享了农民集体土地所有权或国家土地所有权中的占有、使用、收益诸项权能而形成的他物权。其母权是农民集体土地所有权,少数情况下是国家土地所有权。

（五）土地承包经营权为用益物权

从权利的归属体系角度看,土地承包经营权以占有、使用、收益为内容,承包人对其承包地拥有支配力、排他力,属于物权,且为用益物权。

[论争]

鉴于经常闻知这样的诘问:土地承包经营权的设立不以登记为生效要件,承包合同生效,土地承包经营权就产生,它还是物权吗?它与债权还有区别吗?在这里有必要予以回答。笔者认为,土地承包经营权的设定不以登记为生效要件,的确模糊了物权与债权之间的界限,程度不同地影响着交易的顺畅进行;但是,未经登记的土地承包经营权虽然不得对抗善意第三人,但仍然不同于债权,兹举例说明如下:(1)在土地承包权人(农户)将A地的土地经营权流转给乙之后,乙取得的土地经营权作为物权且经过登记,其后,农户又把A地的土地经营权流转给丙,乙就可以否定丙的土地经营权,保有住自己的土地经营权。但是,乙的土地经营权作为债权,乙对丙就没有这样强大的效力。特别是,在丙实际占有A地而乙却未占有的情况下,类推适用《国有土地使用权合同解释》第9条第1款第2项关于"均未办理土地使用权变更登记手续,已先行合法占有投资开发土地的受让方请求转让方履行土地使用权变更登记等合同义务的,应予支持"的规定,乙完全无力对抗丙所享土地经营权。(2)如果因其尚未登记而把它当成债权,在发包人因合并等原因而不复存在的情况下,就会出现承包人难以保有土地承包经营权的后果。因为发包人不复存在就是债务人消灭,债权要随之消灭。可是,土地承包经营权若为他物权,一经设立就具有独立性,只要其母权——农村集体土地所有权——没有绝对消灭,只要土地承包经营权的存续期间没有届满,即使发包人不复存在,它也照样存在。(3)土地承包经营权若作为债权,在第三人不法侵害承包地及其经营权的情况下,由于现行法尚未普遍承认债权为侵权行为的标的,承包人无权请求该第三人承担侵权责任。反之,土地承包经营权即使尚未登记也是物权,在第三人侵害它时,承包人就有权请求该第三人承担侵权责任。(4)土地承包经营权若因其尚未登记而作为债权,在债务人宣告破产的情况下,承包人就此利益只能与其他债权人平等地按比例地受偿,而作为物权,则享有优先的权利。由此看来,还是赞同《民法典》和《农村土地承包法》将土地承包经营权归入物权的态度更好。

(六)土地承包经营权为有期物权

从权利的存续期间看,土地承包经营权是有期物权,耕地的承包期为30年。草地的承包期为30年至50年。林地的承包期为30年至70年,经国务院林业行政主管部门批准可以延长[《民法典》第332条第1款,《农村土地承包法》第21条第1款,《中共中央国务院关于全面推进集体林权制度改革的意见》(2008年6月8日)第3条第8项]。承包期届满,由土地承包经营权人按照国家有关规定继续承包(《民法典》第332条第2款),《农村土地承包法》的表述是"前款规定的耕地承包期届满后再延长三十年,草地、林地承包期届满后依照前款规定相应延长"(第21条第2款)。"四荒"土地承包经营权的存续期间,在实务上大多由承包合同约定,起初有的约定为100年。国务院办公厅于1996年6月1日发出《关于治理开发农村"四荒"资源进一步加强水土保持工作的通知》(国办发〔1996〕23号),对承包期间予以限制,明确规定"承包、租赁、拍卖'四荒'使用权,最长不超过50年"(第3条第6项)。国务院办公厅于1999年12月21日发布的《关于进一步做好治理开发农村"四荒"资源工作的通知》(国办发〔1999〕102号)再次重申(第2条第3项)。

从形式上看,土地承包经营权都有明确的存续期限,但由政策决定,期满时要么续期,要么重新发包给农业承包经营户。就农业承包经营户和承包地之间必须对应配置而言,土地承包经营权发挥着与无期物权相当的作用。

(七)土地承包经营权以有偿性为原则

土地承包经营权基本上为有对价的物权,但不排除依法经本集体经济组织成员的村民会议2/3以上成员或2/3以上村民代表的决议免交承包金。

承包金是指承包方依据承包合同的约定向发包方交纳的款项、实物或应当履行的劳务。

三、土地承包经营权的精神实质

通过家庭承包方式设立的土地承包经营权,是实行家庭联产承包责任制的产物,是集体经济组织成员作为集体土地所有人中的一分子所应获得的一项财产,是他们就业所必需的,是他们获得生活来源的法律保障。正因如此,土地承包经营权是基于土地按人或按劳动力均有(口粮田使用权是按人均有,责任田承包经营权是按劳动力或按人均有)的原则而产生的。每家农村承包经营户均享有与其人口或劳动力相应的土地承包经营权。这种社区成员与社区土地对应配置的模式与当时农户的生产能力相吻合。在当时的条件下,农户取得土地承包经营权至关重要,取得该权后也充分发挥出了应有的效能。新一轮土地承包制度下的土地承包经营权,虽然其存续期间延长了30年,《农村土地承包法》和《民法典》更是区分承包地的类型而分别规定了较长时期的土地承包经营权,如草地的承包期为30年至50年,林地的承包期为30年至70年,因"增人不增地,减人不减地"而修正了土地均有原则(有些地区尚未修正后者),可以经发包人同意而被转包、转让、互换、入股等,同第一轮土地承包制度下的土地承包经营权相比有所发展变化,但仍无根本性的改变,并未突破社区成员与社区土地之间对应配置的现状(当然,在现有背景下也不应突破)。①

[拓展]

通过家庭承包方式设立土地承包经营权场合,承包地的面积按人均有或按劳动力均有。这里的人,仍然在本集体经济组织从事农林牧渔生产经营活动的成员固然在内,就是农户的某些成员到外地打工也依然如此,连升学读书的学生,只要尚未毕业找到工作,其承包地的份额也不被收回。有些地区,甚至给已经就业的毕业生继续保留着承包地的份额。

与此不同,"四荒"拍卖、招标是一种开放的市场行为,"四荒"土地承包经营权原则上是基于价高者得或条件理想者得的游戏规则而归投标人或买受人享有。它不是土地按人或劳动力均有原则的产物,不存在社区成员与社区土地之间对应配置的分配问题。正因为投标人、竞买人通过公开、平等的竞买,支付出最高价或报出令招标人满意的条件而取得"四荒"土地承包经营权,其客体少则十几亩,多则几十亩,乃至几万亩,容易产生规模效益,因此可以说,"四荒"土地承包经营权是由市场按效益最大化原则配置的。同时,"四荒"土地承包经营权在不改变土地用途的前提下转让、出租、抵押、入股、互换等,真正进入了土地市场,容易导致"四荒"土地向经营能手集中,

---

① 崔建远:《"四荒"拍卖与土地使用权》,载《法学研究》1995年第6期,第29页。

发挥出最佳效益。① 国务院办公厅《关于治理开发农村"四荒"资源进一步加强水土保持工作的通知》(国办发〔1996〕23号)指出:"实践证明,治理开发'四荒'资源,对于进一步解放农村的生产力、控制水土流失、提高土壤肥力和土地的产出率,对于保护、改善和优化生态环境,加快农民脱贫致富、壮大农村集体经济等,都有着重要的意义。"它代表了农业用地权利的发展方向。

[引申]

随着社会的发展,改革的深化,我们若做到了变按福利分配原则配置土地承包经营权为由市场按效益最大化原则配置农业用地权利,变唯有社区成员方能充任耕地的承包经营权人为社区内外的成员均可成为农业用地的权利人,变唯有发包人同意方能转让土地承包经营权为只要转让方和受让方协商一致并不改变土地用途即可转让农业用地权利,变偏低的承包金为数额合理的地租,变社区成员通过分得承包地而获取福利和体现所有人一分子的身份为社区成员从农村集体经济组织分得一定地租来获取福利和体现所有人一分子的身份,变承包地经营系社区成员唯一的或主要的就业途径为普通或次要的途径,现今以家庭承包方式设立土地承包经营权的模式就得变革,向类似"四荒"土地承包经营权的模式发展。当然,权利的名称不宜叫"四荒"土地承包经营权,或土地经营权。②

四、农村土地承包的原则

国家依法保护农村土地承包关系的长期稳定。农村土地承包后,土地的所有权性质不变。承包地不得买卖(《农村土地承包法》第4条)。

[辨析]

这里所谓保护农村土地承包关系长期稳定,应当是由农户长期在集体所有或国家所有但由集体使用的土地上从事农林牧渔的经营活动,不得剥夺农民的这种权利,不得退回农业高级社、人民公社的体制,而非一直故步自封在承包人限于本集体经济组织的成员、土地承包经营权是农民唯一的就业手段、福利保障、承包地按人均有的状态。正确的方针政策是,努力向兼顾公平与效率的农用土地权利的方向前进。

农村土地承包应当坚持公开、公平、公正的原则,正确处理国家、集体、个人三者的利益关系(《农村土地承包法》第7条)。

土地承包应当遵循以下规则:(1)按照规定统一组织承包时,本集体经济组织成员依法平等地行使承包土地的权利,也可以自愿放弃承包土地的权利;(2)民主协商,

---

① 崔建远:《"四荒"拍卖与土地使用权》,载《法学研究》1995年第6期,第30页。
② 同上书,第30-34页。

公平合理;(3)承包方案应当依法经本集体经济组织成员的村民会议 2/3 以上成员或 2/3 以上村民代表的同意;(4)承包程序合法(《农村土地承包法》第 19 条)。

农村土地承包,妇女与男子享有平等的权利。承包中应当保护妇女的合法权益,任何组织和个人不得剥夺、侵害妇女应当享有的土地承包经营权(《农村土地承包法》第 6 条)。

国家保护集体土地所有者的合法权益,保护承包方的土地承包经营权,任何组织和个人不得侵犯(《农村土地承包法》第 8 条)。

第二节 土地承包经营权的取得

一、概述

土地承包经营权的取得,分为原始取得和继受取得。所谓土地承包经营权的原始取得,是指非基于他人既有的权利而独立取得土地承包经营权的现象。在严格坚持善意取得必须以公示的公信力为前提的理论下,由于现行法不要求土地承包经营权的设立以登记为生效要件,土地承包经营权转让时的登记只是对抗要件,通说认为,土地承包经营权不会发生善意取得的结果。现行法尚无依据法律的直接规定而取得土地承包经营权的规定。

所谓土地承包经营权的继受取得,又称土地承包经营权的传来取得,是指基于权利人既有的权利,而取得土地承包经营权的现象。继受取得土地承包经营权又分移转继受取得土地承包经营权和创设继受取得土地承包经营权。

所谓创设继受取得土地承包经营权,是将集体土地所有权的部分权能分离和独立出来,形成土地承包经营权这种新权利的现象。在《民法典》及《农村土地承包法》上,土地承包经营权的创设继受取得包括两种情形:一是采取家庭承包方式,集体经济组织与其成员之间签订农业承包合同设立土地承包经营权;二是通过招标、拍卖、公开协商等方式,集体经济组织与承包人协商一致创设"四荒"土地承包经营权。

所谓移转继受取得土地承包经营权,是就承包人既有的土地承包经营权,不变更其性质而继受取得该权的现象。例如,基于转让、互易而继受取得土地承包经营权,基于将土地承包经营权出资而由公司继受取得等,均属此类。通过转让取得土地承包经营权,最为常见,将在本章第四节"土地承包经营权的效力"中讨论。

有必要指出,在"三权分置"模式下,采取出租、入股或者其他方式产生的继受取得,不是继受取得土地承包经营权,而是继受取得土地经营权(《民法典》第 339 条以下)。

[拓展]

分析《农村土地承包法》第 32 条第 1 款关于"承包人应得的承包收益,依照继承法的规定继承"的规定,土地承包经营权不是继承的标的物。尽管如此,"林地承包的承包人死亡,其继承人可以在承包期内继续承包"(《农村土地承包法》第 31 条第 2 款)。

二、通过家庭承包方式设立土地承包经营权

(一)界定

通过家庭承包方式设立土地承包经营权,是指集体经济组织的成员以农户的名义,与集体经济组织签订承包合同,创设土地承包经营权。

(二)程序

《农村土地承包法》第 20 条规定,土地承包应当按照以下程序进行:(1)本集体经济组织成员的村民会议选举产生承包工作小组;(2)承包工作小组依照法律、法规的规定拟订并公布承包方案;(3)依法召开本集体经济组织成员的村民会议,讨论通过承包方案;(4)公开组织实施承包方案;(5)签订承包合同。

(三)承包合同

承包合同,有人叫作农业承包合同,《民法典》称之为土地承包经营权合同(第 233 条第 1 款),其主体包括发包人和承包人。

发包人,《农村土地承包法》称作发包方。在农村土地依法属于村农民集体所有的情况下,发包人是集体经济组织或村民委员会;已经分别属于村内两个以上农村集体经济组织的农民集体所有的,发包人是村内各该农村集体经济组织或村民小组(《农村土地承包法》第 13 条第 1 款)。在国家所有依法由农民集体使用的农村土地发包的情况下,发包人可以是该土地的农村集体经济组织,也可以是村民委员会,还可以是村民小组(《农村土地承包法》第 13 条第 2 款)。

承包人,《农村土地承包法》称作承包方,将其范围限定为农村集体经济组织的成员,以农户的名义出现(第 16 条)。妇女和男子均为平等的一分子,在农村土地承包方面享有同等的权利(《农村土地承包法》第 6 条)。

承包人享有依法承包本集体经济组织发包的农村土地,任何组织和个人不得剥夺和非法限制农村集体经济组织成员承包土地的权利(《农村土地承包法》第 5 条),表明发包人负有强制缔约的义务。

承包合同应当采取书面形式,一般包括以下条款:(1)发包方、承包方的名称,发包方负责人和承包方代表的姓名、住所;(2)承包土地的名称、坐落、面积、质量等级;(3)承包期限和起止日期;(4)承包土地的用途;(5)发包方和承包方的权利和义务;

(6)违约责任(《农村土地承包法》第 22 条)。

承包合同自成立之日起生效(《农村土地承包法》第 23 条前段)。

(四) 土地承包经营权的设立

土地承包经营权自承包合同生效时设立(《民法典》第 333 条第 1 款,《农村土地承包法》第 23 条后段)。

登记尽管不是土地承包经营权设立的生效要件,但在土地承包经营权的确认、对抗他人方面仍然具有不可忽视的价值。《民法典》的有关规定表明了这一点,《不动产登记暂行条例实施细则》更是对此详加规定:"承包农民集体所有的耕地、林地、草地、水域、滩涂以及荒山、荒沟、荒丘、荒滩等农用地,或者国家所有依法由农民集体使用的农用地从事种植业、林业、畜牧业、渔业等农业生产的,可以申请土地承包经营权登记;地上有森林、林木的,应当在申请土地承包经营权登记时一并申请登记"(第 47 条)。"依法以承包方式在土地上从事种植业或者养殖业生产活动的,可以申请土地承包经营权的首次登记"(第 48 条第 1 款)。"以家庭承包方式取得的土地承包经营权的首次登记,由发包方持土地承包经营合同等材料申请"(第 48 条第 2 款)。

登记完成后,县级以上地方人民政府应当向土地承包经营权人发放土地承包经营权证、林权证等证书,并登记造册,确认土地承包经营权(《民法典》第 333 条第 2 款,《农村土地承包法》第 24 条第 1 款)。

[拓展]

林权的取得虽然不以林权登记为生效要件,但为了明晰权属,对抗第三人,通过登记予以公示仍有其积极意义。现行法也规定了林权登记的种类、条件、程序和效力等内容(《林木和林地权属登记管理办法》第 2 条以下)。

在中国,有的法律文件将林权证的效力表述为:(1)林权证系森林、林木、林地所有权或使用权的法律凭证[①],属于国家所有的和集体所有的森林、林木和林地,以及个人所有的林木和使用的林地,经县级以上人民政府盖章生效;属于国务院确定的国家所有的重点林区的森林、林木和林地,经国务院林业主管部门盖章生效。(2)林权证由林权权利人保存。(3)林权依法发生变更时,须持此证及时到原登记发证机关办理变更登记手续。(4)各级人民政府及其林权管理部门和司法机关调查了解有关林权事宜时,持证者应当出示此证。(5)严禁伪造、买卖、转借林权证。(6)持证单位和个人不得涂改林权证的内容。

按照《林木和林地权属登记管理办法》的规定,林权登记的机关为县级以上林业主管部门,林权登记包括初始登记、变更登记和注销登记(第 2 条)。对于经过登记机

---

① 这是广义的林权说的体现——笔者注。

关审查批准予以登记的申请,应当及时核发林权证(第14条)。按照森林法及其实施条例的规定,由国务院林业主管部门或省、自治区、直辖市人民政府以及社区的市、自治州人民政府核发林权证的,登记机关应当将核发林权证的情况通知有关地方人民政府(第15条)。林权发生变更的,林权人应当到初始登记机关申请变更登记(第6条)。林地被依法征收、占用或因其他原因造成林地灭失的,林权人应当到初始登记机关申请办理注销登记(第7条)。《国家林业局关于进一步加强和规范林权登记发证管理工作的通知》(林资发〔2007〕33号)第3条第1款第2项规定,农民集体所有和国家所有由农民集体使用的森林、林木和林地,依法采取家庭承包或其他方式承包的,由承包方申请林权登记;承包后依法转让或互换的,由新的承包方申请林权登记;未发包的,由集体所有者或依法使用国家所有森林、林木和林地的集体使用者申请林权登记。

需要注意的是,按照《国家林业局关于进一步加强和规范林权登记发证管理工作的通知》(林资发〔2007〕33号)第4条第2款的规定,因农村集体林地承包经营权发生流转,当事人申请林地承包经营权变更登记时,对于以下几种情形应当不予登记:(1)采取转让或互换方式对林地承包经营权进行流转,转让方未依法登记取得林权证,受让方直接申请林地承包经营权变更登记的;(2)采取转包或出租方式对林地承包经营权进行流转,原承包关系不变,受转包方和承租方申请登记的;(3)没有稳定的非农职业或没有稳定的收入来源的农户,将通过家庭承包方式取得的林地承包经营权转让给其他从事农业生产的农户,受让方申请林权变更登记的;(4)有稳定的非农收入或有稳定的收入来源的农户,将通过家庭承包方式取得的林地承包经营权采取转让方式转让给非农户,受让方申请登记的;(5)不宜采取家庭承包方式的荒山、荒沟、荒丘、荒滩等农村林地发包给农村集体经济组织以外的单位或个人承包,若承包方不能提供该承包经本集体经济组织成员的村民会议三分之二以上成员或三分之二以上村民代表的同意的证明文件和当地乡(镇)人民政府的批准文件,承包方申请登记的;(6)不宜采取家庭承包方式的荒山、荒沟、荒丘、荒滩等,依法采用其他方式承包后,经依法登记取得林权证,其林地承包经营权不是采取转让方式流转的,受流转方申请登记的;(7)其他不符合有关法律规定的申请林权登记条件的。

[论争]

通过以上介绍可知,中国现行法设置的模式是,通过承包合同而无须登记来直接设立土地承包经营权。对此,有学说表示赞同,认为这符合中国的实际。由此设立的权利虽然未经登记,也应当具有对抗第三人的效力。其理由在于,农村目前仍然属于熟人社会,在承包合同签订之后,即便没有登记,第三人也知悉该土地并非自己的,从而不会对其施加侵害。因此,公示的权利保护功能无从发挥。而在土地没有登记的情况下,第三人也不可能受让该权利或对之享有抵押权,因此,根本不可能存在标的物上有多个权利、从而哪项权利更为优先的问题,自然也不存在权利瑕疵而影响交易安全的情况。①

　　这种观点值得商榷。笔者认为,土地承包经营权的设立,事关农户或其他取得该权利之人的重大利益,尤其关系到农民的生存问题,为确保其利益不受侵犯,为了善意第三人免受不测的损害,对于土地承包经营权的设立应当采取登记成立要件主义,即土地承包经营权非经登记不得成立,以避免采取登记对抗主义甚至登记可有可无的模式而可能给农户带来的损害。② 这样,也可减少基于法律行为的物权变动模式的类型。

　　笔者认为,土地承包经营权无须登记公示的意见带有片面性。其一,土地承包经营权的信息应当准确和具有权威性。土地承包经营权登记公示制度最能达此目的。《农村土地承包法》对于土地承包经营权的初始产生不强行要求登记,土地承包经营权人大多不申请登记。在这些情况下,土地承包经营权的信息只有靠发包方的记载及知情人的记忆提供和证实,可靠性没有保障。因为人的记忆容易出错,发包人的记载相对而言容易毁损乃至遗失。其二,我们知道,土地承包经营权至少分为两种,其中,基于拍卖、招标产生的土地承包经营权,其主体可能是来自他乡的"陌生人",不强制实行登记公示制度,或仅仅实行登记对抗要件主义,众多的土地承包经营权未登记于土地档案里。他人欲了解土地承包经营权是否存在、存续期限多长、农地面积及其四至如何等情形,或是无从下手,或是知情者不予配合,或同意提供信息,但索要较高的费用,再就是该信息的准确性如何保证,其权威性如何确认? 所有这些,都可能损害受让人的利益,进而阻碍土地承包经营权的流转。其三,不实行登记公示制度,土地承包经营权紧密地与承包合同联系在一起,发包人利用各种优势使土地承包经营权人同意解除合同,致使土地承包经营权也随之终止。在土地承包经营权人不能举证发包人欺诈、胁迫、乘人之危而迫使自己违心同意解除合同的情况下,就会遭受损失,土地承包经营权的物权性变得模糊。如果采取登记公示制度,土地承包经营权的登记不注销,土地承包经营权就不消灭,即使承包合同已被解除,也是如此。这对阻止发包方擅自撕毁承包合同,保护土地承包经营权人的合法权益,具有积极的不可替代的作用。其四,对于家庭承包制,中央确立原则上稳定的政策。依据《民法典》和《农村土地承包法》,土地承包经营权的成立、转让等都不以登记为生效要件,发包方

---

① 王利明、尹飞、程啸:《中国物权法教程》,人民法院出版社2007年版,第303-304页。
② 耿林、戴孟勇、崔建远等:《关于〈中华人民共和国物权法(征求意见稿)〉第126条的修改意见》,载清华大学法学院《关于〈中华人民共和国物权法(征求意见稿)〉的修改意见》(2003年3月20日)。

擅自撕毁承包合同,频繁调整承包地,土地管理部门也不知晓,使中央政策的贯彻没有监督,缺乏制度保障。如果将土地承包经营权登记作为土地承包经营权变动的生效要件,对于违法的随意调整不予承认,对既有的土地承包经营权不予变更登记,就能起到监督、保障的作用。①

所谓"我国农村目前仍然属于熟人社会,在承包合同签订之后,即便没有登记,第三人也知悉该土地并非自己的,从而不会对其施加侵害。因此,公示的权利保护功能无从发挥。而在土地没有登记的情况下,第三人也不可能受让该权利或对之享有抵押权,因此,根本不可能存在标的物上有多个权利、从而哪项权利更为优先的问题,自然也不存在权利瑕疵而影响交易安全的情况",亦有片面性。在实务中,存在着善意之人受让土地承包经营权的情况。例如,甲村把良田B发包给乙农户,乙自土地承包合同生效时取得土地承包经营权,一直没有办理登记。实际上,丙一直以土地承包经营权人的名义在该宗承包地上耕种,甲村村委会不但默认,而且在丙把该土地承包经营权转让给丁时,同意该转让行为。事后,乙提出异议,不承认丁的土地承包经营权,丁则主张不知情,应当保有土地承包经营权。②

值得注意的是,《不动产登记暂行条例实施细则》设置四个条文规定农村集体所有权的登记(第29~32条),除关于登记的总则以外,还专门设置三个条文规定集体建设用地使用权的登记(第44~46条),设置七个条文规定土地承包经营权的登记(第47~53条)。尤其是第49条规定土地承包经营权的变更登记、第50条规定土地承包经营权的转移登记、第51条规定土地承包经营权注销登记时使用的术语是"应当",表明了变更登记是项义务。当然,它们只是部门规章,效力位阶低于《民法典》和《农村土地承包法》。解决这个问题的最佳方案是,将登记作为土地承包权、土地经营权和地役权的变动的生效要件。但遗憾的是,《民法典》没有因应这个要求,因循守旧。

不容忽视的是,农村如火如荼地开展农村土地权属的登记,这为将登记作为土地承包权、土地经营权的变动的生效要件奠定了基础,提供了前提。

《民法典》第333条第2款后段所谓"确认土地承包经营权",其意如何,颇费思量。观察其字面意思,似有只要不动产登记簿簿页上记载某特定土地承包经营权为张三家享有就确定无疑之意。不过,如此理解不合法理,因为连《民法典》第209条第1款等条款赋予公信力的不动产物权登记都不可说登记所显示的不动产物权关系与真实的不动产物权关系百分之百地相符,故有更正登记、异议登记的矫正措施(第220

---

① 崔建远:《土地上的权利群研究》,法律出版社2004年版,第214-215页。
② 崔建远:《不动产物权的善意取得》,载《中国法律评论》(第1卷),法律出版社2007年版,第77页。

条),并将其适用范围限于交易领域,何况《民法典》第333条所谓登记不具有公信力呢?此其一。《民法典》第333条第1款规定的是基于法律行为而设立土地承包经营权的现象,第2款所谓登记,依体系和逻辑,应当是对于此种土地承包经营权设立的登记,即它是对于基于法律行为而设立土地承包经营权这种不动产物权变动的登记。称此种登记具有确权的法律效力,应该慎重,因为连对作为不动产物权变动的生效要件的设权登记都未说具有确权的效力,何况《民法典》第333条所谓登记仅仅具有对抗善意第三人的效力呢?此其二。有鉴于此,不妨把《民法典》第333条第2款后段所谓"确认土地承包经营权"理解为,土地承包经营权合同已经生效,土地承包经营权据此设立,登记是对此种事实的进一步固定、认可。此其三。

在笔者看来,《民法典》第333条所谓登记,在证据法上的意义更大,即,凭借该登记,登记名义人可以自称不动产登记簿登记的土地承包经营权归其享有,不必再举证其他证据;争议的对方若不同意此种意见,必须举证推翻登记名义人的此种主张,若推不翻,只得承认登记名义人的主张。此其一。在判断交易相对人知情与否、有无过错方面具有作用,如果非登记名义人转让、抵押土地承包经营权,那么,交易相对人有意于查询不动产登记簿、判明转让人有无处分权的过错,他应承担相应的风险。如果承认土地承包经营权及土地经营权、地役权的转让、抵押也可以发生善意取得的法律效果,则于此场合交易相对人非善意,不能善意取得土地承包经营权或抵押权。此其二。

第三节 农地"三权分置"模式下的土地经营权

一、"三权分置"的基本含义与创设根源

《农村土地承包法》第36条至第47条、《民法典》第339条至第342条系"三权分置"架构下的设计,最为突出的创新是增设土地经营权。

所谓"三权分置",是相对于农民集体土地所有权与土地承包经营权这种"两权分离"而言的农地权利划分(分置)的状态的简称,指的是农民集体土地所有权→土地承包经营权→土地经营权的配置格局。

观察和体会《民法典》涉及土地承包经营权、土地经营权的条文,可知土地承包经营权、土地承包权和土地经营权这三个概念使用的场合和条件是:在农户亲自行使土地承包经营权、不流转该权的情况下,无须使用土地经营权的概念,仅有土地承包经营权的概念足矣;只有在农户流转土地承包经营权的情况下,才有使用土地承包权、土地经营权的必要,于此场合,农民集体土地所有权人拥有和行使土地所有权,土

承包经营权被分成土地承包权和土地经营权,农户享有其中的土地承包权并获得收益(土地经营权人支付的对价),土地承包经营权的概念退出使用,受让权利者同时是实际占有、使用、收益承包地之人享有和行使土地经营权。其实,在利用土地经营权融资时,已经取得土地经营权的实际占有、使用、收益承包地之人可以是抵押人(在承认土地经营权为物权的理论体系下)或出质人(在把土地经营权作为债权的理论体系下);在土地承包经营权尚未被分成土地承包权和土地经营权的情况下,土地承包经营权人(农户)在融资程序中将土地经营权独立出来,并抵押给(在承认土地经营权为物权的理论体系下)/出质给(在把土地经营权作为债权的理论体系下)出借人。有鉴于此,笔者赞同下面的概括:农民土地集体所有权与承包经营权是承包地处于未流转状态的一组权利,是两权分离。农民土地集体所有权与土地承包权、土地经营权是承包地处于流转状态的一组权利,是"三权分置"。①

"三权分置"的创设反映了社会经济制度乃至政治制度的内在要求。从农业农村的现实情况看,随着富余劳动力转移到城镇就业,各类合作社、农业产业化龙头企业等新型经营主体大量涌现,土地流转面积不断扩大,规模化、集约化经营水平不断提升,呈现"家庭承包,多元经营"格局。农业产业化、水利化、机械化及科技进步等,都对完善农村生产关系提出新的要求。把实践检验行之有效的农村土地承包政策和成功经验及时转化为法律规范,是修改《农村土地承包法》首先要考虑的问题,②自然也是编纂《民法典》所要解决、反映的课题。既保障农民的生存权甚至发展权,又让实际从事农林牧渔所需要的土地权利向"能手"、实力雄厚的公司集中,以满足规模化、集约化经营的需求。其方案之一是创设土地经营权。

再者,鉴于《物权法》和《农村土地承包法》设计的土地承包经营权被抵押、自由转让带来过高的风险,但同时权利人又有以土地承包经营权设立担保达到融资目的之现实且巨大的需求,其实也有金融机构扩张其金融业务的经济人渴望,习近平总书记于2013年7月明确提出,深化农村改革,完善农村基本经营制度,要好好研究农村土地所有权、承包权、经营权三者之间的关系。2016年4月25日,习近平总书记在小岗村农村改革座谈会上强调,新形势下深化农村改革,主线仍是处理好农民和土地的关系。这为中国农村土地产权制度改革指明了方向。中国共产党第十八届五中全会明确提出,完善土地所有权承包权经营权分置办法,依法推进土地经营权有序流转。在这种大背景下,中共中央办公厅、国务院办公厅于2016年10月印发了《关于完善

---

①② 《关于中华人民共和国农村土地承包法修正案(草案)的说明》(2018年12月29日),http://www.npc.gov.cn/npc/c10134/201812/60d3dc48a86441f9b5dc2577edfc07c6.shtml.2020年4月14日最后访问。

农村土地所有权承包权经营权分置办法的意见》。①

《关于完善农村土地所有权承包权经营权分置办法的意见》明确："……土地经营权人对流转土地依法享有在一定期限内占有、耕作并取得相应收益的权利。在依法保护集体所有权和农户承包权的前提下,平等保护经营主体依流转合同取得的土地经营权,保障其有稳定的经营预期。在完善'三权分置'办法过程中,要依法维护经营主体从事农业生产所需的各项权利,使土地资源得到更有效合理的利用。……"

在这个框架下,农村土地的集体所有权归农民集体所有,是土地承包权的前提。农户享有的承包经营权在土地流转中又派生出经营权,农民集体所有权是根本,农户承包权是基础,土地经营权是关键,这三者统一于农村的基本经营制度。②

"三权分置"是继家庭联产承包责任制后农村改革又一重大制度创新。截至2018年,农村已有30%以上的承包农户在流转承包地,流转面积4.79亿亩。为此,《农村土地承包法》规定,以家庭承包方式取得的土地承包经营权在流转中分为土地承包权和土地经营权。同时,明确了土地承包权和土地经营权的权能(第36条以下)。土地经营权流转后,为了加强对土地承包权的保护,《农村土地承包法》规定,承包土地的经营权流转后,承包方与发包方的承包关系不变,承包方的土地承包权不变(第44条)。③

二、农民集体土地所有权行使说之反驳

在研讨和设计农地"三权分置"模式的过程中,有一种意见是反对土地经营权的创设,其路径是反思他物权乃分享所有权的权能而派生出来的物权这种理念及理论,主张单纯依赖所有权的行使这一面即足矣,无须赋予所有权人对面之人享有他物权,包括土地经营权。笔者把它命名为单纯依赖所有权的行使论。在笔者看来,这种理论在现行法上是没有依据的,在理论上是错误的,在实务中是有害的,极不可取。(1)如果法律不承认土地所有权的行使在对方即农户或实际占有、使用、收益农地者一面凝聚成他物权,起码是债权,仅仅单纯依赖所有权的行使这一面,那么,在农民集体土地所有权人与农户或实际占有、使用、收益农地者之间的关系上,只是表现了前者对于后者从事农林牧渔的允许,后者从事这些活动具有合法性;但后者不享有他物权,起码是债权,似乎意味着前者恩赐于后者从事农林牧渔,前者随时可以收回此类恩惠,即停止行使农民集体土地所有权;后者没有他物权,就产生不出排除妨碍、消除危险或恢复原状等请求权,后者便无正权源地对抗他人的不法侵害,也就难以及时和

---

①②③ 韩长赋、张红宇:《农村土地〈"三权分置"意见〉政策解读》,http://www.scio.gov.cn/34473/34515/Document/1515220/1515220.htm。2016年11月23日最后访问。

有效地得到救济;后者没有债权,凭什么对抗前者不适当地停止行使农民集体土地所有权的行为?(2)如果法律不承认土地所有权的行使在对方即农户或实际占有、使用、收益农地者一面凝聚成他物权,起码是债权,农户或实际占有、使用、收益农地者的预期便不确定,短期行为就在所难免;农户或实际占有、使用、收益农地者的法益及边界不明,不易被他人了解,其合法利益容易遭受侵害,加上救济方式缺乏或者救济不及时,会促使农户或实际占有、使用、收益农地者的行为情绪化,破坏性地从事作业。(3)土地所有权的对面就是相应的义务,法律不赋予农户或实际占有、使用、收益农地者享有他物权,起码是债权,就意味着义务的类型与范围不明,农户或实际占有、使用、收益农地者不清楚其负担的类型与边界,其行为反倒容易不规范。义务种类与程度不清,农民集体土地所有权人就难以认定他们是否违反了义务,会出现难以认定责任是否成立的怪现象。(4)法律不赋予农户或实际占有、使用、收益农地者享有他物权,农民集体土地所有权人擅自将同一宗农地发包给第三人,农户或实际占有、使用、收益农地者完全无法对抗该第三人,只得追究农民集体土地所有权人的违约责任。这就有些方面而言不如农户或实际占有、使用、收益农地者享有他物权。(5)法律不赋予农户或实际占有、使用、收益农地者享有他物权,起码是债权,农户或实际用地者就无法以该利益作为客体向金融机构设立抵押权/债权,融到资金,因为现行法承认的担保物权要么以特定之物为客体,要么以特定权利为客体,没有承认以除此以外的利益为客体的担保物权。(6)单纯依赖所有权的行使论要想立得住,它必须在农民集体土地所有权人与农户之间的关系中,在农户与实际占有、使用、收益农地者之间的关系中,都说得通。但该论在实际上是无法完成该项任务的,因为在现行法上,农户对于农地的占有、使用、收益,早在《民法通则》上就被设计成土地承包经营权(第80条第2款),《物权法》亦然,且十分明确地把它作为一种用益物权(第124条以下),一句话,在所有权行使的受体一方已经凝结成他物权,起码是产生债权(有专家、学者认为《民法通则》规定的土地承包经营权属于债权)。这与依赖所有权的行使论的理念及结论正好相反。也可能这堵法理之墙无法撼动,于是只想阻碍土地经营权的设计:农地"三权分置"的提出与落实,众人争议第三权土地经营权应为物权还是债权,所有权的行使论独出心裁,认为没必要设计第三权,只要依赖所有权的行使就够了。在笔者看来,依赖所有权的行使论至少存在如何问题:A.它未做到相似的事物相同处理——在土地承包经营合同关系中农户享有土地承包经营权,在土地承包经营权流转关系中无需凝结成民事权利。B.在土地承包经营权流转关系中不存在土地所有权的行使,只有土地承包经营权的行使,依逻辑,依赖所有权的行使论在此派不上用场,可该论却是要解决这种关系中实际占有、使用、收益农地者的法益的。

视野延伸,若依单纯依赖所有权的行使论,则在所有权人与他人之间的关系中,仅凭所有权的行使就万事大吉,无须他物权的存在和运作。如此,在"物权法"领域,只剩下所有权"一柱擎天",不会有由所有权、用益物权和担保物权共同构建的殿堂,所谓"物权法"便名实不符,应叫所有权法。在笔者看来,这不是在建设农地权利乃至整个物权的制度,而是在为物权制度掘墓。这种忽视人类共同文明的结晶、抛弃传统文化的"开宗立派"是不切实际的。如果说言必称希腊、法必曰罗马为右倾,那么,单纯依赖所有权的行使论就能解决好农地权利问题,就是极左,这两个极端皆不可取。

三、土地经营权制度具有法理依据

集体土地所有权、农户承包权已由中国现行法确立为物权,《民法典》应予承继,不应存疑。但土地经营权究竟是被赋予物权的效力还是仅仅作为债权对待,较为理想,意见不一,需要慎思。从应尽可能地优化权利人的法律地位、使土地经营权成为更为有效的融资手段等方面出发,将土地经营权设计为用益物权确有必要。这从《中共中央、国务院关于完善产权保护制度依法保护产权的意见》关于"落实承包地、宅基地、集体经营性建设用地的用益物权"的规定中似可窥见一斑。《民法典》应该落实,方案至少有两个:一是集体土地所有权作为母权,土地经营权这个子权自集体土地所有权中派生出来;二是农户承包权作为母权,由其派生出土地经营权这个子权。第一个方案存在如下弊端:(1)农户承包权和土地经营权均为用益物权,其权能相同或相近,其客体系同一块农地,这违反一物一权主义。(2)若让土地经营权依其规范意旨充分发挥功效,则势必压抑农户承包权的固有权能的展开。这种给农户造成的根本性损害是未经农户同意的,因为土地经营权的设立并非源自农户承包权,不是基于农户与受让人之间的土地经营权合同设立的。这不符合意思自治原则。(3)这种无端地剥夺农户的权益是严重背离《关于完善农村土地所有权承包权经营权分置办法的意见》关于"农户享有土地承包权是农村基本经营制度的基础,要稳定现有土地承包关系并保持长久不变。土地承包权人对承包土地依法享有占有、使用和收益的权利。农村集体土地由作为本集体经济组织成员的农民家庭承包,不论经营权如何流转,集体土地承包权都属于农民家庭。任何组织和个人都不能取代农民家庭的土地承包地位,都不能非法剥夺和限制农户的土地承包权。在完善'三权分置'办法过程中,要充分维护承包农户使用、流转、抵押、退出承包地等各项权能"的原则的。

第二个方案则全无上述弊端,就此说来值得肯定,不过,却面临着法理上的难题:农户承包权是种权利,而非有体物,它是用益物权,而非所有权,怎么能作为派生出用益物权的母权呢?对此,笔者这样回应:(1)德国、日本的学者在研讨权利质权的性质的过程中,出现了设定性让渡主义,认为权利质权设定人以出质的标的所必需为准,在既存权利的各项权能中分离出部分权能来,允许质权人行使,从而由这些权能形成一个新的权利,即质权。这就像物权设定场合,将既存的权利视为母权,将分割出的权能所形成的权利视为子权。子权和母权虽然形式一样,但内容不同。子权只是行使母权的一部分权能。子权在开始设定时,虽然与母权有着密切的关系甚至有着共同的命运,但是自其设定行为完成的瞬间之后,就与母权完全分离,成为一种独立的、新的、不同种类的权利。拥有子权的质权人,不是作为代理人在行使他人的权能,而是在行使自己的权能。另一方面,母权依然留在设定人之处,本体没有受到损害,仅仅是部分权能被分割出去而作为了子权内容的权能,母权人在行使母权的各项权能时,遇到构成子权内容的特定权能时,将暂时地受到限制。① 这种理念、思路可用于农户承包权与土地经营权之间的关系上。(2) 日本民法及其理论将无记名债权(如无记名支票、公司债券、商品券、入场券、车票等)视为动产。② 尽管如此处理重在确定,民法关于动产适用消灭时效、善意取得(即时取得)、公示对抗、遗失物拾得、共有物管理、所持份额的放弃等规定,适用于无记名债权,③ 尚未承认无记名债权之上存在着所有权之意,但为了社会生活发展的需要,不妨进一步扩张其"视为动产"的功用,升华到无记名债权之上竖立着另类的"所有权"这样的理念。如此,我们可把作为质物的权利视为民法上的"物",该"物"之上存在着"所有权",该"所有权"即为权利质权的母权。相似的事物相同处理,我们可将农户承包权视为民法上的"物",该"物"之上存在着"所有权",该"所有权"就是土地经营权的母权。(3) 此外,还有下面的思路:即使是农户以其承包地作为客体为受让人设立土地经营权,土地经营权所分享的权能,依然是集体土地所有权中的占有、使用、收益诸项权能。农户之所以能使集体土地所有权的权能由受让人分享,是因为在农户承包权设立时法律已经将处分权直接授予农户了。农户正是借由这种**法律的授权**,将集体土地所有权中的部分权能分离给土地经营权人;土地经营权人正是借由这种**法律的授权**,合乎双方当事人意思且合法地分享了集体土地所有权中的部分权能,从而形成了土地经营权。这种法律授权说有其应用的市场。例如,认定银行系统各分行、支行及分理处办理存贷款等业务时享有代理权,大多不是由于银行总行出具了授权书,实际上也往往没有这种授权书,而是推定法律已经将代理权授予了各分行、支行及分理处。再如,在高度中央集权的计划经济时代,国营企业/国有企业在对外购进原材料、销售产品时之所以有权处分国有财产,也不是由于国务院等部门出具了授权书,实际上也没有此类授权书,

---

① [日]神户寅次郎:《权利质的性质》,载《法学协会》第 28 卷第 10 号,第 2124 页。
② [日]四宫和夫:《日本民法总则》,唐晖、钱孟姗译,朱柏松校订,五南图书出版公司 1995 年版,第 136 页。
③ 同上书,第 137 页。

而是推定法律已经将代理权授予了各国营企业/国有企业。①

四、对土地经营权的定性和定位

《农村土地承包法》第 41 条规定："土地经营权流转期限为五年以上的,当事人可以向登记机构申请土地经营权登记。未经登记,不得对抗善意第三人。"《民法典》对此予以承继并加以完善,第 341 条规定："流转期限为五年以上的土地经营权,自流转合同生效时设立。当事人可以向登记机构申请土地经营权登记;未经登记,不得对抗善意第三人"。这两部法律如此设计的本意是：在实务中,不同的主体对土地经营权的实际需求不同,有些需要期限较短的土地经营权,有些要求期限较长的土地经营权,大体可以 5 年为时间节点,5 年以上期限的经过登记可以为物权,5 年以下的因期限较短不予登记,不宜被定位在物权,仅作债权。② 如此,同一类型的土地经营权就会因存续期限的长短而表现为不同的权利属性和类型,或是物权,或是债权。在笔者看来,这并非最佳的方案。

把土地经营权定性和定位在债权,最大的弱点是受债的相对性的限制,土地经营权对第三人不具有约束力,有时对抗不了第三人。将土地经营权定性和定位于物权正能克服这种弱点：(1)在土地承包权人(农户)将 A 地的土地经营权流转给乙之后,乙取得的土地经营权作为物权且经过登记,其后,农户又把 A 地的土地经营权流转给丙,这时,乙就可以否定丙的土地经营权,保有住自己的土地经营权。但是,若乙的土地经营权作为债权,乙对丙就没有这样强大的效力。特别是,在丙实际占有 A 地而乙却未占有的情况下,根据《农村土地承包解释》第 19 条第 3 项正文关于"……已经根据承包合同合法占有使用承包地的人取得土地经营权"的规定,乙完全无力对抗丙所享土地经营权。(2)如果把它作为债权,在土地承包权人(农户)不复存在的情况下,就会出现承包人难以保有土地经营权的后果。因为土地承包权人(农户)不复存在就是债务人消灭,债权要随之消灭。可若土地经营权为他物权,一经设立就具有独立性,只要其母权没有绝对消灭、土地经营权的存续期间没有届满,即使土地承包权人(农户)不复存在,它也照样存在。(3)土地经营权若作为债权,在第三人不法侵害经营地及土地经营权时,由于现行法尚未普遍承认债权为侵权行为的对象,土地经营权人有时可能无权请求该第三人承担侵权责任。反之,若土地经营权是物权,在第三人侵害它时,土地经营权人就有权请求该第三人承担侵权责任。(4)土地经营权作为债

---

① 崔建远：《民法分则物权编立法研究》,载《中国法学》2017 年第 2 期,第 55-56 页。
② 在 2020 年 1 月 16 日上午由全国人民代表大会常务委员会法制工作委员会民法室组织召开的《中华人民共和国民法典·物权编(草案)》研讨会上,有关领导介绍了这种立法计划和立法目的。

权,由甲公司取得,甲公司又将之通过出租、出借等债的方式流转给乙公司,乙公司尚未支付对价时,在乙公司宣告破产的情况下,甲公司就此利益只能与其他债权人平等地按比例地受偿,而作为物权,则甲公司享有优先取回的权利。(5)《民法典》第342条允许把"四荒"土地承包经营权流转时形成的土地经营权作为抵押物,意味着将此类土地经营权定性和定在物权了。为达统一审视和规整土地经营权的体系化要求,把土地经营权定性和定位在物权,理由更充分些。如此看来,将土地经营权作为物权更好些。

就利用土地经营权融资而言,土地经营权为物权时所设担保权为抵押权,其为债权时所设担保权是债权质权。以土地经营权设立抵押权,采取物的编成主义,由不动产登记机构在不动产登记簿页上作他项权利登记,其公示效果最为显著,当事人及其利害关系人查询之最为便捷。但在债权质的设立方面,至少截至目前尚无统一的生效要件,有些以登记为生效要件,有些以交付为生效要件。以土地经营权出质时,债权质于何时设立,究竟为质押合同生效时还是债权质登记时,存在疑问。此其一。依现行登记制度,债权质的登记不在不动产登记机构,由哪个机构登记尚不清楚,且采取人的编成主义。人的编成主义与物的编成主义相比较,后者的优点更为明显。此其二。由此看来,把土地经营权作为债权,在设立担保权方面不够顺畅,非理想之选。此外,土地经营权作为债权入股与作为物权入股,在财会手续上、在纳税科目及流程方面,都存在差异。

至于以存续期限长短来决定民事权利是债权还是物权,需要慎思,应予澄清。其一,应当关注物权在个案中的目的及功能。由物权的目的及功能决定,一般来说,物权的存续期限较长甚至无期限,如建设用地使用权、宅基地使用权在这方面表现得特别突出;债权的存续期限一般较短,但也不尽然——有些债权的存续期限较长,如不动产租赁的存续期限可长达20年。其实,也有相反的事例。如一个面包,刚出炉就被消费掉,其所有权有点"转瞬即逝"。担保物权,特别是具有从属性的担保物权,因其附随于被担保的债权,而债权存有死亡的基因,目的已达便归于消灭,归于消灭,①故担保物权的存续期限也未必久长,在个案中可能十分短暂。其二,应当区分法律设计的物权存续期限与当事人选定的物权存续期限。鉴于所有权和用益物权的目的及功能,法律给予其较长的存续期限,这具有合理性和正当性。但这不妨碍当事人在不违背物权法定主义的前提下将法定的存续期限较长的物权在个案中约定为较短期限的物权。而且,《农村土地承包法》(如第40条等)、《民法典》(第339条以下)未禁止

---

① 参见 Radbruch, Rechtsphilosophie, 1963, S.243.转引自王泽鉴:《债法原理》,北京大学出版社2009年版,第40页。

当事人约定较长期限或较短期限的土地经营权,土地承包权人(农户)与土地经营权人(实际占有、使用、收益承包地者)约定存续期限较长的土地经营权可以,约定存续期限较短的土地经营权也可以。在这种背景下,宜统一地、整体地对待和把握土地经营权,仅以当事人约定了5年存续期限以下的土地经营权为由就把该权定性和定位在债权,而以当事人约定了5年以上存续期限的土地经营权为由就将该权定性和定位在物权,理由并不充分。

还有一种意见是:以登记与否作为界分物权和债权的准绳,据此衡量,5年以下期限的土地经营权,《民法典》未规定其可登记,便非物权,而是债权。[1] 在笔者看来,这不足以说服人,因为在《民法典》上,有些权利虽未作登记却为物权,如《民法典》第209条第2款规定的未经登记的自然资源国家所有权,第225条规定的船舶、航空器和机动车等即使未办理转移登记也可发生所有权转移,第229条规定的自法律文书或征收决定等生效时即转移到另一主体的物权、第230条规定的因继承取得的物权、第231条规定的合法建造的房屋自其"封顶"时即产生的所有权、第333条第1款规定的自土地承包经营权合同生效时设立的土地承包经营权、第335条规定的受让的土地承包经营权、第374条规定的自地役权合同生效时设立的地役权、第403条规定的自抵押合同生效时设立的动产抵押权、第547条第2款规定的随着债权转让而转移到受让人之处的抵押权或质权,均未经登记。与此相反,另一些权利虽经登记却亦非物权,如《民法典》第221条第1款规定的经过预告登记的业主请求开发商转移商品房的占有和所有权的债权,仍非物权,至多是介于债权和物权之间,兼有二者的性质[2];再如,根据《民法典》第706条的反面推论,已经登记备案的租赁合同项下的租赁权继续归属于债权,只是在买卖不破租赁这一点上被物权化了罢了;还如,《民法典》第768条关于应收账款债权人就同一应收账款订立多个保理合,同时多个保理权的优先顺位的规定中的应收账款,即使经过了登记也仍然为债权。

诚然,事物大多有两面性,绝对化往往不妥当。通过出租/转包、合同式联营的方式流转而形成的土地经营权,被定性和定位为债权,理由更充分些:(1)在合同法领域,通说一直把租赁合同项下的租赁权作为物权化的债权,租赁权只在买卖不破租赁这一点上显示出强大的优先性、绝对性,但在其他任何一项具体的效力上都遵循着相对性、平等性等债的属性。至于转包场合由次承包人取得的权利,完全符合债权的一切属性,而缺乏物权的绝对性、排他性、优先性,不享有物权请求权。尚未见到通过

---

[1] 在2020年1月16日上午由全国人民代表大会常务委员会法制工作委员会民法室组织召开的《中华人民共和国民法典·物权编(草案)》研讨会上,有专家学者如此主张。

[2] 参见王泽鉴:《民法物权》,北京大学出版社2009年版,第90页。

出租/转包、合同式联营的方式流转而形成的土地经营权不遵循上述原理而改弦更张的理由。(2)在法律适用方面,实务中通行的做法是,对于租赁/转包、合同式联营一直都适用合同法,未适用物权法,这也显示出把由此等方式形成的土地经营权作为物权欠缺支撑。

五、《民法典》新创了一种权利产生的机制

值得特别注意的还有,《民法典》第 339 条至第 342 条的规定新创了一种权利产生的机制:通过出租/转包、入股、融资担保的方式流转土地承包经营权时,承租人/次承包人、股份合作制企业或股份有限公司或有限责任公司取得了土地经营权,贷款人所享有的融资担保权的标的物是土地经营权,留在原土地承包经营权人之手的是土地承包权。因为在这些流转方式实施之前,土地承包经营权人之手并无土地经营权,有的是土地承包经营权,但在这些流转方式生效之时,土地经营权即告设立,归属于承租人/次承包人、股份合作制企业或股份有限公司或有限责任公司,或者成为担保权的标的物。换言之,这些流转方式"催生"出土地经营权。这与建设用地使用权等用益物权的转让或作为担保物向金融机构设立担保非常不同,因为建设用地使用权在转让之前或抵押权设立之前已经存在了,有了建设用地使用权才可能发生转让,有了建设用地使用权这个担保物才会有担保权的设立。

另外,土地经营权流转,可有两种路径及方法:一种是《民法典》第 339 条、第 342 条规定的路径及方法,流转前是土地承包经营权,流转后变成土地经营权;另一种是流转前土地经营权已经存在,流转后仍是土地经营权,属于传统的继受取得。

六、通过招标、拍卖、公开协商等方式,设立"四荒"土地经营权

(一) 概述

对于不宜采取家庭承包方式的"四荒"土地,《民法典》第 342 条和《农村土地承包法》第 48-54 条规定,可以通过招标、拍卖、公开协商等方式,设立土地经营权。与通过家庭承包方式设立土地承包经营权相比,它具有以下特色:(1)承包地仅限于不宜采取家庭承包方式的"四荒";(2)承包人不限于本集体经济组织的成员,企业法人、私人企业、个体工商户、国家机关工作人员或其他自然人等均可承包"四荒"土地;(3)"四荒"土地经营权的设立采取招标、拍卖、公开协商等透明、竞争的方式,较一对一地洽商弊端较少;(4)"四荒"土地经营权可较为自由地转让、转包、抵押、互换、出租、入股等流转,更有效率。[①]

[①] 参见崔建远:《"四荒"拍卖与土地使用权》,载《法学研究》1995 年第 6 期,第 32-33 页。

需要指出,通过招标、拍卖、公开协商等方式,设立"四荒"土地经营权,有消极条件的限制。国务院办公厅《关于治理开发农村"四荒"资源进一步加强水土保持工作的通知》(国办发〔1996〕23号)第4条第1项规定,承包、租赁、股份制合作、拍卖"四荒"使用权等,要划清国家与农村集体所有"四荒"的权属界限,权属不明确、存在争议的,在问题没有得到解决前,不得进行承包、租赁、股份制合作或拍卖。严禁把国有土地变为集体所有。严禁将国有林地当作"四荒"拍卖。国务院办公厅于1999年12月21日发布的《关于进一步做好治理开发农村"四荒"资源工作的通知》(国办发〔1999〕102号)对此再次重申(第1条第2款)。

[提示]

在《物权法》及2002年的《农村土地承包法》实施期间,通过招标、拍卖、公开协商等方式设立的承包权名叫土地承包经营权,自2018年修正的《农村土地承包法》和《民法典》开始,改名为土地经营权,当然,机理有别。

(二) **设立方式**

"四荒"土地经营权设立的方式,可以是招标、拍卖、公开协商等方式,也可以将土地承包经营权折股分给本集体经济组织成员后,再实行承包经营或股份制合作经营(《农村土地承包法》第50条第1款)。

国务院办公厅《关于治理开发农村"四荒"资源进一步加强水土保持工作的通知》(国办发〔1996〕23号)规定:"哪种方式有利于调动群众的积极性,有利于保持水土,有利于发展壮大集体经济,就采取哪种方式,切忌'一刀切'"(第2条第4项)。

招标、拍卖、公开协商等方式只是签订承包合同的方式,并未否定"四荒"土地承包经营权的设立依赖承包合同。所以,国务院办公厅《关于治理开发农村"四荒"资源进一步加强水土保持工作的通知》(国办发〔1996〕23号)强调:"承包和租赁治理开发'四荒',农村集体经济组织要与承包、承租者签订合同,经乡(镇)人民政府审核,报县级人民政府批准。合同要明确承包方与发包方、承租方与出租方的权利与义务。拍卖使用权的,要标定拍卖底价,实行公开竞价,拍卖后买卖双方要签订拍卖协议,办理交款手续,由县级人民政府依法核发或更换土地使用权证书。"《农村土地承包法》将其法律化:"以其他方式承包农村土地的,应当签订承包合同,承包方取得土地经营权。当事人的权利和义务、承包期限等,由双方协商确定。以招标、拍卖方式承包的,承包费通过公开竞标、竞价确定;以公开协商等方式承包的,承包费由双方议定"(第49条)。

(三) **农村集体经济组织成员有无优先承包权**

尽管"四荒"土地承包经营权的设立采取公开透明的竞争方式,但对"四荒"土地所在农村集体经济组织成员的利益需要有条件地关照。至于具体途径,《农村土地承包法》是"以其他方式承包农村土地,在同等条件下,本集体经济组织成员享有优先承包权"(第51条)。按照《农村土地承包解释》的规定,该优先权的享有和行使附有条件,即流转价款、流转期限等主要内容相同。在符合这些条件下,本集体经济组织成员主张优先权的,人民法院应予支持(第18条)。但下列情形除外:(1)在书面公示的合理期限内未提出优先权主张的。(2)未经书面公示,在本集体经济组织以外的人开始使用承包地两个月内未提出优先权主张的(第11条)。(3)在发包方将农村土地发包给本集体经济组织以外的单位或个人,已经法律规定的民主议定程序通过,并由乡(镇)人民政府批准后主张优先承包权的(第18条)。此其一。《农村土地承包法》第50条规定:"荒山、荒沟、荒丘、荒滩等可以直接通过招标、拍卖、公开协商等方式实行承包经营,也可以将土地经营权折股分给本集体经济组织成员后,再实行承包经营或者股份合作经营。"其中,所谓"也可以将土地经营权折股分给本集体经济组织成员后,再实行承包经营或者股份合作经营",在客观上使本集体经济组织成员就"四荒"土地承包利益的享有取得了优先权。此其二。

(四)对农村集体经济组织成员以外的人承包"四荒"土地严格条件和程序

现行法允许农村集体经济组织成员以外的人承包"四荒"土地,只不过在条件和程序上较为严格,对此,《农村土地承包法》第52条规定:"发包方将农村土地发包给本集体经济组织以外的单位或者个人承包,应当事先经本集体经济组织成员的村民会议三分之二以上成员或者三分之二以上村民代表的同意,并报乡(镇)人民政府批准"(第1款)。"由本集体经济组织以外的单位或者个人承包的,应当对承包方的资信情况和经营能力进行审查后,再签订承包合同"(第2款)。

[思考]

现行法对农村集体经济组织成员以外的人承包"四荒"土地严格条件和程序,仍然是基于土地承包经营权是农民唯一的或主要的就业手段、生活保障、福利体现、社会稳定的法律基础之一的背景。如果随着社会的发展,土地承包经营权不再是农民唯一的或主要的就业手段、生活保障及福利体现,立法政策就应该调整。

(五)"四荒"土地承包经营权的登记及其效力

分析《民法典》第333条第1款关于"土地承包经营权自土地承包经营权合同生效时设立"的规定,《农村土地承包法》第35条关于"土地承包经营权互换、转让的,当事人可以向登记机构申请登记。未经登记,不得对抗善意第三人"的规定;第41条关于"土地经营权流转期限为五年以上的,当事人可以向登记机构申请土地经营权登记。未经登记,不得对抗善意第三人"的规定;第53条关于"通过招标、拍卖、公开协商等方式承包农村土地,经依法登记取得权属证书的,可以依法采取出租、入股、抵押或者其他方式流转土地经营权"的规定;以及《不动产登记暂行条例实施细则》第48

条第 3 款关于"以招标、拍卖、公开协商等方式承包农村土地的,由承包方持土地承包经营合同申请土地承包经营权首次登记"的规定,可知登记并非"四荒"土地经营权设立的生效要件。从《民法典》第 342 条关于"通过招标、拍卖、公开协商等方式承包农村土地,经依法登记取得权属证书的,可以依法采取出租、入股、抵押或者其他方式流转土地经营权"以及《农村土地承包法》第 53 条的规定看,登记是"四荒"土地承包经营权转让、出租、入股、抵押或其他方式流转的法律前提,不登记不发生"四荒"土地经营权流转的法律效力。

即使登记不是土地承包经营权或土地经营权变动的生效要件,只是对抗要件,登记对于土地承包经营权人或土地经营权人也是非常有益处的。因此,土地承包经营权人或土地经营权人还是及早地申请登记为好。在这方面,《不动产登记暂行条例实施细则》第 48 条规定:"依法以承包方式在土地上从事种植业或者养殖业生产活动的,可以申请土地承包经营权的首次登记"(第 1 款)。"以家庭承包方式取得的土地承包经营权的首次登记,由发包方持土地承包经营合同等材料申请"(第 2 款)。"以招标、拍卖、公开协商等方式承包农村土地的,由承包方持土地承包经营合同申请土地承包经营权首次登记"(第 3 款)。

第四节 土地承包经营权的效力

一、土地承包经营权人的权利

(一) 占有、使用承包地的权利

土地承包经营权人占有承包地,是其从事农林牧渔经营活动的前提。使用承包地,或表现为耕种承包地,或表现为在承包地上植树造林,或表现为在承包地种草、放牧,或表现为在承包水域养殖水生动植物。

但应注意,法律禁止占用耕地建窑、建坟或者擅自在耕地上建房、挖砂、采石、采矿、取土等。禁止占用基本农田发展林果业和挖塘养鱼(《土地管理法》第 37 条第 2 款、第 3 款)。

(二) 享有收获物所有权的权利

土地承包经营权的目的及功能之一是,土地承包经营权人从事上述农林牧渔经营活动的收获物,归属于自己,而不归发包人,也不归国家或他人。所以,土地承包经营权人保有收获物的所有权为其重要权利,或者说是核心权利。

对此,国务院办公厅《关于治理开发农村"四荒"资源进一步加强水土保持工作的通知》特别予以明确:"实行谁治理、谁管护、谁受益的政策。在经过治理开发的'四

荒'地上种植的林果木、牧草及其产品等归治理者所有,新增土地的所有权归集体,在协议规定期限内,治理者拥有使用权,享受国家有关优惠政策。"如今,不限于"四荒"上的林木,《中共中央国务院关于全面推进集体林权制度改革的意见》明确规定:"在坚持集体林地所有权不变的前提下,依法将林地承包经营权和林木所有权,通过家庭承包方式落实到本集体经济组织的农户,确立农民作为林地承包经营权人的主体地位"(第3条第8项)。

(三) 自主经营的权利

土地承包经营权人自主经营,根据农业生产经营规律和自己的意愿安排生产经营活动。对此,国务院办公厅《关于治理开发农村"四荒"资源进一步加强水土保持工作的通知》(国办发〔1996〕23号)明确指出:"治理者对'四荒'享有治理开发自主权。国家依法保护治理开发'四荒'的成果和治理者的合法权益。在符合国家有关法律、法规、政策、水土保持总体规划和治理开发协议的前提下,允许并鼓励治理者在保持水土和培育资源的基础上,宜农则农,宜林则林,宜果则果,宜牧则牧,宜渔则渔,根据实际情况开发利用'四荒'。"对此,《农村土地承包法》于第15条第2项、第17条第1项从不同的方向两次强调,第9条前段也强调保护土地承包经营权人的自主经营。《中共中央国务院关于全面推进集体林权制度改革的意见》规定:"实行商品林、公益林分类经营管理。依法把立地条件好、采伐和经营利用不会对生态平衡和生物多样性造成危害区域的森林和林木,划定为商品林;把生态区位重要或生态脆弱区域的森林和林木,划定为公益林。对商品林,农民可依法自主决定经营方向和经营模式,生产的木材自主销售。对公益林,在不破坏生态功能的前提下,可依法合理利用林地资源,开发林下种养业、利用森林景观发展森林旅游业等"(第3条第10项)。

(四) 从发包人处依法获取生产、技术、信息等服务的权利

承包人从事农林牧渔经营活动所必需的生产、技术、信息,发包人若有能力提供这方面的服务,则依照《农村土地承包法》第15条第3项的规定,承包人有权获得。

(五) 依法流转土地承包经营权/土地经营权的权利

1. 概述

土地承包经营权作为他物权,无处分承包地的效力,但承包人有处分土地承包经营权自身的权利。对此,《农村土地承包法》设置14个条文全面调整(第33条以下)。林地承包经营权人可依法对拥有的林地承包经营权和林木所有权进行出租、转让、入股、抵押或作为合资、合作的条件,对其承包的林地、林木可依法开发利用(《中共中央国务院关于全面推进集体林权制度改革的意见》第3条第11项)。《民法典》概括式地认可《农村土地承包法》的规定和精神(第334条等)。土地承包经营权流转的主体是承包方。承包方有权依法自主决定土地承包经营权是否流转和流转的方式(《农村

土地承包法》第 9 条、第 10 条、第 27 条第 3 款、第 38 条第 1 项)。

值得指出并应予重视的是,中国共产党第十八届中央委员会第三次全体会议于 2013 年 11 月 12 日通过的《中共中央关于全面深化改革若干重大问题的决定》,赋予了土地承包经营权更为自由的让与性,于第 20 条第 1 款后段规定:"稳定农村土地承包关系并保持长久不变,在坚持和完善最严格的耕地保护制度前提下,赋予农民对承包地占有、使用、收益、流转及承包经营权抵押、担保权能,允许农民以承包经营权入股发展农业产业化经营。鼓励承包经营权在公开市场上向专业大户、家庭农场、农民合作社、农业企业流转,发展多种形式规模经营。"

土地承包经营权流转应当遵循以下原则:(1)平等协商、自愿、有偿,任何组织和个人不得强迫或阻碍承包方进行土地承包经营权流转;(2)不得改变土地所有权的性质和土地的农业用途;(3)流转的期限不得超过承包期的剩余期限;(4)受让方须有农业经营能力;(5)在同等条件下,本集体经济组织成员享有优先权(《农村土地承包法》第 38 条)。

土地承包经营权采取互换、转让方式流转,当事人双方应当签订书面合同。采取转让方式流转的,应当经发包方同意;依法采取出租、入股或者其他方式向他人流转土地经营权,并向发包方备案(《农村土地承包法》第 36 条)。

[引申]

应注意,没有备案,主要发生行政法上的后果,不应影响转包、出租、互换等合同的效力。对此,《农村土地承包解释》第 14 条规定:"承包方依法采取出租、入股或者其他方式流转土地经营权,发包方仅以该土地经营权流转合同未报其备案为由,请求确认合同无效的,不予支持。"

土地承包经营权流转合同一般包括以下条款:(1)双方当事人的姓名、住所;(2)流转土地的名称、坐落、面积、质量等级;(3)流转的期限和起止日期;(4)流转土地的用途;(5)双方当事人的权利和义务;(6)流转价款及支付方式;(7)违约责任(《农村土地承包法》第 40 条第 2 款)。

[拓展]

当事人对转包、出租地流转期限没有约定或约定不明的,参照《民法典》第 730 条关于"当事人对租赁期限没有约定或者约定不明确,依据本法第五百一十条的规定仍不能确定的,视为不定期租赁;当事人可以随时解除合同,但是应当在合理期限之前通知对方"的规定处理。除当事人另有约定或属于林地承包经营外,承包地交回的时间应当在农作物收获期结束后或下一耕种期开始前(《农村土地承包解释》第 16 条第 1 款)。

发包方就同一土地签订两个以上承包合同,承包方均主张取得土地经营权的,如何处理?《农村土地承包解释》第19条采取区分情形而定的方法:(1)已经依法登记的承包方,取得土地经营权;(2)均未依法登记的,生效在先合同的承包方取得土地经营权;(3)依前两项规定无法确定的,已经根据承包合同合法占有使用承包地的人取得土地经营权,但争议发生后一方强行先占承包地的行为和事实,不得作为确定土地经营权的依据。

土地承包经营权采取互换、转让方式流转,当事人要求登记的,应当向县级以上地方人民政府申请登记。未经登记,不得对抗善意第三人(《农村土地承包法》第35条)。《不动产登记暂行条例实施细则》予以细化(第50条),本书将在相应之处加以介绍。

土地经营权流转的价款,应当由当事人双方协商确定。流转的收益归承包方所有,任何组织和个人不得擅自截留、扣缴(《农村土地承包法》第39条)。发包方或其他组织、个人擅自截留、扣缴承包收益或土地经营权流转收益,承包方请求返还的,应予支持。发包方或其他组织、个人主张抵销的,不予支持(《农村土地承包解释》第17条)。因承包方不收取流转价款或向对方支付费用的约定产生纠纷,当事人协商变更无法达成一致,且继续履行又显失公平的,人民法院可以根据发生变更的客观情况,按照公平原则处理(《农村土地承包解释》第15条)。

2. 出租

土地承包经营权的出租,是土地承包经营权人(出租人)和承租人签订租赁合同,土地承包经营权继续由出租人享有,承租人不受让土地承包经营权(《农村土地承包法》第36条),只是取得在承包地从事农林牧渔经营并获取收获物的资格,向出租人支付租金的现象。承租人可以是本集体经济组织的成员,也可以是本集体经济组织以外的自然人、法人或其他组织。

值得一提的是,《农村土地承包法》第36条一改以往把出租和转包并列的理念,采用"出租(转包)"的表达方式,意味着已经将出租和转包等同看待,这值得赞同。其道理如下:由于转包和出租两种场合都是土地承包经营权不发生移转,都是第三人(受包人或承租人)取得利用承包地从事农林牧渔经营活动的资格,都是第三人(受包人或承租人)向土地承包经营权人支付一定对价(限于有偿转包场合),可见,两者具有质的统一性,《物权法》及2018年之前的《农村土地承包法》把"转包"与出租作为并列的、相互独立的两种法律形式,乃人为地割裂一项法律制度,至少在客观上要求法律人分别适用"转包"的法律规范和出租的法律规范,而实际上现行法又欠缺较为详细的"转包"规范,造成"准用"或类推适用的现象。[1]

---

[1] 崔建远:《土地上的权利群研究》,法律出版社2004年版,第216页。

3. 互换

互换,合同法称之为互易,按照《农村土地承包法》第33条规定,是承包方之间为方便耕种或者各自需要,可以对属于同一集体经济组织的土地的土地承包经营权进行互换。可见,此处的互换有较为严格的限定:(1)从主体方面看,互换人须是承包人,须为同一集体经济组织的成员;(2)就承包地而言,须为属于同一集体经济组织的两宗以上的土地;(3)从互换的标的物方面看,必须属于同一集体经济组织的土地上竖立的土地承包经营权。

互换与转让的区别在于:(1)通常意义上的转让,其受让人可以是本集体经济组织内的成员,也可以是本集体经济组织以外的人;土地承包经营权的互换,在现行法上,互换人须为同一农村集体经济组织的成员。(2)通常意义上的转让,其对价通常表现为货币;土地承包经营权的互换,其对价表现为另一土地承包经营权。其实,从学理的层面考虑,这些差异可看作上位概念和下位概念之间的区别。如果是这样,则可将互换看作转让的特例。①

互换场合,按照《不动产登记暂行条例实施细则》第50条第1款第1项的规定,当事人双方应当持互换协议等材料,申请土地承包经营权的转移登记。于此场合,两个土地承包经营权相向移转,按照德国民法思维,存在着两个物权行为,在法国和中国的法制上,因未确立物权行为制度,表现为事实行为。

4. 入股

入股,是指将土地承包经营权作价,出资到股份合作制企业乃至股份有限公司之中,成为企业的财产的现象。不过,此时企业的责任财产包含的,不是土地承包经营权,而是土地经营权。承包人因其土地承包经营权入股而在股份合作制企业乃至股份有限公司之中享有股权,表现为被选举权、选举权、股息红利分配权等;其土地权利已经变成土地承包权。对此,《中共中央关于全面深化改革若干重大问题的决定》予以进一步肯定和倡导(第20条、第21条)。

入股,土地经营权移转至企业名下,按照德国民法思维,存在着两个物权行为,在法国和中国的法制上,因未确立物权行为制度,表现为事实行为。

5. 转让

所谓转让,是指转让人(承包人)和受让人签订转让合同,将土地承包经营权移转给受让人,受让人向转让人支付对价的现象。于此场合,原承包方与发包方在该土地上的承包关系即行终止(《农村土地承包法》第34条)。对此,《中共中央关于全面深化改革若干重大问题的决定》予以进一步地肯定和倡导(第20条)。

---

① 崔建远:《土地上的权利群研究》,法律出版社2004年版,第216页。

转让场合,当事人双方应当持转让合同等材料,申请土地承包经营权的转移登记(《不动产登记暂行条例实施细则》第50条第1款第2项)。以家庭承包方式取得的土地承包经营权,采取转让方式流转的,还应当提供发包方同意的材料(《不动产登记暂行条例实施细则》第50条第2款)。

转让合同生效并履行是(物权变动的)法律事实,土地承包经营权移转至受让人名下是结果(物权变动)。按照德国民法思维,存在着两个物权行为,在法国和中国的法制上,因未确立物权行为制度,表现为事实行为。

中国现行法对通过招标、拍卖、公开协商等方式设立的"四荒"土地承包经营权的转让,未设诸如发包人同意之类的限制(《民法典》第342条,《农村土地承包法》第48条以下)。但对通过家庭承包方式设立的土地承包经营权的转让,采取的方案是新创设土地经营权,它派生于土地承包经营权,可以自由转让;但留在农户(原土地承包经营权人)的土地权利不再是土地承包经营权,而是土地承包权,它不得转让(《民法典》第339条等,《农村土地承包法》第34条以下)。

6. 融资担保

以往,土地承包经营权的抵押仅仅限于"四荒"土地承包经营权,通过家庭承包方式设立的土地承包经营权不得设立抵押权(《物权法》第128条、第133条),2002年的《农村土地承包法》第32条、第37条、第49条,国务院办公厅《关于治理开发农村"四荒"资源进一步加强水土保持工作的通知》(国办发〔1996〕23号第3条第6项)。修正前的《农村土地承包解释》第15条规定,承包方以其(家庭承包方式设立的)土地承包经营权进行抵押的,应当认定无效。对因此造成的损失,当事人有过错的,应当承担相应的民事责任。

之所以如此设计,是因为法律委员会经同国务院法制办、国土资源部、农业部等部门反复研究,一致认为:目前,农村社会保障体系尚未全面建立,土地承包经营权和宅基地使用权是农民安身立命之本,从全国范围看,放开土地承包经营权抵押和宅基地使用权转让的条件尚不成熟。因此,物权法草案仅规定通过招标、拍卖、公开协商等方式设立的"四荒"土地承包经营权,可以转让、抵押等,是适当的,与《宪法》《农村土地承包法》《土地管理法》等法律的规定也是一致的。①

《中共中央关于全面深化改革若干重大问题的决定》放弃了上述理念,明确规定,土地承包经营权可以抵押(第20条)。《农村土地承包法》于2018年据此修正,允许

---

① 《全国人大法律委员会关于〈中华人民共和国物权法(草案)〉修改情况的汇报》(2006年10月27日),载全国人民代表大会常务委员会法制工作委员会民法室编:《物权法立法背景与观点全集》,法律出版社2007年版,第64页。

以土地承包经营权融资担保(第47条),《民法典》固定这些改革成果(第339条)。至此,法律结构呈现出:担保权设立之时,其标的物是土地经营权,不是土地承包经营权;提供担保之人握有的是土地承包权,不再是土地承包经营权。不过,土地经营权人作为融资担保的提供之人的,其握有的是土地经营权。此其一。在把土地经营权定性和定位在物权时,担保权表现为抵押权;在将土地经营权定性和定位在债权时,担保权表现为质权。此其二。

[回顾]

在相当长的时期,关于通过家庭承包方式设立的土地承包经营权可否抵押的问题,一直存在着激烈的争论。否定说担心,如果允许土地承包经营权抵押,一是抵押权可能在实际上难以实现,使抵押权人遭受经济损失;二是承包人因抵押权的实行而丧失生活来源,增加财政负担,酿成社会问题;三是农地可能因抵押权的实行而改变用途,危及国家的粮食安全。若不允许改变土地用途,金融机构和其他民事主体究竟能有多大的积极性?允许抵押并不能解决农民贷款难的问题。[1]

肯定说则认为,其一,土地承包经营权人需要资金购买种子、化肥、农药等生产资料,以正常地从事农林牧渔经营;有时急需钱款治疗重病或办理其他要事,等等。而土地承包经营权人在现行法上的融资方式非常有限,如果允许他们以其土地承包经营权甚至宅基地使用权设定抵押权,融到资金,治愈疾病以从事农林牧渔经营,或购置全生产资料,从事农林牧渔经营,并取得收获物,满足各方面的需要,包括偿还贷款本息,不是共赢吗?!如果不允许他们以土地承包经营权甚至宅基地使用权设定抵押权,许多人就会融不到急需的资金,无法正常从事农林牧渔经营,各方面的目的都会落空。[2] 其二,财产及其权利具有让与性,才会保有乃至增加财产权的价值。土地承包经营权作为财产权,也应当尽可能地体现出让与性,才会使承包人借助土地承包经营权更好地实现其利益。迄今为止的实务运作已经清楚地显示出,农村集体土地所有权几乎不具有让与性,土地承包经营权的让与性也有限,农村集体组织及农民的财产增值较低;而一旦国家先将农村集体所有的土地征为国有,然后将土地使用权出让给开发商,开发商就会财源滚滚来,政府也收取了可观的出让金。何以如此?建设用地使用权具有较为充分地让与性,系重要原因之一。其三,土地承包经营权人是理性人,会趋利避害,选择适当的行为,而不会明知以土地承包经营权抵押会失生活来源,仍故意跳入火坑。其四,至于土地承包经营权抵押可能无法实现,那是抵押权人

---

[1] 《吴邦国委员长听取有关方面对物权法草案的修改意见》,《中央有关部门的负责同志和专家对物权法草案几个重大问题的意见》,载全国人民代表大会常务委员会法制工作委员会民法室编:《物权法立法背景与观点全集》,法律出版社2007年版,第85-87页,第129页。

[2] 同上书,第84-87页。

的商业风险问题,在市场经济的条件下,这应当由他自己审时度势,自我决定,无须立法者如同父母担心孩子摔跤般地多虑。其五,若聚焦在物权变动方面,土地承包经营权的转让是土地承包经营权彻底地立即地移转至受让人之处,土地承包经营权抵押则不一定发生土地承包经营权的移转,在一个正常运行的经济环境里,大多不发生移转。现行法既然已经有条件地承认了土地承包经营权的转让,举重以明轻,更应承认土地承包经营权的抵押,才更合逻辑。笔者原来持完全肯定说。

孙佑海博士看到了否定说的缺陷严重,也注意到了肯定说的不足——对于承包人丧失土地承包经营权,导致加重财政负担、社会负担,甚至于酿成严重的社会问题,尚无令人满意的解决方案。于是,他修正肯定说,主张在土地承包经营权抵押制度中,引入保险机制,规定由保险公司代替土地承包经营权人向抵押权人还本付息的条件,以最大限度地减少承包人丧失土地承包经营权的可能。"三权分置"之后,土地经营权抵押应无疑问,现行法在这方面应予修正。

(六) 将承包地作为供役地设立地役权的权利

土地承包经营权人有权将承包地作为供役地为他人设立地役权(《民法典》第378条、第383条),至于土地承包经营权人把承包地作为需役地为自己设立地役权,同时有利于自己和土地所有权人,更应被准许(《民法典》第382条等)。

(七) 承包地被依法征收时及时获得足额补偿的权利

为了公共利益的需要,国家征收农民集体所有的土地,该农民集体所有土地上存在的土地承包经营权随其母权——农民集体土地所有权——的消灭而不复存在,征收机关不但必须及时、足额补偿农民集体土地所有权人,而且必须及时、足额补偿土地承包经营权人(《民法典》第338条、第327条、第243条,《农村土地承包法》第17条第4项)。从权利的角度描述,就是土地承包经营权人享有足额补偿的请求权。

(八) 对提高土地生产能力的投入,享有获得补偿的权利

在承包经营期间,土地承包经营权人若在承包地上依法兴建了农田水利设施等构筑物,或将"四荒"治理成了良田,或因多施有机肥料使承包地更加肥沃等,从而提高了土地的生产能力,承包方交回承包地或者发包方依法收回承包地时,承包方对其在承包地上投入而提高土地生产能力的,有权获得相应的补偿(《农村土地承包法》第27条第4款);土地承包经营权依法流转时,(原)承包人有权请求受让人给予相应补偿(《农村土地承包法》第43条,《农村土地承包解释》第17条第2款)。

[引申]

在承包人对其承包地上投入而提高土地生产能力的前提下,土地承包经营权没有流转,而是终止,于此场合,承包人应有权请求发包人给予相应补偿。其道理在于,承包人因此而付出了费用,发包人就此获得了利益,按照公平正义的理念,发包人不

宜无偿地获得此类利益。此其一。这样有利于承包人对承包地积极投入，提高土地生产能力，减少乃至杜绝掠夺性经营、破坏土壤肥力等短期行为。此其二。其法律依据，可类推适用《农村土地承包法》第43条、《农村土地承包解释》第16条第2款的规定。

（九）对抗发包人非法行为的权利

发包人若违法地干涉承包人依法从事正常的生产经营活动、擅自调整承包地、擅自终止承包合同、擅自收回承包地、强迫土地承包经营权流转、将承包地收回抵顶欠款等，承包人均有权对抗（《农村土地承包法》第15条第2项、第27条第1款、第28条第1款、第37条、第57条、第58条，《农村土地承包解释》第6条第1项）。

承包期内，妇女结婚，在新居住地未取得承包地的，女性承包人有权对抗发包方收回原承包地的行为；妇女离婚或丧偶，仍在原居住地生活或不在原居住地生活但在新居住地未取得承包地的，女性承包人有权对抗发包方收回原承包地的行为（《农村土地承包法》第31条）。

[思考]

《农村土地承包法》奉行土地承包经营权基本稳定的原则，承包期内，发包方不得单方面解除承包合同，不得假借少数服从多数强迫承包方放弃或变更土地承包经营权，不得以划分"口粮田"和"责任田"等为由收回承包地搞招标承包，不得将承包地收回抵顶欠款（第15条、第25条、第27条、第28条）。承包期内，妇女结婚，在新居住地未取得承包地的，发包方不得收回其原承包地；妇女离婚或者丧偶，仍在原居住地生活或者不在原居住地生活但在新居住地未取得承包地的，发包方不得收回其原承包地（第31条）。对此精神，笔者表示同意，但问题是，违反了"不得"的后果如何，是承包合同消灭、土地承包经营权终止，发包方承担违约责任，还是承包合同和土地承包经营权都继续有效，发包方承担违约责任？易生歧义。不如直接表述为"没有正当事由，发包方撕毁承包合同，或假借少数服从多数强迫承包方放弃或变更土地承包经营权，或以划分'口粮田'和'责任田'等为由收回承包地搞招标承包，或将承包地收回抵顶欠款的，不发生承包合同终止的效果，土地承包经营权继续有效。"①

（十）依法请求延长土地承包经营权存续期限的权利

《农村土地承包解释》第7条规定，承包合同约定或土地承包经营权证等证书记载的承包期限短于农村土地承包法规定的期限，承包方请求延长的，人民法院应予支持。

---

① 崔建远：《土地上的权利群研究》，法律出版社2004年版，第217页。

（十一）依法解除承包合同、终止土地承包经营权的权利

在承包合同中约定的终止或解除合同的条件已经成就；发包人不履行承包合同约定的义务，致使承包合同无法继续履行的等情况下，承包人有权终止（含解除）承包合同。

（十二）自愿交回承包地的权利

承包期内，承包方可以自愿将承包地交回发包方。承包方自愿交回承包地的，可以获得合理补偿，但是应当提前半年以书面形式通知发包方。承包方在承包期内交回承包地的，在承包期内不得再要求承包土地（《农村土地承包法》第30条）。自愿交回承包地，有一种情形是承包农户进城落户，自愿或经引导自愿将承包地交回发包方（《农村土地承包法》第27条第3款）。

（十三）请求依法办理土地承包经营权或土地经营权的登记的权利

1. 概说

在土地承包经营权设立时，现行法不强求土地承包经营权登记，在土地承包经营权以转让、互换等方式流转的情况下，现行法规定不登记不得对抗善意第三人（《民法典》第335条、《农村土地承包法》第35条）。

2. 流转场合登记的法律效力

登记为对抗要件，而非生效要件，就是说，特定的土地承包经营权互换、转让已经因互换合同生效或转让合同生效而完成，在当事人双方之间已经发生法律效力，土地承包经营权变动完毕。登记与否，土地承包经营权之于当事人双方，都是如此。但对于第三人来说则不然，只有登记完毕，这种土地承包经营权变动的事实、法律效力才可"约束"第三人，取得土地承包经营权者可以对第三人主张自己拥有土地承包经营权，第三人无权否认此种事实和效力，不得侵害、干预土地承包经营权人行使其权利。与此不同，如果对于土地承包经营权的互换、转让未予登记，则互换、转让的事实和法律效力无法约束第三人，第三人有权不认可此种权利变动。

农地"三权分置"模式下的流转后的权利，应为土地经营权，所登记的亦为土地经营权。

关于未经登记不得对抗善意第三人的问题，借鉴日本民法的学说，稍微展开说明如下：

（1）所谓登记为对抗要件，是就以大体有效的土地承包经营权互换、转让为前提，取得土地经营权之人主张此种事实而言的。因而，如甲将A土地经营权转让给乙并已经登记，如果A土地承包经营权的转让合同无效，甲不仅可以请求其登记的注销，而且，即使在A土地经营权又转让给丙并已经登记了，甲也可以对丙主张A土地经营权应该属于他。因为并不问甲对A土地承包经营权的享有究竟有无可靠的法律

依据,所以它不属于未经登记不能对抗第三人的问题。与此有别,假如甲和乙之间的 A 土地承包经营权转让合同被撤销,因该合同被撤销前是有效的,乙在这个阶段已经取得了 A 土地承包经营权,现在是甲依其撤销的意思表示使 A 土地承包经营权回复于自己。就此种变动需要具备对抗要件。假如乙从甲处受让的 A 土地承包经营权被丙非法妨害,乙以取得了 A 土地承包经营权为由请求丙撤离 A 承包地,则为对抗问题。

在农地"三权分置"的模式下,有无对抗第三人效力的权利为土地经营权。

(2) 未经登记,不得对抗第三人,其理论构成,大致有三种。第一种观点认为,未经登记的土地承包经营权互换、转让,第三人可以否认它;未经登记的土地经营权,第三人有权否认它。例如,甲将 A 土地经营权转让给乙,没有办理移转登记手续,甲又将 A 土地经营权转让与丙,丙可以甲乙之间转让 A 土地经营权尚未登记为理由,否认甲乙之间流转 A 土地经营权的合同效力。如此,会使 A 土地经营权流转失去效力,A 土地经营权复归于甲,丙即可受让 A 土地经营权。该说不适宜说明下述情形:丙不否认甲乙之间发生了流转 A 土地经营权的特别的意思表示,或者丙不知甲乙之间发生了流转 A 土地经营权。第二种观点主张,未登记期间,A 土地承包经营权互换、转让在对第三人的关系上不产生效力,或认为只不过发生债权性后果;或者流转土地经营权在对第三人的关系上不产生效力。该说想以债权侵害说明对侵权行为人的关系。不过,由于未登记的 A 土地承包经营权互换、转让或者流转土地经营权并不妨碍第三人承认其有效,在对第三人的关系上,认为此类 A 土地承包经营权互换、转让或者流转土地经营权全然无效,是不妥当的。第三种观点认为,只要没有登记,A 土地承包经营权互换、转让或者流转土地经营权便不产生完全的效力。也就是说,A 土地承包经营权或土地经营权的归属——未必仅于物权,债权亦然——本来应是排他性的(一个权利不能同时归属于甲乙二人),但只要适用公示原则而采用了对抗要件制度,便不产生完全具有排他性的权利变动,让与人也就不成为完全无权利人。

3. 登记的效力,只是对第三人主张的要件,并不妨碍第三人承认未办理登记的 A 土地承包经营权互换、转让的效力或流转土地经营权的效力。若丁进一步从乙的受让人丙处受让,丝毫不受妨碍。

4. 未经登记,不得对抗第三人的范围

(1) 这里的第三人,无疑是指除 A 土地承包经营权互换、转让或流转土地经营权的当事人以外的人。但是否泛指除此之外的所有的人,是否加以限制,尚有疑问。无限制说主张不应设任何限制。限制说则认为,所谓对抗,是于彼此利害相反时才发生的事项,处于这种关系中的人,只限于就主张登记欠缺有正当利益的第三人,对于并无这种利益的第三人,无登记亦可对抗。其浅显的理由是,假如连对受让 A 土地承包经营权或土地经营权的不法妨害者都因无登记而不能要求其排除的话,就太不合理了。其标准是:"对于就该不动产处于有效交易关系之第三人来说,无登记就不得对抗;但对其他第三人来说无登记亦可对抗。"①在此大标准之下,还需要尽可能地拿出不同类型情形的准则。

(2) 不得对抗的第三人,包括如下几类:其一,就 A 土地承包经营权或土地经营权最终拥有互不相容权利的人,未登记土地承包经营权的互换、转让或流转土地经营权,不得对抗另外的可以最终取得土地承包经营权或土地经营权之人。例如,甲是 A 土地承包经营权人,先把 A 土地承包经营权流转给乙,后又流转给丙。在这里,乙和丙都可以最终取得 A 土地经营权,乙若有权对丙主张 A 土地经营权属于他,就必须办理转移登记,否则,就无权对抗丙,其表现之一是,丙若办理了 A 土地经营权的转移登记,则乙肯定不能取得 A 土地经营权。在这种关系中,乙、丙究为善意还是恶意,在所不问。其二,对处于 A 土地承包经营权、A 地土地经营权的法律地位之人拥有合同上权利义务之人,未登记,就不得对抗,善意或恶意,在所不问。再如,甲是 A 土地承包经营权人,先以 A 土地承包经营权入股给乙公司,后又将之入股给丙公司。究竟哪家公司取得 A 土地经营权并能对抗其他人,取决于土地经营权的登记。乙公司若有权对抗丙公司取得 A 土地经营权,就必须办理完毕 A 土地经营权的登记,否则,就无权对抗丙公司。反过来说,丙公司若有权对抗乙公司取得 A 土地经营权,就必须办理完毕 A 土地经营权的登记,否则,就无权对抗乙公司。

(3) 未登记也可对抗的第三人

所谓流转 A 土地经营权未登记也可对抗的第三人,是指即使流转 A 土地经营权没有登记,唯此流转 A 土地经营权已经产生也是不容否定的情形下的第三人。没有登记的实体上的权利人,争夺已经登记的第三人权利的情形很多,而在与更广范围内的第三人之间的关系上能否对抗,则是一个问题。举其主要例子如下:①以不公正的手段妨碍真实的 A 土地承包经营权人或土地经营权人获得登记的人,或者负有协助登记义务而不履行的人,以及主张欠缺登记这仅仅是借口,实际上明显违背诚实信用的人,均属未登记的真实的 A 土地承包经营权人或 A 土地经营权人能够对抗的人。②虽然从外形上看好像拥有与主张拥有 A 土地承包经营权或 A 土地经营权的人不相容的权利,而实体上却没有真实的 A 土地承包经营权或 A 土地经营权的人,一般被称为实质上无权利之人。未登记的真实的 A 土地承包经营权人或 A 土地经营权人能够

---

① 参考[日]我妻荣:《日本物权法》,有泉亨修订,李宜芬校订,五南图书出版公司 1999 年版,第 143 页。

对抗他。③侵权行为人,是指侵害 A 土地承包经营权或 A 土地经营权的人,而且不具有交易当事人的身份。他也属于未登记的真实的 A 土地承包经营权或 A 土地经营权能够对抗的人。

《民法典》第 335 条所涉登记,应当适用《不动产登记暂行条例实施细则》第 50 条的规定:"已经登记的土地承包经营权发生下列情形之一的,当事人双方应当持互换协议、转让合同等材料,申请土地承包经营权的转移登记:(一)互换;(二)转让;(三)因家庭关系、婚姻关系变化等原因导致土地承包经营权分割或者合并的;(四)依法导致土地承包经营权转移的其他情形"(第 1 款)。"以家庭承包方式取得的土地承包经营权,采取转让方式流转的,还应当提供发包方同意的材料"(第 2 款)。

最后强调,土地承包经营权限于从事种植业、林业、畜牧业等农业生产。

《民法典》第 331 条所谓土地承包经营权人有权从事种植业、林业、畜牧业等农业生产,既宣明了土地承包经营权人的权利,也暗含着对土地承包经营权运行的限制,即该权只得用于农林牧渔的生产、经营。之所以如此解释,是因为土地承包经营权的目的及功能如此,在这方面,法律及司法解释也有明确规定。例如,《农村土地承包法》第 11 条后段规定:"未经依法批准不得将承包地用于非农建设。"第 18 条第 1 项加以承包方的义务是"维持土地的农业用途,未经依法批准不得用于非农建设。"第 63 条规定:"承包方、土地经营权人违法将承包地用于非农建设的,由县级以上地方人民政府有关主管部门依法予以处罚"(第 1 款);"承包方给承包地造成永久性损害的,发包方有权制止,并有权要求赔偿由此造成的损失"(第 2 款)。第 64 条规定:"土地经营权人擅自改变土地的农业用途、弃耕抛荒连续两年以上、给土地造成严重损害或者严重破坏土地生态环境,承包方在合理期限内不解除土地经营权流转合同的,发包方有权要求终止土地经营权流转合同。土地经营权人对土地和土地生态环境造成的损害应当予以赔偿。"再如,《农村土地承包解释》第 8 条规定:"承包方违反农村土地承包法第十八条规定,未经依法批准将承包地用于非农建设或者对承包地造成永久性损害,发包方请求承包方停止侵害、恢复原状或者赔偿损失的,应予支持。"

二、土地承包经营权人的义务

(一)支付承包金的义务

如果承包合同约定承包人负有向发包人支付承包金的义务,则承包人必须履行。

(二)维持土地的农业用途、不得用于非农建设的义务

承包方应维持土地的农业用途,不得将承包地用于非农建设(《农村土地承包法》

第 11 条第 1 款规定,《农村土地承包解释》第 8 条)。这首先是由土地承包经营权制度的目的及功能所决定的,也是中国耕地有限、必须确保国家粮食安全的需要。

(三) 依法保护和合理利用土地、不得给土地造成永久性损害的义务

承包人应当遵守法律、法规,保护土地资源的合理开发和可持续利用,国家鼓励增加对土地的投入,培肥地力,提高农业生产能力,不得给土地造成永久性损害(《农村土地承包法》第 11 条,《农村土地承包解释》第 8 条)。

承包人不得在 25 度以上的陡坡上开荒种植农作物,不准破坏植被、道路和农田水利、水土保持工程设施。不得进行掠夺式开发,不得将"四荒"改作非农用途,以免造成新的水土流失,违者要按有关规定予以处罚。对违约逾期不治理开发的,农村集体经济组织应无偿收回[国务院办公厅《关于治理开发农村"四荒"资源进一步加强水土保持工作的通知》(国办发〔1996〕23 号)第 3 条第 5 项)。

承包方违法将承包地用于非农建设的,由县级以上地方人民政府有关行政主管部门依法予以处罚。承包方给承包地造成永久性损害的,发包方有权制止,并有权要求承包方赔偿由此造成的损失(《农村土地承包法》第 63 条)。

(四) 不得弃耕抛荒的义务

《土地管理法》规定,土地经营权人擅自改变土地的农业用途、弃耕抛荒连续 2 年以上、给土地造成严重损害或者严重破坏土地生态环境,承包方在合理期限内不解除土地经营权流转合同的,发包方有权要求终止土地经营权流转合同。土地经营权人对土地和土地生态环境造成的损害应当予以赔偿(《农村土地承包法》第 64 条)。

(五) 自愿交回承包地的义务

承包期内,承包农户进城落户的,引导支持其按照自愿有偿原则依法在本集体经济组织内转让土地承包经营权或者将承包地交回发包方,也可以鼓励其流转土地经营权(《农村土地承包法》第 27 条第 2 款)。

(六) 备案义务

土地承包经营权采取转包、出租、互换、转让或其他方式流转,当事人双方应当签订书面合同。采取转让方式流转的,应当经发包方同意;采取转包、出租、互换或其他方式流转的,应当报发包方备案(《农村土地承包法》第 37 条第 1 款)。

(七) 容忍义务

发包人依法调整承包地、收回承包地、解除承包合同等场合,承包人负有容忍义务。国家依法征收集体所有的土地,承包人对该土地上存在的土地承包经营权消灭负有容忍义务。

第五节　土地承包经营权的消灭

一、土地承包经营权消灭的事由

(一) 土地承包经营权的存续期间届满

土地承包经营权的存续期间届满,只要未再续期,土地承包经营权消灭。土地承包经营权业已登记的,应当注销登记。

应当注意,按照优惠农民的政策,在以家庭承包方式设立的土地承包经营权场合,承包人请求续期的,发包人负有必须同意的义务,除非出现了法律、法规规定土地承包经营权必须消灭的期限。至于通过招标、拍卖、公开协商等方式设立的"四荒"土地承包经营权场合,承包人请求续期,发包人并无强制缔约的义务。

(二) 土地承包经营权人自愿交回承包地

承包期内,承包方可以自愿将承包地交回发包方。承包方自愿交回承包地的,可以获得合理补偿,但是应当提前半年以书面形式通知发包方。承包方在承包期内交回承包地的,在承包期内不得再要求承包土地(《农村土地承包法》第30条前段,参考第27条第3款)。土地承包经营权业已登记的,应当注销登记。

(三) 承包地灭失

承包地灭失,土地承包经营权因失去客体而归于消灭。土地承包经营权业已登记的,应当注销登记。

(四) 承包地调整

承包期内,发包方不得调整承包地(《农村土地承包法》第28条第1款)。但是,承包期内,因自然灾害严重毁损承包地等特殊情形,对个别农户之间承包的耕地和草地可以予以适当调整。该种调整必须经本集体经济组织成员的村民会议三分之二以上成员或者三分之二以上村民代表的同意,并报乡(镇)人民政府和县级人民政府农业农村、林业和草原等主管部门批准。承包合同中约定不得调整的,按照其约定(《农村土地承包法》第28条第2款)。《民法典》对此予以固定(第336条)。

《民法典》第336条第1款宣明承包期内发包人不得调整承包地,这是强制性规定,违反者无效;第2款承认例外,点明"因自然灾害严重毁损承包地等特殊情形",但主要是引致性(管道性)规定,把可以调整承包地的条件和法律效果引向《农村土地承包法》等法律的具体规定。

《民法典》第336条第2款所谓"等特殊情形",究为何意?与如何界定调整有关。如果把调整界定为承包地的位置、面积,那么,土地承包经营权存续期届满,"重新洗牌",再依据新的标准发包和承包,就属于特殊情形。再如,涨滩,扩张了张三家的承包地,农村集体经济组织认可此种自然现象导致的张三家的承包地增加面积。这样,涨滩又属于特殊情形。与此类似,水流冲刷,导致李四家的承包地的面积减少,农村集体经济组织无储备地可以增补李四家的承包地面积。如此,水流冲刷也属于特殊情形。因为在这些场合都使承包地发生了改变,进而使土地承包经营权发生了变化。

此外,承包地被征收或被用于村镇公共设施、公益事业的建设,失地农民不愿意"农转非",不要征收补偿款等费用,坚决要求继续承包土地的,也应属于特殊情形。再就是人地矛盾非常突出,诸如因出生导致的人口增长,因婚嫁带来的人口迁移,因大中型水利、水电工程建设征收土地产生的移民安置等原因形成的人地矛盾,不调整会直接影响农民基本生活的,亦为特殊情形。①

如果扩张解释调整,把土地承包经营权人的变化也划归其中,那么,《农村土地承包法》第29条关于"下列土地应当用于调整承包土地或者承包给新增人口:(一)集体经济组织依法预留的机动地;(二)通过依法开垦等方式增加的;(三)发包方依法收回和承包方依法、自愿交回的"的规定,也属于关于特殊情形调整承包地的规定。

承包期内,因自然灾害严重毁损承包地等特殊情形对个别农户之间承包的耕地和草地需要适当调整的,《农村土地承包法》第28条规定:"必须经本集体经济组织成员的村民会议三分之二以上成员或者三分之二以上村民代表的同意,并报乡(镇)人民政府和县级人民政府农业农村、林业和草原等主管部门批准。承包合同中约定不得调整的,按照其约定。"

之所以有《农村土地承包法》第28条的规定,原因在于:在实践中,对因各种特殊情形造成人地矛盾突出的问题,一些地方尊重大多数农民意愿,因地制宜,分类施策,在坚持稳定土地承包关系的基础上,妥善解决矛盾纠纷。为进一步规范对个别农户之间承包的耕地和草地的适当调整,划定了红线:必须坚持土地承包关系稳定、不得打乱重分的原则;必须经本集体经济组织成员的村民会议三分之二以上成员或者三分之二以上村民代表的同意,并报乡(镇)人民政府和县级人民政府农业等行政主管部门批准。鉴于各地情况差异较大,草案授权省、自治区、直辖市制定地方性法规具体规定。②

承包地调整,原土地承包经营权消灭。土地承包经营权业已登记的,应当注销登记。

---

① 黄薇主编:《中华人民共和国民法典物权编释义》,法律出版社2020年版,第339页。
② 《关于中华人民共和国农村土地承包法修正案(草案)的说明》(2018年12月29日),http://www.npc.gov.cn/npc/c10134/201812/60d3dc48a86441f9b5dc2577edfc07c6.shtml.2020年4月14日最后访问。

（五）收回承包地

在现行法上，发包人收回承包地的事由不一，所依归的法律制度不同，需要区别。

（1）承包人对承包地连续2年弃耕抛荒的，原发包单位应当终止承包合同，收回发包的耕地(《农村土地承包法》第42条第2项)。土地承包经营权于承包地被收回时消灭。土地承包经营权业已登记的，应当注销登记。

[思考]

此处所谓收回承包地，在理论上为土地承包经营权的撤销。撤销事由，从立法论的立场出发，还应包括"承包人累计五年拒交承包金""承包人擅自改变土地用途，经连续三次警告仍不改正"。

（2）承包期内，承包农户进城落户的，引导支持其按照自愿有偿原则依法在本集体经济组织内转让土地承包经营权或者将承包地交回发包方(《农村土地承包法》第27条第3款)。于收回场合，土地承包经营权消灭。土地承包经营权业已登记的，应当注销登记。

（六）承包地被征收

承包地被征收，被征收的土地所有权消灭。土地承包经营权因其母权不复存在而归于消灭。

（七）承包人死亡，无继承人继续承包

现行法虽然未承认土地承包经营权为继承的财产，但规定承包人的继承人可继续承包。于继续承包场合，土地承包经营权继续存在，也可理解为原土地承包经营权消灭，同时产生了新土地承包经营权。

在承包人死亡，无继承人继续承包的情况下，土地承包经营权因无主体而归于消灭。

最后，必须指出，在土地承包经营权无登记的情况下，具备上述事由之一的，土地承包经营权即归于消灭，无论在承包人和发包人之间，还是在与第三人之间的关系上，一律如此。但在土地承包经营权已经登记的情况下，土地承包经营权的消灭，尚需办理土地承包经营权的注销登记(《民法典》第216条等，《不动产登记暂行条例实施细则》第51条)。若未办理注销登记，在承包人和发包人之间，承包人虽无权主张土地承包经营权，但在与第三人之间的关系上，只有待办理注销登记后，发包人等才可主张土地承包经营权消灭的法律效果。

二、土地承包经营权消灭的程序性要求

《不动产登记暂行条例实施细则》第51条规定："已经登记的土地承包经营权发生下列情形之一的，承包方应当持不动产权属证书、证实灭失的材料等，申请注销登

记：(一)承包经营的土地灭失的；(二)承包经营的土地被依法转为建设用地的；(三)承包经营权人丧失承包经营资格或者放弃承包经营权的；(四)法律、行政法规规定的其他情形。"

三、土地承包经营权消灭的法律后果

土地承包经营权消灭，承包人有权取回自己在承包地上兴建的农田水利等设施、农作物、林木等；也可以留给发包人，但有权请求作价补偿。承包人对其在承包地上投入而提高土地生产能力的，有权请求相应的补偿。

第十二章　建设用地使用权

第一节　建设用地使用权概述

一、建设用地使用权的界定

建设用地使用权，是指为建造建筑物、构筑物及其附属设施，并保有其所有权，而在国家所有或农民集体所有的土地及其上下进行占有、使用和收益的用益物权（《民法典》第344条、第345条、第361条等）。

所谓建筑物，是指可以供人们在其中进行生产、生活的居住用房、生产用房、办公用房等设施。构筑物则是具有居住、生产经营功能的建筑物之外的人工建造物，主要包括道路、桥梁、隧道、堤坝、水渠、水池、水塔等设施，人工养殖设施，以及地窖、地下管网等人工构筑物。附属设施主要指附属于建筑物、构筑物并辅助其发挥功效的设施，如电线杆、电缆、变压器等电力、广播、通信设施，以及雕塑、纪念碑等均属此类。①

所谓地表，是指经依法批准的地面及其以上一定高度和地下一定垂直深度的空间。所谓地上，是指经依法批准的距地表一定高度的空间范围。所谓地下，是指经依法批准的距地表一定深度的空间范围。可见，与其说它们具有物理的意义，莫如说是技术的和法律的概念。

[称谓的演变]

对以房地产开发建设并取得建筑物所有权为目的的土地权利，现行法有时直接称之为土地使用权（《土地管理法》第2条第2款、第56条、第60条、第63条、第66条第1款等，《城市房地产管理法》第2条第1款、第8条等），有时叫作国有土地使用权（《土地管理法》第2条第5款、第55条第1款、第58条、第81条，《城市房地产管理法》第2条第3款、第3条、第8条等），有时取名为集体经营性建设用地使用权或集体建设用地使用权（《土地管理法》第63条、第66条第3款）。

---

① 梁慧星、陈华彬：《物权法》（第4版），法律出版社2007年版，第29页；胡康生主编：《中华人民共和国物权法释义》，法律出版社2007年版，第306页；王利明、尹飞、程啸：《中国物权法教程》，人民法院出版社2007年版，第320-321页。

土地使用权的称谓本身过于概括和内容含混,反映不出个案中的权利是物权,还是债权,因为通过租赁、借用等合同都可以取得债权性质的土地使用权;即使单指物权,它也区分不清是以房地产开发建设并取得建筑物所有权为目的的建设用地使用权,还是以从事农林牧渔经营并取得收益为目的的土地承包经营权,抑或以通行、排水、引水、设置管线等为目的的地役权。

在禁止集体土地所有权或使用权作为建造商业用房,只允许以国有土地使用权作为商业用房的权源的背景下,《城市房地产管理法》等法律、法规采用了国有土地使用权的概念。

时至草拟《物权法》特别是编纂《民法典》时期,现实生活中已经出现了在集体土地上兴办中外合资经营企业、中外合作经营企业、外商独资企业、股份合作制企业等项目的现象。在这种背景下,继续用国有土地使用权作为建筑物所有权的权源,显然涵盖不了集体土地使用权作为建筑物的正当根据的情形,而建设用地使用权则可解决这个问题,《物权法》采纳了这个概念,《民法典》亦然。如此,不考虑建设用地处于农村还是城市,也不论它是归国家所有还是归集体所有,只要竖立其上的权利系以建造并保有建筑物的所有权为目的,就称之为建设用地使用权。

[反思]

《物权法》以建设用地使用权的名称取代国有土地使用权的概念(第 135~151 条),《民法典》亦然(第 344~360 条),实际上也不尽如人意,因为在某些情况下,如工程已经竣工,建筑物被验收合格甚至都被登记于不动产登记簿之中,把权利人对基地的权利还叫建设用地使用权,不再贴切。此其一。从名称上难以区分出农户以建造生活用房并享有住房所有权为目的权利(宅基地使用权)和发展商以房地产开发建设并取得建筑物所有权为目的的权利,因为从目的及功能方面审视宅基地使用权,它也是建设用地使用权。此其二。

二、建设用地使用权的类型

(一) 概述

不同的建设用地使用权的类型,法律性质不尽相同。有鉴于此,先区分建设用地使用权的类型,再研讨建设用地使用权的性质。按照不同的分类标准,建设用地使用权可分为不同的类型,包括以出让方式设立建设用地使用权、行政划拨方式的建设用地使用权以及《民法典》第 347 条第 1 款规定以其他方式设立建设用地使用权。

所谓"等方式",包括置换方式。例如,为解决历史遗留的建设用地问题,采取由自然资源管理部门提供另一宗建设用地,来置换某公司既有的某宗建设用地。在军营由闹市区搬迁到郊外的事务处理中,有些地区采取了此种方式。

所谓出让的建设用地使用权,是指用地者通过招标、拍卖、协议等公开方式,有偿取得工业、商业、旅游、娱乐和商品住宅等经营性用地的使用权(《民法典》第347条第1款、第2款等)。招标、拍卖、挂牌等公开竞价的方式具有公开、公平和公正的特点,能够充分体现标的物的市场价值,是市场经济中较为活跃的交易方式。中国土地资源的稀缺性,决定了采取公开竞价方式能够最大程度地体现土地的市场价值。从保护土地资源和国家土地收益的大局来看,采取公开竞价方式不仅是必要的,而且其适用范围还应当不断扩大。①

(二)行政划拨的建设用地使用权与出让的建设用地使用权

1. 以行政划拨方式设立建设用地使用权的界定和性质

所谓以行政划拨方式设立的建设用地使用权,是指用地者基于行政命令无偿取得的建设用地使用权(见《民法典》第347条第1款、第3款等)。它具有如下法律性质:

(1) 行政划拨的建设用地使用权的客体限于国有土地

行政划拨本质上是国家以其行政命令将某宗建设用地使用权授予建设单位(用地者)。单就行政命令及其法律效果而言,该建设用地使用权可以是用地者分享国家土地所有权中的占有、使用、收益的权能而形成的他物权,也可以是用地者分享集体土地所有权中的占有、使用、收益的权能而形成的他物权。但若将公平合理的因素考虑进来,则只有用地者分享国家土地所有权中的占有、使用、收益的权能才最具正当性。再联系国家同时兼有国有土地的所有权人和国家管理人的双重身份设计,该结论更易证成。如果拟行政划拨的建设用地属于集体所有的土地,则必须先行征收,将集体所有的土地变为国有土地,同时给予集体经济组织足额补偿,若该宗地已经发包与农户,还要给该农户(土地承包经营权人)足额的补偿,若该宗地上已经依法建造了建筑物、构筑物及其附属设施,还要给该所有权人足额的补偿(《民法典》第243条、第327条、第338条,《土地管理法》第2条第4款、第45~49条),然后,自然资源管理部门再将建设用地使用权划拨给用地者。

(2) 行政划拨的土地用途受到严格限制

从总的方面讲,行政划拨的用地必须是国家利益和社会公共利益所需要的,否则,不得以该种方式出让建设用地使用权,故《民法典》第347条第3款申明:"严格限制以划拨方式设立建设用地使用权"。按照《土地管理法》第54条的规定,下列建设用地,经县级以上人民政府依法批准,可以以划拨方式取得:A.国家机关用地和军事用地;B.城市基础设施用地和公益事业用地;C.国家重点扶持的能源、交通、水利等

---

① 黄薇主编:《中华人民共和国民法典物权编释义》,法律出版社2020年版,第369页。

基础设施用地；D.法律、行政法规规定的其他用地。《土地管理法》第54条所谓国家机关用地，包括党政机关和人民团体的用地；所谓城市基础设施用地，包括城市供水、供热、供气的设施用地，环境卫生设施用地，公共交通设施以及道路、广场、绿地等的用地；所谓公益事业用地，包括非营利性邮政设施、教育设施、体育设施、公共文化设施、医疗卫生设施、公益性科研机构的用地；所谓国家重点扶持的能源、交通、水利等项目的用地，包括石油天然气设施、煤炭设施、电力设施、水利设施的用地，铁路、公路、水路等交通设施的用地，以及民用机场的用地；所谓法律、行政法规规定的其他用地，主要包括监狱、戒毒所、看守所、治安拘留所、收容教育所的用地。①

由于国家机关用地和军事用地等现象会长期存在，完全取消行政划拨的建设用地使用权并不现实。但这不表明某特定主体所需用地属于上述行政划拨用地的范围即当然地取得行政划拨的建设用地使用权。以行政划拨方式授予建设用地使用权应当是"确属必需的"。② 但须注意，对以营利为目的的非国家重点扶持的能源、交通、水利等基础设施的用地项目，应当采取有偿出让的方式设立建设用地使用权。③

（3）行政划拨的建设用地使用权的取得须基于行政命令

这里的行政划拨是县级以上人民政府根据用地者的用地申请而依法许可其使用国有土地的行政行为。

（4）行政划拨的建设用地使用权的取得无须对价

行政划拨建设用地使用权制度的目的之一，在于扶持具有国家利益或社会公共利益的项目，并非为取得土地利用的对价而让渡建设用地使用权，因而，行政划拨建设用地使用权的设立是无偿的。至于拟行政划拨的土地本为集体所有的土地，依法进行征收而需要足额支付土地补偿费、安置补助费、地上附着物和青苗的补偿费、拆迁补偿等费用（《民法典》第243条第2款、第3款，《土地管理法》第48条），属于征收法律关系的内容，而非建设用地使用权划拨（转让）的权利义务关系，在法理上应由征收部门向被征收人支付，有些场合也确实是如此操作的。不过，由于政府难以全部承受众多的此类负担，实务中大多由建设单位（用地者）支付这些费用。④ 即使如此，这些费用也不是取得划拨建设用地使用权的对价。

---

① 王利明、尹飞、程啸：《中国物权法教程》，人民法院出版社2007年版，第328-329页；黄薇主编：《中华人民共和国民法典物权编释义》，法律出版社2020年版，第368页。
② 黄薇主编：《中华人民共和国民法典物权编释义》，法律出版社2020年版，第368页。
③ 崔建远、孙佑海、王宛生：《中国房地产法研究》，中国法制出版社1995年版，第44-47页；王利明、尹飞、程啸：《中国物权法教程》，人民法院出版社2007年版，第328页。
④ 《城市房地产管理法》第23条第1款规定，用地者缴纳补偿、安置等费用。

（5）行政划拨的建设用地使用权在法律效力上受到诸多限制

用地者取得行政划拨的建设用地使用权时没有支付对价，国家政策仅限于若干土地用途才予批准，具有倾斜和照顾的性质，因而，行政划拨的建设用地使用权原则上不得转让、出租、抵押。不过，A.行政划拨的建设用地使用权改变为工业、商业等用途，在经过有关人民政府自然资源主管部门同意，报原批准用地的人民政府批准的前提下，可被允许。其中，在城市规划区内改变土地用途的，在报批前，应当先经有关城市规划行政主管部门同意(《土地管理法》第 56 条后段)。在经过有批准权的人民政府审批，依照国家有关规定缴纳建设用地使用权出让金的前提下，由受让方和自然资源管理部门办理出让手续(也有不办理出让手续的情况)，行政划拨的建设用地使用权发生了转让(《城市房地产管理法》第 40 条)。在实际操作上，时常将自然资源管理部门和受让人签订建设用地使用权出让合同的行为，视为有批准权的人民政府的批准。B.以行政划拨的建设用地使用权设立抵押，在依法拍卖该建设用地使用权后，从拍卖所得的价款中缴纳相当于应缴纳的建设用地使用权出让金的款额，法律承认该抵押权的效力(参见《城市房地产管理法》第 51 条)。为了简化程序，自然资源管理部门依法办理了抵押登记手续，视为具有审批权限的自然资源管理部门予以了批准，不必另行办理行政划拨的建设用地使用权抵押的审批手续(参见国土资源部于 2004 年 1 月 15 日发布的《关于国有划拨土地使用权抵押登记有关问题的通知》)，人民法院不得以划拨建设用地使用权抵押未经批准而认定抵押无效(参见最高人民法院于 2004 年 3 月 23 日发布的《关于转发国土资源部〈关于国有划拨土地使用权抵押登记有关问题的通知〉的通知》)。

（6）行政划拨的建设用地使用权无确定的终期

出让的建设用地使用权都具有明确的存续期限，70 年、50 年、40 年不等(《城镇国有土地使用权出让和转让暂行条例》第 12 条)。与此不同，以行政划拨的方式取得的建设用地使用权，除法律、行政法规另有规定外，没有存续期限的限制(《城市房地产管理法》第 23 条第 2 款)。只要没有国家收回建设用地的法定事由(如城市建设发展的需要和城市规划的要求等)，或自己抛弃建设用地使用权，用地者即可持续地享有建设用地使用权。就此看来，行政划拨的建设用地使用权具有无期性。

[辨析]

关于行政划拨的建设用地使用权是否具有永久性，学说的看法不同。一种观点认为，法律没有规定行政划拨的建设用地使用权的存续期限，只是意味着此种权利的存续期限是不确定的，而非意味着这种权利和所有权一样具有永久性。根据相关法规的规定，无偿取得划拨土地使用权者，因迁移、解散、撤销、破产或其他原因而停止使用土地的，市、县人民政府应当无偿收回其划拨土地使用权；以及市、县人民政府根据城市建设发展需要和城市规划的要求,可以无偿收回划拨土地使用权。① 笔者认为,这种观点若在阐明划拨的建设用地使用权在存续期间方面与所有权有所差异,可资赞同,因为所有权并非于一定期间后自然消灭的权利,不依消灭时效(诉讼时效)而消灭,②而行政划拨的建设用地使用权的消灭,有的是于一定期间后自然消灭,有的则否;但若否定建设用地使用权的永久性,说服力尚嫌不足。因为所谓永久性,乃当事人不得预定其存续期间之义,但并非永远不消灭之义,而是指所有权不得如地上权、典权等预定一定存续期间,使于期间届满当然归于消灭。至于所有权得因标的物灭失,得因他人基于取得时效取得而消灭,固不待言。③ 行政划拨的建设用地使用权的存续期间,也不允许当事人预定,符合永久性的要求。

2. 以行政划拨方式设立建设用地使用权的程序

以行政划拨方式设立建设用地使用权,必须基于行政命令,其大致的程序是:(1)列入国家固定资产投资计划,或准许建设的国家建设项目,经过批准,建设单位(用地者)方可申请建设用地。(2)用地者提出申请。建设单位(用地者)必须持国务院行政主管部门或县级以上地方人民政府按照国家基本建设程序批准的设计任务书,或对用地数量、用地选址方案已经明确规定的其他批准文件,向县级以上人民政府土地资源管理部门提出用地申请。(3)审批划拨。经县级以上人民政府根据法定的批地权限,对建设单位(用地者)提出的用地申请进行审查,对法律手续齐备的,以行政命令的方式确定具体使用的建设用地,由自然资源管理部门把用地划拨给建设单位。④ (4)权属登记。建设单位(用地者)接到批准用地文件之后,可持该文件申请建设用地使用权的登记。申请国有建设用地使用权首次登记,应当提交下列材料:(1)土地权属来源材料,包括国有建设用地划拨决定书、授权经营批准文件;(2)权籍调查表、宗地图以及宗地界址点坐标;(3)土地出让价款、土地租金、相关税费等缴纳凭证;(4)其他必要材料(《不动产登记暂行条例实施细则》第 34 条第 1、2 款)。申请在地上或者地下单独设立国有建设用地使用权登记的,也照此办理(《不动产登记暂行条例实施细则》第 34 条第 3 款)。一经登记完毕,用地人即取得建设用地使用权。

以行政划拨方式设立建设用地使用权,有些特殊情况。例如,《国有土地使用权

---

① 王利明、尹飞、程啸:《中国物权法教程》,人民法院出版社 2007 年版,第 330 页。
② [日]我妻荣:《日本物权法》,有泉亨修订,李宜芬校订,五南图书出版公司 1999 年版,第 241 页。
③ [日]我妻荣:《日本物权法》,有泉亨修订,李宜芬校订,五南图书出版公司 1999 年版,第 241 页;郑玉波:《民法物权》,三民书局 1988 年修订 12 版,第 54 页;王泽鉴:《民法物权·通则·所有权》(总第 1 册),三民书局 2003 年 8 月增补版,第 153 页;谢在全:《民法物权论》(上册),三民书局 2003 年修订 2 版,第 181 页;魏振瀛主编:《民法》(第 3 版),北京大学出版社、高等教育出版社 2007 年版,第 234 页;王利明:《物权法研究》(上卷),中国人民大学出版社 2007 年修订版,第 396 页。
④ 王利明、尹飞、程啸:《中国物权法教程》,人民法院出版社 2007 年版,第 327 页。

合同解释》第10条规定:"土地使用权人与受让方订立合同转让划拨土地使用权,起诉前经有批准权的人民政府同意转让,并由受让方办理土地使用权出让手续的,土地使用权人与受让方订立的合同可以按照补偿性质的合同处理。"第11条规定:"土地使用权人与受让方订立合同转让划拨土地使用权,起诉前经有批准权的人民政府决定不办理土地使用权出让手续,并将该划拨土地使用权直接划拨给受让方使用的,土地使用权人与受让方订立的合同可以按照补偿性质的合同处理。"

(三)国有土地上的建设用地使用权与集体所有土地上的建设用地使用权

按照建设用地使用权存在于土地所有权的种类和性质的不同,可有国有土地上的建设用地使用权与集体土地上的建设用地使用权的分类。

所谓国有土地上的建设用地使用权,是指用地者分享国家土地所有权中的占有、使用、收益的权能而形成的建设用地使用权。

所谓集体所有土地上的建设用地使用权,在2019年修正的《土地管理法》上,它分为两大类:第一类是第59条规定的用于乡镇企业、乡(镇)村公共设施、公益事业、农村村民住宅等乡(镇)村建设而设立的集体建设用地使用权;第二类是第63条创设的集体经营性建设用地使用权。第一种类型的集体建设用地使用权在目的及功能上限于乡镇企业、乡(镇)村公共设施、公益事业、农村村民住宅等乡(镇)村建设的需要,不得进入土地交易市场,即不得转让、互换、出资、赠与、抵押等交易。第二类集体经营性建设用地使用权可以进入土地交易市场,"其出让及其最高年限、转让、互换、出资、赠与、抵押等,参照同类用途的国有建设用地执行"(《土地管理法》第63条第4款)。

集体经营性建设用地使用权的设立受到法律的严格约束。首先,某宗农民集体所有的土地之上设立集体经营性建设用地,必须是土地利用总体规划、城乡规划已将该宗土地确定为工业、商业等经营性用途(《土地管理法》第63条第1款前段),不然,集体经营性建设用地不被法律所承认。于此阶段,集体经营性建设用地的权利人是农村集体经济组织,而非其他任何人,即使是农村集体经济组织的成员,也不是。其次,经依法登记的集体经营性建设用地,土地所有权人可以通过出让、出租等方式交由单位或者个人使用,至此,集体经营性建设用地使用权设立(《土地管理法》第63条第1款中段),权利人不是农村集体经济组织,而是出让、出租等法律行为的相对人,或是受让人,或是承租人,或是目标公司,或是合伙企业,或是抵押权人,等等。再次,设立集体经营性建设用地使用权的出让、出租等合同,应当签订书面合同,载明土地界址、面积、动工期限、使用期限、土地用途、规划条件和双方其他权利义务(《土地管理法》第63条第1款后段)。最后,以集体经营性建设用地出让、出租等方式设立集体经营性建设用地使用权,应当经本集体经济组织成员的村民会议三分之二以上成员或者三分之二以上村民代表的同意(《土地管理法》第63条第2款)。

《土地管理法》赋权集体经营性建设用地使用权的转让性(让与性),于第63条第3款正文规定:"通过出让等方式取得的集体经营性建设用地使用权可以转让、互换、出资、赠与或者抵押。"这与国有建设用地使用权的转让性(让与性)是一样的,是2019年之前所不具有的,《民法典》对此在民事基本法的层面上予以固定了(第361条),意义深远。

不过,此种转让性(让与性)并不意味着集体经营性建设用地使用权在任何情况下都可以/能够转让、互换、出资、赠与或者抵押,更不意味着法律不顾实际情形放任其流转。因此有《土地管理法》第63条第3款关于"但法律、行政法规另有规定或者土地所有权人、土地使用权人签订的书面合同另有约定的除外"的规定。此处所谓法律、行政法规另有规定,即法律、行政法规不允许集体经营性建设用地使用权转让、互换、出资、赠与或者抵押的规定。此类规定,例如,《民法典》第243条、第327条规定的征收建设用地,第358条规定的因公共利益的需要而提前收回建设用地,存在于此类建设用地之上的集体经营性建设用地使用权便不得转让、互换、出资、赠与或者抵押。此处所谓"土地所有权人、土地使用权人签订的书面合同另有约定",即奉行意思自治原则,农村集体经济组织即土地所有权人与集体经营性建设用地使用权人签订的书面流转合同中存在禁止集体经营性建设用地使用权流转的约定时,只要该约定不存在法律行为无效的原因,就具有法律效力,可阻止集体经营性建设用地使用权人转让、互换、出资、赠与或者抵押集体经营性建设用地使用权。当然,根据合同的相对性,该约定不具有对抗交易第三人的效力,在集体经营性建设用地使用权人违反此类约定时,农村集体经济组织即土地所有权人难以请求确认流转合同无效,只得追究集体经营性建设用地使用权人的违约责任。

在相当长的历史时期,政策和法律仅仅允许集体所有权人可以赋权乡镇企业经依法批准使用本集体经济组织农民集体所有的土地,取得集体建设用地使用权,或者乡(镇)村公共设施和公益事业建设经依法批准使用农民集体所有的土地(2004年《土地管理法》第43条第1款后段)。除此而外的建设需要农村集体所有的土地,必须先将集体所有的土地征收为国有,然后从国家土地所有权中"分离"出占有、使用、收益乃至处分权利自身的权能,由自然资源主管机关出让国有建设用地使用权给用地者,用地者才可在该国有建设用地上从事工业、商业的开发建设(2004年《土地管理法》第43条第1款前段、第44条以下),这就是"先征收、再出让"模式,忽视了农村集体经济组织的合法权益,实有不足。

为了改变这种不合理的布局,促进农村、农业的健康发展,也是整个国民经济的合理发展,《中共中央关于全面深化改革若干重大问题的决定》宣布:"在符合规划和用途管制前提下,允许农村集体经营性建设用地出让、租赁、入股,实行与国有土地同等入市、同权同价。缩小征地范围,规范征地程序,完善对被征地农民合理、规范、多元保障机制。扩大国有土地有偿使用范围,减少非公益性用地划拨。建立兼顾国家、集体、个人的土地增值收益分配机制,合理提高个人收益。完善土地租赁、转让、抵押二级市场"(第11条)。《中共中央 国务院关于完善产权保护制度依法保护产权的意见》重申:"深化农村土地制度改革,坚持土地公有制性质不改变、耕地红线不突破、粮食生产能力不减弱、农民利益不受损的底线,从实际出发,因地制宜,落实承包地、宅基地、集体经营性建设用地的用益物权,赋予农民更多财产权利,增加农民财产收益。"

如今,这些政策已经变成了法律。《土地管理法》经修订于2019年出台,删除了第43条关于"任何单位和个人进行建设,需要使用土地的,必须依法申请使用国有土地;但是,兴办乡镇企业和村民建设住宅经依法批准使用本集体经济组织农民集体所有的土地的,或者乡(镇)村公共设施和公益事业建设经依法批准使用农民集体所有的土地的除外"(第1款);"前款所称依法申请使用的国有土地包括国家所有的土地和国家征收的原属于农民集体所有的土地"(第2款)的规定,于其第63条规定:"土地利用总体规划、城乡规划确定为工业、商业等经营性用途,并经依法登记的集体经营性建设用地,土地所有权人可以通过出让、出租等方式交由单位或者个人使用,并应当签订书面合同,载明土地界址、面积、动工期限、使用期限、土地用途、规划条件和双方其他权利义务"(第1款)。"前款规定的集体经营性建设用地出让、出租等,应当经本集体经济组织成员的村民会议三分之二以上成员或者三分之二以上村民代表的同意"(第2款)。"集体经营性建设用地的出租,集体建设用地使用权的出让及其最高年限、转让、互换、出资、赠与、抵押等,参照同类用途的国有建设用地执行。具体办法由国务院制定"(第4款)。如今,《民法典》完全认肯上述规定,特设第361条,把集体经营性建设用地使用权的法律适用引至《土地管理法》。

《土地管理法》第63条的立法计划和立法目的能达到吗?有专家、学者担心有人假道《土地管理法》第45条第1款第5项关于"在土地利用总体规划确定的城镇建设用地范围内,经省级以上人民政府批准由县级以上地方人民政府组织实施的成片开发建设需要用地的"的规定偏离前述立法计划和立法目的,具体些说就是,所谓"成片开发建设需要用地"并非为了公共利益,但却因此征收集体土地。

防止此种偏离,方法和措施之一是,应当坚持对《土地管理法》第45条的规定予以整体解释。其实,无论是就该条的文义和体系还是就其规范意旨而言,"成片开发建设需要用地"的征收都必须是"为了公共利益的需要",而非为了商业的需要。

在实践操作的层面,需要甄别"成片开发建设需要用地"在何种情况下是"为了公共利益的需要"。对成片开发建设需要用地是否为公共利益,在各阶段均须以一定的事实审查作为基础。其审查步骤依次包括征收目的本身的正当性、征收目的实现的有效性、征收目的实现的必要性、公益目的与私益损失之间合乎比例,其方法兼具"问题思考"与"体系思考"的特性,是促进国家权力结构平衡、调和公益与私利,达到实质正义的一种理性法则。这一法则借鉴价值较高,当然对法官的要求也很高,应该尝试,也借以避免社会不稳定因素的发酵。[1]

此外,还要注意另外一种倾向:扰乱《土地管理法》第63条的立法计划和立法目的,放松对宅基地使用权申请的审核、批准,使本不应取得宅基地使用权的农户却被获批该权,而后,该农户所在的集体经济组织或镇政府乃至县政府调整用地指标和土地用途,把宅基地使用权变为集体经营性建设用地。防止和封堵此种途径及方式,也是保障《土地管理法》第63条的立法计划和立法目的得以实现的不可忽视的一环。

(四)以地表为客体的建设用地使用权与以地上或地下为客体的建设用地使用权

按照建设用地使用权的客体所处土地上下部位的不同,可有以地表为客体的建设用地使用权与以地上或地下为客体的建设用地使用权。

所谓以地表为客体的建设用地使用权,是指以地面为基点向空中延伸至一定高度、向地下垂直至一定深度的空间为客体的建设用地使用权。物权法上的土地概念采取一种纯形式的地表界定[2],因此,建设用地使用权以地表为客体应为常态,除非特别说明,建设用地使用权一语,应为以地表为客体的建设用地使用权。

所谓以地上为客体的建设用地使用权,是指以距地面一定高度的空间为客体的建设用地使用权,简称为空间权,又叫区分建设用地使用权,或分层建设用地使用权。某些空中走廊的权源就是这种建设用地使用权。

所谓以地下为客体的建设用地使用权,是指以距地面一定深度的空间为客体的建设用地使用权,也简称为空间权,又叫区分建设用地使用权,或分层建设用地使用权。许多地下商城、地铁的权源就是此类建设用地使用权。

以地上为客体的建设用地使用权(空间权)、以地下为客体的建设用地使用权(空间权)不与以地表为客体的建设用地使用权重合,而是呈现立体状态:以地上为客体的建设用地使用权(空间权)不得占用以地表为客体的建设用地使用权被批准的可利用空间,以地下为客体的建设用地使用权(空间权)同样不得占用以地表为客体的建设用地使用权被批准的可利用空间。

---

[1] 陈小君:《新一轮土地改革的检视与建议》,载《中国法律评论》2019年第5期。
[2] [德]鲍尔/施蒂尔纳:《德国物权法》(上册),张双根译,法律出版社2004年版,第284页。

[拓展]

在现代社会,人口已越来越集中于大都市,形成都市密集化。这种都市密集化,必然伴随着地铁、上下自来水、排水沟及地下停车场等诸多都市设施的建设进程,进一步说,促进了空间、电线、单轨铁路、两楼房间的通道、特殊的防公害的烟囱、电视塔等都市设施的建设完善。这样,土地的立体利用已经从地表脱离,被横向地、水平地切割为地下或空中的断层,并使其具有了固有的价值(有交换价值)。在这种水平断层的空间,近代法确立的土地所有权等种类的权利制度还能够适用吗?[①]

在近代民法中,土地所有法的体系,与其说是以都市区域,不如说是以农业区域为中心构成,所以不能把对土地的立体使用之评价放在土地所有权概念的构成中心的位置上。一直以来,都把垂直于地表上下的古典的土地所有权的法制称为土地法(Bodenrecht),相反,把进行了横向切割的水平的土地所有权称为空间法(Raumrecht)。土地法因其所指的"土地"是以地表为中心的垂直于其上下的部分,故可以称之为垂直的不动产法;相反,空间法则由于将"空间"从地表分离出来,在一定的空间上水平地存在,所以也可以称之为水平的不动产法。[②] 这种空间法在美国是以普通法为基础并根据判例创设出来的,其核心为空间权(air rights)制度。[③] 空间权,表现在所有权方面,有建筑物区分所有权;表现在租赁权方面,即有空间租赁权;表现在役权方面,可有空间役权;表现在地上权方面,就是区分地上权。[④] 中国《民法典》第345条规定的以地下、地上为客体的建设用地使用权,可称之为区分建设用地使用权,相当于大陆法系所谓的区分地上权。

(五)意定建设用地使用权与法定建设用地使用权

以建设用地使用权是否依据法律的直接规定当然设立为标准,可有意定建设用地使用权与法定建设用地使用权的分类。

所谓意定建设用地使用权,是指用地者与有关当事人合意设立的建设用地使用权。

所谓法定建设用地使用权,是指为使建筑物、构筑物及其附属设施具有地权这个正当根据,在具备一定条件时,依据法律的直接规定而当然成立的建设用地使用权。

---

① [日]篠塚昭次:《空中权、地中权的法理——围绕土地的新利用形态》,载《法学家·临时增刊·土地问题——实态·理论·政策》第476号,有斐阁,1971年4月10日,第122页。

② 同上书,第122-123页。

③ 参见[日]高田寿史:《空中权与城市开发——从美国的实例所看到的问题及我见》,载《不动产研究》第25卷1号,第35页。

④ [日]篠塚昭次:《空中权、地中权的法理——围绕土地的新利用形态》,载《法学家·临时增刊·土地问题——实态·理论·政策》第476号,有斐阁,1971年4月10日,第123-128页。

在法律规定未尽周详的背景下,个别情况下依法理和利益衡平的需要而应当承认的建设用地使用权,也可划入法定建设用地使用权之列。它大体可有如下类型:

1. 于抵押权设立当时应当设立,至实际必要时使其成立,以保持建筑物、构筑物及其附属设施为目的的建设用地使用权。它发生在行使抵押权,拍卖或变卖抵押物,导致建设用地使用权和地上建筑物、构筑物及其附属设施异其主体时,视为已有法定建设用地使用权的设立,作为建筑物、构筑物及其附属设施存在的正当权源。

2. 土地或建设用地使用权和建筑物、构筑物及其附属设施同属于一人,而仅以建筑物、构筑物及其附属设施典当,典当行取得建筑物、构筑物及其附属设施的所有权,致使建筑物、构筑物及其附属设施和土地或建设用地使用权异其主体的,应当承认典当行(建筑物、构筑物及其附属设施所有权人)就所占用的基地享有法定建设用地使用权,以使该建筑物、构筑物及其附属设施所有权具有地权的正当根据。

[知识]

当铺业,古已有之。人们将其动产(当物)交给当铺,获得一定数额的借款,于约定期间内回赎该物的,向当铺给付利息即可终止双方的关系;于约定期间届满没有回赎的,便成死当,当物由当铺自由处置。① 需要注意,2005年4月1日起施行的《典当管理办法》将当和典统一调整,将典当界定为:"当户将其动产、财产权利作为当物质押或者将其房地产作为当物抵押给典当行,交付一定比例费用,取得当金,并在约定期限内支付当金利息、偿还当金、赎回当物的行为"(第3条第1款)。

按照《典当管理办法》第25条第3项的规定,典当行可以经营房地产(外省、自治区、直辖市的房地产或者未取得商品房预售许可证的在建工程除外)抵押典当业务。由于《典当管理办法》就房地产的典当没有如同《民法典》第397条那样强行要求房屋与其所占用范围的建设用地使用权一并典当,可以出现典当物仅仅是房屋而不包括房屋占用范围的建设用地使用权的情况。于此场合,若当户没有依约赎回,典当行便取得该房屋所有权,致使房地权属异其主体,违反房屋所有权必须以地权为其正当权源的规则。解决这个问题的方案之一是,承认法定建设用地使用权的情况。

[延伸]

在实务中,存在着某些建筑物、构筑物及其附属设施的所有权人不享有相应的建设用地使用权的情形,如某些事业单位、国家机关利用行政划拨的建设用地为其职工建造了房屋,只给购房职工办理了《房屋所有权证》,未将该房屋所在地的建设用地使用权移转给购房职工。于此场合,倘若仍然按照法定建设用地使用权的思路设计并处理,会有违不将该建设用地使用权移转给购房职工的初衷,莫不如采取另外的模

---

① 江平、王家福主编:《民商法学大辞书》,南京大学出版社1998年版,第132-133页。

式,更为合理。这些模式至少有两种:其一,此类事业单位、国家机关不再保留行政划拨的建设用地使用权,直接将房屋所有权和相应的建设用地使用权一并移转给购房职工,以贯彻房地权属的确定与变动原则上一体的基本理念及制度。同时,为了保护这些事业单位、国家机关的合法权益,防止国有资产流失,适当限制这些购房职工(房屋所有权人)处分其房屋;并且,一旦转让其房屋,则令其补交地价款。其二,此类事业单位、国家机关依然保留行政划拨的建设用地使用权,但赋予购房职工(房屋所有权人)对其房屋所在地的建设用地享有法定租赁权,以满足建筑物所有权以地权为正当根据的原则。

三、建设用地使用权的法律性质

(一)权利主体因建设用地使用权的类型不同而异其规格

从权利主体方面看,不同类型的建设用地使用权的主体的身份不同。例如,行政划拨的建设用地使用权的主体,限于国家机关、有关人民团体、军事部门、有关事业单位、某些公司,不会是自然人、股份有限公司、中外合资经营企业、中外合作经营企业、外商独资企业等。再如,集体土地上的建设用地使用权的主体,主要为乡镇企业,不可能是农民、国家机关、军事部门等。

(二)建设用地使用权的客体可以是国有土地,也可以是农民集体所有的土地

在2019年之前,从权利客体的所有制性质方面看,建设用地使用权的客体原则上为国有土地(《物权法》第135条等),在兴办乡镇企业、建设乡(镇)村公共设施和公益事业等情况下,经依法批准,可以是集体所有的土地(2004年的《土地管理法》第43条)。2019年修正了《土地管理法》,设置集体经营性建设用地使用权,该权可用于工业、商业等经营性用途(《土地管理法》第63条)。《民法典》固定了这种制度安排(第361条)。这样,农民集体所有的土地作为建设用地使用权的客体便较为宽泛了。

(三)权利客体的部位可以是地表、地下、地上

从权利客体的立体部位看,建设用地使用权的客体可以是某宗地的地表,也可以是某宗地的地上(空间),还可以是某宗地的地下(空间)(《民法典》第345条)。以地上空间、地下空间为客体的建设用地使用权,叫作区分建设用地使用权,或分层建设用地使用权,或径称为空间权。

(四)权利的目的及功能为建造建筑物、构筑物及其附属设施,并保有其所有权

从权利的目的及作用方面看,建设用地使用权旨在使权利人有权在国有的(少数情况下为集体所有的)某宗地上建造建筑物、构筑物及其附属设施,并保有其所有权。一个人若欠缺某宗地的建设用地使用权,却在该宗地上建造建筑物、构筑物及其附属设施,其行为违法,对于所建建筑物、构筑物及其附属设施没有所有权(《民法典》第

231条、第352条正文)。

就建造和保有之间的关系而言,建造建筑物、构筑物及其附属设施为初步目的,也可以说只是手段,保有建筑物、构筑物及其附属设施的所有权才是最终目的,更有价值。此其一。在受让建设用地使用权时,基地上已有建筑物、构筑物及其附属设施,或购买地上建筑物、构筑物及其附属设施的场合,按照《民法典》第356条、第352条正文的规定,受让人一并取得建设用地使用权和地上建筑物、构筑物及其附属设施,"土地上现存的建筑物能够满足建设用地使用权人的需要,故而其无须另行建造。权利内容仅为保有。"①此其二。

(五)建设用地使用权派生于土地所有权

从权利所出之源看,建设用地使用权系分享国家的(少数情况下为集体所有的)土地所有权中占有、使用、收益的权能而形成的他物权。土地所有权为母权,建设用地使用权为子权。

(六)建设用地使用权为用益物权

从权利的归属体系看,建设用地使用权为用益物权。建设用地使用权具有排他性、优先效力、物权请求权等效力,属于物权。它以占有、使用、收益为内容,属于用益物权。

[引申]

1. 引言

建设用地使用权出让洽商甚至签订合同之时,建设用地可能是尚未拆迁、补偿、安置的"生地",甚至是尚未征收的集体所有的土地,也可能是已经征收、拆迁、补偿、安置完毕并达到"五通一平"或"七通一平"的"熟地"。属于"熟地"的,有些来自土地储备。广州市、合肥市、重庆市、成都市、上海市、杭州市、武汉市和北京市等市,都实行了土地储备制度,使得相当数量的建设用地来自土地储备机构的供应,相应的,建设用地使用权的取得,便以"熟地"作为标的物。

鉴于建设用地使用权与土地储备制度的关联如此密切,而实际运作中也有诸多需要规范和完善之处,国土资源部、财政部和中国人民银行于2007年11月19日出台了《土地储备管理办法》。鉴于该管理办法规定了土地储备制度与建设用地使用权之间的关系,牵涉几方主体及其所承受的权利义务,也鉴于其中某些设计和规定尚有完善的余地,加上实务中仍有未尽符合规定的操作,有必要借鉴境外的土地储备的经验教训,结合中国实际,介绍、分析和评论。

---

① 王利明、尹飞、程啸:《中国物权法教程》,人民法院出版社2007年版,第319页。

2. 简介

关于土地储备(land banking)，界定尚不统一。安·斯特朗在其《土地储备：欧洲现实，美国未来》一书中认为，土地储备是为了实施政府的土地利用政策，政府进行征地或授权进行征地，以待日后开发。在征地时，对土地的未来用途可能清楚，也可能不清楚。此处土地开发这一术语并不是指为单独实施某个具体项目（如建学校或修建社区公共设施），事先征地，而是指通过政府进行干预，整合地块，以备日后开发（两者的主要差别在于规模和时间安排）。该术语也不包含私营部门持有地块的行为，无论是因它自身的发展需要还是出于资本增值为目的的投机行为。[①] 安德鲁·希尔顿主张："总体上说，土地储备这一概念是指公共部门，通常是市级公共部门，先于开发之前几年购买土地、开展必要的平整工作，然后将土地出售或租赁，同时还保留相当份额的土地以便修建道路、公园和社区设施。土地储备可以被视为土地规划实施的第一步，通过以合适的价格提供可供开发的土地来实现政府的目标，并高效、有序地促进开发。事实上土地储备还有一个目的，就是为公众储存土地升值而产生的收益。"[②] 从上述两个定义可以看出，国际上通行的土地储备具有如下特征：（1）土地储备具有一定的周期性；（2）土地储备时不一定具有明确的用途，在征地时，土地的未来用途可能清楚也可能不清楚；（3）土地储备主体通常是市级政府，土地储备是公共部门的行为，不包含私营部门；（4）土地储备要实现政府目标，并高效有序地促进土地开发，此外，土地储备还有为公众储存土地升值而产生收益的目的；（5）土地储备包括收购、平整、出售或出租等环节。[③]

在中国，《土地储备管理办法》规定，所谓土地储备制度，是指市、县人民政府国土资源管理部门为实现调控土地市场、促进土地资源合理利用目标，依法取得土地，进行前期开发、储存以备供应土地的行为（第2条第1款）。土地储备工作的具体实施，由土地储备机构承担（第2条第2款）。土地储备机构应为市、县人民政府批准成立、具有独立的法人资格、隶属于国土资源管理部门、统一承担本行政辖区内土地储备工作的事业单位（第3条）。各地应根据调控土地市场的需要，合理确定储备土地规模，储备土地必须符合规划、计划，优先储备闲置、空闲和低效利用的国有存量建设用地（第6条）。土地储备实行计划管理。市、县人民政府国土资源管理、财政及当地人民银行相关分支行等部门应根据当地经济和社会发展计划、土地利用总体规划、城市总体规划、土地利用年度计划和土地市场供需状况等共同编制年度土地储备计划，报同

[①] 转引自楼建波、张双根、金锦萍、吕飞飞主编：《土地储备及土地一级开发法律制度》，中国法制出版社2009年版，第1页。

[②] 转引自上书，第1-2页。

[③] 同上书，第4页。

级人民政府批准,并报上级国土资源管理部门备案(第7条)。

比较上述界定和规定,并联系实际运作的情况,可以发现中外关于土地储备的概念具有不少的共同点,也有差异。差异主要表现在:(1)中国土地储备的周期较短,实践中很多土地是即征即用;(2)在土地储备时,已经明确了储备土地的未来用途;(3)中国土地储备不包括土地的出售、出租等环节。①

关于可纳入土地储备范围的土地,按照《土地储备管理办法》的规定,市、县人民政府或国土资源管理部门依法无偿收回国有土地使用权的土地,由土地登记机关办理注销土地登记手续后纳入土地储备(第11条)。因实施城市规划进行旧城区改建需要调整使用土地的,应由国土资源管理部门报经有批准权的人民政府批准,依法对土地使用权人给予补偿后,收回土地使用权。对政府有偿收回的土地,由土地登记机关办理注销土地登记手续后纳入土地储备(第12条)。根据土地储备计划收购国有土地使用权的,土地储备机构应与土地使用权人签订土地使用权收购合同。收购土地的补偿标准,由土地储备机构与土地使用权人根据土地评估结果协商,经国土资源管理、财政部门或地方法规规定的机构批准确认。完成收购程序后的土地,由土地登记机关办理注销土地登记手续后纳入土地储备(第13条)。政府行使优先购买权取得的土地,由土地登记机关办理注销土地登记手续后纳入土地储备(第14条)。已办理农用地转用、土地征收批准手续的土地,由土地登记机关办理注销土地登记手续后纳入土地储备(第15条)。

关于开发商等用地者从储备的土地中取得建设用地使用权,《土地储备管理办法》规定,市、县人民政府可根据需要,对产权清晰、申请资料齐全的储备土地,办理土地登记手续,核发土地证书。供应已发证储备土地前,应收回土地证书,设立土地抵押权的,要先行依法解除(第17条)。土地储备机构应对储备土地特别是依法征收后纳入储备的土地进行必要的前期开发,使之具备供应条件(第18条)。前期开发涉及道路、供水、供电、供气、排水、通信、照明、绿化、土地平整等基础设施建设的,要按照有关规定,通过公开招标方式选择工程实施单位(第19条)。储备土地完成前期开发整理后,纳入当地市、县土地供应计划,由市、县人民政府国土资源管理部门统一组织供地(第22条)。

《土地储备管理办法》还规定了特殊的利用储备土地的方式:"在储备土地未供应前,土地储备机构可将储备土地或连同地上建(构)筑物,通过出租、临时使用等方式加以利用。设立抵押权的储备土地临时利用,应征得抵押权人同意。储备土地的

---

① 楼建波、张双根、金锦萍、吕飞飞主编:《土地储备及土地一级开发法律制度》,中国法制出版社2009年版,第5页。

临时利用,一般不超过两年,且不能影响土地供应"(第21条)。

3. 分析评论

(1) 关于土地储备制度的功能和定位

关于土地储备制度的功能和定位,应从以下方面来认识:①它改变了中国土地征收和供应的结构,完善了政府垄断一级土地取得与供应的制度。[①] 土地储备制度使土地供应方式由"毛地出让"(生地出让)转向"净地出让"(熟地出让),从协议出让为主转向以招拍挂出让为主。[②] ②土地储备制度使土地征收、房屋拆迁成本与建设用地使用权出让的收益分离核算,可以避免协议出让中房地产商与政府在征收拆迁成本、出让金与土地规划参数间不断地讨价还价的现象。土地储备制度割断了用地者与被征地人之间的直接利益联系,可以避免拆迁补偿费用与土地出让价格直接挂钩,有利于政府全面而有效地控制土地的利用、开发,更好地实施土地规划。[③]③土地储备制度不仅具备调控土地供给的作用,也具备调控土地需求的功能,增强了政府对土地市场的调控能力。④土地储备制度激活了存量土地的利用价值,对一些地段比较偏僻、开发条件不理想以及闲置的城市土地,土地储备机构统一管理,有利于政府实施土地利用总体规划和城乡总体规划,通过前期开发和整理,做出统一计划和整体安排,加快企业存量土地盘活进度,解决部分企业改制的燃眉之急,实现土地的再开发和再利用,促进土地资源的优化配置,提高土地的利用效率。⑤促进土地保值、增值,加强土地资产管理。⑥有助于防范和化解金融风险。[④]

(2) 土地储备机构的法律地位和功能

土地储备机构并非建设用地使用权的出让方,类似于仓储者,它管理着已经储备的土地。建设用地使用权的出让方依然是市、县人民政府国土资源管理部门。实际上,《土地储备管理办法》第22条已经明确了这一点。

(3) 储备土地的取得方式

储备土地的取得,按照《土地储备管理办法》的规定(第11条以下)和实务中的操作,大概有土地征收、土地收回、土地购买和土地置换四种方式。

(4)《土地储备管理办法》第21条后段的规定不合理论

已经储备的土地,在出让建设用地使用权之前,仅仅以国家土地所有权的形态存

[①][③] 顾长浩:《土地储备制度的功能、意义与问题》,载《上海土地》,2006年第1期,第21页。

[②] 楼建波、张双根、金锦萍、吕飞飞主编:《土地储备及土地一级开发法律制度》,中国法制出版社2009年版,第29页。

[④] 同上书,第29-34页。

在，并无建设用地使用权的身影。既然如此，《土地储备管理办法》第21条后段规定储备土地设立抵押权，就不符合中国的现行法及其理论。在现行法上，土地所有权不得抵押，能够抵押的是（出让的）建设用地使用权、"四荒"土地承包经营权，在土地储备制度的背景下，只有（出让的）建设用地使用权。既然所储备土地中不含有建设用地使用权，即欠缺作为独立之物的抵押物，谈何以储备土地设立抵押权？！

(5) 建设用地使用权的标的物

土地储备制度下，建设用地使用权的标的物是"熟地"。所谓"熟地"，是指已经完成了征地、拆迁、补偿、安置等项工作，土地已经达到了"三通一平""五通一平"或"七通一平"，即土地的一级开发完毕，"生地"变成了"熟地"。

(6) 前期开发整理储备土地的当事人及其法律关系

A. 前期开发整理储备土地的企业与土地储备中心

土地储备中心，即市、县人民政府批准成立、具有独立的法人资格、隶属于国土资源管理部门、统一承担本行政辖区内土地储备工作的事业单位，虽然《土地储备管理办法》规定它应对储备土地特别是依法征收后纳入储备的土地进行必要的前期开发，使之具备供应条件（第18条），但往往并不亲自实施实际的"七通一平"等具体工作，而是经市、县人民政府土地资源管理部门授权，来委托特定的企业承做土地的一级开发，或者说从事前期开发整理储备土地。土地储备中心和前期开发整理储备土地的企业之间的关系，属于代理人和相对人之间的关系。

虽然有些市把土地储备中心作为土地征收、拆迁的主体，也有学说表示支持，但由于土地征收为行政权力的运作，属于政府机关的职能，而土地储备中心并非行政机关，而是事业单位，所以，不应将土地储备中心作为土地征收的主体。不过，可以由政府机关授权土地储备中心，实施征收、拆迁、补偿、安置等土地一级开发的具体工作，此时，相当于被征收人来说，土地储备中心不是当事人，当事人为市、县人民政府国土资源管理部门。

B. 前期开发整理储备土地的企业与市、县人民政府国土资源管理部门

如同前述，在前期开发整理储备土地的层面上，市、县人民政府国土资源管理部门与实施土地一级开发的商家各为当事人一方，市、县人民政府国土资源管理部门承担的义务是向该企业支付补偿款，享有的权利是适时收回建设用地。

C. 前期开发整理储备土地的企业与实际用地者

前期开发整理储备土地的企业与实际用地者之间的关系，有些人认为属于建设用地使用权转让合同关系，尤其是有些市也确实要求前期开发整理储备土地的企业与实际用地者之间签订建设用地使用权转让合同，以及补偿合同。下文的案例分析即属此类。但这是违反法律和法理的。合乎法律及法理的意见应是，前期开发整理

储备土地的企业与实际用地者之间本来没有直接的合同关系,应当是前期开发整理储备土地的企业和国土资源管理部门之间具有法律关系,国土资源管理部门与实际用地者之间发生建设用地使用权出让合同关系。在该企业和国土资源管理部门之间的关系中,国土资源管理部门从该企业之手收回建设用地,向其支付补偿款。在国土资源管理部门和实际用地者之间的合同关系中,国土资源管理局向用地者移转建设用地使用权,用地者支付出让金。支付补偿款的合理流程应为:国土资源管理局向该企业支付补偿款,实际用地者向国土资源管理局支付地价款。但实务的运作时常将上述流程做一定程度的变通,呈现给人们的流程是:国土资源管理局将建设用地使用权先出让给实际用地者,同时获取地价款;实际用地者和前期开发整理储备土地的企业依政府部门的指示而签订《建设用地使用权转让补偿协议》,实际用地者将地价款的一部分付给前期开发整理储备土地的企业,实际上是代国土资源管理局支付给前期开发整理储备土地的企业补偿款;而后,前期开发整理储备土地的企业将建设用地退回国土资源管理局;国土资源管理局再将真正拥有的"另一建设用地使用权"实际出让给用地者。本来,前期开发整理储备土地的企业拥有的建设用地使用权和用地者将要取得的建设用地使用权,是两项不同的建设用地使用权,发生联系的,只是所处的地段(宗地)相同。

4. 案例分析

基本案情:

2006年4月5日,W市国土资源管理局从乙单位收回A号建设用地。2009年10月7日,W市土地交易中心受W市国土资源管理局委托挂牌出让A号地块的建设用地使用权。甲公司通过挂牌方式取得该宗土地的建设用地使用权,与W市土地交易中心签订了《成交确认书》。《成交确认书》规定:"请持此确认书于15个工作日内向W市土地整理储备供应中心付清成交金额50%部分,在《成交确认书》签订之日起15个工作日内按照挂牌结果以及挂牌文件确定的内容与转让方签订《建设用地使用权转让补偿合同》。"随后,甲公司与乙单位签订了《建设用地使用权转让补偿合同》,约定乙单位保证A号地块的建设用地使用权无任何权利纠纷和争议,保证按照约定交付土地;甲公司保证按照约定分四期向乙单位支付补偿费。

在实际的履行过程中,乙单位认为甲公司是从自己手里受让的A号地块的建设用地使用权,乙单位的上级主管部门以公告方式对A号地块的建设用地使用权等提出异议,并导致甲公司无法办理报建手续、拆迁手续。从而发生纠纷。各方之间的法律关系如何?甲公司能取得A号地块的建设用地使用权吗?若能取得,是从何人之手取得呢?

(1) 2009年W市土地交易中心受W市国土资源管理局委托挂牌出让A号地块

的建设用地使用权的行为,应被认定为建设用地使用权出让,而不是建设用地使用权转让。其理由如下:

A. 国土资源管理局是建设用地使用权的出让主体

建设用地使用权出让,是国家将建设用地使用权在一定年限内出让给土地使用者,由土地使用者向国家支付地价款的行为。而建设用地使用权转让,是土地使用者将土地使用权再转移的行为,包括出售、交换和赠与(《民法典》第215条等将物权变动与引起变动的原因行为区分开来,若循此路,建设用地使用权出让、转让可作为物权变动,就不同于建设用地使用权出售、赠与)。可见出让和转让所要求的一方主体是不同的,出让行为中的一方主体是国家,转让行为中的转让方则是土地使用者,受让方将成为土地使用者。

本案中,甲公司通过挂牌方式取得该宗土地的建设用地使用权。招标拍卖是土地使用权出让的方式之一,而该建设用地使用权交易是W市土地交易中心代表W市国土资源管理局以招拍挂方式出让的,委托人是W市国土资源管理局,有证据《W市挂牌出让建设用地使用权公告》和《建设用地使用权挂牌竞买须知》予以证明。《建设用地使用权成交确认书》规定,该宗土地待拆迁完毕后,甲公司按照法律法规规定持相关资料到W市国土资源管理局申请办理拆迁验收手续,签订《建设用地使用权出让合同》,上述内容证明了W市国土资源管理局是建设用地使用权交易的出让方。同时,W市土地整理储备中心受W市国土资源管理局的委托,于2008年7月23日向甲公司发出的《工作联系函》就是否继续履行《成交确认书》进行了讨论,W市国土资源管理局还曾确定以两宗储备地块置换甲公司的用地,这也证明了W市国土资源管理局是建设用地使用权交易的出让主体。

B. 甲公司取得土地使用权是基于W市国土资源管理局的出让行为

第一,W市国土资源管理局委托土地交易中心将该宗土地的建设用地使用权挂牌,甲公司通过竞买的方式取得该建设用地使用权,其法律基础是国土资源管理局的出让行为。

第二,从甲公司取得该建设用地使用权的内容和效力来看,甲公司取得的不是乙单位名下的建设用地使用权,而是与其内容和效力不同的另一建设用地使用权,该建设用地使用权不可能因乙单位的转让行为而取得,只能基于W市国土资源管理局的出让行为而取得。

根据《城市房地产管理法》第38条和第39条,以及《城镇国有土地使用权出让和转让暂行条例》第19条、第21条、第22条的规定,土地使用权的转让受到一定的限制:其一,未按土地使用权出让合同规定的期限和条件投资开发、利用土地的,土地使用权不得转让;其二,土地使用权转让时,土地使用权出让合同和登记文件中所载明的权利、义务随之转移;其三,土地使用者通过转让方式取得的土地使用权,其使用年限为土地使用权出让合同规定的使用年限减去原土地使用者已使用年限后的剩余年限。本案中,乙单位提交的证据《土地使用权证》表明该宗地块的土地使用权的类型为出让,土地用途为文体用地,土地使用权的期限为40年,至土地交易中心签发《成交确认书》之日,乙单位土地的剩余年限为35年。而《挂牌出让建设用地使用权公告》显示,甲公司取得的建设用地使用权的土地用途为商业用地,出让年限为40年。显然,甲公司取得A号地块的建设用地使用权已不是(乙单位拥有的)原物及原权利,土地用途已改变,由原来的文体用地变为商业用地,建设用地使用期的年限已为40年,而不是转让行为要求的剩余期限35年。如果主张该建设用地使用权交易是转让行为,则既违反了上述《城市房地产管理法》第38条和第39条、《城镇国有土地使用权出让和转让暂行条例》关于土地使用权转让规定,也不符合本案的事实。此外,《城镇国有土地使用权出让和转让暂行条例》第18条规定,土地使用者需要改变土地使用权出让合同规定的土地用途的,应当征得出让方同意并经土地管理部门和城市规划部门批准,依规定重新签订土地使用权出让合同。《W市土地储备管理办法》第8条也规定,对于改变批准用途用于商业等经营性用地或以出让方式取得土地使用权后无力进行开发的,应由政府收回进入土地储备。可见,在土地用途已改变的情况下,乙单位没有权利将其既有的土地使用权进行转让,这恰好证明了挂牌出让的A号建设用地使用权是W市国土资源管理局出让的建设用地使用权。

第三,《成交确认书》并没有规定在合同签订当时或稍后办理移转登记手续,而是约定由买受人甲公司在未来办理过户登记手续,这就使得甲公司取得A号地块的建设用地使用权非常类似于期房的买卖、未来物的买卖。期房的买卖不要求出卖人在签订房屋预售合同时享有所有权,未来物的买卖不被定性为出卖他人之物,因此,《成交确认书》不宜被定性为出卖他人之物的合同,而应比照期房买卖合同、未来物买卖合同,认定为出卖自己之物且合法有效的合同。否则,就是没有做到相似的事物相同处理。上列观点之所以成立,是因为现行法未规定买卖物的所有权自合同成立时移转,而是奉行买卖物所有权自交付或登记时移转的原则(《民法典》第224条、第598条),建设用地使用权自办理变更登记时转移(《民法典》第209条、第214条等)。只要在履行期限届满时出卖人能够移转买卖物的所有权,就达到了买卖合同的目的,无须出卖人于订立买卖合同时即拥有买卖物的所有权。

(2)《成交确认书》规定的"请持此确认书于15个工作日内向W市土地整理储备供应中心付清成交金额50%部分,在《成交确认书》签订之日起15个工作日内按照挂牌结果以及挂牌文件确定的内容与转让方签订《建设用地使用权转让补偿合同》"的条款,是建设用地使用权出让合同的一个组成部分,确定了出让金的支付方式;依据此条款,甲公司与乙单位签订的《建设用地使用权转让补偿合同》正是为了实际履行上述地价款而产生的。

根据《招标拍卖挂牌出让国有建设用地使用权规定》第20条第1款关于"以招标、拍卖或者挂牌方式确定中标人、竞得人后,中标人、竞得人支付的投标、竞买保证金,转作受让地块的定金。出让人应当向中标人发出中标通知书或者与竞得人签订成交确认书"的规定,W市土地交易中心与甲公司签订了《成交确认书》,并约定了成交价款的总额,还约定了双方在A号地块的土地拆迁完毕后签订《建设用地使用权出让合同》,对双方的权利义务做了分配。之所以在《成交确认书》中规定甲公司与乙单位签订《建设用地使用权转让补偿合同》,其目的是为了保证《成交确认书》中所确认的合同内容的履行。按照《城镇国有土地使用权出让和转让暂行条例》的规定,土地使用权因土地使用权出让合同规定的使用年限届满、提前收回及土地灭失等原因而终止。国家应根据土地使用者的使用年限和开发、利用土地的实际情况给予相应的补偿。根据《W市土地储备管理办法》第11条规定,在土地收归国有后,应由W市土地储备供应中心负责退还乙单位未使用年限的土地出让金及对地内建筑物进行补偿。政府在出让土地前应将地块收归国有,但是在政府无力支付回购款或不愿直接向原土地使用权人补偿时,可以确定由新的受让人(买受人)替政府向原土地使用权人垫付款项。本案即属于政府提前收回土地使用权的情形,W市国土资源管理局应当向乙单位支付提前收回土地的补偿,只是补偿款没有采取国土资源管理局直接向乙单位支付补偿款的方式,而是通过《成交确认书》确定甲公司将出让金的一部分支付给乙单位来实现的。本来应有的流程是:国土资源管理局从乙单位收回土地使用权,同时支付补偿款;国土资源管理局将位于该地段的但性质不同的另一建设用地使用权出让给甲公司,甲公司支付出让金。本案的运作实际将上述流程做了一定程度的变通,呈现给人们的流程是:国土资源管理局将其后出现的"另一建设用地使用权"先出让给甲公司,同时获取出让金;甲公司和乙单位依政府部门的指示而签订《建设用地使用权转让补偿合同》,甲公司将出让金的一部分付给乙单位,实际上是代国土资源管理局支付给乙单位补偿款;而后,乙单位将土地使用权退回国土资源管理局;国土资源管理局再将真正拥有的"另一建设用地使用权"实际出让给甲公司。乙单位既有的土地使用权和甲公司将要取得的建设用地使用权,是两项不同的建设用地使用权,发生联系的,只是所处的地段(宗地)相同。由此可见,甲公司和乙单位依照政府部门的指示签订《建设用地使用权转让补偿协议》,只是具有中国特色的实务运作中出现的措施,重在甲公司向乙单位支付补偿款,所谓的建设用地使用权转让无非是为甲公司向乙单位支付补偿款寻找出来的理由,并非法律意义(真正意义、典型意义)上的建设用地使用权转让,因为乙单位并不享有甲公司在其后应取得的 A 号地块的建设用地使用权,乙单位将向国土资源管理局退回土地使用权,而不是向甲公司转让建设用地使用权。

上述分析并不表明乙单位在《建设用地使用权转让补偿合同》签订和履行阶段没有土地使用权,它的确拥有土地用途为文体用地、期限为 40 年的 A 号地块的土地使用权。按照这些合同的规定与政府部门的指示,乙单位在享受收取补偿款权利的同时,应负有交出建设用地和土地使用权的义务;从甲公司取得补偿款,向国土资源管理局退回土地使用权。与此相适应,乙单位对其将要退回土地使用权也负有义务,如担保没有第三人主张租赁权、他物权等权利,以保障甲公司实现其合同目的。假如有第三人主张此类权利,甲公司有权暂时拒付补偿款。

(3) 甲公司有权向乙单位中止付款

根据《民法典》第 509 条第 1 款的规定,当事人应当按照约定全面履行自己的义务。在对方不依约履行合同时,当事人一方有权行使抗辩权。本案适用先履行抗辩权,即在当事人互负债务、有先后履行顺序的时候,先履行一方未履行的,后履行一方有权拒绝其履行要求。根据甲公司与乙单位签订的《建设用地使用权转让补偿合同》,甲公司应于本合同签订后 60 日内办理拆迁手续,乙单位应于办完拆迁手续后 30 天内对地上建筑物进行拆除及场地腾空工作;乙单位于合同签订后 90 日内将 A 号地块交付给甲公司,实质上是退回国土资源管理局;甲公司分四次支付余款。可见双方的权利义务履行有先后之分。甲公司已按约定于 11 月支付第一笔款 300 万元,但在 12 月支付第二笔款之前,由于乙单位的上级主管部门主张异议使报建手续无法办理,乙单位负有权利瑕疵担保义务(《民法典》第 612 条),对此负有责任,甲公司有权援用《民法典》第 526 条的规定,行使抗辩权,中止付款。

(4) 乙单位无权解除合同

一方面,甲公司中止支付价款的原因是,乙单位的上级主管部门主张异议、W 市规划局停止办理甲公司的报建手续。从《建设用地使用权转让补偿合同》的规定来看,乙单位负有权利瑕疵担保义务,由于第三人主张异议,甲公司中止支付价款具有正当性,不构成违约,乙单位自不享有解除权,无权解除合同;假如一定要"解除合同",则是打着解除的旗号,实质上违约。

另一方面,前已述及,甲公司取得土地使用权是基于 W 市国土资源管理局的出让行为,《成交确认书》确定了 W 市国土资源管理局和甲公司的权利义务。《建设用地使用权转让补偿合同》是为了实现出让金的支付,以及将部分出让金作为国土资源管理局给乙单位的补偿款而签订的,其目的是协助国土资源管理局与甲公司的土地使用权交易顺利实施,乙单位并不是与甲公司进行土地使用权交易的主体;在《工作联系函》中W市国土资源管理局曾确定将甲公司用地与另两块地进行置换,希望甲公司明确是否继续讨论置换,也表明了W市国土资源管理局希望继续履行合同的意愿。故乙单位无权解除合同。

四、建设用地使用权与有关权利的辨析

(一) 建设用地使用权与地上权

德国等立法例上存在着地上权制度。所谓地上权,是指以在——受负担——土地的地面上或地面下,拥有建筑物为内容的可转让并可继承的权利。[①] 或者说,地上权是指以在他人的土地上保有建筑物或其他工作物或竹木为目的,而使用其土地的权利。[②] 可见,就目的及功能而言,它与中国现行法上的建设用地使用权相同或相当。诚然,二权之间也有些许差异:(1)地上权存在于他人所有(绝大多数情况下为私有)的土地之上,而中国现行法上的建设用地使用权基本上存在于国有土地之上,仅在少数情况下存在于集体所有的土地之上。(2)地上权的目的及功能并未区分建筑物的用途,不论是建造农户的住宅,还是建造市民的住房,抑或建造写字楼,等等,只要是利用他人所有的土地,就统统由地上权制度解决。与此有别,《民法典》等法律区分在他人土地上建造农户住宅和其他建筑物、构筑物及其附属设施的不同情形,由建设用地使用权和宅基地使用权两项制度分工负责。由此看来,如果一定作类比,那么,从权利目的及功能的角度观察,可以说建设用地使用权和宅基地使用权合起来相当于地上权。(3)地上权的设立,绝大多数是基于当事人的约定加上登记,少数情况下直接基于法律的规定;而建设用地使用权的设立,在现行法上存在着基于出让合同加上登记、行政划拨加上登记两种方式,中国法应当尽快承认基于法律的直接规定的设立方式。(4)地上权具有让与性,而行政划拨的建设用地使用权在让与性方面受到严格的限制,只有出让的建设用地使用权才可较为自由地让与。

(二) 建设用地使用权与土地租赁权

建设用地使用权是不动产物权,而土地租赁权(含建设用地使用权的租赁权,下

---

① 德国《地上权条例》第1条第1款;[德]鲍尔/施蒂尔纳:《德国物权法》(上册),张双根译,法律出版社2004年版,第648页。
② 谢在全:《民法物权论》(中册),三民书局2003年修订2版,第53页。

同)从基本性质方面观察为债权,二权具有本质的不同。但因土地租赁权也有在他人土地上建造并保有建筑物、构筑物及其附属设施所有权的目的及功能,加上租赁权已经物权化,它们之间也有可比性。具体说来,两者的差异如下:(1)建设用地使用权的取得以登记为生效要件(《民法典》第349条、第209条第1款、第214条等)。土地租赁权的成立不以登记为成立要件和生效要件。(2)行政划拨的建设用地使用权没有明确的终期,出让的建设用地使用权的存续期限有70年、50年、40年不等(《城镇国有土地使用权出让和转让暂行条例》第12条),土地租赁权的存续期限不得长于20年(《民法典》第705条)。(3)行政划拨的建设用地使用权没有对价,土地租赁权必然伴随着租金。(4)行政划拨的建设用地使用权原则上不得转让,转让需要满足许多条件;出让的建设用地使用权具有充分的让与性。其中的转让包括抵押。土地租赁权原则上不得转让,不得抵押,转租须经出租人同意。(5)建设用地使用权人无权请求土地所有权人修缮土地,承租人有权请求出租人修缮租赁物。(6)建设用地使用权和土地租赁权在终止事由方面也存在着差异。

(三)建设用地使用权与地役权

建设用地使用权和地役权的相似点在于,二权均有建造构筑物及其附属设施并保有其所有权的目的及功能。但两者毕竟是差异明显的两种不动产物权:(1)建造并保有建筑物、构筑物及其附属设施的所有权,为建设用地使用权的根本目的及功能。地役权没有单纯地建造建筑物并保有其所有权的目的及功能,只有为了架设管线、修建输水渠等目的而需要辅助地建造构筑物及其附属设施并保有其所有权的目的及功能。一旦建造并保有建筑物、构筑物及其附属设施的所有权成为权利的唯一目的及功能,那么该权应为建设用地使用权(或宅基地使用权),而不应为地役权。(2)建设用地使用权的设立,有的基于法律的直接规定,有的通过当事人的约定。地役权一律通过当事人间的约定设立。(3)建设用地使用权是个独立的不动产物权,地役权具有附随性。(4)由此决定,建设用地使用权可以单独转让,地役权不得单独转让。(5)行政划拨的建设用地使用权没有对价,地役权以有对价为常态。

(四)建设用地使用权与土地承包经营权

建设用地使用权和土地承包经营权之间的区别比较明显:(1)建设用地使用权的目的及功能是在国有的(少数情况下为集体所有的)土地上建造建筑物、构筑物及其附属设施,并保有其所有权;土地承包经营权的目的及功能是在集体所有的(少数情况下为国有的)土地上从事农林牧渔经营活动,并取得农获物(农业收获物)的所有权。(2)建设用地使用权的主体多种多样,且区分情况而设定限制。以家庭承包经营为基础的土地承包经营权,其主体限于承包地所在地的集体经济组织的成员;以"四荒"为客体的土地承包经营权的主体则无限制。(3)建设用地使用权的客体原则上为国有土地,少数情况下为集体所有的土地。土地承包经营权的客体基本上为集体所有的土地,仅在新疆建设兵团等少数地区是国有土地。(4)建设用地使用权的设立以登记为生效要件(《民法典》第349条),土地承包经营权自土地承包经营权合同生效时设立(《民法典》第333条第1款)。(5)取得出让的建设用地使用权需要支付使用权出让金,取得行政划拨的建设用地使用权无须支付出让金。取得土地承包经营权均需支付承包费。(6)两种权利在流转的限制方面也有区别。

第二节 建设用地使用权的取得

一、建设用地使用权取得概述

建设用地使用权的取得分为原始取得和继受取得。所谓建设用地使用权的原始取得,是指不以他人既有的权利为依据而独立取得建设用地使用权的现象。善意取得建设用地使用权(《民法典》第311条第3款)、依据法律的直接规定而取得建设用地使用权(法定建设用地使用权),均属此类。

所谓建设用地使用权的继受取得,又称建设用地使用权的传来取得,是指基于原权利人的权利,而取得建设用地使用权的现象。继受取得建设用地使用权又分移转继受取得建设用地使用权和创设继受取得建设用地使用权。

所谓创设继受取得建设用地使用权,是将土地所有权的部分权能分离和独立出来,形成建设用地使用权这种新权利的现象。它又表现为两种基本形态,一是出让设立建设用地使用权,即由用地者和自然资源管理部门签订出让合同,并办理完毕移转登记,取得(出让的)建设用地使用权;二是行政划拨设立,即自然资源管理部门将某宗国有土地的建设用地使用权授予用地者。本节专门讨论建设用地使用权的设立。

所谓移转继受取得建设用地使用权,是就承包人既有的建设用地使用权,不变更其性质而继受取得该权的现象。例如,基于转让、互易、赠与而继受取得建设用地使用权,基于将建设用地使用权出资而由公司继受取得,自然人为权利人时可基于遗赠而继受取得或基于继承而继受取得,均属此类。继受取得以转让取得建设用地使用权为常态,将在本章第三节"建设用地使用权的效力"中讨论。

二、行政划拨建设用地使用权的取得

行政划拨建设用地使用权的取得,必须基于行政命令,其大致的程序是:(1)列入国家固定资产投资计划,或准许建设的国家建设项目,经过批准,建设单位(用地者)方可申请建设用地。(2)用地者提出申请。建设单位(用地者)必须持国务院行

政主管部门或县级以上地方人民政府按照国家基本建设程序批准的设计任务书,或对用地数量、用地选址方案已经明确规定的其他批准文件,向县级以上人民政府土地资源管理部门提出用地申请。(3)审批划拨。经县级以上人民政府根据法定的批地权限,对建设单位(用地者)提出的用地申请进行审查,对法律手续齐备的,以行政命令的方式确定具体使用的建设用地,由自然资源管理部门把用地划拨给建设单位。①(4)权属登记。建设单位(用地者)接到批准用地文件之后,可持该文件申请建设用地使用权的登记。申请国有建设用地使用权首次登记,应当提交下列材料:(1)土地权属来源材料,包括国有建设用地划拨决定书、授权经营批准文件;(2)权籍调查表、宗地图以及宗地界址点坐标;(3)其他必要材料(《不动产登记暂行条例实施细则》第34条第1、2款)。申请在地上或者地下单独设立国有建设用地使用权登记的,也照此办理(《不动产登记暂行条例实施细则》第34条第3款)。一经登记完毕,用地人即取得建设用地使用权。

行政划拨的建设用地使用权的取得,有些特殊情况。例如,《国有土地使用权合同解释》第13条规定,土地使用权人与受让方订立合同转让划拨土地使用权,起诉前经有批准权的人民政府决定不办理土地使用权出让手续,并将该划拨土地使用权直接划拨给受让方使用的,土地使用权人与受让方订立的合同可以按照补偿性质的合同处理。

三、出让的建设用地使用权的取得

出让的建设用地使用权的设立,按照现行法的规定,必须通过用地者和自然资源管理部门签订建设用地使用权出让合同(以下简称为出让合同),再办理建设用地使用权移转登记(《民法典叫作》变更登记),才能发生法律效力(《城市房地产管理法》第15条,《民法典》第348条、第349条,《不动产登记暂行办法实施细则》第33条以下)。

(一)建设用地使用权出让合同

1. 建设用地使用权出让合同的概念

建设用地使用权出让合同,简称为出让合同,是指市县级人民政府的自然资源行政主管部门代表国家与用地者约定,国家以土地所有权人的身份将建设用地使用权在一定年限内让与用地者,用地者向国家支付建设用地使用权出让金的合同。

---

① 王利明、尹飞、程啸:《中国物权法教程》,人民法院出版社2007年版,第327页。

关于出让合同的性质,有行政合同说①和民商事合同说②的争论,笔者赞同后者,主要理由如下:(1)出让合同中虽有行政因素,如出让人可依法对受让人警告、罚款乃至收回建设用地使用权,但所占比重较小;而民商事法律关系占据主要地位,如双方遵循平等、自愿和有偿的原则签订合同,出让金为建设用地使用权的对价,交易目的乃移转建设用地使用权。遇此情境,应以主要部分的性质确定合同的性质。当然,对于行政因素也不得忽视,适用行政法的有关规定。③(2)确定某合同的性质和归属,不单纯是个逻辑问题、学术问题,而且涉及法律适用。倘若把出让合同定性和定位在行政合同,则必然适用行政法的规定解决纠纷。而行政法上的救济措施至今欠缺恢复原状、排除妨害、消除危险等请求权。(3)违约救济方式是违约责任的方式,而非国家赔偿的方式。就此看来,将出让合同定为行政合同也不妥当。

2. 出让合同的主体

出让合同的主体分为出让人和受让人。其中的出让人,按照《城市房地产管理法》第8条规定,实质上是以土地所有权人身份出现的国家,按照该法第15条规定,由市、县人民政府土地管理部门与土地使用者签订。依据法理,在签订出让合同的问题上,市、县人民政府为国家的代表,与国家具有同一人格。自然资源管理部门为合同的经办人,亦即出让人的代理人。不过,在实务中,为了简便,人们直接把自然资源管理部门叫作出让人,也未引起误解。

受让人,即用地者,或建设用地使用人。对其范围、资质,国家的法律、法规尚无具体要求,某些地方法规、规章倒有规定。例如,《深圳经济特区土地使用权出让条例》(2019年修正)第5条规定:"中华人民共和国境内外的企业、组织和个人,均可依照本条例的规定取得土地使用权,但法律、法规另有规定的除外。"《上海市土地使用权出让办法》(2008年修正)第5条规定:"境内外的自然人、法人和其他组织,除法律另有规定外,均可以按本办法的规定,在本市以出让方式取得土地使用权,并进行土地开发、利用和经营。"笔者认为,受让人须有权利能力,应有开发建设的能力。

---

① 详细论述,见南路明、肖志岳:《中华人民共和国地产法律制度》,中国法制出版社1991年版,第33页;周岩、金心:《土地转让中的法律问题》,中国政法大学出版社1990年版,第110-112页;应松年:《行政合同不可忽视》,载《法制日报》1997年6月9日,第1版。

② 详细论述,见王家福、黄明川:《土地法的理论与实践》,人民日报出版社1991年版,第220-221页;崔建远、孙佑海、王宛生:《中国房地产法研究》,中国法制出版社1995年版,第21页;王利明:《物权法研究》,中国人民大学出版社2002年版,第426页;崔建远:《准物权研究》,法律出版社2003年版,第53-60页;王利明、尹飞、程啸:《中国物权法教程》,人民法院出版社2007年版,第341-346页;黄松有主编:《〈中华人民共和国物权法〉条文理解与适用》,人民法院出版社2007年版,第419页。

③ 崔建远:《准物权研究》,法律出版社2003年版,第53-60页。

3. 建设用地使用权出让合同的内容

当事人依程序订立合同,意思表示一致,便形成合同条款,构成了作为法律行为意义上的合同的内容。合同条款固定了当事人各方的权利义务,成为法律关系意义上的合同的内容。此处介绍的合同内容限于合同条款。

按照《民法典》第348条第2款的规定,出让合同一般包括下列条款:

(1) 当事人的名称和住所

当事人是合同权利和合同义务的承受者,没有当事人,合同权利义务就失去存在的意义,因此,订立出让合同必须有当事人这一必备条款。当事人由其名称或姓名及住所加以特定化、固定化,所以,具体的出让合同条款的草拟必须写清当事人的名称或姓名和住所。

(2) 土地界址、面积等

土地界址和面积能使建设用地使用权的客体特定化,出让合同写清它们乃物权客体特定性的当然要求。为了准确界定建设用地的基本数据,出让合同一般会附"出让宗地界址图",标明建设用地的位置、四至范围等。该附件须经双方当事人确认。

(3) 建筑物、构筑物及其附属设施占用的空间

这里所谓建筑物、构筑物及其附属设施占用的空间,有两方面的含义。其一,在以地表为标的物的建设用地使用权场合,空间是指建筑物、构筑物及其附属设施的高度及所占用的基地,以及正常使用所必需的空间范围。[①] 其二,因为《民法典》第345条设计了以地下为客体的建设用地使用权和以地上为客体的建设用地使用权,即所谓空间权,或曰区分建设用地使用权,或曰分层建设用地使用权,所以《民法典》第348条第2款第3项所谓空间,指每一种建设用地使用权具体占用的空间范围,即出让合同须标明每一宗建设用地占用的面积和四至范围,建筑物、构筑物及其附属设施的高度和深度,从而确定用地者行使建设用地使用权的界限。[②]

(4) 土地用途、规划条件

土地用途可分为工业、商业、娱乐、住宅等用途。国家对建设用地实行用途管制,不同用途的建设用地的使用期限是不同的。土地用途也影响着建设用地使用权出让金的数额,与城市的发展规划也有关。[③] 正因如此重要,所以土地用途须经有关人民政府批准,出让合同约定的土地用途必须与此相符。假如要改变,应当征得出让人的

---

① 黄松有主编:《〈中华人民共和国物权法〉条文理解与适用》,人民法院出版社2007年版,第420页。

② 胡康生主编:《中华人民共和国物权法释义》,法律出版社2007年版,第316页;黄薇主编:《中华人民共和国民法典物权编释义》,法律出版社2020年版,第372页。

③ 崔建远、孙佑海、王宛生:《中国房地产法研究》,中国法制出版社1995年版,第27页。

同意,并经土地行政主管部门和城市规划行政主管部门的批准,重新签订或更改原有的出让合同,调整建设用地使用权出让金,并办理相应的登记。①

规划条件是城乡规划主管部门对建设项目提出的规划建设要求,是修建性详细规划编制和审批的重要依据,是城乡规划管理部门实施规划管理的依据,建设单位或个人应当按照城乡规划主管部门确定的规划条件进行开发建设。任何单位和个人不得擅自变更城乡规划主管部门确定的规划条件。它强化了城乡规划主管部门对国有土地使用和各项建设活动的引导和控制,有利于促进土地利用和各项建设工程符合规划所确定的发展目标和基本要求,从而为实现城乡统筹、合理布局、节约土地、集约和可持续发展提供保障。② 在这方面,《城乡规划法》第 38 条、第 39 条的规定体现了如下精神:A.规划条件是国有土地使用权出让合同的组成部分。未确定规划条件的地块,不得出让国有土地使用权。规划条件未纳入国有土地使用权出让合同的,该国有土地使用权出让合同无效。B.城市、县人民政府城乡规划主管部门颁发《建设用地规划许可证》时,不得擅自改变作为国有土地使用权出让合同组成部分的规划条件。C.建设单位应当按照规划条件的要求进行建设;确需变更的,必须向城市、县人民政府城乡规划主管部门提出申请。《民法典》对此予以肯认(第 348 条第 2 款第 4 项)。

(5) 建设用地使用期限

以出让方式设立建设用地使用权均有期限,但该期限不得由当事人擅自约定,而是依据法律、法规的规定。按照《城镇国有土地使用权出让和转让暂行条例》第 12 条规定,建设用地使用权出让最高年限按下列用途确定:A.居住用地 70 年;B.工业用地 50 年;C.教育、科技、文化、卫生、体育用地 50 年;D.商业、旅游、娱乐用地 40 年;E.综合或其他用地 50 年。此类期限自出让人向受让人实际交付宗地之日起算,原行政划拨的建设用地使用权补办出让手续的,出让年限自合同签订之日起算。③

(6) 出让金等费用及其支付方式

出让金,系建设用地使用权的对价,或曰以招标、拍卖、挂牌和协议方式出让国有土地使用权所确定的总成交价款[《国务院办公厅关于规范国有土地使用权出让收支管理的通知》第 1 条第 1 款],由必须支付的征地补偿款、土地出让收益等项款额构成。

此处所谓"等费用",如土地前期开发费用,土地出让业务费等。所谓土地前期开

---

① 胡康生主编:《中华人民共和国物权法释义》,法律出版社 2007 年版,第 316 页;黄薇主编:《中华人民共和国民法典物权编释义》,法律出版社 2020 年版,第 373 页。

② 信息来源:https://baike.baidu.com/item/%E8%A7%84%E5%88%92%E6%9D%A1%E4%BB%B6/10027808?fr=aladdin.2020 年 9 月 6 日最后访问。

③ 胡康生主编:《中华人民共和国物权法释义》,法律出版社 2007 年版,第 316 页。

发费用，例如，土地一级开发阶段由某公司负责某宗"生地"变"熟地"，即该宗土地达到"七通一平"或"四通一平"的状态，该公司为此投入和应获取的利润本应由征收机关或土地收储中心支付，但实务中先由建设用地使用权人支付的也不鲜见。

土地使用权出让金等费用的数额直接关系着双方当事人的利益分配，体现着国家的土地政策，因此它为出让合同的主要条款。支付方式往往决定着出让金的实现，所以出让合同对此最好也应明确规定。此外，支付期限和币种也往往决定着出让金的实现，事关当事人之间的利益分配，亦应如此处理。[①] 在出让合同没有规定的情况下，按照有关规定处理，即出让金的支付期限为出让合同签订后60日内全部付清，否则，出让方有权解除合同。

[探讨]

现行的国有土地开发体制，分为两个阶段：第一阶段是土地一级开发；第二阶段是土地二级开发，即最终用地者利用"七通一平"或"四通一平"的建设用地建设商品房等获批项目。

所谓土地一级开发，在对象为集体土地的情况下，是先将集体土地征收为国有，然后完成"七通一平"或"四通一平"。这是俗称的把"生地"变成"熟地"，或曰将"毛地"变成"净地"。这个阶段的开发，其实际操作流程大体如下：土地收储中心或其他行政主管部门委托有实力（包括资金充足、具备相应的开发技能）的公司投入物力、人力完成"七通一平"或"四通一平"，包括付给被征收者补偿款，而后，土地收储中心或其他行政主管部门付给完成"七通一平"或"四通一平"的公司以对价。

此处所谓对价的支付方式，区分情况而分别处理：其一，在此类公司没有通过招拍挂的程序取得国有建设用地使用权的情况下，土地收储中心或其他行政主管部门直接付给其补偿款，或指令他人付给补偿款。其二，在此类公司没有通过招拍挂的程序取得国有建设用地使用权的情况下，不但土地收储中心或其他行政主管部门直接付给其补偿款，或指令他人付给补偿款，而且还把因土地一级开发使得土地升值的部分利益付给此类公司。其三，在此类公司参与招拍挂的情况下，清结、计算出土地一级开发的补偿款，部分或全额充作参与招拍挂的保证金，有余额时冲抵土地使用权出让金。其四，此类公司参与招拍挂，照常缴纳保证金，摘牌时照常缴纳土地使用权出让金，而后清结、计算出其土地一级开发的补偿款，有关行政部门据此数额予以返还。返还的文字表达不一，有些是"返还出让金"，有些是"返还地价款"，有些是"返还补偿款"，有些是"付给服务费"，有些是"支付奖励佣金"，等等。其实，无论如何表达，付给或返还给完成"七通一平"或"四通一平"的公司的款项，不是法律意义上的土地

---

① 崔建远、孙佑海、王宛生：《中国房地产法研究》，中国法制出版社1995年版，第27页。

使用权出让金,而是补偿款。对此,通过下面的案例予以解说。

笔者注意到,系争《句容仙林东路项目居间协议书》第1.4条约定:"如挂牌取得土地所有权的实际价格超出协议价格,超出部分由乙方负责和政府沟通和协调,并由政府负责返还给甲方。"第1.5条约定:"如产业园用地实际成交价格低于15万亩的,则甲方按照差额部分的33%另外向乙方支付奖励佣金。该费用于正式签订该土地出让合同后一次性支付。"

笔者同时注意到,案涉巨擘控股(香港)有限公司与句容市宝华镇人民政府于2013年4月25日签订的《项目协议书》、句容市宝华镇人民政府与火炬公司于2013年4月25日签订的《项目补充协议》、句容市宝华镇人民政府与火炬公司、麦瑞克公司于2013年7月25日签订的《项目协议书》含有土地一级开发的内容。火炬公司等主体在案涉区域从事的开发建设,使得案涉土地增值,火炬公司等主体应当获得补偿。

结合这些情况,理解诉争《句容仙林东路项目居间协议书》第1.4条的约定,可以得出如下结论:所谓"如挂牌取得土地所有权的实际价格超出协议价格,超出部分由乙方负责和政府沟通和协调,并由政府负责返还给甲方";"甲方按照差额部分的33%另外向乙方支付奖励佣金",均非返还法律意义上的土地使用权出让金,而是付给火炬公司等主体补偿款或奖励佣金或曰服务费,只不过使用了"实际价格""协议价格"的措辞罢了。

既然不是返还法律意义上的土地使用权出让金,就未侵占国家利益,就不违反法律、行政法规的强制性规定,有关约定就不应无效。

(7)解决争议的方法

解决争议的方法,含有解决争议运用什么程序、适用何种法律、选择哪家检验或鉴定的机构等内容。当事人双方在出让合同中约定的仲裁条款、选择诉讼法院的条款、选择检验或鉴定机构的条款、协商解决争议的条款等,均属解决争议的方法的条款。

4. 出让合同的形式

按照《民法典》第348条第1款的规定,采取招标、拍卖、协议等出让方式设立建设用地使用权的,当事人应当采取书面形式订立建设用地使用权出让合同。

近年来,有一种思潮,说什么既然意思自治,那么,只要当事人已有合意,就应当认定合同成立,进而生效,至于合同是否采取了特定形式,应该在所不问。或者干脆说:无需合同形式。

在笔者看来,这是一种极端的单向度地思考问题,不及其他的表现。该种思潮仅仅沿着形式逻辑推理,无视客观世界的复杂性,不懂不同的事务极可能需要不尽相同的处理及表现形式。其实,重意思不等于完全否定形式。法律难以评价纯粹内心的意思,只有意思以一定形式表现出来,能被人们把握和认定时,法律才能准确地评价。所以,在任何社会,合同的形式都不可或缺。1804年的《法国民法典》把合同视为一种单纯的合意,过分忽视合同形式,有矫枉过正之嫌,不但在证据法看来弊端严重,而且与在一定条件下合同形式有利于交易便捷的性质不符。现代合同法兼顾交易安全与交易便捷两项价值,已经不同程度地将要式合同的运用范围加以扩大,对某些重要的合同、关系复杂的合同强调书面形式。格式合同的普遍推广更能说明问题。因为经过法律规制的格式合同,除去其不公正条款以后,省去消费者调查的麻烦,使其不必耗神费力地就交易条件讨价还价,促进企业内部的合理化,使缔约迅速化,更加符合交易安全与交易便捷的要求。

现代法律基于维护交易安全以及便于政府监督管理等的考虑,规定某些类型的合同应当采用书面形式、公开认证或者作成公证证书等形式,①否则将影响到合同的效力或者合同的强制履行。② 在德国,如果被掩盖的法律行为符合与其相关的法律规定,则这一被掩盖的法律行为生效。当被掩盖的法律行为属于要式行为却未履行形式要件时,它因欠缺形式要件而无效。③

法律人要面对活生生的社会实际,应使民法满足社会生活的实际需要。有人说得好,形式要件的目的有多种,其中之一是,使人们可以基于形式所记载的表示了解规则的内容,尽管这一目的并不是所有形式规则的关键性要素。④ 体现这种思想的例证之一是婚姻的公示。例如,本为夫妻共同财产(如双方约定共有),却无结婚形式(事实婚姻),甲不知情,丈夫擅自出卖夫妻共同财产,在符合《民法典》第311条第1款规定的构成要件的情况下,甲可善意取得。但是,若有结婚登记特别是拜天地的仪式,甲为这对夫妻的同事,受邀出席结婚仪式,在丈夫擅自出卖夫妻共同财产时,极有可能构成恶意,甲不能善意取得该财产的物权。

对某些特殊合同仍然采取方式强制,以达到警告目的、证据或内容明确的目的、确保合同关系的公开性和促进一定债权的流通性等法律政策的保护目的。警告目的,能使当事人了解合同的意义和利害关系,避免仓促、轻率地签订合同。证据或内容明确的目的,有助于确定合同是否成立与其内容。⑤ 在中国现行法中,法律要求的

---

① 参见[德]迪特尔·梅迪库斯:《德国民法总论》,邵建东译,461页以下,法律出版社,2000年版。
② 崔建远、戴孟勇:《合同自由与法治》(上),载高鸿钧等:《法治:理念与制度》,第341-343页,中国政法大学出版社,2002。
③ [德]维尔纳·弗卢梅:《法律行为论》,迟颖译,法律出版社2013年版,第483页。
④ 同上书,第351页。
⑤ 王泽鉴:《民法总则》,三民书局2000年版,第328页。

要式合同多为普通的书面形式的合同。

现行运转机制决定了某些合同必须采取特定的形式。例如，国有建设用地使用权出让合同、商品房买卖合同，若不采取书面形式，就无法在不动产登记机构办理国有建设用地使用权的转移登记、房屋所有权的转移登记。在这方面，《不动产登记暂行条例实施细则》第34条规定："申请国有建设用地使用权首次登记，应当提交下列材料：（一）土地权属来源材料；（二）权籍调查表、宗地图以及宗地界址点坐标；（三）土地出让价款、土地租金、相关税费等缴纳凭证；（四）其他必要材料"（第1款）。"前款规定的土地权属来源材料，根据权利取得方式的不同，包括国有建设用地划拨决定书、国有建设用地使用权出让合同、国有建设用地使用权租赁合同以及国有建设用地使用权作价出资（入股）、授权经营批准文件"（第2款）。"申请在地上或者地下单独设立国有建设用地使用权登记的，按照本条规定办理"（第3款）。其中，所谓"土地权属来源材料"及"国有建设用地使用权出让合同、国有建设用地使用权租赁合同以及国有建设用地使用权作价出资（入股）"文件，都是书面形式的。

在有的情况下，合同形式成为义务履行的条件，具备此种形式直接制约着义务的履行是否届期。例如，某《信托贷款合同》第1.2.2.1条约定："除贷款人以书面形式同意放弃本条约定的全部或部分条件外，当且仅当下列放宽条件全部、持续满足后，贷款人才有义务向借款人发放（首笔）信托贷款。"该条款约定了15种贷款人向借款人放款的条件，倘若贷款人对借款人宽容，放弃一条或数条放款的限制条件，借款人就相对容易实际取得借款款项。不过，贷款人此类放弃限制条件的意思表示，必须采取书面形式才会发生法律效力，若只是口头的，则不发生放弃限制放款条件的法律效力。可见，书面形式是极端重要的。

重视书面形式的例证还有，上述《信托贷款合同》第1.14.2条后段约定："对本合同的修改或变更必须经贷款人、借款人协商一致，并达成书面协议。"第1.16.1条约定："除本合同另有约定外，双方之间的一切通知均为书面形式，可以专人送达、挂号邮递、特快专递、传真等方式传递。"

当然，该《信托贷款合同》第1.14.2条后段关于书面形式的约定属于强制性的还是倡导性的，即欠缺书面形式时，修改、变更未采取书面形式时是否还发生修改、变更的法律效力？若是，则该约定属于倡导性的；若否，则该约定属于强制性的。对该《信托贷款合同》第1.16.1条约定的判断，也应如此认识。

诚然，不得从一个极端走向另一个极端，必须承认并坚持：合同形式在不少场合不决定合同成立与否、有效与否，主要是发挥证据法上的作用。只要有证据证明，合同已经成立，即使没有采取约定的形式，也应承认合同已经成立；在符合《民法典》第502条第1款的要求时发生法律效力。对此，有德国学者认为：根据当事人各方的共识,一个通过 E-mail 传输的文本是有效的,即使根据协议的字面意义这些表示本应通过传真作出,所使用的语词的含义经常以类似的方式从缔结合同的信件往来中得以确定。① 有中国的专家、学者认为:在没有采用书面形式之前,应当推定合同不成立。但是,形式不是主要的,重要的在于当事人之间是否真正存在一个合同。如果合同已经得到履行,即使没有以规定或约定的书面形式订立,合同也应当是成立的。如果合同不违反法律的强制性规定,就是有效的。② 对于设立动产质押合同未采用书面形式的,依据《合同法》第 36 条的规定,一方已经履行主要义务,对方接受的,该合同成立。③ 这些道理同样适合于对《民法典》关于合同形式要求的把握。

与此道理相同或类似,在某些情况下,虽然法律规定合同应当采取书面形式,但依规范意旨此处书面形式并非合同的成立要件、生效要件的,欠缺书面形式的合同只要有有关证据证明该合同存在,就仍应认定该合同已经成立;在符合《合同法》第 44 条第 1 款的要求时发生法律效力。在这方面,耿林副教授从基本理论方面阐释:"应当"含义可以有很多。例如,既有关于对制度性规定的要求,也有纯粹对当事人意思的推定解释。前者比如《合同法》第 115 条关于定金罚则("应当"双倍返还)。如果当事人约定了不必双倍返还效果的罚则,或者没有惩罚性的约定,不是约定无效,而是不发生定金制度的后果。后者比如《合同法》第 66 条关于同时履行抗辩权的规定。"没有先后履行顺序的,应当同时履行",这里的"应当"就相当于意思"推定"。不过"应当"一词也完全可能包含有强制规范的含义,并且影响到合同的效力。例如,在很多基本原则的规定和构成要件的规定中常使用"应当"一词。关于基本原则的,如《民法通则》第 4 条、第 7 条;《合同法》第 5 条、第 6 条、第 7 条、第 8 条。这里,"应当"和"必须"在含义上就没有什么区别。所以,对于遵守法律,《民法通则》使用的是"必须"(第 6 条),《合同法》使用的是"应当"(第 7 条)。关于构成要件的比如《民法通则》第 55 条。《合同法》第 10 条第 2 款是强制规范。这可以从《合同法》第 36 条的反对解释中看出来。就是说,如果没有采用法定形式或者当事人约定的形式,一方没有履行或者虽履行但是对方没有接受的,合同不成立。合同便因为形式要件不具备而无效。只不过是该反对解释的后果还必须进一步接受规范目的的审查。总之,关于形式要件的要求肯定包含着强制规定的含义,不能因为其属于当事人之间的利益关系就认定其与效力无关。关于形式要求,在中国,存在问题的是太多使用了含义不

---

① [德]哈里·韦斯特曼:《德国民法基本概念》(第 16 版),哈尔姆·彼得·韦斯特曼修订,张定军、葛平亮、唐晓琳译,中国人民大学出版社 2013 年版,第 49 页。
② 胡康生:《中华人民共和国合同法释义》(第 3 版),法律出版社 2013 年版,第 76 页。
③ 胡康生主编:《中华人民共和国物权法释义》,法律出版社 2007 年,第 458 页。

明、当然也就不统一的"应当"一词,而不是形式要求本身的强制性问题。[①] 王轶教授从法律规范的三分法层面澄清:《合同法》确立了不少倡导性规范,如第10条第2款规定"法律、行政法规规定采用书面形式的,应当采用书面形式;当事人约定采用书面形式的,应当采用书面形式。"……当事人未依照倡导性规范的规定采用书面形式,属于自甘冒险的行为。由当事人自己承受由此带来的不利后果,法律并不因此就认定合同无效或不成立。[②] 这些道理同样适合于对《民法典》关于合同形式要求的把握。

总的来说,在中国,合同形式分为约定形式与法定形式,法律兼采要式与不要式的原则。中国已经实行社会主义市场经济,应当按照符合交易安全与交易便捷的要求设计合同的形式,对某些重要的合同、关系复杂的合同强调书面形式,其他合同采取何种形式,宜由当事人决定。建设用地使用权设立合同属于重要的合同,也是自然资源管理部门监管的对象,应当采取书面形式。

(二)建设用地使用权的登记

出让合同生效,并非建设用地使用权取得的充分条件,只有办理完毕建设用地使用权登记手续,受让人才能取得建设用地使用权。因此,《民法典》第349条前段和中段规定:"设立建设用地使用权的,应当向登记机构申请建设用地使用权登记。建设用地使用权自登记时设立。"

《民法典》第349条所谓登记,不同于《民法典》第232条规定的宣示登记。前者是建设用地使用权设立的生效要件,不办理此种登记,建设用地使用权就没有设立;后者不是不动产物权变动的生效要件,其功效在于对于已经客观存在的不动产物权予以公示,更重要的是此种登记系此类不动产物权(再度)变动的前置程序(前提条件),不办理完毕此种登记,不发生不动产物权变动的效力。

结合《不动产登记暂行条例》及《不动产登记暂行条例实施细则》的规定,可知《民法典》第349条前段含有如下意思:(1)建设用地使用权的登记由不动产登记机构负责,由自然资源管理部门指导、监督;(2)建设用地使用权设立的登记属于首次登记,采取当事人申请制。当事人未予申请,不动产登记机构原则上不得依职权办理此种登记。

在办理此种登记的程序方面,《不动产登记暂行条例实施细则》第34条规定:申

[①] 耿林:《强制规范与合同效力——以合同法第52条第5项为中心》,中国民主法制出版社2009年版,第190页。

[②] 王轶:《民法典的规范配置——以对我国〈合同法〉规范配置的反思为中心》,载《烟台大学学报》(哲学社会科学版)2005年第3期;王轶:《论倡导性规范——以合同法为背景的分析》,载《清华法学》2007年第1期。

请国有建设用地使用权首次登记,应当提交下列材料:(1)土地权属来源材料,包括国有建设用地使用权出让合同或国有建设用地使用权作价出资(入股)、授权经营批准文件;(2)权籍调查表、宗地图以及宗地界址点坐标;(3)土地出让价款、土地租金、相关税费等缴纳凭证;(4)其他必要材料(第1、2款)。申请在地上或地下单独设立国有建设用地使用权登记的,也照此办理(第3款)。

在过去,至少有的理论和实务把登记作为出让合同或转让合同的生效要件,《物权法》已经改弦易辙,特于第15条规定:"当事人之间订立有关设立、变更、转让和消灭不动产物权的合同,除法律另有规定或者合同另有约定外,自合同成立时生效;未办理物权登记的,不影响合同效力。"《民法典》亦然(第215条)。可知建设用地使用权登记仅是建设用地使用权设立的生效要件(或曰成立要件),是物权变动的要件,而不是出让合同的生效要件。这样既能区别开物权变动与(出让或转让)合同,又能在出让人、转让人不履行登记义务时,受让人可基于合同及违约请求法院强制出让人、转让人办理登记手续,从而取得建设用地使用权。[1]

[探讨]
出让合同无效、被撤销或被解除对建设用地使用权的影响

德国法系实行物权行为的独立性和无因性,地上权已经登记完毕的场合,即使设定地上权的债权合同无效或被撤销,地上权也不受其影响。中国现行法没有采取物权行为的独立性和无因性,建设用地使用权的设立直接受出让合同的影响。这就产生一个问题,出让合同无效、被撤销或被解除,建设用地使用权设立的效果是否随之化为乌有?若一律作肯定的回答,会害及交易安全,对受让人不利。为了解决这个问题,应当区分情况,确立如下三项规则及理论:其一,出让合同合法有效,出让人却违法地将之解除,不发生解除的效果,业已登记完毕的建设用地使用权不因此而受影响。其二,在建设用地使用权业已登记完毕的情况下,只要未注销登记,受让人就仍然享有建设用地使用权,即使出让合同已被确认为无效、被撤销或被解除,也是如此。其三,出让合同被依法确认为无效或被撤销,或被出让人依法解除,若尚未办理建设用地使用权登记,受让人不能取得建设用地使用权,若业已办理登记手续,则需要办理注销登记手续,只有这样,才能使建设用地使用权不复存在。

(三)建设用地使用权证的发放义务

理解《民法典》第349条后段关于"登记机构应当向建设用地使用权人发放权属证书"的规定,应当把握如下几点:(1)向建设用地使用权人发放建设用地使用权证,系不动产登记机构对当事人负有的义务;反过来说,建设用地使用权人有权请求不动

---

[1] 崔建远:《土地上的权利群论纲》,载《中国法学》1998年第2期,第16-17页。

产登记机构向自己发放建设用地使用权证,包括有权诉讼请求。(2)建设用地使用权证的制作和发放不是建设用地使用权设立的生效要件,该权属证书重在起证据作用,在一般情况下,权利人出示该权属证书,就完成了证明自己是某宗建设用地的建设用地使用权人。他人若不同意此说,就必须举反证推翻该种举证证明。(3)在建设用地使用权证与不动产登记簿簿页记载的权利人不一致时,应当适用《民法典》第217条关于"不动产权属证书是权利人享有该不动产物权的证明。不动产权属证书记载的事项,应当与不动产登记簿一致;记载不一致的,除有证据证明不动产登记簿确有错误外,以不动产登记簿为准"的规定。

(四)建设用地使用权的出让方式

按照《民法典》规定,建设用地使用权的出让方式包括招标、拍卖、协议等方式(第347条第2款、第348条)。国土资源部发布的《招标拍卖挂牌出让国有建设用地使用权规定》(2007年修订)不但对此予以具体化,而且增加了挂牌的方式。

[拓展]

1. 协议出让建设用地使用权①

(1)协议出让建设用地使用权的概念

协议出让建设用地使用权,是指出让人和受让人就出让建设用地使用权进行一对一的洽商,最终达成出让建设用地使用权的协议,待登记完毕,由受让人取得建设用地使用权的现象。

其特点之一是,适用《民法典》"第三编　合同"下辖第二章"合同的订立"规定的普通程序,按照要约——承诺的模式及一般规则达成协议。双方就出让建设用地使用权接触、洽商伊始,就是特定的当事人。这是与招标出让建设用地使用权、拍卖出让建设用地使用权的不同之点。

其特点之二是,由于协议出让建设用地使用权的方式缺乏公开性、透明性,受具体经办人的主观因素的影响较大,容易出现出让金偏低、滋生腐败等不正常现象,法律、法规及规章开始限制协议出让建设用地使用权的范围。例如,《民法典》规定,工业、商业、旅游、娱乐和商品住宅等经营性用地以及同一土地有两个以上意向用地者的,应当采取招标、拍卖等公开竞价的方式出让(第347条第2款)。

其特点之三是,协议出让建设用地使用权体现国家的土地政策更加明显,受让人得到优惠的情形较多,具有一定的照顾性质。因此,如果允许受让人任意转让,就会使国家蒙受损失。于是,有些法规、规章原则上不允许协议出让的建设用地使用权任意转让,也不允许擅自改变土地用途。

---

① 参见崔建远、孙佑海、王宛生:《中国房地产法研究》,中国法制出版社1995年版,第28-34页。

其特点之四是,从协议出让建设用地使用权的类型看,一种类型是出让合同为完整的合同书形式,对当事人双方就出让建设用地使用权所享有的权利和承担的义务、用地要求等诸多事项,全部用合同条款加以固定、明确。另一种类型是出让合同的条款比较简明,出让人事先制定的建设用地使用规则作为合同的附件发生法律效力。

(2) 协议出让建设用地使用权的范围

鉴于协议出让建设用地使用权方式的弊端较多,法律、法规及规章越来越限制协议出让建设用地使用权的范围。《民法典》第347条第2款规定了应当采取招标、拍卖等公开竞价出让建设用地使用权的情形,按照反面推论,这些情形以外的建设用地使用权即可采取协议出让的方式和行政划拨的方式。

(3) 协议出让建设用地使用权的程序

协议出让建设用地使用权的程序是,用地者提出申请——出让人和用地人一对一地洽商——签约——登记——用地者取得建设用地使用权。

2. 招标出让建设用地使用权

(1) 招标出让建设用地使用权概述

招标出让建设用地使用权,是指市、县人民政府国土资源行政主管部门(以下简称出让人)发布招标公告,邀请特定或不特定的自然人、法人和其他组织参加国有建设用地使用权投标,根据投标结果确定国有建设用地使用权人的行为[《招标拍卖挂牌出让国有建设用地使用权规定》(2007年修订)第2条第2款前段]。

招标出让建设用地使用权,应当遵循公开、公平、公正和诚信的原则[《招标拍卖挂牌出让国有建设用地使用权规定》(2007年修订)第3条]。与协议出让建设用地使用权的方式相比,这种方式引入了竞争机制,使许多投标人竞相展示各自的优长,给招标人提供了择优选取受让人的机会和可能,会使最有能力者取得建设用地使用权,进行最有价值和最有意义的开发建设。正因如此,应当以招标方式出让建设用地使用权而擅自采用协议方式出让的,对直接负责的主管人员和其他直接责任人员依法给予处分;构成犯罪的,依法追究刑事责任[《招标拍卖挂牌出让国有建设用地使用权规定》(2007年修订)第24条]。

从适用范围上讲,对面积较大、开发要求较高或受城市规划严格制约的土地,采取招标方式出让建设用地使用权,比较适宜,容易达到开发目的。按照《物权法》第137条第2款亦即《民法典》第347条第2款规定,工业、商业、旅游、娱乐和商品住宅等经营性用地以及同一宗地有两个以上意向用地者的,应当采取招标、拍卖等公开竞价的方式出让。《招标拍卖挂牌出让国有建设用地使用权规定》(2007年修订)予以贯彻并补充规定,所谓工业用地包括仓储用地,但不包括采矿用地(第4条第2款)。

与拍卖出让建设用地使用权的方式不同,招标出让建设用地使用权的方式可使招标人能够全面审视投标人的各个方面的条件,不是只关注出让金的数额。因而,出价最高者不一定能取得建设用地使用权。

(2) 招标出让建设用地使用权的方法

招标出让的方法有公开招标和邀请招标两种。公开招标是一种一定范围内的无限制竞争性招标,凡对招标公告所列出让的建设用地愿意受让、又自认为合格的有意受让人均可申请投标。邀请招标,又叫定向招标,是一种有限竞争性招标,一般由招标人向它认为符合规定条件的主体发出招标通知,邀请其投标。两者各有优长,招标人可视具体情况酌定。

(3) 招标出让建设用地使用权的程序

A. 招标

对于招标,《招标拍卖挂牌出让国有建设用地使用权规定》(2007年修订)作了如下详细的规定:出让人应当根据招标出让地块的情况,编制招标出让文件(第7条第1款)。招标出让文件应当包括出让公告、投标或竞买须知、土地使用条件、标书、中标通知书、建设用地使用权出让合同文本(第7条第2款)。出让人应当至少在投标开始日前20日,在土地有形市场或指定的场所、媒介发布招标公告,公布招标出让宗地的基本情况和招标的时间、地点(第8条)。

B. 投标

投标方法有两种,可采取明标明投,也可采取明标暗投。每次投标的方法,由招标人根据实际情况确定。

投标的性质为要约,因而,在投标的有效期内,投标人不得擅自变更或撤回投标书,投标人应当对标书和有关书面承诺承担责任(《招标拍卖挂牌出让国有建设用地使用权规定》第13条第1款第1项)。

C. 开标、验标

《招标拍卖挂牌出让国有建设用地使用权规定》(2007年修订)规定,出让人按照招标公告规定的时间、地点开标,邀请所有投标人参加。由投标人或其推选的代表检查标箱的密封情况,当众开启标箱,点算标书。投标人少于三人的,出让人应当终止招标活动。投标人不少于三人的,应当逐一宣布投标人名称、投标价格和投标文件的主要内容(第13条第2项)。

D. 评标、定标(决标)

《招标拍卖挂牌出让国有建设用地使用权规定》(2007年修订)规定,评标小组进行评标。评标小组由出让人代表、有关专家组成,成员人数为5人以上的单数(第13条第3项)。招标人根据评标结果,确定中标人。按照价高者得的原则确定中标人的,可以不成立评标小组,由招标主持人根据开标结果,确定中标人(第13条第4

项)。对能够最大限度地满足招标文件中规定的各项综合评价标准,或能够满足招标文件的实质性要求且价格最高的投标人,应当确定为中标人(第14条)。

E. 中标通知书及其法律效力

《招标拍卖挂牌出让国有建设用地使用权规定》(2007年修订)规定,确定中标人后,中标人支付的投标保证金,转作受让地块的定金。出让人应当向中标人发出中标通知书。

F. 签约、对保证金的处理、公布招标出让结果

《招标拍卖挂牌出让国有建设用地使用权规定》(2007年修订)规定,中标人应当按照中标通知书约定的时间,与出让人签订建设用地使用权出让合同。中标人支付的投标保证金抵作土地出让价款;其他投标人支付的投标保证金,出让人必须在招标活动结束后5个工作日内予以退还,不计利息(第21条)。招标活动结束后,出让人应在10个工作日内将招标出让结果在土地有形市场或指定的场所、媒介公布(第22条第1款)。

(4) 取得建设用地使用权

《招标拍卖挂牌出让国有建设用地使用权规定》(2007年修订)规定,受让人依照建设用地使用权出让合同的约定付清全部土地出让价款后,方可申请办理土地登记,领取建设用地使用权证书。未按出让合同约定缴清全部土地出让价款的,不得发放建设用地使用权证书,也不得按出让价款缴纳比例分割发放建设用地使用权证书(第23条)。

(5) 中标结果无效

《招标拍卖挂牌出让国有建设用地使用权规定》(2007年修订)规定,中标人提供虚假文件隐瞒事实的,或采取行贿、恶意串通等非法手段中标的,中标结果无效;造成损失的,应当依法承担赔偿责任(第25条)。

3. 拍卖出让建设用地使用权

(1) 拍卖出让建设用地使用权概述

拍卖出让国有建设用地使用权,是指出让人发布拍卖公告,由竞买人在指定时间、地点进行公开竞价,根据出价结果确定国有建设用地使用权人的行为[《招标拍卖挂牌出让国有建设用地使用权规定》(2007年修订)第2条第3款]。

拍卖出让建设用地使用权,应当遵循公开、公平、公正和诚信的原则(《招标拍卖挂牌出让国有建设用地使用权规定》第3条)。拍卖出让和招标出让均为竞争性出让建设用地使用权的方式,但两者有较大区别。招标是由出让人(招标人)发出招标公告,以邀请投标人。各投标人各自提出自己的条件,最后由出让人(招标人)从中选出条件最优者,作为受让人。在招标出让的方式中,各投标人互不知晓其竞争对手,投

标中一般只有一次投标机会,一旦提出标书,便不得随意变更或撤回。但拍卖出让方式是由各竞买人之间进行公开竞争,每位竞买人都可以随时根据其他竞买人提出的报价,提出更高的报价,最后由拍卖人和出价最高的竞买人签约。而且,在拍卖决定竞得人的过程中,出价最高者即赢得竞争,签约并依法登记后即成为建设用地使用权人。①

(2) 拍卖出让建设用地使用权的程序

A. 拍卖公告

《招标拍卖挂牌出让国有建设用地使用权规定》(2007年修订)规定,出让人应当根据拍卖出让地块的情况,编制拍卖出让文件。拍卖出让文件应当包括出让公告、竞买须知、土地使用条件、竞买申请书、成交确认书、建设用地使用权出让合同文本(第7条)。出让人应当至少在拍卖开始日前20日,在土地有形市场或指定的场所、媒介发布拍卖公告,公布拍卖出让宗地的基本情况和拍卖的时间、地点(第8条)。

B. 主持人主持拍卖活动

C. 确定竞得人、签订成交确认书

确定竞得人后,竞得人支付的竞买保证金转作受让地块的定金。出让人应当与竞得人签订成交确认书[《招标拍卖挂牌出让国有建设用地使用权规定》(2007年修订)第20条第1款]。

D. 签约、对保证金的处理、公布拍卖出让的结果

按照《招标拍卖挂牌出让国有建设用地使用权规定》(2007年修订)的规定,竞得人应当按照成交确认书约定的时间,与出让人签订建设用地使用权出让合同。竞得人支付的竞买保证金抵作土地出让价款;其他竞买人支付的竞买保证金,出让人必须在拍卖活动结束后5个工作日内予以退还,不计利息(第21条)。拍卖活动结束后,出让人应在10个工作日内将拍卖出让的结果在土地有形市场或指定的场所、媒介公布(第22条)。

(3) 取得建设用地使用权

按照《招标拍卖挂牌出让国有建设用地使用权规定》(2007年修订),受让人依照建设用地使用权出让合同的约定付清全部土地出让价款后,方可申请办理土地登记,领取建设用地使用权证书。未按出让合同约定缴清全部土地出让价款的,不得发放建设用地使用权证书,也不得按出让价款缴纳比例分割发放建设用地使用权证书(第23条)。

---

① 南路明、肖志岳:《中华人民共和国地产法律制度》,中国法制出版社1991年版,第51页。

(4) 特殊情况及其处理

A. 调整拍卖增加幅度

拍卖主持人在拍卖中可以根据竞买人竞价情况调整拍卖增价幅度[《招标拍卖挂牌出让国有建设用地使用权规定》(2007年修订)第16条第2款]。

B. 终止拍卖活动

竞买人的最高应价或者报价未达到底价时,主持人应当终止拍卖[《招标拍卖挂牌出让国有建设用地使用权规定》(2007年修订)第16条第1款]。

4. 挂牌出让建设用地使用权

(1) 挂牌出让建设用地使用权概述

挂牌出让国有建设用地使用权,是指出让人发布挂牌公告,按公告规定的期限将拟出让宗地的交易条件在指定的土地交易场所挂牌公布,接受竞买人的报价申请并更新挂牌价格,根据挂牌期限截止时的出价结果或现场竞价结果确定国有建设用地使用权人的行为[《招标拍卖挂牌出让国有建设用地使用权规定》(2007年修订)第2条第4款]。

挂牌出让国有建设用地使用权,应当遵循公开、公平、公正和诚信的原则[《招标拍卖挂牌出让国有建设用地使用权规定》(2007年修订)第3条]。

工业、商业、旅游、娱乐和商品住宅等经营性用地以及同一宗地有两个以上意向用地者的,应当以招标、拍卖或挂牌方式出让。前款规定的工业用地包括仓储用地,但不包括采矿用地[《招标拍卖挂牌出让国有建设用地使用权规定》(2007年修订)第4条]。

(2) 挂牌出让建设用地使用权的程序

A. 挂牌文件及其编制。

出让人应当根据挂牌出让地块的情况,编制挂牌出让文件。

B. 挂牌文件的公告

出让人应当至少在挂牌开始日前20日,在土地有形市场或指定的场所、媒介发布挂牌公告,公布挂牌出让宗地的基本情况和挂牌的时间、地点[《招标拍卖挂牌出让国有建设用地使用权规定》(2007年修订)第8条]。

市、县人民政府国土资源行政主管部门应当为竞买人查询拟出让土地的有关情况提供便利[《招标拍卖挂牌出让国有建设用地使用权规定》(2007年修订)第12条]。

C. 确定底价

市、县人民政府国土资源行政主管部门应当根据土地估价结果和政府产业政策综合确定底价。底价不得低于国家规定的最低价标准。确定挂牌的起始价、底价,竞买保证金,应当实行集体决策。挂牌的底价在挂牌出让活动结束之前应当保密[《招标拍卖挂牌出让国有建设用地使用权规定》(2007年修订)第10条]。

D. 竞买人的资格

中国境内外的自然人、法人和其他组织,除法律、法规另有规定外,均可申请参加国有建设用地使用权的挂牌出让活动。

E. 挂牌及确定竞得人

挂牌时间不得少于10日。挂牌期间可根据竞买人竞价情况调整增价幅度[《招标拍卖挂牌出让国有建设用地使用权规定》(2007年修订)第18条]。《招标拍卖挂牌出让国有建设用地使用权规定》(2007年修订)第17条规定:"挂牌依照以下程序进行:(一)在挂牌公告规定的挂牌起始日,出让人将挂牌宗地的面积、界址、空间范围、现状、用途、使用年期、规划指标要求、开工时间和竣工时间、起始价、增价规则及增价幅度等,在挂牌公告规定的土地交易场所挂牌公布;(二)符合条件的竞买人填写报价单报价;(三)挂牌主持人确认该报价后,更新显示挂牌价格;(四)挂牌主持人在挂牌公告规定的挂牌截止时间确定竞得人。"

F. 签订成交确认书

以挂牌方式确定竞得人后,竞得人支付的竞买保证金,转作受让地块的定金。出让人应当与竞得人签订成交确认书。

G. 签约、对保证金的处理、公布挂牌出让的结果

竞得人应当按照成交确认书约定的时间,与出让人签订建设用地使用权出让合同。竞得人支付的竞买保证金抵作土地出让价款;其他竞买人支付的竞买保证金,出让人必须在挂牌活动结束后5个工作日内予以退还,不计利息[《招标拍卖挂牌出让国有建设用地使用权规定》(2007年修订)第21条]。挂牌活动结束后,出让人应在10个工作日内将挂牌出让结果在土地有形市场或指定的场所、媒介公布[《招标拍卖挂牌出让国有建设用地使用权规定》(2007年修订)第22条第1款]。

(3) 取得建设用地使用权

受让人依照建设用地使用权出让合同的约定付清全部土地出让价款后,方可申请办理土地登记,领取建设用地使用权证书。未按出让合同约定缴清全部土地出让价款的,不得发放建设用地使用权证书,也不得按出让价款缴纳比例分割发放建设用地使用权证书[《招标拍卖挂牌出让国有建设用地使用权规定》(2007年修订)第23条]。

(4) 挂牌出让的结果无效

竞得人提供虚假文件隐瞒事实的,或采取行贿、恶意串通等非法手段竞得的,竞得结果无效;造成损失的,应当依法承担赔偿责任[《招标拍卖挂牌出让国有建设用地

使用权规定》(2007年修订)第25条]。

第三节 建设用地使用权的效力

一、建设用地使用权人的权利

(一) 占有、使用建设用地的权利

建设用地使用权的目的及功能之一是,在国有或集体所有的土地上建造建筑物、构筑物及其附属设施,故权利人对该宗建设用地必须享有占有、使用的权利,才能达到权利目的,发挥权利功能。土地所有权人对此负有容忍义务。

占有、使用建设用地的范围,在基于行政划拨而取得建设用地使用权的场合,以行政主管部门批准和不动产登记簿的记载为准加以确定;在基于出让合同而取得建设用地使用权的场合,按照约定和不动产登记簿的记载加以确定;在继受他人的建设用地使用权的场合,依然如此确定。

尤其在同一宗建设用地上立体化地并存着以地表为客体的建设用地使用权、以地上为客体的建设用地使用权和以地下为客体的建设用地使用权的情况下,更应严格按照批准和登记的建设用地范围确定占有、使用的边界。

(二) 保有建筑物、构筑物及其附属设施所有权的权利

建设用地使用权的目的及功能之二是,权利人对其建造于建设用地上的建筑物、构筑物及其附属设施保有所有权。《民法典》第352条正文关于"建设用地使用权人建造的建筑物、构筑物及其附属设施的所有权属于建设用地使用权人"的规定,就是对该权利目的及功能的确认。从另一角度阐释就是,建设用地使用权是建设用地上建筑物、构筑物及其附属设施的所有权的正当权源。

[引申]

建筑物所有权不可能凭空孤立存在,必须以地权作为自己的正当根据,否则构成无权占有。[1] 其道理在于,自罗马法以来,法律奉行土地吸收地上物的原则,尚未收割的农作物、生长于土地上的树木、竖立于土地上的建筑物都属于土地的成分,甚至于落在土地上的小鸟都要如此认定。这固然周到地保护了土地所有权人的利益,但也阻碍了人们投资于他人的土地且保有建筑物所有权的热情和行为。衡平地协调土地所有权人和投资于土地的非所有权人之间的利益,让土地所有权人仅仅取得非所有权人利用土地的对价,使非所有权人保有建造在他人土地上的建筑物的所有权,法律

---

[1] 王泽鉴:《民法物权·通则·所有权》(总第1册),三民书局2003年增补版,第250-251页。

创设了地上权制度，只要非所有权人在他人的土地上取得地上权，建筑物便不被土地所吸收，而是与地上权相结合，成为地上权人的所有物。

中国法借鉴了这种思想及路径，但没有采用地上权的称谓，而是使用了宅基地使用权、集体土地使用权、国有土地使用权、建设用地使用权等概念。其中，宅基地使用权作为农户在集体所有的土地上建造住房并保有住房所有权的正当根据；集体土地使用权作为乡镇企业建造建筑物并保有所有权的正当根据，在广东省也能作为中外合资经营企业、中外合作经营企业、外商独资企业等建造建筑物并保有所有权的正当根据；国有土地使用权作为在国有土地上建造建筑物并保有所有权的正当根据。《物权法》放弃了国有土地使用权的称谓，改称建设用地使用权，其目的及功能没有变化，其第142条正文的规定就是明证。《民法典》亦然（第352条正文）。该条正文对于澄清土地权利与建筑物、构筑物及其附属设施的物权之间关系的理念、形成适当的房地产权属理论、正确裁判房地产案件，都具有不可或缺的重要作用。但也须注意，它也有提升的空间，即房地权属的确定与变动原则上一体，不限于建设用地使用权人建造建筑物的场合，非建设用地使用权人在建设用地上建造建筑物，在基于合作建房合同（约定建造一方仅仅取得使用建筑物的债权）、出于为建设用地使用权人谋利益的目的等情况下，建筑物的所有权也归属于建设用地使用权人。不动产抵押权的行使结果，建筑物的所有权同样归属于建设用地使用权人。如此看来，《物权法》第142条正文亦即《民法典》第352条正文的涵盖范围过窄，应予以扩展其适用范围，合理的条文正文应是："建筑物、构筑物及其附属设施的所有权属其所在地的建设用地使用权人。"

理解《民法典》第352条正文的规定，疑问之一是，非建设用地使用权人在建设用地上建造建筑物，所有权归属于谁？根据上文所述，建设用地使用权是阻挡建筑物属于土地（在现行法上，准确的表述是"建设用地使用权是阻挡建筑物所有权归土地所有权人享有"）、使建筑物与建设用地使用权相结合的法律制度，因而，即使是他人出资建造的建筑物，该建筑物所有权也归属于建设用地使用权人，而不归出资者，除非建设用地使用权人补办手续，自然资源管理部门将建设用地使用权变更为双方共有。①

出资者若不能拥有出资建造的建筑物，所能采取的救济途径大概有如下几种：(1)可以基于《民法典》第985条的规定，请求建设用地使用权人返还不当得利。于此场合，需要出资者举证建设用地使用权人获得了多少利益，在个案中，举证困难，尤其

---

① 详细论述，请参阅崔建远：《确定建筑物所有权的依据》，载《甘肃政法学院学报》2007年第6期，第10页。

损失大于利益时,出资者会遭受损失,更不要说在房价日益飙升背景下的情形了。(2)在构成无因管理的情况下,出资者也可以基于无因管理请求本人(取得建筑物所有权者)偿还其建造建筑物所支出的费用。其数额与基于不当得利制度所得返还相差不会太大。(3)出资者基于合同而合作建房的场合,合同无效或被撤销时,出资者可以基于《民法典》第157条的规定请求取得建筑物所有权的一方予以赔偿。这对出资者也不太有利。

需要注意,《民法典》第352条尚有一但书——"但是有相反证据证明的除外"。笔者认为,该但书所指情形应为土地租赁权可以作为建筑物、构筑物及其附属设施的所有权的正当根据。其理由有二:(1)国土资源部于1999年8月1日发布了《规范国有土地租赁若干意见》,其中第4条规定:"国有土地租赁可以根据具体情况实行短期租赁和长期租赁。对短期使用或用于修建临时建筑物的土地,应实行短期租赁,短期租赁年限一般不超过5年;对需要进行地上建筑物、构筑物建设后长期使用的土地,应实行长期租赁,具体租赁期限由租赁合同约定,但最长租赁期限不得超过法律规定的同类用途土地出让最高年期。"这就明确承认了建筑物所有权得以国有土地租赁权为其正当根据。当然,笔者注意到,《规范国有土地租赁若干意见》第1条第3款也规定:"对原有建设用地,法律规定可以划拨使用的仍维持划拨,不实行有偿使用,也不实行租赁。对因发生土地转让、场地出租、企业改制和改变土地用途后依法应当有偿使用的,可以实行租赁。对于新增建设用地,重点仍应是推行和完善国有土地出让,租赁只作为出让方式的补充。对于经营性房地产开发用地,无论是利用原有建设用地,还是利用新增建设用地,都必须实行出让,不实行租赁。"这清楚地表明国有土地租赁权不得作为商品房所有权的正当根据。就是说,作为解释论,把国有土地租赁权作为建筑物、构筑物及其附属设施的所有权的正当根据,列为《民法典》第352条但书的内容,只能是非经营性房屋所有权可以国有土地租赁权为正当根据。(2)日本等国家或地区,以土地租赁权作为建筑物、构筑物及其附属设施的所有权的权源的情形不在少数,其中一个重要原因是租金相对于地上权的代价而言较低。代价低却能够保有建筑物、构筑物及其附属设施的所有权,何乐而不为呢?!这应当引起我们的重视。①

[延伸]

若将视野扩及整个物权法,会发现作为构筑物及其附属设施所有权的正当根据,甚至于作为建筑物及其附属设施所有权的正权源,确实不限于建设用地使用权,还有集体土地所有权、宅基地使用权、土地承包经营权和地役权。集体组织建造办公场

---

① 参阅崔建远:《确定建筑物所有权的依据》,载《甘肃政法学院学报》2007年第6期,第10页。

直接以集体土地所有权为正权源,农户建造住宅系以宅基地使用权为正当根据,承包人在承包地上建造必要水利设施则以土地承包经营权为正权源,地役权人为达到需役地主要目的而建造构筑物及其附属设施,其所有权则以地役权为正当根据。无论是土地承包经营权,还是地役权,都具有"实施必要的附随行为、设置并保有必要的设施"的效力。

[辨析与论争]

其实,对于《物权法》第142条但书亦即《民法典》第352条但书关于"但有相反证据证明的除外"的规定,在理解上并不一致。仅就表面现象而言,该但书可包括以下几种情形:(1)上文所述的基于土地(使用权)租赁权,享有建筑物所有权。(2)建设用地使用权人尚未履行将该建设用地使用权变更登记(过户登记)的约定义务,无权以《物权法》第142条正文亦即《民法典》第352条正文的规定为依据主张享有建筑物所有权,而应当继续履行协助变更登记(过户登记)的义务,以实现"地随房走"。属于此类情况的,如买卖、互易、赠与等法律行为已经生效且实际履行,建筑物所有权的变更登记业已完成,但因房地权属分别由不同的登记机构办理登记的体制等原因,导致建设用地使用权尚未完成变更登记。(3)"在现在的城市房地产建设中,一部分市政公共设施,是通过开发商和有关部门约定,由开发商在房地产项目中配套建设,但是所有权归国家。这部分设施,其性质属于市政公用,其归属就应当按照有充分证据证明的事先约定来确定,而不是当然地归建设用地使用权人。后续通过房地产交易成为建设用地使用权人的权利人也应当尊重这种权属划分。"①(4)建设用地使用权人尚未履行将该建设用地使用权变更登记(过户登记)的法定义务,无权以《物权法》第142条正文亦即《民法典》第352条正文的规定为依据主张享有建筑物所有权,而应当继续履行协助变更登记(过户登记)的义务,以实现"地随房走"。属于此类情况的,例如,由于历史的原因,各个机关、国有企事业单位利用行政划拨的国有土地建造了住房,出租与本单位的职工。在公房改制过程中,单位依法及政策将职工承租的公房出卖与职工,仅仅按照成本价(或者标准价)向购房职工收取了房价款(《国务院关于深化城镇住房制度改革的决定》第2条、第15条,《已购公有住房和经济适用住房上市出售管理暂行办法》第3条),自然资源管理部门没有收取土地使用权出让金。在实务中,有些地区按照《国务院关于深化城镇住房制度改革的决定》《已购公有住房和经济适用住房上市出售管理暂行办法》的规定出售公有住房,购房职工同时取得房屋所有权和基地的土地使用权;另有些地区则有所不同,购房职工只能领取房屋所有

---

① 参阅全国人大常委会法制工作委员会民法室编:《中华人民共和国物权法条文说明、立法理由及相关规定》,北京大学出版社2007年版,第142页。

权证,不能获得房屋基地的使用权,拿不到国有土地使用权证(建设用地使用权证)。

笔者认为,古今中外的立法、实务和理论都表明,法律应当尽可能地贯彻房地权属的确定与变动原则上一体的思想,在中国也就是尽量适用《物权法》第142条正文亦即《民法典》第352条正文。如此,《物权法》第142条但书亦即《民法典》第352条但书所指,涉及的房地权属分别归属于不同的主体,且建筑物所有权不由建设用地使用权人享有,虽属例外,却唯有如此方为最合理,因而也属于终局的状态,而非不合理的状态、过渡性的状态。如果这种界定是正确的,那么,第一种情形应为《民法典》第352条但书的题中应有之义,不再赘言。而上述第(2)、(3)、(4)三种情形都不宜作为《物权法》第142条但书亦即《民法典》第352条但书所包含的内容。对此,详细分析如下:

首先,分析第(2)种情形。于此场合,建设用地使用权的登记名义人有义务协助建筑物所有权人请求登记机构办理建设用地使用权的变更登记,无权以其为建设用地使用权的登记名义人而主张自己拥有该地上建筑物所有权,否则,就是将义务当作权利来运用,违反了债法的规则,也破坏了债法和物权法之间的相互衔接。

其次,分析第(3)种情形。①建筑物所有权以地权为其正当根据,乃古今中外的立法例及其理论所共认,是衡平土地所有权人和土地利用人之间利益关系的最佳模式,没有充分的理由不宜轻易放弃,何况《物权法》《民法典》已经贯彻了这种理念,设置了相应的法律制度,如建设用地使用权、宅基地使用权等。②设置例外,得有充分的必要性和正当性,否则,任其存在会破坏整体及其和谐要求,在法律制度领域就是破坏法制的统一。若将第(3)种情形作为《物权法》第142条但书亦即《民法典》第352条但书所包含的情形(例外),则缺乏必要性和正当性,不宜存在。这种情形完全可以而且能够按照建筑物所有权以地权为其正当根据的思路加以解决,这从下文的分析中可以明了。由开发商在房地产项目开发中配套建设的市政公共设施,可以甚至必须归国家所有。其处理方式可有若干类型:其一,在建设用地使用权出让金合理并已被自然资源管理部门收取的情况下,市政出资由开发商负责建设市政公共设施,但不减少开发商所应支付的建设用地使用权出让金的数额,国家取得这些设施的所有权,但无相应的建设用地使用权;其二,市政出资由开发商负责建设市政公共设施,就该设施的基地部分,减少开发商所应支付的建设用地使用权出让金的数额,国家取得这些设施的所有权,同时享有相应的建设用地使用权;其三,开发商支付全部的建设用地使用权出让金,承担建造市政公共设施的费用,国家无偿取得这些设施的所有权,同时享有相应的建设用地使用权;其四,开发商支付全部的建设用地使用权出让金,承担建造市政公共设施的费用,国家无偿取得这些设施的所有权,但不享有相应的建设用地使用权;其五,开发商取得行政划拨的建设用地使用权,承担建造市政公共设施的费用,国家无偿取得这些设施的所有权,但不享有相应的建设用地使用权。最后一种类型是实务中较为常见的现象。分析比较上述五种类型,第一种处理类型存在着两个缺点,一是不符合建筑物所有权必须以地权为正当根据的原理,二是国家变相地占用了开发商的部分建设用地使用权,有违公正。第三种类型虽然符合建筑物所有权以地权为正当根据的原理,但国家侵占了开发商的合法利益,不可取。第四种和第五种类型既不符合建筑物所有权以地权为正当根据的原理,又不是恰当的利益分配,同样不可取。第二种类型符合房地权属间的规则,妥当地处理了各方的利益关系,最为可取。由此可知,第(3)种情形应不在《物权法》第142条但书亦即《民法典》第352条但书的范围之内。①

最后,分析第(4)种情形亦不宜作为《物权法》第142条但书亦即《民法典》第352条但书所包含的内容。由于各个机关、国有企事业单位的职工取得的工资及奖金远远低于给国家和社会所做的贡献,在公房改制过程中,购买公房时有福利的因素,不但房价款低于市场价格,而且免交了土地使用权出让金。这是应当的。同时,限制职工的房屋所有权的某些效力,也是合理的。但是,限制购房职工的权利,并不意味着必须剥夺购房职工的建设用地使用权,并不意味着必须破坏建筑物所有权以地权为正当根据的基础性原则。我们完全可以选择一条代价较低且公平合理的模式平衡各方的利益关系。在笔者看来,最佳的模式应当是,职工依法及政策购买单位的公房时,同时取得房屋的所有权及其基地的建设用地使用权,尽管不支付建设用地使用权出让金;但若把该房屋出卖或互易与他人,则应当分区情况,按照虽然现已失效但曾发挥重大作用的《国务院关于深化城镇住房制度改革的决定》中关于"职工以成本价购买的住房,产权归个人所有,一般住用5年后可以依法进入市场,在补交土地使用权出让金或所含土地收益和按规定交纳有关税费后,收入归个人所有"(第21条第2款)的规定处理;或按照该规定中关于"职工以标准价购买的住房,拥有部分产权,即占有权、使用权、有限的收益权和处分权,可以继承。产权比例按售房当年标准价占成本价的比重确定。职工以标准价购买的住房,一般住用5年后方可依法进入市场,在同等条件下,原售房单位有优先购买、租用权,原售房单位已撤销的,当地人民政府房产管理部门有优先购买、租用权。售、租房收入在补交土地使用权出让金或所含土地收益和按规定交纳有关税费后,单位和个人按各自的产权比例进行分配"(第21条第3款)的规定处理。更应注意的是,应当按照该规定关于"职工购买住房,都要由房产管理部门办理住房过户和产权移转登记手续,同时办理相应的土地使用权变更登记手续,并领取统一制定的'产权证书'"的规定处理。十分明显,国务院的行政法规是

---

① 崔建远:《确定建筑物所有权的依据》,载《甘肃政法学院学报》2007年第6期,第11页。

强调房屋所有权以土地使用权(建设用地使用权)为正当根据的,而非承认房屋所有权脱离建设用地使用权等地权而凭空存续的。①

至于有专家认为,在房屋买卖中,买受人拿到了所购房屋的钥匙,即使尚未办理变更登记(过户登记)手续,也已经取得了房屋所有权,只是不能以该所有权对抗善意第三人,笔者则回应如下:在商品房市场上购买商品房,属于基于法律行为的不动产物权的变动,在现行法上几乎占了不动产物权变动的半壁江山,假如不适用《民法典》第208条规定的不动产物权变动的公示原则,不遵循该法第209条第1款、第216条等关于不动产物权变动以登记为生效要件的规定,《民法典》采取的公示原则和公信原则、不动产物权的变动模式将名不副实,"原则"反倒成了例外。此其一。其二,这违反了《民法典》的立法计划和立法目的。其三,这不符合物权法的原理。

(三)不动产相邻权

相邻关系规则旨在协调不动产权利人之间因不动产权利行使所产生的权益冲突,建设用地使用权为不动产权利之一,则相邻关系规则应当适用于建设用地使用权人之间、建设用地使用权人与土地所有权人之间、建设用地使用权人与相邻建筑物所有权人之间、建设用地使用权人与承租人等占有人之间的相邻关系。

(四)设立地役权的权利

建设用地使用权人有权将建设用地作为供役地为他人设立地役权(《民法典》第383条),至于建设用地使用权人把建设用地作为需役地为自己设立地役权,同时有利于自己和土地所有权人,更应被准许(《民法典》第372条)。

(五)出租、出借建设用地使用权的权利

租赁权、借用权为债权,原则上仅仅约束特定人,承租人、借用人欲将租赁物或借用物出租或出借与他人,得经出租人或出借人的同意。与此有别,建设用地使用权作为一项物权,具有对世效力,包括对建设用地所有权人的强大效力,建设用地使用权人将其建设用地出租、出借与他人的,现行法尚无关于必须经建设用地所有权人同意的规定。②

[拓展]

1. 租赁登记与租赁登记备案及其作用

《城镇国有土地使用权出让和转让暂行条例》第31条规定:"土地使用权和地上建筑物、其他附着物出租,出租人应当依照规定办理登记。"而《城市房地产管理法》未规定建设用地使用权出租,只规定了房屋出租,且不要求登记,向房产管理部门登记备案即可(第53~56条)。《民法典》对租赁亦未要求登记。笔者认为,登记备案仅仅

---

①② 崔建远:《确定建筑物所有权的依据》,载《甘肃政法学院学报》2007年第6期,第11-12页。

是行政及治安等管理的需要,在决定租赁合同的效力上,应以《民法典》的规定为准。

2. 行政租赁及其效力

在实务中,出现了市、县政府以行政命令的方式,强制农村集体经济组织将农地出租与政府或政府指定的公司,用于高速公路、楼堂馆所、广场、绿地等的建设。这违反了《土地管理法》《城市房地产管理法》等现行法关于不得利用集体所有的土地进行此类建设的规定,其合同基本上是政府以其行政命令强迫农村集体经济组织签订的,违反了《民法典》第153条等规定,应属无效。

对于此类案件是属于行政纠纷还是民事纠纷,存在着不同意见。笔者认为,政府以行政命令强制农村集体经济组织出租集体所有的土地,属于行政案件;土地租赁合同则属于民商事合同。处理此类案件,既适用行政法又适用民商法。之所以不赞同全部用行政法处理,是因为租赁合同符合民商法律关系的特征,民商法有恢复原状、排除妨害、消除危险、返还原物等救济手段,而行政法在这方面不尽如人意。在某些案件中,只有准予农村集体经济组织关于恢复原状、排除妨害、消除危险、返还原物的请求,才能完满地保护农村集体经济组织及农户的合法权益,落实国家的耕地政策。

(六) 转让、互换、出资、赠与或抵押建设用地使用权的权利

1. 法律及法理依据

与所有权具有处分所有物的效力不同,建设用地使用权作为他物权没有处分建设用地的效力,但有处分权利本身的效力,权利人可以转让建设用地使用权。对此,《土地管理法》第63条规定:"通过出让等方式取得的集体经营性建设用地使用权可以转让、互换、出资、赠与或者抵押,但法律、行政法规另有规定或者土地所有权人、土地使用权人签订的书面合同另有约定的除外"(第3款)。"集体经营性建设用地的出租,集体建设用地使用权的出让及其最高年限、转让、互换、出资、赠与、抵押等,参照同类用途的国有建设用地执行。具体办法由国务院制定"(第4款)。《城市房地产管理法》第28条规定:"依法取得的土地使用权,可以依照本法和有关法律、行政法规的规定,作价入股,合资、合作开发经营房地产。"《民法典》将这些规定上升至民事基本法的层面,于第353条规定,建设用地使用权人有权将建设用地使用权转让、互换、出资、赠与或抵押,但法律另有规定的除外。

与所有权具有处分所有物的效力不同,建设用地使用权作为他物权没有处分建设用地的效力,但有处分权利本身的效力,权利人可以转让建设用地使用权。

2. 界定

建设用地使用权转让,是指转让人和受让人签订转让合同,将其建设用地使用权移转给受让人,受让人支付相应对价的现象。转让合同生效并履行加上移转登记(变更登记)是(物权变动的)法律事实,建设用地使用权由转让人之手移转至受让人之处

是结果(物权变动),按照德国民法思维,这就是物权行为,在法国和中国大陆的法制上,因未确立物权行为制度而表现为事实行为。

建设用地使用权互换,是指用地人将其建设用地使用权与相对人的建设用地使用权相互交换,各自取得对方的建设用地使用权,实质上是两个建设用地使用权的相向转让。互换合同生效并履行加上移转登记是(物权变动的)法律事实,建设用地使用权更换主体是结果(物权变动),按照德国民法思维,这里有两个物权行为,在法国和中国大陆的法制上,因未确立物权行为制度而表现为事实行为。

建设用地使用权出资,是指将建设用地使用权作价,投入企业法人、私人企业、个体工商户或合伙之中,归法人享有或成为个体工商户、合伙等主体的共有财产。出资行为加上移转登记(简易合伙等场合不办移转登记)是(物权变动的)法律事实,建设用地使用权移转至法人名下或成为合伙财产等是结果(物权变动)。

建设用地使用权赠与,是指用地人将其建设用地使用权无偿地移转给受赠人的现象。赠与合同生效并履行加上移转登记是(物权变动的)法律事实,建设用地使用权移转至受赠人名下是结果(物权变动),按照德国民法思维,这就是物权行为,在法国和中国大陆的法制上,因未确立物权行为制度而表现为事实行为。

建设用地使用权抵押,是指把建设用地使用权作为抵押物,自抵押登记完成时抵押权设立。

3. 书面流转合同

《民法典》第354条前段规定:"建设用地使用权转让、互换、出资、赠与或者抵押的,当事人应当采用书面形式订立相应的合同。"要求书面形式的必要性和重要性一如前述,不再一一复述,在此有必要提及的是,此类合同不采取书面形式,不动产登记机构不予办理相应的登记。

《民法典》第354条后段不允许流转后的建设用地使用权的存续期限亦即建设用地的使用期限超过建设用地使用权的剩余期限,是因为超过了,建设用地使用权已经消灭了,转让人等于无权处分。此其一。假如允许超过,就不符合所有权的弹力性,就会损害土地所有权人的权益。于此场合,土地所有权人主张物权请求权,酿成较为复杂的法律关系。此其二。

4. 流转的条件

《民法典》第353条但书"法律另有规定的除外",属于引致性(管道性)条文,引向的法律有《土地管理法》和《城市房地产管理法》等法律、法规的规定,计有两大类限制流转的情形。

(1) 以出让方式设立的建设用地使用权的流转与限定

现行法一方面赋权出让方式设立的建设用地使用权具有流转性(让与性),另一方面出于反对甚至禁止"炒地炒房"的考量对流转设置限定条件。《城市房地产管理法》第39条规定:"以出让方式取得土地使用权的,转让房地产时,应当符合下列条件:(一) 按照出让合同约定已经支付全部土地使用权出让金,并取得土地使用权证书;(二) 按照出让合同约定进行投资开发,属于房屋建设工程的,完成开发投资总额的百分之二十五以上,属于成片开发土地的,形成工业用地或者其他建设用地条件"(第1款)。"转让房地产时房屋已经建成的,还应当持有房屋所有权证书"(第2款)。《城镇国有土地使用权出让和转让暂行条例》第19条第2款也规定了类似的内容。建设用地使用权人和受让人违反上述规定,签订流转合同,《城市房地产管理法》第38条第1项的措辞是"不得转让"。以往的判决和学说都认为,此处所谓"不得转让"系禁止性规定,效力性的强制性规定,此类案件应当适用《合同法》第52条第5项(与《民法典》第153条第1款同义)的规定,此类转让合同无效,不发生建设用地使用权移转的效果。不过,随着人们对此类问题研究的深入,开始转变观念,有些司法解释和学说区分情形,而作不同的处理。① 例如,《最高人民法院关于审理房地产管理法施行前房地产开发经营案件若干问题的解答》规定:"以出让方式取得土地使用权的土地使用者虽已取得土地使用证,但未按土地使用权出让合同约定的期限和条件对土地进行投资开发利用,与他人签订土地使用权转让合同的,一般应当认定合同无效;如土地使用者已投入一定资金,但尚未达到出让合同约定的期限和条件,与他人签订土地使用权转让合同,没有其他违法行为的,经有关主管部门认可,同意其转让的,可认定合同有效,责令当事人向有关主管部门补办土地使用权转让登记手续"(第8条)。"享有土地使用权的土地使用者未按照项目建设的要求对土地进行开发建设,也未办理审批手续和土地使用权转让手续,转让建设项目的,一般应当认定项目转让和土地使用权转让的合同无效;如符合土地使用权转让条件的,可认定项目转让合同有效,责令当事人补办土地使用权转让登记手续"(第9条)。如今,有学说主张:"随着中国土地市场的建立和逐步完善,应当放开上述限制,允许建设用地使用权自由转让。"②

[探讨]

实务中时常出现本意为受让案涉建设用地使用权,亲自开发房地产项目,但出于种种考虑,在实际操作上采取的是受让案涉建设用地使用权作归属的项目公司中的控股股权路径,旨在绕过《城市房地产管理法》第39条设定的限制转让建设用地使用

---

① 参见崔建远主编:《合同法》(第4版),法律出版社2007年版,第103-105页;崔建远:《合同法总论》(上卷),中国人民大学出版社2008年版,第284-286页。

② 王利明、尹飞、程啸:《中国物权法教程》,人民法院出版社2007年版,第364页。

权的条条框框。对此,笔者不赞同适用《民法典》第 146 条第 1 款关于虚假的意思表示归于无效的规定,因为股权转让合同系双方当事人的真实意思表示,只不过其动机是受让案涉建设用地使用权,亲自开发房地产项目。对于此种规避法律的行为,笔者赞同不直接审视股权转让合同本身,而是假定双方当事人成立了案涉建设用地使用权转让合同,该建设用地使用权转让合同是否因不符合《城市房地产管理法》第 39 条的规定而无效?至此,问题转变为适用/类推适用《最高人民法院关于审理房地产管理法施行前房地产开发经营案件若干问题的解答》第 8 条或第 9 条的价值判断,或者在法政策的层面是否柔性化地对待《城市房地产管理法》第 39 条的规定,不再是千篇一律地令转让合同无效。

顺便提及,对于《城市房地产管理法》第 38 条第 2 项至第 6 项关于"下列房地产,不得转让:(二) 司法机关和行政机关依法裁定、决定查封或者以其他形式限制房地产权利的;(三) 依法收回土地使用权的;(四) 共有房地产,未经其他共有人书面同意的;(五) 权属有争议的;(六) 未依法登记领取权属证书的"规定,是否一律以效力性的强制性规定论,学说、判决也有一个变化的过程。前期都持效力性的强制性规定说,转让合同违反其中任何一项,就适用《合同法》第 52 条第 5 项(与《民法典》第 153 条第 1 款同义)的规定,使合同无效,不发生建设用地使用权移转的效果。但近几年来,专家、学者的观点发生了不小的变化:在不发生房地产物权转移的效果方面的立场依然如故,但在转让合同的效力方面则开始区别类型而有不同的结论。①转让依法收回的建设用地使用权,其合同应当无效,不然,建设用地使用权制度及合同无效制度的立法目的就会完全落空,国家权威形同儿戏。②转让未依法登记领取权属证书的房地产物权应当有效,在首次登记已经完成只是未领取权属证书的情况下,因权属证书主要发生证据法的效力,不动产登记簿的记载才具有公示和公信的法律效力(《民法典》第 216 条第 1 款、第 217 条),所以,令转让合同无效实在缺乏理由;在不动产物权首次登记也没有完成的情况下,可作为未来物买卖看待,也大可不必令转让合同无效。③司法机关和行政机关依法裁定、决定查封或者以其他形式限制房地产权利,使案涉房地产物权成为限制流通物,的确不可以发生房地产物权转移的法律效果,但鉴于总有一天会解除查封、限制,那时案涉房地产物权就回复到流通物的状态,于此场合把转让合同视为未来物的买卖,具有法律效力,全无问题。退一步说,即使案涉房地产被司法拍卖,转让合同成为不能履行,受让人追究转让人的违约责任,而非令转让合同无效,不存在法理障碍。何况《民法典》已经放弃《合同法》第 51 条的立场,改采转让人欠缺无处分权不影响买卖合同效力(第 597 条)的理念呢!④共有房地产,未经其他共有人书面同意而转让的,应当适用共有规则,无权处分时审视其是否符合善意取得的构成要件,转让合同的效力适用《民法典》第 597 条的规定,不受欠缺处分权的影响。⑤权属有争议的房地产转让,最严重的情形就是转让人对于标的物没有房地产物权,构成无权处分,按照《民法典》第597条的规定,转让合同的效力不受欠缺处分权的影响。

(2) 原则上禁止行政划拨的建设用地使用权流转,但设有例外

对于以行政划拨方式设立的建设用地使用权,现行法原则上禁止其流转,但设有例外。对其例外,《城市房地产管理法》第40条规定:"以划拨方式取得土地使用权的,转让房地产时,应当按照国务院规定,报有批准权的人民政府审批。有批准权的人民政府准予转让的,应当由受让方办理土地使用权出让手续,并依照国家有关规定缴纳土地使用权出让金"(第1款)。"以划拨方式取得土地使用权的,转让房地产报批时,有批准权的人民政府按照国务院规定决定可以不办理土地使用权出让手续的,转让方应当按照国务院规定将转让房地产所获收益中的土地收益上缴国家或者作其他处理"(第2款)。对其合同,《国有土地使用权合同解释》第10条和第12条明确可以按照补偿性质的合同处理。笔者认为,用地者取得行政划拨的建设用地使用权时没有支付对价,国家政策仅限于若干土地用途才予批准,具有倾斜和照顾的性质,因而严格限制转让具有合理性。

这里所谓有批准权的人民政府,是指县级以上人民政府,在国务院所辖机关转让以行政划拨方式取得的建设用地使用权时,须经国务院机关事务管理局批准。

以行政划拨方式设立的建设用地使用权,典型的转让、通过与出资金的一方合作建房的方式变相地转让,在实务操作中必须完成的是依照国家有关规定缴纳土地使用权出让金,至于由有批准权的人民政府准予转让,则有典型的和变通的两种方式。所谓典型的有批准权的人民政府准予转让,是由有批准权的人民政府出具准予转让的批文。所谓变通的方式,是指由自然资源管理部门与受让人签订《国有建设用地使用权出让合同》,就意味着有批准权的人民政府已经准予转让了。

[思考]

转让合同无效、被撤销或被解除对建设用地使用权的影响

在现行法没有采取物权行为独立性和无因性原则的背景下,为了保护交易安全,维护合法取得的建设用地使用权,应当确立如下规则及理论:其一,转让合同合法有效,出让人却违法地将之废除,不发生转让合同无效、被撤销或被解除的效果,受让人取得的建设用地使用权不因此而受影响。其二,在建设用地使用权业已登记完毕的情况下,只要未注销登记,受让人就仍然享有建设用地使用权,即使转让合同被违法地撤销或解除,也是如此。其三,在转让合同被依法认定为无效,或者被出让人依法撤销或解除的情况下,建设用地使用权若尚未办理移转登记(变更登记)手续,自然不发生移转的效力;若已经办理完毕移转登记手续,则需要先行注销登记,再将建设用

地使用权重新登记在转让人名下。

5. 房地产权属原则上一并转让

在房地关系方面,至少存在两大模式:其一,罗马法及后世的德国民法奉行的土地吸收地上物的原则,生长在土地上的植物,建造在土地上的房屋,都与土地附合,成为土地的重要成分。这体现在物权关系上,就是只有土地所有权,而无房屋所有权,土地所有权中包含着房屋这个组成所有物的成分;住宅所有权仅为例外。其二,日本民法、中国台湾地区"民法"和中国民法采取的土地和房屋各为独立之物,这反映在物权关系上,就是既有土地所有权,也有房屋所有权。这两种模式各有千秋:第一种模式免去房、地相邻关系等许多复杂的协调机制,同一个不动产所有权人统领土地和房屋,矛盾减少了许多。当然,面对像中国、日本这样众人密居于同一栋大楼的需求和关系协调的难题,第一种模式显得笨拙;融资担保所需担保物的价值不高但担保权设立之后新建了高楼大厦的场合,第一种模式不利于房屋所有权人利用该大厦再去融资。第一种模式的"缺点"正是第二种模式的优长,第一种模式的优点正是第二种模式需要着力解决的问题。

由于中国的土地归国家或农村集体经济组织所有,其房地权属变动原则上一体,指的是建设用地使用权与地上建筑物、构筑物及其附属设施的所有权转移时原则上一体,或者宅基地使用权与地上建筑物、构筑物及其附属设施的所有权转移时原则上一体,而非土地所有权与地上建筑物、构筑物及其附属设施的所有权转移时原则上一体。

全面地说,房地产权属原则上一体还包括房地产权属确定时原则上一体,即只要无相反的证据证明,地上建筑物、构筑物及其附属设施的所有权归属于建设用地使用权人或宅基地使用权人。因此,房地权属在确定和变动时原则上一体,这是较为周延的表述。

法律确立房地权属在确定和变动时原则上一体的模式,具有许多优长:(1)免去建设用地使用权或宅基地使用权与地上建筑物、构筑物及其附属设施异其主体时意见相左、各不相让的纷争,即使房地产权人把房地产出租、出借给他人,且出现了矛盾,也因物权对债权而相对容易解决。(2)便于房地产权人统一地、长远考量地利用甚至处分房地产,符合效率原则,不至于因异其主体各唱各的调而办不成"好事"。(3)适合建筑物区分所有权制度创设的需要,没有逻辑障碍地把区分所有的建筑物所在基地的建设用地的面积公摊到各个建筑物区分所有的面积之中,在物权方面是建筑物区分所有权含有一定比例的建设用地使用权。(4)便于房地产权人根据个案审时度势地分别利用"房""地",妥当地处理各种关系,也使自己利益最大化。(5)融资担保所需担保物的价值不高但担保权设立之后新建了高楼大厦的场合,抵押权的效力不及于新建的大楼,这对房地产权人最为有利。

[辨析]

出卖人甲将其行政划拨的国有土地使用权与地上房屋一并转让与买受人乙,在乙支付了绝大部分购房款的前提下,办理完毕该房屋所有权的过户登记。其后发生纠纷,甲以涉案国有土地使用权系行政划拨的国有土地使用权,依法不得转让为由,主张涉案国有土地使用权与地上房屋一并转让合同无效,双方当事人之间恢复原状。乙则针锋相对,认为涉案房屋所有权已经移转于自己,按照"地随房走"的原则,系争合同有效且应继续履行,即甲应当配合自己将涉案行政划拨的国有土地使用权变为出让的国有土地使用权,并过户到自己名下。甲拒绝这样做,构成违约,应当承担强制履行、支付违约金的责任。一审判决支持了乙的主张。

笔者认为:妥善处理系争案件,应当区分情况,而后作出结论:(1)如果有批准权的人民政府已经作出了不予批准的决定,并且沿用《物权法》实施之前的法律、法规及其精神,以及实务操作的惯例,那么,系争合同应当无效。其法律依据在于,《城镇国有土地使用权出让和转让暂行条例》第44条规定:"划拨土地使用权,除本条例第四十五条规定的情况外,不得转让、出租、抵押。"第45条第1款规定:"符合下列条件的,经市、县人民政府土地管理部门和房产管理部门批准,其划拨土地使用权和地上建筑物、其他附着物所有权可以转让、出租、抵押:(一)土地使用者为公司、企业、其他经济组织和个人;(二)领有国有土地使用证;(三)具有地上建筑物、其他附着物合法的产权证明;(四)依照本条例第二章的规定签订土地使用权出让合同,向当地市、县人民政府补交土地使用权出让金或者以转让、出租、抵押所获收益抵交土地使用权出让金。"2009年修正的《城市房地产管理法》第40条第1款规定:"以划拨方式取得土地使用权的,转让房地产时,应当按照国务院规定,报有批准权的人民政府审批。有批准权的人民政府准予转让的,应当由受让方办理土地使用权出让手续,并依照国家有关规定缴纳土地使用权出让金。"这告诉我们,只有在有批准权的人民政府批准转让,受让方依法补缴了土地使用权出让金的情况下,行政划拨的国有土地使用权才可以转让,否则,不得转让。在有批准权的人民政府已经作出了不予批准的决定时,行政划拨的国有土地使用权不得转让。由于上述法律、行政法规的规定均为效力性的强制性规定,按照《合同法》第52条第5项的规定,系争合同应当无效。系争合同无效了,涉案房屋所有权的过户登记便失去了原因,或曰失去了合同依据和法律依据,应予注销。转让人有权援用《物权法》第19条的规定,请求登记部门将涉案房屋的登记予以注销。在这里,必须抛弃这样的错误见解:由于地上房屋所有权已经移转了,按照"地随房走"的原则,行政划拨的国有土地使用权也得转让。之所以必须抛弃它,是因为如此一来就规避了法律、行政法规禁止行政划拨的国有土地使用权转让的立法目的。法律人应当树立的理念是,只要转让行政划拨的国有土地使用权违法,就不得转让地上房屋。(2)如果有批准权的人民政府已经作出了不予批准的决定,适用《物权法》第15条关于区分物权变动与其原因行为的规定,那么,系争合同的效力可以不受政府批准与否的影响,但行政划拨的国有土地使用权不得移转。按照2009年修正的《城市房地产管理法》第32条关于"房地产转让、抵押时,房屋的所有权和该房屋占用范围内的土地使用权同时转让、抵押"的规定,以及《城镇国有土地使用权出让和转让暂行条例》第23条关于"土地使用权转让时,其地上建筑物、其他附着物所有权随之转让"的规定,第24条第2款关于"土地使用者转让地上建筑物、其他附着物所有权时,其使用范围内的土地使用权随之转让,但地上建筑物、其他附着物作为动产转让的除外"的规定,不得仅仅移转房屋的所有权而不移转房屋所在地的国有土地使用权,故因涉案行政划拨的国有土地使用权不得转让,涉案房屋所有权也不得移转。因此,转让人同样有权援用《物权法》第19条的规定,请求登记部门将涉案房屋的登记予以注销。(3)在有批准权的人民政府就是否批准转让行政划拨的国有土地使用权未决之前,无论适用《物权法》第15条的规定与否,系争合同不应作为无效处理,而应等待有批准权的人民政府的决定。《民法典》实施之后,应采"(2)和(3)"的分析结论。

应当注意,在基于法律行为而发生的不动产物权变动的领域,房地权属的实际移转以办理完毕移转登记(变更登记)为条件。关于登记,《不动产登记暂行条例实施细则》规定,申请国有建设用地使用权及房屋所有权转移登记的,应当根据不同情况,提交下列材料:(1)不动产权属证书;(2)买卖、互换、赠与合同;或(3)继承或受遗赠的材料;(4)相关税费缴纳凭证;(5)其他必要材料(第38条)。

[**拓展与讨论**]

(1)分割转让

建设用地使用权和地上建筑物、构筑物及其附属设施分割转让的,应当经市、县人民政府土地资源管理部门和房产管理部门批准,并依照规定办理过户登记(移转登记,或曰变更登记)(参见《城镇国有土地使用权出让和转让暂行条例》第25条第2款)。于此场合,按照《不动产登记暂行条例实施细则》规定,应当提交下列材料:(1)不动产权属证书;(2)分割、合并协议;(3)相关税费缴纳凭证;(4)其他必要材料(第38条)

(2)关于市、县人民政府的优先购买权

建设用地使用权转让的价格,应属当事人之间的事情,由其自由约定,法律应予认可。不过,需要注意,《城镇国有土地使用权出让和转让暂行条例》第26条关于"土地使用权转让价格明显低于市场价格的,市、县人民政府有优先购买权。土地使用权转让的市场价格不合理上涨时,市、县人民政府可以采取必要的措施"的规定。国务院于 2001 年 5 月 30 日发布《关于加强国有土地资产管理的通知》,将该优先购买权的行使条件确定为"申报土地转让价格比标定地价低 20% 以上的,市、县人民政府可以行使优先购买权。"《国有土地使用权合同解释》第 3 条规定:"经市、县人民政府批准同意以协议方式出让的土地使用权,土地使用权出让金低于订立合同时当地政府按照国家规定确定的最低价的,应当认定土地使用权出让合同约定的价格条款无效。当事人请求按照订立合同时的市场评估价格交纳土地使用权出让金的,应予支持;受让方不同意按照市场评估价格补足,请求解除合同的,应予支持。因此造成的损失,由当事人按照过错承担责任。"有学者对该项优先购买权制度提出了批评,认为应予取消市、县人民政府的优先购买权。①

(3) 关于转让时对投资开发的要求

《城市房地产管理法》第 39 条规定:"以出让方式取得土地使用权的,转让房地产时,应当符合下列条件:(一) 按照出让合同约定已经支付全部土地使用权出让金,并取得土地使用权证书;(二) 按照出让合同约定进行投资开发,属于房屋建设工程的,完成开发投资总额的百分之二十五以上,属于成片开发土地的,形成工业用地或者其他建设用地条件。转让房地产时房屋已经建成的,还应当持有房屋所有权证书。"《城镇国有土地使用权出让和转让暂行条例》第 19 条第 2 款也规定了类似的内容。建设用地使用权人和受让人违反上述规定,签订转让合同,《城市房地产管理法》第 38 条第 1 项的措辞是"不得转让"。以往的判决和学说都认为,此处所谓"不得转让"系禁止性规定,效力性的强制性规定,此类案件应当适用《合同法》第 52 条第 5 项(这与《民法典》第 153 条第 1 款同义)的规定,此类转让合同无效,不发生建设用地使用权移转的效果。随着人们对此类问题研究的深入,开始转变观念,有些司法解释和学说区分情形,而作不同的处理。② 例如,《最高人民法院关于审理房地产管理法施行前房地产开发经营案件若干问题的解答》规定:"以出让方式取得土地使用权的土地使用者虽已取得土地使用证,但未按土地使用权出让合同约定的期限和条件对土地进行投资开发利用,与他人签订土地使用权转让合同的,一般应当认定合同无效;如土地使用者已投入一定资金,但尚未达到出让合同约定的期限和条件,与他人签订土地使用权转让合同,没有其他违法行为的,经有关主管部门认可,同意其转让的,可认定合同有效,责令当事人向有关主管部门补办土地使用权转让登记手续"(第 8 条)。

---

① 见王利明、尹飞、程啸:《中国物权法教程》,人民法院出版社 2007 年版,第 362-363 页。
② 参见崔建远主编:《合同法》(第 4 版),法律出版社 2007 年版,第 103-105 页;崔建远:《合同法总论》(上卷),中国人民大学出版社 2008 年版,第 284-286 页。

"享有土地使用权的土地使用者未按照项目建设的要求对土地进行开发建设,也未办理审批手续和土地使用权转让手续,转让建设项目的,一般应当认定项目转让和土地使用权转让的合同无效;如符合土地使用权转让条件的,可认定项目转让合同有效,责令当事人补办土地使用权转让登记手续"(第9条)。如今,有学说主张:"随着中国土地市场的建立和逐步完善,应当放开上述限制,允许建设用地使用权自由转让。"①

[探讨]

实务中时常出现本意为受让案涉建设用地使用权,亲自开发房地产项目,但出于种种考虑,在实际操作上采取的是受让案涉建设用地使用权所归属的项目公司中的控股股权路径,旨在绕过《城市房地产管理法》第39条设定的限制转让建设用地使用权的条条框框。对此,笔者不赞同适用《民法典》第146条第1款关于虚假的意思表示归于无效的规定,因为股权转让合同系双方当事人的真实意思表示,只不过其动机是受让案涉建设用地使用权,亲自开发房地产项目。对于此种规避法律的行为,笔者赞同不直接审视股权转让合同本身,而是假定双方当事人成立了案涉建设用地使用权转让合同,该建设用地使用权转让合同是否因不符合《城市房地产管理法》第39条的规定而无效?至此,问题转变为适用/类推适用《最高人民法院关于审理房地产管理法施行前房地产开发经营案件若干问题的解答》第8条或第9条的价值判断,或者在法政策的层面是否柔性化地对待《城市房地产管理法》第39条的规定,不再是千篇一律地令转让合同无效。

顺便提及,对于《城市房地产管理法》第38条第2项至第6项关于"下列房地产,不得转让:(二)司法机关和行政机关依法裁定、决定查封或者以其他形式限制房地产权利的;(三)依法收回土地使用权的;(四)共有房地产,未经其他共有人书面同意的;(五)权属有争议的;(六)未依法登记领取权属证书的"规定,是否一律以效力性的强制性规定论,学说、判决也有一个变化的过程。前期都持效力性的强制性规定说,转让合同违反其中任何一项,就适用《合同法》第52条第5项(这与《民法典》第153条第1款同义)的规定,合同无效,不发生建设用地使用权移转的效果。但近几年来,专家、学者的观点发生了不小的变化:在不发生房地产物权转移的效果方面的立场依然如故,但在转让合同的效力方面则开始区别类型而有不同的结论。(1)转让依法收回的建设用地使用权,其合同应当无效,不然,建设用地使用权制度及合同无效制度的立法目的就会完全落空,国家权威形同儿戏。(2)转让未依法登记领取权属证书的房地产物权应当有效,在首次登记已经完成只是未领取权属证书的情况下,因权

---

① 王利明、尹飞、程啸:《中国物权法教程》,人民法院出版社2007年版,第364页。

属证书主要发生证据法的效力,不动产登记簿的记载才具有公示和公信的法律效力(《民法典》第216条第1款、第217条),所以,令转让合同无效实在缺乏理由;在不动产物权首次登记也没有完成的情况下,可作为未来物买卖看待,也大可不必令转让合同无效。(3)司法机关和行政机关依法裁定、决定查封或者以其他形式限制房地产权利,使案涉房地产物权成为限制流通物,的确不可以发生房地产物权转移的法律效果,但鉴于总有一天会解除查封、限制,那时案涉房地产物权就回复到流通物的状态,于此场合把转让合同视为未来物的买卖,具有法律效力,全无问题。退一步说,即使案涉房地产被司法拍卖,转让合同成为不能履行,受让人追究转让人的违约责任,而非令转让合同无效,不存在法理障碍。何况《民法典》已经放弃《合同法》第51条的立场,改采转让人欠缺无处分权不影响买卖合同效力(第597条)的理念呢!(4)共有房地产,未经其他共有人书面同意而转让的,应当适用共有规则,无权处分时审视其是否符合善意取得的构成要件,转让合同的效力适用《民法典》第597条的规定,不受欠缺处分权的影响。(5)权属有争议的房地产转让,最严重的情形就是转让人对于标的物没有房地产物权,构成无权处分,按照《民法典》第597条的规定,转让合同的效力不受欠缺处分权的影响。

(4) 关于转让行政划拨的建设用地使用权

对于行政划拨的建设用地使用权的转让,现行法限制得非常严格。例如,《城市房地产管理法》第40条规定:"以划拨方式取得土地使用权的,转让房地产时,应当按照国务院规定,报有批准权的人民政府审批。有批准权的人民政府准予转让的,应当由受让方办理土地使用权出让手续,并依照国家有关规定缴纳土地使用权出让金。以划拨方式取得土地使用权的,转让房地产报批时,有批准权的人民政府按照国务院规定决定可以不办理土地使用权出让手续的,转让方应当按照国务院规定将转让房地产所获收益中的土地收益上缴国家或者作其他处理。"第10条规定:"土地使用权人与受让方订立合同转让划拨土地使用权,起诉前经有批准权的人民政府同意转让,并由受让方办理土地使用权出让手续的,土地使用权人与受让方订立的合同可以按照补偿性质的合同处理。"第11条规定:"土地使用权人与受让方订立合同转让划拨土地使用权,起诉前经有批准权的人民政府决定不办理土地使用权出让手续,并将该土地使用权直接划拨给受让方使用,土地使用权人与受让方订立的合同可以按照补偿性质的合同处理。"本书认为,用地者取得行政划拨的建设用地使用权时没有支付对价,国家政策仅限于若干土地用途才予批准,具有倾斜和照顾的性质,因而严格限制转让具有合理性。

(5) 转让合同无效、被撤销或被解除对建设用地使用权的影响

在现行法没有采取物权行为独立性和无因性原则的背景下,为了保护交易安全,

维护合法取得的建设用地使用权,应当确立如下规则及理论:其一,转让合同合法有效,出让人却违法地将之废除,不发生转让合同无效、被撤销或被解除的效果,受让人取得的建设用地使用权不因此而受影响。其二,在建设用地使用权业已登记完毕的情况下,只要未注销登记,受让人就仍然享有建设用地使用权,即使转让合同被违法地撤销或解除,也是如此。其三,在转让合同被依法认定为无效,或者被出让人依法撤销或解除的情况下,建设用地使用权若尚未办理移转登记(变更登记)手续,自然不发生移转的效力;若已经办理完毕移转登记手续的,则需要先行注销登记,再将建设用地使用权重新登记在转让人名下。

(七) 以建设用地使用权设立抵押权的权利

设立抵押权,不一定变卖或拍卖抵押物,只有待抵押权行使时才涉及抵押物的处分。根据举重明轻的解释规则,权利人既然有转让建设用地使用权的权利,更应有权将其建设用地使用权抵押与他人。对此,《民法典》第353条已经明确。

(八) 物权请求权

建设用地使用权作为一种物权,依据《民法典》第235~237条的规定,具有物权请求权的效力。

(九) 抛弃的权利

建设用地使用权作为一项权利、一种利益,权利人应有权将其抛弃。不过,抛弃不得违反法律、行政法规的强制性规定,不得违反禁止权利滥用、公序良俗和诚实信用等原则。

二、建设用地使用权人的义务

(一) 支付出让金的义务

行政划拨的建设用地使用权场合,权利人无需缴纳出让金。出让的建设用地使用权场合,受让人必须依约缴纳出让金。

(二) 合理使用土地的义务

建设用地使用权人应当按照法律规定或合同约定,依土地用途,合理开发、经营建设用地。若有违反,出让人有权予以纠正。

(三) 返还建设用地的义务

《城市房地产管理法》第22条第2款规定:"土地使用权出让合同约定的使用年限届满,土地使用者未申请续期或者虽申请续期但依照前款规定未获批准的,土地使用权由国家无偿收回。"这表明,建设用地使用权终止,建设用地使用权人有义务返还建设用地。出让人此项请求权的法律性质,可以是债权,即合同终止时标的物返还请求权(债权),也可以是物的返还请求权。

（四）容忍出让人提前收回建设用地的义务

《城镇国有土地使用权出让和转让暂行条例》第17条第2款规定："未按合同规定的期限和条件开发、利用土地的，市、县人民政府土地管理部门应当予以纠正，并根据情节可以给予警告、罚款直至无偿收回土地使用权的处罚。"遇此无偿收回的处罚，建设用地使用权人负有容忍义务。

第四节　建设用地使用权的消灭

一、建设用地使用权消灭的事由

（一）抛弃

建设用地使用权人抛弃建设用地使用权，只要不违反法律、行政法规的强制性规定，不违反禁止权利滥用、公序良俗和诚实信用等原则，即发生建设用地使用权消灭的效果。当然，需要办理注销登记（《民法典》第360条、《不动产登记暂行条例实施细则》第28条第1款第2项）。若未办理注销登记，对第三人不得主张建设用地使用权消灭。

（二）建设用地使用权的撤销

建设用地使用权的撤销，是指出让人在建设用地使用权人实施了若干违法行为的情况下，依法行使撤销权，将建设用地使用权废止的现象。它是单独行为，出让人撤销建设用地使用权的意思表示到达建设用地使用权人处，即发生撤销的法律效果，建设用地使用权人同意与否，在所不问。按照《不动产登记暂行条例实施细则》第28条第1款第3项的规定，于此场合应当办理注销登记。

《民法典》没有规定建设用地使用权的撤销，构成法律漏洞。从立法论的立场出发，笔者建议未来的立法应当设置这样的条文："建设用地使用权人有下列情形之一的，国家或者集体经济组织有权撤销建设用地使用权并收回土地：（一）建设用地使用权人积欠租金累计达两年以上的；（二）建设用地使用权人擅自改变土地用途，经警告仍不改正的；（三）连续两年以上不开发利用的。"

（三）约定建设用地使用权消灭的事由发生

当事人双方约定了建设用地使用权消灭的事由，只要不违反法律、行政法规的强制性规定，不违反公序良俗、诚实信用等原则，应当承认其效力。事由发生，建设用地使用权消灭，于办理完毕注销登记时发生对内对外的法律效力（《民法典》第360条、《不动产登记暂行条例实施细则》第28条第1款第5项）。若未办理注销登记，对第三人不得主张建设用地使用权消灭。

(四) 因公共利益的需要而提前收回

按照《民法典》第 358 条前段的规定,因公共利益的需要,可以提前收回国有的建设用地,建设用地使用权因而消灭,于办理完毕注销登记时发生对内对外的法律效力(《民法典》第 360 条、《不动产登记暂行条例实施细则》第 28 条第 1 款第 3 项)。若未办理注销登记,对第三人不得主张建设用地使用权消灭。

此处之所以不叫征收建设用地使用权,而称提前收回,是因为征收的对象是土地所有权,而非土地使用权,故只要因公共利益需要由他人占有、使用、收益该宗建设用地,因该宗建设用地已经归属于国家,国家就以权力把该国有建设用地使用权提前收回即可,征收派不上用场。

依法理,《民法典》第 358 条不调整集体建设用地使用权 [包括为乡镇企业、乡(镇)村公共设施、公益事业的需要而设立的(非经营性)集体建设用地使用权与集体经营性建设用地使用权]的"提前收回",因为实务中国家不会保留农民集体土地所有权而单纯地取得集体建设用地使用权,要么是既不取得农民集体土地所有权也不取得集体建设用地使用权,要么是征收农民集体土地所有权,同时运用农民集体土地所有权这个母权消灭导致集体建设用地使用权这个子权随之消灭的原理,消灭集体建设用地使用权。

建设用地使用权被提前消灭肯定给权利人带来损失,该宗建设用地上建造有房屋及其他不动产(如房屋的附属设施)时,权利人也遭受此类不动产所有权的不复存在所遭受的损失。造成这些损失的原因是国家提前收回建设用地使用权,按照公平正义的要求,国家对此应予补偿。鉴于建设用地使用权被提前收回给权利人带来的财产损失,相同于或曰类似于不动产被征收给建设用地使用权人造成的损失,包括《民法典》在内的现行法准用征收补偿的法律规定,没有叠床架屋地设置提前收回的补偿条文,而是采取准用的立法技术,《民法典》第 358 条后段规定"应当依据本法第二百四十三条的规定对该土地上的房屋及其他不动产给予补偿"。

建设用地使用权人于此场合遭受的损失还有一个组成部分,就是剩余期限的土地使用权出让金。处理这个问题可有两种路径及方法:一是把它作为建设用地使用权人全部损失的构成部分,一并"依据本法第二百四十三条的规定对该土地上的房屋及其他不动产给予补偿";二是把它单独出来,依据不当得利返还的规则处理,《民法典》第 358 条后段采取了后一种路径及方法,规定"退还相应的出让金"。

建设用地使用权作为一种民事权利,受法律保护,《民法典》在数个条文中一再强调之(第 113 条、第 207 条、第 326 条)。只有在具备强有力的理由时,才可以消灭它,该种理由就是公共利益需要,故《民法典》第 358 条一开始就已明确这一点。

（五）因建设用地使用权人与开发商等协商一致而消灭

开发商等开发建设，需要取得用地者的建设用地，有的采取转让建设用地使用权的方式，有的则采取如下方式：先由开发商和用地者协商一致，再由行政主管部门征收地上建筑物、构筑物及其附属设施，收回建设用地使用权，最后由自然资源行政主管部门出让建设用地使用权给开发商。在前一种方式下，建设用地使用权相对消灭，其登记类型为变更登记（《民法典》第 209 条第 1 款、第 214 条等）。在后一种方式下，建设用地使用权发生绝对消灭，于办理完毕注销登记时发生对内对外的法律效力（《民法典》第 360 条）。若未办理注销登记，对第三人不得主张建设用地使用权消灭。

（六）建设用地使用权期满未续期

1. 住宅建设用地使用权期满时自动续期与续期费用的规则

建设用地使用权属于有期物权，其存续期限届满时权利终止。根据房地权属的变动原则上一体的精神，地上建筑物、构筑物及其附属设施的所有权会随着建设用地使用权的终止而不复存在。这关系着千家万户的切身利益，经过反复争论和研讨，《物权法》最终决定住宅建设用地使用权的存续期限届满时自动续期，而非终止（第 149 条第款），并且无需到不动产登记机构办理续期手续，即可达到目的。如此，地上建筑物、构筑物及其附属设施的所有权也相应地继续存在。这的确是为人民服务的法律表现，值得赞扬！《民法典》予以承继（第 359 条第 1 款），值得肯定。

当然，从最安全、可靠的角度出发，建设用地使用权人宜及时地到不动产登记机构办理建设用地使用权的变更登记为好。

[引申]

(1) 住宅建设用地使用权存续期间届满的，自动续期，是否适用于外国人和无国籍人？《民法典》第 359 条第 1 款的规范意旨无歧视外国人和无国籍人之意，只要外国人、无国籍人在中国境内购买了住宅，就享受该条款所带来的权益。

(2) 自动续期是否再收取出让金？素有争论，《物权法》第 149 条第 1 款的立法倾向性意见，不再收取。① 不过，近年来，地方财政不再宽裕，不少地方政府呼吁开征房产税和收取建设用地使用权期满时续期的费用，要求《民法典》明定收费，于是便有《民法典》第 359 条第 1 款后段"续期费用的缴纳或者减免，依照法律、行政法规的规定办理"之语。其意为：(1) 缴纳续期费用系建设用地使用权人的义务；(2) 续期费用的收取权归属于地方政府，地方政府可以行使该项权利，也可以不行使，即有权"减

---

① 《全国人大法律委员会关于〈中华人民共和国物权法（草案）〉修改情况的汇报》（2006 年 10 月 27 日十届全国人大常委会第二十四次会议），载全国人民代表大会常务委员会法制工作委员会民法室编：《物权法立法背景与观点全集》，法律出版社 2007 年版，第 65 页。

免"续期费用;(3)这将由法律、行政法规另行规定。

(3) 自动续期后的建设用地使用权有无明确的期间?回答是应当具有明确的存续期间,并且应为建设用地使用权的原存续期间。至于建设用地使用权在实际上长短不一,按照原存续期间确定续期后的建设用地使用权的存续期间,是否有失公正的问题,笔者认为,由于住宅建设用地使用权是自动续期,只要存续期限一届满就自动续期,因而,在客观上各个建设用地使用权人的利益鲜有差异。

(4) 建设用地使用权期间届满前地上建筑物、构筑物及其附属设施倒塌,且一直未复建,待建设用地使用权期间届满时,是否自动续期?回答是不再自动续期。其道理在于,建设用地使用权的目的及功能在于阻断土地所有权吸收地上物的法律效力,使用地者保有其建造的建筑物、构筑物及其附属设施的所有权。既然建筑物、构筑物及其附属设施已经不复存在,无须为用地者保有这些物的所有权,建设用地使用权已经完成了历史使命,便应功成身退,寿终正寝了。

建设用地使用权人为了自己的利益,应当在建设用地使用权期间届满前,通过加固等方法防止建筑物、构筑物及其附属设施倒塌,若已经倒塌,应当及时重建。

2. 非住宅建设用地使用权期满时的续期及其费用的规则

《物权法》对非住宅建设用地使用权期间届满采取了不同的处理方案,于第149条第2款前段规定,非住宅建设用地使用权期限届满后的续期,依照法律规定办理。《民法典》对此完全承继(第359条第2款前段)。此处所谓依照法律规定办理,例如,《城市房地产管理法》第22条规定:"土地使用权出让合同约定的使用年限届满,土地使用者需要继续使用土地的,应当至迟于届满前一年申请续期,除根据社会公共利益需要收回该幅土地的,应当予以批准。经批准准予续期的,应当重新签订土地使用权出让合同,依照规定支付土地使用权出让金"(第1款)。"土地使用权出让合同约定的使用年限届满,土地使用者未申请续期或者虽申请续期但依照前款规定未获批准的,土地使用权由国家无偿收回"(第2款)。再如,《不动产登记暂行条例实施细则》第37条规定:"申请国有建设用地使用权及房屋所有权变更登记的,应当根据不同情况,提交下列材料:(一)不动产权属证书;(二)发生变更的材料;(三)有批准权的人民政府或者主管部门的批准文件;(四)国有建设用地使用权出让合同或者补充协议;(五)国有建设用地使用权出让价款、税费等缴纳凭证;(六)其他必要材料。"

应当注意,《民法典》第359条第1款前段规定建设用地使用权期满时的续期,存在着强制缔约义务,即建设用地使用权的存续期间届满,建设用地使用权人需要继续使用该宗建设用地的,应在期间届满前1年申请续期,该宗土地的所有权人应当同意,但因社会公共利益需要收回该宗土地的除外。①

[引申与讨论]

（1）续期的申请人。在独栋建筑物归属于一个民事主体所有的情况下,申请人为该所有权人,没有疑问。在建筑物区分所有权场合,申请人是某业主个人还是业主委员会？应当是业主委员会,因为建设用地使用权既是某特定建筑物区分所有权的权源,也是整栋区分所有的建筑物权属的正当根据,仅仅由单个的业主申请建设用地使用权的续期,不能解决全部问题。特别是在各业主的意见不一致时,以单个业主的意见为准,更不妥当,而按照管理规约或业主大会决定,申请或不申请建设用地使用权的续期,方为上策。

（2）单个业主或业主委员会申请建设用地使用权续期,出让人是否负有强制缔约义务？鉴于只有出让人必须承诺才能保护建设用地使用权人的合法权益,应当确立出让人的强制缔约义务,基于公共利益需要必须收回建设用地使用权的除外(参见《民法典》第358条)。

非住宅建设用地使用权续期,办理建设用地使用权变更登记,需要缴纳续期费用,包括土地使用权出让金及办理手续的费用等。

3. 地上房屋及其他不动产的归属规则

《民法典》第359条第2款后段的适用领域,实际上不包括非住宅建设用地使用权已经办理完毕续期登记手续的情形,因为该条第2款后段所谓"该土地上的房屋以及其他不动产的归属,有约定的,按照约定",只能是该房地产权利人与自然资源管理部门、房管部门之间的约定,不会是该房地产权人与交易相对人的约定,因为只要不续期该建设用地使用权,该房地产权属一并丧失,故其约定不会依其约定引发该房地产权属的转移。该房地产权利人与自然资源管理部门、房管部门之间约定"该土地上的房屋以及其他不动产的归属",只会在该建设用地使用权不再续期的情况下进行,才符合生活常理和逻辑。因为只要该建设用地使用权已经续期,权利人有权自主决定自己继续保有该房地产权属,或是将之转让给交易相对人,何以与自然资源管理部门、房管部门之间约定？可见,《民法典》第359条第2款后段只适用于非住宅建设用地使用权期满时未再续期的场合。

《民法典》第359条第2款后段所谓"有约定的,按照约定",符合意思自治原则的要求,是尊重房地产权利的体现,值得肯定。

---

① 《全国人大法律委员会关于〈中华人民共和国物权法（草案）〉修改情况的汇报》（2005年10月19日第十届全国人大常委会第十八次会议）,载全国人民代表大会常务委员会法制工作委员会民法室编:《物权法立法背景与观点全集》,法律出版社2007年版,第38页。

《民法典》第 359 条第 2 款后段关于"没有约定或者约定不明确的,依照法律、行政法规的规定办理"的规定中,所谓"依照法律、行政法规的规定办理",包括若干法律规范。例如,基于《民法典》第 352 条正文关于地上建筑物、构筑物及其附属设施的所有权归属于其所在基地的建设用地使用权人的规定,建设用地使用权期满时未再续期,便回归国家土地所有权之中(弹力性),"该土地上的房屋及其他不动产"随之归属于国家。再如,《民法典》第 360 条规定:"建设用地使用权消灭的,出让人应当及时办理注销登记。登记机构应当收回权属证书。"

(七)建设用地灭失

建设用地灭失,建设用地使用权失去标的物,目的落空,没有继续存在的余地,归于消灭。于此场合,仍须办理注销登记(《民法典》第 360 条),原土地权利人应当持原土地权利证书及相关证明材料,申请办理(《不动产登记暂行条例实施细则》第 28 条第 1 款第 1 项)。

若未办理注销登记,对于交易的相对人而言,仍不得以建设用地使用权不复存在予以抗辩。

二、建设用地使用权消灭的法律后果

建设用地使用权消灭,出让人应当及时办理注销登记,用地者应予协助,甚至首先申请注销登记。登记机构收回建设用地使用权证书(《民法典》第 360 条,《不动产登记暂行条例实施细则》第 23 条)。同时,发生如下法律效果:

1. 用地者返还建设用地,可以取回地上建筑物、构筑物及其附属设施,恢复土地的原状。

2. 用地者也可以不取回地上建筑物、构筑物及其附属设施,而是以市场价格将之出售给出让人(《民法典》第 358 条及其比照适用)。

在这里需要分析《城镇国有土地使用权出让和转让暂行条例》第 40 条关于土地使用权(建设用地使用权)终止时,国家无偿收回地上建筑物及其他附属设施的规定。

该规定,在一定意义上说具有一定道理,即,建设用地使用权的存续期限若长,则出让金应当相应增加,依据现行法而收取的出让金却没有这么高,因而,从保护国家利益不受损害的角度观察,建设用地使用权的存续期限不宜过长。不过,该规定的不合理之处更多:(1)依据现行法,除非农村集体组织在其土地上建造房屋和农户在其宅基地上建造住房,建筑物所有权人不可能拥有其基地的土地所有权,其建设用地使用权的存续期限最长不过 70 年,由此决定了,建设用地使用权人即使愿意支付高代价而取得建筑物的所有权,也是枉然。就是说,《城镇国有土地使用权出让和转让暂行条例》等法律、法规一方面阻止了建设用地使用权人取得建筑物的永久所有权,同时令建设用地使用权人承受其建筑物、构筑物及其附属设施被无偿收回的苦果,显失公平。(2)建设用地使用权存续期满,国家无偿收回建筑物、构筑物及其附属设施,表面上获得了利益,其实是得了芝麻而丢了西瓜。因为事实是,现行法设置建设用地使用权出让和转让制度的一个重要目的,是吸引资金来进行房地产开发建设,甚至进一步带动加工制造业、医药、高技术等产业的发展,以补我们资金不足、技术欠发达之缺。但无偿收回建筑物、构筑物及其附属设施的规定,致使建设用地使用权在后期难以转让出去,权利人在后期不再投资建设,使建设用地使用权制度促进房地产开发建设的目的部分落空。①

有鉴于此,应当废止《城镇国有土地使用权出让和转让暂行条例》第 40 条的规定。于是《民法典》第 359 条第 1 款规定,住宅建设用地使用权期间届满的,自动续期,意味着确认住宅不得由国家无偿收回;该条第 2 款规定:"非住宅建设用地使用权期限届满后的续期,依照法律规定办理。该土地上的房屋以及其他不动产的归属,有约定的,按照约定;没有约定或者约定不明确的,依照法律、行政法规的规定办理。"就其立法本意,同样是不赞同国家无偿收回非住宅建设用地使用权,②联系该法第 358 条理解,更能得出这个结论。

需要讨论的还有,国家不再无偿收回,在建设用地使用权人也不取回地上建筑物、构筑物及其附属设施,而是要约土地所有权人以市场价格购买的情况下,土地所有权人是否必须承诺?为了保护用地者的合法权益,免得土地所有权人变相地无偿取得地上建筑物、构筑物及其附属设施,土地所有权人应当负有强制缔约义务,除非法律另有规定或合同另有约定。

3. 索回建设用地使用权剩余年限的出让金、请求足额补偿金

因公共利益需要提前收回建设用地使用权的,用地者有权根据《民法典》第 243 条的规定,请求征收人对地上建筑物、构筑物及其附属设施予以足额补偿,并有权索回建设用地使用权剩余年限的出让金(《民法典》第 358 条)。

---

① 崔建远:《土地上的权利群研究》,法律出版社 2004 年版,第 212-213 页。
② 全国人民代表大会常务委员会法制工作委员会民法室编《物权法立法背景与观点全集》,法律出版社 2007 年版,第 163-167 页。

第十三章　宅基地使用权

第一节　宅基地使用权概述

一、宅基地使用权的概念

宅基地使用权,是指农村村民(实际应为农户)依法在集体所有的土地上建造住宅及其附属设施,并保有其所有权的用益物权(《民法典》第362条)。它具有如下法律性质:

(一)宅基地使用权的主体具有身份性

从权利主体方面看,宅基地使用权的主体具有身份性,至少在宅基地使用权设立时限于本集体经济组织的成员,实务运作上是以户为单位设立,且按一户取得一处宅基地的原则配置,宅基地的面积不得超过省、自治区、直辖市规定的标准(《土地管理法》第63条第1款)。

[演变]

关于宅基地使用权的主体,中国立法及其理论有其演变过程。在相当长的历史时期,宅基地使用权分为农村宅基地使用权和城镇宅基地使用权两种。后者的主体是1949年以后由于历史原因形成的城镇私房所有者及经批准在城镇建房的城镇居民。在1982年《宪法》规定城市土地归国家所有之后,城镇私有房屋所在的宅基地所有权转化为国家所有权,为使私有房屋的所有权人继续保有私房的所有权,就必须使其享有宅基地的使用权。该宅基地使用权后被更名为国有土地使用权,《物权法》生效后则应称作建设用地使用权,《民法典》亦然。就是说,如今的宅基地使用权在城镇国有土地上不复存在,相应地,被称为宅基地使用权的主体也不再有这样的城镇居民。

农村宅基地使用权的主体,在相当长的历史时期,原则上为本集体经济组织成员,少数情况下为城镇非农业户口居民。对有关这方面的立法,简要考察如下:

国务院于1982年2月13日发布的《村镇建房用地管理条例》规定,农村人民公社、生产大队、生产队的土地,分别归公社、大队、生产队集体所有。社员对宅基地、自留地、自留山、饲料地和承包的土地,只有按照规定用途使用的使用权,没有所有权

(第4条)。在村镇内,个人建房和社队企业、事业单位建设用地,都应按照本条件的规定,办理申请、审查、批准的手续。任何机关、企业、事业单位和个人不准擅自占地建房、进行建设或越权批准占用土地(第5条第1款)。农村社员,回乡落户的离休、退休、退职职工和军人,回乡定居的华侨,建房需要宅基地的,应向所在生产队申请,经社员大会讨论通过,生产大队审核同意,报公社管理委员会批准;确实需要占用耕地、园地的,必须报经县级人民政府批准。批准后,由批准机关发给宅基地使用证明(第14条)。集镇内非农业户建房需要用地的,应提出申请,由管理集镇的机构与有关生产队协商,参照第14条的规定办理(第18条)。应予注意,该条例已被1986年6月25日通过的《土地管理法》废止(第57条)。

1986年6月25日通过的《土地管理法》第38条规定,农村居民建住宅,应当使用原有的宅基地和村内空闲地。使用耕地的,经乡级人民政府审核后,报县级人民政府批准;使用原有的宅基地、村内空闲地和其他土地的,由乡级人民政府批准(第1款)。农村居民建住宅使用土地,不得超过省、自治区、直辖市规定的标准(第2款)。该法第41条规定,城镇非农业户口居民建住宅需要使用集体所有的土地的,必须经县级人民政府批准,其用地面积不能超过省、自治区、直辖市规定的标准,并参照国家建设征用土地的标准支付补偿费和安置补助费。

1988年12月29日修正通过的《土地管理法》继续保留了1986年《土地管理法》第38条和第41条的规定,维持了农村宅基地使用权人原则上为农村集体经济组织成员,个别情况下为城镇居民的格局。

国务院于1993年6月29日发布《村庄和集镇规划建设管理条例》(国务院第116号令),贯彻了上述原则,于第18条规定,农村村民在村庄、集镇规划区内建住宅的,应当先向村集体经济组织或村民委员会提出建房申请,经村民会议讨论通过后,按照下列审批程序办理:(1)需要使用耕地的,经乡级人民政府审核、县级人民政府建设行政主管部门审查同意并出具选址意见书后,方可依照《土地管理法》向县级人民政府土地管理部门申请用地,经县级人民政府批准后,由县级人民政府土地管理部门划拨土地;(2)使用原有宅基地、村内空闲地和其他土地的,由乡级人民政府根据村庄、集镇规划和土地利用规划批准(第1款)。城镇非农业户口居民在村庄、集镇规划区内需要使用集体所有的土地建住宅的,应当经其所在单位或居民委员会同意后,依照前款第(1)项规定的审批程序办理(第2款)。回原籍村庄、集镇落户的职工、退伍军人和离休、退休干部以及回乡定居的华侨、港澳台同胞,在村庄、集镇规划区内需要使用集体所有的土地建住宅的,依照本条第1款第1项规定的审批程序办理(第3款)。

1998年8月29日修正通过的《土地管理法》删除了1986年的《土地管理法》第41条和1988年修正的《土地管理法》第41条的规定,未再重申城镇居民为宅基地使用权人的精神,而是规定了农村村民住宅建设(第59条)时,农村村民一户只能拥有一处住宅,其宅基地的面积不得超过省、自治区、直辖市规定的标准(第62条第1款)。2004年8月28日修正通过的《土地管理法》承继了这个原则(第59条、第62条第1款)。2019年修正的《土地管理法》继续贯彻该项原则(第63条第1款)。

由于《村庄和集镇规划建设管理条例》在效力位阶层面低于《土地管理法》,可认为该条例关于城镇居民可为宅基地使用权人的规定也不再有效。

至此可以说,宅基地使用权只存在于集体所有的土地上,其主体限于本集体经济组织的成员,以户为单位配置。

[讨论]

现行法对宅基地使用权人的表述为农村村民或本集体经济组织成员,实务上的宅基地使用权登记,权利人一栏记载的也是村民个人,不是农户。民法通说也认为宅基地使用权人为个人(内部存在着公民说、农村村民说、本集体经济组织成员说、本集体经济组织成员说和城镇居民说的差异)[①]。

不过,笔者持有不同看法,认为将宅基地使用权人界定为农户更符合实际。其理由如下:(1)制定在后的《物权法》和《民法典》没有明确宅基地使用权人究竟是农村村民还是农户,《土地管理法》及《村庄和集镇规划建设管理条例》的相关条文在措辞上未尽统一,有的使用"农村村民""农村居民"的术语,有的称"用户"或"农户"拥有一处住宅。这为将宅基地使用权的主体认定为农户提供了空间。(2)现行法的规定及实务运作都不是按每位村民配置一处宅基地,而是以村民所形成的户为单位配置一处宅基地。村民个体的人数仅仅影响着宅基地的面积,不决定宅基地的块数。这是将户作为宅基地使用权主体的较为有利的根据。(3)迄今为止,我们见到的法律及其理论,都是把一户占用的宅基地叫作一处宅基地,是一个物,其使用权是一项权利,而非若干块宅基地及其权利的集合。假如把宅基地使用权的主体界定为村民,那么,在三位村民组成一户的情况下,就是该户所占用的宅基地在法律上为三个物,存在着三项宅基地使用权,每位村民各拥有一项宅基地使用权。可是,这不符合农村的客观事实,也未见法律及法律人把一户占用的宅基地看成三个物,存在着三项宅基地使用

---

① 王利明、郭明瑞、吴汉东:《民法新论》(下册),中国政法大学出版社1988年版,第243页以下;马俊驹、余延满:《民法原论》(第2版),法律出版社2005年版,第377页以下;王利明主编:《民法》(第2版),中国人民大学出版社2006年版,第276页以下;魏振瀛主编:《民法》(第3版),北京大学出版社、高等教育出版社2007年版,第273页以下;梁慧星、陈华彬:《物权法》(第4版),法律出版社2007年版,第280页以下;王利明、尹飞、程啸:《中国物权法教程》,人民法院出版社2007年版,第379页以下;胡康生主编:《中华人民共和国物权法释义》,法律出版社2007年版,第336-337页;黄松有主编:《〈中华人民共和国物权法〉条文理解与适用》,人民法院出版社2007年版,第456页;高圣平:《物权法:原理·规则·案例》,清华大学出版社2007年版,第114-115页。

权。(4)假如把村民个人作为宅基地使用权的主体,在三位村民组成一户的情况下,一户占用的宅基地上就存在着三项宅基地使用权,根据房地权属的确定和变动原则上一体的精神(《民法典》第352条正文、第356条、第357条),一处宅基地上竖立的住宅及其附属设施就得有三项所有权,即使是只有一栋住宅也得如此。这显然不符合客观事实。人们的观念和实务的处理,都把一处宅基地上竖立的一栋住宅作为一项所有权的客体看待。(5)假如把村民个人作为宅基地使用权的主体,在三位村民组成一户的情况下,一户占用的宅基地上就存在着三项宅基地使用权。如此,在其中的一位或两位村民死亡时,在现行法及其理论不承认宅基地及其使用权可以继承的背景下,则该死亡村民所享有的宅基地就得归还该集体经济组织。退一步说,即使承认宅基地及其使用权可以继承,则由另外一位或两位村民加以继承。可我们至今未见如此处理的实例,实际情况是,即使一户的成员中有的死亡,该户所占用的宅基地仍然维持原状。看来,合乎逻辑的解释应是,一户占用的宅基地为一处地(一宗地),为一个物,只存在着一项宅基地使用权。它对应着一个主体。这个主体是农户,而非村民个人。(6)这个结论的正确性还得到如下理由的支持:假如把宅基地使用权的主体看成村民个人,在一户由三位村民组成的情况下,一位村民因结婚而分家另过、依法申请一处新的宅基地的情况下,就应当将其在原宅基地的面积减少,由本集体经济组织收回减少的部分。可事实上没有如此处理,他及其配偶取得新的宅基地及其使用权,原宅基地仍保持旧有的面积。还有,在农村村民因升学、工作等原因变为城镇居民等场合,该户所占用的宅基地仍保持不变。这些现象,只有承认一处宅基地及其使用权归一户农户享有而非三位村民共有,才能解释得通。

可否将村民个人作为宅基地使用权的主体解释为只有户主享有宅基地使用权?如此解释仍能贯彻一处宅基地为一个物,其上只存在一项宅基地使用权。对此,笔者仍不赞同。因为若将户主作为宅基地使用权的单一主体,会遇到难以解释的现象。(1)户主去世,宅基地使用权应随着主体的消亡而消失。若令其继续存在,恐怕只有继承一条路可走。但现行《民法典》"第六编 继承"及其理论以及继承实务,均不承认宅基地使用权可以继承。事实是,户主去世,只要作为家庭成员的其他村民存在,宅基地使用权就继续存在。若将户作为宅基地使用权的主体,就能轻而易举地解释这种现象,即户主死亡,或作为村民的其他家庭成员死亡,只要还有作为村民的家庭成员生存着,就表明"户"还存在,宅基地使用权因有主体而存续。(2)若将户主作为宅基地使用权的单一主体,有些倒退到古罗马家父制的味道,不合现代伦理。

总而言之,不如按照客观实际的情形,将宅基地使用权人界定为农户。当然,只有法律的相关规定及时修正后,上述结论才更无懈可击。

（二）宅基地使用权的客体为集体所有的土地

从权利客体方面看,宅基地使用权的客体限于集体所有的土地,且限于宅基地,而非耕地,亦非乡镇企业等建设用地(《民法典》第362条,《土地管理法》第9条第2款)。

（三）宅基地使用权的目的及功能

从权利的目的及功能方面看,宅基地使用权的目的及功能在于,农户在其宅基地上建造住宅及其附属设施,并保有其所有权(《民法典》第362条)。

此处所谓的住宅,即农村村民的生活居住用房。此处所谓的附属设施,是指辅助住宅发挥效能的与村民生活相关的建筑物、构筑物等设施,包括储粮房、储草房、厕所、猪圈、牛棚、羊圈、沼气池、车库等。

（四）宅基地使用权派生于农民集体土地所有权

从权利所出之源的角度看,宅基地使用权系分享了农民集体土地所有权中的占有、使用和收益的权能而形成的他物权(《土地管理法》第9条第2款)。

（五）宅基地使用权为用益物权

从权利所归属的体系看,宅基地使用权以占有、使用、收益为内容,具有排他性,故为物权,且为用益物权(《民法典》第362条)。

（六）宅基地使用权为无对价物权

从权利取得的对价方面看,按照现行法及政策的要求,农村村民无偿取得宅基地使用权,集体经济组织及其他任何部门都不得收取宅基地有偿使用费、宅基地超占费。

[论争]

在中国物权法草案的讨论过程中,有意见主张宅基地使用权应当有偿取得,理由是现在农村已经存在宅基地分配不均、批少占多等问题,无偿取得宅基地,既无法满足农民群众改善居住条件的需要,也影响了集体经济组织的收益。修正意见认为,完全实施有偿使用制度,多数农民难以承受,建议对保障基本居住的宅基地部分,继续采用无偿取得制度,而对超过基本居住范围的部分实行有偿使用制度。对超标夺占的宅基地,可以采取累进制计算使用费。[①]

（七）宅基地使用权为无期物权

从权利的存续期限方面看,宅基地使用权是无期限物权,具有永久性。它在一定意义上起着土地所有权的作用,不同于典型的用益物权。

---

① 胡康生主编:《中华人民共和国物权法释义》,法律出版社2007年版,第338页。

二、宅基地使用权与建设用地使用权

按照现行法,宅基地使用权和建设用地使用权是相互独立的两项土地权利,其相同点或相似之处在于,它们的目的及功能都是利用他人土地建造建筑物、构筑物及其附属设施并保有所有权,不同点表现在如下几方面:

(一)在权利的设立方面,宅基地使用权的设立完全采取行政审批的程序,而建设用地使用权的设立则分两种情形,其中出让的建设用地使用权要通过市场化的方式设立。

(二)在权利主体方面,现行法上的宅基地使用权要求本集体经济组织成员作为主体(实际上应为农户),排斥其他人,具有浓厚的身份色彩;而出让的建设用地使用权在主体上没有身份的色彩,行政划拨的建设用地使用权在主体方面也相对宽泛。

(三)在权利客体的所有制性质方面,现行法上的宅基地使用权存在于农民集体所有的土地之上,而建设用地使用权大多存在于国有土地之上,集体经营性建设用地使用权以农民集体所有的土地为客体。

(四)在权利目的及功能的具体内容方面,两项权利也有些许差异:宅基地使用权的目的及功能只能是农户建造住宅及其附属设施,不得建造写字楼、厂房、商品化住宅等建筑物、构筑物及其附属设施;而建设用地上却可建各种功能的建筑物、构筑物及其附属设施。

(五)在流转方面,现行法默认宅基地使用权随着地上房屋的移转而转让,禁止单独转让、抵押宅基地使用权;而出让的建设用地使用权具有较为自由的让与性,行政划拨的建设用地使用权在经过县级以上人民政府批准、补交出让金、签订出让合同后亦可转让。

(六)在存续期限方面,宅基地使用权是无期限的,可以说具有永久性;而出让的建设用地使用权必有存续期限,行政划拨的建设用地使用权只是没有明确的终期。

[探讨]

站在立法论的立场,笔者倾向于改革宅基地使用权制度,放宽权利让与的自由度,将宅基地使用权和建设用地使用权合并为一种权利类型,称谓也随之变为地上权。不过,在地上权内部,存在着亚地上权类型,用于农户建造住宅及其附属设施的地上权与其他用途的地上权之间仍存在差异。对此,应予注意。[1]

---

[1] 详细论述,见崔建远:《土地上的权利群研究》,法律出版社2004年版,第206-208页。

第二节　宅基地使用权的取得

一、概述

宅基地使用权的取得同样分为原始取得和继受取得。原始取得宅基地使用权，例如，通过中央政策和法律的直接规定，将农民拥有的宅基地所有权转变为宅基地使用权。

在中华人民共和国成立之前，农民的住宅及其附属设施基本上都建造在自己所有的土地之上。共产党领导的土地改革运动承认这种状况，农民对其房屋及其宅基地同时享有所有权。

中华人民共和国成立之后，自1949年10月开始搞农村合作化运动，发展到1956年年底，参加初级社的农户占总农户的96.3%，参加高级社的达到农户总数的87.8%，基本上实现了完全的社会主义改造，完成了由农民个体所有制到社会主义集体所有制的转变。[①] 这样，农民的宅基地所有权转变为集体土地所有权，农户对其宅基地开始享有使用权。在这方面，中国共产党第八届中央委员会第十次全体会议于1962年9月27日通过的《农村人民公社工作条例（修正草案）》规定，生产队范围内的土地，都归生产队所有。生产队所有的土地，包括社员的自留地（社员自主经营、获取农作物的耕地）、自留山（社员自主经营、取得林木等的所有权的山）、宅基地等，一律不准出租和买卖（第21条第1款）。社员的房屋，永远归社员所有（第45条第1款）。1982年《宪法》规定，宅基地和自留地、自留山，也属于集体所有（第10条）。这意味着社员对于宅基地只享有使用权。[②] 这样，农民对其宅基地的所有权已经转变为宅基地使用权。这是直接基于中央政策和法律规定而取得的，因而属于原始取得。

继受取得宅基地使用权，创设继受取得为其常态，表现为宅基地使用权的设立。至于移转继受取得宅基地使用权，则不多见。其原因在于，在现行法上，宅基地使用权不得转让及抵押，宅基地使用权人通过出卖房屋而导致宅基地使用权移转的，不得再获得宅基地使用权。加上宅基地使用权不存在继承问题，这就使得宅基地使用权在客观上鲜见移转继受取得，只有在宅基地上的住宅及其附属设施被出卖、赠与、继承的情况下，宅基地使用权才随之移转，出现移转继受取得的实例。

---

① 资料来源：http://news.xinhuanet.com/ziliao/2003-01/20/content_697957.htm。
② 最高人民法院《关于解放前劳动人民之间宅基地租赁契约是否承认和保护问题的批复》（1985年11月12日）；最高人民法院《关于公民对宅基地只有使用权没有所有权的批复》（1986年11月14日）。载张世进等主编：《中华人民共和国法律规范性解释集成》，吉林人民出版社1990年版，第544页、第545页。

二、宅基地使用权的设立

按照现行法和政策,农村村民在村庄、集镇规划区内建住宅,取得宅基地使用权,应当先向村集体经济组织或村民委员会提出建房申请,提出设立宅基地使用权的申请(《村庄和集镇规划建设管理条例》第18条前段)。实际操作上,是户主以其名义撰写申请书。

农村村民,包括既有的村民,也包括新加入的村民。新加入的村民,如回乡落户的离休、退休、退职的干部职工,复原退伍的军人,回乡定居的华侨、港澳台同胞等。

申请人所在的集体经济组织对宅基地使用权申请予以审查,看其是否符合准予宅基地使用权的条件。这些条件包括:(1)申请人必须为本集体经济组织成员。(2)申请人及其所在农户存在着合理的住宅需求。例如,申请人已经分家另过,其新家庭四口人需要独立的住宅一处。(3)不存在法律、法规、规章禁止的事由。例如,申请人曾经拥有过宅基地,但为获取钱款而将其住宅卖与他人,依据《土地管理法》第62条第6款的规定,该申请人无权再获得宅基地。[①] 再如,申请宅基地的位置和面积等不违反现行法的规定。

《土地管理法》第62条第4款规定:"农村村民住宅用地,由乡(镇)人民政府审核批准;其中,涉及占用农用地的,依照本法第四十四条的规定办理审批手续。"《土地管理法》第44条的规定是"建设占用土地,涉及农用地转为建设用地的,应当办理农用地转用审批手续"(第1款)。"永久基本农田转为建设用地的,由国务院批准"(第2款)。"在土地利用总体规划确定的城市和村庄、集镇建设用地规模范围内,为实施该规划而将永久基本农田以外的农用地转为建设用地的,按土地利用年度计划分批次按照国务院规定由原批准土地利用总体规划的机关或者其授权的机关批准。在已批准的农用地转用范围内,具体建设项目用地可以由市、县人民政府批准"(第3款)。"在土地利用总体规划确定的城市和村庄、集镇建设用地规模范围外,将永久基本农田以外的农用地转为建设用地的,由国务院或者国务院授权的省、自治区、直辖市人民政府批准"(第4款)。

需要指出的是,将宅基地分配给本集体经济组织的成员,应是作为宅基地的所有权人行使其土地所有权的表现之一,该集体经济组织应为宅基地使用权的设立人,乡(镇)人民政府并非宅基地所有权人,不应是宅基地使用权的设立人,其审核、批准应限于对宅基地申请是否符合《土地管理法》以及有关法规规定的条件和程序,如"农村村民建住宅,应当符合乡(镇)土地利用总体规划、村庄规划,不得占用永久基本农田,

---

[①] 参考王利明、尹飞、程啸:《中国物权法教程》,人民法院出版社2007年版,第384页。

并尽量使用原有的宅基地和村内空闲地"(《土地管理法》第62条第3款),目的在于监督集体经济组织合理利用土地,避免随意将农用地转为建设用地,防止不用荒地而用耕地建造住宅。因此,此种审核、批准应当只是一种核准,只要宅基地申请不违反法律、法规、规章的强制性规定,就不应驳回。审批机关不得越权干预集体经济组织对宅基地申请的审核,也不得对集体经济组织没有通过的宅基地进行审批。[①]

宅基地使用权的设立虽然不以登记为要件,但因登记有其固有的优点,权利人可能要求办理登记。对此,《不动产登记暂行条例实施细则》规定,依法取得宅基地使用权,可以单独申请宅基地使用权登记(第40条第1款)。依法利用宅基地建造住房及其附属设施的,可以申请宅基地使用权及房屋所有权登记(第40条第2款)。申请宅基地使用权及房屋所有权首次登记的,应当根据不同情况,提交下列材料:(1)申请人身份证和户口簿;(2)不动产权属证书或者有批准权的人民政府批准用地的文件等权属来源材料;(3)房屋符合规划或者建设的相关材料;(4)权籍调查表、宗地图、房屋平面图以及宗地界址点坐标等有关不动产界址、面积等材料;(5)其他必要材料(第41条)。

三、宅基地使用权取得的时间点

《土地管理法》第62条第4款规定:"农村村民住宅用地,由乡(镇)人民政府审核批准;其中,涉及占用农用地的,依照本法第四十四条的规定办理审批手续。"所谓"本法第四十四条的规定",即"建设占用土地,涉及农用地转为建设用地的,应当办理农用地转用审批手续"(第1款)。"永久基本农田转为建设用地的,由国务院批准"(第2款)。"在土地利用总体规划确定的城市和村庄、集镇建设用地规模范围内,为实施该规划而将永久基本农田以外的农用地转为建设用地的,按土地利用年度计划分批次按照国务院规定由原批准土地利用总体规划的机关或者其授权的机关批准。在已批准的农用地转用范围内,具体建设项目用地可以由市、县人民政府批准"(第3款)。"在土地利用总体规划确定的城市和村庄、集镇建设用地规模范围外,将永久基本农田以外的农用地转为建设用地的,由国务院或者国务院授权的省、自治区、直辖市人民政府批准"(第4款)。

《土地管理法》等现行法未把登记作为宅基地使用权的生效要件,登记与否,不影响宅基地使用权的设立。但这不妨碍宅基地使用权人申请登记部门予以登记,也不排除某些地区主动地只收取工本费,为农村村民办理宅基地使用权登记。《不动产登

[①] 王利明、尹飞、程啸:《中国物权法教程》,人民法院出版社2007年版,第385页;高圣平:《物权法:原理·规则·案例》,清华大学出版社2007年版,第117页。

记暂行条例实施细则》第 40 条规定:"依法取得宅基地使用权,可以单独申请宅基地使用权登记"(第 1 款)。"依法利用宅基地建造住房及其附属设施的,可以申请宅基地使用权及房屋所有权登记"(第 2 款)。第 41 条规定:"申请宅基地使用权及房屋所有权首次登记的,应当根据不同情况,提交下列材料:(一)申请人身份证和户口簿;(二)不动产权属证书或者有批准权的人民政府批准用地的文件等权属来源材料;(三)房屋符合规划或者建设的相关材料;(四)权籍调查表、宗地图、房屋平面图以及宗地界址点坐标等有关不动产界址、面积等材料;(五)其他必要材料"(第 1 款)。

由于现行法更未赋予宅基地使用权登记公信的效力,这种宅基地使用权的登记只能具有对抗第三人的效力,不决定宅基地使用权设立的时间点。

第三节 宅基地使用权的效力

一、宅基地使用权人的权利

(一) 占有、使用宅基地

占有、使用宅基地,表现为利用宅基地建造住宅及其附属设施,为宅基地使用权最为重要的行使形态(《民法典》第 362 条)。

[引申]

由宅基地使用权制度的目的及功能决定,宅基地不得用于兴建企业或公司的厂房,不得用于投资到公司,不得用于较大规模的养殖业的基地。不过,农户已经在宅基地上建造了住宅的情况下,利用宅基地的空余部分从事一些简单的工副业(如打制锄头、磨制豆腐、圈养若干只牛羊等),应予允许。有学者概括为权利人可利用宅基地及地上房屋从事小规模、家庭式、无污染、不扰民的生产经营活动。① 当然,衍生出来的环境污染、相邻关系等问题,分别按照相应的制度解决。

(二) 在宅基地上种植竹木、瓜果、蔬菜的权利

在不影响甚至为美化住宅建造和使用的前提下,宅基地使用权人有权在宅基地上种植竹木、瓜果、蔬菜。

[引申]

土地承包经营权、建设用地使用权的场合,权利人在一定期间内(如 2 年)未按权利目的及功能使用标的物,会受到一定的制裁,甚至于被收回标的物,终止权利。宅基地使用权人未在宅基地上建造住宅及其附属设施,而是利用宅基地种植农作物或

---

① 王卫国、王广华主编:《中国土地权利的法制建设》,中国政法大学出版社 2002 年版,第 145 页。

植树,或从事养殖活动,或从事加工作业,是否也会如此处理?一种意见认为,应当放开宅基地的用途限制,宅基地使用权不限于居住之用,不应以违反用途限制为由收回宅基地。① 笔者认为,对这种意见只有被附加若干限制条件之后,方可赞同。首先,在宅基地使用权人只拥有一处宅基地,且自己能够解决生活居住问题的前提下,宅基地使用权人在一定时期内从事这些活动,即使该期间相对长些,尚可容忍。可解释为宅基地使用权的建造住宅的效力附加了始期。倘若永远如此,就彻底违背了宅基地使用权的目的及功能,使权利蜕变为土地承包经营权或建设用地使用权等,不应被允许。其次,假如宅基地使用权人拥有几处宅基地,一处或两处宅基地上建造住宅及其附属设施,解决了生活居住问题,在其他处宅基地上从事农林牧渔经营活动或加工作业,且达一定期间,不应被允许。因为这不但违背宅基地使用权的目的及功能,而且违反了法律、法规关于一户一宅的原则,还造成了社会不公。最后,这里还涉及村镇规划和相邻关系问题。如果不利用宅基地建造住宅及其附属设施,而是挪作他用,则严重违反了村镇建设规划,破坏了相邻关系规则,相邻他方对此有权强烈反对,本集体经济组织也有权纠正。

(三) 以宅基地及地上住宅作为供役地设立地役权的权利

宅基地使用权人有权将宅基地及地上住宅作为供役地为他人设立地役权。至于土地承包经营权人把承包地作为需役地为自己设立地役权,同时有利于自己和土地所有权人,更应被准许(《民法典》第378条)。

(四) 宅基地使用权的转让

现行法没有规定宅基地使用权单独转让、抵押、继承或出租,只承认宅基地上的房屋出卖、赠与、继承时宅基地使用权随之移转,且因房屋出卖、赠与而移转宅基地使用权时,或出租住房的,不再分配给宅基地使用权(《土地管理法》第62条第6款)。值得注意的是,《中共中央关于全面深化改革若干重大问题的决定》第21条中段规定:"保障农户宅基地用益物权,改革完善农村宅基地制度,选择若干试点,慎重稳妥推进农民住房财产权抵押、担保、转让,探索农民增加财产性收入渠道。"这为宅基地使用权的抵押和转让提供了政策性基础,今后修正现行法时,可以设置宅基地使用权抵押和转让的条件和程序,使宅基地使用权的抵押和转让有法可依,有章可循。

因依法继承、分家析产、集体经济组织内部互换房屋等导致宅基地使用权及房屋所有权发生转移申请登记的,《不动产登记暂行条例实施细则》第42条规定,申请人

---

① 王卫国、王广华主编:《中国土地权利的法制建设》,中国政法大学出版社2002年版,第145页;王利明、尹飞、程啸:《中国物权法教程》,人民法院出版社2007年版,第395页。

应当根据不同情况,提交下列材料:(1)不动产权属证书或其他权属来源材料;(2)依法继承的材料;(3)分家析产的协议或材料;(4)集体经济组织内部互换房屋的协议;(5)其他必要材料。

[讨论]

1. 关于宅基地使用权人的限制

在《土地管理法》修正、物权法草拟和研讨的过程中,曾有意设置若干例外,承认本集体经济组织外的某些人可以申请设立宅基地使用权。例如,(1)甲村的农户到乙村承包土地,从事农林牧渔的生产经营活动,期限较长,应当准予该农户在乙村取得宅基地使用权的申请。(2)城镇居民到农村承包"四荒"土地,从事农林牧渔的生产经营活动,期限较长,应当准予该城镇居民在该村取得宅基地使用权的申请。这些均为符合客观实际的合理意见,遗憾的是没有变成法律。实务中,不妨试点探索。

2. 关于宅基地使用权的单独转让

在《土地管理法》修正、物权法草拟和研讨的过程中,曾有意设置若干例外。例如,(1)在宅基地使用权人举家到城镇打工,而城镇居民举家到该村承包"四荒"土地,期限较长时,可以允许将宅基地使用权在他们之间转让。(2)甲村的农户到乙村承包"四荒"土地,乙村的农户到甲村承包"四荒"土地,期限较长,宜允许宅基地使用权在他们之间互换。这些均为符合客观实际的合理意见,遗憾的是没有变成法律。实务中,不妨试点探索。

至于宅基地使用权的普遍性的转让,为极少数说,其理由主要有:(1)宅基地使用权是用益物权,特别是宅基地上房屋属于农民所有,应当允许农民转让或抵押它们;不然,就限制了资源的利用,宅基地使用权就成为"死产",不利于真正保护农民利益。① (2)目前,不少农村存在着部分宅基地和房屋闲置的现象,为了物尽其用,也应允许使用权转让。② (3)随着城市化的发展,很多农民进入城市,也有不少城镇居民下乡购房,已经出现宅基地使用权向外流转的情况,特别是在城市附近或比较发达的地区尤其如此。莫不如面对现实,允许转让,解决问题③

《物权法》对此未予采纳,是因为法律委员会经同国务院法制办、国土资源部、农

---

① 韩世远:《宅基地的立法问题——兼析物权法草案第十三章"宅基地使用权"》,载《政治与法律》2005 年第 5 期,第 33-35 页;沐兰琼:《农村宅基地使用权之法律研究》,载《广西政法管理干部学院学报》2006 年第 1 期,第 33 页。另见全国人民代表大会常务委员会法制工作委员会民法编:《物权法立法背景与观点全集》,法律出版社 2007 年版,第 82-83 页、第 165 页。

② 转引自黄松有主编:《〈中华人民共和国物权法〉条文理解与适用》,人民法院出版社 2007 年版,第 460 页。

③ 转引自胡康生主编:《中华人民共和国物权法释义》,法律出版社 2007 年版,第 338 页。

业部等部门反复研究,一致认为:目前,农村社会保障体系尚未全面建立,土地承包经营权和宅基地使用权是农民安身立命之本,从全国范围看,放开土地承包经营权抵押和宅基地使用权转让的条件尚不成熟。①《民法典》遵循了这样的精神和原则。

3. 关于宅基地使用权的抵押

在物权法立法的过程中,有意见主张物权法应当允许宅基地使用权抵押,理由在于:(1)农民发展生产缺少资金,允许宅基地使用权抵押,可缓解农民贷款难的状况。为了防范因此而出现的风险,可以有条件地适当放开。②(2)目前,不少农村存在着部分宅基地和房屋闲置的现象,为了物尽其用,也应允许使用权抵押。③

但上述意见未被《物权法》采纳,也未被《民法典》认可,原因是中国地少人多,必须实行最严格的土地管理制度。目前,农村社会保障体系尚未全面建立,宅基地使用权是农民基本生活保障和安身立命之本。从全国范围看,放开宅基地使用权转让和抵押的条件尚不成熟。特别是农民一户只有一处宅基地,这点与城镇居民是不同的。农民一旦失去住房及其宅基地,将会丧失基本生存条件,影响社会稳定。为了维护现行法律和现阶段国家有关农村土地的政策,也为今后修改有关法律或调整有关政策留有余地。④

4. 关于城镇居民继承宅基地上的住宅及其附属设施

极端的观点认为,既然宅基地使用权人在现行法上限于农村村民(实际上为农户),不得为城镇居民,那么,作为宅基地使用权人一分子的村民去世时,其宅基地上的住宅只能归仍拥有村民身份的继承人继承,作为城镇居民的继承人不得继承住宅,以免出现城镇居民因继承住宅而成为宅基地使用权人一分子的情况。笔者认为,这是纯粹形式逻辑推演的结论,没有看到现行法关于宅基地使用权人仅限于农村村民的局限性,违反了《民法典》奉行的继承原则及规则,不足取。

二、宅基地使用权人的义务

宅基地使用权的行使,在另一面的表现就是宅基地使用权人的义务,主要有如下

---

① 《全国人大法律委员会关于〈中华人民共和国物权法(草案)〉修改情况的汇报》(2006年10月27日),载全国人民代表大会常务委员会法制工作委员会民法室编《物权法立法背景与观点全集》,法律出版社2007年版,第64页。

② 转引自黄松有主编:《〈中华人民共和国物权法〉条文理解与适用》,人民法院出版社2007年版,第460页;胡康生主编:《中华人民共和国物权法释义》,法律出版社2007年版,第339页;全国人民代表大会常务委员会法制工作委员会民法室编:《物权法立法背景与观点全集》,法律出版社2007年版,第85页。

③ 转引自黄松有主编:《〈中华人民共和国物权法〉条文理解与适用》,人民法院出版社2007年版,第460页。

④ 胡康生主编:《中华人民共和国物权法释义》,法律出版社2007年版,第339-340页。

几项:

1. 不得擅自变更用途的义务

由宅基地使用权的目的及功能决定,在宅基地上建造住宅及其附属设施,既是权利,也是义务。当然,如同上文所述,该项义务在把握上不宜僵化。

2. 不得越界建造住宅及其附属设施

严格按照批准的面积利用宅基地,为宅基地使用权人的必要义务(《土地管理法》第62条第1款)。宅基地的面积超过当地政府规定标准的,可在土地登记卡和土地证书内注明超过标准面积的数量。以后分户建房或现有房屋拆迁、改建、翻建或政府依法实施规划重新建设时,按当地政府规定的面积标准重新确定使用权,其超过部分退还集体(国家土地管理局于1995年3月11日发布的《确定土地所有权和使用权的若干规定》第51条)。

3. 宅基地使用权人不得非法转让、抵押、出租宅基地使用权

现行法禁止宅基地使用权转让、抵押、出租。农村村民出卖、出租、赠与住宅后,再申请宅基地的,不予批准(《土地管理法》第62条第6款)。

第四节 宅基地使用权的消灭

一、宅基地使用权消灭的事由

(一)宅基地因自然原因而消失

宅基地因自然原因而消失,使宅基地使用权失去标的物而失去目的、意义,应当归于消灭(《民法典》第364条前段)。

(二)宅基地被征收

宅基地因公共利益的需要而被征收导致宅基地使用权消灭;或因商业利益的需要而转化为建设用地,也要通过征收的方式消灭宅基地及其权利。于此场合,宅基地使用权失去标的物而失去目的、意义,应当归于消灭。

(三)不按批准的用途使用宅基地,宅基地使用权被依法收回

不按批准的用途使用宅基地,如在宅基地上兴办企业、建造商品房等,与宅基地使用权的目的及功能背道而驰,严重违法,本集体经济组织可依法收回宅基地。于此场合,宅基地使用权消灭。

(四)长期闲置宅基地

适时利用宅基地建造住宅及其附属设施,既是物尽其用的表现,也是农民安身立命的需要。宅基地使用权人有意长期闲置宅基地,可比照《确定土地所有权和使用权

的若干规定》第52条关于"空闲或房屋坍塌、拆除两年以上未恢复使用的宅基地,不确定土地使用权。已经确定使用权的,由集体报经县级人民政府批准,注销其土地登记,土地由集体收回"的规定处理,本集体经济组织将宅基地收回。

(五) 宅基地使用权人不复存在

占有宅基地的农户因家庭成员全部死亡或因举家迁移城镇等原因而不复存在,宅基地使用权因无主体而归于消灭。

最后,必须指出的是,宅基地使用权绝对消灭,原无登记的,在内外关系上均可主张宅基地使用权业已消灭;原已登记的,应当及时办理注销登记(《民法典》第365条、《不动产登记暂行条例实施细则》第28条第1款)。若未办理注销登记,对于宅基地的所有权人和登记机关,不得主张宅基地使用权;但对于交易相对人则不得以宅基地使用权业已消灭予以对抗。宅基地使用权相对消灭(如因出卖宅基地上的房屋而导致宅基地使用权移转的),原已登记的,应当及时办理变更登记(移转登记或曰过户登记)(《民法典》第365条、《不动产登记暂行条例实施细则》第27条)。若未办理变更登记,受让人对转让人可以主张自己享有宅基地使用权,但对于第三人无权以宅基地使用权人的身份抗辩。

二、宅基地使用权消灭的法律后果

1. 宅基地使用权绝对消灭的,地上住宅及其附属设施的所有权转归宅基地所有权人享有。

2. 宅基地使用权因自然灾害等原因而绝对消灭场合,失去宅基地的村民有权重新获得宅基地使用权(《民法典》第364条后段)。这体现了人权思想,符合现代伦理,特别是社会主义制度的本质要求所致,是必要的,不可或缺的。不过,应同时注意其规范意旨,也就是重新分配宅基地必须符合如下条件:(1)有权请求重新分配宅基地,取得宅基地使用权者,限于本农村集体经济组织成员。这是由宅基地使用权的身份性所决定的。(2)请求重新分配宅基地的权利限于原来取得的宅基地"因自然灾害等原因灭失"的情形,即不可归责于宅基地使用权人的原因所致。如果是宅基地使用权人故意或重大过失地造成宅基地灭失,则农村集体经济组织有权拒绝重新分配宅基地给他。(3)重新分配宅基地必须符合《土地管理法》第62条第4款关于"农村村民住宅用地,由乡(镇)人民政府审核批准;其中,涉及占用农用地的,依照本法第四十四条的规定办理审批手续"的规定。

第十四章 居 住 权

第一节 居住权概述

一、居住权的界定

所谓居住权,是指按照合同约定,为满足生活居住的需要,对他人所有的住宅享有占有、使用并排除房屋所有权人干涉的用益物权。这就是所谓生活性居住权,系自罗马法以来的传统居住权,属于典型的人役权,系老年人、妇女及未成年人等特殊群体居住他人住房而享有的权利,具有保护弱者权益的功能。①

二、居住权的类型

(一) 生活性居住权

《民法典》第 366 条以下设计的居住权,以无偿为原则,明定不得转让、继承,体现出此类居住权为生活性居住权。

生活性居住权主要是基于婚姻、家庭关系而产生,主要是源于赡养和扶养的需要,往往涉及的是家庭成员、配偶的特有或应有的利益;②此类居住权系老年人、妇女及未成年人等特殊群体居住他人住房而享有的权利,具有保护弱者权益的功能;③那么,住宅所有权人还向居住权人索取对价,要么不合伦理,要么使弱者雪上加霜,这未尽妥适。

当然,以上所论不是绝对的,因而有《民法典》第 368 条前段"但是当事人另有约定的除外"的设置。对此但书,可有两种解读:(1)即使是生活性居住权,也可以约定有偿,其缘由如何,在所不问。究其实际,可能是当事人双方的关系普通,没有值得关照的必要和意愿;可能是居住权人非常富有,不是由于经济困难才设立居住权,而是

---

①③ 参见申卫星:《视野扩展与功能转换:我国设立居住权必要性的多重视角》,载《中国法学》2005 年第 5 期。
② 钱明星:《关于在我国物权法中设置居住权的几个问题》,载《中国法学》2001 年第 5 期,第 18 页。

出于拥有居住权即可长期居住,便于其完成学业,或便于其工作,可以对抗第三人的某些主张等考量,觉得采取居住权路径为上策。既然如此,加上意思自治原则,法律没有理由不认可当事人的约定。(2)允许当事人双方通过约定,设立投资性居住权。如此解读的理由在下文分析和阐释。

(二) 投资性居住权

扩张解释《民法典》第368条前段但书、第369条后段但书"但是当事人另有约定的除外",结论是《民法典》默许当事人通过约定设立投资性居住权。如此解读的理由之一是,生活性居住权似乎只有自然人取得方可符合《民法典》第366条设计的"满足生活居住的需要"这个目的及功能,法人等团体似乎无借助住宅"以满足生活居住的需要"。如此解读的理由之二是,《民法典》第369条后段规定:"设立居住权的住宅不得出租,但是当事人另有约定的除外。"该但书允许当事人双方通过约定赋权居住权人向第三人出租作为居住权客体的住宅,而出租为商业行为,该行为由居住权合同授权实施,可能正是居住权人投资目的的实现方式之一。如此解读的理由之三是,社会生活实际需要法律承认投资性居住权,生活性居住权与投资性居住权并非"有你无我"的关系,投资性居住权理论不具有抵触法理的品格。

所谓社会生活实际需要法律承认投资性居住权,常见的例证至少有如下几种:(1)在一方出"钱"(投入建设资金)、一方出"地"(出资建设用地使用权)的合作建房的场合,合作建房合同因种种原因而未成立、被撤销或被确认为无效,关于出"钱"的一方日后分得多少所建房屋的约定失去法律效力,建成的房屋归属于出"地"(房地权属变动一体原则使然)的一方,出"钱"的一方只有权请求返还本金及相应的利息,这远低于依约分得房屋的价值,非常不公正。用投资性居住权解决此类问题,即由出"钱"的一方在相应的所建房屋之上享有居住权这种他物权,显然相对公平。(2)受有关政策(如北京市等地采取限购政策、某些类用房单位不得在某地购房)的限制,某些身份的自然人、法人、非法人组织不得在某地购房,但确实需用房屋,若承租则受20年期间的限制,居住权制度是解决此类问题的好手段。在这方面有过教训:甲法人受政策限制不得在某地购房,只好与A楼所有权人乙签订了《A楼租赁合同》,约定的租金数额其实都高于购房价款额,租期为20年,但期满时有权优先续租。因该地的房价不断飙升,受利益驱动,《A楼租赁合同》期满时出租人乙坚决拒签续租合同,导致甲损失巨大。如果有居住权制度,甲用其可较长期地占有、使用、收益A楼,就能平衡双方的利益关系。(3)买房,所需价款数额过高;承租,要受20年租期的制约,权衡利弊,居住权方式最适合用房人。

在立法论上,以上情形均可由居住权制度解决。在解释论上,若对《民法典》第366条以下所谓住宅采取宽松的解释,则这些情形可统由居住权制度解决;但若对住宅采取严格的界定方法,则标的物不属于生活用房的房屋就难以适用居住权制度。

所谓生活性居住权与投资性居住权并非"有你无我"的关系,是指两种居住权制度各有其适用的领域,而非重叠于一个适用空间;各自演化出一套规则。这样,两者就不会相互干扰,不会相互混淆。那种以《民法典》同时确立两种居住权会造成混乱为由反对投资性居住权的意见,是不成立的。

所谓投资性居住权理论不具有抵触法理的品格,是指投资性居住权理论完全可以融入物权种类的理论中,视野延伸,它与民法学说乃至法理学也不存在抵触之处。有些专家、学者囿于古典民法所认居住权无投资性居住权的类型,就断言《民法典》确立投资性居住权就使得居住权体系"乱套"。笔者不赞同这种理念及看法,理由主要有以下几点。其一,其知识体系是不完整的,其脑海里的某国法及学说的"样子"并非该国法及学说的已然态样。如上文所述,德国《住宅所有权法》确立的长期居住权,已经不同于传统的生活性居住权,至少有的长期居住权带有投资的性质。那种认为传统民法上的居住权仅限于生活性的意见,是不符合事实的。其二,民法不是考古,并非必须还原历史真实,不必甚至应该摒弃因循守旧,而是为满足社会生活的实际需求而设置相应的制度,即法律人应当树立发展的而非静止的观点。生活在高科技时代,仍逼着人们拿着大刀、长矛作战,禁止使用导弹、电子干扰,令人匪夷所思。连螃蟹都知道蟹壳无法容纳其身躯时就必须脱掉旧壳,生长新壳;连蛇都懂得必须适时地褪掉老皮,更换新皮,以适应身体的增长,何况人呢？四世同堂无法居住了,就得分户,就得加盖房屋。在这方面,传统民法及学说早就践行了,只是某些专家、学者没有看到。例如,地役权起初仅调整需役地对供役地的需要这种关系,但法国、瑞士、德国等国家并未止步不前,而是在继承传统的地役权制度的基础上,还有所发展,出现了营业竞争限制的地役权(wettbewerbs-beschrankende dienstbarkeit),有人称之为地役权的第二春。例如,土地所有权人甲和土地所有权人乙约定,乙不在其土地上从事某种营业,不贩卖某种商品,不将该地出租与他人经营某种营业,或不贩卖某种商品。[①] 我们不应对于欧美法基于社会生活的要求而发展新制度或规则就大赞其美,而对中国为解决社会生活的实际需求而设计的法理制度或规则却看不顺眼,要么指责,要么否定。其实,"凡是传统民法的都是要照搬的"或"凡是传统民法的均须拒绝的"都是极端的思潮,均不可取。一方面,中国作为民法的后发国家,在全球化的大背景下,在世界贸易体系下,我们没有必要也不宜事事都另起炉灶,设计全异于大陆法系、英美法系的民法制度及规则,无论是立法者还是解释人,都应有广阔的胸怀学习、借鉴有益于中国的规则及学说,补充、丰富自己的民法;另一方面,如果说在政治上、哲学上必须坚

---

① 王泽鉴:《民法物权》,北京大学出版社2009年版,第317页。

持实践是检验真理的唯一标准的理念及观点,那么,在物权法上立足于中国实际、解决中国问题、应因中国实际需要而设置相应的居住权规范,包括投资性居住权规范,在《民法典》对此有些暧昧时积极地解释出投资性居住权,而非唯罗马法、德国民法、英美法的马首是瞻,就是唯一可取的立场和态度。

三、生活性居住权的法律性质

(一) 居住权的设立以居住权合同、遗嘱为原因行为

设立的原因行为是居住权合同(《民法典》第 366 条),也允许以遗嘱设立(《民法典》第 371 条)。无论是居住权合同,还是遗嘱,都不得剥夺继承人、受遗赠人对于作为居住权客体的住宅之权。

(二) 居住权的客体为住宅

土地承包经营权及土地经营权、建设用地使用权、宅基地使用权等用益物权均以特定土地为客体,海域使用权、取水权、养殖权、捕捞权等用益物权皆以特定水域为客体,它们都不以住宅为客体。地役权,虽然在理论上不排除以住宅作为客体,但实务中也大多以土地或作为整体的房地为客体,鲜有把住宅作为客体的。与此不同,居住权专门以住宅为客体。

《民法典》第 366 条所谓住宅,宜从广义来理解,包括房屋及其附着物,比如任何作为住宅的建筑或其他部分,一切属于住宅并与之一起占有的院子、花园、附属小屋,以及建筑物的其他附属物等。①

在德国,居住权系将建筑物或建筑物的一部分当作住宅予以使用,并具有排除所有权人的效力之权。② 在中国,居住权可以在整个房屋上设立,也可以仅就一套房屋中的某一个房间设立。③

(三) 居住权派生于他人的住宅所有权

居住权是在他人的住宅上设立的物权,系分享他人的房屋所有权中的占有、使用、收益的权能而成立的他物权,而非在自己所有的房屋上设立的物权。所有权人居住于自己之屋,基于其所有权即可,无需设置居住权。④ 这种理念和操作有着历史传统。在罗马法上,所有权人不能以役权的名义保留对自己物品的特别使用权(比如通

---

① 刘东华:《离婚判决中女性的居住权问题——兼论我国的居住权立法》,载梁慧星主编:《民商法论丛》(总第 18 卷),金桥文化出版(文化)有限公司 2001 年版,第 328-329 页。
② [德]鲍尔/施蒂尔纳:《德国物权法》(上册),张双根译,法律出版社 2004 年版,第 655 页。
③ 崔建远主编:《我国物权立法难点问题研究》,申卫星执笔,清华大学出版社 2005 年版,第 225 页。
④ 钱明星:《关于在我国物权法中设置居住权的几个问题》,载《中国法学》2001 年第 5 期,第 18 页;陈华彬:《设立居住权可以更好地保护弱势群体利益》,载《检察日报》2004 年 2 月 9 日第 3 版。

行权)。他是以所有权的名义保留并行使这种权利。①

(四)居住权的目的及功能是为满足生活需要而居住于他人所有的住宅

《民法典》第366条的规定明示:居住权的设立是"以满足生活居住的需要",即居住权的目的及功能是为满足生活需要而居住于他人所有的住宅。这决定了居住权的若干规则的态样和效力,例如,(1)居住权人限于自然人;(2)居住权人不得将作为居住权客体的房屋用于生活居住以外的用途,否则,便违反居住权的规范意旨;(3)居住权不得转让、继承(《民法典》第369条前段)。

(五)居住权系限制的人役权

地役权是为某特定不动产的利益而设立的用益物权,而居住权是为特定的人的生活居住需要这种利益而设立的。前者叫作地役权,后者称为人役权。在罗马法上,居住权属于人役权,②是为了特定人的生活居住需要而设立的权利,因而它真正是不可转让的权利。③ 许多中国学者也认为,居住权是用来供无住房之人来居住的,若具有让与性便有所背离这个目的和性质,所以居住权不可转让成为学者们的共识。当然,人役权虽不可转让,但人役权的行使则是可以转让的,例如转让某年对某土地的收获权。④

(六)居住权的主体为自然人

居住权的主体为自然人,这是由居住权系"以满足生活居住的需要"而设立的规范意旨决定的。

在这里,应当区分居住权人和有权享受居住利益之人。后者包括居住权人的家庭成员及其必需的服务人员。家庭成员一般包括亲生子女、养子女和共同生活的继子女,不论是居住权设定之前还是设定之后产生的亲子关系,均应享有居住权。服务人员,一般包括为权利人本人或者权利人的家庭提供服务而与权利人一起生活的人员,如保姆、护理人员等。⑤《德国民法典》第1093条第2款规定,住宅权人有权将其家庭以及对于符合身份的服侍和护理为必要的人员接纳入住宅中。这值得中国法借鉴,如此,居住权的主体和享有居住权益的人未必同一,《民法典》第366条宜增加如下两款更佳:"居住权人,得携同其家庭在房屋内居住,即使在设定居住权时该居住

---

① [意]彼德罗·彭梵得:《罗马法教科书》,黄风译,中国政法大学出版社1992年版,第251页。
② [意]彼德罗·彭梵得:《罗马法教科书》,黄风译,中国政法大学出版社1992年9月版,第259页;[英]巴里·尼古拉斯:《罗马法概论》,黄风译,法律出版社2000年版,第152页;周枏:《罗马法原论》(上册),商务印书馆,1994年版,第376页;苏永钦:《走入新世纪的私法自治》,中国政法大学出版社2002年版,第248页;谢在全:《民法物权论》(中册),三民书局2003年修订第2版,第187页。
③ [意]彼德罗·彭梵得:《罗马法教科书》,黄风译,中国政法大学出版社1992年版,第252页。
④ 周枏:《罗马法原论》(上册),商务印书馆,1994年6月版,第368页。
⑤ 崔建远主编:《我国物权立法难点问题研究》,申卫星执笔,清华大学出版社2005年版,第224页。

权人尚未结婚的,亦同。""前款所称家庭,包括为居住权人本人或者其家庭成员提供服务而与居住权人一起生活的人。"①

(七) 居住权为用益物权

居住权以居住权人占有、使用为内容,在当事人有约定时居住权人可以享有出租权,因此,《民法典》第366条明确居住权属于用益物权。

(八) 居住权的设立以登记为生效要件

《民法典》第368条后段关于"居住权自登记时设立"的规定,宣明居住权的设立以登记为生效要件。

四、居住权制度的必要性

《民法典》新创设居住权制度非常必要。住宅的居住人,例如,无自己宅院的长辈居住于晚辈的住宅,离异的配偶一方于其暂无居所时居住于另一方的住房,在甲地学习或工作的年轻人借住在亲属所有的住宅里,等等,这些"栖身者"对一项尽可能稳定的法律地位的需求,其合理性,自无须待说。② 符合此类规格的居住权出现于《民法典》之中,顺理成章,只不过其过程曲折多舛。也正因如此,更显出居住权制度被确立的弥足珍贵。

诚然,有专家、学者认为,婚姻法、继承法上的制度可以解决这些问题,无需创设居住权类型。这难被赞同,因为在甲地学习或工作的年轻人借住在亲属所有的住宅里以及其他一些情形不在婚姻法、继承法的调整范围之内;即使有些类型处于婚姻法、继承法的"射程",也难以总能保障被赡养者、被扶养者的居住利益,原因在于,不肖子孙把其住房卖与第三人并且完成转移登记,该第三人请求被赡养者、被扶养者退出居住时,这些被赡养者、被扶养者无权对抗该项请求。

与上述生活性居住权存在的原因不同,如果居住权在某种程度上体现为投入建筑资金的对待给付/对价(建筑造价补贴),则应该另当别论。于此场合的居住权之不得转让性与不得使用出租性,为一项不合理的缺陷。③ 从比较法的角度观察,《德国民法典》并未"一刀切"地否定居住权的转让性,而是区分情形,不同对待。例如,法人或有权利能力的合伙享有居住权,便有权为输送电、煤气、远程热、水、废水、油或原料的设施(包括所有直接为输送服务的相关设施),为电信设施,为一个或两个以上私人或

---

① 参阅耿林、戴孟勇、崔建远等:《关于〈中华人民共和国物权法(征求意见稿)〉在第212条后增加一条的修改意见》,载清华大学法学院:《关于〈中华人民共和国物权法(征求意见稿)〉的修改意见》(2003年3月20日)。
② 参见[德]鲍尔/施蒂尔纳:《德国物权法》(上册),张双根译,法律出版社2004年版,第655页。
③ [德]鲍尔/施蒂尔纳:《德国物权法》(上册),张双根译,法律出版社2004年版,第655页。

公共企业的经营场所之间的产品运输设施,或为有轨电车或铁路设施而使用土地的,该项居住权是可转让的(《德国民法典》第 1092 条第 3 项,第 1059a 条)。《住宅所有权法》也突破居住权不得转让的旧制,规定长期居住权可以转让和继承,而且长期居住权人有权进行任何合理的用益,尤其是有权使用出租与用益出租,不必经过住宅所有权人的同意(第 31~42 条)。① 这种现象,此种法律发展史,给我们以启示:居住权制度未必甚至不应再原地踏步不前,完全可以顺应社会生活发展,丰富自己。中国物权制度的演变也逃不脱这样的规律。

第二节 居住权的取得

一、居住权取得概述

按照物权取得的一般理论,物权取得有原始取得和继受取得之分。但是,居住权虽为物权之一种,却因《民法典》明确其以居住权合同、遗嘱设立为发生原因,明文禁止居住权转让、继承而无传来的继受取得途径。至于原始取得,适用《民法典》第 368 条前段正文关于"居住权无偿设立"的规定,若允许善意取得,则在表面上不符合《民法典》第 311 条第 1 款第 2 项要求的"以合理的价格转让",在利益衡量的层面对住宅的真正所有权人过于苛刻,对"居住权人"关照过分,故不宜承认居住权的善意取得。不过,在居住权合同的双方约定有偿设立居住权,并适用《民法典》第 368 条前段但书关于"但是当事人另有约定的除外"的情况下,若具备《民法典》第 311 条第 1 款规定的善意取得的要件,则可承认居住权的善意取得。

二、以书面形式的居住权合同设立居住权

(一)《民法典》第 367 条第 1 款的含义

《民法典》第 367 条第 1 款广泛承认以书面形式的居住权合同设立居住权。观察该条款,可知其含有如下几层意思:(1)居住权的设立不是原始取得,而是创设的继受取得,属于基于法律行为而发生的不动产物权变动。其潜台词是只有居住权合同合法、有效,居住权才可以设立;若该合同不成立、被撤销、无效,则居住权未设立。(2)居住权合同应当采用书面形式。虽然《民法典》第 367 条措辞为"应当采用书面

---

① [德]鲍尔/施蒂尔纳:《德国物权法》(上册),张双根译,法律出版社 2004 年版,第 656 页,第 659 页。

形式",但也不应把该规定理解为强制性规定,更不应将之确定为效力性的强制性规定。因为强制性规定系调整社会公共利益关系的法律规定,该规定调整的是住宅所有权人与居住权人之间的利益关系,不属于社会公共利益关系,所以它非为强制性规定。不过,该规定毕竟呼吁当事人"应当采用书面形式",这不同于典型的任意性规定,王轶教授把它划归倡导性规定①,笔者予以赞同。(3)尽管如此,书面形式仍很重要,至少在证据法上,在个案中,虽然当事人双方未签书面形式的居住权合同,但只要居住权人举证成功双方之间的确存在居住权关系,就应当予以肯定的认定,支持居住权人的此项主张。

(二) 居住权合同的条款

《民法典》第 367 条第 2 款示例了居住权合同的一般条款,这便于人们在订立居住权合同时参考、模仿,使合同趋于完整,因而它们具有行为规范的属性。

《民法典》第 367 条第 2 款第 1 项规定的当事人的姓名或者名称,应为主要条款,因为欠缺当事人的姓名或者名称,合同项下的权利义务便无所依附,不知由谁履行义务,向谁清偿,失去意义。在居住权合同采用书面形式的情况下,假如合同文本上未填写当事人的姓名或名称,那么,居住权人欲主张自己为居住权人,举证证明的难度就相当大。如果他已经入住,他与住宅所有权人之间不存在诸如租赁、借用等关系,那么,可以入住事实作为证据(事实自证)来证明其与住宅所有权人之间存在居住权合同。住宅所有权人拟否认该种主张,需要举反证来推翻。或者,他可以录音、录像或出具证人证言等,来举证证明其为居住权人。

需要注意,有的意见提出:"有的老年人以房养老,可能存在将住宅出售给法人或者非法人组织,购买住宅的法人或者非法人组织在住宅上给老年人设立居住权的情况,建议增加当事人的名称的规定。"该意见并未突破居住权的主体为自然人这个限制,只不过在居住权合同的缔约人及条款草拟方面放宽限制,允许法人或非法人组织充任缔约人,但享有居住权利之人却仍旧为养老的自然人。

《民法典》第 367 条第 2 款第 1 项规定的当事人的住所条款,属于合同的一般条款,而非主要条款,因其主要在送达、诉讼管辖或履行地点的确定等方面起作用,在当事人身份的甄别方面起辅助作用。

《民法典》第 367 条第 2 款第 2 项规定的住宅的位置,亦为主要条款,因为住宅的位置系确定标的物的构成和判断的因素之一,合同条款遗漏住宅的位置,标的物便不具体、明确,导致权利义务的指向不明,纷争易发。看来,合同文本上明确住宅的位置十分必要。假如合同文本上遗漏住宅的位置,居住权人若已经入住,则可以该事实举

---

① 王轶:《论倡导性规范——以合同法为背景的分析》,载《清华法学》2007 年第 1 期,第 66-74 页。

证证明之。不过,于此场合,即使举证成功,也主要是核心部位确定,住宅的边界不宜宽泛,有些附属设施等可能不划归居住权客体的范围之内。不然,对于住宅所有权人有些苛刻,因为居住权的取得是无对价的。再一种确定的思路及方法是,基于某特定居住权的具体目的、居住权人的生活要求和习惯、当地的风土人情等因素,综合考量,加以判断。

《民法典》第367条第2款第3项明示的"居住的条件和要求"这项条款,直接确定着当事人各自的权利义务的质和量,实质上属于当事人双方达成合意与否的问题,是判断一方违约与否的重要标准之一,故为主要条款。假如合同文本上欠缺此项条款,那么,处理的原则为:其一,贯彻"谁主张,谁举证"的原则,若居住权人主张其权利,则由其举证证明;若住宅所有权人指责居住权人超标准用房,则由其举证证明。其二,同样需要基于某特定居住权的具体目的、居住权人的生活要求和习惯、当地的风土人情等因素,综合考量,加以判断。

《民法典》第367条第2款第4项把"居住权期间"作为居住权合同的条款之一,因其事关当事人双方的权益关系,其重要性也不低。如果它构成当事人双方就居住权事项达成合意与否的因素,那么,它属于合同的主要条款;反之,则为一般条款。假如合同文本遗漏之,那么,处理的原则为:其一,贯彻"谁主张,谁举证"的原则,若居住权人主张居住期间,则由其举证证明;若住宅所有权人主张居住期间,则由其举证证明。其二,基于某特定居住权的具体目的以及居住权人的特殊情况,予以考量、确定。

需要提示的还有,居住权系有期物权,故当事人不得约定居住权期间为永久期间。其原因之一是,住宅所有权人于未来因其本人或家庭等特别需要消除住宅上的居住权等负担,而永久期间的居住权显然阻碍着住宅所有权人的这种目的的实现。

《民法典》第367条第2款第5项提示居住权合同宜有"解决争议的方法",考虑周全,充分尊重意思自治。所谓解决争议的方法,例如仲裁、诉讼,在仲裁或诉讼过程中达成和解、庭外和解等。该条款不属于合同的主要条款,因为欠缺它,居住权合同照样成立。

(三)通过居住权合同尽力约定丰富的内容

居住权人应尽力通过居住权合同约定较为丰富的权利内容,并且通过居住权登记而获得强制的效力,除非其约定违背物权法定主义,背离公序良俗。

即使居住权合同的约定不合物权法定主义的要求,不发生物权法上的效力,但可以发生债法上的效力,除非该约定存在着无效的原因。在这里,物权法与债法的相互衔接和配合照样具有必要性,奉行意思自治原则的合同法恰恰能完成受法定主义羁绊的物权法"不可做"之事。

(四)居住权的设立以登记为生效要件

结合《民法典》第368条后段关于居住权设立以登记为生效要件的规定,可知《民法典》第368条中段关于"设立居住权的,应当向登记机构申请居住权登记"的规定,属于强制性规定。因为它至少属于物权法定主义的外围,而物权法定主义属于强制性规定;关于不动产物权变动以登记为生效要件的规定亦为强制性规定。

《民法典》第368条中段示意居住权设立的登记采取当事人申请主义,而非登记机构依职权为之。

总之,居住权的设立,必须先有居住权合同并且已经生效,再申请不动产登记机构办理居住权登记,按照《民法典》第214条的规定,居住权设立的事项被记载于不动产登记簿簿页时,居住权设立。

三、以遗嘱方式设立居住权

《民法典》允许以遗嘱方式设立居住权(第371条)。《民法典》第371条是引致性(管道性)条文,把以遗嘱方式设立居住权的法律调整引向《民法典》"第十四章居住权"关于以居住权合同设立居住权的有关规则。

如果《民法典》第371条所谓设立居住权的遗嘱不合物权法定主义的要求,不发生物权法上的效力,但可以发生债法上的效力,除非该遗嘱存在着无效的原因。在这里,物权法与债法的相互衔接和配合照样具有必要性,奉行意思自治原则的遗嘱制度恰恰能完成受法定主义羁绊的物权法"不可做"之事。

按照《民法典》第371条的规定,以遗嘱方式设立居住权的,必须是该遗嘱生效,遗嘱继承人或受遗赠人,或是遗产管理人,持该遗嘱向不动产登记机构申请居住权登记,同样按照《民法典》第214条的规定,居住权设立的事项被记载于不动产登记簿簿页时,居住权设立。

第三节 居住权的效力

一、占有住宅

《民法典》第366条赋予居住权人占有住宅之权。此处的占有,应为直接占有,即居住权人生活居住于作为居住权客体的住宅之中。假如承认间接占有亦为《民法典》第366条所谓占有,就相当于张三以自己名义取得对李四所有的住宅的居住权,却较长时间地让王五生活居住于此,属于变相的转让,这就背离了人役权制度系专为特定人的特定需要而设计的本质属性。

二、使用住宅

《民法典》第 366 条赋予居住权人使用住宅之权。此处所谓使用,具有特殊性。在所有权中,作为其权能之一的使用,固然倡导依物的性能和用途利用该物,但未能据此利用该物至少在若干情况下也被认定为使用,如电脑的所有权人不太精通电脑技术而不当地关机,就应仍然认定他在使用该电脑,而不以违反所有权的社会性论处。但对于《民法典》第 366 条所谓使用不宜作如此宽松的理解,应当要求居住权人依住宅的性能和用途使用该住宅。例如,居住权人不得较长时间地不搞卫生,不得较长时间地不给花草浇水,不得把废弃的电池乱扔于院内的土壤里,不得擅自打掉室内的承重墙,等等。

居住权人使用住宅,是限于他人的住宅自身,还是可以有条件地延伸至适当的位置?这首先取决于居住权合同的约定或遗嘱中的意思,由其意思表示决定使用的边界。如果没有此类意思表示,那么,居住权人所享有的使用权限,可及于建筑物之外,且为居住权人所依赖的土地部分。① 任何作为住宅的建筑或其他部分,一切属于住宅并与之一起占有的院子、花园、附属小屋,以及建筑物的其他附属物等,均在其中。② 《德国民法典》第 1093 条第 3 款规定,住宅权被限制于建筑物的一部分的,住宅权人可以合用指定供居住者共同使用的工作物和设备。

居住权中的使用,限于居住权人一侧,还是允许住宅所有权人与居住权人共同使用该住宅?《民法典》未予言明,笔者主张这取决于居住权合同的约定或遗嘱的意思表示。如果这些设立居住权的原因行为表示了住宅所有权人与居住权人共同使用该住宅之意,那么,应当依其约定;如果未予表达,则在个案中视具体情况而定。《德国民法典》第 1090 条、德国巴伐利亚州最高法院③允许住宅所有权人与居住权人共同使用作为居住权客体的住宅。这值得重视。

对于《民法典》第 366 条所谓使用,还有债法层面的意义,即只要居住权的行使不违背规范意旨,不害及住宅所有权人的利益,就应当允许居住权人和第三人订立无名合同,由该第三人以居住权人的名义、以自己的行为使用作为居住权客体的住宅。

---

① [德]鲍尔/施蒂尔纳:《德国物权法》(上册),张双根译,法律出版社 2004 年版,第 658 页。
② 刘东华:《离婚判决中女性的居住权问题——兼论我国的居住权立法》,载梁慧星主编:《民商法论丛》(总第 18 卷),金桥文化出版(文化)有限公司 2001 年版,第 328-329 页。
③ 《德国司法》,1981 年,第 353 页。转引自[德]鲍尔/施蒂尔纳:《德国物权法》(上册),张双根译,法律出版社 2004 年版,第 567 页。

三、受到限定的收益权

《民法典》第 366 条未明言居住权人有无收益权,学说、判决是承认还是严守该条的字面意思?答案是不应孤立地墨守该条的字面意思,而应运用体系解释和目的解释的方法。所谓体系解释,用于此处就是应当结合《民法典》第 369 条后段关于"设立居住权的住宅不得出租,但是当事人另有约定的除外"的规定,来认定居住权人有无出租权。十分明显,该条已经赋权居住权人基于居住权合同关于可以出租的约定把该合同项下的住宅向第三人出租,收取租金。此其一。所谓目的解释,用于此处就是居住权的目的功能决定了:居住权人有权居住于住宅,免去风吹、日晒、雨淋、寒冷,保有私密,学习,思考,甚至偶尔待客,这些都是收益。居住权人无须再去他处承租住宅,节省租金,这也是变相的收益。此其二。住宅所有权人已经同意居住权人可将作为居住权客体的住宅出租,这不成问题。如果住宅所有权人在这方面未曾表态,则首要的准则是出租不得加重住宅所有权人的负担,如打扰了所有权人的正常生活,有害于住宅的功能、美感甚至缩短住宅的寿命,等等,则不允许居住权人出租住宅。此其三。在不背离居住权的目的及功能的范围内,居住权人的家庭成员,包括亲生子女、养子女和共同生活的继子女;必需的服务人员,包括为权利人及其家庭提供服务而与权利人一起生活的人员,如保姆、护理人员等,①都有权使用作为居住权客体的住宅。这对居住权人而言,也是获取收益的一种表现。此其四。考察罗马法及后世的有关立法例,有些居住权不具有出租的效力,如《德国民法典》第 1092 条第 1 款第 2 句规定的居住权,不具有出租的效力,除非得到所有权人的同意。② 不过,另外类型的居住权,则不排除居住权人的出租权。在罗马法上,居住权(babitatio)是在一所房子里居住和出租它的权利,优士丁尼赋予其特别形象,承认居住权的享有人有权出租房子,但无权让人免费享用它。③ 德国的《住宅所有权法》承认租赁收益(第 31~42 条)。④

四、不得转让、继承

《民法典》第 369 条前段明定"居住权不得转让、继承"。依规范意旨,这应是针对生活性居住权而作的规定,因为生活性居住权系专门为居住权人的利益、需要而设立的,是限制的人役权。从权利人的一侧讲,居住权的享有和行使所产生的利益由居住权人独享;自住宅所有权人一侧看,他仅为居住权人这个特定之人方施以"恩惠",对

---

① 崔建远主编:《我国物权立法难点问题研究》,申卫星执笔,清华大学出版社 2005 年版,第 224 页。
② [德]鲍尔/施蒂尔纳:《德国物权法》(上册),张双根译,法律出版社 2004 年版,第 655 页。
③ [意]彼德罗·彭梵得:《罗马法教科书》,黄风译,中国政法大学出版社 1992 年版,第 259 页。
④ [德]鲍尔/施蒂尔纳:《德国物权法》(上册),张双根译,法律出版社 2004 年版,第 659 页。

其他人不如此"慷慨大方"。居住权转让、继承便与此背道而驰了。在这个意义上，《民法典》第369条前段的规定诚为正确。

不过，《民法典》第369条前段的规定不适合投资性居住权的品格。就此看来，对于该规定可有两种解读：其一，该规定反映出《民法典》不承认投资性居住权；其二，该规定仅仅适用于生活性居住权，至于承认投资性居住权与否，不在其射程之内。联系本章第一节之"二、居住权的类型"中所论，笔者采取"其二"的解读。

《民法典》第369条后段正文虽然先宣明居住权人无权出租作为居住权客体的住宅这个原则，这也符合生活性居住权系限制的人役权、专为特定人的利益、需要而设这个本质属性，不过，其但书高扬意思自治原则的大旗，尊重当事人关于可以出租该住宅的约定。这在实质上将当事人关于可以出租该住宅的约定放在了优先的地位，但书反倒变成了原则。

把《民法典》第369条但书和《民法典》第368条前段但书联系起来，可以推断出《民法典》默示当事人有权以约定设立投资性居住权，其分析和阐释已在本章第一节之"二、居住权的类型"中论及了，此处不赘。

这符合生活性居住权的本质属性，落实居住权仅为特定之人的居住利益而设这一宗旨。不过，如果法律不禁止投资性的居住权，则宜另当别论。

第四节　居住权的消灭

一、居住权消灭的事由

《民法典》第370条前段列举居住权期限届满和居住权人死亡两种居住权终止的事由。居住权系有期物权，存续期限届满，该有期物权自然寿终正寝。居住权人死亡，生活性的居住权这个专为居住权人特定利益的需要而设的限制的人役权的目的便已经达到，也无存续的必要，应该归于消灭。

其实，居住权消灭的事由不限于此，至少还应有如下几种：(1)作为居住权客体的住宅毁损；(2)作为居住权客体的住宅被征收；(3)居住权与住宅所有权混同；(4)居住权合同约定的附解除条件成就；(5)法定的或约定的解除条件成就时，解除权人行使解除权；(6)居住权人放弃居住权；等等。

二、注销居住权登记

由于居住权的变动以登记为生效要件，其登记不单纯地具有公示的功效，而且具有公信力。如此，居住权的登记直接关涉第三人的利益，尤其是交易第三人的切身利益。例如,甲对 A 住宅享有的居住权本已消灭,但未办理居住权的注销登记,不动产登记簿簿页上的记载仍然是甲于 A 住宅之上享有居住权。甲背信地和乙订立 A 住宅的租赁合同,收取床头租,乙基于对居住权登记的信赖而全部照办,待其了解事实真相时甲已将身无分文,追偿不到损害赔偿金,遭受损失。再者,居住权登记作为公示方式,对于住宅的行政管理、征收决定作出前听取意见等有影响。所有这些,都决定了居住权消灭时有必要及时办理注销登记。

第十五章　海域使用权

第一节　海域使用权的概念

一、海域使用权的界定

所谓海域使用权,是指民事主体基于县级以上人民政府海洋行政主管部门的批准和颁发的海域使用权证书,依法在一定期限内使用一定海域的权利。

二、海域使用权的法律性质

（一）权利主体因海域使用权的类型不同而异其规格

从权利主体方面看,按照《海域使用管理法》的用语,海域使用权的主体包括单位和个人(第3条第2款、第16条、第33条)。

[辨析]

应当说,在物权法的视野里,单位、个人的用语不规范。此处所谓"个人",当指自然人无疑,可是,所谓"单位"在海域使用权主体的层面究竟指向谁人,则不清楚。依据《民法典》及其民事主体理论,团体可以成为民事主体的只有两类：一是法人,二是非法人组织。具体到海域使用权的主体,属于"单位"类型的,也应当限于法人和合伙企业。

结合具体类型的海域使用权观察,会发现不同的海域使用权对权利主体的要求不同。例如,养殖海域使用权的主体限于渔民或渔业合作组织,探矿和采矿的用海权的主体必须具有相应的资质,公益事业用海权(含海底电缆用海权、海底管线用海权等)、港口和修造船厂等建设工程用海权的主体亦然。

（二）海域使用权的客体为海域

从权利客体角度看,海域使用权的客体为海域。依据《海域使用管理法》的规定,所谓海域,是指中华人民共和国内水、领海的水面、水体、海床和底土(第2条第1款)。所谓内水,是指中华人民共和国领海基线向陆地一侧至海岸线的海域(第2条第2款)。

（三）海域使用权为用益物权

从权利的归属体系方面看,海域使用权是物权,且为用益物权。将海域使用权定

位在物权,有以下理由支持:

1. 确立海域使用权制度的《海域使用管理法》,是全国人民代表大会常务委员会通过的法律。这符合物权法定主义所要求的"法"的位阶,为把海域使用权定位于物权提供了前提。

2. 按照《海域使用管理法》的规定,海域使用权实行登记制度(第6条第1款),由国务院批准用海的,由国务院海洋行政主管部门登记造册;地方人民政府批准用海的,由地方人民政府登记造册(第19条)。国家建立海域使用统计制度,定期发布海域使用统计资料,依法登记的海域使用权受法律保护(《海域使用管理法》第6条)。这表明海域使用权有其完善的公示制度,为他人了解海域使用权的存在及其内容提供了制度保障,符合物权对于公示的要求。

3. 《海域使用管理法》规定,海域使用权人依法使用海域并获得收益的权利受法律保护,任何单位和个人不得侵犯(第23条第1款)。这表明海域使用权含有占有、使用、收益各项权能,显现出海域使用权具有支配力,而非请求力。这符合物权的质的规定性,而同债权的特点相异。

4. 《海域使用管理法》规定,海域使用权人对不妨害其依法使用海域的非排他性用海活动,不得阻挠(第23条第2款)。阻挠、妨害海域使用权人依法使用海域的,海域使用权人可以请求海洋行政主管部门排除妨害,也可以依法向人民法院提起诉讼(第44条)。这表明海域使用权具有排他性,而排他性是物权性质的表现。

[引申]

认定海域使用权具有排他性的根据在于,假如海域使用权为债权,对妨害其行使的不法用海行为,要么因债权的相对性和无排他效力致使海域使用权人无权请求侵权人停止侵害、排除妨害;要么海域使用权人有权请求侵权人承担侵权责任①,但不会

---

① 通说认为,《侵权责任法》尚未承认债权为侵权行为的标的,只有在个别情况下才承认第三人侵害债权构成侵权行为。例如,1995年5月5日,最高人民法院《关于信用社非法转移人民法院冻结款项应如何承担法律责任的复函》(法函[1995]51号)明确了侵害债权问题。这是中国司法解释第一次对侵犯他人债权行为及其民事责任作出的规定,但是该复函仅简略地陈述侵害他人债权利益应承担赔偿责任,既未阐述侵害债权行为的构成要件,也未指明其请求权基础。当然,该复函于2002年3月10日被废止,其原因是被最高人民法院1998年7月8日《关于人民法院执行工作若干问题的规定(试行)》(法释[1998]15号)取代。该规定第33条规定:"金融机构擅自解冻被人民法院冻结的款项,致冻结款项被转移的,人民法院有权责令其限期追回已转移的款项。在限期内未能追回的,应当裁定该金融机构在转移的款项范围内以自己的财产向申请执行人承担责任"。最高人民法院在《关于验资单位对多个案件债权人损失应如何承担责任的批复》(法释[1997]10号)中规定:"金融机构、会计师事务所,为公司出具不实的验资报告或者虚假的资金证明,公司资不抵债的,该验资单位应当对公司债务在验资报告不实部分或者虚假资金证明金额以内,承担民事赔偿责任。"这是最高人民法院承认第三人直接侵害债权的明确解释。《侵权责任法》虽然已被《民法典》吸纳,但上述精神没有改变。

因该不法行为有无排他性而有差异。就是说,《海域使用管理法》第 23 条第 2 款和第 44 条的规定画蛇添足。只有海域使用权为物权时,区分他人的用海是否具有排他性才有其道理,《海域使用管理法》第 23 条第 2 款和第 44 条的规定才合乎法理。其道理如下:如果他人用海系排他的,表明该他人在同一海域拥有另一个物权,那么,这违反了物权的一物一权主义,损害了海域使用权的排他效力,应被禁止。如果他人用海系非排他的,那么,在他人用海并非行使权利的情况下,海域使用权人自然有权制止;在他人用海系行使权利的情况下,该权利若非物权,海域使用权人同样有权制止;在他人用海系行使物权的情况下,则只有该物权与海域使用权同为相容的物权时,该物权的存在才未否定海域使用权的排他效力,二权才可以并存。①

[论争]

同时,我们应当看到,依据物权法原理,不相容的物权不得并存于同一个客体之上。海域使用权、矿业权、渔业权、土地承包经营权、建设用地使用权都是以占有、使用、收益为内容的权利,相对于同一个客体,它们应当属于不相容的物权,是不应当并存于同一海域的。可是,在现行法上,它们恰恰可以并存于同一海域,违反了物权的排他性,在实务上酿成了社会问题。

反驳者或许会说,并非所有的物权都具有排他性,在同一宗土地上不但可以设置内容不同的地役权,而且可以设置若干内容相同的地役权,没有显现出排他性。对海域使用权不可以比照地役权处理吗?笔者认为,内容相同的地役权若不同时行使,它们相安无事,似乎看不出排他性,但若同时行使,则仍然存在着效力冲突问题,需要确定每个地役权的优先顺序。在这一点上,也可以说地役权具有排他性。

海域使用权和渔业权、矿业权、土地承包经营权、建设用地使用权之间的关系,可否比照若干内容相同的地役权之间的关系处理?笔者认为,在绝大多数情况下不行,因为海域使用权依其特性本应永远具有排他性,一定会同矿业权、土地承包经营权、建设用地使用权、养殖权相排斥。严格地按照物权法原理处理,如果矿业权、土地承包经营权、建设用地使用权、养殖权首先设立,海域使用权就不得存在;如果海域使用权首先设立,矿业权、土地承包经营权、建设用地使用权、养殖权本不应产生。但实际情况则不如此简单,因从事养殖必须经过渔业行政主管机关的特许,所以养殖权仍须产生;矿业权与之类似,也须产生;依据《海域使用管理法》的规定,填海项目竣工后形成土地的建设用地使用权要取代海域使用权(第 32 条),土地承包经营权则以海域为客体(第 22 条)。②

---

① 崔建远:《海域使用权制度及其反思》,载《政法论坛》2004 年第 6 期,第 62 页。
② 同上书,第 60-61 页。

至于海域使用权与捕捞权之间的关系,有点类似于几个内容相同的地役权之间的关系,在捕捞权不行使时,海域使用权与捕捞权并存于同一渔场问题不大,但在捕捞权实际行使时,二权依然相冲突,需要抑制海域使用权的效力,使捕捞权的效力强于海域使用权。

一句话,只要不否认渔业权、矿业权、水权(含排污权)、土地承包经营权、建设用地使用权的正当性,海域使用权的存在便没有积极的意义,只有负面的影响。

5. 债权因其为手段性权利,含有死亡的基因①,一旦物权或与物权价值相当的权利产生,债权便因其目的达到而寿终正寝,故其存续期限一般较短,且大多不由法律直接规定。② 而物权由其目的及功能决定,其存续期限一般较长。依据《海域使用管理法》的规定,海域使用权的最高期限,分别为 15 年、20 年、25 年、30 年、40 年不等,显然较长。如此之长的存续期限,再加上上述各种性质综合判断,应当把海域使用权定位在物权,而非债权。

将海域使用权定位在用益物权,是因为它没有担保债权实现的目的及功能,却含有使用、收益的内容。

(四) 海域使用权为典型物权

从典型物权与准物权间的类比关系看,海域使用权为典型物权。海域使用权以特定的海域为客体,与养殖权、捕捞权接近,而养殖权、捕捞权属于准物权,因此,容易将海域使用权定位为准物权。但笔者认为,海域使用权属于典型物权,而非准物权。其道理在于,海域使用权以特定的海域为客体,具有排他效力(《海域使用管理法》第 23 条、第 44 条)、优先效力(《海域使用管理法》第 22 条及其解释)、追及效力和物权请求权,不具有复合性,完全符合典型物权的特征,而不符合准物权的特征。

[反思]

虽然笼而统之地可以说海域使用权以特定的海域为客体,具有排他效力、优先效力、追及效力和物权请求权,符合典型物权的特征;不过,一旦海域使用权具体化为养殖用海权(养殖权)、探矿用海权(探矿权)、采矿用海权(采矿权)等权利时,典型物权的属性便弱化,准物权的色彩就彰显。这也表明设立海域使用权制度违反法律制度设置及运行的规律。

(五) 海域使用权为集合性物权

从权利是否具有单一性的角度看,海域使用权为集合性的物权。海域使用权并

---

① [德]Radbruch, Rechtsphilosophie, 1963, S.243.转引自王泽鉴:《民法债编总论·基本理论·债之发生》(总第 1 册),三民书局有限公司 1993 年 8 月第 8 版,第 52 页。
② 在个别情况下,法律也直接规定债权的存续期限,如《民法典》第 705 条第 1 款规定,租赁期限不得超过 20 年。超过 20 年的,超过部分无效。

非单一的物权,而是一系列权利的总称。按照《海域使用管理法》的规定,养殖权(养殖用海权)、拆船用海权、旅游用海权、娱乐用海权、矿业权(探矿用海权、采矿用海权)、公益事业用海权(含海底电缆用海权、海底管线用海权等)、港口和修造船厂等建设工程用海权,均属海域使用权的范畴。这表明海域使用权是权利束,是集合性的权利。

[反思]

一部善法确立的用益物权,都应有其特定的目的及功能。例如,建设用地使用权的目的及功能在于,使用权人在国家所有的土地上进行房地产开发建设,建筑物的所有权不被土地所有权吸收,而是归属于建设用地使用权人;土地承包经营权的目的及功能在于,承包人在农村集体所有或国家所有的土地上进行农林牧渔经营,其收获不归土地所有权人享有,而是属于承包人;采矿权的目的及功能在于,权利人在特定的矿区采掘矿产资源并取得矿产品;养殖权的目的及功能在于,权利人利用特定水域从事养殖业,并享有该水域里的水生动植物的所有权,阻止水域所有权人享有此权;捕捞权的目的及功能在于,权利人在特定渔场捕捞作业,取得渔获物的所有权,使海域所有权不追及至该物之上。①

海域使用权的目的及功能何在?如果承认法律设置的渔业权、矿业权、水权、土地承包经营权、建设用地使用权正当合理,那么,海域使用权只是单纯地占有、使用海域,而无其他目的及功能。因为如果目的及功能是捕捞水生动物,那么捕捞权非常合适;如果目的及功能是养殖水生动植物,那么养殖权十分胜任,某些土地承包经营权也有此目的及功能;如果是探矿或采矿,那是矿业权的目的及功能;如果是用于航行,那是航运水权的目的及功能;如果是用于流放竹木,那是流放水权的目的及功能;如果是利用水道排放污水,那是排污权的目的及功能。如此,海域使用权存在的实质正当性就存在疑问:其一,设置海域使用权难道只是为了收取费用?其二,人为地造成了海域使用权和渔业权、矿业权、水权(含排污权)、土地承包经营权、建设用地使用权之间的竞合,效力冲突,徒增成本。②

或许有人会说,以海域使用权取代渔业权、矿业权、土地承包经营权等物权,不就使海域使用权有用武之地了吗?!笔者认为,就渔业权、矿业权、土地承包经营权等物权来说,一是概念本身就能反映出权利的目的及功能;二是养殖证、捕捞许可证、矿业权、土地承包经营权等物权形成在先,相应的法律也早已颁行,何况《民法典》已经规定了养殖权、捕捞权(第329条),而非养殖证、捕捞许可证;三是与国际惯例接轨;四

---

① 崔建远:《海域使用权制度及其反思》,载《政法论坛》2004年第6期,第61页。
② 同上。

是海洋行政主管部门尚无相应的管理权限,也不精通相应的业务,所以,没有理由以海域使用权取代它们。尤其是其中的土地承包经营权,既是中国改革重大成果的结晶,又有法律依据,农民和管理者对它情有独钟,更没有理由被海域使用权所置换。①

总之,海域使用权本身没有独立的目的与功能,既有的权利,如渔业权、矿业权、水权(含排污权)、土地承包经营权、建设用地使用权等各自拥有其目的及功能,完全能够满足权利人的需要,这在客观上排斥了海域使用权的存在价值。只要不否认渔业权、矿业权、水权(含排污权)、土地承包经营权、建设用地使用权存在的正当性,海域使用权的存在就不仅是无用的,而且是有害的。

赞同海域使用权而否定渔业权等准物权的论者,为证成其观点提出了各种理由,其中之一是,为改变多龙管海、用海无序的局面,由一个部门统一协调才会秩序井然。对此,笔者认为,如果从财产权的角度寻求一个部门统一协调用海的根据,单凭国家对海域享有所有权就足够了,完全没有必要降至海域使用权的他物权的层面;如果从行政权力的层面寻觅一个统一部门统一协调用海的权限依据,那么国务院一个授权就足以解决问题,用不着通过设置财产权的迂回曲折的路径。②

赞同海域使用权而否定渔业权等准物权的理由之二是,海域属于国家的自然资源,国家对海域享有所有权,渔民等用海人使用海域,必须支付权利金。不设置海域使用权,如何收取海域使用权利金?笔者认为,其一,如果国家收取权利金是必要且正当的话,完全可以基于探矿人取得了探矿权、采矿权人取得了采矿权、渔民取得了养殖证、捕捞许可证的事实,来收取权利金,没有必要新创一个海域使用权来作为收取权利金的对价。其二,对于渔民而言,收取权利金是否必要且适宜?笔者认为,向渔民收取这些权利金,的确增加了负担,这与中央逐年减轻、最终取消农业税的改革方向是逆向的,尤其是海域使用权的取得通过拍卖的方式,海域使用权被出价高者取得,祖祖辈辈在沿海以捕鱼、养鱼为生的渔民却因财力有限而失去谋生和就业的手段,会酿成严重的社会问题。③

赞同海域使用权而否定渔业权等准物权的理由之三是,海域是蓝色的国土,陆地上存在着土地使用权,海域使用权相当于陆地上的土地使用权,所以,创设海域使用权是非常科学的。

笔者认为,如果此处所谓土地使用权是广义上的,则它是指建设用地使用权、宅基地使用权、土地承包经营权等用益物权。如此,开发商取得一种土地使用权(现行

---

① 崔建远:《海域使用权制度及其反思》,载《政法论坛》2004年第6期,第61页。
② 同上书,第63页。
③ 同上。

法上的建设用地使用权),就有权在基地上建造房屋,此外无须再取得其他物权,作为建造并保有房屋的依据;农民取得一种土地使用权(现行法上的宅基地使用权),便可以在基地上建造住房,此外无须再取得其他物权,作为建造并保有住房的权源;农民取得一种土地使用权(现行法上的土地承包经营权),便可以从事农林牧渔,此外无须再取得其他物权,作为从事农林牧渔并保有收益的根据。把它类比到海上,便是只要用海人取得海域使用权便足够了,无须再取得探矿权、采矿权、养殖证、捕捞许可证等。[1]

如果此处所谓土地使用权是狭义的,则它专指建设用地使用权,于是,开发商取得建设用地使用权就完全可以在基地上建造商品房等,此外无须再取得另外一种物权作为建造房屋等的根据。而事实相反,渔民既必须取得海域使用权,又需要取得养殖证或捕捞许可证;探矿人既必须取得海域使用权,又需要取得探矿权;采矿权人既必须取得海域使用权,又需要取得捕捞权,非常不经济。海域所有权——海域使用权——探矿权/采矿权/养殖证/捕捞许可证……,三层结构,类比到陆地上,就相当于在土地所有权与建设用地使用权/土地承包经营权/探矿权/采矿权……中间再创设一种物权。这种结构在陆地上似乎无人赞同,在海上为什么就赞同呢?![2]

第二节 海域使用权的取得

一、海域使用权概述

海域使用权的取得,分为原始取得和继受取得。原始取得,是指不基于他人既有的权利而独立取得海域使用权。善意取得海域使用权(《民法典》第311条第3款)为其例证。现行法尚无依据法律的直接规定而取得海域使用权的原始取得制度。继受取得,又称海域使用权的传来取得,是指基于海域使用权人既有的权利,不变更其性质,而取得海域使用权。其中,设立海域使用权(《海域使用管理法》第16~20条),属于创设继受取得海域使用权的情况。本节仅讨论海域使用权的设立。基于转让、互易而取得海域使用权,以及基于将海域使用权出资而由公司取得等,属于移转继受取得海域使用权。在海域使用权人为自然人的情况下,存在着通过继承、遗赠而移转继受取得海域使用权的可能。移转继受取得将在本章第三节"海域使用权的效力"中介绍。

---

[1] 崔建远:《海域使用权制度及其反思》,载《政法论坛》2004年第6期,第63-64页。
[2] 同上书,第64页。

二、海域使用权设立的程序

依据《海域使用管理法》的规定,海域使用权的取得方式有以下三种:

(一)申请—审批—登记—发证的方式

这种方式的程序及内容如下:单位和个人向县级以上人民政府海洋行政主管部门提交海域使用申请书、海域使用论证材料、相关的资信证明材料和法律、法规规定的其他书面材料,申请取得海域使用权(第16条)。县级以上人民政府海洋行政主管部门依据海洋功能区划,对该申请进行审核,并依据《海域使用管理法》和省、自治区、直辖市人民政府的规定,经征求同级有关部门的意见后,报有批准权的人民政府批准(第17条)。填海50公顷以上的项目用海、围海100公顷以上的项目用海、不改变海域自然属性的用海700公顷以上的项目用海、国家重大建设项目用海、国务院规定的其他项目用海,其海域使用权的申请须经国务院审批。其他项目的海域使用权的申请,由国务院授权省、自治区、直辖市人民政府规定(第18条)。海域使用申请经依法批准后,由国务院批准用海的,由国务院海洋行政主管部门登记造册,向海域使用申请人颁发海域使用权证书;地方人民政府批准用海的,由地方人民政府登记造册,向海域使用申请人颁发海域使用权证书。海域使用申请人自领取海域使用权证书之日起,取得海域使用权(第19条)。

(二)招标的方式

这种方式由海洋行政主管部门制订招标方案,征求同级有关部门的意见,报经有审批权的人民政府批准后,按照招投标程序进行,向中标人颁发海域使用权证书。中标人自领取海域使用权证书之日起,取得海域使用权(第20条)。

(三)拍卖的方式

这种方式由海洋行政主管部门制订拍卖方案,征求同级有关部门的意见,报经有审批权的人民政府批准后,按照拍卖程序进行,向买受人颁发海域使用权证书。买受人自领取海域使用权证书之日起,取得海域使用权(第20条)。

[提示]

《海域使用管理法》第19条关于"海域使用申请人自领取海域使用权证书之日起,取得海域使用权"的规定,及第20条第2款后段关于"中标人或者买受人自领取海域使用权证书之日起,取得海域使用权"的规定,不同于《民法典》第214条关于"不动产物权的设立、变更、转让和消灭,依照法律规定应当登记的,自记载于不动产登记簿时发生效力"的规定。对此冲突,可有两种解决规则,一是新法优先于旧法,二是特别法优先于普通法。若依前者,则应根据《民法典》第214条的规定,海域使用权自记载于海洋行政主管部门设置的海域使用登记簿时设立;若按后者,则根据《海域使用管理法》第19条的规定,海域使用申请人自领取海域使用权证书之日起,取得海域使用权。如何抉择,颇费思量。笔者认为,宜选择利多弊少的规定,而《海域使用管理法》第19条、第20条的规定,弊多利少。第一,《海域使用管理法》第19条、第20条的规定与公示和公信的原则未尽吻合。登记物权的公示方式是登记,证书所起的公示作用极为有限。公信是对公示赋予绝对的效力,登记物权场合是赋予登记以公信的效力。由此可见,以登记时发生海域使用权设立的效力,才更符合公示原则和公信原则的精神。第二,与此相关,《民法典》第217条明确规定:"不动产权属证书是权利人享有该不动产物权的证明。不动产权属证书记载的事项,应当与不动产登记簿一致;记载不一致的,除有证据证明不动产登记簿确有错误外,以不动产登记簿为准。"在这种背景下,仍然固守《海域使用管理法》第19条、第20条规定的自领取海域使用权证书之日取得海域使用权,显然不合时宜。第三,甲用海者申请某特定海域的使用权在先,甚至于中标、拍定、签约在先,而领取海域使用权证书滞后,于此中间阶段,某特定的海洋行政主管部门若将该海域又审批或签约给第三人乙。于此场合,甲乙均为债权人,如何确定该海域使用权的归属?无论确定与谁,都难觅更有正当性的理由。再换个例子,丙强占或污染该海域,在现行法尚未确立债权侵害的一般规则的背景下,甲作为债权人无法基于侵权行为法请求丙承担责任,唯一的途径是基于《民法典》规定的占有制度,向丙主张物上请求权。第四,登记部门能否及时地发放海域使用权证书,受工作人员是否勤勉尽职等诸多不确定因素的左右,不如记载于海域使用登记簿明确(实际上以收到用海申请、中标、拍定等为准更为理想),实际上有时会不利于最早申请用海者。

三、海域使用权的母权

海域使用权的取得,离不开将占有、使用、收益诸权能分离给它的母权。从海域使用权的母权看,《海域使用管理法》规定海域属于国家所有,单位和个人使用海域,必须依法取得海域使用权(第3条),因此,海域使用权系分享国家海域所有权中的占有、使用、收益的权能而形成的权利,换言之,国家的海域所有权系海域使用权的母权。

四、海域使用权设立的登记

在海域使用权的设立方面,《不动产登记暂行条例实施细则》规定,依法取得海域使用权,可以单独申请海域使用权登记(第54条)。申请海域使用权首次登记的,应当提交下列材料:(1)项目用海批准文件或者海域使用权出让合同;(2)宗海图以及界址点坐标;(3)海域使用金缴纳或者减免凭证;(4)其他必要材料(第55条)。

第三节 海域使用权的效力

一、概述

由于海域使用权是一束权利,聚集着养殖权(养殖用海权)、拆船用海权、旅游用海权、娱乐用海权、矿业权(矿业用海权)、公益事业用海权(如海底电缆用海权、海底管道用海权等)、港口建设工程用海权、修造船厂用海权(《海域使用管理法》第25条)。所谓海域使用权的效力,具体体现在各个具体的海域使用权之中,本书有关章节关于建设用地使用权的效力、养殖权的效力、探矿权的效力、采矿权的效力的叙述,就是对海域使用权中某些亚类型用海权效力的说明。所以,了解海域使用权的效力,尚需阅读本书的其他有关章节。

二、海域使用权人的权利

(一)占有特定海域的权利

养殖权(养殖用海权)、拆船用海权、旅游用海权、娱乐用海权、矿业权(探矿用海权、采矿用海权)、公益事业用海权(如海底电缆用海权、海底管道用海权等)、港口建设工程用海权、修造船厂用海权均需占有特定的海域,只不过旅游用海权和娱乐用海权场合占有时间比较短暂罢了。

(二)使用特定海域的权利

海域使用权人依法使用特定的海域,是海域使用权的主要内容,只不过海域使用权的亚类型不同,使用海域的表现形式可能有所区别罢了。例如,养殖权(养殖用海权)的使用表现为权利人立体化地利用特定的海域,而海底电缆用海权则仅仅利用海底的个别部位;采矿用海权比较长期地使用特定的海域,而旅游用海权仅仅是一时地利用特定的海域。

(三)收益权

海域使用权人对其使用特定海域所产生的收益享有权利。如养殖权(养殖用海权)人利用特定海域从事养鱼的经营活动,对所养之鱼享有所有权。采矿权(采矿用海权)人对从其矿区内采掘的矿物享有所有权。《海域使用管理法》第23条规定,海域使用权人依法使用海域并获得收益的权利受法律保护,任何单位和个人不得侵犯。

(四)转让权

海域使用权作为他物权,没有转让特定海域的效力,但用海者有将海域使用权自身转让的权利。《海域使用管理法》第27条规定:"因企业合并、分立或者与他人合资、合作经营,变更海域使用权人的,需经原批准用海的人民政府批准。海域使用权可以依法转让。海域使用权转让的具体办法,由国务院规定。海域使用权可以依法继承。"于此场合,申请人可以申请海域使用权转移登记(《不动产登记暂行条例实施细则》第57条第1项)。不过,应当注意,海域使用权中的许多亚类型涉及国家安全、社会公共利益,不得随意转让。

(五)请求续期权

海域使用权是有期物权,《海域使用管理法》第25条规定:"海域使用权最高期限,按照下列用途确定:(一)养殖用海十五年;(二)拆船用海二十年;(三)旅游、娱乐用海二十五年;(四)盐业、矿业用海三十年;(五)公益事业用海四十年;(六)港口、修造船厂等建设工程用海五十年。"

用海者若欲续期,按照《海域使用管理法》第26条的规定,海域使用权期限届满,海域使用权人需要继续使用海域的,应当至迟于期限届满前2个月向原批准用海的人民政府申请续期(第1款)。除根据公共利益或国家安全需要收回海域使用权的外,原批准用海的人民政府应当批准续期(第2款)。于此场合,申请人应当持不动产权属证书、海域使用权变更的文件等材料,申请海域使用权变更登记(《不动产登记暂行条例实施细则》第56条第4项)。

(六)请求改变海域用途的权利

按照《海域使用管理法》第28条后段规定,如果确需改变海域用途,应当在符合海洋功能区划的前提下,海域使用权人报原批准用海的人民政府批准。于此场合,申请人应当持不动产权属证书、海域使用权变更的文件等材料,申请海域使用权变更登记(《不动产登记暂行条例实施细则》第56条第6项)。

(七)取回所有物的权利

海域使用权人对其设置于特定海域的物品,有权取回,在海域使用权终止时尤其如此。①

(八)请求补偿的权利

《海域使用管理法》第30条规定,因公共利益或国家安全的需要,原批准用海的人民政府可以依法收回海域使用权。依照前款规定在海域使用权期满前提前收回海域使用权的,对海域使用权人应当给予相应的补偿。

(九)物权请求权

海域使用权人享有排除妨害、消除危险、返还海域诸物权请求权(《海域使用管理法》第3条、第23条等,《民法典》第235条、第236条)。

---

① 尹田主编:《中国海域物权制度研究》,中国法制出版社2004年版,第56页。

三、海域使用权人的义务

（一）缴纳海域使用金

《海域使用管理法》规定,国家实行海域有偿使用制度(第33条第1款)。单位和个人使用海域,应当按照国务院的规定缴纳海域使用金。海域使用金应当按照国务院的规定上缴财政(第33条第2款)。对渔民使用海域从事养殖活动收取海域使用金的具体实施步骤和办法,由国务院另行规定(第33条第3款)。根据不同的用海性质或情形,海域使用金可以按照规定一次缴纳或按年度逐年缴纳(第34条)。但要注意,下列用海,免缴海域使用金:(1)军事用海;(2)公务船舶专用码头用海;(3)非经营性的航道、锚地等交通基础设施用海;(4)教学、科研、防灾减灾、海难搜救打捞等非经营性公益事业用海(第35条)。下列用海,按照国务院财政部门和国务院海洋行政主管部门的规定,经有批准权的人民政府财政部门和海洋行政主管部门审查批准,可以减缴或免缴海域使用金:(1)公用设施用海;(2)国家重大建设项目用海;(3)养殖用海(第36条)。

（二）合理用海

首先,海域使用权人必须按照海洋功能区划使用特定的海域(《海域使用管理法》第4条、第15条)。其次,海域使用权人须依法保护和合理使用海域,对不妨害其依法使用海域的非排他性用海活动,不得阻挠(《海域使用管理法》第23条第2款)。再次,海域使用权人应当尽量减少乃至杜绝污染海洋环境,在海域使用权终止后,原海域使用权人应当拆除可能造成海洋环境污染或影响其他用海项目的用海设施和构筑物(《海域使用管理法》第29条第2款)。最后,海域使用权人不得擅自改变经批准的海域用途;确需改变的,应当在符合海洋功能区划的前提下,报原批准用海的人民政府批准(《海域使用管理法》第28条)。

（三）不得擅自从事海洋基础测绘

《海域使用管理法》第24条规定,海域使用权人在使用海域期间,未经依法批准,不得从事海洋基础测绘(第1款)。

（四）不得擅自改变海域用途

海域使用权人不得擅自改变经批准的海域用途,除非原批准用海的人民政府已经批准(《海域使用管理法》第28条)。

（五）报告义务

海域使用权人发现所使用海域的自然资源和自然条件发生重大变化时,应当及时报告海洋行政主管部门(《海域使用管理法》第24条第2款)。

（六）接受监督

海域使用权人对海洋行政主管部门的监督检查应当予以配合,不得拒绝、妨碍监督检查人员依法执行公务(《海域使用管理法》第40条第2款)。

第四节　海域使用权的消灭

一、消灭的事由

(一) 海域使用权期间届满

海域使用权期间届满,只要海域使用权人没有申请续期,或虽然申请续期了,但未获批准,海域使用权消灭(《海域使用管理法》第29条第1款)。于此场合,应当办理注销登记,《不动产登记暂行条例实施细则》第59条第1款规定,申请海域使用权注销登记的,申请人应当提交下列材料:(1)原不动产权属证书;(2)海域使用权消灭的材料;(3)其他必要材料。

(二) 提前收回

因公共利益或国家安全的需要,原批准用海的人民政府可以依法收回海域使用权(《海域使用管理法》第30条第1款)。于此场合,按照《不动产登记暂行条例实施细则》第28条第1款第3项的规定,应当办理注销登记;依据第59条第1款的规定,申请人应当提交下列材料:(1)原不动产权属证书;(2)海域使用权消灭的材料;(3)其他必要材料。

(三) 抛弃

海域使用权人抛弃海域使用权,海域使用权消灭,除非抛弃违反法律、行政法规的强制性规定,或违反禁止权利滥用、公序良俗或诚实信用等原则。于此场合,按照《不动产登记暂行条例实施细则》第28条第1款第2项的规定,应当办理注销登记;依据第59条第1款的规定,申请人应当提交下列材料:(1)原不动产权属证书;(2)海域使用权消灭的材料;(3)其他必要材料。

(四) 海域变成陆地

因人工填海或自然原因导致海域变成了陆地的,海域使用权因标的物不复存在而归于消灭(参见《海域使用管理法》第32条)。

最后,必须指出,海域使用权绝对消灭的,应当办理注销登记。对此,《不动产登记暂行条例实施细则》第59条第2款规定:"因围填海造地等导致海域灭失的,申请人应当在围填海造地等工程竣工后,依照本实施细则规定申请国有土地使用权登记,并办理海域使用权注销登记。"若未办理注销登记,则在用海人和海域所有权人及登记机关之间,无权主张海域使用权仍然存在,但在对第三人方面,不得以海域使用权业已消灭予以对抗。

二、海域使用权消灭的法律效果

（一）拆除用海设施和构筑物,恢复原状

海域使用权消灭,海域使用权人拆除用海设施和构筑物,既是权利,也是义务(《海域使用管理法》第 29 条、第 47 条)。

（二）获取合理补偿

因公共利益或国家安全的需要,原批准用海的人民政府依法收回海域使用权的,对海域使用权人应当给予相应的补偿(《海域使用管理法》第 30 条)。

第十六章 地 役 权

第一节 地役权概述

一、地役权的概念

（一）地役权的界定

地役权，是指按照合同约定，利用他人的不动产，以提高自己不动产的效益所享有的用益物权（《民法典》第372条第1款）。此处所谓他人的不动产，是供役地；所谓自己的不动产，为需役地（《民法典》第372条第2款）。供役地的权利人，为供役人；需役地的权利人，是需役人，或曰地役权人。

（二）地役权的法律性质

1. 地役权系存在于他人不动产上的物权

[探讨]

法律设置地役权制度，不在于调节不动产的所有，而在于调节不动产的利用，且法律条文所谓"他人土地"或"自己土地"没有严格限制以土地所有权人的为限，故通说认为虽属同一人所有的二宗土地，其中一宗被他人所使用，如为该他人设立了典权或土地承包经营权，只要一宗土地有供另外一宗土地便宜之用的必要，仍可设立地役权。① 这符合实际需求，值得重视。站在立法论的立场上，未来修正《民法典》时，在一定情况下，应当允许在自己的不动产上设立地役权。

可以设立地役权的客体只能是不动产，包括土地、建筑物、构筑物及其附属物。该不动产既可以是他人所有的不动产，也可以是他人享有他物权的不动产，如建设用地使用权人占有的建设用地、土地承包经营权人占有的承包地、宅基地使用权人占有的宅基地等。一般来讲，在他人享有地役权的不动产上，不得与该地役权人再协商设立地役权。

地役权的客体，可以是一宗土地，或一宗土地及地上建筑物、构筑物及其附属设

---

① 谢在全：《民法物权论》（中册），三民书局2003年修订2版，第184页。

施;也可以是一宗土地的特定部分。①

地役权的客体为土地时,不限于地表,也可以是地下空间或地上空间,后者即所谓区分地役权,属于空间权的一种。②

[辨析]

一种意见认为,建设用地使用权人、宅基地使用权人、土地承包经营权人可以允许他人在自己权利上设立地役权,从而使自己的权利成为供役地。③ 笔者对此持有异议,因为建设用地使用权、宅基地使用权和土地承包经营权均为法律上之力,属于抽象的东西,而地役权则以供役地的物质使用为目的,④对供役地为具体性的直接利用,或在供役地上通行,或在供役地上铺设管线,或在供役地上排水,等等,这些显然是在建设用地、宅基地、承包地等不动产本身上,而非权利上。至于建设用地使用权人等何以有权在他人所有的土地上为需役地人设立地役权,可以解释为土地所有权人已经向建设用地使用权人等用益物权人授予了设立地役权的权利。

2. 利用他人不动产是为了自己不动产的效益

地役权的目的在于自己不动产的效益,境外学说往往称作为自己土地便宜之用,以增进自己土地的价值。所谓便宜,系便利、利益之义,⑤或曰方便利益或便利相宜。此种便宜不限于经济上或有财产价值的方便利益,具有精神上或感情上的利益也包括在内。前者如以他人土地供自己土地通行之用而设立通行地役权,后者如为需役地的美观舒适而设立眺望地役权。还有,此项便宜,无须从客观上的情形斟酌,纵使客观上并非便宜且无必要,只要当事人愿意设立,法律没有限制的必要,除非它违反了法律、行政法规的强制性规定,或违背了公序良俗原则。最后,设立地役权,大多是为了提供需役地现在的效益。⑥《物权法》使用的术语是"效益"而非"便宜",但可按

---

① 参见谢在全:《民法物权论》(中册),三民书局 2003 年修订 2 版,第 183 页;[德]鲍尔/施蒂尔纳:《德国物权法》(上册),张双根译,法律出版社 2004 年版,第 714 页。

② 参见[日]筱塚昭次:《空中权、地中权的法理——围绕土地的新利用形态》,载《法学家·临时增刊·土地问题——实态·理论·政策》第 476 号,有斐阁 1971 年 4 月 10 日,第 127-128 页;崔建远:《土地上的权利群研究》,法律出版社 2004 年版,第 234-238 页;梁慧星主编:《中国物权法研究》(下册),法律出版社 1998 年版,第 759 页;王利明、尹飞、程啸:《中国物权法教程》,人民法院出版社 2007 年版,第 400 页。

③ 王利明、尹飞、程啸:《中国物权法教程》,人民法院出版社 2007 年版,第 401 页。

④ [日]我妻荣:《日本物权法》,有泉亨修订,李宜芬校订,五南图书出版公司 1999 年版,第 380 页。

⑤ [日]三潴信三:《物权法提要》(上、下卷),孙芳译,韦浩点校,中国政法大学出版社 2005 年版,第 130 页。

⑥ 谢在全:《民法物权论》(中册),三民书局 2003 年修订 2 版,第 184 页;[德]鲍尔/施蒂尔纳:《德国物权法》(上册),张双根译,法律出版社 2004 年版,第 714 页。

前述"便宜"的意义理解此处的"效益"。①

至于《民法典》第 372 条所规定"效益",与《物权法》所谓"效益"同义,其内容可由当事人自行约定,但不得违反法律、行政法规的强制性规定,不得违背公序良俗原则。

[辨析]

所谓不动产的效益/便宜,即需役地的效益/便宜,在理解上不宜抽除需役地的物权人而孤立、隔绝土地、建筑物,从而单纯地把需役地的自然需要拔高为需役地的效益/便宜,而应该采取这样的理念和视野:地役权视野中的不动产,不是作为无主物的不动产,而是归属于特定物权人的客体,从终极的意义上讲,所谓需役地的效益/便宜,乃需役地的物权人之于需役地所欲求的效益/便宜,因此,界定和把握需役地的效益/便宜,应将物权人对于不动产的利用需求考虑在内。如此,需役地的效益/便宜至少由两部分构成,一是需役地作为自然之物应有的效益/便宜,如种植棉花、玉米之地不应被水较长时间地浸泡,或曰保持一定的干湿度;二是需役地的物权人拥有、借助需役地而实现的利益,例如,需役地为森林之地的,物权人于其间狩猎;需役地为住宅的,所有权人于住宅眺望远山美景。

3. 地役权是为了需役地而存在的物权

地役权之目的在于需役地的效益,所以,一定要存在需役地和供役地这一对关系。这是地役权与土地承包经营权、建设用地使用权、宅基地使用权、海域使用权的不同之处,也是地役权从属性产生的原因。

[拓展]

有一种情形是,为了特定人的利益而设立权利,如甲没有需役地,只是在乙的 A 地欣赏美景 5 天。甲所享有的权利,是以乙的土地供自己个人利用为内容,而非以需役地的利益为目的,属于人役权,不是地役权。② 地役权和人役权的区别在于,地役权的享有人,为一宗土地的每个所有权人或土地使用权人,或者建筑物、构筑物及其附属设施的所有权人;而(限制的)人役权只能由某一特定的人享有,且不得让与和继承。③

在实务中,供役地和需役地时常彼此相邻,不过,由于地役权的目的在于发挥自己不动产的效益,需役地和供役地相距较远亦无关系。例如,川气东送(四川省达州

---

① 胡康生主编:《中华人民共和国物权法释义》,法律出版社 2007 年版,第 344 页;王利明、尹飞、程啸:《中国物权法教程》,人民法院出版社 2007 年版,第 403 页。
② 谢在全:《民法物权论》(中册),三民书局 2003 年修订 2 版,第 185 页;王泽鉴:《民法物权·用益物权·占有》(总第 2 册),中国政法大学出版社 2001 年版,第 73 页。
③ [德]鲍尔/施蒂尔纳:《德国物权法》(上册),张双根译,法律出版社 2004 年版,第 709 页。

产的天然气输送至上海市)项目若采取地役权模式利用沿途土地,则四川省达州市的天然气矿区及沿途湖北省的某些土地,距离上海市可说是万水千山。这是地役权不同于相邻关系之处。

地役权既可以直接地为了需役地的效益,排水地役权属于此类;也可间接地为了需役地的效益,眺望地役权为其例证。

4. 地役权的内容原则上为不动产权利人的不作为义务

地役权的内容,重要的一方面,是供役人承担的义务。此类义务,原则上表现为供役人容忍地役权人的积极行为(通行、引水等),不对供役地进行一定的使用(不建造妨碍其他建筑物的权利人眺望、日照的建筑物等)。地役权的本质不是要求供役地所有人应当做某事(如除掉绿草以使景色更宜人,或出于同样的理由而在其上装饰某物),而是要求他承受某一行为或不实施某一行为。① 简言之,地役权不得以供役人的作为为内容,即如法谚所云:于作为不成立役权(servitus in faciendo consistere nequit)②! 之所以如此,主要是对早期劳役与徭役制度的历史性警觉;③物权乃直接支配客体的权利,不能以他人的行为作为标的。④ 不过,也有学者主张,由于地役权的本质是调节两项不动产的使用,为其使用,就难免需要设置与修缮某些设备。在这种情况下,由供役人承担类似必要设备的设置与修缮的附带行为的义务,作为地役权的内容,是可以成立的。⑤ 上述意见,确有道理,值得中国物权法及其理论重视。

[引申]

如果使供役人负担某些以作为为内容的附随义务,可依合同约定或依法律规定而达到目的。例如,依一项地役权,水厂可以在邻地上围井并引水,则就其所必要的设施,水厂自己负有维持义务。

而从需役人角度而言,地役权的内容可以是积极的行为,即需役人使用供役地的作为,如通行、排水等。

---

① [古罗马]彭波尼:《论萨宾》第33卷。载[意]桑德罗·斯契巴尼选编:《物与物权》,范怀俊译,中国政法大学出版社1999年版,第153页。
② 清华大学法学院法81班章丞亮同学来函指出:servitus in faciendo consistere nequit 直译为英文是 service on action does not exist(servitus = service, in = of, on, faciendo = do, 原型为 facere, consistere = consist, exist, nequit 为语法词, = does not),再直译为中文是"不存在作为义务"。故此句话本身不含有"役权"之意。经查,在[意]彼得罗·彭梵得著、黄风译的《罗马法教科书》(2005年修订版,中国政法大学出版社)第190页中有此拉丁文,而译者将其译为"役权不得表现为要求作为"。特此致谢!
③ [德]鲍尔/施蒂尔纳:《德国物权法》(上册),张双根译,法律出版社2004年版,第720-721页。
④ 参见[日]我妻荣:《日本物权法》,有泉亨修订,李宜芬校订,五南图书出版公司1999年版,第377页;[日]田山辉明:《物权法》,陆庆胜译,齐乃宽、李康民审校,法律出版社2001年版,第207页。
⑤ [日]我妻荣:《日本物权法》,有泉亨修订,李宜芬校订,五南图书出版公司1999年版,第377页;参见[日]田山辉明:《物权法》,陆庆胜译,齐乃宽、李康民审校,法律出版社2001年版,第207页。

5. 地役权的主体为不动产的所有权人或使用权人

在《民法典》上,地役权人和供役地人,可以是不动产的所有权人(第378条),如集体土地所有权人或建筑物、构筑物及其附属设施的所有权人;也可以是不动产的使用权人,如土地承包经营权人(第378条)、建设用地使用权人(第383条等)、宅基地使用权人(第378条)。①

6. 地役权具有从属性

(1)总说

地役权本质上为独立的物权,但系为提高需役地的便宜而成立,与需役地相结合,因而提高其效益的物权,故从属于需役地,具有从属性。换句话说,地役权的存续以需役地的存在为前提,与需役地的所有权或其他不动产物权同其命运,与抵押权、质权或留置权从属于主债权而存在的情形相仿。② 所谓同其命运,是指地役权为需役地权利之从,不得由需役地分离而转让,或成为其他权利的标的物。这就是《民法典》第380条前段由来的根据。

(2)地役权不得由需役地分离而转让的三种情形

A. 需役地的所有权人不得自己保留需役地的所有权,而将地役权单独转让给他人;同理,需役地的用益物权人不得自己保留需役地的用益物权,而将地役权单独转让给他人。地役权人违反《民法典》第380条前段关于"地役权不得单独转让"的规定,地役权的转让无效,受让人不能取得地役权,地役权仍为需役地而存在。地役权人违反该条关于"土地承包经营权、建设用地使用权等转让的,地役权一并转让"的规定,以合同特约"地役权不随同土地承包经营权、建设用地使用权等权利的转让而转让"的,在地役权系土地所有权人以其土地作为需役地而设立的情况下,因土地所有权没有移转,需役地仍然存在,土地所有权人保留其地役权的约定没有违反地役权从属于需役地的性质,故该约定应当有效;但是,如果地役权系土地承包经营权人、建设用地使用权人或宅基地使用权人为其承包地、建设用地或宅基地的便宜而设立的场合,土地承包经营权、建设用地使用权或宅基地使用权转让,当事人以合同特约地役权不随之转让,则违反了地役权从属于需役地的固有性质,应当归于无效。可见,《民法典》第380条后段所谓"但是合同另有约定的除外"的但书,文义涵盖过宽,应当限缩其适用范围。

---

① 胡康生主编:《中华人民共和国物权法释义》,法律出版社2007年版,第346页;王利明、尹飞、程啸:《中国物权法教程》,人民法院出版社2007年版,第401页。
② 谢在全:《民法物权论》(中册),三民书局2003年修订2版,第200页;王泽鉴:《民法物权·用益物权·占有》(总第2册),中国政法大学出版社2001年版,第81页。

第十六章 地役权

[引申]

a. 地役权的从属性是否为地役权的固有属性？这直接涉及地役权的从属性可否被当事人以约定排除或限制，以及当事人关于限制或排除从属性的约定，是否具有法律效力。部分有效，还是全部无效。

物权的法律性质，有些是物权固有的，如物权人支配标的物的属性，即为此类；另一些性质则是因立法政策而被立法者所"强加的"，如抵押权的不可分性。地役权的从属性属于何者？

我们应当将从属性作为地役权的固有属性，其理由如下：其一，从概念入手：地役权乃为需役地的便宜/效益而存在的权利。由此决定，地役权不得与需役地分离而单独存在，换言之，地役权为需役地的从物权。① 其二，从构成着眼：地役权的发生恒以存在着两个土地为前提，否则，地役权无以成立。②《德国民法典》将地役权视为需役地的构成部分（第96条），《瑞士民法典》也是如此看待（第65条、第731条）的。③ 成分，属于物的构成部分，脱离该物便无所谓成分；地役权作为需役地的成分，自然无法脱离需役地而单独存在。其三，从历史审视：地役权滥觞于罗马法，《法学阶梯》1.2.3.3规定：地役权等役权"之所以被称为对不动产的役权，乃因为没有不动产它们就不可能设立。事实上，任何人，除非他有不动产，都不能获得对都市或乡村不动产的役权；任何人，除非他拥有不动产，也不会对都市或乡村不动产役权承担义务。"④ 由此可见地役权离不开需役地。其四，从本质揭示：甲说认为，地役权为需役地所有权的延长。乙说主张地役权系增加需役地价格的状态。这是罗马法以来的通说。⑤ 丙说则谓地役权的主体为需役地，地役权为从属于需役地的权利。⑥ 这些学说十分明显地反映出没有需役地便无地役权的现象和道理。尽管现代法制已经不再坚持如此看待地役权本质的视角，但地役权与需役地所有权之间具有密切关系的思想依然如

---

① [日]三潴信三：《物权法提要》（上、下卷），孙芳译，韦浩点校，中国政法大学出版社2005年版，第131页。

② 陈华彬：《物权法原理》，国家行政学院出版社1998年版，第539页。

③ [日]三潴信三：《物权法提要》（上、下卷），孙芳译，韦浩点校，中国政法大学出版社2005年版，第132页。

④ [古罗马]优士丁尼：《法学阶梯》，徐国栋译，阿贝特鲁奇、纪蔚民校，中国政法大学出版社2005年第2版，第140-141页。

⑤ Windscheld, Pandekten.I§209;Dernburg, Pandekten I.§288.转引自[日]三潴信三：《物权法提要》（上、下卷），孙芳译，韦浩点校，中国政法大学出版社2005年版，第129页。

⑥ Bocking, Pandekten.I§36.转引自[日]三潴信三：《物权法提要》（上、下卷），孙芳译，韦浩点校，中国政法大学出版社2005年版，第129页。

故。① 地役权最本质的特征在于与土地的不可分离性。② 其五,就地役权与相关权利的关联方面观察,没有需役地,奴役供役地而成立的权利,要么是人役权,要么是债权,不会是地役权。

综合上述,应当承认从属性是地役权固有属性的结论。

b.《民法典》第380条关于地役权从属性的规定,是否为强制性规定?

从属性作为地役权的固有属性,就不得将之从地役权中剥离,否则,轻者,地役权成为残疾之物,重者,地役权不复为地役权。如此,结论自然是:《民法典》第380条前段关于地役权从属性的规定,应为强制性规定,而非任意性规定。

但疑问在于,《民法典》第380条后段设有"但是合同另有约定的除外"的但书,不是承认当事人可以约定排除地役权的从属性吗?!

笔者注意到我妻荣教授的如下观点:《日本民法典》第281条第1项前段关于"地役权,为作为需役地的所有权的从属而与之共同移转,或者作为在需役地上存在的其他权利的标的"的规定,承认了地役权的从属性。其中含有地役权对需役地所有权的伴随性,即:①当需役地所有权进行移转,或成为其他权利(如抵押权)的标的时,则地役权也与其一起移转,或成为需役地上存在的其他权利的标的。但是,按照《日本民法典》第281条第1项后段的但书,这种伴随性可因地役权的设立行为而受到排斥。②当理解为所有权以外的使用权,地役权亦能成立时,不言而喻,应理解为亦伴随这种使用权。③ 这似乎在告诉我们,地役权的从属性的范围要广于伴随性,尽管伴随性可因地役权的设立行为有特别约定而受到排斥,但并不意味着伴随性以外的从属性也当然如此。再就是,当事人排斥伴随性的特别约定,非经登记,不得以之对抗第三人(《不动产登记法》第113条)。④ 这表明法律对当事人以特约排除伴随性的有效性是有节制的。

《民法典》没有理由反对此类节制。明确这一点,有助于解决这样的问题:第380条后段所谓"但是合同另有约定的除外",是整个第380条的但书,还是仅仅为第380条后段"土地承包经营权、建设用地使用权等转让的,地役权一并转让"的但书?笔者认为,假如将"但是合同另有约定的除外"作为整个条文的但书,则在合同约定仅仅转让需役地的权属,而使地役权人保有地役权,和合同约定将地役权与需役地权属分别转让给不同的主体等情况下,就违反了地役权必须以需役地的存在为前提的本质属

---

① 转引自[日]三潴信三:《物权法提要》(上、下卷),孙芳译,韦浩点校,中国政法大学出版社2005年版,第129页。
② 费安玲:《罗马私法学》,中国政法大学出版社2009年版,第220页。
③ [日]我妻荣:《日本物权法》,有泉亨修订,李宜芬校订,五南图书出版公司1999年版,第379页。
④ [日]三潴信三:《物权法提要》(上、下卷),中国政法大学出版社2005年版,第132页。

性，地役权因而具有消灭的原因。如果将"但是合同另有约定的除外"仅仅作为"土地承包经营权、建设用地使用权等转让的，地役权一并转让"的但书，就不会发生上述问题。此其一。

其二，从语法的角度看，将"但是合同另有约定的除外"仅仅作为"土地承包经营权、建设用地使用权等转让的，地役权一并转让"的但书，有其根据。具体地说，第380条分为两句，前段为"地役权不得单独转让"，后段为"土地承包经营权、建设用地使用权等转让的，地役权一并转让，但是合同另有约定的除外。"两句中间有"。"相隔，但书处于后段之中。如此，将"但是合同另有约定的除外"的但书作为后段"土地承包经营权、建设用地使用权等转让的，地役权一并转让"的例外，而非作为整个第380条（包括前段"地役权不得单独转让"）的例外，就可以成立。较为详细些说，只有在"土地承包经营权、建设用地使用权等转让的"场合，当事人才可以约定地役权不随之转让，在建筑物、土地所有权转让的场合，当事人不得约定地役权继续保留在地役权人之手。

当然，"但是合同另有约定的除外"的但书究竟是作为后段的例外，抑或整个第380条（包括前段"地役权不得单独转让"）的例外，在解释时不得随心所欲，不得全凭解释者的主观好恶，而是取决于从属性是地役权的固有属性，还是立法政策所加于的属性。若是前者，则必须尽可能地坚持从属性，于是但书仅仅作为后段的例外，最为恰当；若为后者，结论就没有这么简单，如果没有其他的理由，将"但是合同另有约定的除外"的但书仅仅作为第380条后段"土地承包经营权、建设用地使用权等转让的，地役权一并转让"的例外，可以；作为整个第380条的例外，也无可非议。由于通过上文的论证，认定从属性是地役权的固有属性，我们应当尽量否定当事人关于排斥从属性的约定，在《民法典》第380条已经设置但书的背景下，在解释上应当将"但是合同另有约定的除外"这一但书作为第380条后段"土地承包经营权、建设用地使用权等转让的，地役权一并转让"的例外，而不宜作为整个第380条的但书。

一旦当事人有此类约定，例如，当事人约定，需役地所有权移转时，地役权不随之移转，是说地役权仍被保留在原需役地所有权人之手，还是说该地役权具有消灭的原因？

由于从属性系地役权所固有的性质，应当得出这样的结论：在需役地及其权属转让的场合，而约定地役权仍保留于地役权人之手，需役地权属的转让固属有效，但地役权失去存在的根基，产生了消灭的原因。①

需要注意的是，在中国，国家土地所有权不得转让，集体土地所有权不得按照民

---

① 谢在全：《民法物权论》（中册），三民书局2003年修订2版，第200-201页。

事的实体法和程序法转让,宅基地使用权只能随着住宅的转让而转让,所以,不会存在依民法程序转让土地所有权而自己保留地役权的情形,也不可能存在依民法程序转让土地所有权和地役权的情形,因而,所谓"需役地的所有权人不得自己保留需役地的所有权,而单独转让地役权给他人"的规则,得将土地所有权排除,宅基地使用权也基本上被排除在外,仅仅适用于建筑物所有权转让的场合。

B. 需役地的所有权人不得仅将需役地的所有权转让给他人,自己保留地役权。否则,地役权因违反从属性而归于消灭。[①] 对《民法典》第380条前段关于"地役权不得单独转让"的规定,作反面推论,应当得出相同的结论。

需要注意的是,该项规则也必须排除土地所有权的适用,宅基地使用权也基本上被排除在外。

此处应予讨论的是,如果当事人之间系特别约定仅仅转让作为需役地的建筑物、构筑物及其附属设施的所有权,地役权不随同转让,如何处理。有观点认为,需役地所有权的转让固属有效,但地役权宜解为违反其从属性,因而具有消灭的原因,否则如非有上述特别约定,则宜解为地役权随同转让。[②] 笔者赞同此论,因为特别约定需役地所有权转让,自己保留地役权,在需役地所有权果真转让他人的情况下,则该地役权失去需役地,失去存在的价值,确无存续的必要,应当归于消灭。

在需役地为承包地或建设用地,土地承包经营权或建设用地使用权转让他人的情况下,若当事人之间特别约定土地承包经营权或建设用地使用权转让,自己保留地役权,亦应认为地役权具备消灭的原因。其道理如同上述。

C. 需役地的所有权人不得将需役地的所有权与地役权分别转让给不同的人。例如,当事人之间特别约定,把需役地所有权转让给甲,将地役权转让给乙。有观点认为,当事人之间的真实意思,显然在于不将地役权随同需役地而为转让,故甲只能取得需役地所有权,却无从取得地役权;而地役权的转让违反从属性,归于地役权的转让无效,乙不能取得地役权。在这种情况下,地役权因无需役地存在而具有消灭的原因。[③] 对《民法典》第380条前段关于"地役权不得单独转让"的规定,作反面推论,也能得出相同的结论。

需要注意,该项规则也必须排除土地所有权的适用,宅基地使用权也基本上被排除在外。

[①] 谢在全:《民法物权论》(中册),三民书局2003年修订2版,第200页;王泽鉴:《民法物权·用益物权·占有》(总第2册),中国政法大学出版社2001年版,第81页。

[②] 谢在全:《民法物权论》(中册),三民书局2003年修订2版,第200-201页。

[③] 谢在全:《民法物权论》(中册),三民书局2003年修订2版,第201页;王泽鉴:《民法物权·用益物权·占有》(总第2册),中国政法大学出版社2001年版,第81页。

(3) 地役权不得由需役地分离而为其他权利的标的物

地役权人有权将地役权抵押给他人,但《民法典》第381条前段的规定,地役权不得单独抵押。这是因为地役权被单独抵押的,在实现抵押权时,地役权人与需役地权利人就不是同一个人了,最终导致地役权与需役地(权利)的分离。为了贯彻地役权人和需役地权利人为同一个人的精神,《民法典》第381条后段规定,土地经营权、建设用地使用权等抵押的,在实现抵押权时,地役权一并转让。如此规定的另一个原因在于,需役地上的土地承包经营权、建设用地使用权被抵押的,土地承包经营权人、建设用地使用权人的地役权原则上也被抵押。

以地役权设立抵押权时,按照《不动产登记暂行条例实施细则》第61条第1款第4项的规定,办理地役权变更登记。

(4) 地役权的存续离不开需役地的所有权存续

需役地的所有权消灭,地役权因无法取得需役地的效益(便宜)而归于消失。

(5) 地役权的期限不得超过竖立于需役地之上的用益物权的剩余期限

《民法典》第377条正文奉行意思自治原则,把地役权的存续期限交由当事人双方约定,其但书限制当事人双方关于地役权的存续期限的约定,即不允许地役权的存续期限超过土地承包经营权、建设用地使用权等用益物权的剩余期限。

《民法典》第377条但书所谓"等用益物权",如土地经营权、居住权。其中的建设用地使用权,包括国有建设用地使用权、集体经营性建设用地使用权。

对于《民法典》第377条但书的限制,笔者倾向于限缩其适用范围,即其主要适用于供役地的权利人为土地承包经营权人或土地经营权人或建设用地使用权人的场合,不完全适用于供役地的权利人为不动产所有权人的领域,更不适用于供役地为房屋的情形。

在供役地的权利人为土地承包经营权人或土地经营权人或建设用地使用权人的情况下,如果地役权的存续期限超过了土地承包经营权或土地经营权或建设用地使用权等用益物权的剩余期限,那么,就超过的剩余期限而言,是土地承包经营权、土地经营权、建设用地使用权等用益物权已经消灭了,所谓供役地的"权利人"已经不再是权利人,他以供役地的权利人的名义与需役地的权利人合意设立地役权,等于无权处分,无端地剥夺了土地所有权人的合法权益。在土地经营权人与需役地的权利人合意设立地役权的场合,就意味着侵害了土地承包经营权人的权益。此其一。该项结论的可采性还可以联系地役权规则及理论予以佐证。土地承包经营权、建设用地使用权等用益物权的存续期限届满,用益物权归于消灭,承包地、建设用地或宅基地不再是需役地,地役权因无需役地而归于消灭。这也体现出地役权的从属性。可见,约定地役权的存续期限超过土地承包经营权等用益物权的剩余期限没有意义,不会有积极的法律价值。此其二。假如允许超过土地承包经营权、土地经营权、建设用地使用权的剩余期限，就不符合所有权的弹力性，就会损害土地所有权人的权益。于此场合，土地所有权人主张物权请求权，酿成较为复杂的法律关系。假如允许超过土地承包经营权的剩余期限，土地承包经营权人行使物权请求权，同样形成复杂的法律关系。此其三。

应当指出，《民法典》第377条不应适用于土地所有权人以其土地作为需役地而设立地役权，以及以建筑物、构筑物及其附属设施作为需役地而设立地役权的场合。因为于此场合土地承包经营权等用益物权因存续期限届满而消灭时，需役地依然存在，不动产所有权人和供役人约定的地役权存续期限长于土地承包经营权等用益物权的存续期限，也不妨碍地役权的目的及效能。

之所以《民法典》第377条但书不完全适用于供役地的权利人为不动产所有权人的领域，是因为土地所有权人与需役地的权利人合意设立土地承包经营权或建设用地使用权等用益物权时已经有言在先，设立此类权利不阻碍土地所有权人以其土地作为供役地为他人设立地役权，既然如此，于此场合，土地所有权人有权与需役地的权利人合意设立地役权，地役权的存续期限长于土地承包经营权、土地经营权、建设用地使用权等用益物权的剩余期限的，就更具有正当性。

之所以《民法典》第377条但书不适用于供役地为房屋的情形，是因为于此场合不存在土地承包经营权、土地经营权、建设用地使用权。

7. 地役权具有不可分性

地役权的不可分性，是指地役权的发生、消灭或享有应为全部，不得分割为部分或仅为一部分而存在。它旨在确保地役权的设立目的，使之得为需役地的全部而利用供役地的全部。① 《民法典》对此虽然未加全面规定，但从合理设计地役权制度的要求出发，应予承认。

[引申]

(1) 地役权的不可分性，从需役地角度看，毋宁说是地役权从属性的另一延伸。因为地役权既然从属于需役地而存在，自系从属于全部而非特定的某部分。②

(2) 中国不存在土地共有，地役权的不可分性仅发生于需役地、供役地的使用权为共有的场合。此言非虚。不过应看到，由于《物权法》上的供役地和需役地均可为建筑物、构筑物及其附属设施，建筑物等共有的现象并不鲜见，地役权的不可分性在

---

① 王泽鉴：《民法物权·用益物权·占有》(总第2册)，中国政法大学出版社2001年版，第82页；谢在全：《民法物权论》(中册)，三民书局2003年修订2版，第201-202页。
② 谢在全：《民法物权论》(中册)，三民书局2003年修订2版，第202页。

这些场合也发挥着作用。① 这种意见适合于对《民法典》的理解。

（1）发生的不可分性

需役地为共有的场合，各共有人不得仅就自己的应有部分取得地役权，必须就整个不动产设立地役权。因为地役权是为需役地的全部的便宜而取得的，是存在于供役地上的不可分的负担，自不可能为需役地的应有部分而存在，亦非为特定人而存在，共有人中的一人取得地役权，系基于需役地而取得，非为其个人。②《民法典》对此虽无明文，但从合理设计地役权制度的要求出发，应予承认。

以共有的不动产作为供役地设立地役权，即使是共有人中的一人设立的，各共有人也就全部共有的不动产承受地役权的负担，而非按其应有部分负担一部分。其道理在于，地役权是对供役地具体性的直接利用，不可能存在于抽象的"物"上，而应有部分系所有权享有的一定比例，是抽象的，故地役权只能设立于供役地的整体上，不会设立于应有部分。③

[引申]

有专家学者认为，在中国台湾地区，地役权取得上的不可分性，既是源于地役权的特质，又是由应有部分的性质决定的，即，对于按照应有部分协议分管的特定部分的土地，共有人的分管权限不包括以其作为供役地设立地役权。④

（2）消灭的不可分性

需役地为共有的场合，各共有人不得按其应有部分而消灭业已存在的地役权的一部分。假如一个共有人按其应有部分为消灭地役权一部分的行为（如抛弃），该行为不发生物权变动的效力。就共有人中一人发生的混同，地役权也不消灭。因为地役权是为需役地而存在的。⑤《民法典》对此虽无明文，但从合理设计地役权制度的要求出发，应予承认。

供役地为共有的场合，各共有人也不得按其应有部分除去地役权的负担。因为供役地的负担存在于供役地，而非仅仅存在于供役地的共有人的应有部分之上。⑥

（3）享有或负担上的不可分性

需役地或供役地无论是地役权设立前为共有，还是地役权设立后为共有，地役权

---

① 王利明、尹飞、程啸：《中国物权法教程》，人民法院出版社2007年版，第406页。
② 姚瑞光：《民法物权论》，海宇文化事业有限公司1995年版，第184页；谢在全：《民法物权论》（中册），三民书局2003年7月修订2版，第202页；梁慧星、陈华彬：《物权法》（第4版），法律出版社2007年版，第291页。
③ 姚瑞光：《民法物权论》，海宇文化事业有限公司1995年版，第185页；谢在全：《民法物权论》（中册），三民书局2003年7月修订2版，第203页；梁慧星、陈华彬：《物权法》（第4版），法律出版社2007年版，第291页。
④⑤⑥ 谢在全：《民法物权论》（中册），三民书局2003年7月修订2版，第203页。

归需役地的共有人共同享有,由供役地的共有人共同负担;而非归需役地的共有人分别享有,亦非由供役地的共有人分别负担。①

需役地被分割的,其地役权为各部分的利益继续存在。例如,甲乙共享土地承包经营权的需役地,就丙的供役地设立排水地役权。其后,需役地的土地承包经营权被分割为两项独立的权利,甲乙各享有一项,排水地役权仍为该两宗承包地及其经营权的利益而存在,即,甲乙均可继续为其承包地及其经营权的便宜而享有前述排水地役权。如果甲将其土地承包经营权转让给了丁,乙继续保有其土地承包经营权,则乙和丁有权为其承包地及其经营权的便宜而享有该排水地役权。但是,如果地役权的行使,依其性质只关乎需役地的一部分的,地役权仅就该部分继续存在。例如,甲乙共有的需役地,在丙的供役地设立丙不得在 30 米内建造建筑物的采光地役权。其后,需役地被分割成两宗土地,其中甲独享的一宗已经距离供役地 30 米之外,无需前述地役权的存在了。于是,该采光地役权仅为靠近供役地的部分需役地而存在。于此场合,丙有权请求甲注销其地役权的登记。需役地部分转让的,结论同上。②

《民法典》关于"需役地以及需役地上的土地承包经营权、建设用地使用权部分转让时,转让部分涉及地役权的,受让人同时享有地役权"的规定(第 382 条),承认了地役权在享有上的不可分性。为使该条规定的适用更加合理,不妨将所谓"转让部分涉及地役权的"解释为含有"如果地役权的行使,依其性质只关乎需役地的一部分的,地役权仅就该部分继续存在"之义。

供役地被分割的,地役权就其各部分继续存在。例如,甲乙共享建设用地使用权的供役地,存在着为丙的需役地设立的通行地役权。其后,该供役地被分割为二宗建设用地,甲乙各享有一项建设用地使用权,前述地役权继续存在于甲乙各享有的建设用地之上。甲将其建设用地使用权转让给丁,结论亦然。但是,地役权的行使,依其性质只关于供役地的一部分的,地役权仅对该部分继续存在。例如,通行地役权所开辟的道路仅仅通过甲利用的建设用地的,则地役权仅仅继续存在于甲利用的建设用地上,乙利用的建设用地已无负担通行地役权的必要,应构成部分消灭地役权的原

---

① 谢在全:《民法物权论》(中册),三民书局 2003 年修订 2 版,第 203 页。
② 参见谢在全:《民法物权论》(中册),三民书局 2003 年修订 2 版,第 204 页;王泽鉴:《民法物权·用益物权·占有》(总第 2 册),中国政法大学出版社 2001 年版,第 83 页;梁慧星、陈华彬:《物权法》(第 4 版),法律出版社 2007 年版,第 291 页;王利明、尹飞、程啸:《中国物权法教程》,人民法院出版社 2007 年版,第 407 页。

因。因而,乙有权请求丙注销存续于自己建设用地上的地役权的登记。①

《民法典》关于"供役地以及供役地上的土地承包经营权、建设用地使用权等部分转让时,转让部分涉及地役权的,地役权对受让人具有法律约束力"的规定(第383条),已经承认了地役权在负担上的不可分性。为使该条规定的适用更加合理,不妨将所谓"转让部分涉及地役权的"解释为含有"如果地役权的行使,依其性质只关于供役地的一部分的,地役权仅对该部分继续存在"之义。

8. 地役权对供役地不具有独占性

地役权对供役地不具有独占性,在消极地役权场合表现得最为明显,即使是对积极地役权也同样适应。因为地役权设立后,供役地的所有权人或使用权人仅在地役权行使的必要范围内,负有容忍或消极不作为的义务,在不妨碍地役权人行使其权利的范围内,供役地的所有权人或使用权人的用益权能仍可继续存在。②

二、地役权与相邻关系

分析《民法典》的有关规定,地役权和相邻关系具有相同点,如两者都调节不动产的利用,均限制着一方主体的不动产所有权及使用权,都可以有通行、排水、用水、管线设置、采光等类型,等等。同时,二权也具有如下不同点:

(一)地役权是基于当事人的约定设立的(《民法典》第372条以下),相邻关系基于法律的直接规定而存在(《民法典》第288条以下)。所以,对于地役权,规定了以登记作为公示方式,且具有对抗善意第三人的效力(《民法典》第374条);而对于相邻关系,则无登记的必要,因为作为所有权的限制,相邻关系已经成为所有权及有关不动产物权的内容,只要所有权公示即可。在地役权移转上,也需要通过合同方式;而在相邻关系上,基于相邻关系而产生的权利(如通行权等)的移转,并不需要通过合同方式,而是通过法律规定。

(二)地役权的目的在于提高需役地的效益;而相邻关系的目的在于调和相邻土地之间的利益,对相邻土地所有权及有关使用权进行限制,让土地所有权人及有关使用权人负担容忍的义务(《民法典》第375条)。

(三)在相邻关系情况下,要求不动产之间必须是相邻的;而在地役权情况下,则无此要求。

---

① 参见谢在全:《民法物权论》(中册),三民书局2003年修订2版,第204页;王泽鉴:《民法物权·用益物权·占有》(总第2册),中国政法大学出版社2001年版,第83页;梁慧星、陈华彬:《物权法》(第4版),法律出版社2007年版,第291页;王利明、尹飞、程啸:《中国物权法教程》,人民法院出版社2007年版,第407页。

② 谢在全:《民法物权论》(中册),三民书局2003年修订2版,第205页。

（四）地役权虽然具有从属性，却是一种独立的物权；而相邻权则不是独立的物权，只是一方的不动产所有权或其他不动产物权内容的扩张，对相邻他方的不动产所有权及有关使用权的限制。

（五）地役权的取得可以是有偿的，也可以是无偿的，究竟如何，取决于当事人双方的约定；而相邻关系则不存在有偿问题。

（六）相邻关系与地役权之间如何分工和衔接？相邻关系"乃法律上当然而生之最小限度的利用之调节，仍未出所有权之范围，而地役权乃超越此最小限度外之一种更宽泛的调节，亦即依当事人之约定，而存于所有权之外一种从属性的物权，对于相邻关系之规定，常具有弥补其不足之功能。"① 相邻关系与地役权在表现形式上可以是相同的，如法律规定了相邻通行关系，当事人可以约定通行地役权；法律规定了相邻排水关系，当事人可以约定排水地役权；法律规定了相邻采光关系，当事人可以约定采光地役权；等等。但是，相邻关系与地役权在使权利人享有的利益的多寡上存在着不同，权利人行使权利给义务人造成的损害的程度不同。地役权使权利人享有的利益更多，给义务人造成的损害较大。② 如果说相邻关系制度相当于"吃饱"，地役权制度则相当于"吃好"。

相邻关系的类型是法定的，毕竟有限；而地役权则与此有别，当事人为满足其需要可设立形形色色的类型，只要不违反法律、行政法规的强制性规定，不违背公序良俗原则。例如，上海市的甲与北京市的乙签订租赁合同，承租由乙享有物权的 A 地及地上建筑物；随后，承租人甲为使自己独占 A 地区域的餐饮经营业务，便与出租人乙签订地役权合同，约定乙不得允许他人在 A 地经营餐饮业。于此场合，只可设立地役权，绝不会形成相邻关系。

三、地役权与建设用地使用权

解决架设管线而需要长期利用他人土地的问题，在现行法上，不允许采用土地租赁权、土地承包经营权等制度，可借助于相邻关系、地役权和建设用地使用权制度。

相邻关系制度有两方面的局限性：一是两项不动产必须相邻；二是必须选择对相邻他方造成损失最小的路线和方法。对于诸如川气东送等远隔千山万水的项目用地，或超出了相邻关系制度所允许范围和程度的用地，相邻关系就爱莫能助，只剩下地役权和建设用地使用权两项制度可供选用。

就外表看来，地役权和建设用地使用权都有在他人土地上建造设施并保有所

---

① 郑玉波：《民法物权》，三民书局 1988 年修订 12 版，第 182-183 页。
② 参见崔建远：《土地上的权利群研究》，法律出版社 2004 年版，第 225 页。

权的目的及功能。利用他人土地架设高压电线杆,或修建输油泵站,乃至修筑输水渠等,地役权和建设用地使用权均堪担当此任。其实,认真体会两项权利的目的及功能,会发现差异。建设用地使用权的唯一的至少是主要的目的及功能,就在于利用他人土地建造建筑物、构筑物及其附属设施并保有所有权;而地役权的目的及功能多种多样,即使出现利用他人土地建造构筑物及其附属设施的情形,也只是辅助的或次要的目的及功能,主要目的及功能在此之外。例如,某大型发电站将电输往某电网,架设高压电线杆需要利用沿途土地,输送电力是主要目的,利用他人土地架设电线杆是次要目的,只是为了输送电力不得不采取的手段。再如,川气东送项目,将四川省达州所产天然气输送至上海市是主要目的,利用沿途土地铺设输气管道是次要目的,是为了输送天然气而必须采取的手段。这些场合利用土地的权利正符合地役权的特质,若一定固执地运用建设用地使用权模式,虽然不是绝对不可以,但有些大材小用。此其一。

如果固执地采用建设用地使用权以解决利用沿途土地的正当根据,就必须征收集体所有的土地,足额补偿因集体土地所有权、土地承包经营权或宅基地使用权、农田水利等设施所有权、住宅及其附属设施所有权、青苗和树木等所有权灭失,而给集体经济组织、土地承包经营权人或宅基地使用权人、住宅所有权人或有关设施的所有权人造成的损失,成本十分高昂。而采用地役权制度,由于无需改变沿途不动产的权属,自然无需动用征收措施,也不存在足额补偿的问题,只需要按照电线杆、管道等占地的情形支付一些地租即可,成本低得很多。此其二。

采取建设用地使用权作为利用沿途不动产的正当根据,沿途耕地不再属于集体经济组织,耕地上的土地承包经营权消灭。可是,川气东送等工程项目的权利人——建设用地使用权人——并不长于耕种农地,依其职能只好闲置耕地,但这显然不符合国家保护耕地、不许耕地荒芜的政策。解决这个问题,还要借助于土地租赁、土地借用等制度。这些制度是否符合现行法的规定,尚有疑问。运用地役权则不存在此类麻烦,原因就在于供役地的权属依旧不变,农业承包经营户有权也有义务继续从事农林牧渔的生产经营活动。此其三。

[探讨]

诸如南水北调等工程项目的建设,对沿途土地的利用若采取地役权模式,会产生这样的疑问:需役人是只要取得地役权就能满足兴建输水渠及相关设施的全部条件呢,还是取得地役权以解决利用地基的权源问题,再取得建设用地使用权以使输水渠及相关设施的所有权归业主享有?对于需役人而言,前者的"单权源"方案显然最有效率,后者的"双权源"方案则增加不小的负担。我们应当尽可能选择"单权源"方案。当然,在需役人和地基的土地所有权人或使用权人之间的关系中,假如输水渠及相关设施的建造并保有是业主的唯一或主要目的,那么,需役人不取得建设用地使用权就是在规避法律;如果需役人利用地基而输水是主要目的,建造输水渠及相关设施仅仅是"为达到地役权之目的或实现其权利内容,所需之必要附随行为"①,那么,需役人取得地役权就附带解决了输水渠及相关设施的所有权归属问题,无需再取得建设用地使用权。②

第二节　地役权制度的历史沿革

在罗马法上,与地役权相对应的是人役权,二权合称为役权。地役权是为了某特定土地的利益而利用他人土地的权利,用来在相邻关系中满足土地方面的需要,并且是从正面确定的使用权。人役权是为了某一特定人的利益而利用他人土地的权利,为了保障特定人享受优惠,一般把完全享用某物作为生活依据,而该物的所有权并未转让给他们。役权真正原始的类型表现为地役权,在古典法中它被称作 iura praediorum 或 sevitutes,使用后一词无需再加定语;在新法中它也经常被称为 servitutes(役权)。只是在共和国的最后年代才出现了人役权,通过优士丁尼被列入役权的一般范畴之中,他大概喜欢把所有的"他物权"都归入役权的范畴;这在当时当然是较合逻辑的。在罗马法上,人役权包括了用益权这一类型,用益权是对他人土地所享有的全面的用益,原所有权人不再拥有任何意义上的用益可能性。典型的人役权还有居住权。③

德国法基本继承了上述用益物权制度,但将用益权独立出来,这样,用益权、地役权、人役权三足鼎立。④ 而人役权中的居住权制度又被特别法定化,在《住宅所有权法》(相当于建筑物区分所有权法)中,又产生了特别居住权,即长期居住权(在住宅情况下)和长期使用权(在非住宅情况下)。⑤

德国等法律上的不动产概念大多以土地涵盖地上物,后者为土地的成分而非独立不动产。故所谓地役权(servitudes, Grunddienstbarkeit),解释上当然涵盖了土地(包括房屋)之间,为便宜之用而设的役权,即使法律进一步区分土地和房屋役权(Feld-od.Gebaudeservitut),或称乡村和城市役权,也只是在功能上加以区隔,其实标的

---

① 谢在全:《民法物权论》(中册),三民书局2003年修订第2版,第224页。
② 参见崔建远:《土地上的权利群研究》,法律出版社2004年版,第228页。
③ [意]彼德罗·彭梵得:《罗马法教科书》,黄风译,中国政法大学出版社1992年版,第251页以下。
④ [德]鲍尔/施蒂尔纳:《德国物权法》(上册),张双根译,法律出版社2004年版,第695页以下。
⑤ 同上书,第655页以下。

都是同一笔土地。①

法国、瑞士、德国等国家在继承传统的地役权制度的基础上,还有所发展,出现了营业竞争限制的地役权(wettbewerbs-beschrankende Dienstbarkeit),有人称之为地役权的第二春。例如,土地所有权人甲和土地所有权人乙约定,乙不在其土地上从事某种营业,不贩卖某种商品,不将该地出租与他人经营某种营业,或不贩卖某种商品。②

[辨析]

营业竞争限制的地役权,或者说对竞业禁止或销售约束的担保,其法律性质如何,存在着不同的意见。

在法国,在相当长的历史时期,民法理论和判例均认为,不竞争义务是一种债务,如其具有永久性,则应归于无效。这方面的典型判例之一是,一不动产的出让人为了能够开采相邻土地的碱性碳酸铜,遂禁止该不动产的受让人及其权利承受人开采位于该土地之下的碱性碳酸铜。法院判决,此项义务不得约束该不动产的再受让人,除非该当事人自行设立这一义务。③ 之所以如此裁判,是因为在设立不竞争义务的情形,该不作为义务条款的真正受益人,总是作为资产受让人的商人,而非该项不动产。这就不符合地役权的成立所要求具备的条件。④

然而,在法国近期的判例中,也有某些判例认定,当一不动产受益于另一不动产时,不作为义务不仅可以构成地役权,而且即使其为永久性义务,亦为有效。例如,法国最高法院商事法庭1987年7月15日关于Brusquuand夫妇案件的判决认定:"对具有特定用途的不动产受让人的禁止规定可具有地役权的特征,这种地役权产生于人为的事实,使一土地的权益系于另一土地,因为这一利用不违背公共利益,故其为有效;而一项在时间上未予限定的限制实施特定商业活动的协议若仅限适用于特定地点,则具有合法性。"在该案中,包括一项营业资产(汽车修理厂)的不动产出卖人承担了不得在其引起争议的不动产内安置任何同类营业的义务。上诉法院认定这一条款无效,理由是:"这一规定的结果是无限期地禁止他人在有关的不动产内从事特定的营业活动,违背了公共秩序,且因有损于商业自由而具有违法性。"但此判决被最高法院撤销。⑤

---

① 苏永钦:《走入新世纪的私法自治》,中国政法大学出版社2002年版,第256页。
② 王泽鉴:《民法物权》,北京大学出版社2009年版,第317页。
③ Req.8 juil.1851,D.P.,51.I.188.S.,51.I.599.转引自尹田:《法国物权法》(第2版),法律出版社2009年版,第434页。
④ 尹田:《法国物权法》(第2版),法律出版社2009年版,第435页。
⑤ Com.,15juil.1987,B.IV,184;D.,88.360,n.Chr.Atias et Chr.Mouly;D.,88,som.177.n.Y.Serra. 转引自尹田:《法国物权法》(第2版),法律出版社2009年版,第435页。

在德国,有人认为它为限制的人役权,另外的则主张它为地役权。区分情况而确定其性质和类型说则主张,应以是否有利于需役地为判断标准。作为地役权,必须是为需役地自身的利益,而不是为需役地各时特定的且具有不同需求的所有权人的利益。这是《德国民法典》第1019条规定的地役权设立条件所要求的,该条为强制性规定。① 比如,在一宗土地上开设一家百货商店,则可在邻地上登记一项禁止建造百货商店为内容的地役权;反之,若需役地为住宅土地,所有权人在其住宅的一层经营一家会计师事务所,则不能设立具有相应内容的地役权。② 在后一种情形中,仅能设立一项限制的人役权,因为在限制的人役权中,其内容以权利人的特殊使用为标准。③

日本、韩国、中国台湾地区继受了大陆法系的地役权制度。日本民法、中国台湾地区"民法"采取房地分离的模式,土地所有权不及于其上的工作物,从而所谓地役权,文义上既仅提土地,能不能涵盖单纯房屋之间为便宜之用的情形,即不能无疑。④ 在实务上,中国台湾地区"最高法院"曾有判决明确否认土地上的建筑物可设定役权:所谓地役权,乃以他人土地供自己土地便宜使用之权利,如以他人之建筑物供自己土地便宜之用者,自不在地役权范围以内(域外立法例又当别论)。⑤ 必须注意,中国台湾地区的"民法物权编"已被修正,变地役权为不动产役权,其规定适用于土地和地上建筑物(第851条以下)。

值得注意的还有,大陆法系承认有空间役权。在空间或空间之上成立的役权,特别是基于空间而成立的役权,就是空间役权。比如,对高压电线通过的空间(高压电线自身占有、支配存在的现实空间)来说,在其电线周围限制或禁止工作物的建造时,就是空间役权。空间役权,不仅只在横向的关系上成立,也可以在纵向的关系上成立。比如,对地铁企业来说,在其轨道用地的地表上,建造了重量很大的工作物,由于重量加大以至于轨道隧道有塌陷的危险,拥有限制或禁止建造一定重量的工作物的权利就是必要的;或相反,对地表上的权利者来说,不断发出轰鸣或震动的声音以及难以对地表加以利用时,则有必要拥有对其予以阻止的权利。另外,即使没有达到那种程度,在区分所有的建筑物之上层或下层的居住者、所有者相互间,应该相互保证

---

① [德]鲍尔/施蒂尔纳:《德国物权法》(上册),张双根译,法律出版社2004年版,第715页、第711页。
② 参见慕尼黑州高等法院:《新法学周刊》,1957年,第1765页;联邦最高法院:《德国公证杂志》,1856年,第40页。转引自[德]鲍尔/施蒂尔纳:《德国物权法》(上册),张双根译,法律出版社2004年版,第715页。
③ 参见联邦最高法院:《新法学周刊》,1983年,第115页。转引自[德]鲍尔/施蒂尔纳:《德国物权法》(上册),张双根译,法律出版社2004年版,第715页。
④ 苏永钦:《走入新世纪的私法自治》,中国政法大学出版社2002年版,第256-257页。
⑤ 中国台湾地区"最高法院"1972年台上字第3108号判决。

不妨害对方各自的空间利用权,所以,在纵向的关系中要特别注意空间役权的产生。①

日本、韩国、中国台湾地区在继受大陆法系民法的过程中,以所谓的文化差异为由,没有继受上述人役权制度。不过,在法律和实务的运作上,不乏人役权色彩的权利出现。典权,就对他人的不动产得为广泛使用、收益而言,颇具人役权中用益权的性质。用益权遗赠也有人役权的属性。再如,中国台湾地区的"森林法"第20条规定的森林所有人使用他人土地或水流工作物之权,亦难谓非人役权。②

中国大陆《物权法》设置了地役权(第156~第169条),为中华人民共和国建立以来立法的首次,填补了空白,值得肯定;并且需役地和供役地均包含土地及地上建筑物。《民法典》予以承继(第372~第385条)。

《物权法》尚未明文规定空间地役权,或者说区分地役权,《民法典》亦然。但学说多持赞同态度③,本书亦然。

关于人役权制度,《物权法》尚付阙如。在物权法的立法过程中,对于是否引入居住权制度有广泛的争论④,若干稿的物权法草案曾有居住权的设计,但最终《物权法》没有规定居住权制度。值得庆幸的是,《民法典》弥补了此种缺憾,增设居住权制度(第366~371条)。

值得提及的还有,《物权法》采取了严格的物权法定主义(第5条),规定的物权类型又极为有限,难以满足实际生活的多方需要。《民法典》在这方面有所改进,但仍有前进的不小空间。地役权以其内容变化多端,具有多样性著称,在不违反公序良俗原则的前提下,有充分约定的空间,不动产权利人若能善加利用,自然能锦上添花,满足相当部分的需要。由此可在一定程度上软化严格的物权法定主义的僵硬。

在这方面,可以借鉴的有《法国民法典》第686条第1项前段关于"所有人得对其产业或其产业的利益而设定其认为适当的地役权"的规定及其学说。根据该条项的

---

① [日]筱塚昭次:《空中权、地中权的法理——围绕土地的新利用形态》,载《法学家·临时增刊·土地问题——实态·理论·政策》第476号,有斐阁1971年4月10日,第127页。

② 谢在全:《民法物权论》(中册),三民书局2003年修订2版,第189页。

③ 陈华彬:《物权法原理》,国家行政学院出版社1998年版,第286-301页;梁慧星、陈华彬:《物权法》,法律出版社2003年第2版,第150-156页;梁慧星主编:《中国物权法草案建议稿:条文、说明、理由与参考立法例》,社会科学文献出版社2000年版,第454-456页、第558页;王利明主编:《中国物权法草案建议稿及说明》,中国法制出版社2001年版,第87-88页;王利明:《物权法研究》,中国人民大学出版社2002年版,第477-492页;崔建远:《我国民法的漏洞及其补充》,载《吉林大学社会科学学报》1995年第1期,第1-8页;崔建远:《土地上的权利群研究》,法律出版社2004年版,第237页。

④ 钱明星:《关于我国物权法中设置居住权的几个问题》,载《中国法学》2001年第5期,第13页以下;崔建远:《土地上的权利群研究》,法律出版社2004年版,第237页;申卫星:《视野拓展与功能转换:我国设立居住权制度必要性的多重视角》,载《中国法学》2005年第5期,第77页以下;薛军:《地役权与居住权问题》,载《中外法学》2006年第1期,第96页以下。

规定,当事人可以设定法律就其类型未作明文规定的地役权。学者认为,这是物权设定限制原则(物权法定原则)的松动。① 尽管如此,地役权的设定也不得违背一般习惯所表现的公共秩序,且其设定必须基于两项土地之间的相互关系。② 不过,需要注意,通过约定产生地役权来软化严格的物权法定主义的僵硬,不得违反法律、行政法规的(效力性的)强制性规定,否则,此类约定无效。举例来说,"地役权所起之作用与相邻关系之规定相同,所以,其内容绝大多数是相邻关系规定之扩大或限制。然而,相邻关系作为进行相邻接土地间最低限度之使用调节之规定,在与其有关之规定中,存在不少强行规定(例如《日本民法典》第 200 条、210 条、214 条、220 条、223 条等)。因此,民法提醒性地规定地役权之内容不得违反强行规定。例如,不得设定类似限制袋地所有人之围绕地通行权之地役权。"③

第三节 地役权的分类

一、地役权的种类

地役权的应用前景非常可观,可有如下类型:(1)以供役地供使用的,如通行、取水、排水的地役权;(2)以供役地供收益的,如得于供役地伐木或取得其他材料,作为需役地建筑的山林地役权,得自供役地采取石灰石、瓷土等原料,以供需役地需用的取得土地构成部分的地役权(在中国大陆,得先取得采矿权,然后有地役权制度的适用);(3)为调整相邻关系而设立的,如设立需役地屋檐的雨水得直注相邻供役地的地役权,需役地竹木的枝根得逾越相邻供役地的地役权,相邻一方依其意志而选定通行路线和方法的通行地役权;(4)禁止或限制供役地为某种使用的,如禁止供役地建筑高楼或在一定范围内栽种高大植物,以免妨碍需役地的眺望或采光的地役权;禁止供役地开设可能污染生态环境的工厂,供役地不得为他种式样建筑的地役权;(5)为禁止营业竞争而设立的,如需役地所有权人或使用权人为避免供役地与其营业竞争,禁止供役地经营相同的营业的地役权。可见,地役权的内容变化多端,具有多样性,在不违反公序良俗原则的范围内,有充分约定的空间,不动产权利人若善加利用,颇能增加其不动产的价值。④

---

① Malaurie et Aynès, les biens, p.324. 转引自尹田:《法国物权法》(第 2 版),法律出版社 2009 年版,第 439 页。
② 尹田:《法国物权法》(第 2 版),法律出版社 2009 年版,第 439 页。
③ [日]我妻荣:《日本物权法》,有泉亨修订,李宜芬校订,五南图书出版公司 1999 年版,第 377 页。
④ 谢在全:《民法物权论》(中册),三民书局 2003 年修订 2 版,第 188-189 页。

二、地役权的分类

将上述地役权按照一定的区分标准予以分类,可有若干分类。

(一) 意定地役权与法定地役权

1. 区分标准

以地役权的设立是基于当事人的约定还是法律的直接规定作为区分标准,地役权可分为意定地役权和法定地役权。

2. 界定及产生背景

法定地役权,在不同的立法例及其理论上含义不尽一致。普通法上的法定地役权,相当于中国《民法典》上的相邻关系。《民法典》分设相邻关系和地役权,前者基于法律的直接规定当然存在,后者基于当事人的约定而设立。

但是,若完全拘泥于当事人的约定,未必十分切合实际生活的需要。如川气东送等工程若采取地役权模式解决利用沿途土地的权利,就面临着土地权利人不同意签订地役权合同的危险。欲突破沿途土地权利人拒绝签订地役权合同的障碍,保障地役权肯定设立,以满足国民经济发展和保障国家战略安全,可有两条路径:一是规定强制缔约制度;二是设置法定地役权制度。

3. 分类的法律意义

区分意定地役权和法定地役权的法律意义在于,地役权的成立要件不同,在中国有必要承认法定地役权或强制缔约而生的地役权,以满足国计民生所必需项目的用地需求。

(二) 积极地役权与消极地役权

1. 区分标准

以地役权是否以积极的作为为内容,或以供役人所负不作为义务为内容。

2. 界定

所谓积极地役权,又称作为地役权,也叫容忍地役权,表现为地役权人可以在供役地上为一定作为,供役人负有容忍该行为的义务。通行地役权、排水地役权等为其例证。所谓消极地役权,又叫不作为地役权,表现为供役人在供役地上不得为一定行为,而非单纯的容忍义务。采光地役权、眺望地役权、禁止噪声及污染地役权等属于此类。

3. 分类的法律意义

区分积极地役权和消极地役权的法律意义在于,显现地役权内容的表现形式不同,法律调整的方式有异。

(三)继续地役权与非继续地役权

1. 区分标准

以地役权行使或内容实现的时间是否有继续性作为区分标准,地役权分为继续性地役权和非继续性地役权。

2. 界定

所谓继续地役权,是指权利内容的实现不必每次有地役权人的行为,而在时间上能继续无间的地役权。筑有道路的通行地役权、铺设输水管的取水地役权及其他消极地役权均属此类。所谓非继续地役权,是指权利内容的实现,每次均以有地役权人的行为为必要的地役权。这种地役权大概没有固定设施,尚未修建道路的通行地役权、无取水设施的取水地役权等为其例证。

3. 分类的法律意义

区分继续地役权与非继续地役权的法律意义在于,地役权能否因取得时效而取得。

(四)表见地役权与非表见地役权

1. 区分标准

以地役权的存在是否表现于外部作为区分标准,地役权分为表见地役权和非表见地役权。

2. 界定

所谓表见地役权,是指地役权的存在和行使,有人们从外部能够认知的客观事实的地役权。通行地役权、地表取水地役权、地表排水地役权等均属此类。所谓非表见地役权,是指地役权的存在无外形事实作为表现,人们不能从外部认知它的地役权。埋设管线地役权、眺望地役权、采光地役权等为其例证。

3. 分类的法律意义

区分表见地役权和非表见地役权的法律意义在于,非表见地役权不得因时效而取得。

第四节 地役权的取得

一、概述

地役权的取得分为原始取得和继受取得。所谓地役权的原始取得,是指不基于他人既有的权利而独立取得地役权的现象。它包括善意取得地役权(《民法典》第311条第3款)、依据法律的直接规定而取得地役权(法定地役权)。《民法典》未承认基于时效而取得地役权。

所谓地役权的继受取得，又称地役权的传来取得，是指基于原权利人的权利而取得地役权的现象。通过地役权合同而设立地役权，属于创设继受取得地役权。本节主要介绍它。基于转让、互易、赠与而继受取得，以及将地役权出资而由公司继受取得，属于移转继受取得地役权。自然人为权利人时基于遗赠而继受取得或基于继承而继受取得，同样属于移转继受取得地役权。继受取得以转让取得地役权为常态，将在本章第五节"地役权的效力"中讨论。

二、通过地役权合同设立地役权

（一）当事人

地役权合同的当事人，包括需役人和供役人。前者又被称为地役权人，是有权设立有利于自己不动产的权利人；后者是有权为他人不动产的效益而设立地役权的人。

1. 供役人

在中国，土地和建筑物、构筑物及其附属设施是各自独立的两个物。房屋所有权人有权以其建筑物、构筑物及其附属设施为他人不动产的效益而设立地役权。房屋的承租人不得为他人不动产的效益设立地役权。土地所有权人可以其土地为需役人设立地役权。但土地上已设立土地承包经营权、建设用地使用权、宅基地使用权等权利的，未经用益物权人同意，土地所有权人不得设立地役权（《民法典》第379条）。也就是说，在土地上存在上述土地承包经营权等用益物权的情况下，土地所有权人为他人不动产的效益而设立地役权，需要经过土地承包经营权人等用益物权人的同意。因为此时，土地所有权人设立的地役权直接影响了土地承包经营权等用益物权的行使。

如果土地所有权人未经过用益物权人的同意设立地役权的，地役权合同违反了《民法典》第379条的强制性规定，应当归于无效，地役权并不成立。在业已办理完毕地役权登记的情况下，应当注销该项登记（《民法典》第385条）。

[探讨]

在业已办理完毕地役权登记，善意第三人以合理的费用受让，而且办理完毕变更登记手续的情况下，该第三人能否依据《民法典》第311条第3款的规定善意取得该地役权？严格按照善意取得以公示的公信力为理论和逻辑前提的观点，因《民法典》不强求地役权必须公示，且未赋予地役权登记的公信力（《民法典》第374条），故地役权不存在善意取得问题。若宽松地理解善意取得制度的基础，务实地解决善意受让人以合理费用受让地役权的问题，可能会有相反的结论。对此，需要继续探讨。还可以另辟蹊径，在善意取得制度之外，承认善意第三人取得地役权。

土地承包经营权人、建设用地使用权人、宅基地使用权人,对承包地、建设用地或宅基地虽无所有权,但有权以承包地、建设用地或宅基地为他人不动产的效益设立地役权(《民法典》第 380 条、第 383 条等)。但是,地役权人不得在该不动产上为其他不动产设立地役权。

2. 需役人

对于需役人,法律上没有严格限制,在理论上,不动产的所有权人或使用权人,包括房屋承租人、土地承租人等都可以成为需役人。

(二)地役权合同

1. 概述

《民法典》第 373 条第 1 款规定,设立地役权需要当事人双方订立书面形式的地役权合同。这含有如下几层意思:(1)地役权的设立不是原始取得,而是创设的继受取得,属于基于法律行为而发生的不动产物权变动。其潜台词是只有地役权合同合法、有效,地役权才可以设立;若该合同不成立、被撤销、无效,则地役权未设立。(2)地役权合同应当采用书面形式。虽然《民法典》第 373 条措辞为"应当采用书面形式",但也不应把该规定理解为强制性规定,更不应将之确定为效力性的强制性规定。因为强制性规定系调整社会公共利益关系的法律规定,该规定调整的是住宅所有权人与地役权人之间的利益关系,不属于社会公共利益关系,所以它非为强制性规定。不过,该规定毕竟呼吁当事人"应当采用书面形式",这不同于典型的任意性规定,王轶教授把它划归倡导性规定[①],笔者予以赞同。(3)尽管如此,书面形式仍很重要,至少在证据法上,在个案中,虽然当事人双方未签书面形式的地役权合同,但只要地役权人举证成功双方之间的确存在地役权关系,就应当予以肯定的认定,支持地役权人的此项主张。

2. 地役权合同的条款

《民法典》第 373 条第 2 款示例了地役权合同的一般条款,这便于人们在订立地役权合同时参考、模仿,使合同趋于完整,因而它们具有行为规范的属性。

《民法典》第 373 条第 2 款第 1 项规定的当事人的姓名或者名称,应为主要条款,因为欠缺当事人的姓名或者名称,合同项下的权利义务便无所附丽,不知由谁履行义务,向谁清偿,失去意义。在地役权合同采用书面形式的情况下,假如合同文本上未填写当事人的姓名或名称,那么,地役权人欲主张自己为地役权人,举证证明的难度就相当大。如果他已经时常往返于供役地,他与供役地的所有权人之间不存在诸如租赁、借用等关系,那么,可以通行于供役地的事实作为证据(事实自证)来证明其与

[①] 王轶:《论倡导性规范——以合同法为背景的分析》,载《清华法学》2007 年第 1 期,第 66-74 页。

供役地的所有权人之间存在地役权合同。供役地的所有权人拟否认该种主张,需要举反证来推翻。或者,地役权人举证录音、录像或出具证人证言等,来举证证明其为地役权人。

《民法典》第 373 条第 2 款第 1 项规定的当事人的住所条款,属于合同的一般条款,而非主要条款,因其主要在送达、诉讼管辖或履行地点的确定等方面起作用,在当事人身份的甄别方面其辅助作用,

《民法典》第 373 条第 2 款第 2 项规定的供役地和需役地的位置,亦为主要条款,因为供役地系需役地获取效益/便宜的对象,无具体位置便不知道何处获取效益/便宜。供役地的权利人不仅负有容忍地役权人由自身获取效益/便宜的义务,也有权监督、对抗地役权人的超限度索取,而需役地的位置就是判断地役权人超限度与否的因素之一。可见,合同条款遗漏供役地和需役地的位置,地役权行使的对象便不具体、明确,地役权和行使适度与否也难清晰。为了清楚地界地役权行使的范围和限度,明确界定供役地,减少乃至避免纷争,地役权合同文本上明确供役地和需役地的位置十分必要。

《民法典》第 373 条第 2 款第 3 项要求的"利用目的和方法"条款,非常重要,是解释地役权的核心基准点,是判断地役权行使是否适度的根本标准,是判断供役地的权利人在哪些方面有权对抗地役权人的不当主张的重要标准之一,故为主要条款。假如合同文本上欠缺此项条款,就需要根据地役权的本质属性,综合个案的多种因素探求之。

《民法典》第 373 条第 2 款第 4 项规定"地役权期限"为地役权合同的条款之一,是因为地役权为有期物权,且有长有短,长短如何事关当事人双方的权益关系,其重要性也不低。也正因如此,当事人不得约定永久期限的地役权,以免加重供役地的权利人的负担,阻碍着存在于供役地上的他物权的转让。如果地役权合同遗漏此项条款,应当按照《民法典》第 510 条的规定,当事人可以协议补充;不能达成补充协议的,按照个案中的地役权的性质、具体目的、地役权人的特殊情况以及当地习惯,予以考量、确定。

《民法典》第 373 条第 2 款第 5 项把"费用及其支付方式"作为地役权合同的条款之一,是因为地役权的设立以有偿为基本面,若不约定此项内容,则可能意味着供役地的权利人放弃对价请求权。由此可见,"费用及其支付方式"不是地役权合同的主要条款。此其一。一旦地役权合同约定有费用,如何支付也影响着供役地的权利人的利益实现得顺利与否,故地役权合同应当约定"费用及其支付方式"。此其二。

《民法典》第 373 条第 2 款第 6 项示例"解决争议的方法"为地役权合同的条款之一,考虑周全,充分尊重意思自治。所谓解决争议的方法,例如仲裁、诉讼,在仲裁或

诉讼过程中达成和解、庭外和解等。该条款不属于合同的主要条款,因为欠缺它,地役权合同照样成立。

(三) 地役权的设立

根据《民法典》第 274 条前段的规定,地役权自地役权合同生效时设立。如果地役权合同未约定合同的特别生效要件,法律、法规也未规定特别的生效要件,则地役权合同成立之时就是该合同生效之日(《民法典》第 502 条第 1 款正文)。如果地役权合同或法律、法规有这方面的要求,则依其要求确定地役权生效的时间点。

(四) 地役权登记

地役权是一种物权,一般应有公示要件,但考虑到中国实际情况,《民法典》采取了登记为对抗要件的模式,于第 374 条规定,地役权自地役权合同生效时设立。当事人要求登记的,可以向登记机构申请地役权登记;未经登记,不得对抗善意第三人。《不动产登记暂行条例实施细则》对此予以细化:"按照约定设定地役权,当事人可以持需役地和供役地的不动产权属证书、地役权合同以及其他必要文件,申请地役权首次登记"(第 60 条)。"地役权登记,不动产登记机构应当将登记事项分别记载于需役地和供役地登记簿"(第 64 条第 1 款)。"供役地、需役地分属不同不动产登记机构管辖的,当事人应当向供役地所在地的不动产登记机构申请地役权登记。供役地所在地不动产登记机构完成登记后,应当将相关事项通知需役地所在地不动产登记机构,并由其记载于需役地登记簿"(第 64 条第 2 款)。

所谓对抗,是于彼此利害相反时才发生的事项,处于这种关系中的人,只限于就主张地役权登记欠缺有正当利益的第三人,对于并无这种利益的第三人,无登记亦可对抗。此处的第三人,是指除地役权设立、转让、消灭的当事人以外的人,但应有限制:不得对抗的第三人,包括就同一不动产最终拥有互不相容权利的人,包括有关合同权利(如租赁权)的人,善意或恶意,在所不问。①

地役权未为登记,也可对抗的第三人,或者说不得否认地役权效力的人,包括以下几类:(1)以不公正的手段妨碍地役权人获得登记的人,或负有协助登记义务而不履行的人,以及主张欠缺登记这一理由明显违背诚实信用的人,均属无登记的地役权人能够对抗的人。(2)虽然从外形上看好像拥有与主张拥有地役权的人不相容的权利,而实体上却没有任何真实权利的人,一般被称为实质上无权利之人。无登记的地役权人能够对抗他。(3)侵权行为人,是指侵害不动产的人,而且不具有交易当事人

---

① 参见[日]我妻荣:《日本物权法》,有泉亨修订,李宜芬校订,五南图书出版公司 1999 年版,第 142 页、第 147 页。

的身份。他也属于无登记的真实权利人能够对抗的人。①

[反思]

一种意见认为,诸如为了粉刷外墙、整修栏栅等而需要设立地役权的情形,若采取登记为生效要件主义,就把本来简单的事项复杂化,办理登记手续远比粉刷外墙等事项麻烦,不如采取登记为对抗要件主义,既不损害善意第三人的合法权益,地役权的产生也快捷。《物权法》采纳了这种意见(第158条),《民法典》予以承继(第374条)。

笔者认为,这需要反思。第一,地役权只是解决问题中可供选择的一种途径,不排斥当事人选择债权的方式,甚至友情等非法律的路径。对于粉刷外墙、整修栏栅等事项的处理,需役地人若嫌登记麻烦,完全可以通过与供役地的权利人订立借用或租赁等合同,从而享有债权的方式,达到目的。因此,以登记烦琐为由反对登记为地役权生效要件的模式,有因噎废食之嫌。第二,把登记作为地役权的对抗要件,使得现行法上的物权变动模式过于多样化,即使是基于法律行为的物权变动模式也不统一。鉴于多样化不利于人们对法律的理解和掌握,除非不得已,应当以统一化为目标。既然《物权法》《民法典》总的精神是基于法律行为的不动产物权变动以登记为生效要件,那么,《物权法》《民法典》的分则应当只在具备充分理由时才设置例外。第三,不要低估登记为地役权设立的生效要件对于减少纠纷、有利于交易安全等方面的积极作用。② 第四,地役权的牵涉面多于居住权,并且,如果说居住权仅仅为当事人双方之间的私事关系,那么,地役权有时事关社会公共利益,如有些埋设输油/气管道、修建城镇用水的输水渠,于此场合赋予地役权的登记具有公信力,更加必要。因此,举轻以明重,连居住权的设立都采取登记为生效要件主义,何况地役权乎?!

第五节 地役权的效力

一、地役权人的权利与义务

(一)对供役地使用的权利

根据《民法典》第376条的规定,以使用供役地为内容的地役权被设立后,地役权人即有权使用供役地,但必须按照合同约定的利用目的和方法使用,尽量减少对供役

---

① 参见[日]我妻荣:《日本物权法》,有泉亨修订,李宜芬校订,五南图书出版公司1999年版,第150-160页。

② 崔建远:《土地上的权利群研究》,法律出版社2004年版,第225-226页。

地的权利人物权的限制。例如,供役地的权利人经营旅店,地役权人享有通行地役权,如果将通路改至旅店另一侧,可减少对其房客的侵扰,且不影响地役权人的通行,则供役地的权利人可以请求改道。还有,供役地的权利人有时可以与地役权人共同使用供役地,若地役权人已经在供役地上建造了必要设施,则供役地的权利人在不妨碍地役权行使的前提下应有权使用此类设施,以免供役地的权利人重复建造之烦。① 这也是地役权的行使应当尽量减少限制供役地的权利人物权的表现。再就是,在地役权的行使限于供役地一部分的情况下,供役地的权利人认为该部分的使用对其有特殊不便利的情况下,可以请求将地役权的行使,迁移至其他适于地役权人利益的场所,迁移费用由供役地的权利人承担。② 于此场合,《不动产登记暂行条例实施细则》第 61 条第 1 款第 4 项规定,应当办理地役权变更登记。

如果地役权人超出约定范围或限度使用供役地时,供役地权利人可以行使物权请求权,在发生损害时,还可以请求损害赔偿。

在设立地役权后,供役地的范围可否根据需役地的需要而当然增减? 如设立取水地役权时,有 10 人需要用水,待 2 年后,增至 12 人用水,是否当然允许? 学说分歧较大。一种意见认为,对地役权的范围,当事人间有详细的约定时,自应以约定时的登记范围为准,不得因当事人一方的需求而当然加以改变。如果没有详细约定,则地役权既然是为需役地的便宜而存在的,在需求自然增加时,地役权的范围可以随之增大。③ 其思路值得我们重视。地役权的范围已被登记的情况下,依其登记,是确定物权效力的最重要的依据。在这样的前提下,《不动产登记暂行条例实施细则》规定:"经依法登记的地役权发生下列情形之一的,当事人应当持地役权合同、不动产登记证明和证实变更的材料等必要材料,申请地役权变更登记……需役地或者供役地自然状况发生变化"(第 61 条第 1 款第 3 项)。"供役地分割转让办理登记,转让部分涉及地役权的,应当由受让人与地役权人一并申请地役权变更登记"(第 61 条第 2 款)。不过,鉴于《民法典》不强求地役权登记,在尚未办理地役权登记的情况下,应依地役权合同的约定;无约定时,按照公平原则,根据具体情况加以确定。有的需要供役地权利人同意,有的需要增加费用。

(二) 实施必要的附随行为、设置并保有必要设施的权利

地役权人因行使或维持其权利,有权为必要的附随行为,也可以设置一些设备。所谓必要的附随行为,不是指行使地役权的行为,如取水地役权场合不是指取水行

---

① 谢在全:《民法物权论》(中册),三民书局 2003 年修订 2 版,第 231 页。
② 同上书,第 232 页。
③ 同上书,第 222 页。

为,而是指为达到地役权目的或实现其权利内容所必需的附随行为,如取水地役权场合为达取水目的而通行于供役地的行为,或铺设引水管道的行为。①

上述附随行为不仅表现为单纯的行为,如通行于供役地,而且包括设置必要的构筑物及其附属设施的行为,如为取水而在供役地上铺设引水管道。地役权人对此类设施保有所有权。②

在地役权人设置并保有必要设施的情况下,按照《不动产登记暂行条例实施细则》第61条第1款第3项、第4项的规定,办理地役权变更登记。

[探讨]

地役权人为达到地役权目的或实现其权利内容所必需的附随行为(如取水地役权场合为达取水目的而通行于供役地的行为,或铺设引水管道的行为),在法国民法上,也是地役权人承担的从属于地役权的给付义务,供役人有权请求地役权人实施。③此类从属义务与具备这种特点的地役权相适应。④

供役人请求地役权人履行这种从属义务的权利,也叫给付请求权。其法律性质处于较为"古怪"的状态。在认定这种给付请求权的性质方面发生的冲突,使物权和债权之间的区别变得模糊起来。⑤

(三)地役权人享有优先权

地役权人使用供役地,不具独占性,不仅可与供役地权利人共同使用供役地,而且因供役地上可设立多个地役权而发生数个地役权人均使用同一宗供役地的情况。各个人的使用相互不冲突时固无问题,发生冲突时适用如下规则。

1. 地役权人和供役地权利人在使用供役地上发生冲突时,原则上应依双方当事人的约定处理;若无约定,则应贯彻地役权的效力优先于供役地权利的效力的原则。此之所谓地役权人使用优先原则。⑥

2. 地役权与在供役地上先设立的用益物权并存时,谁的效力优先,十分复杂,需要做类型化的工作。(1)供役人为供役地的所有权人时,先设立并且业已登记的用益物权的效力优先于地役权的效力。(2)供役人为供役地的所有权人时,先设立的用益物权尚未登记,谁的效力优先?《民法典》第379条关于"土地上已经设立土地承包经

---

①② 谢在全:《民法物权论》(中册),三民书局2003年修订2版,第224页。

③ 法国最高法院诉状审理庭1881年2月23日判决(D.P.,81.I.407;S.,82.I.111),法国最高法院第三民事法庭1989年3月22日判决(B.111,n°71;R.,91.526.Fr,Zenati)。转引自尹田:《法国物权法》(第2版),法律出版社2009年版,第432页。

④ 尹田:《法国物权法》(第2版),法律出版社2009年版,第432页。

⑤ 参见 Malaurie et Aynès,les biens,p.310. 转引自尹田:《法国物权法》(第2版),法律出版社2009年版,第432页。

⑥ 谢在全:《民法物权论》(中册),三民书局2003年修订2版,第223页。

营权、建设用地使用权、宅基地使用权等用益物权的,未经用益物权人同意,土地所有权人不得设立地役权"的规定,主要是约束土地所有权人和用益物权人的,只在地役权人知晓或重大过失地不知供役地上已经存在用益物权的情况下,该规定及其他有关规定才对地役权人发挥作用。具体些说,a.土地所有权人经过用益物权人同意为他人设立地役权,用益物权人须容忍地役权人使用供役地。b.土地所有权人在未经用益物权人同意的情况下,为他人设立地役权,该他人为恶意的,用益物权的效力优先于地役权的效力。c.土地所有权人在未经用益物权人同意的情况下,为他人设立地役权,该他人为善意的,用益物权人得容忍地役权人使用供役地。(3)用益物权人作为供役人,以其承包地、建设用地或宅基地为他人设立地役权,地役权的效力优先于用益物权的效力。

3. 地役权先设立,用益物权后产生,地役权的效力优先于用益物权的效力(《民法典》第378条)。

4. 数个地役权并存于同一宗供役地的场合,先设立且已登记的地役权的效力优先;先设立却无登记的地役权,不能对抗后设立但已登记的地役权。至于先设立却无登记的地役权与后设立亦未登记的地役权之间的效力关系,较为复杂:(1)有证据证明,后设立的地役权的权利人明知或因其重大过失地不知该宗供役地上已经存在着地役权的,先设立的地役权在效力上优先于后设立亦未登记的地役权。(2)有证据证明,设立在后的地役权的权利人无重大过失地不知该宗供役地上已经存在着地役权,而设立在先的地役权的权利人明知或因其重大过失地不知该宗供役地上又存在了地役权的,设立在后的地役权在效力上优先于设立在先但未登记的地役权。(3)有证据证明,有的地役权长时间地不行使,以至于其他地役权的权利人无法知晓其存在,符合权利失效的构成时,则该地役权人不得对抗其他地役权的权利人。(4)既有的证据表明,每个地役权人均无重大过失地不知其他地役权存在,则各个地役权都无对抗其他地役权的效力。在这种背景下,如果地役权行使过程中发生效力冲突,只能协商解决某个地役权的效力优先问题;若协商不成,应当按照诚实信用原则,合理协调每个地役权行使的时间和空间。

(四)物权请求权

在地役权受到妨害或侵害时,地役权人可以基于本权行使妨害防止请求权以及妨害排除请求权,如他人的建筑物有倒塌的危险,并阻碍其通行的道路,地役权人即可行使妨害防止请求权,请求其为必要的预防措施,但地役权人无所有物返还请求权。

在德国法上,还赋予地役权人基于占有的防御请求权(《德国民法典》第1029条),此时,地役权人享有的是一种权利占有,准用基于占有的请求权规则。

（五）转让地役权的权利

地役权人有权转让地役权,包括买卖、互易、赠与地役权以及将地役权出资入股等形式。按照《民法典》的规定,转让地役权时不得违反地役权的从属性、不可分性等要求(第380条、第381条)。本章第一节"地役权概述"对此已有详细的分析,此处不赘。

已经登记的地役权转让的,应当及时办理变更(转移)登记(《民法典》第385条)。已经登记的地役权因土地承包经营权、建设用地使用权转让发生转移的,当事人应当持不动产登记证明、地役权转移合同等必要材料,申请地役权转移登记(《不动产登记暂行条例实施细则》第62条第1款)。否则,其转让不得对抗善意第三人。申请需役地转移登记的,或者需役地分割转让,转让部分涉及已登记的地役权的,当事人应当一并申请地役权转移登记,但当事人另有约定的除外。当事人拒绝一并申请地役权转移登记的,应当出具书面材料。不动产登记机构办理转移登记时,应当同时办理地役权注销登记(《不动产登记暂行条例实施细则》第62条第2款)。

（六）以地役权设立抵押权的权利

地役权人有权将地役权抵押给他人,只是不得单独抵押(《民法典》第381条前段)。因为地役权被单独抵押的,在实现抵押权时,地役权人与需役地权利人就不是同一个人了,最终导致地役权与需役地(权利)的分离。为了贯彻地役权人和需役地权利人为同一个人的精神,《民法典》规定,土地承包经营权、建设用地使用权等抵押的,在实现抵押权时,地役权一并转让(第381条后段)。如此规定的另一个原因在于,需役地上的土地承包经营权、建设用地使用权被抵押的,土地承包经营权人、建设用地使用权人的地役权原则上也被抵押。

以地役权设立抵押权时,按照《不动产登记暂行条例实施细则》第61条第1款第4项的规定,办理地役权变更登记。

（七）费用支付义务及减少请求权

在地役权有偿设立的情况下,地役权人负有向供役地权利人支付费用的义务。费用的数额及支付方法,有约定时依其约定,无约定时依公平原则,根据具体情况加以确定。

在原本无偿设立地役权,但其后供役地权利人的负担增加,且为当初无法预料的,地役权人继续无偿使用供役地,显失公平的,供役地权利人可请求法院酌定费用。相反,原本有偿设立地役权,其后显示费用过高,地役权人可请求法院酌情减少费用。①

(八) 地役权人负担建造、维修的费用

地役权人对其建造的必要设施,负有维持修理的义务。因此支出之费用,应自行负担。

(九) 尽量减少限制供役地权利人的物权

地役权人负有尽量减少对供役地权利人物权的限制的义务(《民法典》第376条)。

二、供役地权利人的权利与义务

(一) 不作为义务

以不作为义务为地役权内容时,供役地权利人当然负担有不作为的义务。

(二) 容忍义务

按照《民法典》第375条的规定,对于以使用为内容的地役权,供役地权利人应当按照合同约定,允许地役权人利用其土地,不得妨害地役权人行使权利。所谓按照合同约定,就是确定供役地的权利人容忍义务的限度,同时在确定地役权人的权利边界。如果地役权人超出了权利范围,供役地权利人就不再负有容忍义务,且有权要求其停止超越范围的行为。

(三) 附随义务

地役权不得以供役地权利人的积极作为为内容,但供役地权利人得在某些情况下负担某些附随义务,如在供役地上为地役权人设立通行地役权时,供役地权利人有交通安全保障义务,但可以通过约定由地役权人承担。即使地役权合同没有对此约定,依地役权的本质属性,供役人也应当有此义务。

(四) 维持修理设施费用的分担义务

供役地的权利人使用地役权人建造的设施,应按其受益的程度分担维持修理设施的费用,除非当事人之间另有约定。② 地役权合同约定了这方面的内容,无需赘言,就是地役权合同没有约定该项义务,依事理也应该由供役地的权利人分担些费用。

(五) 设施的使用权

供役地权利人有时得与地役权人共同使用供役地,若地役权人已经在供役地上建造了必要设施,则供役地权利人在不妨碍地役权行使的前提下应有权使用此类设

---

① 参见谢在全:《民法物权论》(中册),三民书局2003年修订2版,第228页。
② 同上书,第232页。

施,以免供役地权利人重复建造之烦。①

（六）供役地使用场所与方法的变更请求权

在地役权的行使限于供役地一部分的情况下,供役地权利人认为该部分的使用对其有特殊不便利的情况下,可以请求将地役权的行使,迁移至其他适于地役权人利益的场所,迁移费用由供役地权利人承担。② 于此场合,依照《不动产登记暂行条例实施细则》第61条第1款第4项的规定,办理地役权变更登记。

（七）合同解除权

根据《民法典》第384条第1项的规定,地役权人违反法律规定或合同约定,滥用地役权的,供役地权利人有权解除地役权合同。这包括两种情况:其一,地役权人行使地役权时,虽然不违反合同,但违反法律规定,造成滥用地役权的,供役地权利人也有权解除地役权合同。例如,地役权人排废水超过国家规定的标准,造成江河污染的。其二,地役权人行使地役权时,违反合同,造成滥用地役权的,供役地权利人也有权解除地役权合同,至于是否还有法律、行政法规的另外的强制性规定,在所不问。

根据《民法典》第384条第2项的规定,在有偿利用供役地的情况下,约定的付款期限届满后,在合理期限内经供役地权利人两次催告,地役权人仍未支付费用的,供役地权利人有权解除地役权合同。就该规定的文义,可作如下解释:

如果该地役权合同规定有明确的付款期限,该期限届满时,无需供役地权利人催告,地役权人就陷入了履行迟延。如果地役权合同没有规定明确的付款期限,根据《民法典》第511条第4项的规定,供役地权利人首先向地役权人催告,确定合理的宽限期。该宽限期届满时,地役权人仍不付款,方陷入履行迟延。

在确定履行迟延后,供役地权利人还要"在合理期限内经两次催告"。这里的"合理期限内",是指约定的付款期间届满后才开始起算的期限,而且是包含着供役地权利人两次催告所用时间在内的合理期限,不是指供役地权利人第一次催告处于合理的期间内,而第二次催告的时间点已经超出了合理期限,换言之,两次催告均在合理期限内。还有,合理与否的判断,既不是看该期间是否符合供役地权利人单方面的利益需要,也不是看该期间是否符合地役权人单方面的利益需要,而是以一个理性人的合法权益所需要的期限为准。

在两次催告后,地役权人仍未给付费用的,供役地权利人方可行使解除权。

［探讨］

值得讨论的是,在地役权合同没有规定明确的付款期限,供役地权利人首先向地

---

① 谢在全:《民法物权论》(中册),三民书局2003年修订2版,第231页。
② 同上书,第232页。

役权人催告,确定合理的宽限期。该宽限期届满时,地役权人仍未付款,构成恶意迟延,仍给他两次催告的优惠,有些纵容,也不符合效率原则,莫不如仍然遵循《民法典》第563条第3项的规定处理,即宽限期届满仍未付款的,供役地权利人即有权解除地役权合同。

有必要指出,如果供役地权利人恶意解除地役权合同以达废除地役权的不法目的,不发生解除的效果,地役权不因此归于消灭。此其一。地役权业已登记的场合,登记机关应予严格审查地役权合同解除是否合法,若不法,不予办理地役权的注销登记,地役权不消灭。此其二。

第六节 地役权的消灭

一、地役权的消灭事由

(一)地役权设立合同消灭

现行法不承认物权行为无因性理论,地役权合同可因无效、被撤销或被解除等原因归于消灭。

根据《民法典》第384条第1项的规定,地役权人违反法律规定或合同约定,滥用地役权的,供役地权利人有权解除地役权合同。这包括两种情况:其一,地役权人行使地役权时,虽然不违反合同,但违反法律规定,造成滥用地役权的,供役地权利人也有权解除地役权合同。例如,地役权人排废水超过国家规定的标准,造成江河污染的。其二,地役权人行使地役权时,违反合同,造成滥用地役权的,供役地权利人也有权解除地役权合同,至于是否还有法律、行政法规的另外的强制性规定予以支撑,在所不问。

(二)地役权期限届满

在当事人约定地役权期限的情况下,期限届满而又未再续期的,地役权合同之效力自然消灭,地役权也随之消灭。如果没有约定,也要进行推定。需要注意的是,如果在需役地或供役地上存在用益物权的,则地役权不得超过该权利的剩余期限。

(三)当事人约定的事由发生

当事人约定了地役权消灭的事由,且不违反法律、行政法规的强制性规定,不违背公序良俗原则的,事由发生,地役权归于消灭。[1]

---

[1] 梁慧星、陈华彬:《物权法》(第4版),法律出版社2007年版,第296页。

（四）征收

征收供役地,消灭供役地上的权利,包括地役权。征收需役地,由地役权的从属性决定,国家取得地役权,除非地役权对于国家而言没有必要。①

（五）抛弃

地役权是一种物权,地役权得通过意思表示抛弃之。地役权人抛弃地役权的,地役权从其被抛弃之时起消灭。

（六）混同

一般理论认为,供役地和需役地应当属于不同的所有权人,但在中国,由于土地一般是国家所有或集体所有,所以,供役地和需役地所有权人一致的情况是比较常见的,从提高土地利用效率角度出发,应当允许所有权人为其土地设立地役权。② 相应地,在供役地和需役地事后为一人所有时,也不应当适用混同理论。但在供役地和需役地的用益物权人还是同一个人的情况下,则可以适用混同理论。

值得思考的是,在建筑物的情况下,在供役地和需役地事后为一人所有时,是否承认混同理论？从提高建筑物利用效率角度出发,应作否定回答。但供役地和需役地的用益物权人还是同一个人的情况下,则可以适用混同理论。

（七）地役权无存续的必要

在供役地或需役地灭失的情况下,或供役地并非发生灭失,但事实上供役地已无法再向需役地提供便利的情况下（如供役地水源已经枯竭）,地役权都无存续的必要。此时,可以根据供役地权利人申请,请求法院宣告地役权消灭。③

最后,必须指出,在地役权无登记的情况下,具备上述事由之一的,地役权即归于消灭,无论在需役人和供役地权利人之间,还是在与第三人之间的关系上,一律如此。但在地役权已经登记的情况下,地役权的消灭,尚需办理地役权的注销登记（《不动产登记暂行条例实施细则》第63条）。

地役权若未登记的,在需役人和供役地权利人之间径直消灭；若已经登记,在地役权人和供役地权利人之间,需役人虽无权主张地役权,但在与第三人之间的关系上,只有待办理注销登记后,才可主张地役权消灭（《民法典》第385条、第216条等）。

---

① 谢在全：《民法物权论》（中册），三民书局2003年修订2版,第234页；王利明、尹飞、程啸：《中国物权法教程》,人民法院出版社2007年版,第416页。

② 薛军：《地役权与居住权问题》,载《中外法学》2006年第1期,第95页。

③ 谢在全：《民法物权论》（中册）,三民书局2003年修订2版,第236页；王泽鉴：《民法物权·用益物权·占有》（总第2册）,中国政法大学出版社2001年版,第94页；梁慧星、陈华彬：《物权法》（第4版）,法律出版社2007年版,第296页；王利明、尹飞、程啸：《中国物权法教程》,人民法院出版社2007年版,第416页。

由此看来,《民法典》第384条规定地役权合同解除时地役权消灭,不够严谨。

二、地役权消灭的法律后果

需役人占有供役地的,负返还供役地的义务;不占有供役地又未建造设施的,自然恢复原状;已经依法建造了设施的,需役人有权取回此类设施,或由供役地权利人作价补偿给需役人,但对于供役地权利人无利益的,供役地权利人有权令需役人拆除设施,恢复原状。

第十七章 准 物 权

第一节 准物权总论

一、准物权的概念

准物权(quasi-property)不是属性相同的单一权利的称谓,而是一组性质有别的权利的总称。按照通说,它由矿业权(mineral rights)、取水权(water rights)、渔业权(fishing rights)和狩猎权(hunting rights)等组成。也有学者认为,权利抵押权和权利质权为准物权。① 从定义的角度描述,准物权是与典型物权有所不同的物权,而非物权以外的权利。

[拓展与引申]

虽然总的说来,用"准"字作为标志的概念和原来的概念之间,在比较上有着一种强有力的表面类比或相似,②但因其所处制度或规则的不同而含义呈现差异。为比较准确地揭示准物权的内涵,清晰地界定其外延,有必要首先对民法领域以"准"字作为标志的概念进行梳理,寻找带有规律性的结论,进一步认识准物权的本质。以"准"字作为标志的法律概念,大体上可以区别为以下四种情形:

1. 以"准"字作为标志的概念与既有的概念之间共性大于个性,且处于法律关注的地位,其法律效果基本相同。

在罗马法上,准私犯,具有同私犯相类似的客观事实,即不法致他人损害,应对该损害予以赔偿。两者的区别点主要表现在:其一,对于私犯的概念与后果来说,过错越来越受到重视。③ 放置物或悬挂物致害、落下物或投掷物致害两种准私犯不注重过失。④ 其二,在私犯场合,行为人对自己的不法行为负责;在许多准私犯场合,赔偿义务

---

① 王泽鉴:《民法物权·通则·所有权》(总第1册),三民书局1992年版,第6页。
② [英]梅因:《古代法》,沈景一译,商务印书馆1959年版,第194页。
③④ 参见[意大利]彼德罗·彭梵得:《罗马法教科书》,黄风译,中国政法大学出版社1992年版,第405页。

人系对他人的行为承担责任。① 可见,这两个范畴的共性大于个性,共性处于更为重要的地位。如果说准合同在本质上不是合同的话,那么,准私犯在本质上恰恰是私犯。在《法国民法典》上,准侵权行为与侵权行为之间的共性观承继了罗马法关于私犯与准私犯的思想,从其法条(第1384~第1386条)的文义着眼,所谓准侵权行为区别于侵权行为之处,主要在于赔偿义务人对于其行为以外的事实负责。在民法理论上,准共同侵权行为与共同侵权行为均为侵权行为,所不同的在于前者查不清谁为加害人。② 到了《德国民法典》,已经不再采用准侵权行为的概念,《法国民法典》所称的准侵权行为在《德国民法典》上都叫作侵权行为,以至于人们现在对准侵权行为这一概念或许不再熟悉。③

在德国民法、中国台湾地区"民法"上,准物权行为的概念旨在表明,它与物权行为同属于处分行为,两者同样适用于标的物特定原则、以处分人有处分权为要件、法律效力原则上不受原因行为的影响等。但因准物权行为欠缺公示方法,无善意取得制度的适用。④ 可见,在法律的评价上,两者的相同点处于重要地位。

准占有,不同于占有之处在于,人对于财产权而非有体物为事实上的行使。法律创设这一概念,旨在允许准用法律关于占有的规定,只有善意取得因其专为有体物的真实的管领而设,故不得准用于准占有。⑤

2. 以"准"字作为标志的概念与既有的概念之间在本质上虽然不同,但在法律效果上却大多准用。

准法律行为,例如,在效力未定行为场合相对人的催告,在承诺迟到场合要约人的通知,在债权让与情况下的让与通知,在买卖等情况下买受人的质量异议,等等,其表示行为并非旨在引起一种行为人希望产生的法律后果,在大多数情况下,行为人根本就没有意思可供表示。⑥ 由此可见,它与法律行为具有本质的不同。但两者亦有相同点,即均以表示一定心理状态于外部为特征。⑦ 承认准法律行为概念的意义主要在于,对于准法律行为,原则上可以准用法律关于法律行为的规定,当然有例外,如违反善良风俗的法律行为无效等规定不得适用于准法律行为。⑧

---

① 参见[罗马]查士丁尼:《法学总论》,张企泰译,商务印书馆1989年版,第204-205页。
② 何孝元:《损害赔偿之研究》,商务印书馆1980年版,第107页。
③ [德]克雷斯蒂安·冯·巴尔:《欧洲比较侵权行为法》(上卷),张新宝译,法律出版社2001年版,第9页。
④ 王泽鉴:《民法总则》,三民书局2000年版,第284-285页。
⑤ 郑玉波:《民法物权》,三民书局1988年版,第414-415页。
⑥ [德]迪特尔·梅迪库斯:《德国民法总论》,邵建东译,法律出版社2000年版,第160页。
⑦ 王泽鉴:《民法总则》,三民书局2000年版,第277页。
⑧ [德]迪特尔·梅迪库斯:《德国民法总论》,邵建东译,法律出版社2000年版,第161页。

3. 以"准"字作为标志的概念与既有的概念之间个性大于共性，共性处于不重要的地位，法律效果方面差异巨大。

在罗马法上，古典时代 Gaius 的教科书与东罗马帝国优帝的教科书都承认准合同这个范畴。法国大革命前的法学者也使用过这个称谓。19世纪的法国学理倾向于指出准合同项下债的渊源为"人的自愿行为"，即人的意思。当代学理则相反，认为准合同范畴是人造的，债的渊源是法律。法律承认准合同时所考虑的，不是利害关系人要求什么，而是社会需要等客观理由。有人主张准合同接近侵权行为，另一些人则认为各种准合同针对的情况不同，不能归纳成总的原则。近年来，法国学理把准合同概念适用于无协议情况下法律强加于个人的所谓合同性地位，例如，公共交通运输人的强制保险，延长已经到期的不动产租赁合同等。① 在普通法上，除了对于准合同的诉讼曾经使用过与合同诉讼同样的诉讼程序这个历史的偶合外，同真正的合同很少有或者根本没有共同之处。准合同是那些本身和下述事实几乎没有什么差别的合同的混合物，即为了要在这种合同情况下取得公正的效果，就得有一个人有权从另一个人处取得钱财。产生这种权利的情形多种多样，如某人因事实错误而向他人支付款项，或者因未达到预定目的而向他人付款等，但是，绝无依据合意或者允诺而产生权利的类型。这表明合同与准合同属于完全不同的法律类型，只是因它们曾经使用过同样的诉讼程序，致使人们经常认为准合同是合同的一种。② 可见，准合同不是因当事人双方的意思表示合致而形成的法律行为，而是直接由法律的规定把当事人双方锁在一起的法律关系。称不当得利、无因管理为准合同，仅仅是着眼于不当得利关系、无因管理关系、合同关系均为特定当事人之间以请求一定给付为内容的法律关系这一点，而忽视了它们之间最为本质的区别：前两者系直接依据法律规定而形成的权利义务关系，后者则是原则上依照当事人的意思表示的内容赋予法律效果的关系。正所谓一个准契约完全不是一个契约。③ 它们之间原则上不得相互准用法律规定。

4. 以"准"字作为标志的概念与既有的概念之间具有本质的不同，法律效果大相径庭。

在德国法系，存在着无因管理与准无因管理的分类。所谓准无因管理，是指具备无因管理的客观要件，但欠缺主观要件，亦即欠缺管理意思的管理他人事务。依通说，它包括三种类型：(1)误信管理，即误信他人的事务为自己的事务而实施管理。因其欠缺管理意思，故非无因管理，应为不当得利或者侵权行为。(2)幻想管理，即误

---

① 沈达明：《准合同法与返还法》，对外经济贸易大学出版社1999年版，第44页。
② [英] P. S.阿蒂亚：《合同法概论》，程正康、周忠海、刘振民译，法律出版社1982年版，第33-34页。
③ [英]梅因：《古代法》，沈景一译，商务印书馆1959年版，第193页。

以自己的事务为他人的事务而实施管理。因其欠缺为他人管理事务的要件,同样不成立无因管理。(3)不法管理,即明知为他人的事务,而以自己利益的意思而实施管理。① 它们均非无因管理,只是因其具有外观上的管理行为,学说称之为不真正无因管理,或准无因管理。其法律后果,不能阻却违法性,它仍属违法行为;往往加重管理人的责任。

对于准无因管理,原则上应适用民法关于侵权行为和不当得利的规定。但若绝对如此,有时会产生不适当的后果。例如,本人基于侵权行为向管理人请求损害赔偿,其范围原则上以所受损害和所失利益为限,在管理人实施准无因管理而获利巨大的情况下,他付清损害赔偿金之后,还剩有相当的不法所得。再就是本人举证所失利益困难,举证不成功,则难获赔偿。假如本人基于不当得利请求返还,多出原物的利益能否属于不当得利的范围,即使属于,是否全部属于,都存在着极大的变数。有鉴于此,《德国民法典》第687条第2项规定,管理人明知是本人事务而作为自己事务而管理时,他与无因管理人负同样的义务,同时赋予本人基于无因管理请求他返还全部利益的权利。

按照修正后的中国台湾地区"民法"债编规定,对于不法管理,因其同时具备侵权行为和不当得利的性质,为使本人不因行使侵权损害赔偿请求权、主张不当得利所能获得的填补反较无因管理为小,致使本人遭受不利,于是准用适法的无因管理制度。对于误信管理和幻想管理,皆不适用无因管理的规定。②

通过下文对准物权特殊性的分析,会发现准物权中的"准"字,仅仅是表明探矿权、采矿权、取水权、养殖权、捕捞权等准物权具有与典型物权不同的若干性质,在总体上仍然具有物权的基本属性,并非物权以外的权利类型。

既有理论在说明矿业权等属于准物权时,其衡量标准是客体具有不特定性。③ 的确,就绝大多数准物权而言,主要是在其客体具有特殊性方面同典型物权区别开来。不过,凡事不得绝对,如果把客体的不特定性作为构成准物权的唯一标准,那么因养殖权、航运水权、以特定池塘里的水作为客体的取水权等在客体方面具有特定性,就得把它们排除在准物权的范围之外。因渔业权以特定水域为客体,渔业资源在法律上并非独立之物,只是水域的构成部分,④在不考虑水质、水深、水温和水量等因素的情况下,可以说具有特定性,所以它也不算作准物权。狩猎权的客体为一定的野生动物与其活动其间的狩猎场所,在舍去生态环境因素的背景下,应该说具有特定性。尽

---

① 林诚二:《民法债编总论——体系化解说》,中国人民大学出版社2003年版,第121页。
② 同上书,第109页。
③ [日]我妻荣、丰岛升:《矿业法》,有斐阁1958年版,第18页。
④ 欧庆贤、陈美宇:《渔业权制度》,载《中国水产》(月刊)第487期,1993年7月,第48页。

管如此,通说仍然把它们作为准物权。笔者赞成把视野放宽的思考模式,客体是否具有特定性、权利构成是否具有复合性、权利是否具有排他性、权利的追及力如何、权利的优先性是否具有特色等因素,均为判断某种权利是否属于准物权的标准。当然,客体是否具有不特定性居于非常重要的位置。循此思路,对矿业权、取水权、渔业权、狩猎权的特殊性简要考察如下:

1. 在客体的特定性方面,有的准物权不具备,例如,在探矿权、取水权等场合;有些准物权要求不严格,例如,在以水面面积、取水期界定取水权客体场合。在渔业权的情况下,舍去水质、水深、水温和水量的因素,仅仅考虑水域的面积来界定渔业权的客体;在狩猎权场合,略去生态环境因素,只看到了有形的场地,都呈现出对准物权客体的特定性要求不严格。①

2. 在权利构成方面,矿业权、渔业权和狩猎权具有复合性。以渔业权中的养殖权为例,第一方面的权利为占有一定水域并养殖、捕捞水生动植物之权,第二方面的权利为水体的使用权,第三方面的权利为保有水体适宜水生动植物生存、成长的标准之权。再如矿业权,一方面的权利为在特定矿区或工作区内勘探、开采矿产资源之权;另一方面的权利则为特定矿区或工作区内的地下使用权。②

3. 在排他性或优先性方面,取水权具有优先性,原则上无排他性。③ 养殖权具有排他性而无优先性,在同时并存于同一水域内的数个捕捞权相互之间无排他性,在对非捕捞权人的权利方面具有排他性。矿业权具有排他性,也有优先性。④

4. 在权利是否具有公权色彩方面,矿业权、取水权一般都被认定为具有公权性,⑤而日本的渔业法却认为渔业权为私权,⑥在中国台湾地区,新主体说主张渔业权属于私权,并成为有力说。⑦

5. 在权利取得方面,大多需要行政许可或特许。

6. 在追及效力方面,矿业权、取水权、渔业权和狩猎权都表现出特殊性。

7. 在一物一权主义方面,捕捞权有时无从体现,养殖权的一物一权主义体现在特定水域上。在取水权场合,因客体未从水资源所有权的客体中独立出来,难谓奉行一物一权主义。航运水权也往往因数艘船舶航行于相同的航线,不宜说成贯彻了一物

---

① 详细阐述,见崔建远:《准物权研究》,法律出版社 2003 年版,第 33-38 页。
② 崔建远、晓坤:《矿业权基本问题探讨》,载《法学研究》1998 年第 4 期,第 83 页。
③ 详见崔建远:《水权与民法理论及物权法典的制定》,载《法学研究》2002 年第 3 期,第 52 页。
④ 详见崔建远、晓坤:《矿业权基本问题探讨》,载《法学研究》1998 年第 4 期,第 89-90 页。
⑤ 我妻荣、丰岛升:《矿业法》,有斐阁 1958 年版,第 17 页。
⑥ [日]浜本幸生:《渔业权是什么?》,载《渔业法的世界》,水产出版社,第 34 页。转引自许剑英:《论渔业权》,载《法学丛刊》第 36 卷第 1 期(总第 141 期),1991 年 1 月,第 109-111 页。
⑦ 许剑英:《论渔业权》,载《法学丛刊》第 36 卷第 1 期(总第 141 期),1991 年 1 月,第 111 页。

一权主义。

8. 在不可分性方面,矿业权因其客体构成部分的矿区或工作区(地下部分)范围可以被分割、缩减、扩张等而呈现出可分性。

正因矿业权、取水权、渔业权和狩猎权等具有如此多的特性,同典型物权相比,存在着差距,但在总体上又呈现着相当的共性,为了比较准确地揭示出这种关系,人们用准物权的概念来概括矿业权、取水权、渔业权、狩猎权等权利。在矿业权等准物权与典型物权之间的类比关系上,两类权利所具有的共性相较于差异处于更加重要的地位,更应当受到评价者的重视,因而,准物权是与典型物权有所不同的物权,而非物权以外的权利。

在境外一些立法例及其理论上,所有权、地上权、地役权、抵押权、质权等典型物权由民法规定,而准物权被放置于矿业法、渔业法、水法等单行法之中,被视为物权,从而形成准物权,作为民法物权体系之外的财产权的理念、思路和格局。准物权与典型物权分属于两个阵营。与此有别,在中国《民法典》上,准物权就是物权,而非异于物权的他种权利,准物权与典型物权成为物权体系内部的一对类型。

从历史上看,物权的外延处于变化之中,不要说他物权的类型在不同的历史时期有增有减,就是所谓准物权与典型物权之间的关系也并非一成不变。权利抵押权和权利质权在相当长的历史时期均为准物权,即使在今天,有学说依然如此认为。[①] 由于它们与典型抵押权和质权的差别主要表现在标的物为权利抑或有体物上,基本属性和效力方面难谓存在着不同,以至于相当的学者已经将它们作为典型物权看待。我们可以把这种现象命名为第一次的准物权回归物权体系之中。相应地,可将《民法典》在用益物权编规定探矿权、采矿权、取水权、养殖权、捕捞权,作为第二次的准物权回归物权体系之中。

需要指出的还有,在债法上,学说将法律设置明确规范的合同叫作典型合同。不过,典型物权的概念形成却没有遵循着这样的路径。事实是,并非物权法设置明确规范的物权都是典型物权,因为德国、日本和中国台湾等立法例对权利抵押权、权利质权、矿业权、渔业权和水权等权利都设置了明确规范,但学说仍将这些权利称为准物权。从历史发展的观点看,在近现代民法上,所有权、地上权、地役权、抵押权、质权等物权被公认为物权,而矿业权等则被视为物权。在这种类比关系上,把所有权、地上权、抵押权等叫作典型物权,将矿业权等称作准物权。

上述个性表明了准物权根本就不是物权,还是只反映出准物权为一类具有特殊

[①] 王泽鉴:《民法物权·通则·所有权》(总第1册),三民书局2003年增补版,第6页。

性的物权？赞成第一种观点的有之,所谓渔业权原本就不是物权,①即其例证。笔者则持第二种观点,认为准物权的上述个性只是在符合物权基本属性前提下的特殊性,矿业权、取水权、渔业权、狩猎权与典型物权的共性处于更为重要的地位,该共性更应受到法律的重视和评价。例如,它们都具有绝对性（尽管程度不同）、支配力、对抗效力、物权请求权,都实行物权法定主义等。所以,准物权仍然属于物权范畴。它之于物权,不同于准合同之于合同,因为准合同根本就不是合同;相反,犹如准侵权行为之于侵权行为,仿佛德国法的准物权行为之于物权行为,因为准侵权行为就是侵权行为的一类,准物权行为属于物权行为。强调这一点,旨在显现它们的法律效果往往相同或相近,在渔业法、水法、矿产资源法、野生动物保护法等无相应的具体规定时,适用物权法乃至民法的规定;②在渔业权、取水权、矿业权、狩猎权是否存在或其归属发生争议、它们遭受不法侵害等场合,依然适用民事诉讼法规定的程序,存在着确认之诉、给付之诉等。同时不漠视其差别点,旨在宣示物权法须为矿业权、取水权、渔业权和狩猎权等准物权留足成长的空间,但不宜详细规定,包揽一切;每种准物权及围绕它生成的"大树"宜由单行法加以规范;对于行政许可或特许存在异议时,可适用行政诉讼法的规定。

[引申]

1. 关于确定物权的参照系

笔者感觉,在准物权是否为物权的问题上,意见分歧严重的根本原因,似乎主要不在于物权的界定本身,因为绝大多数的论者都承认物权为直接支配一定的物并享有利益的权利,而渔业权、矿业权等准物权符合这种界定,就此不易否认它们的物权性;而在于论者所确定的参照系不同,即论者心目中的物权包括哪些权利是不同的。

如果论者只是把典型物权作为物权,如将德国民法上的所有权、地上权、役权、土地负担、抵押权和质权作为物权,将瑞士民法上的所有权、地役权、用益权、地上权、土地负担、抵押权等作为物权,把日本民法上的所有权、地上权、永小作权、入会权、抵押权、质权、留置权作为物权,把中国台湾地区"民法"上的所有权、地上权、永佃权、地役权、典权、抵押权、质权、留置权作为物权③,将中国大陆民法上的所有权、建设用地使用权、宅基地使用权、土地承包经营权、抵押权、质权和留置权作为物权,除此而外的权利,即使具有直接支配并享有利益的实质,也不作为物权看待,那么,准物权自然不是民法上的物权,恐怕连海域使用权也不是民法物权。

---

① 欧庆贤、陈美宇:《渔业权制度》,载《中国水产》第487期,1993年7月,第48页。
② 王利明:《物权法研究》,中国人民大学出版社2002年版,第611页;陈华彬:《物权法原理》,国家行政学院出版社1998年版,第81页。
③ 王泽鉴:《民法物权·用益物权·占有》（总第2册）,中国政法大学出版社2001年版,第4-5页。

如果论者坚持科学的发展观,把上述权利看成是民法发展到一定阶段的产物,物权为其概括的称谓,是那个阶段民法学对物权的概括和总结的表现,并不否认物权的体系是开放的,物权法定主义不是僵化的教条,随着社会的发展,会出现新型的"物权",民法及特别法将成熟的"物权"确认为物权时,物权的种类就会相应增加,那么,对于物权的认定和把握,就不会再单纯地局限于既有的几种物权,而是重在把握直接支配其客体并享有利益这个物权的实质,考察民法及特别法是否已经明确规定了它。依此思路,可知探矿权、采矿权、取水权等准物权具有直接支配其客体并享有利益这个物权的实质,它们已经被相应的法律明确规定,即具备了物权法定这个要件,就没有过硬的理由否认它们为物权。渔业权虽然尚未被《渔业法》明确规定,但其具有直接支配其客体并享有利益这个物权的实质,渔业经营者已经实际享有,属于习惯上的物权,《物权法》于第123条、《民法典》于第329条予以承认,已经成为法律上的物权,准物权与所有权等典型物权变为物权体系内部的两种类型。

2. 准物权的物权性应予坚持

前述关于准物权不是物权的意见,以及有些法律不规定准物权或对准物权轻描淡写,重在行政的乃至刑事的强制,貌似强调国家利益,重视社会本位,更有利于实现矿业、水利、渔业经营的秩序化,有利于对野生动物的保护,但在效果上却时常适得其反。其原因在于:(1)养殖许可、捕捞许可、狩猎许可、特许猎捕等,在相应的行政主管部门与许可证持有人之间的关系上,只是表现了前者对后者从事养殖、捕捞、狩猎等活动的允许,后者从事这些活动具有合法性;但它们并不当然地使许可证持有人享有一种民事权利,似乎意味着相应的行政主管部门恩赐于许可证持有人从事养殖、捕捞、狩猎等,该行政主管部门随时可以收回此类恩惠;许可证持有人没有民事权利,凭什么对抗行政主管部门不适当地撤销许可证的行为? 美国法对于权利(rights)与特权(privileges)予以不同的法律保护的事例,可印证这种担忧。在美国早期的法律中,法院试图区分权利(rights)与特权(privileges)的性质。法律对于权利的保护远远强于对于特权的保护。如果许可证持有人享有一项权利,那么在许可会被吊销之前,他有权请求举行听证会;如果许可证持有人仅仅拥有特权,那么,无须通知许可证持有人或者举行听证会,该特权就可被取消。[①] (2)渔民取得养殖证、捕捞许可证,猎捕者取得狩猎证、特许猎捕证,折射到相应的行政主管部门和其他主体之间的关系上,就是后者必须尊重前者的这种行政行为,否则,会受到行政处罚。但它们并不当然地使许可证持有人享有一种民事权利,具体地说,是养殖权、捕捞权、狩猎权。没有这些民事权利,也就产生不出停止侵害、排除妨碍、消除危险等请求权,许可证持有人便无

---

① Curtis J. Berger, *Land Ownership and Use*, Boston·Toronto, Little, Brown and Company, 63(1975).

正当权源对抗他人的不法侵害,也就难以及时和有效地得到救济。(3)不规定渔业权、狩猎权,遗漏众多类型的水权,渔业经营者、用水人、狩猎人的预期便不确定,短期行为就在所难免;渔业经营者、用水人、狩猎人的权利类型及边界不明,不易被他人了解,其合法利益容易遭受侵害,加上救济方式缺乏或者救济不及时,会促使渔业经营者、用水人、狩猎人的行为情绪化,恶化水产资源,掠夺性地捕捞,野蛮地猎杀野生动物,破坏法治。(4)不规定渔业权、狩猎权,遗漏众多的水权类型,对从事养殖业、捕捞业的申请、有些水权申请、狩猎申请予以审查、批准就没有确定的项目,养殖证、捕捞许可证、水权许可证、狩猎证、特许猎捕证的发放就名实不符,行政监督管理就变得无的放矢,养殖证、捕捞许可证、水权许可证、狩猎证、特许猎捕证的吊销就失去真正的意义。一句话,众多的行政法律规范无所附丽,会失去生命力。(5)权利的对面就是义务,不规定渔业权、狩猎权,遗漏若干水权类型,就意味着义务的类型与范围不明,渔业经营者、用水人、狩猎人不清楚其负担的类型与边界,其行为反倒容易不规范。渔业经营者、用水人、狩猎人的义务种类与程度不清,有关行政管理部门就难以认定他们是否违反了义务,会出现该处罚却无具体的法律规定作为根据的怪现象。显而易见,上述法律规范绝大多数属于行政法的范畴。如果说,矿产资源法、水法、渔业法、野生动物保护法的主干是行政法律规范,那么其基础则为属于民事权利范畴的矿业权、水权、渔业权和狩猎权。没有基石,大厦难以建立;没有矿业权、水权、渔业权和狩猎权等准物权,就形不成壮丽的行政法律规范的大厦;即使勉强建成,也会倾倒。日本、中国台湾等境外的矿业法、水法和渔业法重视矿业权、水权和渔业权,详细规定各种准物权的类型与效力,同时也就明确了采矿人、用水人、渔业经营者的义务和边界,效果较佳,值得我们借鉴。① (6)不规定渔业权,在渔业领域形成有关养殖、捕捞的权利空白,其他权利可能会乘虚而入,占据本来应当由渔业权作用的领域。在这样的情况下,权利与要保护的利益不易匹配,内容和外在表现可能不一致,难免出现问题,海域使用权的出现并运用于实务,可算一例。(7)不规定渔业权,本应由渔业法规范的领域,可能被其他法律所管辖,而这恰恰形成法律调整的错位。在一定意义上说,《海域使用管理法》适用于渔民在渔场捕捞、在水域养殖的领域,就是法律适用的错位。法律本来是对实际生活关系的"翻译",是社会关系的反映,然后又反作用于实际社会生活。就是说,只有正确地反映了实际生活要求的法律规范调整该实际社会生活关系时,才会使实际生活正常发展,促进社会进步。在法律适用错位的情况下,就难免以不符合实际生活需要的法律规范调整该社会生活关系,这只能是扭曲正常的社会生活关系,轻者效益不佳,重者使社会关系遭到破坏,阻碍社会的发展。在20

---

① 崔建远:《准物权的理论问题》,载《中国法学》2003年第2期。

世纪 50 年代,中国以"大跃进"的政策①统领经济建设,劳民伤财,得不偿失,就是明证。将《海域使用管理法》适用于本应由《渔业法》及配套法规、规章作用的海域,也会带来不利的后果。这被不幸而言中了。②

二、准物权的类型

《民法典》规定了探矿权、采矿权、取水权、养殖权、捕捞权等准物权。其中,探矿权和采矿权合称为矿业权。养殖权和捕捞权合称为渔业权。对此,本章将分专节讨论。

三、准物权与用益物权

有观点认为,准物权乃视为物权,而不是物权,所以准物权不可能是他物权。③ 笔者认为,在民法的视野里,一切直接支配物并排除他人干涉的权利,取名为物权,渔业权作为权利人直接支配特定水域并排除他人干涉的权利,矿业权作为权利人直接支配特定工作区或矿区并排除他人干涉的权利,航运水权、竹木流放水权等作为权利人直接支配特定水域并排除他人干涉的权利,都符合物权的规格,所以应是一类物权。(取水权在这方面稍差一些)这不仅有学说的阐明,而且《物权法》第 123 条、《民法典》第 329 条也是如此规定的。基于物权是存在于自己的财产上还是存在于他人的财产上,物权分为自物权和他物权。准物权是权利人在他人所有的自然资源上成立的物权,故它不会是自物权,只能是他物权。把准物权定性和定位于他物权,是站在自物权和他物权两分的立场上观察的结果。准物权含有使用、收益的内容,符合用益物权的规格。如同事物都可以从多层次透视一样,准物权也可以从不同的角度观察。在民法的思维里,基于物权的客体是否具有特定性、权利的构成是否具有复合性、排他效力的有无或强弱、行政许可或特许对权利取得的作用、追及效力的表现形式等综合标准,可以把全部的物权分为典型物权和准物权(不典型物权),财产所有权、宅基地使用权、建设用地使用权、土地承包经营权、抵押权、质权等,其客体具有特定性、其效力具有优先性、排他性和追及性等,人们称之为典型物权。因人们一提到物权其脑海里浮现的就是它们,于是习惯上将它们径称为物权,以至于权利抵押权、权利质权、

---

① 在当时,政策相当于法律——笔者注。
② 参见《中国海洋报》,2002 年 2 月 26 日综合版,2002 年 4 月 9 日版,5 月 10 日版;《内参选编》2002 年第 41 期;中央电视台《焦点访谈》,2003 年 4 月 16 日;《加快渔业现代化建设为全面建设小康社会作出新的贡献——农业部渔业局局长杨坚在全国农业工作会议渔业专业会上的讲话》,载《中国渔业年鉴》(2003 年),中国农业出版社,2003 年 8 月版,第 281 页;等等。
③ 参见肖国兴、肖乾刚:《自然资源法》,法律出版社 1999 年版,第 323-324 页。

矿业权、取水权、渔业权、狩猎权等物权不在普通人的物权概念之内了。准物权确实具有特色,有的客体无特定性的要求,有的权利构成具有复合性,有的无排他效力或较弱,有的优先效力极为特殊,大多在追及效力上表现特殊,大多需要基于行政许可或特许方可产生,总之,同典型物权相比,有一定差距,按照"准"字可以反映有一定差距的特点,有些学者习惯上把权利抵押权、权利质权、矿业权、取水权、渔业权、狩猎权等叫作准物权,也有人称之为特许物权,或特别法上的物权等。当我们往准物权身上贴标签时,它们就有了多种称谓,用益物权、他物权、准物权、特许物权、特别法上的物权,等等。其中,准物权为用益物权的界定是着眼于它们含有使用、收益的内容,准物权为他物权的定位是基于准物权系以他人的财产为客体的事实,探矿权等为准物权的定性和定位乃源于探矿权等与典型物权之间的强烈的对比关系。

[拓展]

其实,这种现象比比皆是。例如,我们这样的"人",就有能制造工具并运用它进行劳动的动物之说,社会关系的总和之论,民事主体的一类等命名。再如,理发师甲给顾客乙理发,不小心把乙的耳朵刺伤。从合同关系中看,甲是违约方;从侵权关系方面观察,甲是侵权行为人,于是你把甲叫作违约方或侵权行为人,都是正确的。还如,张三在夫妻关系上是丈夫,在与儿子的关系中是父亲,在课堂上是教师,在与清华大学的关系上是职工,在科研梯队里是合作者,在菜市场里是顾客。于是,你把张三定位在教师、职工、顾客、合作者等,均无不可。

四、准物权的取得

(一) 准物权取得概述

准物权的取得,有的基于准物权转让合同,属于移转继受取得;多数情况下基于行政主管部门的行政许可或特许,即通过申请——审批——登记发证的程序取得准物权,属于创设继受取得。

基于行政许可或特许而取得准物权,主要涉及准物权产生的母权、准物权由行政许可或特许"催生""准生"与确认,以及准物权取得的公示与公信问题。

所谓准物权由行政许可或特许"催生""准生"与确认,涉及行政机关及其行为与物权变动之间的关系问题,也反映出准物权的取得不同于典型物权取得的差异点。两者的不同,有些学者说得非常形象,也具有启发性:物权是只要具备自己的条件就存在,登记只是不动产物权公示的一种方法,不是行政表明,也不是行政确认,行政权力不可以创设一个物权。① 而准物权的设立,除极个别的情形如家庭生活用水权、娱乐渔业权以外,恰恰必须经行政许可或特许的"催生""准生"与确认,准物权的母权与行政许可的共同作用才产生出准物权。没有行政许可或特许,就没有准物权。②

应该指出,对所谓物权不需要行政机关的确认,亦不需要行政机关的许可或特许,只要具备自己的条件就存在,需要具体分析。下述分析以登记机关为行政机关作为前提。(1)行政划拨的建设用地使用权,在设立上全赖于行政机关的行政命令。宅基地使用权的设立同样全赖于行政决定。③ (2)在采用登记对抗主义的立法例上,仅就物权变动的质而言,如物权产生了,物权变更了,物权移转了,的确不受行政机关及其行为的左右;但物权的效力范围,对抗力的强弱,却受制于登记,就是说,登记与否虽不决定物权的本体,但影响到物权的效力范围。在奉行登记成立要件主义的立法例上,在不动产物权非基于法律行为而取得场合,登记与否不决定不动产物权的本体,只影响到不动产物权的效力范围;在不动产物权基于法律行为取得的情况下,登记系不动产物权变动的成立要件,不登记,不动产物权的变动不发生。在后者情况下,不动产物权的变动确实由登记决定,至少是决定因素之一,可以说此类物权的取得和移转要由登记机关确认。

《民法典》设计的登记为物权变动的生效要件模式,应用到准物权的设立上,就类似于母权和行政许可或特许共同作用创设准物权。

(二) 准物权产生于母权

按照物权法原理,他物权必然产生于自物权,自物权是他物权的母权;无母权则无他物权。在整个物权体系中,准物权属于他物权的系列,也应该从其母权中派生出来。那么,准物权的母权如何寻觅?仍然离不开物权法原理。众所周知,所有权与他物权之所以两立,他物权之所以从所有权中派生,是因为所有权人、他人都要使用、收益同一个所有物,二人的利益又不相同。法律解决这个冲突的办法是,使所有权人依其意思"让出"其所有权中的若干权能,准确地说,是让他人分享所有权的若干权能,该他人对分享的这部分利益具有法律上之力。该项法律上之力名叫他物权或称定限物权。这给我们以启示,他物权与其母权(所有权)要分享同一个物上的利益,法律解决问题的办法是使二权并存于该物之上,换言之,二权的客体是同一个物。从二权之间的关系角度表达这种现象,就形成这样一个命题:他物权客体上竖立的所有权就是

---

① 在由中国土地学会、中国法学会于2002年10月31日在友谊宾馆贵宾楼召开的"物权与不动产登记制度研讨会"上,尹田教授提出了这种观点,刘凯湘教授、李永军教授持同样的见解。
② 崔建远:《准物权的理论问题》,载《中国法学》2003年第3期,第82页。
③ 行政划拨建设用地使用权、宅基地使用权的设立必须基于行政行为的观点,系戴孟勇博士于2011年8月20日在纪念民法沙龙举办十周年暨《母权——子权结构的理论及其价值》报告与评论的会议上指出的。

他物权的母权。循此思路,我们寻觅准物权的母权,应该首先确定准物权的客体,然后考察该客体上竖立的所有权,至此,可以锁定该所有权就是准物权的母权。取水权的客体是水资源,准确地说,是局部的水资源。按照《水法》规定,水资源所有权为一独立的所有权类型(第3条),因而,水资源所有权为取水权的母权。狩猎权的客体为一定的狩猎场所与其承载的局部的野生动物资源。[①] 关于狩猎权的母权,戴孟勇博士持双母权说,即狩猎权的母权是土地/水资源所有权和野生动物资源所有权。[②] 不过,笔者感到,两个母亲共同生出一个孩子,逻辑上有些问题,如有其他路径,最好不采"双母权说"。我们不妨区分构成客体元素的轻重,在确定母权的问题上,合理地舍去一个元素。保留谁舍去谁,既取决于是狩猎场所吸收野生动物资源还是野生动物资源吸收狩猎场所,又取决于狩猎权分享哪个所有权的权能。若认定狩猎场所吸收野生动物资源,则可将狩猎权的母权确定为狩猎场所的土地所有权;若认定野生动物资源吸收狩猎场所,则可将狩猎权的母权确定为野生动物资源所有权。笔者初步认为:从狩猎权的最终目的看,狩猎权和野生动物所有权要分享野生动物资源这个物上的利益,狩猎场所这宗土地的利益在这个问题上仅仅体现在"被利用"一下。就此看来,可将狩猎权的母权确定为野生动物资源所有权。

应该注意,某些准物权的客体具有复合性,两个构成部分的权属不同,而一个准物权不会从两个不同的自物权中派生,所以简单地套用上述寻觅母权的方法并不适当,需要变通。矿业权即为一例。

矿业权的客体是特定矿区或工作区的地下土壤与赋存其中的矿产资源的组合体。在把矿产资源作为土地组成部分的立法例上,只有土地所有权形态,此外不存在着独立于土地所有权的矿产资源所有权类型。这种法制下的矿业权,其母权就是土地所有权。但在中国等众多的立法例上,矿产资源和土地是两个物,竖立于矿产资源之上的所有权是矿产资源所有权,关于矿区或工作区归属的权利是土地所有权,两个所有权分别存在着。在这种所有权架构下,面对矿业权客体的复合性结构,如何确定矿业权的母权?上文所谓"他物权与其母权(所有权)要分享同一个物上的利益,法律解决问题的办法是使二权并存于该物之上,换言之,二权的客体是同一个物",仍然具有指导作用。矿业权和矿产资源所有权要分享矿产资源这个物上的利益,而非分享土地上的利益,所以,矿业权和矿产资源所有权均并存于矿产资源之上,矿产资源既是矿产资源所有权的客体,又是矿业权的客体。疑问在于,矿区或工作区内的地下土壤同样是矿业权的组成部分,为什么将它舍去呢?原因有三:其一,客体的二个组成

---

① 崔建远:《准物权的理论问题》,载《中国法学》2003年第3期,第81页以下。
② 戴孟勇:《狩猎权的法律构造——从准物权的视角出发》,载《清华法学》2010年第6期,第118页。

部分存在着轻重之别,从矿业权的最终目的看,矿业权并不分享矿区或者工作区内地下土壤的利益,矿区或工作区内的地下土壤只是被利用者。由此决定,其二,土地所有权人略去了该地下土壤及其使用权这个利益,或将该利益并入到矿业权的代价之中;在矿业权存在的范围内,法律未将矿区或工作区内地下土壤作为土地的组成部分,而是把它与矿产资源联系在一起。在法律确定矿业权的母权的视野里,矿业权的客体就只剩下了单一的"物",即矿产资源,尽管其中确实存在着地下土壤。这样,若再把土地所有权作为矿业权的母权,就不合逻辑了。其三,土地所有权、矿地使用权和矿业权都在分享矿区或工作区内地下土壤的利益,如果分享利益的各类权利相互之间都要形成母权与子权的关系,一是可能困难,二是会产生不适当的结果。例如,矿地使用权与矿业权之间是母权与子权之间的关系吗?显然不应该是。如果土地所有权是矿业权产生的母权,就容易产生这样的结论:矿业权应该含有矿地使用权,矿业权人毋需再申请取得一项矿地使用权,但事实和法律规定并非如此,矿业权人欲享有矿地使用权,必须基于另外的法律事实取得。

确定渔业权的母权,也比较困难。按照渔业权属于水权的观点,取水权从水资源所有权中派生而出,那么,渔业权自然系分离水资源所有权的部分权能而形成的他物权,水资源所有权为其母权。但是渔业权不同于取水权,它多了一个渔业因素。这个差别是否影响到确定渔业权的母权呢?答案是否定的,因为作为渔业权客体的特定水域包括水生动植物资源,水生动植物只是水域的组成部分,不是独立之物,因而按照他物权客体上竖立的所有权就是他物权的母权原理,水域所有权即水资源所有权是渔业权的母权。不但存在于中国内水领域和中国领海海域的渔业权如此,就是存在于毗连区、专属经济区、大陆架海域、公海海域、他国海域、暂定措施海域、过渡海域、共同管理渔区的渔业权,其母权也均为中国国内法的海域所有权。①

[引申]

在矿业权的情况下存在着如下结构:土地——矿产资源,土地所有权——矿产资源所有权——矿业权。类似的,在渔业权场合存在着水域(包含海域,下同)——渔业资源,水域所有权(包含《海域使用管理法》规定的海域所有权。为了行文的方便,本书根据上下文的需要,有时采用水域所有权的提法,有时使用海域所有权的称谓。)——渔业资源所有权——渔业权。可谓矿产资源之于土地资源,犹如渔业资源之于水域;矿业权之于矿产资源,犹如渔业权之于渔业资源。按照类比的方法,既然矿业权的客体不是土地,而是特定矿区或工作区内的地下土壤与其赋存的矿产资源,矿业权的母权是矿产资源所有权;那么渔业权的客体也就不是水域,而是特定水域与

---

① 详细阐释,见崔建远:《论争中的渔业权》,北京大学出版社2006年版,第219-226页。

其中的渔业资源,渔业权的母权是渔业资源所有权。

但这样一来,会遇到以下麻烦,难以妥善处理:(1)在养殖权的情况下,一般来说,权利人自己放养水生动植物,不涉及渔业资源,有时还需要捕尽野生鱼类,以防止自己放养的水生动植物被野生鱼类吃掉。既然于此场合渔业资源所有权不存在,那么养殖权当然不会从渔业资源所有权中派生出来。此其一。养殖权的目的有二个,其直接目的在于利用特定的水域,终极目的在于使所养殖的动植物生存、成长,并保有这些水生动植物的所有权。这类似于水力水权的目的,其直接目的在于使用水流,终极目的在于发电,并保有电力的所有权。我们没有因为发电并保有电力的所有权这一终极目的而把电的所有权作为水力水权产生的母权,同理,也不应该把渔业资源所有权作为渔业权派生的母权。此其二。养殖权也不会从放养的水生动植物所有权派生出来,因为不但养殖权先于权利人放养的水生动植物的所有权而产生,而且于此场合的水生动植物及其所有权必须依赖于养殖权才归属于养殖权人;没有养殖权,水生动植物会成为水域的组成部分,归属于水域所有权人。养殖权未分离放养的水生动植物所有权中的什么权能,它分离的是水域所有权中的部分权能,故它系从水域所有权派生出来。此其三。(2)鱼类大多游动无居,在内水,称渔业资源归特定的国家所有或者特定的土地所有权人所有,假如法律如此设计,尽管其缺点不少,但可勉强接受。当然,中国现行法没有规定独立于水域所有权的渔业资源所有权,而是将渔业资源作为水资源/水域的组成部分,成为水资源所有权/水域所有权的客体的组成部分。在海域就更是如此。海域中的鱼类分为定居种、非定居种、溯河产卵种群和高度洄游种群,沿海国对前三种鱼类的利用管理享有专属权或优先权,至于高度洄游种群的利用则由国际渔业组织加以规范。① 其中,诸如高度洄游种群等,难说归特定国家所有,若按共同所有,可能解释起来更顺畅些(当然,如果一定要按照所有权的逻辑思考,可以基于水域及其所有权来确定包括高度洄游种群等在内的渔业资源的归属,即因渔业资源属于特定水域的组成部分,故包括高度洄游种群等在内的渔业资源所处的水域归谁所有,就可以说这些渔业资源就归谁所有)。而捕捞权属于国内法上的权利,所以,在公海海域和在他国海域从事捕捞作业的情况下,若认为捕捞权从渔业资源所有权中派生出来,于理不通,于法无据。在只承认近海渔业存在渔业权或沿岸渔业存在渔业权的立法例上,不存在这个困扰,但在中国则不如此简单。

问题的症结在哪里?第一,渔业权同矿业权在结构上并不存在上文所描述的那样相似,而是具有实质的不同。第二,国内法与国际法之间的关系比较微妙,需要正确处理。对此,分析如下:

---

① 陈荔彤:《国际渔业法律制度之研究》,载《中兴法学》第43期,1997年12月,第243页。

"矿业权之于矿产资源,犹如渔业权之于渔业资源。按照类比的方法,既然矿业权的客体不是土地,而是特定矿区或工作区内的地下土壤与其赋存的矿产资源,矿业权的母权是矿产资源所有权;那么渔业权的客体就不是水域,而是特定水域与其中的渔业资源,渔业权的母权是渔业资源所有权。"这种类比是错误的,其原因在于,如同上文所述,海洋包含海洋资源,而海洋资源包括海洋动物、植物和微生物。众所周知,渔业资源在公海捕捞的情况下谈不上一个国内法上的所有权制度。而矿产资源却存在着一个国内法上的所有权现象。这表明,把渔业权与矿业权的结构等同的观点违反中国现行法的规定,也不符合通说。①

虽然在内海存在着国内法上的所有权现象,但因法律尚未把渔业资源所有权单独地作为一种所有权类型看待(《宪法》第9条、《民法通则》第81条、《土地管理法》第4条、《渔业法》第10~11条),而是把它并入海洋资源所有权当中了。这显然不同于矿业权场合并存着土地所有权与矿产资源所有权的架构,由此显现出上述类比的不当。②《民法典》未改变这种格局(第247条以下)。

在内水,渔业界更关注特定水域中的水生动植物乃至整个渔业资源,或者说注重水资源中的水生动植物乃至整个渔业资源;所称谓的水域一定是关于水生动植物乃至整个渔业资源的水域,所说的水资源一定是关于水生动植物乃至整个渔业资源的水资源。鉴于通说认为海洋资源包含渔业资源,为统一内水资源和海洋资源起见,在渔业法上,应当将水资源理解为包含水生动植物乃至整个渔业资源;鉴于通说认为水域包含水生动植物乃至整个渔业资源,应当把水域理解为包含水生动植物乃至整个渔业资源,从而对渔业权尽可能地作体系化的理解。如果这个结论是准确的,那么,渔业权和矿业权的结构不同,且该不同处于法律评价的重要地位,表明二权间不存在着"类似性",因而不宜类比。③

我们应如何确定渔业权的母权呢?原则上要遵循"他物权客体上竖立的所有权就是他物权的母权"的思路,首先确定渔业权的客体,然后考察该客体上竖立的所有权,至此,可以锁定该所有权就是渔业权的母权。④这在内水和领海海域从事渔业活动的情况下非常容易说明,在大陆架海域从事渔业活动的场合也相对易于解释,但在毗连区和专属经济区从事渔业活动的场合需要费些笔墨,在公海海域和他国海域从事渔业活动的场合,确定渔业权的母权就不那么简单,需要区分国内法上的渔业权关系和国际法上的法律关系,分别考察和说明。对于后者,至少有四条路径可供选择。

其一,如果认为在公海海域和他国海域从事捕捞作业不属于渔业权渔业,无论在国内法上还是在国际法上都是如此,那么,无需寻觅渔业权的母权,"他物权客体上竖

---

①②③④ 崔建远:《准物权研究》,法律出版社2003年版,第409页。

立的所有权就是他物权的母权"的思路完全用不上。

其二，如果认为在公海海域和他国海域从事捕捞作业的渔船，被配置的渔业权以公海海域或者他国海域为其客体，那么，"他物权客体上竖立的所有权就是他物权的母权"的思路就不宜应用，因为作为此类渔业权客体的海域不属于中国所有。

其三，如果区分渔业权的客体与渔业权直接作用的海域，渔业权直接作用的海域为公海海域、他国海域，这不属于渔业权的客体范畴，渔业权的客体仍为中国海域，那么，"他物权客体上竖立的所有权就是他物权的母权"的思路就仍然可以应用。

其四，继续遵循"他物权客体上竖立的所有权就是他物权的母权"的思路，但要区分国内法上的渔业权关系和国际法上的法律关系，寻觅中国法上的渔业权的母权属于国内法上的问题，渔船在公海海域、他国海域从事捕捞作业属于特定国家与他国之间的关系，特定国家与国际社会之间的关系。后两种关系场合，中国法上的渔业权并非在公海海域、他国海域从事捕捞并取得渔获物的正当根据，中国渔业经营者从事渔业经营活动的海域所在国基于国际法准则所享有的权利，才使中国渔业经营者的渔业活动合法。国际法规范公海海域、他国海域的渔业活动确实具有必要性和现实性，正如有学者所说，面对海洋有生资源并非无穷尽，且鱼类种群可能因过度滥捕而消失殆尽的现状，国际法不得不思有所节制的规范，对渔业资源接近权等作出规定。[①] 1982年《联合国海洋法公约》第3条、第61~第69条、第116~第118条等都属于这些方面的法律规范。换个角度观察和表述，后两种关系中没有也不需要考虑中国法上的渔业权。既然不是我国法上的渔业权在起作用，中国渔业经营者所利用的处于公海海域、他国海域的渔场，就不是作为中国法上的渔业权的客体身份出现的。这样，后两种关系不会影响在国内法上存在着渔业权及其母权。

既然中国法上的渔业权的母权及其寻觅属于国内法上的问题，渔业权的客体为中国的水域（包括海域），竖立于该水域上的所有权是渔业权的母权。就是说，"他物权客体上竖立的所有权就是他物权的母权"的思路就仍然可以应用。

第一条路径有其弊端，因为对于渔民从事养殖、捕捞的地位或曰资格，以及由此享有的利益，只要具有合法性，就得承认为权利，《渔业法》不将其规定为渔业权，其他法律不得不拾遗补阙，承认为民法上的权利或广义上的渔业权，学说也努力将其解释为权利。与其曲折迂回，莫不如将这些养殖、捕捞的权利体系化，统归渔业法，形成统一的渔业权制度，至于每种权利的特性，可以通过在渔业权内部再类型化的方式解决。既然应当承认渔业权，就应当选取分别考察国内法上的渔业权关系与国际法上的法律关系的模式，即中国国内法上采取渔业权渔业的模式，在国际法的层面遵循国

[①] 陈荔彤：《国际渔业法律制度之研究》，载《中兴法学》第43期，1997年12月，第218页。

际法准则和国际惯例,可以认可非渔业权渔业。第一条路径没有注意到这两种法律关系的区别和交织。

倘若选取第二条路径,要么全部推翻"他物权客体上竖立的所有权就是他物权的母权"的思路,要么在国内水域范围继续以"他物权客体上竖立的所有权就是他物权的母权"的思路解释母权现象,在公海海域和他国海域范围放弃"他物权客体上竖立的所有权就是他物权的母权"的思路。这条路径不是不可以走,只是缺乏美感,非为上策。

第三条路径没有区别国内法上的渔业权关系和国际法上的法律关系,没有考虑到在国际法上的法律关系的主体不是渔业经营者,而是国际组织、国家;内容不是私法上的权利义务,渔业经营者所享有的渔业权不是其中的内容,也就无所谓公海海域、他国海域是渔业权的客体之说。再者,在物权客体的理论上,尚未见到物权的客体与物权作用的对象是两回事的见解。

在笔者看来,第四条路径较为可取,下文就开展对渔业权的母权的具体考察:

(1) 存在于内陆水域和领海的渔业权与其母权

在作为渔业权客体的水域为内陆水域和领海时,该水域属于中国领土,中国的国内法完全适用。这样,自然资源所有权制度和使用权制度及其理论就充分地发挥着作用。水域所有权,就是渔业权的母权。

(2) 存在于毗连区和专属经济区的渔业权与其母权

毗连区和专属经济区虽属领海以外的区域,但依据国际公约及法律的授权,沿海国及于其上的权利义务已经多于和强于及于其他公海海域的权利义务,沿海国对于利用上述海域开发、养护和管理包括渔业资源在内的生物资源的活动行使主权权利。笔者赞同上述海域不再是公海一部分,而是具有特殊性质的海域的学说,因而,上述海域可以成为沿海国法上的渔业权的客体,渔业权可以存在其上。但因为沿海国不是对于毗连区和专属经济区本体享有主权权利,只是对于开发、利用、养护其中的生物资源、利用海域的活动享有主权权利,所以尚不能说中国对此领域享有海域所有权,也就不可以说该海域所有权为渔业权的母权。

那么,何种权利才是存在于此类海域的渔业权的母权呢? 可以有四种解释路径,一是国家主权是渔业权的母权;二是沿海国对于开发、利用、养护毗连区和专属经济区的海域中的生物资源、利用海域的活动所享有的主权权利,作为渔业权的母权;三是毗连区和专属经济区的海域所有权是渔业权的母权;四是中国国内法上的海域所有权为渔业权的母权。

笔者认为,无论是根据1982年《联合国海洋法公约》还是依据中国的《领海及毗连区法》《专属经济区和大陆架法》,沿海国对于毗连区和专属经济区都不享有国家主

第十七章 准物权

权,所以,将国家主权作为渔业权的母权不符合法律和事实。再者,渔业权属于国内法上的制度,应该和国内法上的相关制度衔接,而国家主权适宜用在国与国之间的关系上、用于国际法领域,因而把国家主权作为渔业权的母权在学理上不精细、不到位。因而,第一种解释路径不可取。

第二种解释路径,即沿海国对于开发、利用、养护毗连区和专属经济区的海域中的生物资源、利用海域的活动所享有的主权权利,作为渔业权的母权,这是1982年《联合国海洋法公约》、中国的《领海及毗连区法》和《专属经济区和大陆架法》明确规定的,具有合法性。同时由于该主权权利含有占有、使用、收益的内容,作为渔业权的母权可以说得过去。不过,如此处理会出现如下割裂的局面:存在于中国内陆水域和领海海域的渔业权,其母权是水域所有权;存在于毗连区和专属经济区的海域的渔业权,其母权为国家主权权利。这不符合一项理论应当一贯到底的要求,显然不是最佳的方案,不到万不得已,不宜如此解释。

第三种解释路径是否可行呢?存在于毗连区、专属经济区的渔业权,其作用范围为毗连区或专属经济区,也就是说渔业权的客体是毗连区或专属经济区的海域,按照渔业权的客体上竖立的所有权即为渔业权的母权的思路,应当得出毗连区、专属经济区的海域之上竖立的所有权是渔业权的母权的结论。不过,该结论明显不符合中国对毗连区、专属经济区并无所有权的事实,就是说,第三种解释路径也不可取。

现在,只好试探第四种解释路径,即中国国内法上的海域所有权为渔业权的母权。该路径遇到的第一个拦路虎就是毗连区、专属经济区的海域,虽然是渔业权的客体,但不是中国国家所有权的客体。欲赶走这个拦路虎,得把握三点。第一点,海域具有具体性与抽象性。所谓海域的具体性,指海域可以用经纬度的方式加以特定化,将某特定海域人为地从茫茫大海中特定出来,作为渔场供渔业经营者利用。毗连区、专属经济区的海域确实属于此类。所谓海域的抽象性,指海域更是个抽象的整体,中国的毗连区、专属经济区的海域与中国领海是连成一片的,它们都构成一个抽象意义上的海域。这种具体性和抽象性为我们观察和界定渔业权的客体时兼有原则性和灵活性提供了可能。坚持原则性,就是要求我们仍须坚持权利义务指向的对象为客体的通说,只要渔业经营者凭借捕捞许可证在毗连区或专属经济区的海域从事渔业活动,我们就可以毫不犹豫地认定该毗连区或专属经济区为渔业权的客体。兼有灵活性,就是即使某渔业权一直在毗连区或专属经济区的海域发挥着作用,渔业经营者一直在毗连区或专属经济区的海域从事捕捞活动,也没有必要一律将渔业权的客体完全局限于该毗连区或专属经济区的海域,一些在该海域"部分"上存在的渔业权也存在于另外海域"部分"——领海——之上,该领海(或者领海的特定部分)也成了渔业权的客体。中国现行法确实有条件地承认了这种现象,例如《渔业捕捞许可管理规定》第 22 条规定,作业场所核定在 B 类、C 类渔区的渔船,不得跨海区界限作业。作业场所核定在 A 类渔区或内陆水域的渔船,不得跨省、自治区、直辖市管辖水域界限作业。因传统作业习惯或资源调查及其他特殊情况,需要跨界捕捞作业的,由申请人所在地县级以上渔业行政主管机关出具证明,按审批权限报主管机关批准后,由拟作业水域的主管机关核发临时渔业捕捞许可证。跨海区作业的,由农业部审批。在相邻交界水域作业的渔业捕捞许可证,由交界水域有关的县级以上地方人民政府渔业行政主管机关协商发放,或由其共同的上级渔业行政主管机关审批发放。笔者赞同这种灵活性,反对僵化的做法,因为僵化会弱化中国对于开发、利用、养护毗连区、专属经济区的海域中的生物资源,会弱化利用海域的活动所享有的主权权利,会减弱在毗连区、专属经济区的海域作业的渔业权的正当性。第二点,海域所有权或水资源所有权系一抽象的范畴,并非特指存在于某一特定水域上的权利;在一个国家,海域所有权或水资源所有权只有一个,而非数个。既然如此,渔业权系分享海域所有权的部分权能而形成的权利,是指分享同一的、抽象的海域所有权的部分权能,而非指分享某特定海域所有权的权能。不论此类渔业权具体作用的领域位于何处,都是基于这个同一的、抽象的海域所有权而生的。① 第三点,渔业权客体和海域所有权之间相互连接。在渔业权的客体为毗连区或专属经济区的海域,也有中国领海海域的情况下,此类渔业权的客体和海域所有权的客体有重合之处,海域所有权为渔业权的母权之说应当成立,不存在法律上的、事实上的和逻辑上的障碍。在特定的渔业权仅仅以毗连区或专属经济区的海域为客体,不包括中国领海海域的情况下,将海域所有权解释为此类渔业权的母权,与"他物权客体上竖立的所有权就是他物权的母权"的思路有一定的距离。如何看待这个现象? 一是我们应当注意到海域的抽象性,毗连区、专属经济区和大陆架的海域与中国领海海域是连为一体的,在必要的情况下不得不淡化乃至忽略海域的具体性;二是应当注意到国家对于领土、海域的权利类似于磁场,中心地带的效力最强,外缘部分的效力最弱,从中心地带到外缘效力呈逐次减弱的趋势。这表现在主权的层面就是,国家对于领海享有主权,对于毗连区、专属经济区的某些方面享有主权权利,对于公海海域、他国海域只能根据国际法准则享有相应的权利。这表现在所有权的层面就是,国家对于领海海域享有所有权,对于毗连区、专属经济区和大陆架的海域享有类似但弱于所有权的权利,对于自己利用毗连区、专属经济区的海域的渔获物享有所有权。在未来也可能发生蜕变,国家对于毗连区、专属经济区享有主权,对于毗连区、专属经济区的海域享有所有权。面对这样的状况,尽管在微观领域,渔业权的客体和海域所有权的客体不重合,但站在整体、联系和发展的

---

① 崔建远:《准物权研究》,法律出版社 2003 年版,第 411 页。

立场上,可以将海域所有权认定为渔业权的母权。

(3) 存在于大陆架海域的渔业权与其母权

享有渔业权的渔业经营者在大陆架海域从事渔业活动,此类渔业权的母权是谁? 回答这个问题需要我们注意到大陆架与毗连区、专属经济区在法律地位上的异同。 1982 年《联合国海洋法公约》界定大陆架时采用了"沿海国的大陆架包括其领海以外依其陆地领土的全部自然延伸,扩展到大陆边外缘的海底区域的海床和底土"的表述。对此,中国《专属经济区和大陆架法》完全肯认,于第 2 条第 2 款规定:"中华人民共和国的大陆架,为中华人民共和国领海以外依本国陆地领土的全部自然延伸,扩展到大陆边外缘的海底区域的海床和底土。"1982 年《联合国海洋法公约》规定沿海国的主权权利时,涉及大陆架的,称"沿海国为勘探大陆架和开发其自然资源的目的,对大陆架行使主权权利"(第 77 条第 1 项);涉及专属经济区的,称沿海国"以勘探和开发、养护和管理海床上覆水域和海床及其底土的自然资源(不论为生物或非生物资源)为目的的主权权利,以及关于在该区内从事经济性开发和勘探,如利用海水、海流和风力生产能等其他活动的主权权利"(第 56 条第 1 项 a)。中国《专属经济区和大陆架法》规定国家主权权利时,涉及大陆架的,称"中华人民共和国为勘查大陆架和开发大陆架的自然资源,对大陆架行使主权权利"(第 4 条第 1 款);而涉及专属经济区的,则谓"中华人民共和国在专属经济区为勘查、开发、养护和管理海床上覆水域、海床及其底土的自然资源,以及进行其他经济性开发和勘查,如利用海水、海流和风力生产能等活动,行使主权权利"(第 3 条第 1 款)。这些都表明,沿海国对于大陆架所享有的主权权利较之于对专属经济区所享有的在法律效力上更强,按照当然解释方法,存在于大陆架海域的渔业权的母权,应当相同于存在于专属经济区海域的渔业权的母权。

最后,应当指出,按照《中华人民共和国和日本国渔业协定》及有关法律文件,在 2002 年,中日两国相互为对方的渔船办理了入渔许可证,依规定可以到对方的专属经济区入渔。由于日本在专属经济区实行的是非渔业权渔业,中国渔船虽然拥有入渔许可证,但不享有日本法上的渔业权。按照中国《渔业捕捞许可管理规定》第 7 条第 2 项和第 3 项、第 17 条第 4 项的规定,中国渔船必须取得专项(特许)渔业捕捞许可证。由于持有此类许可证的渔业经营者享有从事捕捞作业的资格和权利,此类权利在中国现行法上应当为渔业权。

按照《大韩民国专属经济区管理水域中华人民共和国渔船入渔规模和作业条件》(附件 1)规定,韩国许可一定数量的中国渔船进入韩国专属经济区从事捕捞作业,持有韩国法上的入渔许可证。按照中国《渔业捕捞许可管理规定》第 7 条第 2 项和第 3 项、第 17 条第 4 项规定,这些进入韩方专属经济区管理水域从事捕捞作业的中国渔船必须取得中国海区局核发的专项(特许)渔业捕捞许可证。由于持有此类许可证的渔业经营者享有从事捕捞作业的资格和权利,此类权利在中国现行法上应当为渔业权。

这些渔业权的母权不是日本法上的或者韩国法上的所有权,而是中国现行法上的海域所有权。其道理类似于中国渔船在他国海域从事渔业活动享有中国法上的渔业权,此类渔业权的母权为中国法上的海域所有权。这将在下文阐明。

(4) 存在于公海海域、他国海域的渔业权与其母权

享有渔业权的渔业经营者在公海海域、他国海域从事渔业活动,此类渔业权同样应该有其母权。问题只在于,公海、他国海域非中国国家主权的效力范围,公海权属、他国海域的所有权怎么可能成为中国法上的渔业权的母权呢?笔者亦否认公海的权属、他国海域的所有权是我国渔业法上的渔业权的母权,看来欲说清这里的问题需要另辟蹊径。

首先,在公海海域、他国海域从事渔业活动的情况下,渔业经营者的渔业权可能是基于其所在国的国内法产生的,也可能是由他国的渔政管理机关依据其国内法授与的。后者属于他国法上的渔业权,本书不讨论它。此处寻觅渔业权的母权是探求中国现行法上的渔业权的母权。

其次,在公海海域、他国海域从事渔业活动,渔业经营者拥有中国法上的渔业权的情况下,涉及两种性质不同的法律关系,即国内法上的渔业权关系和国际法上的法律关系。国内法上的渔业权关系表明了,渔业经营者在中国取得了从事渔业的合法地位,享有了中国法认可的取得渔获物所有权的正当根据,而且该合法地位及正当根据来源于中国的水域所有权和捕捞许可。至于渔业经营者被许可从事渔业活动的领域,要服从渔业行政主管机关的指定。如果渔业行政主管机关指定渔业经营者从事渔业活动的范围属于国内水域的渔场,那么,完全依据中国的国内法及其理论加以说明,确定该水域为渔业权的客体。于此场合,"他物权的客体上竖立的所有权就是他物权的母权"之说,依然成立。如果渔业行政主管机关指定渔业经营者从事渔业活动的范围属于公海海域、他国海域,那么,围绕着该海域所发生的法律关系属于国际法上的法律关系,国际渔业组织或者对海域享有主权的特定国家是该法律关系的一方当事人,中国是另一方当事人。渔业经营者不是该法律关系的另一方,我国法上的渔业权在其中不起作用。这个层面上的渔业——公海海域和他国海域的渔业——是非渔业权渔业。渔业经营者作为当事人一方的,发生在国内法律关系中,一种是他与渔业行政主管机关之间的渔业权设立的渔业行政法律关系,一种是他与非渔业权人之间的平等主体之间的渔业权法律关系。

在国际法上的法律关系中,渔业经营者在公海海域从事渔业活动的权源在于

1982年《联合国海洋法公约》等法律文件的规定,在他国海域从事渔业活动的正当根据在于渔业经营者所在国与渔区所在国之间的条约、协定等法律文件的授权。由此类渔业活动引起的同他国的纷争,适用国际法的规则加以解决(《渔业法》第8条)。在这种法律关系中,不存在渔业权及其母权的问题,一旦讨论渔业权及其母权,就移转到国内法律关系中了。我们不可因此类渔业行为同时牵涉两种性质不同的法律关系,就将不同法律关系中的权利错误地易位。在国际法律关系中寻觅渔业权及其母权,就是错位的表现。

只要我们没有错位,寻觅在公海海域、他国海域从事捕捞作业的渔船所配置的渔业权,就应当锁定在国内法上的渔业权关系中;寻觅该渔业权的母权,也应当锁定在国内法上的法律关系中。如果问询渔业权的母权是海洋中的海域所有权吗?就可以肯定地回答是,但不是公海海域所有权,更不是他国海域所有权,而是自己国家的海域所有权。

总结以上所述,在渔业行政主管机关指定渔业经营者从事渔业活动的范围属于公海海域、他国海域的情况下,渔业权的母权仍然是中国海域所有权,但渔业权的客体与渔业权母权的客体不再重合,他物权的客体上竖立的所有权就是他物权的母权之说,在这个领域需要作些修正。

笔者曾经认为,在公海海域渔业权、他国海域渔业权的情况下,涉及两种性质不同的法律关系。在对外关系上,恰似法人的工作人员从事法人所指派的活动时同他人发生的法律关系,捕捞作业人不是以渔业权人的法律地位出现的,而是以一个国家的内部组成成员的身份从事着构成该国行为的捕捞活动,他的捕捞行为视为该国的行为,而非个人行为。① 国际法学者张新军博士认为,在国际法领域,尚未承认中国渔业经营者在公海海域、他国海域捕捞视为国家行为。看来,站在解释论的立场上,应当服从国际法及其实务运作;从制度设计的角度说,笔者觉得仿照法人与其工作人员之间的关系设计在他国海域从事渔业活动形成的法律关系,在逻辑上更为顺畅。

(5) 存在于暂定措施海域、过渡海域、共同管理渔区的渔业权与其母权

中国渔船在暂定措施海域、过渡海域、共同管理渔区从事渔业活动,此类渔业权的母权如何确定?

寻觅此类渔业权的母权,应当区分情形而定。①属于专属经济区的,例如在东海中部较大范围的水域,属于中国和日本都各自主张专属经济区,两国对此尚未达成一致意见,为了不至于因此而影响渔业活动,中日两国签署了《中华人民共和国和日本

---

① 崔建远:《准物权研究》,法律出版社2003年版,第410-411页。

国渔业协定》,将该水域确定为暂定措施水域,两国共同管理。存在于该暂定措施水域的中国渔业经营者所享有的捕捞权,其母权应当是中国的海域所有权。其道理在"存在于毗连区和专属经济区的渔业权与其母权"中已经阐明,此处不赘。②属于领海海域的,例如,北部湾的中越的共同渔区、过渡性安排水域,两国存在着划界的问题。在划界之后,属于中国领海的北部湾海域,中国享有海域所有权。该海域所有权就是存在于中国北部湾海域的渔业权的母权。在划界之前,按照《中华人民共和国政府和越南社会主义共和国政府北部湾渔业合作协定》,北部湾的某些海域为共同渔区、过渡性安排水域,存在于其中的中国渔业经营者的渔业权,仍然以中国海域所有权为其母权。因为在划界之前中国主张领海主权,而存在于领海海域的渔业权以海域所有权为其母权。③中国渔船在韩方一侧过渡水域、暂定措施水域从事捕捞作业的,两国各自向本国渔船发放许可证,并相互交换船名册等渔船资料。① 就是说,中国渔船一方面必须取得韩方专属经济区管理水域的入渔许可证,另一方面也要取得中国法上的专项(特许)捕捞许可证和入渔标识。此类许可证的持有者享有在指定的水域从事捕捞的资格及权利,此类权利在中国现行法上的权利体系中应当属于渔业权。

笔者曾经认为,渔业权所具体作用的水域,属于渔业权的客体范围,不影响渔业权的母权确定。任何渔业权,不论其作用的领域位于何处,都是基于同一的、抽象的海域所有权而生的。所以,毗连区海域渔业权、专属经济区海域渔业权、大陆架海域渔业权、公海海域捕捞权、他国海域捕捞权的母权仍然是中国的海域所有权,只不过这些渔业权的作用领域是公海乃至他国水域罢了。② 经过思考,感到这仍是混淆了国内法上的渔业权关系和国际法上的法律关系的表现,即在公海海域、他国海域从事捕捞作业的情况下,渔业权已经隐退其后,不起作用,因而,该公海海域、他国海域就只是渔业活动的场所,不具有渔业权客体的身份,再称公海海域、他国海域是渔业权的客体或渔业权作用的领域,显然不妥当了。至于渔业经营者之所以被允许在公海海域从事渔业活动,那是1982年《联合国海洋法公约》等有关法律文件规定的结果;之所以被允许在他国海域从事渔业活动,那是渔业经营者所在国以国家的名义与渔区所在国国家之间的条约、协定所致。

笔者曾经指出:"渔业权的客体,不仅有本国水域,而且可以是公海海域乃至他国海域,并非笔者的杜撰,而是有着学说的支持。可以为渔业经营的水域范围,依据学说和实务操作,存在着三种情形:一是包括沿海国的内水、领海、专属经济区和公

---

① 农业部海区渔政渔港监督管理局:《关于2003年实施〈中韩渔业协定〉的意见》,2002年12月17日,载于农业部渔业局主编:《中国渔业年鉴(2003)》,中国农业出版社2003年版,第207-208页。

② 崔建远:《准物权研究》,法律出版社2003年版,第411页。

海;二是仅限于沿海国的内水、领海和专属经济区;三是在实务上,不仅包括沿海国的内水、领海、专属经济区和公海,而且涵盖外国的专属经济区、领海、内水。①"② 通过查阅文献,感到应当首先看相关立法例奉行的是渔业权渔业模式还是非渔业权渔业模式,如果实行的是非渔业权渔业模式,那么,专属经济区、公海海域、他国海域就不是渔业权的客体。其次,要区分国内法上的渔业权关系和国际法上的法律关系,公海海域是非渔业权渔业的海域,不是渔业权渔业的领域。中国渔船在他国海域作业,可能是已经取得了该国法上的渔业权,于此场合,该他国海域是渔业权的客体,此类渔业为渔业权渔业;否则,该他国海域不是渔业权的客体,此类渔业是非渔业权渔业。

[论辩]

当然,有专家学者反对母权——子权结构及其理论。笔者认为,在准物权场合,放弃母权——子权结构及其理论,会是行政许可或特许单方面地产生准物权。如此一来,其一,准物权由基本上为私权附带些公权色彩而蜕变为单一色的公权,其法律性质发生根本变化,其法律调整和法律适用也随之大变。其二,审核申请和颁发行政许可或特许的部门毕竟是行政机关或其派出机构,其立场,其意思,其行为,不完全等同于国家,甚至于时常不等同于国家。这就剥夺了国家这个所有权人以民事主体的身份和意思设立准物权的权利。特别是在个别行政机关或其派出机构违法运作的情况下,在中央政府大局着眼分配自然资源而地方政府囿于地方利益的场合,放弃母权——子权结构及其理论的弊端更是暴露无遗。其三,准物权的救济机制及方式完全纳入行政法的轨道,难有民事救济机制及方式发挥作用的空间。这对保护准物权人不利。

(三) 准物权由行政许可或特许"催生""准生"与确认

1. 准物权所需行政许可或特许概述

所谓许可,简单地说,是指解除特定人的不作为义务,使其回复本来的自由。比较全面地说,是指这样的现象:原本禁止一般人所为的特定行为,但对于特定人或关于特定事件则解除禁止,允许特定人实施此类特定行为。③ 自然的,行政许可,是指行政机关对法律规定的一般禁止行为,在特定场合,对特定人解除禁止的行政行为。④

---

① 何世全:《公害对渔业权造成侵害之民事救济》,台湾海洋大学海洋法律研究所硕士学位论文(1991年),第76页。
② 崔建远:《准物权研究》,法律出版社2003年版,第411-412页。
③ 何世全:《公害对渔业权造成侵害之民事救济》,台湾海洋大学海洋法律研究所硕士学位论文(1991年),第50页。
④ 参见张正钊、韩大元主编:《中外许可证制度的理论与实务》,中国人民大学出版社1994年版,第305页。

行政许可,对于相应的行政主体而言是一项重要的行政权力;对于申请人来说,则为其特定资格确立或权利产生的要件。

[拓展]

按照传统,除了许可,还有特许。所谓特许,是为特定人设定权利能力或特定权利的行为。特许,大多基于相对人的申请而作出,原因在于,许可仅仅解除对于自然自由的拘束,对其自然自由,并无所附加;而特许则系赋予相对人超出其自然自由范围的新权利,也就是国家将其某些事业的独占经营权授予相对人,使其拥有从事该项事业的独占经营的资格。① 行政法学者的表述为,特许与许可最大不同的地方是,许可只是将人民原本就拥有,只为方便官署事前审查而暂时遭到限制的自由权利,"还给"人民,故就人民的立场言之,许可并未增加其权利,他只是取回原本就拥有的权利而已;反之,特许则是将人民原本就不拥有的权利于特殊例外情形给予人民,也就是将法律所一般性禁止的行为例外许可人民为之,故就人民立场言之,特许可谓增加、扩大了其自由活动的范围,因而他得到原本并不拥有的东西。区分许可和特许的实益,学说一般认为,许可涉及人民权益,故是否许可,应经对申请人的私益与其他法益(即第三人利益以及公益)的均衡考量,于要件具备,亦即私益优先时,人民原则上拥有核发许可的请求权;在特许的场合,是否例外解除禁令,无关私益的维护,纯粹是基于不同公益间的竞争与考量,但凭官署定夺,人民对此并无法律上的请求权,官署亦无特许的义务,从而请求特许遭拒,亦不得以权利受侵害为由诉请救济。②

这种观点已经受到批评:学说之所以区分许可和特许,谅系认为这类特许的行为非有害于社会,就是与社会一般期待不符,故自始就不应在人民基本权利保护的范围之列,也由于不承认它是基本权的行使,故即便申请特许遭拒,亦无关权利受害,充其量只是反射利益受到影响,如此当然就无诉请法院救济之理。唯特许果真无关人民基本权利,涉及在基本权利构成要件的解释上,是否承认有基本权内在界限的立场问题。由于承认基本权有所谓内在界限,将使众多行为在"与社会期待不符"的这类抽象、不确定概念的桎梏下,毋庸议会的介入(因法律保留原则的适用)就可任由行政机关禁止,甚至不许有诉请法院救济机会,就结果而言显不利人权保障,不可取。是在此立场上,我们应当从传统的许可概念范畴另行划分特许出来,似无必要,也无实益。何况即便是认为许可与特许有别的学者,最近也不否认一般、抽象禁令的例外解除,有时也是出于维护个案正义的需要,或基于平等或比例原则的要求,不能说与私

---

① 何世全:《公害对渔业权造成侵害之民事救济》,台湾海洋大学海洋法律研究所硕士学位论文(1991年),第50页。

② 翁岳生编:《行政法》(上册),中国法制出版社2004年版,第666页。

益,即人民的基本权利全然无关。①

由于矿产资源、水资源、渔业资源、野生动物资源的重要性和稀缺性,国家对于它们的开发利用或猎取严格控制管理,实行行政许可管理,有的甚至是特许许可规制。由于准物权正是有关矿产资源、水资源、渔业资源、野生动物资源方面的权利,其产生大多需要行政许可或特许这个要件。

各类准物权的产生所需要的行政许可或特许具有共性。其一,其法律性质,都是一种依申请而为的具体行政行为,没有自然人、法人或其他组织的申请,行政主管部门是不能主动赋予其许可的;②均为一种采用颁发许可证的要式行政行为。其二,作出行政许可或特许的主体一律为行政主管部门。其三,行政许可或特许是一种经依法审查的行政行为。其四,行政许可或特许是一种授益性行政行为。③ 其五,行政许可或特许都要经过申请、受理、审查、作出决定诸阶段。

2. 准物权设立的具体程序

(1)申请。申请人的某种准物权的行政许可或特许的申请要获得批准,首先要向行政主管部门递交申请书,并附送相关的说明材料。该申请书应载明以下内容:申请人的基本情况,包括姓名(名称)、住所和其他基本情况,法人住址、法定代表人姓名等内容;申请的具体事项;提出申请的理由和法律根据;其他应当具备的材料。这主要根据具体的申请事项而定。

(2)受理。所谓受理,是指行政主管部门对申请人的某种准物权的许可或特许的申请进行形式审查后表示接受。行政主管部门在对申请人的某种准物权的行政许可或特许的申请进行形式审查时,并不意味着申请人的该申请已经被行政主管部门受理。行政主管部门主要审查许可或特许的申请是否为书面形式,申请许可或特许的意思表示是否清楚,申请人的自身条件叙述得是否清楚,是否提供了相应的证明材料等。如果申请材料不齐全或不符合法定形式,行政主管部门应当一次性书面告知申请人需要补正的全部内容。申请人按照书面告知要求补正后,行政主管部门应当予以受理。

(3)审查。行政主管部门在受理申请后,应当根据法定条件和程序对申请材料的实质内容进行审查、核实,需要实地核查后才能作出是否准予行政许可或特许的决定的,行政主管部门应当指派两名以上工作人员实地核查。对情况复杂的或重大的

---

① 翁岳生编:《行政法》(上册),中国法制出版社2004年版,第666-667页。
② 参见任顺平、张松、薛建民:《水法学概论》,黄河水利出版社1999年版,第89页。
③ 乔晓阳主编:《中华人民共和国行政许可法释义》,中国物价出版社2003年版,第57页;李飞主编:《中华人民共和国行政许可法释解》,群众出版社2003年版,第26页;马怀德主编:《中华人民共和国行政许可法释解》,中国法制出版社2003年版,第12页。

行政许可或特许,行政主管部门应当集体讨论决定。审查的具体内容包括:审查申请人是否具备取得某种准物权的行政许可或特许的条件;征询相关方面的意见;考核申请人;核实申请内容。

(4) 作出决定。对符合条件的,作出向申请人颁发行政许可证书或特许证书的决定;对不符合的,作出不予许可或特许的决定,并向申请人说明理由。申请人对此不服的,可以申请行政复议或直接提起行政诉讼。如果行政主管部门在法定的行政许可或特许期限内既未给予申请人行政许可或特许的决定,也未给予不予许可或特许的决定,申请人可以依法申请行政复议或直接提起行政诉讼,请求复议机关或人民法院责令行政主管部门履行其法定职责。

(5) 听证。有时,行政主管部门在作出是否准予行政许可或特许的决定前,可以举行听证会。

由于准物权内部差异较大,每种准物权在行政许可或特许方面各具特色。其一,行政主管部门不同。授予探矿权许可证、采矿权许可证的行政主管部门是矿业行政主管部门。授予取水许可证的主管部门为流域管理机构和水资源行政主管部门,流域管理机构在现行法上只是水利部的派出机构,尚未成为一级行政机关。授予养殖证、捕捞许可证的行政主管部门是渔业行政主管部门。授予狩猎许可证的行政主管部门分为林业行政主管部门和渔业行政主管部门,前者主管陆生野生动物的狩猎许可证,后者主管水生野生动物的狩猎许可证。其二,行政许可的类型、级别不同。准物权产生涉及的行政许可或特许,既有普通许可,也有特许。属于前者的,诸如取水许可、养殖许可、内水捕捞许可、近海捕捞许可、猎捕证等。属于后者的,例如,特许猎捕证等。其三,程序不同,这将在下文按每个具体的准物权部分介绍。

[引申]

母权、行政许可或特许对准物权的产生各起什么作用?

母权起"遗传作用"与"分娩作用",母权把它自己的占有、使用、收益等若干权能让给准物权人分享。没有母权的"遗传"与"分娩",准物权就不会含有占有、使用、收益等权能,就不会是支配权,因为行政许可或特许、行政权没有上述基因,不具有上述内容。所以,仅仅有行政许可或特许、行政权产生不出准物权来,如同石头生不出小鸡来一样。对此,一位普通法的专家学者表达了值得赞同的意见:政府颁发的近海或大洋捕捞许可证源于行政法,类似于养狗许可证或建筑许可证,没有所有权的管理权、收益权和处分权。其中的一个原因是政府并不"拥有"近海渔业资源,不可能通过许可证赋予近海捕捞渔民有关所有权的权能,因为政府自己也不拥有这些权能。① 在无所有权这个母权的背景下,行政许可或特许的作用下所产生的权利,不是准物权,而是他种类型的权利。例如,市场监督管理部门给予某公司营业许可,该公司就有了经营权;给予蔬菜零售商许可,该零售商就取得了贩卖蔬菜的权利。何以如此? 仍然是"遗传"的机理,这里的母权是经营管理权,而非所有权。

相反,只有所有权这个母权,而无行政许可或特许,在准物权制度中,在绝大多数情况下,行为人就只在事实上占有、使用等,但不是权利及其行使,而是违法行为。其所得属于非法所得,要被没收,他还可能受到罚款等处罚。行政许可或特许起"催生""准生"与确认的作用,赋予行为人以法律上之力,使其占有、使用等状态名实相符,即享有准物权。有人说得好,成功的制度必须清晰地陈述许可证规则创设财产权利。②

(四) 准物权取得的公示与公信

1. 准物权取得的公示

准物权分为基于行政许可或特许而取得的和非基于行政许可或特许而取得的两种。对于前者,取得的时间应以登记簿记载之时为准;对于后者,应以"权利人"实际享有事实上的准物权时为准。

基于行政许可或特许而取得的准物权,其公示方法自然是登记。非基于行政许可或特许而取得的准物权,其公示方法为某种事实,如基于河岸权原则而取得的取水权,河岸权本身就是公示,标志着河岸权人享有毗邻河岸之水的取水权。

关于准物权的公示,中国现行法设有若干规定。例如,《水域滩涂养殖发证登记办法》规定,使用水域、滩涂从事养殖生产,由县级以上地方人民政府核发养殖证,确认水域滩涂养殖权(第 3 条第 1 款)。县级以上地方人民政府渔业行政主管部门负责水域、滩涂养殖发证登记具体工作,并建立登记簿,记载养殖证载明的事项(第 3 条第 2 款)。县级以上地方人民政府渔业行政主管部门应当在登记簿上准确记载养殖证载明的全部事项(第 12 条)。采取转让、互换方式流转水域滩涂养殖权的,当事人可以要求重新办理发证登记。申请重新办理发证登记的,应当提交原养殖证和水域滩涂养殖权流转合同等相关证明材料(第 13 条第 2 款)。因转让、互换以外的其他方式导致水域滩涂养殖权分立、合并的,应当持原养殖证及相关证明材料,向原发证登记机关重新办理发证登记(第 13 条第 3 款)。因被依法收回、征收等原因造成水域滩涂养殖权灭失的,应当由发证机关依法收回、注销养殖证(第 16 条第 1 款)。水域滩涂

---

① [加拿大]A. Scott,《渔业管理中的财产权》,载农业部渔业局编《国外渔业权制度研究资料》(一),2003 年 9 月,第 12 页、第 13 页。
② [美]C.Jensen,《基于权利的制度:主权与财产》,载农业部渔业局编《国外渔业权制度研究资料》(一),2003 年 9 月,第 48 页。

养殖权人拒绝交回养殖证的,县级以上地方人民政府渔业行政主管部门调查核实后,报请发证机关依法注销养殖证,并予以公告(第 17 条)。再如,《渔业捕捞许可管理规定》第 28 条第 3 款规定,发证机关批准换发和重新发放渔业捕捞许可证的,应当收回原渔业捕捞许可证,并办理渔业捕捞许可证注销手续。发生下列情况的,持证人应将渔业捕捞许可证交回发证机关,并办理渔业捕捞许可证注销手续:(1)渔船报废或损毁不再继续从事许可的捕捞作业;(2)自行终止许可的捕捞作业(第 30 条)。

2. 准物权取得的公信

准物权登记是否具有公信力?从《矿产资源法》《渔业法》《水法》及《取水许可管理办法》的规定尚看不出来,而《民法典》就建设用地使用权、房屋所有权、不动产抵押权等物权变动要求登记,并赋予了登记公信力(第 216 条第 1 款等)。在中国,同典型物权相比较,准物权的数量不算太多,即使考虑到未来需要颁发的行政许可证或特许证数量,登记部门也有能力做到实质性审核,所以中国有关法律赋予准物权登记以公信力完全有条件。如果赋予了准物权登记以公信力,就会非常有利于准物权交易的安全。这样,也同《民法典》赋予不动产物权登记以公信力的模式相一致。

五、准物权的物权效力

(一)准物权的排他效力与优先效力

1. 准物权的排他效力

学说认为,渔业权具有排他效力,即在同一水域不能同时存在两个或两个以上性质不相容的同种或异种的渔业权。[①] 矿业权当然也有排他性。[②] 绝大多数的取水权无排他的效力。同一特定水域存在着租赁权,当该水域成为渔业权的客体时,该租赁权终止。在严格的意义上,这是渔业权排他性的表现。

2. 准物权的优先效力

在对准物权的优先效力内涵和外延的认定方面,时常有学说误把准物权的排他效力归入其中,例如,一种意见认为,渔业权的优先性,是指在同一水域中存在两个或两个以上内容或效力相冲突的渔业权时,先成立的渔业权较后成立的渔业权优先。[③] 在不单提准物权的排他效力,将它融入优先效力的前提下,这种观点无可厚非,但在明确地把准物权的排他效力与优先效力并列的法制及其理论下,这种观点就值得商榷,因为在同一水域中存在两个或两个以上内容或效力相冲突的渔业权时,所谓先成

[①][③] 欧庆贤、陈美宇:《渔业权制度》,载《中国水产》第 487 期,1993 年 7 月,第 48 页。

[②] 崔建远、晓坤:《矿业权基本问题探讨》,载《法学研究》1998 年第 4 期,第 89 页。

立的渔业权较后成立的渔业权优先,实际是先成立的渔业权继续存在,而后成立的渔业权不存在或曰消失,这正是排他效力的表现。例如,日本《渔业法》所谓定置渔业许可的优先顺序(第15~16条)、中国台湾地区"渔业法"所规定的定置及区划渔业权的核准优先顺序(第18条),大多不是渔业权相互之间的优先顺序,而是哪个渔业申请人处于优先位置,取得渔业权,其他渔业申请人得不到渔业权。换言之,它们大多是渔业权排他效力的表现。对于此类现象,笔者认为应该这样描述:就申请人所处的地位和渔业行政主管机关确定授予哪个申请人渔业权而言,它们规定了优先顺序;从渔业权的成立和存续来讲,其规定反映的是渔业权的排他效力。

准物权的优先效力,应该指数个准物权同时并存于同一标的物(基本上是指特定水域),它们按照一定标准排列出位序,处于第一位序的准物权在效力上优先于后位序的准物权,第二位序的准物权在效力上优先于第三位序及其以后位序的准物权。例如,有时渔业权与取水权虽然可以并存于同一水域,但渔业权优先受到保护。例如,任何单位和个人,在鱼、虾、蟹、贝幼苗的重点产区直接引水、用水的,应当采取避开幼苗的密集期、密集区,或设置网栅等保护措施(《渔业法实施细则》第26条)。

(二)准物权的请求权

1. 消除危险请求权应用的机会增多

在侵害对象为典型物权、人格权、知识产权的场合,如果构成侵权行为,原则上要求有损害后果,加害行为与损害后果通常紧密相连,所谓"危险",并不在其中。在所谓"危险"未达到确有可能损害他人的合法权益的威胁时,不以侵权行为论,权利人不得主张停止侵害、赔偿损失;只有具备采用消除危险这一救济方法的要件时,危险才被视为侵权行为。可见,"危险"大多不构成对典型物权、人格权、知识产权的侵权行为。与此不同,侵害取水权、渔业权场合,侵权行为的实施与损害后果之间时常有一个时间差,有时间隔得还比较长,在取水权的客体为江河径流之水、渔业权的客体为江河中某一水域的场合尤为明显。待取水权、渔业权遭受损害时才主张停止侵害、消除危险、赔偿损失,效果往往不佳:可能未能将损失止于最小状态。而在"危险"一出现时即允许水权人、渔业权人主张停止侵害、消除危险、赔偿损失,局面就会改观。可以这样说,"危险"是侵害取水权、渔业权的常见形态;与此相适应,受损害的水权人、渔业权人主张消除危险请求权的机会便增多。

2. 物权的追及效力较少应用

在准物权的情况下,物权的追及效力若系指准物权对其客体的追及效力,那么,当诸如特定的水域、狩猎场所、矿区或工作区被非法转让,第三人因此占据上述客体时,准物权人对该第三人主张其准物权,就可以解释为物权的追及效力在发挥作用。此时的物权的追及效力,就既表现为物的返还请求权,又表现为排除妨碍请求权。在准物权人对其矿产品、渔获物、猎物请求无权占有人返还的情况下,这些就不是准物权追及效力的表现。

例如,在矿业权的情况下,探矿权人通过勘探获得的地质资料、矿石标本等被他人非法掠取,请求返还系基于探矿权人的地质资料所有权、矿石标本的所有权,而非探矿权的追及效力。采矿权人开采出的矿产品被盗,采矿权人是基于其矿产品所有权,而非采矿权,请求无权占有人返还。

六、准物权的消灭

(一) 准物权消灭概述

准物权的消灭,是指准物权本身失去其存在的现象。物权的消灭有相对消灭和绝对消灭之分。准物权让与他人,准物权虽有移转,但并非准物权的绝对消灭。如此,取水权的转让、采矿权的转让,都不属于准物权的绝对消灭。而狩猎证、捕捞证被吊销,则属于准物权的绝对消灭。他人因取得时效而获得取水权,原取水权归于消灭。

准物权属于物权,故物权消灭的原因基本上适用于准物权。例如,抛弃准物权、存续期间届满、他人基于取得时效而取得准物权、他人受让准物权等。同时,由于准物权的特殊性,某些物权消灭的原因不适用于准物权。例如,同一物上的所有权和他物权归属于同一主体时,他物权原则上归于消灭(混同),只有抵押权等少数情况下除外。但在准物权场合,如取水权、矿业权、狩猎权、近海捕捞权、公海捕捞权、他国海域捕捞权等,所有权和准物权的混同不会发生。再如,标的物灭失在准物权场合非常罕见。最后,中国现行法尚未承认取得时效制度,故准物权在中国目前不会因取得时效制度而消灭。

(二) 准物权的抛弃

准物权的抛弃,系准物权人的单方行为。非基于行政许可或特许而取得的准物权,例如,零星散养的畜禽饮用的水权,其抛弃无需对特定人为意思表示,通过特定的现象,如停止取水,表示出抛弃的意思即可。与此不同,基于行政许可或特许而取得的准物权,其抛弃必须由准物权人向原登记、发许可证的行政机关为抛弃的意思表示,并申请注销登记,于注销登记完毕后,才发生抛弃的效力。[①]

(三) 准物权的存续期间届满

准物权大多有存续期间,存续期间届满,准物权消灭。例如,油气探矿权的最长存续期间为 7 年,其他类型的探矿权的最长存续期间为 3 年,探矿权人逾期不办理延

[①] 参见陈华彬:《物权法原理》,国家行政学院出版社 1998 年版,第 182 页。

续登记手续的,勘查许可证自行废止(《矿产资源勘查区块登记管理办法》第 10 条第 1、2 款),即探矿权消灭。矿山建设规模为大型以上的,其采矿权的最长存续期间为 30 年;矿山建设规模为中型的,其采矿权的最长存续期间为 20 年;矿山建设规模为小型的,其采矿权的最长存续期间为 10 年。采矿权人逾期不办理延续登记手续的,采矿许可证自行废止(《矿产资源开采登记管理办法》第 7 条),即采矿权消灭。石油、天然气滚动勘探开发的采矿许可证有效期最长为 15 年(《矿产资源勘查区块登记管理办法》第 10 条第 3 款)。

(四)准物权不行使超过法定期间

在典型物权的情况下,物权人不行使其物权大多不影响物权的存续,但在准物权场合,比较多的准物权类型,如果持续不行使超过法定期间,具有可归责于准物权人的原因的,便归于消灭。例如,《渔业法》规定,使用全民所有的水域、滩涂从事养殖生产,无正当理由使水域、滩涂荒芜满 1 年的,由发放养殖证的机关责令限期开发利用;逾期未开发利用的,吊销养殖证,可以并处 1 万元以下的罚款(第 40 条第 1 款)。《取水许可管理办法》规定,连续停止取水满 2 年的,由原取水审批机关注销取水许可证。由于不可抗力或进行重大技术改造等造成连续停止取水满 2 年且取水许可证有效期尚未届满的,经原取水审批机关同意,可以保留取水许可证(第 24 条)。

(五)准物权的违法行使

准物权人违法行使准物权达到严重程度,其准物权归于消灭。例如,《矿产资源法》规定,超越批准的矿区范围采矿的,责令退回本矿区范围内开采、赔偿损失,没收越界开采的矿产品和违法所得,可以并处罚款;拒不退回本矿区范围内开采,造成矿产资源破坏的,吊销采矿许可证,依照刑法有关规定对直接责任人员追究刑事责任(第 40 条)。违反《矿产资源法》的规定,违反本法规定,采取破坏性的开采方法开采矿产资源的,处以罚款,可以吊销采矿许可证;造成矿产资源严重破坏的,依照刑法有关规定对直接责任人员追究刑事责任(第 44 条)。《渔业法》规定,使用炸鱼、毒鱼、电鱼等破坏渔业资源方法进行捕捞的,违反关于禁渔期、禁渔区的规定进行捕捞的,或使用禁用的渔具、捕捞方法和小于最小网目尺寸的网具进行捕捞或者渔获物中幼鱼超过规定比例,情节严重的,没收渔具,吊销捕捞许可证(第 38 条第 1 款)。违反捕捞许可证关于作业类型、场所、时限和渔具数量的规定进行捕捞的,没收渔获物和违法所得,可以并处 5 万元以下的罚款;情节严重的,并可以没收渔具,吊销捕捞许可证(第 42 条)。《水法》规定,未依照批准的取水许可规定的条件取水,情节严重的,吊销取水许可证(第 69 条)。《野生动物保护法》规定,在相关自然保护区域、禁猎(渔)区、禁猎(渔)期猎捕国家重点保护野生动物,未取得特许猎捕证、未按照特许猎捕证规定猎捕、杀害国家重点保护野生动物,或者使用禁用的工具、方法猎捕国家重点保护野生动物的,由县级以上人民政府野生动物保护主管部门、海洋执法部门或者有关保护区域管理机构按照职责分工没收猎获物、猎捕工具和违法所得,吊销特许猎捕证,并处猎获物价值2倍以上10倍以下的罚款;没有猎获物的,并处1万元以上5万元以下的罚款;构成犯罪的,依法追究刑事责任(第45条)。在相关自然保护区域、禁猎(渔)区、禁猎(渔)期猎捕非国家重点保护野生动物,未取得狩猎证、未按照狩猎证规定猎捕非国家重点保护野生动物,或者使用禁用的工具、方法猎捕非国家重点保护野生动物的,由县级以上地方人民政府野生动物保护主管部门或者有关保护区域管理机构按照职责分工没收猎获物、猎捕工具和违法所得,吊销狩猎证,并处猎获物价值1倍以上5倍以下的罚款;没有猎获物的,并处2000元以上1万元以下的罚款;构成犯罪的,依法追究刑事责任(第46条第1款)。

(六)征收

基于社会公共利益、国家利益的需要,对于某些准物权可以依法征收,因征收而消灭原准物权。

第二节 矿 业 权

一、矿业权的概念

(一)矿业权的界定

探矿权和采矿权合称矿业权,简称为矿权,是一束权利的总称,指探采人依法在已经登记的特定矿区或工作区内勘查、开采一定的矿产资源,取得矿石标本、地质资料及其他信息,或矿产品,并排除他人干涉的权利。在中国,由于《矿产资源法》规定矿产资源属于国家所有(第3条第1款),勘查、开采矿产资源的主体主要为国有矿山企业,其次为集体矿山企业,以及个体采矿者,还有少量的外资企业、中外合作经营企业、中外合资经营企业,因而矿业权可以被定义为:国有矿山企业、集体矿山企业以及个体采矿者等主体,依照法定程序在已经登记的特定矿区或工作区内勘探、开采一定的国有矿产资源,取得矿产品,并排除他人干涉的权利。其中,勘探一定的国有矿产资源,取得矿石标本、地质资料及其他信息的权利,叫作探矿权;开采一定的国有矿产资源,取得矿产品之权,称为采矿权。

(二)矿业权的法律性质

1. 矿业权是准物权

除有些优先权以外,典型物权具有特定性,含有客体特定性之义。但矿业权的客体是特定矿区或工作区的地下部分及赋存其中的未特定的矿产资源,而矿产资源具有隐蔽性,"在矿业权的标的物是存在于矿区内的未具体特定的矿物这点上,与普通的物权不同。"①矿业权客体的未特定性,其一表现在,在探矿权场合,(局部的)矿产资源在登记的矿区或工作区可能并不存在,正所谓试掘权②并非像采掘权③那样以矿物的存在为前提,矿物的存在通常是预想的④;其二表现在,勘探工作进行到一定阶段时,矿区或工作区的面积应随着缩减,把未勘探的矿产资源的权利归还给国家,使有勘探能力者获得这些归还部分的勘探权。

正因为矿业权在客体方面存在着与典型物权不同的上述特点,故将矿业权称为准物权或视为物权。从日本的旧矿业法把"矿业权作为物权"(第5条)到新矿业法将"矿业权,视为物权,除法律有特别规定外,准用关于不动产的规定"(第12条),可以发现客体未特定这一性质所起的巨大作用。⑤

这里的"准用关于不动产的规定",是广义的,即只要不违反矿业法的规定,不与矿业权的本质相冲突,不仅准用民法的规定,而且准用商法、民事诉讼法等关于不动产的规定。⑥

2. 矿业权的客体具有复合性

除财团抵押权等极个别的物权以外,典型物权的客体以单一性为原则,但矿业权的客体却是复合型的,即特定矿区或工作区内的地下部分与赋存其中的矿产资源。在探矿权场合,客体以特定矿区或工作区内的地下土壤为主,(局部的)矿产资源不明,或存在,或不存在。这丝毫不意味着(局部的)矿产资源不重要,探明矿产资源的情况是探矿权人所追求的目标。这从一个侧面表明物权的客体和物权的目的是两个不同的概念。在采矿权的情况下,客体由特定矿区内的地下土壤与赋存其中的(局部的)矿产资源结合而成,(局部的)矿产资源居于最有价值的地位。

3. 矿业权在权利构成上具有复合性

典型的物权构成,均以占有、使用、收益等权能作为要素,而矿业权的构成,一方面以在特定矿区或工作区内勘探、开采矿产资源的权利为要素;另一方面又存在着特定矿区或工作区内的地下部分的使用权,即地下使用权。⑦ 正如有学者所言,矿区内的地下使用权构成了矿业权的内容。⑧ 在设立了矿业权的土地上,土地所有权人就地

---

① [日]我妻荣、丰岛升:《矿业法》,有斐阁1958年版,第18页。
② 日本矿业法规定的试掘权相当于中国矿业法规定的探矿权。
③ 日本矿业法规定的采掘权相当于中国矿业法规定的采矿权。
④ [日]我妻荣、丰岛升:《矿业法》,有斐阁1958年版,第23页。
⑤ 同上书,第18页。
⑥ [日]浅野语,转引自[日]我妻荣、丰岛升:《矿业法》,有斐阁1958年版,第19页。
⑦ 崔建远、晓坤:《矿业权基本问题探讨》,载《法学研究》1998年第4期,第83页。
⑧ [日]我妻荣、丰岛升:《矿业法》,有斐阁1958年版,第10页。

下的使用受到了矿业法的限制,在其界限内,或负担着不作为的义务,或承受着容忍义务。① 特定矿区或工作区内的地下使用权随着探矿权、采矿权的取得而当然拥有,并为探矿权、采矿权服务,为这二权而存在,而有积极的意义。

4. 矿业权是具有公权性质的私权

矿业权的设立需要行政许可,其内核有矿业权人向矿产资源行政主管部门要求探矿或采矿的利益的元素,受公法色彩浓厚的矿产资源法调整,矿业权纠纷多由行政方式解决,使得矿业权具有公权性。但由于矿业权的私权性更浓,宜将它定性和定位在具有公权性质的私权更为妥当。

5. 矿业权受有多种限制

同典型物权相比,矿业权还具有一些不同点:因矿业权往往事关国家战略利益、国计民生,故在主体方面限定严格,权利转让方面也附有种种条件乃至禁止性规定。

(三) 矿业权的客体

矿业权的客体不仅仅是矿资源,因为在探矿权场合,(局部的)矿产资源可能并不存在,若将探矿权的客体界定为一定的矿产资源,在确实不存在该特定的矿产资源时,就无法解释探矿权无客体何以照样存续的现象。此其一。其二,矿业权所支配的,亦即其作用的,绝不是单纯的(局部的)矿产资源,必定有特定的矿区或工作区内的地下部分;在矿产资源埋藏于地下时,矿业权所支配的,首先是特定的矿区或工作区内的地下部分,而后才会接触到(局部的)矿产资源;在探矿权场合,若(局部的)矿产资源不存在,探矿权所支配的仅仅是特定的矿区或工作区内的地下部分。正因如此,矿业权的客体应是特定的矿区或工作区内的地下土壤与其中所赋存的矿产资源,是两者的组合体。有学者称之为特定矿区内的矿物。② 其中的矿产资源不是抽象意义上的全国范围的整个矿产资源,而是作为具体矿业权作用的局部的矿产资源。此处所谓特定矿区或工作区内的地下土壤,在不包含土地所有权和矿地使用权的意义上,可以用特定矿区或工作区的概念代替。

观察和界定矿业权的客体,应该采取多视角模式,即不仅从矿区或工作区的地表、水平方向着眼,而且注重矿区或工作区的垂直方向。所谓着眼于矿区或工作区的地表、水平方向,是指确定矿区或工作区的面积、四至和形状。在探矿权场合,对矿区或工作区按标准区块进行划分和登记管理,任何一个矿区或工作区均由标准区块组合而成。③

---

① 大判1941年9月16日新闻4732号,第5页。
② [日]我妻荣、丰岛升:《矿业法》,有斐阁1958年版,第12页。
③ 查自衡:《保护资源 保护环境 再创辉煌》,载《中国石油天然气总公司1995年油气资源管理工作会议文件选编》1995年,第8页。

所谓注重矿区或工作区的垂直方向,是指将一个矿区或工作区的沉积层划分为若干个地层段或地层区,每个含有(局部的)矿产资源的地层段或地层区可以单独地成为矿业权的客体。这种垂直分层或曰纵向分层,在加拿大阿尔伯达省有两种形式:一是将一个矿区或工作区的沉积层分为浅层和深层,把它们分别出租,使之成为不同的矿业权的客体,由不同的矿业权人支配;二是把一个矿区或工作区垂直地划分为多个地层段或地层区,谁对哪一个地层段或地层区感兴趣,就将该地层段或地层区租给他,即各个地层段或地层区均可成为矿业权的客体,并可被不同的矿业权人支配。① 如此,就出现了区分矿业权,又叫纵向矿业权。在中国,国务院于1987年12月16日批准,原石油工业部于1987年12月24日发布的原《石油及天然气勘查、开采登记管理暂行办法》规定,存在两个或两个以上企业开采同一地区不同埋深油气藏的,应当根据双方协议和各自开采的不同油气藏属性及范围分别核(划)定矿区范围(第18条第2款)。对此,国务院于1998年2月12日发布的、2014年7月9日修改的《矿产资源勘查区块登记管理办法》(国务院令第240号)虽然未明文延续,但也没有否定,属于明知漏洞,留待矿产资源勘查、开采的实务发展和理论探讨去解决。《民法典》承认了区分建设用地使用权(第271条),给区分矿业权提供了支持。

当然,如果仅有一个地层段赋存着(局部的)矿产资源,或因技术等原因难以划分各个地层段,或因经济原因无力或无必要采取区分矿业权的制度,就采纳单视角模式,观察和界定矿业权的客体,将一个矿区或工作区作为一个矿业权的客体的组成部分。在中国,近几年虽然倡导区分矿业权,但在相当数量的矿区或工作区,因在技术上暂时难以精确地划分不同的地层段,从而不易妥当地分配不同矿业权人的应得利益,故仍把该矿区或工作区作为单层段看待,仅仅允许存在着一个矿业权。②

还有,作为矿业权客体组成部分的特定矿区或工作区内的地下部分,在法律上并非凝固静止,而是适时变动着的。在水平方向,随着勘探工作进行到一定阶段,矿区或工作区的面积应缩减,国家要收回一定面积。这是例行的面积缩减。此外,还有惩罚性的面积撤销:如果矿业权人不按照许可证核准的矿区或工作区、任务、工作性质、规划期限作业,视情节轻重,可能核减矿区或工作区的范围,甚至撤销全部矿区面积,吊销许可证。在垂直方面,随着勘探、开采作业的进展,有的地层段应归还给国家。所有这些,都表明矿业权客体具有未特定的属性。

应予指出,并非任何区域都可以成为矿区,相应地,有些区域内的矿产资源也就

---

① [加拿大]阿尔伯达省能源部矿产资源局:《加拿大阿尔伯达省石油、天然气的租地制》(埃德蒙顿1987年),李国玉、赵要德译,载原能源部油气资源管理办公室、原中国石油天然气总公司情报研究所编:《加拿大石油天然气勘探、开采登记条例》,1991年11月,第22-33页。

② 崔建远、晓坤:《矿业权基本问题探讨》,载《法学研究》1998年第4期,第85页。

不得作为矿业权的客体。按照《矿产资源法》的规定,非经国务院授权的有关主管部门同意,下述区域不得成为矿区:港口、机场、国防工程设施圈定的地区;重要工业区、大型水利工程设施、城镇市政工程设施附近一定距离以内的区域;铁路、重要公路两侧一定距离以内的区域;重要河流、堤坝两侧一定距离以内的区域;国家划定的自然保护区、重要风景区,国家重点保护的不能移动的历史文物和名胜古迹所在地;国家规定不得开采矿产资源的其他地区(第20条)。

(四) 矿业权的主体

成为矿业权的主体,需要具备法律要求的资质条件。按照《矿产资源法》第15条规定,设立矿山企业,必须符合国家规定的资质条件,并依照法律和国家有关规定,由审批机关对其矿区范围、矿山设计或开采方案、生产技术条件、安全措施和环境保护措施等进行审查;对合格者方予批准。

矿产资源具有隐蔽性、分布不均匀性,油气矿产资源还具有油气水"三相共生"、埋藏深、油气层高温高压、油气易燃易爆等属性,这决定了采矿业受地质、埋藏条件的约束大,并且影响安全的因素多。大部分矿山为地下开采,井下作业场所狭小、阴暗、潮湿、多变,生产环节多,过程复杂,导致灾害的因素多,①使得勘查、开采矿产资源成为高投入、高风险、技术程度要求高的行业,因而对矿山企业的资质要求远比对一般民事主体的要求高,法律对矿山企业特设资质条件的要求,而对一般民事主体则无此条件限制。此其一。

其二,为适应不同矿种、不同规模的矿产资源对勘查者、开采者不同的资质要求,中国法律对不同的矿业权主体设置了不尽相同的资质条件。按照《矿产资源法实施细则》的规定,开办国有矿山企业,应当具备下列条件:(1)有供矿山建设使用的矿产勘查报告;(2)有矿山建设项目的可行性研究报告(含资源利用方案和矿山环境影响报告);(3)有确定的矿区范围和开采范围;(4)有矿山设计;(5)有相应的生产技术条件(第11条)。申请开办集体所有制矿山企业或私营矿山企业,应当具备下列条件:(1)有供矿山建设使用的与开采规模相适应的矿产勘查资料;(2)有经过批准的无争议的开采范围;(3)有与所建矿山规模相适应的资金、设备和技术人员;(4)有与所建矿山规模相适应的,符合国家产业政策和技术规范的可行性研究报告、矿山设计或开采方案;(5)矿长具有矿山生产、安全管理和环境保护的基本知识(第13条)。申请个体采矿应当具备下列条件:(1)有经过批准的无争议的开采范围;(2)有与采矿规模相适应的资金、设备和技术人员;(3)有相应的矿产勘查资料和经过批准的开采方案;(4)有必要的安全生产条件和环境保护措施(第14条)。

---

① 李书蕙:《矿山企业的设立》,载《法制日报》1997年11月1日,第7版。

其三,应当指出,有些资质条件,是任何矿业权主体均须具备的。例如,(1)供矿山建设使用的矿产勘查报告(勘查资料),是载有矿种、储量规模等基本情况,决定矿山企业的规模、矿山设计、生产技术条件等事项的基本因素,因而欲成为矿业权的主体必须具备该项条件。(2)矿区范围和开采范围,是勘查、开采矿产资源作业的领域,是矿业权主体与他人划分利益的标准之一,也是处理相邻关系的依据,故应为一切矿业权主体所必备的条件。(3)矿山设计或开采方案,是矿业权人有目的、有计划、速度相宜、效益较高地建设矿山,顺利地展开勘查、开采作业的前提条件,不可缺少。(4)相应的生产技术条件、必要的安全措施,同样是必备条件之一。这是由勘查、开采矿产资源系高投入、高风险、技术程度要求高的行业所决定的。(5)人类生活、社会发展需要良好的自然环境。而勘查、开采矿产资源往往污染环境,这就要求矿业权主体必须具有符合要求的环境保护方案,采取必要的环境保护措施,以提高而不是降低人们的环境生活品质。

其四,矿业权主体之间的法律地位不平等。现行法对国有矿山企业给予了诸多方面的优惠保护,国有矿山企业处于主导、核心的地位,国家规划矿区和对国民经济具有重要价值的矿区内的矿产资源、矿产储量规模在大型以上的矿产资源等,几乎都由国有矿山企业开采。在确定矿区范围上,国有矿山企业也受到了优惠保护:在国有矿山企业和其他所有制采矿者共同采矿的地区,国有矿山企业的矿区被核定或者划定之前,不得先行划定其他所有制采矿者的开采范围;先于国有矿山企业建设开办的,在补偿其损失、妥善安置群众生活的前提下,可令其关闭或搬迁,由国有矿山企业取而代之;或是国有矿山企业与其他所有制矿山企业联合经营;或是划出矿区范围内的边缘资源,安排其他所有制采矿者易地开采(《矿产资源法》第4条第1款、第35条等)。《矿产资源法》及其实施细则规定,集体矿山企业可以开采下列矿产资源:不适于国家建设大、中型矿山的矿床及矿点;经国有矿山企业同意,并经其上级主管部门批准,在其矿区范围内划出的边缘零星矿产;矿山闭坑后,经原矿山企业的主管部门确认,可以安全开采并不会引起严重环境后果的残留矿体;等等(《矿产资源法实施细则》第38条第1款)。私营矿山企业亦同(《矿产资源法实施细则》第39条)。个体采矿业者可以采挖零星分散的小矿体或矿点,只能用作普通建筑材料的砂、石、黏土,以及为生活自用采挖少量矿产(《矿产资源法》第35条第1款后段)。《国务院关于对黄金矿产实行保护性开采的通知》(国发〔1988〕75号)明确规定:"黄金矿产列为实行保护性开采的特定矿种,实行有计划的开采,未经国家黄金管理局批准,任何单位和个人不得开采;自本通知发出之日起,停止审批个体采金,不得再向个体发放黄金矿产采矿许可证。""对现在从事黄金矿产开采的个体采矿者,应当停采清理;对无证开采的,要依法处罚;对持有黄金矿产采矿许可证的,由原发证机关负责限期收回。"

如此区分,原因之一是有些矿产资源关系到国计民生、国家安全和战略需要,国家要加以控制。

股份有限公司已经普遍化,矿山企业至少是部分矿山企业股份化成为必然。这样,矿业权主体应有股份有限公司。

按照《合伙企业法》的规定,合伙已成为独立于自然人、法人的民事主体。《民法典》认可其为非法人组织(第102条第2款)。它依法勘探、开采矿产资源时,也就成了矿业权的主体。

在合作开采海洋石油资源、合作开采陆上石油资源、合资或合作开采煤炭资源等情况下,中外合作经营企业、中外合资经营企业可以成为矿业权的主体。

矿业是属于井下危险性大的作业,为安全有效起见,有关部门对开办矿山企业实行严格的审批和登记制度。

设立矿山企业,必须依照法律和国家有关规定,由审批机关对其矿区范围、矿山设计或开采方案、生产技术条件、安全措施和环境保护措施等进行审查,然后进行登记和颁发采矿许可证。通过审查把关,确保矿业权主体的资质合格,达到立法目的。在这方面,需要明确各行政部门之间的权限,防止渎职、越权、权力滥用、权力的冲突和掣肘。依法保证审查登记机关在法定范围内和按法定程序进行审批和登记,防止行政无效率、违法行政、行政侵权行为的发生。

二、探矿权的内容

(一)探矿权人的权利

1. 探矿权人的排他性占有权

探矿权人的排他性占有权是探矿权的首要权能,是探矿权人实施勘查作业的必备前提。探矿权的标的物是存在于特定工作区内的未特定的矿物。由此决定,探矿权人占有的对象为已登记的特定工作区和赋存其中的(局部的)矿产资源。当然,在矿产资源不存在的情况下,占有的对象仅为特定的工作区;在矿产资源不明的情况下,对该矿产资源的占有仅具有抽象的象征的意义,只是通过占有工作区来体现。

探矿权人的占有多为单独占有,但也存在共同占有的情况。例如,在盆地评价勘查石油、天然气的活动中,两个或两个以上的探矿权人可以在相同的工作区内取得探矿权(原《石油及天然气勘查、开采登记管理暂行办法实施细则》第25条第1项、第2项第2目)。这样,就出现了两个以上的探矿权人共同占有的现象。

当两个以上的探矿权人分别占有各自的地层段或地层区时,便出现了区分占有探矿权客体的现象。

2. 按照勘查许可证规定的区域、期限、工作对象进行勘查

勘查许可证规定的区域,是探矿权客体的组成部分——矿产资源勘查工作区。

勘查许可证规定的期限,是探矿权存续的期间。勘查许可证规定的工作对象,是探矿权客体的另一组成部分,即局部的矿产资源。勘查,主要是探明该矿产资源的矿种、矿床及其储量、内外部特征、加工性能、社会经济地理状况等。葡萄牙的矿业法将勘查权界定为发现矿产资源以及确定它们的特性直至经济价值被确定之前而从事的活动(第9条第1款a),即说明了这一点。欲达到探矿权的目的,探矿权人必须享有按照勘查许可证规定的区域、期限、工作对象进行勘查的权利(《矿产资源法实施细则》第16条第1款第1项)。

3. 根据工程需要临时使用土地

矿业权仅含有地下使用权,并不包括地表的使用权,但探矿权的行使又必然使用土地。解决这一矛盾,需要探矿权人取得临时使用土地之权(《矿产资源法实施细则》第16条第1款第4项)。该权的取得需要经过自然资源管理部门的审批,发给临时使用土地证。

矿产勘查分为普查、详查、勘探三个阶段。普查阶段之前,为区域地质调查工作。勘探阶段之后,为矿山开发地质工作(《矿产勘查工作阶段划分的暂行规定》第2条)。普查、详查、勘探,所对应的权能分别为普查权、详查权和勘探权三项权能。

4. 在工作区及相邻区域通行

在工作区通行为行使探矿权所必需,是探矿权人取得临时土地使用权后的一项当然的权能。在相邻区域通行一般属于相邻权的范畴,探矿权人享有法定的通行权,无须征得相邻区域的所有权人或使用权人的同意,但应选择给他们造成损失最小的路线(《矿产资源法实施细则》第16条第1款第3项)。此外,若探矿权人欲享有超过法定范围的权利,则需要同有关所有权人或者使用权人签订合同,取得地役权。

5. 在工作区及相邻区域架设供电、供水、通信的管线

在工作区架设供电、供水、通信的管线亦为行使探矿权所必需,仍为探矿权人取得临时土地使用权后所当然享有的一项权利,只是不得影响或损害原有的供电、供水的设施和通信的管线(《矿产资源法实施细则》第16条第1款第2项)。

在相邻区域架设供电、供水、通信的管线,在选择了给相邻他方造成损失最小的路线场合,其权利属于相邻权范畴,为探矿权人的一项法定权利,不以相邻区域的所有权人或使用权人的同意为必要。只是该相邻管线设置权的行使不得影响或损害原有的供电、供水的设施和通信管线。但若架设供电、供水、通信的管线给相邻他方增加的负担超出了法定的最低标准,就不再属于相邻权制度的范畴,探矿权人必须与相邻区域的所有权人或使用权人签订地役权合同,地役权产生,方可作业。不然,就构成侵权行为,承担民事责任。

6. 优先取得工作区内新发现矿种的探矿权

《矿产资源法实施细则》第16条第1款第5项规定,探矿权人优先取得勘查作业

区内新发现矿种的探矿权。就是说,在探矿权人就其工作区内的新发现矿种申请采矿权,他人亦就同一事项提出申请的情况下,探矿权人优先取得探矿权。这是因为探矿权人经过普查、详查、勘探的工作,对该工作区及其新矿种的情况比较了解,掌握的实际资料较多,研究程度比较深入,并且继续作业方便,故理应优先取得勘探区内新发现矿种的探矿权,只是必须办理探矿权取得的手续。

7. 优先取得工作区内矿产资源的采矿权

《矿产资源法实施细则》第16条第1款第6项规定,探矿权人优先取得勘查作业区内矿产资源的采矿权。对此,《矿产资源勘查区块登记管理办法》以下述规定予以延续:"探矿权人在勘查许可证有效期内进行勘查时,发现符合国家边探边采规定要求的复杂类型矿床的,可以申请开采,经登记管理机关批准,办理采矿登记手续"(第19条)。其理由与优先取得新发现矿种的采矿权的相同,不再赘述。

8. 取得和销售勘查中按照批准的工程设计施工回收的矿产品

勘查中按照批准的工程设计施工回收的矿产品,系探矿权行使的一个结果。探矿权人直接取得该矿产品的所有权,是矿业权效力的当然表现,是探矿权人的一项权利。

9. 申请保留探矿权

探矿权人在勘查许可证有效期内探明可供开采的矿体后,经登记管理机关批准,可以停止相应区块的最低勘查投入,并可以在勘查许可证有效期届满的30日前,申请保留探矿权。但是,国家为了公共利益或因技术条件暂时难以利用等情况,需要延期开采的除外。保留探矿权的期限,最长不得超过2年,需要延长保留期的,可以申请延长2次,每次不得超过2年(《矿产资源勘查区块登记管理办法》第21条第1款、第2款前段)。

10. 依法转让探矿权

探矿权人在完成规定的最低勘查投入后,经依法批准可以将探矿权转让他人(《矿产资源法》第6条第1款)。这为最有效益地探明矿产资源所必需。

(二) 探矿权人的义务

1. 依法缴纳探矿权使用费

国家实行探矿权有偿取得的制度。探矿权使用费以勘查年度计算,逐年缴纳。探矿权使用费标准:第一个勘查年度至第三个勘查年度,每平方公里每年缴纳100元;从第四个勘查年度起,每平方公里每年增加100元,但是最高不得超过每平方公里500元(《矿产资源勘查区块登记管理办法》第12条)。

申请国家出资勘查并已经探明矿产地的区块的探矿权的,除缴纳上述费用以外,还应当缴纳经评估确认的国家出资勘查形成的探矿权价款;探矿权价款按照国家有关规定,可以一次缴纳,也可以分期缴纳(《矿产资源勘查区块登记管理办法》第 13 条第 1 款)。

违反《矿产资源勘查区块登记管理办法》,不按期缴纳应当缴纳的上述费用,由登记管理机关责令限期缴纳,并从滞纳之日起每日加收千分之二的滞纳金;逾期仍不缴纳的,由原发证机关吊销勘查许可证(《矿产资源勘查区块登记管理办法》第 31 条)。

2. 在规定的期限内开始施工,并在勘查许可证规定的期限内完成勘查工作

探矿权是有期准物权,这是效益原则所要求的,亦为有能力探矿人取代无能力者或能力不足者所必需,还是达到矿产资源勘查规划目的所必要的。因此,探矿权人有义务在规定的期限内开始施工,并在勘查许可证规定的期限内完成勘查任务。按照《矿产资源勘查区块登记管理办法》第 18 条规定,探矿权人应当自领取勘查许可证之日起 6 个月内开始施工;在开始勘查工作时,应当向勘查项目所在地的县级人民政府负责地质矿产管理工作的部门报告,并向登记管理机关报告工作。

3. 向勘查登记管理部门报告开工等情况,以便使有关部门监督管理

《矿产资源勘查区块登记管理办法》第 25 条第 1 款规定,登记管理机关需要调查勘查投入、勘查工作进展情况,探矿权人应当如实报告并提供有关资料,不得虚报、瞒报,不得拒绝检查。否则,依据该办法第 29 条规定,由县级以上人民政府负责地质矿产管理工作的部门按照国务院地质矿产主管部门规定的权限,责令限期改正;逾期不改正的,处 5 万元以下的罚款;情节严重的,原发证机关可以吊销勘查许可证。

4. 严格按照工程设计规划施工,不得以探矿为名擅自进行以营利为目的的采矿活动

如果矿产类型符合边探边采要求的,探矿权人必须向管理部门提交边探边采的论证材料,经审核批准,并依法办理采矿登记手续后,方可进行开采。未经批准,擅自进行滚动勘探开发、边探边采或试采的,由县级以上人民政府负责地质矿产管理工作的部门按照国务院地质矿产主管部门规定的权限,责令停止违法行为,予以警告,没收违法所得,可以并处 10 万元以下的罚款(《矿产资源勘查区块登记管理办法》第 27 条)。

5. 综合勘查、综合评价

在查明主要矿种的同时,对共生、伴生的矿产资源进行综合勘查、综合评价。

6. 编写并提交勘查报告

编写矿产资源勘查报告,提交有关部门审批。

7. 汇交档案资料

按照国务院有关规定汇交矿产资源勘查成果档案资料。

8. 支付出让金

探矿权人取得临时使用土地的权利需要交付土地使用权出让金的,应支付该出让金。

9. 补偿他人的损失

探矿权人取得临时土地使用权后,在勘查过程中给他人造成财产损害的,应按下列规则补偿:(1)对耕地造成损害的,根据受损害的耕地面积前3年平均年产量,以补偿时当地市场平均价格计算,逐年给以补偿,并负责恢复耕地的生产条件,及时归还;(2)对牧区草场造成损害的,按照前项规定逐年给以补偿,并负责恢复草场植被,及时归还;(3)对耕地上的农作物、经济作物造成损害的,根据受损害的耕地面积前3年平均年产量,以补偿时当地市场平均价格计算,给以补偿;(4)对竹木造成损害的,根据实际损害株数,以补偿时当地市场平均价格逐株计算,给以补偿;(5)对土地上的附着物造成损害的,根据实际损害的程度,以补偿时当地市场平均价格,给以适当补偿(《矿产资源法实施细则》第21条)。

10. 不作为义务及生态保护义务

勘查作业不得阻碍或损害航运、灌溉、防洪等活动或设施,勘查作业结束后应当采取措施,防止水土流失,保护生态环境。

三、采矿权的内容

(一)采矿权人的权利

1. 矿地占有权

矿产资源赋存于地下,故采矿权人从事采矿活动必须占有特定矿区。所谓矿区,既包含地下部分,也包括地表。在法律上,取得采矿权的同时便获得了地下占有权和地下使用权。地表的占有权尚需另行取得。一种观点认为,采矿权人取得一定矿区的采矿权的同时就自然地取得该区域的占有权和使用权。[1] 这不符合矿产资源法的精神和实务操作的状况。

2. 建设用地使用权

采矿权人实施开采矿产资源的作业,必然要使用矿地,但因采矿权中仅含有地下使用权,并不必然包括地表的使用权,故欲合法地使用矿地就得再取得以地表为客体的建设用地使用权。其权利取得有如下特点:矿区位于国有土地上时,采矿权人向自然资源行政管理部门申请办理建设用地使用权出让及登记手续,领取建设用地使用权证,取得建设用地使用权。如果该宗土地为荒漠等非耕地,采矿权人又是国有矿山

---

[1] 江平主编:《中国矿业权法律制度研究》,中国政法大学出版社1991年版,第286页。

企业,建设用地使用权通过行政划拨方式产生。如果该宗国有土地为耕地,建设用地使用权通过出让方式取得,采矿权人须支付出让金。勘探区位于集体所有的土地上时,土地征收主管部门首先将该宗土地征为国有,然后由自然资源行政管理部门将该建设用地使用权出让给采矿权人,并自采矿权人处取得出让金。采矿权人取得建设用地使用权后,便可占有、使用该宗土地。

3. 开采权

开采权,是指采矿权人按照采矿许可证允许的特定矿区和矿种从事开采矿产资源的权能。所谓开采矿产资源,固然是指采矿许可证批准开采的矿产资源(《矿产资源法实施细则》第30条第1款第1项),但在个别情况下,考虑到矿山生产和发展而需要开采其他矿种,亦可包括在内,而不宜视为违法活动。例如,因矿山企业进行深入勘探而探明了新矿种,出于综合开采、经济合理的考虑,采矿权人有权开采该新矿种,并对此部分无须再缴纳权利使用费,只交相应的产品税即足矣。还有,出于矿业技术或者安全技术的考虑,采矿权人有权同时开采其矿区内的非矿业地下资源。有时,这些非矿业资源与矿产资源混在一起,难以分离开;或者须经特殊程序及特定技术才可分离开,成本高昂;有时,它们虽然可分,但基于矿山生产的安全要求须将它们一同采掘。于此场合,法律应赋予采矿权人共同开采权。[①]

开采权不仅仅指采矿权人自身的采掘活动,而且包括经采矿权人同意的他人的开采活动,不过,该他人的活动并不意味着采矿权的转移。

采矿权为有期准物权,这决定了在采矿许可证规定的期限内从事开采活动,方为采矿权的行使(《矿产资源法实施细则》第30条第1款第1项);逾期开采则构成违法行为,产生法律责任。

4. 取得和销售矿产品的权利

通过开采活动使矿产与土地及矿床相分离,形成矿产品。该产品系采矿权行使的结果,归采矿权人享有。采矿权人直接取得该矿产品的所有权,是矿业权法律效力的当然表现。这是最佳的效力配置。

采矿权人销售该矿产品,是他行使矿产品所有权的表现,原则上应由他自己决定,但国务院规定由指定单位统一收购的矿产品除外。

5. 矿山建筑权和辅助建筑权

进行开采活动需要相应的设施,因而需要进行相应的建筑活动,包括建筑井架、修建开采用建筑物,以及进行辅助建筑的权利。所谓辅助建筑权,是指采矿权人在其矿地范围以外的区域建造地下设施的权利。此处的设施必须是同采矿权人的采矿活

---

① 江平主编:《中国矿业权法律制度研究》,中国政法大学出版社1991年版,第287页。

动有关的,特别是用于水的处理或气候的调节,如用于通风、排水和调节井巷内的气候环境的工程设施。此类行为不得损害其他矿业权人的合法权益。因这些权利的行使超出了矿区范围,故须由有关部门审批。[①]

6. 依法转让采矿权

所谓依法转让采矿权,是指按照法定条件和遵循法定程序转让采矿权。此处所谓法定条件,由《探矿权采矿权转让管理办法》第6条规定:(1)矿山企业投入采矿生产满1年;(2)采矿权属无争议;(3)按照国家有关规定已经缴纳采矿权使用费、采矿权价款、矿产资源补偿费和资源税;(4)国务院地质矿产主管部门规定的其他条件(第1款)。国有矿山企业在申请转让采矿权前,应当征得矿山企业主管部门的同意(2款)。此处所谓法定程序,由《探矿权采矿权转让管理办法》第7条至第11条予以规定。

(二) 采矿权人的义务

1. 在批准的期限内进行矿山建设或开采

采矿权是有期准物权,加上在批准的期限内进行矿山建设或开采矿产资源,系落实矿业发展规划,满足国民经济发展的需要,取得较佳或最佳的经济效益的需要,因而采矿权人在采矿许可证规定的期限内进行矿山建设或采矿,是其应尽的义务。在这方面,许多国家的矿业法有量化的规定,要求于此期间须有资金的投入、设备的投入和劳务的投入。

2. 有效保护,合理开采,综合利用矿产资源

矿产资源是社会发展的物质基础,是经济增长和发展的前提,是国家主权安全的保证,但它又呈现有限性、可枯竭性以及需求的无限性,开采、利用它往往造成环境污染。由此决定,有效保护、合理开采、综合利用矿产资源,势必成为采矿权人的重要义务。履行该项义务,需做到在技术上对矿区予以合理安排,以达充分开采;对各种矿种进行综合开采,避免已经开采过的区域仍存留矿产,又因安全等方面的原因而不能再开采,致使资源浪费。

3. 国务院指定矿产品必须销售给特定单位时,采矿权人必须将该矿产品销售给该特定单位

国务院于1991年1月15日发布的《关于将钨、锡、锑、离子型稀土矿产列为国家实行保护性开采特定矿种的通知》(国发[1991]5号)规定,钨、锡、锑矿产品及其冶炼产品(指钨精矿、低度钨、钨酸、仲钨酸铵、钨酸钠、钨粉、钨铁、三氧化钨、碳化钨、蓝钨、锡精矿、精锡、焊锡、锑精矿、硫化锑、精锑、氧化锑及其他锑品)和离子型稀土矿产

[①] 江平主编:《中国矿业权法律制度研究》,中国政法大学出版社1991年版,第288-289页。

品,分别由中国有色金属工业总公司、国务院稀土领导小组会同国家工商行政管理局指定收购单位,实行统一收购,严禁自由买卖。开采其他矿产资源为主的矿山企业,对共生、伴生的钨、锡、锑、离子型稀土矿产要综合开采,合理利用,其矿产品应向指定的收购单位销售(第5条)。

4. 依法缴纳采矿权使用费和采矿权价款

《矿产资源开采登记管理办法》规定,国家实行采矿权有偿取得的制度。采矿权使用费,按照矿区范围的面积逐年缴纳,标准为每平方公里每年1000元(第9条)。申请国家出资勘查并已经探明矿产地的采矿权的,此外还应缴纳经评估确认的国家出资勘查形成的采矿权价款;该价款按照国家有关规定,可以一次缴纳,也可以分期缴纳(第10条1款)。不过,有下列情形之一的,由采矿权人提出申请,经省级以上人民政府登记管理机关按照国务院地质矿产主管部门会同国务院财政部门制定的采矿权使用费和采矿权价款的减免办法审查批准,可以减缴、免缴采矿权使用费和采矿权价款:①开采边远贫困地区的矿产资源的;②开采国家紧缺的矿种的;③因自然灾害等不可抗力的原因,造成矿山企业严重亏损或停产的;④国务院地质矿产主管部门和国务院财政部门规定的其他情形(第12条)。

5. 守法

遵守国家有关劳动安全、水土保持、土地复垦和环境保护的法律、法规。

6. 接受监管、提交报告

接受有关部门的监督管理,按照规定填报矿产储量表和矿产资源开发利用情况统计报告。

7. 缴纳出让金

取得矿地使用权时,依法缴纳矿地使用权出让金。

四、矿业权的转让

(一) 矿业权转让概述

《矿产资源法》第5条规定,国家实行探矿权、采矿权有偿取得的制度;第6条明确规定,探矿权、采矿权在下列情况下可以转让:(1)探矿权人有权在划定的勘查作业区内进行规定的勘查作业,有权优先取得勘查作业区内矿产资源的采矿权。探矿权人在完成规定的最低勘查投入后,经依法批准,可以将探矿权转让他人。(2)已取得采矿权的矿山企业,因企业合并、分立,与他人合资、合作经营,或者因企业资产出售以及有其他变更企业资产产权的情形而需要变更采矿权主体的,经依法批准可以将采矿权转让他人采矿。

随着社会主义市场经济体制的完善,采矿权转让的自由度应该更大,因为这符合效益原则的要求,但仍须设有一定的条件,还须规定有明确的程序。否则,会破坏正常的矿业法律秩序。有鉴于此,国务院于1998年2月12日颁布了《探矿权采矿权转让管理办法》(国务院令第242号,2014年修订),比较系统地规定了探矿权、采矿权转让的法律依据,受让人的资格、条件、程序、效力。

(二)探矿权转让的条件

《探矿权采矿权转让管理办法》第5条规定,探矿权转让应当符合以下条件:

1. 自颁发勘查许可证之日起满2年,或在勘查作业区内发现可供进一步勘查或开采的矿产资源

探矿权转让,是为了使更有能力者继续勘查矿产资源,或进一步探明矿种、矿产储量等,而非为了炒作,为防止不法地转让牟利,要求转让人必须从事勘查一定的工作,是十分必要的。

2. 完成规定的最低勘查投入

转让人必须完成最低勘查投入,是由探矿权制度的目的所决定的。中国法律设立探矿权制度,不是鼓励炒探矿权,而是促进探矿工作的有效益地展开。而开展探矿作业,探明矿产资源的状况,如矿种、矿床、储量等。完成这些工作,缺少必要的投入是不可想象的。所以,转让探矿权必须完成规定的最低勘查投入,对于防止炒探矿权,保障和促进探矿作业,达到探矿权制度的目的,都是十分必要的。

3. 探矿权属无争议

探矿权若属于他人,转让探矿权属于无权处分,可能使各方陷入纠纷,影响勘查工作,致使秩序紊乱。即使探矿权在事实上确实属于转让人,但在未确权之前,进入转让探矿权的过程,一是他人会提出异议,主张其探矿权,这仍然需要重新开始确权程序;二是法律也难以确切、划一地认定转让的法律效力。因而,探矿权属无争议作为转让的条件之一,是必要的。

4. 按照国家有关规定,已经缴纳探矿权使用费、探矿权价款

探矿权使用费、探矿权价款系矿产资源所有权人应得的补偿、回报,《探矿权采矿权转让管理办法》规定此项条件理所当然。

5. 国务院地质矿产主管部门规定的其他条件

此处所谓其他条件,其中包括转让协议。该协议的签订适用《民法典》"第三编合同"之第二章关于"合同的订立"的规则。此外,尚有一些特殊性,需要一些准备过程。由于矿产资源具有隐蔽性,探矿权的转让一般都要经过为期数个月的研究期和一定的转让期。在研究期内,受让人进入转让人的工作区内进行勘查、采样,以便验证转让人提供的勘查成果资料,确定是否有进一步勘查的价值。为此,受让人要向转让人支付一笔费用。经过研究后,双方决定签订探矿权转让协议或不签订。如果是

后者,受让人支付的研究费用不予退还,转让人可以寻觅新的受让人。如果是前者,协议中除了规定总的转让费用外,还要规定转让期及付款方式等。

(三) 采矿权转让的条件

(1)矿山企业投入采矿生产满1年;(2)采矿权属无争议;(3)按照国家有关规定已经缴纳采矿权使用费、采矿权价款、矿产资源补偿费和资源税;(4)国务院地质矿产主管部门规定的其他条件。国有矿山企业在申请转让采矿权前,应当征得矿山企业主管部门的同意(《探矿权采矿权转让管理办法》第6条)。

(四) 矿业权转让的程序

1. 矿业权人向审批管理机关提交有关资料

这些材料包括:(1)转让申请书;(2)转让人与受让人签订的转让合同;(3)受让人资质条件的证明文件;(4)转让人具备上述转让条件的证明;(5)矿产资源勘查或开采情况的报告;(6)审批管理机关要求提交的其他有关资料。国有矿山企业转让采矿权时,还应当提交有关主管部门同意转让采矿权的批准文件(《探矿权采矿权转让管理办法》第8条)。

2. 评估矿业权

转让国家出资勘查所形成的探矿权、采矿权的,必须进行评估。探矿权、采矿权转让的评估工作,由国务院地质矿产主管部门会同国务院国有资产管理部门认定的评估机构进行;评估结果由国务院地质矿产主管部门确认(《探矿权采矿权转让管理办法》第9条)。

3. 审批

申请转让探矿权、采矿权的,审批管理机关应当自收到转让申请之日起40日内,作出准予转让或不准予转让的决定,并通知转让人和受让人。准予转让的,转让人和受让人应当自收到批准转让通知之日起60日内,到原发证机关办理变更登记手续;受让人按照国家规定缴纳有关费用后,领取勘查许可证或采矿许可证,成为探矿权人或采矿权人。批准转让的,转让合同自批准转让之日起生效。不准转让的,审批管理机关应当说明理由(《探矿权采矿权转让管理办法》第10条)。

审批管理机关批准转让探矿权、采矿权后,应当及时通知原发证机关(《探矿权采矿权转让管理办法》第11条)。

(五) 矿业权转让的法律效力

探矿权、采矿权转让后,探矿权人、采矿权人的权利、义务随之转移(《探矿权采矿权转让管理办法》第11条)。勘查许可证、采矿许可证的有效期限,为原勘查许可证、采矿许可证的有效期减去已经进行勘查、采矿的年限的剩余期限(《探矿权采矿权转让管理办法》第13条)。

第三节 取 水 权

一、取水权的概念

(一) 语义分析

取水权,为水权(water rights)的一类,是指权利人依法从地表水或地下水引取(divert)定量之水的权利。在一些立法例上,水权,除了汲水权、引水权等类型的取水权,还有水力水权、航运水权、竹木流放水权、排水权等类型。与此有所不同,中国的《取水许可和水资源费征收管理条例》将水力水权、航运水权、排水权纳入取水权之中(第4条第1款第3项、第5条第1款、第12条第7项、第20条第1款第4项、第24条第1款第5项、第32条第2款、第41条第1款第2项、第52条第3项)。《取水许可管理办法》予以贯彻(第6条、第7条、第10条第5项、第14条、第20条第3项以下、第21条第1款第2项和第6项、第22条第1款第6项和第7项、第28条第3项和第4项、第38条第2款、第42条第2款、第42条、第43条第2款、第49条第3项)。有鉴于此,我们不妨把境外立法例及其理论所说的取水权叫作狭义的取水权,而将中国《取水许可和水资源费征收管理条例》及《取水许可管理办法》中的取水权称为广义的取水权。

(二) 取水权的法律性质

水自身为"动产",但取水权却是不动产权益。[①] 取水权派生于水资源所有权,故属于他物权;它是权利人使用水并获得利益,而不是为担保债权的实现,故为用益物权,即为特定的用途从特定的源流而引取、使用水的权利(《民法典》第329条)。[②] 但同一般的用益物权相比,取水权具有以下自身的特点,于是人们称其为准物权。

1. 取水权的客体及其特殊性

取水权的客体是水,包括地表水和地下水。[③] 它存在于河流、湖泊、池塘、地下径流、地下土壤之中。对于取水权的客体,有的以一定的水量界定,有的以特定的水域面积界定,有的单纯地以特定地域面积界定(以地下水作客体场合即如此),有的以一

[①] KAN.STAN.ANN.? 82a-701(g)(1997).

[②] See John C. Peck, *Assessing the Quality of a Water Right*, Journal of the Kansas Bar Association(May, 2001).

[③] 林柏璋:《台湾水权及其法律性质之探讨——公水之特许使用》,载《台湾水利》第49卷第3期,2001年9月,第98-100页;崔建远:《水权与民法理论及物权法典的制定》,载《法学研究》2002年第3期,第39页。

定期限的用水界定。如此,以特定池塘之水为取水权客体的场合,取水权的客体具有严格意义上的特定性,其他场合的取水权,其客体大多不具有特定性。

取水权不要求其客体具有特定性,与其权利性质及功能有关。取水权类似于物权取得权,①它开始运行,便使水体的所有权从水资源所有权中分离,转归取水权人享有。取水权犹如一道水所有权转让的开关或者说是水所有权主体的转换器,一旦运行就使得水的所有权不断地自水资源所有权人处移转到取水权人之手。② 既然是取得水所有权的权利,自然就主要关心结果及其根据,即,有多少水所有权已经或将要归属于取水权人;无须考虑远隔的水与水资源之间的关系,即,不重视将要获取水资源中的哪部分水,于是,不要求客体具有特定性便顺理成章。

2. 取水权在占有权能方面具有特殊性

取水权不含有占有的权能。这既是它们所具有的以使用为重心的性质("use-based" nature)的反映,也是由取水权的客体和水资源所有权的客体融合一体的特点决定的,还是为保护其他用水人能够利用同一水资源所必需的。

3. 取水权原则上无排他性

所有权和用益物权均具有排他性,排他原则解决了这些物权之间的效力冲突。取水权作为用益物权却不尽相同,在特定区域的水资源上可同时存在着数个取水权,排他原则对取水权之间的效力冲突时常无能为力。至于取水权人之间的利益冲突,则通过优先权规则加以协调。先取得取水权者优先以有益目的而用水,待其获得满足后,后取得取水权者才可用水;若水资源不足,后取得取水权者的用量即被削减,甚至其取水权的目的落空。③ 这与担保物权的位序规则类似。

取水权的这一性质既与取水权的客体和水资源所有权的客体融为一体有关,又进而与取水权不含有占有权相呼应。因取水权不以占用水资源为必要,就为数个取水权并存提供了可能;因取水权的客体和水资源所有权的客体融为一体,就为数个取水权的实现奠定了物质保障。

关于排他性与优先权之间关系的认识,可有宽严之别。从宽解释,具有优先权的取水权优先得到实现,后位序的取水权不得越位。这同样体现出了排他性。还有,在河岸权原则为唯一的取水权取得原则的法律制度下,依河岸权原则取得的取水权暗含着排他性。

---

① [德]卡尔·拉伦茨:《德国民法通论》(上册),王晓晔、邵建东、程建英、徐国建、谢怀栻译,谢怀栻校,法律出版社 2003 年版,第 292-293 页。
② 崔建远:《准物权研究》,法律出版社 2003 年版,第 263 页。
③ Jan G. Laitos. *Water Rights*, *Clean Water Act Section* 404 *Permitting*, *and the Takings Clause*, University of Colorado Law Review (1989).

4."用水则有取水权,反之则失取水权"

在先占用原则制度下,奉行"用水则有取水权,反之则失取水权"(use it or lose it)的原则,闲置的取水权将被废止,就是说,取水权人不利用水资源(达到一定期间)便不再享有取水权。① 不过,基于河岸权原则取得的取水权则不因权利的不行使而归于消灭。中国《取水许可管理办法》规定,连续停止取水满2年的,由水资源行政主管部门或者其授权发放取水许可证的行政主管部门核查后,报县级以上人民政府批准,吊销其取水许可证(第29条前段)。这符合效益原则,是合理分配有限的水资源的良策,在水资源短缺的今天,更具有合理性。

[辨析]

取水权·水资源所有权·水所有权·经营权·水合同债权

1. 取水权、水资源所有权和水所有权系常用的概念。按照通说,水资源所有权属于特殊主体所享有的权利,在中国归国家享有。水资源及其所有权不作为交易的对象。水所有权,或称水体所有权,已归普通的民事主体享有,早已成为交易的客体。业已引入企业等市场主体的储水设施、家庭水容器中的水,不再是水资源所有权的客体,而是水所有权的客体。取水权,系从水资源所有权中派生,分享了后者中的使用权与收益权而形成的物权,准确地说,为准物权。取水权人行使取水权,便得到水所有权。

2. 本来,取水权是独立于水资源所有权的一种权利,也是一项法律制度。② 但在中国,却有相当的专家、学者主张,取水权制度就是水资源所有权和各种取水权利与义务的行为准则和规则,它通常包括水资源所有、开发使用权、经营权以及与水有关的其他权益。③ 这种观点值得商榷,理由如下:

(1)这违反了财产权体系内部的位阶关系。取水权属于财产权。④ 而在财产权体系中,水资源所有权的上位权利是财产所有权,再上位权利是物权,不会是取水权。取水权概念若有存在的必要,逻辑上只能是水资源所有权的下位概念。所以,"取水权包括水资源所有权、开发使用权"说是把取水权作为了水资源所有权的上位概念,这不符合民法逻辑。正如有人所说,取水权不是对水的占有权、所有权,取水权人不

---

① Janet C. Neuman and Keith Hirokawa, *How Good Is An Old Water Right? The Application of Statutory Forfeiture Provisions to Pre-Code Water Rights*, University of Denver Water Review(Fall 2000).
② 裴丽萍:《水权制度初论》,载《中国法学》2001年第2期,第90-99页。
③ 冯尚友:《水资源持续利用与管理导论》,科学出版社2000年版,第189页;肖国兴、肖乾刚:《自然资源法》,法律出版社1999年版,第246页;汪恕诚:《水权与水市场》,载水利部政策法规司编《水权与水市场》(资料选编之一),2001年3月,第9页。
④ John C. Peck & Kent Weatherby, *Condemnation of Water and Water Rights in Kansas*, University of Kansas Law Review. (Summer,1994).

享有受法律保护的水所有权上的利益(interest in the ownership of the water itself),受保护的权利只是取水权。①

(2) 如果一个人既对水资源享有所有权,又自己利用该水资源,那么,在法律上只设置水资源所有权制度便足矣,没有取水权制度存在的必要。只有在非所有权人为自己的利益而需要使用水资源时,为清楚地划分他与所有人之间的利益,也为了对抗其他人,才有设置取水权制度的必要。在这种背景下存在的取水权,恐怕它只会从水资源所有权中派生,系分离该所有权中的使用、收益诸权能而形成的他物权。由此可见"水权包括水资源所有权、开发使用权"说犯了本末倒置的错误。

(3) 水资源所有权具有排他性,而取水权原则上无排他性。在民事权利理论上,从来不存在一种权利内部含有性质差异如此巨大的两部分内容的现象。在物权制度及其理论上,一个物权若具有排他性,是整个物权具有排他性;若不具有排他性,也是整个物权不具有排他性,不会是一个物权的内部一部分内容具有排他性,另一部分内容具有相容性。而取水权包含水资源所有权说恰恰违反物权的这个性质。

(4) 在中国,它不符合《水法》的立法原意以及具体规定。《水法》区分了水资源所有权和使用权,强调水资源属于国家所有,农村集体经济组织的水塘和农村集体经济组织修建管理的水库中的水,归各该农村集体经济组织使用(第3条)。直接从江河、湖泊或地下取用水资源的单位和个人,应当按照国家取水许可制度和水资源有偿使用制度的规定,向水资源行政主管部门或流域管理机构申请领取取水许可证,并缴纳水资源费,取得取水权(第48条)。上述农村集体经济组织使用水的权利、单位和个人享有的取水权,都属于我们所说的取水权。水资源所有权和取水权是各自独立的。前者不得易其主体,而后者则可以转让。

(5) 从比较分析的角度观察,会发现至少通说都主张取水权不含有水资源所有权。在美国西部,大多数水法都宣称公有权(public ownership)存在于水资源之上,采用先占用原则规律取水权,用水人从州的水资源管理部门获得许可证时,该取水权就是水权(water rights)。② 在日本,学说认为取水权是利用水的权利,而非对水享有所有权。③ 中国台湾地区"水利法"规定,取水权是依法对于地面水或地下水取得使用

---

① Jan G. Laitos, *Water Rights, Clean Water Act Section 404 Permiting, and the Taking Clause*, University of Colorado Law Review (1989).

② Wells A. Hutchins, *Water Rights Law in the Nineteen Western States.* 298-306 (1971). See Janet C. Neuman and Keith Hirokawa, *How Good Is an Old water Right? The Application of Statutory Forfeiture Provision to Pre-Code Water Rights*, University of Denver Water Law Review (Fall, 2000).

③ [日]金泽良雄:《水法》,载园部 敏、田中二郎、金泽良雄:《交通通信法·土地法·水法》,有斐阁1968年版,第81页。

或收益的权利(第15条),可归团体公司或人民取得,而水资源所有权则只归"国家"享有(第2条)。可见取水权不含有水资源所有权。所谓渔业权是水域的利用权,而非所有权,①也佐证出取水权不含有水资源所有权说的合理性。道理在于,按照渔业权属于取水权中的一类的观点,该说直接在反驳着取水权包含水资源所有权说;依据渔业权系与取水权并列的一类准物权的理论,只要我们遵循相似的问题相同处理的公平原则,仍会得出取水权乃水资源的使用权,而非水资源所有权的结论。由此可知,"取水权包括水资源所有权、开发使用权"说显然忽视了水资源所有权和取水权之间的性质差别。

其实,持取水权含有水资源所有权说的专家、学者,都一方面承认取水权的转让,另一方面坚持中国宪法所规定水资源所有权归国家享有的原则,否认水资源所有权的转让。这使他们陷入自相矛盾之中。为避免如此尴尬局面,只好多费笔墨,特意指出水权中的取水权等可以转让,水资源所有权不得转让。这是自找的麻烦,不遵循民法思维的结果。在民法的视野里,取水权系从水资源所有权中派生出来的用益物权。这十分清晰、简单。如此,就非常容易表述水资源所有权不得转让而取水权可以转让的精神。

我们界定一个特定的事物,所采用的概念必须准确地揭示该事物的本质属性,这是起码的要求;其次是受此领域前见的制约,符合此领域大家都遵循的界定概念的规则要求;再次是所用概念在使用上要方便,如果所采用的概念在使用时常常要作许多限定,作若干辅助说明,则所用概念难谓妥当。取水权这个概念,中国的使用者最想用它描述的,正是用水人使用水并获得利益的现象,而非水资源归国家享有的事实;最想用它解决的问题,正是国家这个水资源所有者把用水利益如何妥当地分配给各种各类用水人,如何配置用水资格最有效益,最能使中国可持续发展。如果是这样,把取水权界定为使用水并获得收益的权利,而非对水资源所有的权利,就最能达到上述目的。如此界定,才符合法学尤其是民法学既有的权利位阶体系理论,即受制于先见,才遵循了"财产权——物权——用益物权——取水权"的逻辑结构。如此界定,使用取水权概念时才最便利,在谈论取水权转让等现象时无须再作限定说明。②

3. 鉴于中国实务界、若干经济学家至今仍然认为,取水权含有取水权人输水系统

---

① 陈俊佑:《专用渔业权管理制度之研究》,台湾海洋大学海洋法律研究所硕士学位论文(1994),第47页。
② 崔建远:《水权转让的法律分析》,载《清华大学学报》(哲学社会科学版)第17卷第5期,2002年10月,第42-43页。

内所存储水的所有权,①需要对于取水权与水所有权两个概念及制度详加辨析。为显现取水权含有水所有权这一观点的不可取,先作如下描述:

在水力水权、航运水权、竹木流放水权、排水权等情况下,用水人基于有关部门的行政许可,通过分离水资源所有权中的使用权、收益权诸权能而取得水权。由此类水权的性质和功能决定,该用水人(取水权人)不需要对其所使用的水面乃至水体享有所有权,故不存在水所有权,只存在水资源所有权和水权。前者由国家所有,后者归用水人享有。对此,以葛洲坝水力发电厂取得水权为例加以说明。奔流于长江中的水资源属于国家所有,按《水法》规定,永远也不会归葛洲坝水力发电厂所有。该电厂要利用长江水发电,须向长江水利委员会申请水权,获得批准并得到许可证后,便取得水权。此外,该电厂不再需要对于流过水坝的水享有所有权。总之,此类水权不会含有水的所有权,所谓水权含有水的所有权之说,不符合此类水权的实际情形。

与上述水权有所不同的是,在狭义的取水权的情况下,用水人基于其河岸等土地的所有权、土地承包经营权,当然地分离水资源所有权中的使用权、收益权,取得取水权。其取水权的运行,使水资源里的部分水进入到用水人的输水系统乃至储水设施。用水人(取水权人)取得这部分水的所有权。自水进入到取水权人的输水系统乃至储水设施之时起,取水权就功成身退,继续固守在取水口、汲水口处发挥取水权的效力,输水系统及其后阶段的输水、用水等工作让位于水所有权制度。取水权人对这部分水的权利义务关系,不再是取水权关系,而是水所有权关系。对此,以郑州市自来水公司取得取水权为例加以说明。黄河水资源属于国家所有,按《水法》规定,永远不会归郑州市自来水公司所有。该公司要获取黄河水,须向黄河水利委员会申请取水许可证,待获得批准并取得取水许可证后,便取得取水权。该公司基于该取水权引取黄河水,就不是侵权行为,而是合法行为,会受到黄河水利委员会的承认与保护。黄河水一经进入郑州市自来水公司的输水系统,所产生的法律关系就不再是取水权法律关系,而是水所有权关系。他人从该输水系统盗水、污染水质、毁坏输水系统等,不构成侵害取水权,而按侵害水所有权、输水设施所有权论处。

当然,当其中的部分水回流入江河湖海或渗入地下,同水资源整体融会一起时,这部分水又不再是水所有权的客体,而是连同整体水资源成为水资源所有权的客体。

笔者之所以坚持取水权和水所有权系两种独立的权利类型,反对取水权含有取水权人输水系统内所存储水的所有权之说,还因为存在下述理由的支撑:其一,如果认为取水权含有取水权人输水系统内所存储水的所有权,那么,因为当取水权终止

---

① 董文虎:《浅析水资源水权与水利工程供水权》,载水利部政策法规司编:《水权与水市场》(资料选编之一),2001年3月,第66页。

时,其客体便不复为取水权的客体,自然地不再归取水权人支配,而是重新成为水资源的一部分,成为国家水资源所有权的客体,所以,此时存留于取水权人输水系统内的水也就重新成为水资源的组成部分,再次归国家所有权。这显然不符合事实,损害了用水人的合法权益。实际上,不论取水权存续与否,取水权人输水系统内所存储的水都归取水权人所有,而不是归国家享有。只有取水权和水所有权各自独立的理论,才能合理地解释上述现象。其二,汲水权、引水权等类型的取水权不含有占有权能,[1]而水所有权包含占有权能。取水权含有取水权人输水系统内所存储水的所有权之说,显然无法消除这一矛盾,而取水权与水所有权各自独立之说则可以完满地解释这一现象。其三,取水权的客体大多不是独立于而是融会于水资源之中,即所谓至少某些类型的取水权的客体不特定;而水所有权的客体则是脱离于水资源的独立存在之物。取水权含有取水权人输水系统内所存储水的所有权之说在这方面会陷于自相矛盾中,而取水权与水所有权各自独立的观点则能自圆其说。其四,汲水权、引水权等类型的取水权系水所有权从国家移转到取水权人之手的转换器,属于取得水所有权之权,而水所有权则不是取得物权或与物权具有同等价值之权的权利,只是取得孳息、创造使用价值、设定债权债务之权。两权的功能如此不同,硬把它合而为一,显然不明智。其五,基于取水许可而生的取水权,其转让须办理过户登记手续,否则,转让不生效力;而水所有权的转让不需要办理登记手续。认为取水权含有取水权人输水系统内所存储水的所有权,会造成同一个权利内部包含着性质不同的两部分权利,不合民事权利的一般要求。

综上所述,取水权含有水所有权之说,混淆了性质不同的两类权利,不合理地扩张了取水权的外延,使得界定取水权困难,取水权流转麻烦,实在不足取。水资源所有权、取水权、水所有权三者各有其存在的根据、法律性质、权利内容、取得方式与功能,不得任意合并。

4. 笔者也不赞成取水权含有经营权说,更不同意取水权是经营权的观点。因为经营权是一动态的概念,它属于取水权人利用水进行经营乃至生产的过程的权力,就取水权人自身而言,经营权描述的重点是取水权人的内部活动;就取水权人通过行政许可取得取水权来说,经营权"并没有授予你财产使用的权利","经营权的不同在于经营所得不完全归经营者,经营者还有上交经营所得的任务。"[2]而取水权重在解决取水权人的用水资格问题,标示的重心在于取水权人与非权利人之间的关系,也有取水

---

[1] David C. Hallford, *Environmental Regulations as Water Rights Takings*, Natural Resources and Environment(Summer, 1991).

[2] 魏耀荣:《在水权制度建设研讨会上的讲话》,载水利部政策法规司编《水权与水市场》(资料选编之二),2001年12月,第236页。

权人与取水权授予部门之间的关系,取水权在说明着下述事实:用水人使用、收益水是合法的,而非侵权行为,应受到法律的保护。由此可见,把取水权等同于经营权的观点不足取。

在民法的分析框架中,只要把取水权界定为用益物权,或再准确点,取水权为准物权,那么,使用水之权、转让取水权之权、获得利益之权等就都是取水权的内容,或者说它们属于取水权的效力范畴。所以,将取水权说成使用权、转让权、交易权等,是混淆了总体与部分之间的关系,误把取水权的效力作为了取水权本体,违反逻辑。

笔者之所以主张以民法的思维界定取水权,是因为取水权在总体上属于民事权利,尽管它较一般民事权利具有更浓厚的公权性质。取水权是以民事权利的基本属性出现在水法当中的,水法是以这种民事权利为基础构建起属于民事法律规范体系部分,再进而建构其庞大的行政法律规范这个主干体系,同时配置有经济法、刑法等法律规范体系的。正因为取水权是水法这栋大厦的基础,所以,我们对其界定一定要准确,不然,水法的大厦可能会倾斜;正因为取水权的基本属性是民事权利,所以我们应按民法思维界定取水权,否则,会使许多水法制度走样,衔接不佳,运作起来笨拙不堪。① 就笔者所掌握的国外的文献看,它们绝大多数都是遵循着民法思维界定取水权的。中国的一些学者也是如此。②

5. 取水权与水合同债权

对于普通的市场主体来说,其用水根据至少有两类:一是取水权,二是水合同(water contract)及其债权。在中国,许多人认为使用水者必享有取水权。这是不区分取水权与水合同债权的典型表现。取水权属于物权,水合同债权虽是用水人使用水的权利,但它不具物权的性质及效力,仅为债权。前者具有绝对性、优先效力、对抗效力,后者则否;前者既可以基于河岸权、行政许可产生,也可以因合同获得,后者只能来源于合同。就是说,取水权的真实含义窄于其定义的字面意义,仅指具有(准)物权性质及效力的用水资格。

上述区别在理论上是十分清楚的。问题在于,在实务上如何分辨用水人享有的权利的类型? 其一,要看用水人取得用水资格时是如何规定的。例如,如果用水人系基于合同而取得的用水资格,那么该合同会明确规定该用水人取得的是准物权抑或债权。其二,要看水管部门在其登记簿上对取水权利是如何登记的。因取水权为准物权,并属于不动产权益,具有绝对效力,基于交易安全的要求,必须予以登记。初始

---

① 崔建远:《水权转让的法律分析》,载《清华大学学报》(哲学社会科学版)第 17 卷第 5 期,2002 年 10 月,第 43 页。
② 见裴丽萍:《水权制度初论》,载《中国法学》2001 年第 2 期,第 90-99 页。

分配取水权,须有初始登记;取水权转让,则有过户登记。水合同债权,因其不具有对抗第三人的效力,所以不必登记。其三,根据有关法律的规定分辨。按照《水法》第7条的规定,农村集体经济组织及其成员有权使用集体经济组织的水塘、水库中的水,《水法》第48条第1款后段规定,家庭生活和零星散养、圈养畜禽饮用等少量取水的,《取水许可和水资源费征收管理条例》第4条规定,为农业灌溉少量用水的,用人力、畜力或其他方法少量用水的,为农业抗旱应急必须取水的,为保障矿井等地下工程施工安全和生产安全必须取水的,为防御和消除对公共安全或公共利益的危害必须取水的,若直接取自江、河、湖或地下,用水人享有的取水权利是取水权,而非水合同债权,尽管他们无取水许可证。除此而外,凡无取水许可证而合法用水的,享有的权利为水合同债权,而非取水权。家庭从自来水系统取水,所享有的用取水权在目前一律为水合同债权。一个特定的公司,它从自来水系统取水的权利属于水合同债权,它自建汲水设施从地下取水,获得水资源管理部门批准的,其所享取水的权利,则为取水权。①

本来,民法对主体依法占有、使用、收益乃至处分标的物的状态,一般要确认为物权;并区分这类状态内部的细微差异,分别赋予主体以所有权、用益物权或担保物权,呈现着支配状态——物权——物权人的对应配置现象。只有在不动产租赁权(中国法未将动产租赁排除,不妥当)与法律未来得及承认为物权等极少数情况下例外。若循此逻辑,主体依法较长时期地用水场合,他应享有取水权,方为正常。但事实上,某些主体合法用水却不享有取水权,倒不在少数。例如,处在市区并依赖市政供水系统的家庭,在中国,其用水根据并非取水权。在美国的一些州,这样的家庭,有些是基于取水权而用水,有的虽然用水却不享有取水权;诸如商场、工厂或高尔夫球场等工商业的公司亦时常不享有取水权。如何解决它们用水又不构成侵权这一问题?美国的一些州通过合同制度达到目的,即用水的家庭、商场、工厂等主体与水资源的所有者或水资源管理部门签订水合同,他们凭借合同权利而用水。② 应该承认,舍去物权制度而用债权制度使主体利用物,并非水法所独有,消费借贷、土地租赁、中国的国有土地使用权的租赁等即为著例。在日本,土地所有人总是要利用其事实上强有力的地位及法律上的绝对自由,尽可能强化其支配地位,于是利用土地极少设定用益物权,大部分是设定租赁契约。③ 但不容置疑的是,在水法领域,用水人不是基于取水权而

---

① 崔建远:《水权转让的法律分析》,载《清华大学学报》(哲学社会科学版)2002年第5期,第41页。
② KAN.STAT.ANN.? 82a-1305(1989).; John C. Peck & Kent Weatherby, *Condemnation of Water and Water Rights in Kansas*, University of Kansas Law Review(Summer, 1994).
③ [日]我妻荣:《债权在近代法上的优越地位》,王书江、张雷译,中国大百科全书出版社1999年版,第12页。

是根据合同债权用水,更为突出,更加普遍。在取水权制度不发达的中国,尤其如此。探求造成这一现象的深层原因会有积极的意义。

民法将具有物权之实的权利确立为物权,赋予其物权的效力,比仅认其为债权更有利于权利人,除非法律为强化债权而为其配置了若干附加的制度。据此推论,用水人基于具有物权效力的取水权而非依靠债权用水,受法律保护的力度更强。但为什么还有那么多人选择债权作为其用水的依据?最根本的原因在于,对于取水权利的保护,国家不仅设有民法保护方法,更提供了除此而外的社会政策、社会制度、管理部门及相应的救济方法等。后者的保护效果不亚于,其实强于物权保护方法。例如,基于确保生存权的要求,家庭用水必须优先保障。为达此目的,国家已经建成或正在建设完善的设施,组成健全的管理组织,提供有效的行政、刑事的制裁手段和民事的救济方式。一旦供水不足,凡有效措施都及时采取,问题便迅速地得到解决,远比单纯依赖物权请求权有效率。在这种背景下,物权与债权之间的差别在解决用水的效果方面显现不出来,或表现得微乎其微,于是,用水人选择取水权抑或债权作为用水的正当根据,显然无关紧要。就是说,在水资源所有与水的使用领域,取水权制度以外的制度大量存在,它们并非先转化为取水权制度而后规范水的使用关系,也不是透过水法的原则、制度和规范来发挥作用,而是直接地调整着水资源所有权人、用水人、水管部门之间的相互关系并发挥着有效的作用,使得相当数量的用水人选择了用水状态——债权——用水人的配置模式。这一事例告诫我们:其一,完善取水权制度,制定物权法,我们应把视野放宽一些,注意相关法律部门之间的衔接配合,甚至于扩大到所有的社会制度的协调。换言之,"综合调整"的效果不可漠视。其二,在大环境良好的前提下,应尽可能地将社会政策、立法政策具体化为水法的原则、制度和规范,尽可能地具体化为取水权制度,来规范用水关系。反之,一味地倒向依赖取水权制度以外的制度、政策直接解决用水问题,易使行政权力泛滥,使政策替代法律,弱化法治。在中国,这方面的教训是深刻的,不得不查,必须得改。其三,即使在公法色彩浓厚的水法领域,意思自治仍有发挥作用的余地,立法者不得漠视。法律应同时提供取水权与债权两类用水的法律依据,供用水人选择。用水人作为一理性人,有能力综合考虑案情、成本、便捷程度、保护强弱等各种因素,趋利避害,选择适当的正当权源。①

二、取水权的主体

市的水务公司取得取水许可,成为取水权的主体。有的单位或部门取得取水许

---

① 崔建远:《水权与民法理论及物权法典的制定》,载《法学研究》2002年第3期(总第140期),第42页。

可,获准抽取地下水,亦为取水权的主体。

在中国,目前大多为灌区取水口拥有取水许可证,其区域内的农户则无取水许可证;个别区域则为流域水管机构的下属职能单位拥有取水许可证,例如,黄河机构管理的引黄闸取得取水许可证。① 从取水权的角度分析,就是灌区取水口享有取水权,其区域内的农户无取水权。至于流域水管机构的下属职能单位拥有取水许可证,则属既当运动员又任裁判员,应予改正。在这里,下述意见值得重视:应主要通过建立用水者协会,把现有灌区改造成为法人,使之成为取水权主体。它们作为灌溉供水服务机构与特许经营者向农户供水。针对个别地区的特殊情况,只要有利于水资源管理,必要时,拥有较大面积灌溉农田的农户也可以成为取水权主体。②

在非灌溉区,沿河或湖泊的农户自河流、湖泊中取水,大多适用河岸权原则,自然享有取水权;也有的适用先占用原则,获得取水许可后,享有取水权。

《取水许可和水资源费征收管理条例》规定,下列情形不需要申请领取取水许可证:农村集体经济组织及其成员使用本集体经济组织的水塘、水库中的水的;家庭生活和零星散养、圈养畜禽饮用等少量取水的;为保障矿井等地下工程施工安全和生产安全必须进行临时应急取(排)水的;为消除对公共安全或者公共利益的危害临时应急取水的;为农业抗旱和维护生态与环境必须临时应急取水的(第4条第1款)。其他情形均应申请领取取水许可证,并缴纳水资源费(第2条第2款),方可有资格取水。从取水权的角度观察,获得该项资格,就是取得取水权。

取水工程、利用机械提水设施的主办者,须申请取水许可。对此,《取水许可和水资源费征收管理条例》第23条规定,取水工程或设施竣工后,申请人应当按照国务院水行政主管部门的规定,向取水审批机关报送取水工程或设施试运行情况等相关材料;经验收合格的,由审批机关核发取水许可证(第1款)。直接利用已有的取水工程或设施取水的,经审批机关审查合格,发给取水许可证(第2款)。

[辨析与引申]

由于自然界的相互作用及与自然环境的相互联系发生在水文循环中,水和相关土地资源的管理必须以流域为基础。③ 一个流域的概念可以这样界定:由流域界限确定的水系包括地表水和地下水的一个地理区域,区域内的水流向一个共同的终点。

---

① 李吉庆、李庆伟、王霞:《试论黄河水资源管理中存在的问题及对策》,载孙广生、孙寿松、陈连军主编:《黄河水资源管理研究论文集》,黄河水利出版社2002年版,第42页。
② 刘斌:《我国水权制度探析》,清华大学法学院第二学士学位论文(2002年),第26页。
③ [埃及]杰瑞米·伯考夫妇:《水与可持续发展》,载水利部政策法规司编《水管理理论与实践》(国内外资料选编),2001年11月,第129页。

在流域内,地表水和地下水之间,水量和水质之间,以及上游和下游之间,都存在着密切的关系。这些相互关系把流域由一个地理区域变成一个统一的体系。[①] 于是,在取水权制度中,流域及其管理机构就处在重要地位。《水法》明确赋予流域管理机构重要的权限,规定它们在其所管辖的范围内行使法律、行政法规规定的和国务院水资源行政主管部门授予的水资源管理和监督职责(第12条第3款),跨省、自治区、直辖市的其他江河、湖泊的流域综合规划和区域综合规划,由有关流域管理机构会同江河、湖泊所在地的省、自治区、直辖市人民政府水资源行政主管部门和有关部门编制,分别经有关省、自治区、直辖市人民政府审查提出意见后,报国务院水资源行政主管部门审核;国务院水资源行政主管部门征求有关部门意见后,报国务院或其授权的部门批准(第17条第1款后段)。应该看到,流域及其管理机构的确定具有相对性,各流域管理机构之间需要相互配合。是人类的决定创造了自然界不存在的各集水区之间的分离。当需求超过一定集水区的能力,或当流域内发展起聚落,因而从一个集水区供水而向别的集水区排放废水时,就发生了流域间的转换。在这种情况下,合适的管理单元不再按纯粹的自然意义来限定,而必须承认人类居住的空间分布。[②]

流域管理机构既然如此重要,应否拥有取水权?有专家学者主张,中国存在七大流域区,每个流域的管理机构都应拥有取水权,即流域取水权。[③] 也有专家学者设想,每个省份都应享有区域取水权。[④]

这种观点值得商榷,理由如下:其一,供水服务虽然可以以流域为单元,但大多是以行政区域为单元的,[⑤]如此,赋予流域管理机构取水权会给取水权管理工作带来许多麻烦。其二,赋予流域管理机构、省取水权的目的何在?如果是它们自己用水,如此设计尚可,但连设计者也无此意图,因为它们不需要如此巨大水量的取水权。如果是为了使这些主体把取水权转让给实际的用水人,那么会产生严重的后果:一是它们既当裁判员又作运动员,难以公正。把水管理与提供水服务方面的职能分别交给不

---

① [联合国]莫斯塔特、范贝克、鲍曼、海伊、萨文尼杰、西森:《流域管理与规划》,载水利部政策法规司编《水管理理论与实践》,2001年11月,第96-97页。
② [英]朱迪·丽丝:《自然资源:分配、经济学与政策》,蔡运龙、杨友孝、秦建新等译,商务印书馆2002年版,第486页。
③ 王亚华、胡鞍钢:《我国水权制度的变迁》,载水利部政策法规司编《水权与水市场》(资料选编之二),2001年12月,第352-353页。
④ 同上书,第353页。
⑤ 同上书,第352-353页。

同的实体,利益冲突可降至最低。① 英格兰水务局(1973—1988年)的解体,部分归因于下述事实,即它是所有水资源管理模式中承担经营任务最大的一个。其任务不仅包括抗洪、排涝、水库运作,而且包含供水、废水处理以及发放污水处理执照,等等。这种既是经营者又是管理者,或者说既是"看守人"又是"狩猎人",导致了人们对它越来越失去信心。② 对于这个教训,中国要引以为戒。在取水权制度中,各级政府一般不应成为取水权的主体。③ 二是转让合同属于民事法律行为,须遵循民法规则,因其强调平等、自愿,于是,在水资源不能满足用水人需求的区域,会不利于急需取水权但资力不足的用水人。三是难以说清水资源管理部门作为转让方何以具有管理、罚款、吊销取水许可等权限,而行政授权说则能圆满地解释这些现象。

最为合理的思路是,流域管理机构、省、市均不享有取水权,只充任水的管理者。它们获得了代为行使水资源所有权的授权,具有许可用水人使用、收益水的行政权限,理所当然地有权将取水权授予实际用水人,根本不需要通过转让取水权的方式达到这一结果。

在实务中,各级政府之间常常就水量分配等问题进行协商,有时甚至由上级政府部门主持签订特定的分水文件,例如,《黄河可供水量分配方案》,其实质是地方政府之间统一管理水资源前提下的取水权管理权限划分,属于公共事务管理行为,而非拥有及行使取水权的表现。④ 对此,《水法》给予了确认和明确,规定国务院发展计划主管部门和国务院水资源行政主管部门负责全国水资源的宏观调配。全国的和跨省、自治区、直辖市的水中长期供求规划,由国务院水资源行政主管部门会同有关部门制订,经国务院发展计划主管部门审查批准后执行。地方的水中长期供求规划,由县级以上地方人民政府水资源行政主管部门会同同级有关部门依据水中长期供求规划和本地区的实际情况制订,经本级人民政府发展计划主管部门审查批准后执行。水中长期供求规划应当依据水的供求现状、国民经济和社会发展规划、流域规划、区域规划,按照水资源供需协调、综合平衡、保护生态、厉行节约、合理开源的原则制定(第44条)。调蓄径流和分配水量,应当依据流域规划和水中长期供求规划,以流域为单元制定水量分配预案。跨省、自治区、直辖市的水量分配方案和旱情紧急情况下的水量调度方案,由流域管理机构商有关省、自治区、直辖市人民政府制订,报国务院或其授

---

① [埃及]杰瑞米·伯考夫妇:《水与可持续发展》,载水利部政策法规司编:《水管理理论与实践》(国内外资料选编),2001年11月,第132页。
② [联合国]G. J. 阿拉厄茨:《外部支持机构(国际捐助者)在发展合作中的作用》,载水利部政策法规司编:《水管理理论与实践》(国内外资料选编),2001年11月,第177页、第175页。
③ 刘斌:《我国水权制度探析》,清华大学法学院第二学位论文(2002年),第25页。
④ 同上。

权的部门批准后执行。其他跨行政区的水量分配方案和旱情紧急情况下的水量调度预案,由共同的上一级人民政府水资源行政主管部门商有关地方人民政府制订,报人民政府批准后执行。水量分配方案和旱情紧急情况下的水量调度预案经批准后,有关地方人民政府必须执行。在不同行政区域之间的边界河流上建设水资源开发、利用项目,应当符合该流域经批准的水量分配方案,由有关县级以上地方人民政府报共同上一级人民政府水资源行政主管部门或有关流域管理机构批准(第45条)。县级以上地方人民政府水资源行政主管部门或流域管理机构应当根据批准的水量分配方案和年度预测来水量,制定年度水量分配方案和调度计划,实施水量统一调度;有关地方人民政府必须服从(第46条第1款)。从上述规定看出,流域管理机构也好,各级人民政府的水资源行政主管部门也罢,都是在依其权限分配水量,而非在转让取水权。

环境及生态取水权虽然涉及公共利益,为避免出现政府既管水又用水,酿成不公正的结果,其主体亦不应是政府,可通过授权成立特定的法人充任取水权人。[①]

三、取水权的设立

所谓取水权的设立,也是取水权的初始配置,是指水资源所有权的主体或其管理者分离水资源所有权的部分权能给用水人,使其取得取水权。

按照理想的模式,中国未来的水法应该承认取水权设立的三种方式:一是土地的所有权人或使用权人基于其地权直接取得取水权,无须任何行政程序。《水法》第48条第1款但书规定的为家庭生活和零星散养、圈养畜禽饮用等少量取水而获得取水权,属于这种方式。二是基于行政许可而取得取水权。《水法》以及《取水许可和水资源费征收管理条例》《取水许可管理办法》规定的取水许可制度,在引入取水权概念的情况下,便属此类方式。三是基于取得时效而取得取水权。如果中国法承认了取得时效,那么当用水人公然地、平和地、持续地用水达到法定期间时,可以自动地取得取水权。

按照《取水许可和水资源费征收管理条例》《取水许可管理办法》规定,取水权取得的具体程序包括申请、受理、审查、决定。按照行政许可法的设计,必要时还可以举行听证会。

四、取水权的优先权

因为优先权是取水权的两大要素之一,在取水权制度中处于非常重要的地位,故

---

① 刘斌:《我国水权制度探析》,清华大学法学院第二学位论文(2002年),第26页。

单提出来专门讨论。剖析取水权制度中的优先权,会发现它有三个功能:一是决定取水权是否产生,在某些情况下(如依河岸权原则)甚至是排他地确定取水权的取得;二是确定数个取水权之间的先后顺序,协调取水权人之间的利益冲突;三是确定取水权优先于其他权利。称前者为取水权的产生依据,称后两者为取水权的优先位序,更为准确。为方便起见,同时照顾到用法习惯,本书在不同的场合使用相应的称谓。

因确定标准不同,取水权所处的场合不同,确定优先权的原则及规则便呈现出差异,以下分门别类予以介绍,并尽可能地作出评论。

1. 以地表水为客体场合,确定取水权取得的优先权类型

(1)河岸权原则(riparian principles)。准确地说,河岸权原则应该叫作依河岸地所有权或使用权确定取水权归属的原则。它指水权附属于相邻于水的土地,①换言之,土地所有权人对与其土地相毗邻的河流当然地享有取水权。其性质有四:其一,它适用于河流与土地毗邻场合取得取水权。依该原则取得取水权,仅需要存在着河流的天然径流、土地所有人对毗邻的河岸享有所有权两项条件,至于当时该河流中是否蓄存着水,水量大或小,则在所不问。其二,依该原则取得取水权系当然的与自动的,无须经人为的程序来授予。其三,依该原则取得的取水权具有永续性,同权利人利用水资源与否无关。该取水权既不会因权利人不利用水资源而丧失,也不会因利用的时间先后而产生优先权。② 其四,此类取水权受制于其他河岸所有人同样的合理使用的平等权利。③

[辨析]

河岸权原则同中国法上的相邻用水排水权类似,但两者具有本质的不同:其一,相邻用水排水权,是不动产权利人用水排水,牺牲毗邻不动产的权利人的利益的法律根据,反映的是这种利益彼长此消的关系,其主体是相互毗邻不动产的所有权人或使用权人,水资源所有权人及其利益不在其中。河岸权原则解决的恰恰是不动产权利人从水资源所有权人处取得用水的权源问题,有时是不动产权利人从其他取水权人处获得取水权的问题,总之不是相邻不动产权利人之间的问题。其二,在无偿用水的时代,或在土地与水相结合同为土地所有权客体的制度中,不动产权利人即使无取水权也可基于相邻用水排水权而自然享有用水的权利,一些国家或地区的民法确实是

---

① David H. Getches, *Water Law in a Nutshell*, 77(2d.1990).
② John R. Teerink & Masahiro Nakashima:《美国 日本 水权 水价 水分配》,刘斌、高建恩、王仰仁译,王志民审阅,天津科学技术出版社2000年版,第32-33页。
③ Bannister, *Interstate Rights in Interstate Streams in the Arid West*, Harv.L.R., Vol.36, p.960.转引自[美]本杰明·内森·卡多佐:《法律的生长》,刘培峰、刘骁军译,冯克利校,贵州人民出版社2003年版,第65页。

如此规定的,中国民法的通说也是这样主张的。但这确实是无故地牺牲了水资源所有权人的利益,是不当的利益分配;也同水法的原则相冲突,容易使人产生相邻用水权中当然含有取水权的错觉。在水资源所有权独立于土地所有权并归国家享有,又实行有偿用水制度的背景下,必须修正上述规定及其学说,确立下述规则:相邻用水排水权中无取水权这一成分,亦非确定取水权取得的基准;而河岸权原则恰恰是取得取水权的依据。《水法》第20条关于"开发、利用水资源,应当坚持兴利与除害相结合,兼顾上下游、左右岸和有关地区之间的利益,充分发挥水资源的综合效益"的规定,可以解释为取水权行使时存在着相邻关系,是取水权与相邻权并存,而非相邻权取代取水权。其三,在建筑物排水场合,相邻用水排水权与河岸权原则不搭界。在与河流毗邻的土地需用水排水场合,若无取水权存在,亦不会有相邻用水排水权,只有在已取得了取水权之后,才会产生上下游的土地所有权人或使用权人之间在用水排水方面存在的问题,才会有相邻用水排水权的运用。其四,河岸权原则解决的是,取水权从无到有的问题;相邻用水排水权解决的是,有了取水权以后,取水权运用过程中发生的利益冲突问题。

(2) 先占用原则(prior appropriation principles)。它是指按占用水资源的时间先后来确定取水权的取得以及取水权之间的优先位序的原则。有人将它表述为,先占用水资源者,优先取得取水权,或其取水权居于优先位序(first in time, first in right)。其产生和存在的必要性首先表现在,非毗邻水资源的土地同样需要用水,可是按河岸权原则却达不到目的,而依据先占用原则就能如愿以偿。它包括三项基本规则:其一,水的利用仅可以是直接的、实际的和有益的。其二,首次有益用水者相对于其后的用水者取得优先权(paramount right)。其三,该权为继续的权利(continued right),以继续而有益地用水而非浪费为存续条件。[1] 其中,第一项规则包含着对取水权的三项限制:首先,取水权是用益权,仅仅在于用水。其次,由有益用水决定的水量确定着取水权的范围,[2]取水权人不享有超出其实际有益用水量的权利。最后,起初将有益用水的类型限制为,矿业用水、灌溉用水和畜牧用水。[3] 近年来,法院与立法机构将有益用水的类型扩张到娱乐用水、环境用水和回流河道用水。[4] 第二项规则赋予了首先的或最早的有益用水者处于优先位序的取水权。该权整体地优先于随后的用水人的

---

[1] Krista Koehl, *Partial Forfeiture of Water Rights: Oregon Compromises Traditional Principles to Achieve Flexibility*, 28 Envtl. L.1140-1141(1998).

[2] Wells A. Hutchins, *Water Rights Laws in the Nineteen Western States*, 440(1971).

[3] Charles F. Wilkinson, *Crossing the Next Meridian: Land, Water, and the Future of the West*, 234(1992).

[4] Steven J. Shupe, *Waste in Western Water Law: A Blueprint for Change*, 61 Or. L. Rev. 483, 488(1982).

取水权。该取水权的优先日期溯及至用水人首次引取水的时间。① 其例外有,当居民申请家庭用水时,水资源管理部门可以不顾时间的先后而承认他优先于其他申请者。一旦该申请被批准,水资源管理部门签发取水权许可,那么该取水权便处于优先位序。② 第三项规则要求取水权人继续用水以保持其取水权。只要有益用水在继续,取水权便存续;③不用水或浪费地用水便导致取水权丧失。④ 该规则使停止有益用水的取水权人无权阻止后位序的取水权人有益用水,也就是说,该规则使因纯粹猜想的目的而不行使取水权者不能继续享有取水权。⑤

[引申]

(1) 先占用原则与河岸权原则的不同十分明显:其一,它不以水资源毗邻土地为取得的条件。其二,时间因素是取水权取得以及优先位序的决定性因素。其三,就毗邻土地的特定水域而言,河岸权原则暗含着排他性,土地所有人或使用权人享有了该水域的取水权,他人就不能再享有该水域的取水权,于此场合,本不具有排他性的取水权因以河岸权为基础反倒呈现出排他性。先占用原则无此功能,正因如此,先占用原则具有确定取水权的优先位序的功能。应予指出,因河岸权而取得的取水权暗含的排他性,仅在法律只承认河岸权原则而否定先占用原则的背景下存在,在这两个原则并立的情况下,便极其弱化乃至消失。其四,依河岸权原则取得取水权,不以实际用水为要件;而基于先占用原则取得取水权,必须具备实际有益用水这一条件。其五,除美国西部早期基于先占用即获取水权的习惯不需登记以外,现行法要求,依先占用原则而取得取水权均须登记,获得取水权许可,否则,难于确定哪一取水权优先及其位序,也无公示标志。基于同样道理,加上用水管理的需要,中国《水法》规定原则上实行取水许可制度,例外不多(第48条第1款)。与此相反,河岸本身即为公示标志,基于河岸权而取得的取水权自身既昭示着取水权的存在,又确定着取水权的位序。故即使基于河岸权原则取得的取水权不为登记,只要土地的所有权或者使用权予以登记,取水权问题便随之获得解决。当然,按照《取水许可和水资源费征收管理条例》第2条第2款规定,大量的灌溉用水、工业用水,即使其用水人拥有河岸权,他

---

① *National Water Comm'n*, *A Summary-Digest of State Water Laws* 5(Richard L. Dewsnup & Dallin W. Jensen eds., 1973).

② John R. Teerink and Masahiro Nakashima:《美国 日本 水权 水价 水分配》,刘斌、高建恩、王仰仁译,王志民审阅,天津科学技术出版社2000年版,第50页。

③ Janet C. Neuman, *Beneficial Use*, *Waste*, *and Forfeiture*: *The Inefficient Search for Efficiency in Western Water Use*,28 Envtl. L., 920(1998).

④ David H. Getches, *Water Law in a Nutshell* ,76(2d ed. 1990).

⑤ Darryl V. Wareham, *Washington Water Rights Based on Actual Use or on Delivery System Capacity*? Department of Ecology v. Theodoratus, Seattle University Law Review(Summer 2000).

取得取水权也需要办理登记手续,获得取水许可证。尽管如此,不予登记的取水权总是存在的。① 如果这一观点是正确的话,那么,所谓"取水权的取得必须进行登记"②的观点就至少是犯了绝对化的错误。

（2）在这里,一个回避不了的问题是,中国法是仅确立先占用原则（当然,应与取水许可制度相统一）,还是同时承认两个原则? 对此问题可有两个思路加以解决,一是避开麻烦之路,仅承认先占用原则,河岸权仅是授予取水权时优先考虑的一个因素;二是承认两个原则并立,但须确立优先位序规则,以解决取水权之间的效力冲突问题。前者解决问题简单,但在中国采用则属无视几十年间形成的习惯,产生新的纠纷,可能得不偿失。采纳第二个思路则必须先确立取水权之间的优先位序规则。笔者赞成后一方案,优先位序规则在下文讨论。

应该指出,《水法》及《取水许可和水资源费征收管理条例》《取水许可管理办法》规定的非基于取水许可证而获得的取水权,同基于河岸权原则取得的取水权并不完全对应;《水法》和《取水许可和水资源费征收管理条例》《取水许可管理办法》规定的基于取水许可证而获得的取水权,同基于先占用原则取得的取水权也不完全吻合。具体些说,基于取水许可证而获得的取水权,既有远离河岸地的用水人取得的取水权,也有河岸地的所有权人、土地承包经营权人取得的取水权。不需要取水许可证而获得的取水权,有的归河岸地的所有权人、土地承包经营权人享有,有的则归远离河岸地的用水人享有。如何处理这些问题? 在目前,一方面继续坚持《取水许可和水资源费征收管理条例》及《取水许可管理办法》规定的取水权取得制度,另一方面,对不符合《取水许可和水资源费征收管理条例》第4条规定的用水,若属于河岸地的权利人用水,就承认他们已经基于河岸权原则取得了取水权;若属于远离河岸地的权利人用水,又符合取得取水许可证的条件者,就尽快给他们补办取水许可证,反之,则认定他们用水为非法,责令他们停止用水。在未来,一律严格按照《取水许可和水资源费征收管理条例》《取水许可管理办法》规定的条件与程序办理,但河岸地的权利人具有优先权。

2. 以地下水为客体场合,确定取水权取得的优先权规则

地下水大致分为地面入渗水和地下径流。后者是指流动于一条"确定、已知、可探查"的地下水道中的水流。当地表河流入渗并在该河床下继续流动时,以地下径流论。根据《水法》第48条第1款的规定,可推知：宅基地使用权人有权不经审批程序而径直抽取其宅基地下之水来满足其生活需要。与此不同,土地所有权人须经水资

---

① 崔建远：《水权与民法理论及物权法典的制定》,载《法学研究》2002年第3期,第52-53页。
② 裴丽萍：《水权制度初论》,载《中国法学》2001年第2期,第90-99页。

源主管部门审批并签发取水许可证方有权抽取、使用其地下之水,土地承包经营权人亦应如此,建设用地使用权人须经批准方有权抽取、使用其地下之水。水资源行政主管部门审核、批准取水许可,应按申请时间的先后确定取水权的取得以及位序。就此说来,中国法实行的是先占用原则。

中国以往鲜有取水权人抽取、使用异地的地下水的现象,所以基于先占用原则取得异地地下水的取水权尚不多见。就是说,在地下水的取水权取得方面,先占用原则的适用范围较窄。随着市场经济的发展,若取水权人抽取、使用异地的地下水的需要增强,事例增多,那么先占用原则的适用范围会拓宽。

3. 在以地表水为客体的情况下,数个取水权并存于同一水资源场合,确定取水权的优先位序(优先权)的规则

《水法》第21条确立了如下位序:生活用水、农业用水(灌溉用水)、工业用水、生态环境用水以及航运用水等。其中关于"在干旱和半干旱地区开发、利用水资源,应当充分考虑生态环境用水需要"的规定,意味着环境取水权的地位更高。这可谓巨大的进步。

4. 在以地下水为客体的情况下,数个取水权并存于同一水资源场合,确定取水权的优先位序(优先权)的规则

适用先占用原则取得地下水的取水权,同样会产生数个取水权的效力冲突问题,解决的规则基本上按地表水的取水权取得的时间顺序确定位序,[①]但也有特殊之处,即土地所有权人对其土地下之水享有的取水权绝对优先于从该地下抽取水并向异地输送的取水权。[②] 这实际上否定了依用水目的确定取水权位序的规则,带有绝对所有权原则的影子。对于中国法来说,在吸收该规则时应设有例外,方案可有两个:一是依用水目的确定取水权的位序,二是通过征用的方式满足非土地权利人的取水权需要。

五、取水权的转让

(一) 取水权转让概述

所谓取水权转让,是指基于一定的事由,取水权脱离取水权人而归他人享有的现象。此处所谓事由,大量的应是取水权转让合同。中国舆论呼唤的取水权转让,所指即为基于转让合同而发生的取水权转让。

[①] Department of Ecology v. Theodoratus, 135 Wash. 2d 582,590,957 P.2d 1241, 1245, 1246(1998).
[②] John R. Teerink and Masahiro Nakashima:《美国 日本 水权 水价 水分配》,刘斌、高建恩、王仰仁译,王志民审阅,天津科学技术出版社2000年版,第37页。

承认取水权的转让具有重要意义。因为在法律规定水资源归国家所有,又实行市场经济体制的背景下,面对水资源短缺的局面,解决市场主体的用水问题,有效益的途径是配置给市场主体取水权,或使其获得水合同债权,并根据每个市场主体对水需求的数量变化,允许通过市场主体协商而非行政强制使取水权或水合同债权移转。其中,取水权在不同市场主体之间的移转就是取水权的转让。

在这里,需要辨明取水权转让和取水权转让合同的区别与联系。取水权转让,是指取水权自其主体处移转到受让人之手的过程,是取水权变动的一种形态,在不承认物权行为制度及理论的法制下,它属于事实行为。同时,取水权转让也是一种结果,即取水权归属于受让人的现象。而取水权转让合同则为引起取水权转让的一种法律事实,并且,因其以当事人的意思表示为要素,故它属于一种法律行为;因其在转让人和受让人之间产生了许多债权债务,故它属于债权行为。当然,在不区分物权行为与债权行为的中国现行法上,可径称法律行为,免得产生误会。

(二)取水权转让与水合同债权转让

取水权与水合同债权都可能转让,但各有特色,不得混淆。其一,取水权转让,系取水权的运动。若以转让合同作为引起取水权转让的法律事实,那么,该合同的标的物是取水权,它以取水权的存在为必要前提。在取水权属于他人的情况下,类推适用《民法典》第597条第1款关于"因出卖人未取得处分权致使标的物所有权不能转移的,买受人可以解除合同并请求出卖人承担违约责任"的规定,受让人有权请求转让人承担违约责任。而水合同债权转让,系债权的移转,若由让与合同引起的话,那么,该合同的标的物是债权,它不以取水权的存在为前提,只要转让人具有水合同债权就足够了。在实务中,转让人可能享有取水权,也可能不拥有取水权,只具有水合同债权。在水合同债权属于他人场合,同样类推适用《民法典》第597条第1款的规定,成立违约责任。其二,因取水权为准物权,并属于不动产权益,具有绝对效力,基于交易安全的要求,取水权转让以到水资源主管部门办理完过户登记手续为生效条件,但这不应该是取水权转让合同的生效要件,取水权转让合同自转让人和受让人协商一致时成立。初始分配取水权,须有初始登记;取水权转让,则有过户登记。而水合同债权转让属于债权让与,因债权无公示方法,于是该转让也就不强求公示。至于水合同债权转让合同,按照《民法典》的规定,自转让人与受让人在转让合同上签字盖章时起生效;对于债务人而言,他得到转让通知为其受该转让约束的条件(第546条第1款),登记至多为对抗要件。其三,取水权转让分为全部转让与部分转让。前者场合,原取水权人丧失取水权,其取水许可证应被注销,受让人取得取水权,应办妥取水权过户登记手续,取得取水许可证;后者场合,转让人与受让人均享有取水权,转让人的取水许可证所载用水量应减少,受让人需新取得取水许可证。与此不同,在水合同债权转让的情况下,转让人若为取水权人,那么,他不因该转让行为而失去取水权,其取水许可证上所载用水量不发生变化;转让人若只是水合同债权人,而不享有取水权,那么在全部转让场合,他自转让生效之时脱离原水合同关系,受让人成为新的水合同债权人,在部分转让场合,他不脱离水合同关系,与受让人一起成为水合同债权人。无论如何,受让人都不会因此转让行为而获得取水权。①

(三)取水权转让与水的买卖

在水表现为装在瓶或桶中的矿泉水、纯净水的情况下,这种瓶装或桶装的矿泉水、纯净水的买卖不同于取水权转让,恐怕无人持有异议。但在水存蓄于水库、池塘乃至河流、湖泊中或地下的情况下,此类水的买卖就容易被误认为取水权的转让。例如,许多专家学者认为,浙江省的东洋市与义乌市于2000年11月24日签订的有偿转让横锦水库部分用取水权的协议,转让了取水权。② 对此,笔者持有异议。由于东阳市当时并不享有取水权,所以它不可能进行取水权的转让;因东阳市更不拥有水资源所有权,所以更不是水资源所有权的转让。在该案型,就只剩下水的买卖。该买卖合同的履行,即特定量之水的交付,构成水所有权的转让。它作为水的买卖合同履行的结果,是水所有权从转让人移转到受让人之手,是水所有权的运动,而不是取水权或水合同债权的转让。那么,能否如有些专家学者所言,这是用水权或曰水资源使用权的转让?③ 回答是否定的,因为用水权就是取水权的一种,④用水权转让说仍然属于取水权转让说,不符合事实。至于水资源使用权,它要么属于取水权的一种,要么属于水资源所有权的一项权能。按取水权看待这一现象的不足,上文已述。若采纳水资源所有权的权能说,因东阳市不是水资源所有权人,又未得到授权,故它无权转让。何况在不形成他物权或租赁权等债权的情况下,单独转让所有权的一项权能在法律上不可思议。

在水的买卖合同场合,出卖人可能是取水权人,也可能是水合同债权人,不论他居于何种身份,都不丧失用水根据,他所丧失的,是属于其财产的水体及其所有权。

---

① 崔建远:《水权转让的法律分析》,载《清华大学学报》2002年第5期,第41页。
② 刘文、黄秋红、王春元:《关于浙江"东阳—义乌"水权转让的调研报告》,载水利部政策法规司编《水权与水市场》(资料选编之一),2001年3月,第136-148页;王磊《两亿元买清水》,载《人民日报》(华东版)2001年2月20日;零河:《用市场优化配置水资源》,载《人民日报》2001年3月7日;胡鞍钢、王亚华:《转型期水资源的优化配置》,载水利部政策法规司编《水权与水市场》(资料选编之二),2001年12月,第91-97页。
③ 浙江省水利厅:《关于东阳市向义乌市转让横锦水库部分用水权的调查报告》,载水利部政策法规司编《水权与水市场》(资料选编之二),2001年3月,第127-135页;胡鞍钢、王亚华:《转型期水资源的优化配置》,载水利部政策法规司编《水权与水市场》(资料选编之二),2001年12月,第91-97页。
④ 详见崔建远:《水权与民法理论及物权法典的制定》,载《法学研究》2002年第3期,第39页。

与此不同,取水权转让,不是水体及其所有权的转让,因为此时取水权人尚不享有水的所有权,作为取水权客体的水并未从水资源中分离出来,归取水权人所有,而是仍与水资源融为一体,归国家所有。一旦水从水资源中分离出来,进入到取水权人的输水系统或储水系统中,该水就不再是取水权的客体,而是水所有权的客体。这种水所有权的移转,便是水的买卖,而非取水权的转让。正因如此,所谓"这里所说的取水权交易,不是指黄河水资源的所有权和使用权,而是指已经取得黄河水资源使用权的用水主体所分配到的配水量权",[1]就是混淆了取水权转让与水的买卖之间的区别。[2]

第四节 渔 业 权

一、渔业权的概念

养殖权和捕捞权合称渔业权,它是个集合概念,指自然人、法人或其他组织依照法律规定,在一定水域从事养殖或捕捞水生动植物的权利,或游客在一定水域从事渔业娱乐的权利。其中,自然人、法人或其他组织依照法律规定,在一定水域从事养殖水生动植物的权利,叫作养殖权。自然人、法人或其他组织依照法律规定,在一定水域从事捕捞水生动物的权利,称为捕捞权。游客在一定水域从事渔业娱乐的权利,叫作娱乐渔业权。

《渔业法》明确规定了养殖业(第2章)及养殖证(第11条、第12条等)、捕捞业(第3章)及捕捞许可证(第23条~第25条),《渔业法实施细则》还规定了定置渔业(第23条)和娱乐性游钓(第18条),未出现渔业权以及养殖权或捕捞权的字样。《物权法》第123条采用的表述是"使用水域、滩涂从事养殖、捕捞的权利",实质上即为养殖权、捕捞权。《民法典》对之语义承继(第329条)。

[知识]

在世界的范围内,渔业权(fishing rights)有不同的表现形式。在新西兰、冰岛、澳大利亚、加拿大等国家,渔业权表现为渔民从行政主管机关获得的捕捞配额,尤其是新西兰和冰岛两国实施了完全的个体可转让配额制度(individual transferable quotas,

---

[1] 常云昆:《黄河断流与黄河水权制度研究》,中国社会科学出版社2001年版,第125页。
[2] 崔建远:《水权转让的法律分析》,载《清华大学学报》2002年第5期,第41-42页。

ITQ，ITQs)①，阿拉斯加也采纳了个体可转让配额制度②，有的国家实施的是可转让的捕捞配额(IFQs)，有的国家运用的是可转让的渔船配额(IVQs)③，挪威实施的是个体可转让的入渔权制度(entry rights)。④ 与此不同，在日本、韩国以及中国台湾地区，渔业权以另外的形式存在。中国大陆的渔业权基本上属于后一种模式，但有些特色。

个体可转让配额关涉的因素有：(1)渔业行政管理机构依据渔区内各鱼种的适当生产量，决定其总可捕捞量(TAC)。该总可捕量称为总配额。⑤ (2)渔业行政管理机构依据一定标准，将总配额分配给渔业经营者，使之拥有某一特定渔业、鱼种和渔区中一定比例的可捕捞量。(3)渔业经营者欲取得该配额，必须向渔业行政主管机关申请，经批准取得该配额，持有背注的捕捞执照，有权在配额范围内从事捕捞活动。⑥ (4)执照和配额有时是独立的，并且配额可以被分割。⑦ (5)配额持有人有权将该配额出卖、出租，也可以采取其他转让方式，故称为"个体可转让配额"。⑧ 个体可转让配额具有这种让与性，使效益好的渔业经营者具有了从效益差的配额持有人处购买个体可转让配额的选择权，有助于退出渔业和减少过度投资。⑨

个体可转让配额具有以下性质：(1)专属性(exclusivity)，只有配额持有人才有权捕捞该配额范围内的鱼种。⑩ (2)持续性(duration)，个体可转让配额的存续期间大多

---

① ［冰岛］Ragnar Arnason，《财产权利——一种经济组织方法》，刘新山译，载农业部渔业局编《国外渔业权制度研究资料》（一），2003年9月，第39页。
② ［加拿大］A.Scott，《渔业管理中的财产权》，黄硕琳等译，载农业部渔业局编《国外渔业权制度研究资料》（一），2003年9月，第14页。
③ ［澳］R.Connor，《个体可转让配额是财产权吗——定义、学科和分析语段》，刘新山译，载农业部渔业局编《国外渔业权制度研究资料》（一），2003年9月，第136页。
④ ［挪威］J.H.Williams and S.Hammer，《挪威渔业：使未加管理的公共渔业资源向配额、禁渔和产业使用权制度过渡》，黄硕琳等译，载农业部渔业局编《国外渔业权制度研究资料》（一），2003年9月，第112页。
⑤ R.Q.Grafton, *Individual Transferable Quotas and the Groundfish Fisheries of Atlantic Canada*, Minister of Supply and services Canada (1993).转引自陈俊佑：《专用渔业权管理制度之研究》，台湾海洋大学海洋法律研究所硕士学位论文（1994年），第106页。
⑥⑦ ［澳］R.Connor，《个体可转让配额是财产权吗——定义、学科和分析语段》，刘新山译，载农业部渔业局编《国外渔业权制度研究资料》（一），2003年9月，第140页。
⑧⑩ 何世全：《公害对渔业权造成侵害之民事救济》，台湾海洋大学海洋法律研究所硕士学位论文（1991年），第64页。
⑨ ［新西兰］M.Harte and R.Bess，《财产权在新西兰海洋水产养殖业发展中的作用》，刘新山译，载农业部渔业局编《国外渔业权制度研究资料》（一），2003年9月，第182页。

第十七章 准物权

是长期的。① (3) 让与性(transferability)，该配额持有人可以通过买卖、租赁等方式自由转让该配额。这使配额持有人对渔获量或渔藏量享有利益，配额成为一种私有财产权。② (4) 个体可转让配额是渔业经营者捕鱼的权利，而不是鱼类自身。

与此有所不同，日本等国家和地区的渔业权呈现出另外的面貌，兹简介如下。

日本于 2004 年 6 月 9 日修正完成的《渔业法》(法律第 84 号)③分别规定了渔业权(第 6 条等)和入渔权(第 7 条等)，组成了广义的渔业权。其中，日本《渔业法》第 6 条等规定的渔业权，为狭义的渔业权，入渔权不在其中。此处所谓狭义的渔业权，分为定置渔业权、区划渔业权与共同渔业权(第 6 条第 2 项等)。

所谓定置渔业权，指经营定置渔业的权利(第 6 条第 2 项)。所谓定置渔业，指如下经营定置渔具的渔业：身网设置场所最深部在最高潮时需在水深 27 米(冲绳县为 15 米)以上。但在濑户内海(第 109 条第 2 项规定的海面)的樔网渔业与陆粤湾(青森县烧山崎至同县明神崎灯台的直线与陆岸所包围的海面)的落网渔业与樔网渔业，不在此限(第 6 条第 3 项第 1 款)。北海道的主要渔获物为鲑鱼(第 6 条第 3 项第 2 款)。

所谓区划渔业权，指经营区划渔业的权利(第 6 条第 2 项)。区划渔业包括三种渔业。第一种区划渔业，指在一定区域内经营敷设石瓦、竹、木等的渔业(第 6 条第 4 项第 1 款)。第二种区划渔业，指在土、石、竹、木等围成的一定区域内经营养殖业(第 6 条第 4 项第 2 款)。第三种区划渔业，指在一定区域内经营除前两种以外的养殖业(第 6 条第 4 项第 3 款)。

所谓共同渔业权，指经营共同渔业的权利(第 6 条第 2 项)。所谓共同渔业，指下列五种共同利用一定水面而经营的渔业。第一种共同渔业，指以藻类、贝类或农林水产大臣所指定的定着性水产动物为对象的渔业(第 6 条第 5 项第 1 款)。第二种共同渔业，指敷设不会移动的网具(含筑矶、设栅类)，经营定置渔业和本条项第 5 款所规定以外的渔业(第 6 条第 5 项第 2 款)。第三种共同渔业，指拖网渔业、拖船网渔业、饲付渔业(撒饵钓鱼业)或筑矶渔业等本条项第 5 款所规定以外的渔业。其中的拖船网渔业，不包括使用 1950 年《渔船法》第 2 条第 2 项规定的动力渔船从事作业的渔业。筑矶渔业不包括本条项第 1 款所规定的渔业，也不包含利用渔礁所从事的钓鱼业(第 6 条第 5 项第 3 款)。第四种共同渔业，指寄鱼渔业(在特定自然与渔场所从事

---

① 何世全：《公害对渔业权造成侵害之民事救济》，台湾海洋大学海洋法律研究所硕士学位论文(1991 年)，第 64 页。
② 同上文，第 65 页。
③ 本书所援引的日本《渔业法》(法律第 84 号)，系由台湾海洋大学环境与渔业科学系的欧庆贤教授及王启铭、林志勋、庐坤宏、邹立群、李如杰诸专家学者所翻译的文本。

的钓鱼业)或鸟付拖钓渔业(以鸟付鱼群为对象的钓鱼业)等次款所规定以外的渔业(第6条第5项第4款)。第五种共同渔业,指在内水水面(农林水产大臣指定的湖沼除外)或农林水产大臣所指定的湖沼经营本条项第1款所规定以外的渔业(第6条第5项第5款)。

所谓入渔权,指根据设定行为,在他人的共同渔业权或立杆养殖业、藻类养殖业、珍珠母贝养殖业、网箱养殖业(使用网箱及其他鱼皿,从事水产动物的养殖业)、牡蛎养殖业或第三种区划渔业的贝类养殖业为主的区划渔业权(特定区划渔业权)所称的渔场内,经营该渔业权的全部或部分的权利(第7条)。渔会的会员(限于渔业人或渔业从业人)符合该渔会或以渔会为会员的渔会联合会所拥有的各特定区划渔业权、共同渔业权或各入渔权行使规则规定的资格的,有经营该渔会或渔会联合会所拥有的特定区划渔业权或共同渔业权或入渔权范围内的渔业的权利(第8条第1项)。此处所谓渔业权行使规则或入渔权行使规则,除关于有经营同项规定的渔业权利者资格的事项外,有关该渔业权或入渔权的渔业,需规定应经营渔业的区域和期间、渔业方法及其他有经营该渔业权利者在经营该渔业时应遵守的事项(第8条第2项)。

应当注意,在日本渔业法上,取得农林水产大臣或都道府县知事许可经营的"许可渔业",无需这种许可的"自由渔业",虽然不是渔业权,但是属于渔业法上未规定的"其他渔业有关之权利"。这两种渔业"成熟到视为权利"时,就相当于"渔业权等"。① 取得指定渔业许可时,可取得一种营业权的财产的地位,原本不是实定法上的权利,但是由许可受限以及许可渔业会产生超额利润来看,此种地位事实上可作为一种财产权处理,实际交易时称为"渔权"。② 即使是遵循"选择职业自由"和"公共用物"可自由使用海的原则而存在的"自由渔业",只要渔民常年靠其谋生就"拥有权利"或"经营该渔业的地位受到法律的保护",尽管这些"权利"并非"渔业法上规定的渔业权",而是"广义的渔业权"。③

在中国台湾地区,狭义的渔业权,包括定置渔业权、区划渔业权和专用渔业权。广义的渔业权,除了含有狭义的渔业权以外,还包括特定渔业权和入渔权、④ 娱乐渔业

---

① 欧庆贤主持:《渔业法制(规)之比较研究(含渔业权渔业及渔船管理实务与建议)》,台湾海洋大学环境生物与渔业科学系,2005年1月,第50页。
② 同上书,第96-97页。
③ 农业部渔业局编:《台湾渔业权与渔业立法研究》,2001年6月,第94页。
④ 黄异:《论渔业经营之管理制度及渔业征收与补偿》,载《政大法学评论》第38期,1988年,第267页;许剑英:《论渔业权》,载《法学丛刊》第36卷第1期(总第141期),1991年1月,第108页;陈俊佑:《专用渔业权管理制度之研究》,台湾海洋大学海洋法律研究所硕士学位论文(1994年),第42页。

经营权。① 所谓定置渔业权,系指在一定水域,筑矾、设栅或设置渔具,以经营采捕水产动物之权。所谓区划渔业权,系指区划一定水域,以经营养殖水产动植物之权。所谓专用渔业权,相当于日本法上的共同渔业权,系指利用一定水域,形成渔场,供入渔权人入渔,以经营采捕水产动植物的渔业、养殖水产动植物的渔业、以固定渔具在水深25米以内采捕水产动物的渔业之权(第15条)。所谓入渔权,系指在专用渔业权的范围内经营渔业的权利(第16条)。所谓娱乐渔业,是通过提供渔船供游客休闲、垂钓,收取佣金或获得报酬,从而获得利益,而非直接以取得渔获物或其交换价值来营利。② 享有从事娱乐渔业的权利可被称为娱乐渔业权。

二、渔业权的性质

(一)渔业权是财产权

渔业权的目的利益为经济利益,因此,渔业权是一种财产权。③ 渔业权是以水产动植物捕捞或养殖的经济事业为其权利内容的,其目的利益在于经济利益,故为财产权。④

(二)渔业权为物权

养殖权是使用特定水体而获取利益的权利,捕捞权是使用特定渔场而取得渔获物的权利,它们都具有直接支配其客体并享有利益这个物权的实质,所以说渔业权是物权。

(三)渔业权是准物权

渔业权的特殊之处主要表现在如下几点:(1)在客体的特定性方面,就一般意义而言,渔业权具有特定性;从极为严格的意义上讲,渔业权在水体因素的变化方面具有不特定性。(2)在权利构成方面,渔业权具有复合性。(3)在排他性或优先性方面,养殖权具有排他性而无优先性,在同时并存同一水域内的数个捕捞权相互之间无排他性,在对非捕捞权人的权利方面具有排他性。(4)在权利是否具有公权色彩方面,渔业权是具有公权色彩的私权。(5)在权利取得方面,大多渔业权需要行政许可。(6)在追及效力方面,渔业权仅仅在他人不法占据捕捞许可证、养殖证所划定的特定水域时,才有追及效力;对于被他人盗捕的水生动植物,在养殖权场合是基于水生动

---

① 何世全:《公害对渔业权造成侵害之民事救济》,台湾海洋大学海洋法律研究所硕士学位论文(1991年),第68-69页。
② 同上文,第12页。
③ 欧庆贤、郑天明:《日本渔业补偿的法律性质》,载《渔业推广》第161期,2000年2月,第44页。
④ 陈俊佑:《专用渔业权管理制度之研究》,台湾海洋大学海洋法律研究所硕士学位论文(1994年),第48页。

植物所有权请求返还,在捕捞权场合,既不能基于水生动植物所有权主张返还,因捕捞权人无此所有权,也不能基于捕捞权请求返还,因水生动植物脱离于捕捞许可证所划定的特定水域,就不再是捕捞权的效力范围。在符合侵权行为的构成要件时,捕捞权人可以基于侵权行为主张损害赔偿。(7)在一物一权主义方面,捕捞权一般无从体现,养殖权的一物一权主义体现在特定水域上。正因渔业权具有如此多的特性,所以我们称它为准物权。

[拓展]

拉伦茨教授将狩猎人的取得权、捕鱼人的取得权、在矿山所有权中的矿产权利人的取得权等划归为物权取得权。他将物权取得权界定为,对无主物取得物权的权利,也就是说,对没有所有人的物可以允许权利人通过司法程序将此物收为己有。① 关于物权取得权的性质,多数人把这种物权取得权归于形成权。② 沃尔夫教授和赖泽尔教授主张,物权取得权是一种对无主物的特有的物权。③ 韦斯特曼教授认为,物权取得权是一种与物权很相近的权利。这种权利并未完全使无主物归于权利人,因为此时无主物还是很不确定的,还不能完全受到支配。即使如此,权利人仍然享有一个绝对有效的权利,即排除所有其他的人对该物的权利。④ 拉伦茨教授认为,物权取得权的功能不在于,它能使权利人单方面形成一种针对他人的法律关系。根据类型学的观点,物权取得权可以既不属于形成权,也不属于对物的支配权,而是权利人取得无主物的权利,并且其他人都被排除在外。⑤

尽管上述思想很有启发性,但仍不太适合描述中国的捕捞权、养殖权。首先,按照现行法的规定,国家享有水资源所有权、海域所有权。按照水生动植物属于水域的组成部分的观点,至少不宜说内陆水域里的水生动植物属于无主物,而应当认为它们属于国家所有。如果说海洋渔业资源具有流动性,洄游鱼类尤其明显,将它们认定为归特定国家所有,不见得允当。但在非确定它们的所有权不可的情况下,也可以按照

---

① [德]卡尔·拉伦茨:《德国民法通论》(上册),王晓晔、邵建东、程建英、徐国建、谢怀栻译,谢怀栻校,法律出版社2003年版,第292页。

② [德]冯·图尔:《德国民法总论》(第1卷),第8章第1节;恩/尼,第73章第1节第3a和第79章第2节;沃尔夫/赖泽尔:《物权法》,第2章第3节第3a。转引自[德]卡尔·拉伦茨:《德国民法通论》(上册),王晓晔、邵建东、程建英、徐国建、谢怀栻译,谢怀栻校,法律出版社2003年版,第292页。

③ [德]沃尔夫、赖泽尔:《物权法》,第79章第2节第2。转引自[德]卡尔·拉伦茨:《德国民法通论》(上册),王晓晔、邵建东、程建英、徐国建、谢怀栻译,谢怀栻校,法律出版社2003年版,第292页。

④ [德]韦斯特曼:《物权法》,第58章第3节第2。转引自[德]卡尔·拉伦茨:《德国民法通论》(上册),王晓晔、邵建东、程建英、徐国建、谢怀栻译,谢怀栻校,法律出版社2003年版,第293页。

⑤ [德]卡尔·拉伦茨:《德国民法通论》(上册),王晓晔、邵建东、程建英、徐国建、谢怀栻译,谢怀栻校,法律出版社2003年版,第293页。

它们在特定时间所处的特定海域来界定其归属。这样,称海洋渔业资源为无主物,未必符合1982年《联合国海洋法公约》关于国家对其专属经济区内的生物资源享有主权权利的规定(第56条第1款[a]),以及第61条、第62条、第63条的规定,未必适合现今各国的需要。其次,在养殖权场合,放养于养殖证指定水域里的水生动物本来就属于养殖权人,养殖权的作用在于养殖权人有资格使这些水生动物在该水域成长。换句话说,养殖权人不是基于养殖权取得放养的水生动物的所有权。由此看来,用物权取得权描述养殖权不合适。再次,用"这种权利并未完全使无主物归于权利人,因为此时无主物还是很不确定的,还不能完全受到支配"来描述中国的养殖权不适当,十分明显,就是用来定性捕捞权也不恰当,因为捕捞权行使的结果确定地使渔获物归属于捕捞权人,处于捕捞权人的完全支配之下;在捕捞权尚未行使之时,渔场内的水生动物确定地完全不归属于捕捞权人,不宜使用"并未完全""不能完全"等术语概括。最后,养殖权行使的结果没有改变养殖权人与其他人之间的法律关系,采用形成权定性养殖权不妥。捕捞权行使的结果虽然就渔获物的归属而言,意味着改变了捕捞权人与其他人之间的法律关系,就此而言,捕捞权具有形成权的属性。但是,对此不宜看得过重,因为用形成权定性捕捞权,只是注意到了捕捞权的一个方面的属性,没有反映出渔业主管部门与捕捞权人之间的许可和被许可、管理和被管理、捕捞资格及其尊重等性质,也未反映出捕捞权人与其他人之间排他性、优先性、不可侵害性的有无、强弱等属性。

(四)渔业权具有期限性

无论养殖证还是捕捞许可证都是有期限的,相应地,养殖权和捕捞权也均为有期的权利。《水域滩涂养殖发证登记办法》第18条第1款前段关于"水域滩涂养殖权期限届满"的规定,表明了水域滩涂养殖权的期限性。《渔业捕捞许可管理规定》第35条第1款关于"海洋渔业捕捞许可证和内陆渔业捕捞许可证的使用期限为5年。其他种类渔业捕捞许可证的使用期限根据实际需要确定,但最长不超过3年"的规定,明确了海洋渔业捕捞权和内陆渔业捕捞权的存续期限为5年,其他类型的捕捞权的存续期限最长不超过3年。

[引申]

财产权的存续期限短可导致昂贵的或不确定的续期,存续期限长久对权利人很有价值,因为这降低了延期的成本和减少了不确定性,并且能够激发长期的投资。① 就此看来,渔业权的存续期限长最佳。但联系总可捕量与渔民人数之间的比例关系,

---

① [新西兰]M.Harte and R.Bess,《财产权在新西兰海洋水产养殖业发展中的作用》,刘新山译,载农业部渔业局编:《国外渔业权制度研究资料》(一),2003年9月,第182页。

政府与渔民之间的利用分配关系,渔民缴纳税费的数额,以及其他相关因素,渔业权的存续期限不一定很长。究竟如何,取决于立法政策。各国和地区的立法政策不同,渔业权的存续期限就有长有短。

(五) 渔业权的客体具有特殊性

1. 渔业权的客体是一定的水域

渔业权是以水域为标的物的,该水域包括水体与此水域下的土地,水产生物资源为水域的一部分。① 在中国,作为捕捞权的客体,首先被限定于特定的渔场,其次才在该渔场内实际地占有一定水域。每个捕捞许可证都指定持有人在特定的渔场从事捕捞作业,否则,所谓捕捞行为被认定为违法。

2. 渔业权在其客体是否具有特定性方面呈现出特色

捕捞权的客体为一定的水域,在一般情况下有个大致范围,可以说具有特定性。但就操作性而言,事情就不如此简单,现在以在海洋作业的捕捞权为例加以说明。由于在海洋中无法有效地设置永久性的标志物,只能利用经纬度坐标连线作为判别的依据,这带来了复杂的查证手续,不仅成本增高,而且困难重重。事实上,一个渔场的范围是不定的,会随着海洋环境、鱼群的聚集程度、鱼类习性的变化而改变,有时会涵盖不同的渔业权人管辖的水域。② 这表明,如果按照严格的标准,在海洋作业的捕捞权的客体呈现出不确定性。

之所以强调渔业权的客体具有特定性,是因为这有利于确权,划清渔业权人与他人之间的权利义务的边界,渔业权人对于特定的水域具有相对意义的排他性占有、捕捞的权利。之所以指出渔业权客体具有不特定性的一面,是因为这有利于解决如下问题:当水域的因素受自然力作用而发生重大变化,致使渔业权的目的部分或全部落空时,渔业权人应有权请求变更乃至解除合同,不负违约责任;当水域的因素因他人实施污染等不法行为的影响而发生重大变化,致使渔业权的目的部分或全部落空时,渔业权人有权请求侵权行为人停止侵害、消除污染、恢复原状,若有损失,还有权请求赔偿。

(六) 渔业权在构成上具有复合性

养殖权的构成包括三方面的权利:其一是权利人占有一定水域并养殖水生动植物的权利;其二是该水体的使用权;其三是保持该特定水域里水生动植物生存、生长状态的权利,也就是保持该水生动植物所有权存续状态的权利。这三方面的权利共

---

① 陈俊佑:《专用渔业权管理制度之研究》,台湾海洋大学海洋法律研究所硕士学位论文(1994年),第46页。

② 同上书,第95页。

同构成一个完整的养殖权。前两种权利在民法上都有相应的权利类型,属于用益权。后一种权利在民法上尚无类似的权利类型,可以作为特别法上的权利看待。但这种观点及其思维方式的法理基础是什么,需要继续研究。

[引申]

对于此类特性,有学者向笔者提出诘问:典型物权包含占有权、使用权、收益权乃至处分权,其权利构成具有复合性;债权含有请求权、给付受领权、自力救济权和抵销等处分权,其权利构成也显现出复合性。因而,称渔业权的权利构成具有复合性为渔业权的特色,不能成立。对此,笔者的回答是,占有权、使用权、收益权乃至处分权,在典型物权中只是权能,并非独立的民事权利;请求权、给付受领权、自力救济权和处分权能,在债权中也仅仅是权能,同样不是独立的民事权利。与此不同,养殖权的场合,权利人占有一定水域并养殖水生动植物的权利则为一种独立的用益权,其自身即含有占有、使用和收益三项权能,类似于土地承包经营权;水体使用权也是一种独立的民事权利,其本身也含有占有、使用和收益三项权能,相当于矿业权中的地下使用权;至于保持该特定水域里水生动植物生存、生长状态的权利,虽然在民法上不易找到与此相似的民事权利,但可以作为特别法上的权利看待。可见,养殖权至少由两种独立的民事权利构成,不同于由权能构成的典型物权等民事权利。

捕捞权人对于仍然生活在水域里的水生动植物没有所有权,仅仅对于渔获物享有所有权,可以说,捕捞权系取得未来渔获物的所有权的权利,类似于取水权系取得水所有权的资格。虽然捕捞权的拥有本身不包含对水生动物的所有权,渔业经营者有效益地行使捕捞权才取得渔获物的所有权,但是,水质的恶化、水深的不足、水温的增高等会使鱼类资源减少乃至枯竭,使捕捞权的目的落空,因而捕捞权也应该含有保持该特定水域里水生动物生存、生长状态的权利,也就是保持该水生动物所有权存续状态的权利。除此而外,捕捞权人尚有占有一定水域捕捞水生动物的权利,一定水域的使用权。这三种权利共同构成一个完整的捕捞权。

对于捕捞权构成上的复合性,如同养殖权构成上的复合性,同样有学者提出了诘问。笔者仍然回应为,占有权、使用权、收益权乃至处分权,在典型物权中只是权能,并非独立的民事权利;请求权、给付受领权、自力救济权和处分权能,在债权中也仅仅是权能,同样不是独立的民事权利。与此不同,捕捞权的场合,权利人占有特定渔场从事捕捞作业的权利则为一种独立的用益权,其自身即含有占有、使用和收益三项权能,类似于土地承包经营权;水体使用权也是一种独立的民事权利,其本身也含有占有、使用和收益三项权能,相当于矿业权中的地下使用权;至于保持该特定渔场中水生动物生存、生长状态的权利,也就是保持该水生动物所有权存续状态的权利,虽然在民法上不易找到与此相似的民事权利,但可以作为特别法上的权利看待。可见,捕捞权至少由两种独立的民事权利构成，不同于由权能构成的典型物权等民事权利。

虽然矿业权与渔业权在权利构成上都具有复合性，但在其构成因素方面有所不同。在矿业权场合，存在着两方面的权利：(1)占有特定矿区或工作区，勘探(探矿权场合)、开采(采矿权场合)矿产资源；(2)特定矿区或工作区的地下使用权。①

(七) 渔业权是具有公权色彩的私权

现行法上的渔业权，没有入渔权，只有养殖权和捕捞权，还可以承认娱乐渔业权，从其取得的角度观察，确实有行政因素，其内核有渔业权人向渔业资源主管部门要求在特定水域从事养殖或捕捞的利益的元素，渔业权纠纷多由行政方式解决，就此可以说养殖权、捕捞权和娱乐渔业权具有公权的色彩；但是，养殖权、捕捞权、娱乐渔业权的基本面是权利人利用特定的水域从事渔业活动，并享有所产生的利益，以及就此形成的渔业权人与非渔业权人之间的关系，确实表现出私权的属性，且该属性处于核心和主导的地位。

三、渔业权的主体

关于养殖权的主体，在中国可以是全民所有制单位、集体所有制单位，也可以是个人(《渔业法》第10条、第11条)。按照民法原理，物权的主体分为自然人、法人、非法人组织，所有制性质在物权关系中不表现出来。把《渔业法》第10条和第11条所使用的称谓转换成民法术语，就是养殖权的主体可以是自然人、法人，也可以是非法人组织。

在自然人、法人、非法人组织均就同一水域(含滩涂)向渔业行政主管部门申请养殖证，而该水域不能并存多个养殖权的情况下，县级以上地方人民政府在核发养殖证时，应当优先安排当地的渔业生产者(《渔业法》第12条)。

养殖权的主体可以和承包经营权的主体重合，《渔业法》规定，集体所有的或全民所有由农业集体经济组织使用的水域、滩涂，可以由个人或集体承包，从事养殖生产(《渔业法》第11条第2款)。

准确些说，自然人、法人、非法人组织欲成为捕捞权的主体，首先必须具有行为能力，还须具有渔业船舶检验证书、渔业船舶登记证书，并符合国务院渔业行政主管部门规定的其他条件(《渔业法》第24条第1款)。县级以上地方人民政府渔业行政主管部门批准发放的捕捞许可证，应当与上级人民政府渔业行政主管部门下达的捕捞限额指标相适应(《渔业法》第24条第2款)。

《渔业法》第8条规定："外国人、外国渔业船舶进入中华人民共和国管辖水域，

---

① 崔建远、晓坤：《矿业权基本问题探讨》，载《法学研究》1998年第4期，第84页。

从事渔业生产或者渔业资源调查活动,必须经国务院有关主管部门批准,并遵守本法和中华人民共和国其他有关法律、法规的规定;同中华人民共和国订有条约、协定的,按照条约、协定办理"(第 1 款);"国家渔政渔港监督管理机构对外行使渔政渔港监督管理权"(第 2 款)。《渔业捕捞许可管理规定》规定,中华人民共和国的公民、法人和其他组织从事渔业捕捞活动,以及外国人在中华人民共和国管辖水域从事渔业捕捞活动,应当遵守本规定。中华人民共和国缔结的条约、协定另有规定的,按条约、协定执行(第 2 条)。外国渔船捕捞许可证,适用于许可外国船舶、外国人在中国管辖水域的捕捞作业(第 17 条第 6 项)。这表明,外国人可以是中国渔业法上的捕捞权人。

四、渔业权的取得

渔业权的取得有原始取得和继受取得之分。其中,继受取得包括基于渔业权转让合同而取得和以渔业行政主管机关许可设立渔业权(通过申请—审批—登记发证的程序取得渔业权)两种形态。按照《行政许可法》第 12 条第 2 项关于"有限自然资源开发利用、公共资源配置以及直接关系公共利益的特定行业的市场准入等,需要赋予特定权利的事项"的规定,依据《渔业法》第 11 条、第 23 条等条款的规定,养殖权、捕捞权这些渔业权的原始取得以获得行政许可为必要。

在养殖用海使用权的设定上,按照《海域使用管理法》第 16 条至第 20 条的规定,养殖用海使用权的设立,通过申请—审批—登记发证的程序固然可以,通过招标、拍卖的方式也予允许。

五、渔业权的内容

(一) 养殖权的内容

渔业权中的养殖权和捕捞权在内容上有所不同,为清楚起见,分别讨论。

1. 占有权

由使用特定水域养殖水生动植物这个养殖权的本质所决定,养殖权人占有特定水域、滩涂就成为养殖权必不可少的内容。在一般情况下,该占有是排他的,即养殖证所划定的特定水域全部归权利人占有,他人无权占有。但在养殖证授权数个渔业经营者在同一特定水域放养不同习性、吃不同食物的水生动物的情况下,其占有就成为共同占有,每个养殖权人所拥有的占有便无排他性。在养殖证把该特定水域纵向分割成若干层面,不同层面的水域成为不同养殖权的客体的情况下,就水面而言,是数个养殖权并存于同一特定水面,此类占有就不是排他的;就水体而言,在绝大多数时间内,每个养殖权人占有的水体部位不同,甲养殖权人占有的是水体的上层,乙养殖权人占有的是水体的底层,甲养殖权人无权占有水体的底层,乙养殖权人无权占有水体的上层,可以说此类占有仍具有排他性。①

2. 使用特定水域的权利

水生动植物一定生活在水域之中,故养殖权的行使自然表现为养殖权人使用特定的水域。在这里,所谓使用特定水域,要求具备若干因素:(1)生活其中的水生动植物须符合法律的要求;(2)使用特定水域的方式必须符合法律的要求;(3)使用须有时间上的连续性,停止使用达法定期限,则养殖权终止。

3. 捕捞权

此处所谓捕捞权只是养殖权中的一项权能,不同于作为一种独立权利的捕捞权。(1)因为该捕捞权只是一项权能,不是独立的权利,所以它随养殖权的产生而自然具有,无须单独申请、登记。(2)因为该捕捞权能只是养殖权的一项权能,所以,其作业方式不受《渔业法》关于捕捞权行使方式的规定的制约,可以由养殖权人自己决定,只要不恶化水质,影响他人的合法权益。(3)该捕捞权作为养殖权的一项权能,自然不得单独转让,只能依法随同养殖权一同转让。倘若是他人有权捕捞养殖权人所有的水生动物,要么是他已经受让了整个养殖权,要么是基于他与养殖权人签订的买卖该水域、滩涂所养水生动物的合同,捕捞本属于他所有的水生动物。②

4. 转让养殖权的权利

《渔业法》未明文禁止养殖权的转让,实务中因养殖权人承包的水面(含滩涂)转让、养殖权人转换职业、养殖权人丧失从事养殖业的能力等原因,需要转让养殖权,法律没有必要加以禁止。因为转让养殖权较终止养殖权而闲置水面、渔业行政主管部门收回养殖权再授予他人,更有效益。③ 有鉴于此,《水域滩涂养殖发证登记办法》明确规定了养殖权可以转让,只是必须符合条件和程序(第9条、第13条)。

按照《水域滩涂养殖发证登记办法》的规定,养殖权转让的情形包括将养殖权入股、转让、互换,以及养殖权分立、合并。对于将养殖权入股,不需要重新办理发证登记。对于采取转让、互换方式流转水域滩涂养殖权的,当事人可以要求重新办理发证登记。申请重新办理发证登记的,应当提交原养殖证和水域滩涂养殖权流转合同等相关证明材料(第13条)。依法转让国家所有水域、滩涂的养殖权的,应当持原养殖证,依照该登记办法的规定重新办理发证登记(第9条)。因转让、互换以外的其他方式导致水域滩涂养殖权分立、合并的,应当持原养殖证及相关证明材料,向原发证登

---

① 崔建远:《准物权研究》,法律出版社2003年版,第413-414页。
② 同上书,第415页。
③ 同上。

记机关重新办理发证登记(第13条)。

5. 养殖权人的义务

《渔业法》规定,养殖权人使用进口的水产苗种,须由国务院渔业行政主管部门或者省、自治区、直辖市人民政府渔业行政主管部门审批(第16条第2款)。养殖权人生产水产苗种,除非自用,应当由县级以上人民政府渔业行政主管部门审批(第16条第3款)。不得使用含有毒有害物质的饵料、饲料(第19条)。应当保护水域生态环境,科学确定养殖密度,合理投饵、施肥、使用药物,不得造成水域的环境污染(第20条)。

各种经济藻类和淡水食用水生植物,应当待其长成后方得采收,并注意留种、留株,合理轮采(《水产资源繁殖保护条例》第5条第2款)。

养殖权人负有继续性养殖的义务,无正当理由使水域(含滩涂)荒芜满1年的,又违反发放养殖证的机关关于限期开发利用水域从事养殖业的指令,逾期未开发利用的,会被吊销养殖证,即养殖权消灭;同时可能承担10000元以下的罚款(《渔业法》第40条第1款)。

(二) 捕捞权的内容

1. 占有权

从事捕捞作业,必须占有一定水域。当然,该水域必须是捕捞许可证上指定渔场的水域。

2. 在特定渔场从事捕捞作业的权利

捕捞权的核心在于权利人在捕捞许可证上指定的渔场从事捕捞作业。只要捕捞权人按照捕捞许可证上关于作业类型、场所、时限、渔具数量和捕捞限额的规定进行作业,就受到法律的完全保护。[①]

从事捕捞作业而有渔获物,并取得其所有权。该所有权的取得根据,从形式上看是渔业权人的捕捞行为,但实质根据在于捕捞权,就是说,捕捞权是以取得渔获物所有权为内容的权利。不这样理解,就难以解释产品系工人制造的,但该产品所有权却不归他们享有;渔获物系渔业权人所雇用的人捕捞的,但渔获物的所有权却归渔业权人享有。[②]

3. 对抗他人的权利

捕捞权为准物权,具有对世的效力,故捕捞权人对于他人的一切不法干预,例如无根据地禁止正常的捕捞活动、妨碍捕捞作业等,均有对抗的权利。[③]

[①②] 崔建远:《准物权研究》,法律出版社2003年版,第416页。

[③] 同上书,第417页。

4. 请求损害赔偿的权利

他人不法侵害捕捞权人的人身、财产并造成损害的,捕捞权人都有权请求损害赔偿。

5. 捕捞权人的义务

从事捕捞作业,必须按照捕捞许可证关于作业类型、场所、时限、渔具数量和捕捞限额的规定进行,并遵守国家有关保护渔业资源的规定,大中型渔船应当填写渔捞日志(《渔业法》第 25 条)。违反此类义务的,会被没收渔获物和违法所得,并可被处以 50000 元以下罚款;情节严重的,还可被没收渔具,吊销捕捞许可证(《渔业法》第 42 条)。①

其中,超过捕捞许可证上规定的限额进行捕捞,若无限制地继续下去,就构成超额捕捞或曰溢捕(over fishing)。对于其他任何一位捕捞权人而言,超额捕捞就意味着将降低其每单位劳力期待的渔获利益;对于整个渔业资源来说,可能导致某些特定鱼种消失殆尽。② 所以,超额捕捞者应承担相应的法律责任。③

水生动物的可捕标准,应当以达到性成熟为原则。对各种捕捞对象应当规定具体的可捕标准(长度或重量)和渔获物中小于可捕标准部分的最大比重。捕捞时应当保留足够数量的亲体,使资源能够稳定增长(《水产资源繁殖保护条例》第 5 条第 1 款)。

不得使用炸鱼、毒鱼、电鱼等破坏渔业资源的方法进行捕捞。不得在禁渔期、禁渔区进行捕捞。不得使用小于最小网目尺寸的网具进行捕捞。捕捞的渔获物中幼鱼不得超过规定的比例(《渔业法》第 30 条)。

不得捕捞有重要经济价值的水生动物苗种(《渔业法》第 31 条)。不得捕杀、伤害国家重点保护的水生野生动物(《渔业法》第 37 条)。

不得买卖、出租和以其他形式转让捕捞许可证,不得涂改、伪造、变造(《渔业法》第 23 条第 3 款)。

对于跨界鱼类和高度洄游鱼类需要保护,现在已经通过了《执行 1982 年 12 月 10 日〈联合国海洋法公约〉有关养护和管理跨界鱼类种群和高度洄游鱼类种群的规定的协议》(中国台湾地区学者又译《联合国跨界鱼类和高度洄游鱼类养护和管理公约》),捕捞权人必须遵守。依据该公约规定,捕捞权人若使用了禁用渔具,在禁渔区和禁渔期从事捕捞作业,属于严重违规(serious violation),任何国家均可登船检查,予

---

① 崔建远:《准物权研究》,法律出版社 2003 年版,第 417 页。
②③ 陈荔彤:《国际渔业法律制度之研究》,载《中兴法学》第 43 卷,1997 年 12 月,第 233 页。

以处分。①

六、渔业权的物权效力

渔业权作为准物权,具有物权效力符合逻辑,同时又表现出特殊性。

(一) 渔业权的排他效力

所谓渔业权的排他效力,包含两方面的内容:一是指在同一特定水域不得同时存在两个或两个以上的渔业权,二是指在同一特定水域只能存在一个渔业权,不得同时存在水权等用益物权。

1. 同一特定水域不得同时存在两个或两个以上的渔业权

基于养殖的自然物理性质,数个养殖权不得同时并存于同一特定水域,除非实行区分养殖权制度,或养殖证授权数个渔业经营者在同一特定水域放养不同习性、吃不同食物的水生动物。捕捞权的情况比较复杂,需要具体分析。在中国,由于不存在专用渔业权、特定区划渔业权或共同渔业权作为中间环节,在近海、公海乃至他国水域捕捞,可以允许数个捕捞权同时存在于同一渔场,这些捕捞权之间不具有排他性。在这点上,捕捞权确实不同于典型的用益物权。例如,在中国管辖的北部湾渔场,就既有广西壮族自治区、广东省的渔船从事捕捞作业,又有海南省的渔船从事捕捞活动。每条渔船的作业海域可能重叠,在这些渔业权之间的关系上,不宜用排他性予以描述。但这些捕捞权与存在于其他渔场的渔业权之间,则是相互排斥的。

2. 在同一特定水域只能存在一个渔业权,不得并存着水权等用益物权

划定航道,涉及水产养殖区的,航道主管部门应当征求渔业行政主管部门的意见(《内河交通安全管理条例》第 27 条第 2 款前段)。如果渔业行政主管部门基于正当理由不同意,就表明渔业权排斥航运水权。

在渔业权与排污权之间的关系上,原则上排污不得侵害渔业权。例如,海洋石油钻井船、钻井平台和采油平台不得向海域处置含油的工业垃圾。处置其他工业垃圾不得造成海洋环境污染(《海洋环境保护法》第 52 条)。在重要渔业水域不得新建排污口(《海洋环境保护法》第 30 条第 3 款)。向海域排放含热废水,应当采取有效措施,保证邻近的渔业水域的水温符合国家标准,避免热污染对水产资源的危害(《海洋环境保护法》第 36 条)。《水污染防治法》也规定了排污不得侵害渔业权的内容(第 75 条、第 94 条第 3 款)。②

---

① 陈荔彤:《国际渔业法律制度之研究》,载《中兴法学》第 43 卷,1997 年 12 月,第 280 页。
② 崔建远:《准物权研究》,法律出版社 2003 年版,第 420 页。

(二) 渔业权的优先效力

1. 渔业权在法律效力上优先于债权

某特定水域本来存在着租赁权,当该水域成为渔业权的客体时,该渔业权的效力优先于租赁权。如果租赁权因此而归于消灭,在采取物权的排他效力、物权的优先效力、物权的追及效力和物权请求权的所谓物权的"四效力说"的背景下,从严格的意义上可以说,这是渔业权排他效力的体现。①

2. 渔业权在法律效力上优先于水资源所有权

水资源所有权虽然是渔业权产生的母权,但在特定水域的利用方面,渔业权优先于水资源所有权,水资源所有权人不得妨碍渔业权的行使;取得所捕捞水生动物的所有权,属于捕捞权的效力,水资源所有权不发挥作用。否则,渔业权就没有存在的价值。

3. 渔业权在法律效力上优先于其他用益物权

有时渔业权与水权虽然可以并存于同一水域,但渔业权优先受到保护。例如,任何单位和个人在鱼、虾、蟹、贝幼苗的重点产区直接引水、用水的,应当采取避开幼苗的密集期、密集区,或设置网栅等保护措施(《渔业法实施细则》第 26 条)。

4. 渔业权相互之间的优先效力

此处所谓渔业权相互之间的优先效力,仅指并存于同一特定水域的数个渔业权之间的效力顺序,不包括数个渔业经营者申请某一特定水域的渔业权,渔业主管部门只批准其中一人取得渔业权的情况。因为在采取"四效力说"的背景下,从严格的意义上,按照物权排他性的一般原理,这种情况属于渔业权排他性的范畴。但在采取物权的优先效力和物权请求权的所谓物权"二效力说"的背景下,将上述现象归入优先效力之中,也有其道理。据此,所谓渔业权的优先性,指在同一水域上存有两种以上的渔业权时,先成立的渔业权较后成立的渔业权为优先,所以渔政主管部门应撤销后成立渔业权的核准,②这种情况只有在采纳"二效力说"场合才能成立,在采纳"四效力说"的情况下,则值得商榷。

(三) 渔业权的追及效力

关于物权的追及效力与物权请求权之间的关系,见仁见智。笔者持两者均有独立存在的价值,虽然相互有交叉,但并非完全重合的观点;赞同在渔业权场合,物权的追及效力基本上不表现为渔业权返还请求权的观点,但不同意妨害预防请求权(消除

---

① 崔建远:《准物权研究》,法律出版社 2003 年版,第 420 页。
② 欧庆贤、陈美宇:《渔业权制度》,载《中国水产》第 487 期,1993 年 7 月,第 48 页;陈俊佑:《专用渔业权管理制度之研究》,台湾海洋大学海洋法律研究所硕士学位论文(1994 年),第 47 页。

危险请求权)为渔业权追及效力的一种表现的意见,因为这种情况不符合物权追及效力的定义。较为详细些说,由于渔业权不是对水生动植物的所有权,渔业权所作用的水域被他人不法占用,渔业权人请求该侵权行为人离开该水域,消除该人对渔业权行使的妨害,属于渔业权的追及效力范畴;但如果是该水域中的水生动植物被他人侵占,则无渔业权追及效力发挥作用的余地。这若发生在养殖权场合,渔业经营者系基于其水生动植物的所有权,而非渔业权,请求侵占水生动植物者予以返还。这若发生在捕捞权场合,水生动植物不属于渔业权人所有,在它们被盗捕之后,因其脱离开捕捞权所作用的水域,它们不再是渔业权的客体,渔业权的效力不及于它们。渔业权的效力所及,只是当他人不法侵占渔业权所作用的水域时,渔业权人才有权将不法侵占人驱逐出该特定水域。从物上请求权的角度观察,这类权利属于排除妨害请求权及其行使;在物权的追及效力的层面衡量,则为追及效力的表现。对此,有学者基于"准物权为水域之'利用权'而非为水域之'直接支配权'"的观点,加以论证:"由于渔业权不具有物的直接支配权利,所以就不必去考虑物的返还请求权,因此实质上渔业权在物上请求权上,仅有妨害排除请求权及妨害预防请求权而已。"①这在总体上同本书的观点殊途同归,但其中的妨害预防请求权不宜被归入物权的追及效力的范畴,因为妨害预防请求权(消除危险请求权)针对的是可能在将来损害物权及准物权的"危险",其行使与追及效力的含义不符。②

(四)渔业权的请求权

1. 物的返还请求权

渔业权不是对水生动植物的所有权,所以,渔业权所作用水域中的水生动植物被他人侵占,无渔业权返还请求权发挥作用的余地。在养殖权场合,渔业经营者系基于其水生动植物的所有权,而非渔业权,请求侵占水生动植物者予以返还。在捕捞权场合,水生动植物不属于渔业权人所有,在它们被盗捕之后,因其脱离开捕捞权所作用的水域,它们不再是渔业权的客体,渔业权的效力不及于它们。渔业权的效力所及,只是当他人不法侵占渔业权所作用的水域时,渔业权人才有权主张其渔业权,将不法侵占人驱逐出该特定水域。但这种权利与其说是物的返还请求权,倒不如认为属于排除妨害请求权,更为贴切。③

2. 排除妨害请求权

当存有妨害渔业权行使的障碍时,渔业权人可以直接主张也可以通过诉讼主张,

---

① 欧庆贤、陈美宇:《渔业权制度》,载《中国水产》第487期,1993年7月,第48-49页。
② 崔建远:《准物权研究》,法律出版社2003年版,第173-174页、第421-422页。
③ 同上书,第422页。

请求不法妨碍渔业权行使之人将该妨害排除。该物权请求权主要适用于他人不法在养殖证、捕捞许可证所划定的水域及其周围设置障碍物,影响乃至阻止渔业权人从事养殖或捕捞作业等场合。①

3. 消除危险请求权

当存有污染水域、堤坝将要决口等致渔业权损害的现实危险时,渔业权人可以直接也可以通过诉讼向危险责任者主张消除该危险。该物权请求权主要适用于水域污染将导致水生动植物死亡或不正常生长、堤坝行将决口会导致所养水生动物逃逸、水下爆破等作业致使水生动物死亡或逃逸等,最终使渔业权遭受损害的场合。②

当渔业权人从事养殖或捕捞的设施遭受不法损害时,渔业权人可以直接或通过诉讼请求侵权行为人予以修复。

---

① 崔建远:《准物权研究》,法律出版社 2003 年版,第 422 页。
② 同上书,第 422-423 页。

第十八章　担保物权总论

第一节　担保物权概述

一、担保物权的概念

担保物权,是以债务人或其他人的特定财产作为清偿债务的标的,在债务人不履行其债务时,债权人可以将该财产换价,并从中优先受清偿,使其债权得以实现的定限物权(《民法典》第386条)。其方式主要有抵押权、质权、留置权优先权以及新型的物的担保方式。这里所说的财产,叫作担保物,或称担保财产,为特定的物或特定的权利。担保物的特定,大多在担保物权设立之时即有此要求,但在浮动抵押权场合是抵押权实行时将抵押物特定化。此处所谓债权人,为担保权人。以其财产作为清偿债务的标的之人,无论是债务人还是第三人,都叫作担保人。

担保物权除了具有物权的一般属性外,还具有以下法律特征:

1. 担保物权以确保债权的实现为目的

担保物权是以确实优先支配担保物的交换价值为内容,以确保债权实现为目的的定限物权。学说称之为价值权。担保物权不重在对担保物的直接支配,而重在对担保物的交换价值的直接支配。[①] 这是它与用益物权的重要区别之一。

2. 担保物权具有从属性

这里的从属性,是指担保物权从属于债权而存在,以债权的存在或将来存在为前提,随着债权的消灭而消灭,一般也随着债权的变更而变更,优先受偿的范围以担保物权实现时存在的被担保债权为限。此外,从属性还表现在担保合同从属于主债权债务合同。对此,《民法典》第388条第1款规定:"设立担保物权,应当依照本法和其他法律的规定订立担保合同。担保合同包括抵押合同、质押合同和其他具有担保功能的合同。担保合同是主债权债务合同的从合同。主债权债务合同无效的,担保合同无效,但是法律另有规定的除外。"

[①] 参见[德]鲍尔/施蒂尔纳:《德国物权法》(下册),申卫星、王洪亮译,法律出版社2006年版,第6页;谢在全:《民法物权论》(中册),三民书局2003年修订2版,第343页、第345页。

《民法典》第388条第1款前段规定的担保物权基于担保合同而设立,仍属引致性(管道性)的,引向《民法典》第209条第1款、第214条、第216条、第400条、第403条、第404条、第427条、第429条、第441条以下等规定,以及《海商法》等单行法上的有关规定。这些规定确立了两大设立模式,一是担保物权自担保合同生效时设立,如《民法典》第403条等条款规定的模式;二是担保物权自登记时设立,如《民法典》第402条等条款规定的模式。

《民法典》第388条所谓担保合同,受该条规范意旨的限制,一方面应作限缩解释,其为设立担保物权的合同,不包括保证合同、定金合同、押金合同及保证金合同等;另一方面须注意其列举担保合同类型的潜台词,尤其是所谓其他具有担保功能的合同,包括所有权保留合同、融资租赁合同、保理①、让与担保合同甚至于设立特定账号合同等。这些合同都可使某特定债权优先于普通债权受偿。这在实效上类似于抵押、质押等,故有必要承认让与担保等法律措施具有担保效力。

其实,担保物权的设立,有些不是源自担保合同,而是基于法律的直接规定。例如,《民法典》第447条以下设置的留置权,第397条第2款规定的"抵押人未依照前款规定一并抵押的,未抵押的财产视为一并抵押",第807条规定的建设工程款债权优先受偿权,都是基于法律的直接规定,而非当事人的约定。看来,《民法典》第388条第1款前段表述得不周延,"设立担保物权,应当依照本法和其他法律的规定订立担保合同"之后应当增加"或者直接基于法律的规定"之类的短语。

《民法典》第388条第1款中段明确规定"担保合同是主债权债务合同的从合同。"对由此确立的担保合同的从属性可有如下解读:

(1) 主债权债务合同,简称为主债合同,如价款合同、买卖合同、承揽合同等均属此类。此类主债合同引发债权债务,担保物权,即担保其中的债权实现、债务清偿。

(2) 担保合同,如抵押合同、质押合同、让与担保合同等。它们从属于主债合同。这种从属性最为典型的表现是,先有诸如借款、买卖等主债合同,后有担保合同。不过,先有担保合同,其后订立主债合同,且有效,也应认可这不违反从属性。但是,如果其后订立的主债合同不成立、无效,即使担保合同本身符合有效要件,也得归于消灭。

(3) 时至今日,有越来越多的专家学者辨析,担保权的从属性,着眼于担保合同从属于主债合同,弱点明显,应当立足于担保权从属于被担保债权。

---

① 王晨:《关于〈中华人民共和国民法典(草案)〉的说明》,http://paper.people.com.cn/rmrb/html/2020-05/23/nw.D110000renmrb_20200523_1-07.htm。2020年5月31日最后访问;关于其他具有担保功能的合同,包括所有权保留合同、融资租赁合同和保理合同,是清华大学法学院副教授龙俊博士提供的意见。特此致谢!

需要注意《民法典》第388条第1款后段但书"但是法律另有规定的除外",认可担保合同的从属性可因法律的规定而被排除。例如,《民法典》第420条以下规范的最高额抵押权及其合同存在着不适用该条第1款后段正文的情形。最高额抵押权所担保的,是一定期间内将要连续发生的债权,最高额抵押权并不是从属于其中某个债权的担保物权;从法律行为的层面看,就是最高额抵押合同并不从属于最高额内发生的每一个产生被担保债权的合同,如果某个债权因产生它的合同无效而不复存在,最高额抵押合同和最高额抵押权并不因此归于消灭。再如,《担保制度解释》第2条第2款和《独立保函法解释》承认独立保函的法律效力。

担保合同无效,只是不依据当事人的意思发生担保的效力,并非不发生任何效果,《民法典》第388条第2款规定成立民事责任,且由有过错的债务人、担保人、债权人依其过错程度分担。这与《民法典》第157条后段的规定相呼应。《担保制度解释》第7条予以落实,并更加具体化。

《民法典》第388条第2款的文义和规范意旨都显示,于此场合贯彻的是过错责任原则,只有有过错的当事人才有义务分担责任,无过错者无义务分担。此其一。此处所谓过错,是对担保合同无效具有过错,假如虽有过错,但不是发生在酿成或促成担保合同无效的阶段,如隐瞒了亏损的事实,或故意不履行主债务,也不承担该条第2款规定的民事责任。此其二。此处分担民事责任,有无必要进一步细化?回答应是肯定的。我们务必重视《担保制度解释》第17条第1款关于"主合同有效而第三人提供的担保合同无效,人民法院应当区分不同情形确定担保人的赔偿责任:(一)债权人与担保人均有过错的,担保人承担的赔偿责任不应超过债务人不能清偿部分的二分之一;(二)担保人有过错而债权人无过错的,担保人对债务人不能清偿的部分承担赔偿责任;(三)债权人有过错而担保人无过错的,担保人不承担赔偿责任"(第1款)的规定。以及"主合同无效导致第三人提供的担保合同无效,担保人无过错的,不承担赔偿责任;担保人有过错的,其承担的赔偿责任不应超过债务人不能清偿部分的三分之一"(第2款)的规定。

[引申]

1. 应该看到,对从属性的理解和要求,存在着严格和宽松之分。中国以往关于担保的著述严格要求先有主债存在,后有担保产生。绝对贯彻这一观点,就排斥了为将来存在的债权设定担保的情况。《民法典》已经明确规定了最高额抵押(第420条至第424条),允许为将来存在的债权预先设定保证或抵押权,这显然是从宽把握担保物权的从属性的。在这方面,相当的立法例均持宽松的态度,如《德国民法典》第1113条第2项规定,被担保债权可以是将来债权或附条件债权。

2. 法[2019]254号第55条规定:"担保人承担的担保责任范围不应当大于主债

务,是担保从属性的必然要求。当事人约定的担保责任的范围大于主债务的,如针对担保责任约定专门的违约责任、担保责任的数额高于主债务、担保责任约定的利息高于主债务利息、担保责任的履行期先于主债务履行期届满,等等,均应当认定大于主债务部分的约定无效,从而使担保责任缩减至主债务的范围"(第55条)。《担保制度解释》第3条第1款后段规定:"当事人对担保责任的承担约定专门的违约责任,或者约定的担保责任范围超出债务人应当承担的责任范围,担保人主张仅在债务人应当承担的责任范围内承担责任的,人民法院应予支持。"

评论以上规定妥当与否时,有必要综合考量以下因素:(1)担保制度旨在保障债权人对于主债务人的债权切实实现,不具有放大该债权的范围的规范意旨,无使债权人获得"不当得利"之意。在这层意思上,债权人不应因担保的设立而取得超出该债权正常实现时所获清偿的数额。(2)担保人所负债务,系为主债务人与债权人之间的事务所承受的负担,而非为自己事务所必须为之的给付。由此决定,担保人的负担范围和强度不应超出主债务人的债务范围和强度。(3)担保人实际承担担保责任之后,有权向主债务人追偿,从主债务人的角度看,是自己责任原则的一种迂回体现,同时决定了担保人追偿的范围应限于主债务人自己清偿时的负担总额。(4)担保人与债权人之间形成担保关系,在该关系之内债的相对性起着重要的作用,自己责任原则也不退出舞台,债权人对其不当行为向担保人负责,担保人对其不当行为向债权人负责。(5)债权人、主债务人和担保人之间的关系虽然牵连紧密,相互间确有影响,但仍然无法也不应该完全挣脱债的相对性的锁链,不得混淆不同的法律关系。

如果重视以上五点考虑因素,那么,法〔2019〕254号第55条关于"当事人约定的担保责任的范围大于主债务的,如针对……担保责任的数额高于主债务、担保责任约定的利息高于主债务利息、担保责任的履行期先于主债务履行期届满,等等,均应当认定大于主债务部分的约定无效"的规定,符合法理,值得赞同。但是,《担保制度解释》第3条的规定,则应予反思,这是没有厘清法律关系、错用担保从属性的表现。稍微展开来说,其一,为确保担保责任的切实履行,对不履行担保责任的行为约定违约责任条款,诸如违约金条款、违约损害赔偿的计算方法条款,它们不是直接从属于被担保债权合同的,而是从属于担保合同的。抽象地说,后一个从属性不必然与前一个从属性挂钩,究竟挂钩不挂钩,需要结合其他因素,综合考虑,才可下结论。具体到此处,担保人不履行担保债务,构成独立于主债务人违约的一个违约行为,该违约行为给债权人造成了独立于主债务人违约所致损失的另外的损失,担保人对其不当行为应当独自承担不利后果。该不利后果包括支付违约金、赔偿损失等形态。就此说来,针对担保人不承担担保责任而约定违约责任,符合逻辑。其二,《担保制度解释》第3条第1款对担保合同约定的超出债务人应负责任范围的担保责任,不认可其法律效力,未赋予其强制执行力。不认可法律效力,接近于法定无效。违约责任条款作为合同条款的一种,其有效、生效、无强制执行力、无效宜由《民法典》等法律、行政法规来设计,司法解释可否抛开法律、行政法规而创设此类制度,需要深思。至于法定无效,即担保合同约定的担保人所负违约责任的条款无效,在法律未规定特别的无效原因的背景下,其无效应与其他合同条款无效在确定标准上同等对待。在该违约责任条款不存在《民法典》第146条第1款、第153条、第154条等条款规定的无效原因的情况下,司法解释不得径直规定《民法典》未设计的无效原因。总之,《担保制度解释》第3条第1款的规定存在瑕疵。其三,正因为"其一"的法理,所以,在担保人向债权人承担了超出债务人应负责任范围的违约责任之后,就超出部分无权向主债务人追偿,因为这是担保人对自己的行为负责,而非对主债务人的行为承担担保责任的救济措施。一句话,《担保制度解释》第3条第2款的规定具有正当性,可资赞同。①

[探讨]

Ⅰ. 担保应与被担保债权相匹配

债的担保,一定要有特定的被担保债权,而不得是虚无缥缈的债权,更不得是根本就没有被担保的债权。即使是最高额抵押、最高额保证,也有特定的被担保债权,只不过该特定债权要由特定期间和特定数额加以确定,而非担保合同成立之时确定罢了。明确并坚持这一点,下面的问题就不难解决。

(1) 甲公司作为出卖人和乙公司作为买受人于2016年8月7日签订《钢材购销合同》,约定乙公司应于2016年12月1日向甲公司付清货款人民币1680万元。甲公司与丙公司于2016年8月16人签订《保证合同》,约定丙公司须为乙公司向甲公司依约付款人民币1680万元承担连带保证责任。

其后,在甲公司请求丙公司承担连带保证责任的诉讼中,丙公司举证证明甲公司和乙公司之间的《钢材购销合同》是双方通谋的虚伪表示,它们之间真实的合意是民间借贷。在丙公司举证成功的前提下,丙公司还有义务向甲公司承担保证责任吗?回答应是否定的,理由如下:A.按照《民法总则》第146条第1款的规定,案涉《钢材购销合同》应当无效。根据《担保法》第5条第1款前段关于"担保合同是主合同的从合同,主合同无效,担保合同无效"的规定,案涉《钢材购销合同》无效,系争《保证合同》也无效。如果丙公司不能举证证明自己对《保证合同》无效无过错,则依据《担保法》第5条第2款的规定,丙公司应当就其过错负责;基于《担保法解释》第8条后段的规

---

① 在2020年11月28日由"担保制度新发展及其法律规制研究"课题组与最高人民法院民二庭主办的"最高人民法院关于适用《中华人民共和国民法典》担保制度的解释(征求意见稿)"研讨会上,华东政法大学副教授姚明斌博士指出,规定违约金条款无效没有法律依据,承认违约金条款的效力但不允许担保人就此项付出向主债务人追偿,更为合理。在此致谢姚明斌博士!

定,丙公司承担不超过乙公司不能清偿部分的三分之一的赔偿责任。如果丙公司能够举证证明自己对于系争《保证合同》无效无过错,则依据《担保法解释》第8条前段的规定,丙公司不承担责任。B.案涉《钢材购销合同》无效,该合同项下的债权便不存在,这意味着系争《保证合同》缺乏标的物。按照标的为合同成立要件之一的观点,系争《保证合同》不成立。该合同不成立,丙公司自然无保证责任可言。

反对上述观点者质问:甲公司和乙公司之间不是成立了民间借贷合同吗? 系争《保证合同》应当担保民间借贷合同项下乙公司还本付息的债务。笔者不赞同这种逻辑和观点,因为甲公司和丙公司成立系争《保证合同》的意思表示十分明确,丙公司担保的债权是案涉《钢材购销合同》项下的付清钢材价款的债权,而非民间借贷合同项下的还本付息的债权。按照意思自治原则,法律应当尊重和支持甲公司和丙公司之间的这种合意。

(2) 合同编号为 HETO110380000201700268 的《委托贷款合同》,约定出借人甲公司于 2017 年 9 月 13 日向借款人乙公司出借人民币 3000 万元,乙公司于 2018 年 9 月 10 日还本付息。该合同落款的签署日期为 2017 年 9 月 13 日。丙公司和甲公司签订《保证合同》,约定丙公司为甲公司和乙公司于 2017 年 9 月 7 日签订的合同编号为 HETO110380000201700268 的《委托贷款合同》项下的还本付息债权提供担保。其后,借款人乙公司未依约偿付借款本息,甲公司起诉乙公司和丙公司,请求乙公司还本付息,请求丙公司承担保证责任。乙公司承认已经收到人民币 3000 万元的借款。丙公司抗辩道:系争《保证合同》担保的是甲公司和乙公司于 2017 年 9 月 7 日签订的合同编号为 HETO110380000201700268 的《委托贷款合同》项下的还本付息债权,但甲公司所举证据系争《委托贷款合同》的落款签署日期为 2017 年 9 月 13 日,而非 2017 年 9 月 7 日。就是说,系争《保证合同》担保的主合同不存在,担保的主债权不存在,故本保证人拒绝承担保证责任。

在笔者看来,鉴于系争《保证合同》所描述的主合同编号与甲公司所举证据上的编号一致,甲公司在诉讼过程中又提供了合同编号和签署日期与系争《保证合同》所描述的信息一致的另一份《委托贷款合同》文本,只要借款人乙公司未能举证推翻其收到的人民币 3000 万元的款项系出借人甲公司所付,未能举证证明甲公司与其尚有其他债权债务关系,就可以认定该人民币 3000 万元的借款源自合同编号为 HETO110380000201700268 的《委托贷款合同》的履行,尽管甲公司所举《委托贷款合同》的落款签署日期不是 2017 年 9 月 13 日。就是说,在这种情况下对于保证担保与被担保债权应相匹配的要求稍微宽松一些。于此处采取宽松的态度,还有一个重要的理由是,合同担保不是担保主合同,而是担保主合同项下的债权能够得以实现。既然如此,当有证据所定被担保债权时,主合同文本在证据法上即使有些瑕疵,也就不那么重要了。当然,假如乙公司能够举证证明甲公司与其存有多项债的关系,案涉3000万元人民币究为哪份合同项下的借款不确定,则结论可能会有不同,即应重视丙公司的抗辩,除非甲公司加强其证据证明力。

Ⅱ. 旧贷、新贷与担保

金融机构出于自身利益的考虑,时常采取以新贷还旧贷的方式平衡账目,这牵涉到既存的担保是否为新贷的担保时,法[2019]254号奉行的立场是:(1)事人之间有约定的,依其约定。(2)当事人之间无约定的,将新贷用于归还旧贷,旧贷因清偿而消灭,为旧贷设立的担保物权也随之消灭。贷款人以旧贷上的担保物权尚未进行涂销登记为由,主张对新贷行使担保物权的,人民法院不予支持(第57条)。《担保制度解释》没有完全承继法[2019]254号的上述规定,受《担保法解释》第39条的影响颇大,区分新贷与旧贷的担保人是否同一而有不同的规则:新贷与旧贷系同一担保人的,债权人请求担保人承担担保责任,人民法院应予支持;新贷与旧贷系不同担保人,或者旧贷无担保新贷有担保的,债权人请求新贷的担保人承担担保责任的,人民法院不予支持,但是债权人有证据证明担保人提供担保时对以新贷偿还旧贷的事实知道或者应当知道的除外(第16条第1款)。物的担保人在登记尚未注销的情形下愿意继续为新贷提供担保,但在订立新的贷款合同前又以该担保财产为其他债权人设定担保物权,其他债权人主张其担保物权顺位优先于新贷债权人的,人民法院不予支持(第16条第2款)。

在笔者看来,法[2019]254号第57条的规定符合意思自治原则、担保权为从权利的基本属性,逻辑谨严,利益衡量妥当,值得赞同。《担保制度解释》第16条的规定存在如下问题,需要澄清甚至应予反思:(1)所谓新贷与旧贷系同一担保人,应指担保人已经同意充任新贷的担保人的情形,或是担保人与债权人达成了担保新贷的合意,或是担保人已经单方表示担保新贷,或是旧贷合同载有在以新贷还旧贷的场合担保人仍为新贷提供担保。否则,不得谓新贷与旧贷系同一担保人。(2)在此前提下,即担保人确实是新贷的担保人时,担保人以其对以新贷偿还旧贷的事实不知道并且不应当知道为由主张不承担担保责任的,不应得到支持。如果不存在担保人仍为新贷提供担保的意思表示,则担保人以其对以新贷偿还旧贷的事实不知道并且不应当知道为由主张不承担担保责任的,应当得到支持。(3)问题的关键在于,担保人仍为新贷的担保人取决于设立担保的合同或担保人的单独行为已经有效成立(有时加上登记,有时加上交付),不取决于担保人对以新贷偿还旧贷的事实知道还是不知道,不取决于担保人对以新贷偿还旧贷的事实应当知道还是不应当知道。《担保制度解释》第16条第1款引入担保人知道、应当知道的因素来认定担保人是否承担担保责任,除了增添困惑以外,似无积极价值。(4)旧贷附有物的担保(包括担保的意思表示加上相应的登记),该担保移至新贷的意思表示和相应的登记已经具备,或者既有的担保登记在外观上显示出新贷附有该担保,或者就新贷虽无担保的意思表示但既有的担保登记在外观上显示出新贷附有该担保,在这些情况下,《担保制度解释》第16条第2款所谓担保人"在订立新的贷款合同前又以该担保财产为其他债权人设定担保物权,其他债权人主张其担保物权顺位优先于新贷债权人的,人民法院不予支持",才可成立。(5)与此不同,如果担保登记在外观上显示出旧贷附有担保,新贷没有担保,担保人在订立新的贷款合同前又以该担保财产为其他债权人设定担保物权,其他债权人主张其担保物权顺位优先于新贷债权人的,应当适用或类推适用《民法典》第414条第1项关于"抵押权已经登记的,按照登记的时间先后确定清偿顺序"的规定,新贷的债权人无力对抗其他债权人关于担保物权顺位的主张。就是说,在这点上,《担保制度解释》第16条第2款违反《民法典》第414条的规定,违反《民法典》第214条所示不动产物权的变动自记载于不动产登记簿时发生效力的物权法原则。(6)在担保人和贷款债权人之间,旧贷附有的担保是否移至新贷,取决于有无此种意思表示,若有,即使新贷的担保登记没有办理,新贷债权人可以请求担保人办理;若无,即使新贷的担保登记已经办理,只要担保人不承认为新贷担保,也有权请求注销担保登记。《担保制度解释》第16条忽略了这些规则及理论,应予反思。(7)据说,《担保法解释》第39条和《担保制度解释》第16条的设计出发点是:担保登记在外观上往往识别不出被担保债权是旧贷还是新贷,无需变更登记即认定新贷附有担保(旧贷附有的担保移至此债上)可节约成本;特别是若强求新贷的担保必须重新办理登记,则会出现担保人乘旧贷担保登记注销之际以该担保财产为其他债权人办理担保登记,使新贷债权人的担保权顺位在后,遭受损失。为避免这种局面出现,特设《担保法解释》第39条和《担保制度解释》第16条。其实,新贷债权人令担保人出具不为其他债权人设立顺位在先的担保权的承诺书,并将之提供给登记机构,附在登记簿的相应簿页,或其他措施,也能达到目的。这样,既维护了物权法的基本制度及原理,又合理地保护了新贷债权人的权益,何乐而不为? 就是说,《担保法解释》第39条和《担保制度解释》第16条未采上策。

3. 担保物权具有不可分性

被担保债权于债务履行期届满时未受全部清偿的场合,担保权人可以就担保物的全部行使权利。这体现出了担保物权的不可分性。申言之,被担保债权即使经过分割、部分清偿或消灭,担保物权仍为了担保各部分债权或剩余债权而存在;担保物即使经过分割或一部灭失,各部分或余存的担保物仍为担保全部债权而存在。[①] 对

[①] 谢在全:《民法物权论》(中册),三民书局2003年修订2版,第357页。

此,《民法典》虽无明文,但《担保制度解释》则作出了明确的规定:"主债权未受全部清偿,担保物权人主张就担保财产的全部行使担保物权的,人民法院应予支持,但是留置权人行使留置权的,应当依照民法典第四百五十条的规定处理"(第38条第1款)。"担保财产被分割或者部分转让,担保物权人主张就分割或者转让后的担保财产行使担保物权的,人民法院应予支持,但是法律或者司法解释另有规定的除外"(第38条第2款)。"主债权被分割或者部分转让,各债权人主张就其享有的债权份额行使担保物权的,人民法院应予支持,但是法律另有规定或者当事人另有约定的除外"(第39条第1款)。"主债务被分割或者部分转移,债务人自己提供物的担保,债权人请求以该担保财产担保全部债务履行的,人民法院应予支持;第三人提供物的担保,主张对未经其书面同意转移的债务不再承担担保责任的,人民法院应予支持"(第39条第2款)。

4. 担保物权具有物上代位性

担保物因灭失、毁损而获得赔偿金、补偿金或保险金的,该赔偿金、补偿金或保险金成为担保物的代替物,担保物权依然存在于其上,债权人有权就该代替物行使担保物权。这是担保物权的物上代位性。之所以如此,是因为担保物权乃在对于标的物的交换价值的直接支配,不关注标的物的占有、使用,于是,这种交换价值现实化时,无论其原因如何,均应为担保物权的效力所及。① 对此,《民法典》设有明文:"担保期间,担保财产毁损、灭失或者被征收等,担保物权人可以就获得的保险金、赔偿金或者补偿金等优先受偿。被担保债权的履行期未届满的,也可以提存该保险金、赔偿金或者补偿金等"(第390条)。《担保制度解释》第41条第1款、第42条、第46条第2款也设有类似的规定。

应当指出,留置权是把留置物的占有作为效力的本体的,在留置物灭失而转换为赔偿金请求权、保险金请求权时,留置权归于消灭,没有物上代位的可能。②

在清偿期届满的情况下,担保物权人自然有权就上述保险金、赔偿金或补偿金等优先受偿,以实现其债权,没有疑问;但清偿期尚未届至的情况下,义务人一侧存有期限利益,有权暂不清偿,暂时拒绝担保物权人的清偿请求。但考虑到保险金、赔偿金或补偿金等一经融入担保人的责任财产之中,担保物权的优先性不复存在,可能害及担保物权人的债权实现,故《民法典》第390条后段设置提存规则,使担保物权继续存在于该提存的保险金、赔偿金或补偿金等之上。

---

① 参见谢在全:《民法物权论》(中册),三民书局2003年修订2版,第357-358页。
② [日]近江幸治:《担保物权法》,祝娅、王卫军、房兆融译,沈国明、李康民审校,法律出版社2000年版,第16页。

5. 担保物权具有追及效力

所谓担保物权的追及效力,是指不论担保物辗转流入何人之手,担保物权人均可追及至该担保物之所在,主张其担保物权(《民法典》第406条第1款,《担保制度解释》第54条第1项、第2项)。

不过,需要注意,留置权因其以占有留置物为成立要件和存续要件,占有丧失,留置权本身消灭,只要留置权人没有借助于占有制度恢复对留置物的占有,留置权即不存在,故无追及效力可言。①

6. 担保物权具有补充性

这里的补充性,是指担保物权一经成立,就在债的关系的基础上补充了担保物权关系,如抵押权法律关系、质权法律关系等。这些补充的担保物权关系的存在,使债权人就担保物享有了优先权,从而大大增加了促使债务人适当履行其债务的压力,极大地增强了保障债权得以实现的可能性。当然,在债的关系因适当履行而正常终止时,补充的义务并不实际履行;只有在债务不履行,并且担保人又无抗辩事由时,补充的义务才履行,使债权得以实现。

应当承认,补充性非担保物权所独有,保证关系、定金关系、某些保证金关系也具备。

二、担保物权与人的担保

人的担保,是指在债务人的全部财产之外,又附加了其他有关人的一般财产作债权实现的总担保。其形式主要有保证、连带债务、并存的债务承担。保证,是指基于保证人和债权人的约定,当债务人不履行其债务时,由保证人按照约定代债务人履行债务或承担民事责任。在现行法上分为一般保证和连带责任保证。连带债务,是在多数债务人场合下,每个债务人都有义务向债权人清偿全部债务的现象。并存的债务承担,也叫附加的债务承担或重叠的债务承担,是指第三人加入债的关系,与原债务人共同承担同一责任的现象。新加入的债务人不是从债务人,其债务没有补充性,因而无先诉抗辩权。债权人可直接向他主张债权,从而增加了债权实现的可能性。

就对债权实现的保障而言,人的担保是通过扩张一般担保的财产数量,即不但把债务人的全部财产作为责任财产,也把保证人、连带债务人或并存的债务承担人的全部财产纳入可以履行债务的范畴或列入可以承担责任的系列,从而大大增强了债权实现的可能性。不过,"因仍系以个人信用为担保,所负责任与债务人并无不同,故债

---

① [日]近江幸治:《担保物权法》,祝娅、王卫军、房兆融译,沈国明、李康民审校,法律出版社2000年版,第16页。

务不能完全履行之危险依旧存在。而物的担保,债权人因有特定物直接供担保之用,独占地取得特定物或财产之支配价值,以优先清偿担保债权,不仅可以排除债务人主观愿否清偿之危险及责任财产可能减少之不安定性,同时在债务不能清偿时,因对担保标的物具有直接变价之权,就所得价金复有优先于其他债权人而受清偿之权能,因之,亦排除债权平等原则之适用,于是债务之确实清偿遂得以充分保障。可见,物的担保系债权经由与物权之结合,债权之权利因而扩充(权利扩充性),债权亦因有物权增强其效果而取得优越地位(债权优越化),是以担保物权实为债权之最佳担保制度。"①

三、担保物权与金钱担保

金钱担保,是在债务以外又交付一定数额的金钱,该特定数额的金钱的得丧与债务履行与否联系在一起,使当事人双方产生心理压力,从而促其积极履行债务,保障债权实现的制度。其主要方式有定金、押金及某些保证金。

就对债权实现的保障而言,金钱担保是通过特定数额的金钱得丧的规则效力使当事人产生心理压力,为避免自己的金钱损失而积极履行债务,保障债权实现。应当看到,这类担保方式在保障双方当事人的债权实现方面,有厚此薄彼之嫌。就是说,对于受领定金、押金或保证金的一方当事人较为有利,即,在交付定金、押金或保证金的一方当事人不履行债务时,无论其责任财产的状况如何,受领定金、押金或保证金的一方当事人的债权至少能在其预先受领金钱数额的范围内得到实现;但对交付定金、押金或保证金的一方当事人不尽有利,即,受领定金、押金或保证金的一方当事人若不履行债务,且其责任财产不足以清偿数个并存的债权时,交付定金、押金或保证金的一方当事人就难以使其债权获得完全清偿,甚至根本不能获得清偿。换言之,金钱担保对于交付金钱的一方当事人来说,与民事责任对其债权的保障程度难分高下。

与此不同,担保物权是通过使被担保债权就债务人或第三人的特定财产具有优先受偿效力的形式,来保障此类债权实现的,不受或少受债务人财产状况的影响。就保障债权实现而言,担保物权优于金钱担保。在市场主体的资金都相对紧缺的常态下,金钱担保运用的机会相对较少,高额债权的担保场合尤其如此,而担保物权恰恰具有这方面的优势。不过,从成本的方面观察,担保物权实现的成本较高,而金钱担保的成本要低得多。

[辨析]

《民法典》在"第三编 合同"所辖"第一分编"中的"第八章 违约责任"架构内设置

---

① 谢在全:《民法物权论》(中册),三民书局2003年修订2版,第346-347页。

了定金(第586~588条)。有专家、学者据此主张,定金、定金罚则属于违约责任。对此,笔者不予赞同,理由如下:(1)从违约责任系违反合同义务所生的第二性义务的视角看:交付定金义务属于第一性义务,而非第二性义务。交付定金的一方违约,定金不予返还,从接受定金的一方看,他未承担义务,这远离违约责任;从交付定金的一方看,他只不过无权请求所定定金的返还,不再承担新的负担,未再负担第二性义务,这里没有符合违约责任的因素,似乎是负有不真正义务。当然,接受定金的一方违约,他需向交付定金的一方双倍返还,这属于第二性义务,在这个意义上符合违约责任的规格。尽管如此,由于定金罚则涵盖两个方向的内容,有一个方向完全不具备违约责任的因素,因而称定金罚则属于违约责任至少是不周延的。(2)从违约责任系一般担保的视角看:所谓一般担保,是指义务人以其全部责任财产作为向对方履行债务、承担责任的物质基础,或者说,在义务人违约时,对方有权就义务人的任何财产申请强制执行。定金罚则符合这个规格吗?交付定金的一方违约,无权请求返还,不承担新的负担,接受定金的一方无权再就交付定金的一方的其他责任财产申请强制执行。这不符合违约责任的规格。当然,接受定金的一方违约时,交付定金的一方有权就交付定金的一方的任何责任财产申请强制执行双倍数额的定金,这符合违约责任的规格。所以,结论同上:由于定金罚则涵盖两个方向的内容,有一个方向完全不具备违约责任的因素,因而称定金罚则属于违约责任至少是不周延的。(3)在中国大陆现行法及其理论上,违约责任关系不是从属于合同关系的从法律关系,即使违约金责任关系也是如此(罗马法、德国法系均认为违约金关系是从属于合同关系的法律关系);而定金合同系从属于合同的从合同,定金关系为从属于合同关系的从关系,定金罚则同样从属于合同关系。(4)多数说认为《民法典》一般不要求过错作为违约责任的成立要件,只在某些类型的违约责任中以过错为成立要件[1];定金罚则一律以违约方具有过错为生效要件。(5)违约责任的成立不考虑违约行为是否影响合同目的实现,而定金罚则的生效以违约行为致使合同目的不能实现为要件之一。(6)《民法典》列举违约责任的方式(第577条等)时,没有列举定金罚则。当然,《民法典》第577条的表述是"……赔偿损失等违约责任。"此处"等"字是否包含定金罚则呢?有持肯定观点的,如全国人大常委会法制工作委员会民法室把定金划入约定的赔偿损失,与违约金并列。[2] 对此,笔者难以赞同,因为定金与赔偿损失存在着实质性的差

---

[1] 崔建远主编:《合同法》(第3版),法律出版社2004年版,第236页;崔建远:《合同法》,北京大学出版社2016年版,第329页;崔建远:《合同法应当奉行双轨体系的归责原则》,载《广大社会科学》2019年第4期,第230-232页;黄薇主编:《中华人民共和国民法典合同编释义》,法律出版社2020年版,第265-266页。

[2] 黄薇主编:《中华人民共和国民法典合同编释义》,法律出版社2020年版,第268页。

异：A.赔偿损失在"质"和"量"方面都是法定的,而定金条款虽属约定,但其法律效果却是法定的。B.《民法典》明文曰"……定金作为债权的担保"(第586条第1款前段)。由于现代法学理论所称"担保"不包括违约责任、侵权责任之类的"一般担保",将定金、定金罚则解释为违约责任的方式不合此说。其实,定金或定金罚则不同于违约责任之点实在不少,这从上下文所析中不难看出。把《民法典》第577条中所谓"等违约责任"解释为包含"支付违约金"甚至包括"减少价款或者报酬"(但从事实的角度看,可将它看成赔偿损失的特殊表现形式)之类的方式,更为可取。(7)违约责任贯彻完全赔偿原则,而定金罚则不循此例,另有自己的原则——交付定金的一方违约,致使不能实现合同目的,无权请求返还定金;接受定金的一方违约,致使不能实现合同目的,双倍返还定金,就最终结果而言,守约方所得可能超出所受损失,也可能低于所受损失,无论如何,均非定金罚则关注之所在。(8)在举证证明责任方面,守约方请求违约方承担违约损害赔偿,必须举证证明违约行为给自己造成的损失;而在定金罚则的场合,不存在这样的举证证明责任。(9)在过错责任的领域适用应当预见规则、与有过失规则、减轻损失规则和损益相抵规则,而在定金罚则中不考虑这些规则。(10)定金罚则确实具有担保责任——不同于违约责任那种一般担保作用的切实保障债权实现的功能,而违约责任仅仅具有一般担保作用,不具有特别担保作用。故在现代法及其理论上不再把违约责任划入担保体系之中。(11)定金是当事人一方向另一方支付一定数额的金钱,违约金也是,差别只在于事前支付、事后支付。既然如此,法律有必要同时设置两种似乎叠加的制度吗?若取肯定态度,在违约责任理论的分析框架内难以证成其合理性,而采用"定金是债的担保,而违约金则否"的分析架构才有说服力。当然,确有学说认为定金和违约金均为契约的确保[①]。其实,在笔者看来,称定金系契约的确保名实相副,至于违约金,于其被约定之初仅仅是给债务人心里压力,在这个方面它与违约损害赔偿并无实质差异,它与定金、保证、抵押权、质权、留置权等(特殊)担保倒有实质差异。这在上文"(2)"中已经阐释过,不再赘言。一句话,将定金划入违约责任的体系之中,难以服人。

差异如此根本,若把定金罚则纳入违约责任的体系之中,则意味着将违约责任规则适用于定金罚则的领域。若果真如此,特别是把应当预见规则、与有过失规则、减轻损失规则和损益相抵规则适用于定金罚则的领域,那么,负面结果是巨大的,定金

[①] 郑玉波:《民法债编总论》(修订2版),陈荣隆修订,中国政法大学出版社2004年版,第312-323页;林诚二:《民法债编总论——体系化解说》,中国人民大学出版社2003年版,第435-446页;邱聪智:《新订民法债编通则》(下),中国人民大学出版社2004年版,第339-350页;孙森焱:《民法债编总论》(下册),法律出版社2006年版,第591-609页;刘春堂:《民法债编通则(一)·契约法总论》,三民书局2001年版,第209-228页。

罚则的面目全非。若不允许应当预见规则、与有过失规则、减轻损失规则和损益相抵规则适用于定金罚则的领域，必须说明理由，其理由恐怕仍是定金罚则属于担保、具有从属性，可这样一来，定金罚则属于违约责任之说便自我否定了。

四、担保物权与所有权保留

所谓所有权保留，是指标的物虽然交付了，但其所有权仍然保留在出让人之手，待一定的条件成就时该所有权才转移给受让人的制度。它在分期付款买卖中运用得最为广泛。在分期付款买卖合同中约定有所有权保留的条款的情况下，买卖物的所有权不因交付发生变动，而是待买受人付清全部价款时才转移。这样，会促使买受人积极支付价款，保障出卖人获得全部价款。《合同法》曾经规定了这种担保方式（第134条），《民法典》予以承继（第641条、第642条），值得肯定，因为市场经济是信用经济，信用经济必定产生分期付款买卖方式。在分期付款买卖日益增多的形势下，所有权保留是买受人于价款付清前可以先占有、使用标的物，同时能保障出卖人的价款债权得以实现的较为理想的担保方式。还有，现行法虽然从整体上规定了抵押权，但证券抵押尚付阙如。而证券抵押恰恰是以担保方式作为投资手段的重要方式，在高度发达的市场经济中起着重要作用，中国立法亦应予以确认。应当指出，所有权保留还存在着其他类型，例如日本有所谓的"延长的所有权保留"和"扩大的所有权保留"，前者指在生产、流通过程中，原材料供应商为了担保价金债权而在原材料及其加工物上保留所有权。由于这种供应商的所有权保留与融资者的让与担保权在加工物上会发生冲突，在日本这种所有权保留很少使用。① 所谓"扩大的所有权保留"，是指在继续性买卖关系中，基于全部买卖商品与全部价金债权的牵连关系，为担保全部债权而保留全部买卖商品的所有权。它也被日本学者称为"根所有权保留"②或"无限所有权保留"。③

在所有权保留的情况下，是通过在买受人全部付清价款之前不移转标的物所有权来促使买受人积极支付全部价款；即使买受人不付清价款，出卖人也能基于所有物返还请求权取回标的物（《担保制度解释》第64条），从而免受损害。从出卖人保留标

---

① ［日］近江幸治：《担保物权法》，祝娅、王卫军、房兆融译，沈国明、李康民审校，法律出版社2000年版，第270页。

② ［日］高木多喜男：《担保物权法》，有斐阁1981年版，第348-350页。转引自梁慧星：《日本现代担保法制及其对我国制定担保法的启示》，载梁慧星主编《民商法论丛》（第3卷），法律出版社1995年版，第186页。

③ ［日］米仓明：《所有权保留的实证研究》，第115页。转引自［日］近江幸治：《担保物权法》，祝娅、王卫军、房兆融译，法律出版社2000年版，第271页，注释1。

的物所有权以迫使买受人积极付清价款的角度看,所有权保留在担保着价金债权实现,具备担保的属性;从出卖人保留的标的物所有权完全对抗着第三人的角度观察,该所有权具备所有权的品格,应为真正的所有权。既然如此,对所有权保留的定性和定位,我们不宜采取它要么是担保权要么是所有权的排斥说,而应坚持所有权保留同时具有双重性格的理念及观点。

[反思]

《担保制度解释》第64条第1款关于"在所有权保留买卖中,出卖人依法有权取回标的物,但是与买受人协商不成,当事人请求参照民事诉讼法'实现担保物权案件'的有关规定,拍卖、变卖标的物的,人民法院应予准许"的规定,为出卖人的取回权行使设置了前置程序——出卖人和买受人就买卖物的取回(包括效力和程序)已经协商一致,如果协商未成,则出卖人无权径直请求买受人返还买卖物,只得通过拍卖或变卖买卖物的方式,出卖人就买卖物的变价实现价款债权。这存在如下可诟病之点:(1)它违背了《民法典》第642条首先赋权出卖人享有径直请求买受人返还买卖物的取回权,不论出卖人和买受人就取回买卖物是否达成协议;其次才是尊重出卖人愿意与买受人就取回买卖物进行协商的意思和操作。(2)这种违背带来负面后果,其中之一是拍卖、变卖所得价款若低于买卖物的实际价值,在出卖人不急于出卖该物、有意待价而沽的场合,不利于出卖人,在买受人赔偿能力不足的情况下更是如此;其中之二是拍卖的程序复杂和耗时,远没有出卖人径直取回买卖物有效率。

饶有趣味的是,《民法典》第642条和《担保制度解释》第64条各有两款,每款的意思相同或相近,只是《民法典》第642条的两款顺序被《担保制度解释》第64条调换了,可就是这一顺序的调换,就实质性地改变了《民法典》第642条的规范意旨。在笔者看来,这种改变是不应该的。

所有权保留和担保物权都属于广义的物的担保,由此可见两者在保障债权实现方面具有很强的共性。当然,它们也有差异。其一,所有权保留的成立需要当事人约定,而留置权、法定抵押权则直接基于法律的规定产生。其二,所有权保留制度适用的领域有限,而担保物权制度适用的范围非常宽广。其三,所有权保留的运用成本较低,而担保物权的运用成本较高。

五、担保物权的社会作用

在市场经济中,担保物权的社会作用突出,表现在如下几个方面:(1)担保物权的设立迫使债务人积极履行债务,保障债权实现,是担保物权的消极社会作用。[①] 当

---

① 谢在全:《民法物权论》(中册),三民书局2003年修订2版,第347页。

然，消极作用中也透着积极的社会作用，因为假如没有担保物权制度作为基础支撑信贷业，可能导致信贷成本的上升和整个信贷业的萎缩。这反过来又将影响到全民就业和经济增长。因此可以说，担保物权也是整个国民经济的重要支柱。① （2）担保物权作为社会融资的法律手段，诱导债权的发生，间接促成经济的繁荣是担保物权的积极社会作用。其道理在于，企业经营者筹集资金的便捷方式，是向金融部门融资。而获取融资的最佳手段，系以企业的财产设立担保物权。以担保物权为手段获取融资后，债务人因其清偿责任加重，责任感加强，便积极地将融资转为投资，购置设备，兢兢业业于企业的经营以赚取利润，用以清偿债务，或可用再添设备。增添的设备不仅可以使用、收益、创造利润，又可用于融资，再次形成从事经济活动所需的资本，于是相互循环，资本日增，企业因而壮大。再者，金融部门为使授予的融资易于收回，除设立担保物权作为最后护身符之外，无不先行调查企业的信用状况，就其经营方式、计划和结构作精密的企业诊断，企业越健全越有清偿能力，自然更易于获得融资，无形中更可促使企业的健康发展。另外，融资既系自动偿还，则金融部门的融资乃能于社会中流通顺畅，利润源源而生，企业和金融部门相辅相成，经由担保物权的融资手段，共同带动经济的繁荣。② （3）刺激消费，高效地满足人们日益增长的消费需求。现代社会是一个消费型社会，大量前所未有的物质产品和精神产品被创造出来供人们消费。然而在面对一些高额消费品（如汽车、住宅等）之时，许多人可能因财力不支而只能望而却步，此时采取担保物权即可有效地解决这些问题。当某个消费者希望能够住上一套公寓房或开上一辆汽车的时候，他或她可以进行汽车抵押贷款或房屋抵押贷款，消费者只需要付出这些消费品售价的一小部分（甚至一分钱不支付），其他的部分由银行支付，消费者与银行之间形成借贷关系，贷款的数额分期偿还，同时以汽车或房屋向银行设定抵押权，担保银行债权的实现。在人们通过支付很少的一部分金钱就能提前消费许多高额消费品的情形下，消费欲望得到了空前的刺激，人们的消费需要也极大地得到了满足。而消费的增长又进一步带动了生产、销售等各个环节的顺畅进行。因此，在看到担保物权保障债权安全实现、刺激信用的创造这两项功能的同时，也绝不能忽视其刺激消费、高效地满足人们消费需求的作用。③

---

① ［德］曼弗雷德·沃尔夫：《物权法》，吴越、李大雪译，法律出版社2002年版，第329页。
② 谢在全：《民法物权论》（中册），三民书局2003年修订2版，第347页。
③ 王利明、尹飞、程啸：《中国物权法教程》，人民法院出版社2007年版，第423页。

六、担保物权的类型

（一）法定担保物权和意定担保物权

1. 区分标准

担保物权依其发生原因的不同,可以分为法定担保物权和意定担保物权。

2. 界定

所谓法定担保物权,是指直接基于法律规定而当然发生的担保物权。《民法典》规定的法定担保物权有留置权(第447条以下),建设工程价款优先受偿权(第807条)、《海商法》第21条以下规定的船舶优先权、《民用航空法》第18条以下规定的民用航空器优先权等,均为法定担保物权。所谓意定担保物权,是指基于当事人的约定产生的担保物权。这类担保物权较为常见,抵押权、质权往往是意定产生的。

[辨析]

工程款债权优先受偿权的确切含义与适用对象

强制执行申请人甲公司,基于民间借贷、买卖等法律关系对乙公司享有到期债权,发现乙公司对丙(政府机关)享有基于建设工程施工合同发生的工程款债权1300万元人民币,且丙(政府机关)拟向乙公司付清工程款1300万元人民币,于是申请查封了该笔1300万元人民币的资金。乙公司提出执行异议,理由是其欠发其雇员的工资,依据《民法典》第807条的规定,对该笔1300万元人民币享有工程款债权优先受偿权。

笔者不赞同乙公司的主张,理由及分析如下:

(1) 从债的担保一般原理看

担保财产,不是被担保债权本身,也不是被担保债权指向的标的物,而是债务人另外的财产,甚至是债务人以外的第三人的财产。就此看来,《民法典》第807条规定的工程款债权优先受偿权指向的财产,不是承包人对发包人享有的工程款债权本身,也不是该债权指向的标的物(金钱)。所以,对发包人丙欠付承包人乙公司的1300万元人民币强制执行,承包人乙公司无权以《民法典》第807条规定的工程款优先受偿权为由提出执行异议。

(2) 从工程款债权优先受偿权就发包人的特定财产角度看

工程款债权优先受偿权是担保物权,以特定物为标的物。发包人丙的金钱未支付给承包人乙公司之前,并非特定物,而是融汇于发包人丙的责任财产之中,工程款债权优先受偿权这个担保物权的效力无法及于此处所谓金钱。如果发包人丙已经付给承包人乙公司之后,该笔金钱又被融汇于承包人乙公司的责任财产之中,工程款债权优先受偿权的效力也无法及于此处所谓金钱。所以,对发包人丙欠付的1300万元人民币强制执行,承包人乙公司无权以《民法典》第 807 条规定的工程款债权优先受偿权为由提出执行异议。

(3) 从工程款债权优先受偿权行使的条件看

只有在发包人丙支付工程款方面违约时,承包人乙公司才有权主张工程款债权优先受偿权。系争案件中,案涉工程尚未竣工验收,付款条件尚未成就,发包人丙未付该笔工程款不构成违约,承包人乙公司无权以工程款债权优先受偿权为由提出执行异议。

(4) 从法律关系及权利主体的角度看

《民法典》第 807 条规定的工程款债权优先受偿权,应用于发包人丙与承包人乙公司之间的法律关系中。

《建设工程价款优先受偿权解释》规定的工人的工资优先受偿权,应用于承包人乙公司所雇员工、承包人乙公司与发包人丙之间的法律关系中,且权利主体为此处所谓员工,而非承包人乙公司。《建设工程施工合同解释》虽然不见了该条,但基于工程款债权优先受偿权制度的目的,工人的工资应在优先受偿的范围之内。系争案件中,承包人乙公司对甲公司申请的强制执行提出异议,理由是其雇员的工资尚未发放,这搞错了法律关系,主体错位。

3. 分类的法律意义

这种分类的法律意义在于,担保物权成立的要件不同,意思自治原则发挥作用的领域有别。

(二) 留置性担保物权和优先清偿性担保物权

1. 区分标准

担保物权依其主要效力为标准,可分为留置性担保物权和优先清偿性担保物权。

2. 界定

所谓留置性担保物权,是以留置担保物,迫使债务人清偿为其主要效力的担保物权。留置权、当铺中的当铺质为其典型。所谓优先清偿性担保物权,是以支配担保物的交换价值,使得担保债权优先获得清偿为其主要效力的担保物权。抵押权为其代表。动产质权同时具有这两种效力。

3. 分类的法律意义

这种分类的法律意义在于,留置性担保物权通常是人们为了满足生活上的临时需要而存在的,但因必须将担保物的占有移转给债权人,致担保人(债务人或第三人)无法对它为使用、收益,企业经营者运用它的情况较少。反之,清偿性担保物权场合,担保人可继续使用并收益担保物,物尽其用,也免去了债权人的保管之累,最符合企业的经营理念,故为企业经营者所乐于采用。这种担保物权在现代生活中居于主导地位。①

(三) 动产担保物权、不动产担保物权、权利担保物权和非特定财产担保物权

1. 区分标准

担保物权依其标的物的不同,可分为动产担保物权、不动产担保物权、权利担保物权和非特定财产担保物权。

2. 界定

所谓动产担保物权,是指以动产为担保物而设立的担保物权。动产质权及动产抵押权为其例证。所谓不动产担保物权,是指以不动产为担保物而设立的担保物权。不动产抵押权为其代表。所谓权利担保物权,是指以权利为担保物而设立的担保物权。权利质权、权利抵押权为其典型。非特定财产担保物权,是指担保物权设立时不要求拟为担保的财产特定化,在担保物权实行前拟为担保的财产可以变动,但在担保物权实行时,担保物必须确定的担保物权。浮动抵押权为其代表。②

3. 分类的法律意义

这种分类的法律意义在于:(1)担保物权成立的要件不尽一致,如不动产担保物权以登记为生效要件,浮动抵押权则否,而动产担保物权需要区分类型而定。(2)不同领域对担保物权类型的需求有别。如企业经营领域,不动产抵押权、浮动抵押权、某些权利质权被经常运用,而在日常生活领域则对动产质权的需求较大。

(四) 占有担保物权和非占有担保物权

1. 区分标准

担保物权依其是否移转担保物的占有为标准,可分为占有担保物权和非占有担保物权。

2. 界定

所谓占有担保物权,是指将担保物移转给债权人占有为成立要件和存续要件的担保物权。留置权、动产质权为其代表。所谓非占有担保物权,是指无须将担保物移转给债权人占有的担保物权。抵押权为其典型。③

3. 分类的法律意义

这种分类的法律意义在于,两者的成立要件不同:占有担保物权以移转担保物的

---

① 谢在全:《民法物权论》(中册),三民书局2003年修订2版,第349页。
② 谢在全:《民法物权论》(中册),三民书局2003年修订2版,第350页;梁慧星、陈华彬:《物权法》(第4版),法律出版社2007年版,第303页。
③ 谢在全:《民法物权论》(中册),三民书局2003年修订2版,第351页;梁慧星、陈华彬:《物权法》(第4版),法律出版社2007年版,第304页。

占有为成立要件,非占有担保物权则否。

(五) 典型担保和非典型担保

1. 区分标准

担保物权依其是否属于法律所规定的为标准,可分为典型担保和非典型担保。

2. 界定

所谓典型担保,是指法律所明文规定的,以担保债权实现为直接目的的担保形式。抵押权、质权和留置权均为典型担保。

所谓非典型担保又有广义的和狭义的之分。狭义的非典型担保,是指在交易实务中自发产生,尔后为判例、学说所承认的担保债权实现的担保形式。让与担保为其代表。[1] 广义的非典型担保,又叫变态担保或不规则担保,是指法律未将其放置于债权担保体系内,甚至于法律对其未加规定,但内在地具有或兼具担保债权的功能,社会交易上将之用于债权担保的制度。典权、让与担保、附条件买卖、买回、代理受领、抵销、融资租赁等均属此类。[2] 对于非典型担保合同,当事人以法律、行政法规尚未规定之为由主张无效的,人民法院不予支持。不过,当事人未在法定的登记机构依法进行登记,主张该担保具有物权效力的,人民法院不予支持(《担保制度解释》第63条)。

《担保制度解释》第53条承认的担保,若符合《民法典》等法律规定的担保物权,则其为典型担保;反之,则为非典型担保。《担保制度解释》第70条第1款关于债权人对由其控制的保证金账户内的款项享有优先受偿之权的规定,亦非《民法典》等法律设计的担保物权,亦为非典型担保。

总的说来,《民法典》对于非典型担保的态度是复杂的:完全确立之,社会效果如何?是否带来负面结果?心里没有底;明确否定它,是否没有满足社会生活的实际需要,甚至阻碍了社会向前发展?也有此担忧。下了决心的是"扩大担保合同的范围,明确融资租赁、保理、所有权保留等非典型担保合同的担保功能"。[3] 尽管如此,《民法典》对于非典型担保还是若明若暗,在融资租赁合同、保理合同的条款设计方面仍未凸显担保规则。有鉴于此,《担保制度解释》尽其所能地明确、细化非典型担保的规则,解释《民法典》的有关担保的规定,补充《民法典》欠缺的某些规则。

《担保制度解释》第53条关于"当事人在动产和权利担保合同中对担保财产进行概括描述,该描述能够合理识别担保财产的,人民法院应当认定担保成立"的规定中的"对担保财产"的"概括描述",若属于模糊不清,使人难以把担保财产从担保人的

---

[1] 梁慧星、陈华彬:《物权法》(第4版),法律出版社2007年版,第304页。
[2] 谢在全:《民法物权论》(中册),三民书局2003年修订2版,第351-352页。
[3] 王晨:《关于〈中华人民共和国民法典(草案)〉的说明》,http://paper.people.com.cn/rmrb/html/2020-05/23/nw.D110000renmrb_20200523_1-07.htm。2020年5月31日最后访问。

责任财产中区隔出来,即没有满足担保财产的特定性的,则担保未设立;若属于较为具体、明确,能够满足担保财产的特定性的,则担保设立。诸如"担保人的 A 型号的钢材""B 种水泥""C 债券"等,均属具体、明确,系《担保制度解释》第 53 条所谓"该描述能够合理识别担保财产"。

关于"能够合理识别担保财产"的判断标准,不宜苛求,在一些案型中时间可作为判断标准,如生产某牌型电脑的甲厂以 2020 年全年生产的某牌型电脑作为担保物;在另一些案型中特定的空间可为判断标准,如甲公司以存放于乙仓储人的 A 仓库中的动产设立担保;在其他案型中可用度量衡作为识别担保财产的判断标准,如砂石厂以一定的长宽的砂石作为担保物。合理识别担保财产的判断标准,可能是由单一元素构成的,也可能是由若干元素构成判断标准。例如,用型号、直径和数量描述条钢,使之成为担保权的标的物,这能保障担保权的实行,应属"该描述能够合理识别担保财产",可设立担保权。再如,某担保合同约定凤凰牌自行车作为担保物,没有明确数量,实际上难以识别哪些凤凰牌自行车属于担保物,难以实行担保权,故不得认定担保权设立。

不可忽视,在一些案型中,局限于担保合同对担保财产的描述,似乎难以"合理识别担保财产",但若结合担保合同之外的因素就能够合理识别担保财产,于此场合应当认定"该描述能够合理识别担保财产",担保权设立。这种理念和方法比较适合于商家们设计了复杂的交易安排时判断概括描述能否合理识别担保财产。在这种复杂的交易安排中,有时可通过相互衔接、共同配合的合同群的约定来识别担保财产。

还有,若有有关证人证言、文件可以合理识别担保财产的,也应该认定担保权设立。

有必要指出,《担保制度解释》第 53 条关于"该描述能够合理识别担保财产的,人民法院应当认定担保成立"的规定,不够周延。以当事人的意思表示即可设立的担保权,登记等公示非为担保权设立的生效要件的,可以是只要描述能够合理识别担保财产,担保成立。与此有别,以登记等公示为担保权设立的生效要件的,仅有"该描述能够合理识别担保财产",没有办理登记等公示方式的,担保仍不成立。

所谓让与担保,是指债务人或第三人为担保债务人履行其债务,将担保物的权利移转于债权人,待债权获得清偿时,担保物的权利复归于债务人或第三人,在债务不履行时,债权人可以就该担保物受偿的非典型担保。以标的物是动产抑或不动产为标准,它分为动产让与担保和不动产让与担保。此其一。在让与物权的担保中,无论当事人所约的财产权利变动经过公示与否,债权人均不能在实质上取得该财产的物权,只可在外观上是该财产的物权人。换句话说,在债权人与担保人(该财产的实质上的物权人)之间,不发生物权变动,但在债权人与第三人之间,只要该财产的物权转移至债权人之手已经公示,该第三人对此合理信赖,即信赖外观上昭示的债权人是该财产的物权人,那么,法律就应当保护这种信赖,应当适用《民法典》第216条关于公信原则的规定。在债权人以物权人的身份出卖该财产给第三人、该第三人主张取得该财产物权的情况下,应当适用《民法典》第311条第1款的规定,发生该第三人善意取得该财产物权的效果。此其二。在让与担保的物权转移已经公示的背景下,只要债务人不履行期债务,那么,债权人对担保人虽不可主张已经取得该财产的物权,但有权依据《民法典》关于担保物权的规定,使其债权优先受偿(《担保制度解释》第68条)。此其三。

《担保制度解释》还承认了转让股权的让与担保,公司或其债权人以股东未履行或者未全面履行出资义务、抽逃出资等为由,请求作为名义股东的债权人与股东承担连带责任的,人民法院不予支持(第69条)。该条至少含有如下内容:(1)构成股权让与担保,必须具备如下要件:A.转让人和受让人达成股权转让的合意;B.股权移转已经完成,即目标公司的股东名册上的股东记载已由转让人变更为受让人(《公司法》第32条第2款),受让人是名义股东,转让人是实际股东;C.股权转让的目的是担保主债权的实现,而非终局性质的股权转让,一旦担保目的达到,该股权便回转给转让人。这里的问题之一是,一些公司未设股东名册,如何判断股权的移转呢?至少可考虑两条路径,其一,股东会决议确认了股权变动,受让人取代转让人成为公司的股东的,即可认定股权已经移转;其二,借用工商登记机制,虽然《公司法》第32条第3款将股东的工商登记作为对抗第三人的要件,而非权变动的生效要件,但可从证据法的视角看待之,即只要举证证明工商登记记载的股东是受让人,就可以认定系争股权变动完成了。(2)既然股权转让只是形式上的,不是实质上的,那么,其法律效力的范围宜局限于转让人和受让人,在股权的受让人不是被担保债权的债权人的情况下,还约束被担保债权的债权人。既然如此,若令受让人这个名义股东与其他股东对目标公司或其债权人就股东未履行或未全面履行出资义务、抽逃出资等承担连带责任,就假戏成真了,对受让人过苛。特别是,目标公司明知或应知受让人只是名义股东,且不同于典型的股权代持,应当遵循实事求是原则,不应令受让人与股东承担连带责任。在这里,出现了《担保制度解释》第69条与《公司法解释(三)》第18条等条款规定的股东承担连带责任至少在表面上存在差异,如何适用法律,值得研讨。首先,这两件司法解释的法律位阶相同,出台的时间相差无几,难以用上位法的优先于下位法、新法优先于旧法的规则解决这里的问题。其次,在处理股权让与担保的案件中,《担保制度解释》第69条较《公司法解释(三)》第18条等条款更为合理,着眼于利益衡量的角度,应当适用《担保制度解释》第69条的规定。为达此目的,可以认为《公司法解释(三)》第18条等条款系调整一般意义上的股东出资及其相应的法律责任、普通的股权转让、典型的股权代持的规定,为普通法;而《担保制度解释》第 69 条则系专门规范股权让与担保的场合名义股东不宜承受过重负担事项的,属于特别法。特别法优先适用。最后,目标公司的债权人难以知晓受让人系名义股东的事实,其注意义务是查阅目标公司的工商登记,包括股东及其出资情况,从中了解目标公司的清偿能力,以及可否和有无必要揭开公司的面纱;无查清名义股东和实际股东情况的注意义务。在这个意义上,不令工商登记的受让人这个名义股东就实际股东未履行或未全面履行出资义务、抽逃出资等事实向目标公司的债权人承担连带责任,似乎与公示及其功能未尽契合,尽管工商登记只发生对抗效力。如何保护信赖工商登记的目标公司的债权人?可采取以下步骤,分配举证证明责任:A.该债权人可以请求受让人这个名义股东就股东未履行或未全面履行出资义务、抽逃出资等事实承担责任;B.受让人有权对抗该债权人的该项请求,但须负举证证明股权让与担保的责任,证明成功的,对该债权人就不承担连带责任。受让人未证明成功的,仍要承担连带责任,其原因是他缺乏股权让与担保的证据,也表明其有过错,应该就此承受后果。

《担保制度解释》确立让与担保规则,使《民法典》第 388 条第 1 款中段关于"担保合同包括抵押合同、质押合同和其他具有担保功能的合同"的规定落到实处,特别是具有十分重要的实践意义。实务中存在相当数量的让与担保,形式上的股权转让、物权转让与其对价很不相称,有些案件中的对价只有转让股权或物权的百分之几、千分之几,甚至只有象征性的 1 元人民币,因为当事人心里明白,转让股权或物权仅仅是个过渡,是个形式,绝非真正的股权转让或物权转让。处理此类案件,唯有还让与担保的本来面目才符合当事人的真实的意思表示,才公平合理。可是,有相当数量的判决、裁决却认定股权转让或物权转让,使原股权人、物权人丧失巨大利益,显失公平。酿成这种后果的原因可能有种种,缺乏让与担保的法律规定系其中之一,有些裁判者觉得按照让与担保处理欠缺法理依据。《担保制度解释》设置让与担保规则,对症下药,功德无量!

《担保制度解释》在落实《民法典》第 641 条和第 642 条设计的所有权保留规则的前提下,还增加程序性和实体性的下述规定:"与买受人协商不成,当事人请求参照民事诉讼法'实现担保物权案件'的有关规定,拍卖、变卖标的物的,人民法院应予准许"(第 64 条第 1 款但书);"买受人以抗辩或者反诉的方式主张拍卖、变卖标的物,并在扣除买受人未支付的价款以及必要费用后返还剩余款项的,人民法院应当一并处理"(第 64 条第 2 款后段)。对于该条规定,笔者评论如下:(1)出卖人如何取回标的物,买卖双方有商定时依其商定,这符合意思自治原则,且大多符合交易纠纷解决的实际,不涉及公序良俗,在这个意义上说,它值得肯定。但其违背了《民法典》第 642 条首先赋权出卖人享有径直请求买受人返还买卖物的取回权,不论出卖人和买受人就取回买卖物是否达成协议；其次才是尊重出卖人愿意与买受人就取回买卖物进行协商的意思和操作。在立法法的层面，司法解释无权"篡改"《民法典》的设计。(2)出卖人基于保留的标的物所有权取回标的物，这是物权及其行使效力的表现，在标的物于出卖人特别有意义时最能达到目的。买受人同意出卖人取回标的物时是这样，不同意时也应当如此。循此逻辑，出卖人行使取回权，使标的物重回出卖人之手，不应受买受人同意与否的影响。乍一看，笔者的这种意见似乎不同于《民法典》第642条关于"出卖人可以与买受人协商取回标的物；协商不成的，可以参照适用担保物权的实现程序"的规定及《担保制度解释》第64条第1款关于"在所有权保留买卖中，出卖人依法有权取回标的物，但是与买受人协商不成，当事人请求参照民事诉讼法'实现担保物权案件'的有关规定，拍卖、变卖标的物的，人民法院应予准许"的规定。实际情形果真如此吗？如果把《民法典》第642条第2款及《担保制度解释》第64条第1款的规定理解为它们确定了买受人与出卖人协商系出卖人取回标的物的前置程序，那么，只有买受人同意出卖人取回标的物时，标的物才能重归出卖人；买受人不同意时，只得"参照适用担保物权的实现程序"，拍卖或变卖标的物，出卖人只能取得一定的金钱，不能取得标的物原物。观察《担保制度解释》第64条第1款的字面意思，给人的印象似乎是这种理解。这的确不同于笔者的解释。与此有别的理解是：即使买受人不同意出卖人取回标的物，或不同意出卖人取回标的物的方式，也阻挡不住出卖人取回标的物原物。当然，法律并无强迫出卖人只可取回标的物原物之意，而是赋予出卖人选择权：出卖人有权选择不取回标的物，而选择"参照适用担保物权的实现程序"、"拍卖、变卖标的物"的处理方式。对于"参照适用担保物权的实现程序"、"拍卖、变卖标的物"的处理方式，《民法典》第642条第2款使用的措辞是"可以"而非"应当"或"必须"，表明该规定非强制性规定；《担保制度解释》第64条第1款的表述是"当事人请求"，作为权利人的出卖人不请求"参照适用担保物权的实现程序"、"拍卖、变卖标的物"，而请求买受人返还标的物原物，不违反法律的强制性规定，应当受到法律的肯认和保护。这样，出卖人享有选择权之说确有法律及法理的依据。笔者赞同这种理解，因其最符合物权及其行使的本质特征，可能最有利于出卖人。(3)饶有趣味的是，《民法典》第642条和《担保制度解释》第64条各有两款，每款的意思相同或相近，只是《民法典》第642条的两款顺序被《担保制度解释》第64条调换了，可就是这一顺序的调换，就实质性地改变了《民法典》第642条的规范意旨。在笔者看来，这种改变是不应该的。(4)《担保制度解释》第64条第1款会带来负面后果，其中之一是拍卖、变卖所得价款若低于买卖物的实际价值，在出卖人不急于出卖该物、有意待价而沽的场合，不利于出卖人，在买受人赔偿能力不足的情况下更是如此；其中之二是拍卖的程序复杂和耗时，远没有出卖人径直取回买卖物有效率。

《担保制度解释》在落实《民法典》第735~760条规定的融资租赁规则的前提下，强调或补充规定："在融资租赁合同中，承租人未按照约定支付租金，经催告后在合理期限内仍不支付，出租人请求承租人支付全部剩余租金，并以拍卖、变卖租赁物所得的价款受偿的，人民法院应予支持；当事人请求参照民事诉讼法'实现担保物权案件'的有关规定，以拍卖、变卖租赁物所得价款支付租金的，人民法院应予准许"（第65条第1款）。理解该条款，应首先确定其规范的案型。第一种案型是，承租人违约，但出租人只请求承租人承担违约责任，没有解除合同。第二种案型是，承租人违约，出租人同时请求出租人承担违约责任并主张解除合同。其次，在第一种案型中，《担保制度解释》第65条第1款所谓"承租人未按照约定支付租金，经催告后在合理期限内仍不支付"，属于担保权实行的条件成就；所谓"当事人请求参照民事诉讼法'实现担保物权案件'的有关规定，以拍卖、变卖租赁物所得价款支付租金的，人民法院应予准许"，意味着最高人民法院承认出租人于此场合享有担保权，并认可和保护出租人行使该权。最后，在第二种案型中，在法律适用的顺序上，万不可把《担保制度解释》第65条第1款的规定置于非常优先的位置，它无排斥《民法典》第745条前段关于"出租人对租赁物享有的所有权"的规定和第752条后段关于"可以解除合同，收回租赁物"的规定之效，换句话说，出租人援用《民法典》第745条前段和第752条后段的规定时，承租人无权援用《担保制度解释》第65条第1款的规定对抗出租人的请求。如此把握的根据在于：在出租人对租赁物享有所有权的情况下，只要融资租赁合同被解除，租赁物的所有权就归属于出租人，出租人收回租赁物系所有权效力和行使的体现，法律没有理由不予支持，不应强制"参照民事诉讼法'实现担保物权案件'的有关规定，以拍卖、变卖租赁物所得价款支付租金"。最佳的方案是赋权出租人可以选择：或是"收回租赁物"，或是"参照民事诉讼法'实现担保物权案件'的有关规定，以拍卖、变卖租赁物所得价款支付租金"。

《担保制度解释》第65条第2款的规定，体现了效益原则、意思自治原则和公平合理的精神。该条款把本诉和反诉合并处理，是有前提的，即单纯地收回租赁物意味着出租人不当地占有了承租人已付租金的利益，有失权衡；将该利益归还承租人才会使双方的利益衡平。此其一。至于承租人不提反诉而是单纯地抗辩，是否支持承租人关于出租人应归还多取得利益的主张，在较长的时期意见不一。《担保制度解释》第65条第2款前段采纳肯定说，有利有弊，可再观察和思考。此其二。当事人对租赁物的价值有争议，在另一个层面就是出租人于取回租赁物时到底占有承租人的利益没有，如何解决？《担保制度解释》第65条第2款后段首取意思自治原则，"融资租赁合同有约定的，按照其约定"。由于如此不涉及公序良俗，该规定应被赞同。此其三。"融资租赁合同未约定或者约定不明的，根据约定的租赁物折旧以及合同到期后租赁物的残值来确定",符合事物的本来面貌,财会制度等均遵循此律,《担保制度解释》第65条第2款后段第2项从之,有其道理。此其四。《担保制度解释》第65条第2款后段第3项关于"根据前两项规定的方法仍然难以确定,……根据当事人的申请委托有资质的机构评估"的规定,应为上策,由中立的第三人"有资质的机构"依其专业知识和技能评估租赁物的价值,容易被当事人接受,符合众人的理念。此其五。《担保制度解释》第65条第2款后段第3项关于"……当事人认为根据前两项规定的方法确定的价值严重偏离租赁物实际价值的,根据当事人的申请委托有资质的机构评估"的规定,有利有弊。其利在于,这可矫正利益失衡。其弊表现在:出租人和承租人本来已经于融资租赁合同中约定了出租人取回租赁物时衡平双方利益的规则和方法,本应遵循之,可却出尔反尔,这违反了合同严守原则和诚信原则,应受责难,可《担保制度解释》第65条第2款后段第3项却予以肯定和支持,缺乏正当性。再说,即使当事人双方原来的约定不符合租赁物的客观价值,有失公平,也应适用《民法典》第151条、第152条等条款的规定,在除斥期间内行使撤销权,《担保制度解释》第65条第2款后段第3项置这些于不顾,难谓妥当。此其六。

《担保制度解释》在落实《民法典》第761～769条规定的保理规则的前提下,强调或补充规定:"同一应收账款同时存在保理、应收账款质押和债权转让,当事人主张参照民法典第七百六十八条的规定确定优先顺序的,人民法院应予支持"(第66条第1款)。其实,《民法典》第768条的规定存在明显的负面结果:(1)《民法典》第768条第三个分号所谓"均未登记的,由最先到达应收账款债务人的转让通知中载明的保理人取得应收账款",将通知作为保理人取得应收账款债权的生效要件,就混淆了应收账款债权让与的对内效力与对外效力,混淆了两种不同的法律关系;误解了表见让与规则及理论的实质,实非妥当。(2)《民法典》第545条至第549条确立了债权让与合同生效使债权转移至受让人、债权让与通知使债权转移的效力约束债务人的规则,但第768条却另立应收账款债权转移的模式,且多达三种。这给人们理解、把握和运用债权让与规则增添不小的困难。有无必要,值得再思。(3)《民法典》第768条对应收账款债权转让另设三种模式,出发点是"使得债权交易成本、事先的调查成本、事中的监督防范成本、事后的债权实现的执行成本等各种成本更低,对第三人和社会整体的外部成本也更低。"① 这是设计者的美好愿望,实际效果值得怀疑。原来,应收账款登记,不采物的编成主义,而是实行人的编成主义,且有关信息完全由申请人自己填写,登记机构不予实质性审查。在这样的背景下,保理人Ⅰ为受让货真价实的应收账款债权,查阅登记记载,首先要统计有哪些具有保理资质的金融机构(数不胜数),其

---

① 黄薇主编:《中华人民共和国民法典合同编释义》,法律出版社2020年版,第617页。

次要查阅诸家潜在的保理人的名下是否登记有保理人Ⅰ拟受让的应收账款债权(由于登记机构对申请人填写的应收账款的信息不予审查,记载的应收账款难免虚假),最后还要"顺藤摸瓜"地寻觅至应收账款的债务人,"刨根问底"地问询该笔应收账款真实与否(难免碰壁),等等。不难想象,其中的成本不会低。(4)由于登记的应收账款不保证真实、准确,保理人Ⅰ完全信赖此种登记而订立保理合同,受让应收账款债权,难免吃亏上当,于是,顾虑重重,忧心忡忡,特别是确实受让了虚构的应收账款时,更是如此。加上此情此景会影响其他保理人,增加其不安全感,不愿、不敢积极交易,这就谈不上交易安全。《担保制度解释》第66条第1款在同一应收账款同时存在保理、应收账款质押和债权转让的场合类推适用瑕疵不小的《民法典》第768条的规定,不能说是明智的选择。

有追索权的保理,保理人可以视情形而请求应收账款债权人返还保理融资款本息或回购应收账款债权,或者向应收账款债务人主张应收账款债权(《民法典》第766条前段),因此,在程序法上,保理人可以任选其中一人为被告;或者一并起诉应收账款债权人和应收账款债务人。这是《担保制度解释》第66条第2款的规定,是符合《民法典》第766条的文义和规范意旨的,值得赞同。

应收账款债权人向保理人返还保理融资款本息或回购应收账款债权,在实质上等于保理消失,应收账款债务人清偿债务的对象由保理人恢复为应收账款债权人。因此,应收账款债权人有权请求应收账款债务人向其履行应收账款债务。这是《担保制度解释》第66条第3款的规定,法律关系清晰,公平合理,值得赞同。此其一。

其二,应收账款质押天生地位于物权法的领域,具有优先效力、对世效力;而债权转让则纯属债法范畴,即使充当让与担保功能的债权转让也是如此,对于债务人的约束还要以通知到达为要件,更遑论对一般第三人的约束力了。保理,本来也是引发债的关系的,但考虑到其发挥担保功能的情形,准予保理人受让的应收账款债权可登记,通过登记使保理人就受让的应收账款债权在获得清偿方面优先于第三人对该债权享有的请求权。尽管如此,保理人的这种优越地位终究是基于立法政策而由债权蜕变而来的,认其有与应收账款债权质权平起平坐的地位,正当性不足。既然应收账款债权质权、保理人受让的应收账款债权、普通的债权转让三者存在着差异,法律就各自的法律地位及法律效力区别对待,如普通的债权转让在对外的法律效力上弱些,可能更符合各自的品格,但《担保制度解释》第66条第1款却将它们等量齐观,有些简单化了。

其三,应收账款债权质权以登记为生效要件(《民法典》第445条第1款),不登记,质权未设立。与此不同,保理人受让应收账款债权、普通的债权转让登记与否,都不影响债权的转移,登记只不过是对第三人约束的要件。如此,只要应收账款债权质押尚未登记,就不应该适用《民法典》第768条第三分句、第四分句关于"均未登记的,由最先到达应收账款债务人的转让通知中载明的保理人取得应收账款;既未登记也未通知的,按照保理融资款或者服务报酬的比例取得应收账款"的规定,来确定应收账款质押优先于保理人受让的应收账款债权、普通的债权。保理人受让的应收账款债权、普通的债权在受偿顺序上适用《民法典》第768条的规定,是可以的。可见,《担保制度解释》第66条第1款的规定至少是不周延的。

在有追索权的保理中,应收账款债权人自保理人处取得一定数额的款项(按照应收账款的百分比计算所得),相当于借款;应受账款债权人将应收账款债权转让给保理人,属于一种形态的让与担保。

3. 分类的法律意义

这种分类的法律意义在于:(1)典型担保的构成和效力均由法律明文规定,而非典型担保的情形较为复杂,务必先定性和定位,方能适当地适用法律。(2)通过对典型担保和非典型担保的梳理,可建立债的保障体系,完善民法理论。

(六)本担保和反担保

1. 区分标准

担保物权依其是否属于为担保人所承担的担保责任而设立的担保形式为标准,可分为本担保和反担保。

2. 界定

所谓本担保,即固有意义上的担保,也就是人们通常所说的担保,指债务人或第三人以其特定财产或一般财产,为担保债权人基于买卖等合同产生的债权,或基于单方允诺产生的债权,或不当得利债权,或无因管理债权,或基于侵权行为产生的债权等债权的实现,而设立的担保形式。

所谓反担保是与本担保或曰原担保对应的概念,又称作"求偿担保",是指在商品贸易、工程承包和资金借贷等经济往来中,有时为了换取担保人提供保证、抵押或质押等担保方式,由债务人或第三人向该担保人新设担保,以担保该担保人承担了担保责任后易于实现其追偿权的制度。该新设担保相对于原担保而言被称为反担保。

《民法典》第387条确立本担保和反担保架构,其第1款所谓担保物权,在与该条第2款规定的反担保对称时叫作本担保,所列举的借贷、买卖等法律行为引发的债的关系,为金钱之债,或能转化为金钱之债。其反面推论是,凡是不能转化为金钱之债的,担保物权难以起到担保作用。

《民法典》第387条第1款所谓"需要担保的,可以依照本法和其他法律的规定设立担保物权",其中的"本法"即《民法典》;"其他法律的规定",例如,《海商法》第11条关于"船舶抵押权,是指抵押权人对于抵押人提供的作为债务担保的船舶,在抵押人不履行债务时,可以依法拍卖,从卖得的价款中优先受偿的权利。"第 87 条规定:"应当向承运人支付的运费、共同海损分摊、滞期费和承运人为货物垫付的必要费用以及应当向承运人支付的其他费用没有付清,又没有提供适当担保的,承运人可以在合理的限度内留置其货物。"

抵押权、质权等可以是本担保的形式,也可以是反担保的形式,究竟属于何者,须看具体的法律关系及其结构。

3. 分类的法律意义

区分本担保和反担保的法律意义在于:(1)关于本担保的形式,现行法已经明确,抵押权、质权和留置权诸担保物权,保证等人的担保形式,以及定金等金钱担保形式,均属此类。至于反担保的形式,现行法尚未言明,需要学说和判决整理。笔者认为,首先,留置权不能为反担保方式。因为按《民法典》第 387 条第 2 款规定,反担保产生于约定,而留置权却发生于法定。留置权在现行法上一律以动产为客体,价值相对较小,在主债额和原担保额均为巨大的场合,以留置权作为反担保实在不足以保护原担保人的合法权益。其次,定金虽然在理论上可以作为反担保的方式,但因为支付定金会进一步削弱债务人向债权人支付价款或酬金的能力,加之往往形成原担保和反担保不成比例的局面,所以在实践中极少采用。在实践中运用较多的反担保形式是保证、抵押权,然后是质权。不过,在债务人亲自向原担保人提供反担保的场合,保证就不得作为反担保方式。因为这会形成债务人既向原担保人负偿付因履行原担保而生之必要费用的义务,又向原担保人承担保证债务,债务人和保证人合二为一,起不到反担保的作用。只有债务人以其特定财产设立抵押权、质权,作为反担保方式,才会实际地起到保护原担保人的合法权益的作用。至于实际采用何种反担保方式,取决于债务人和原担保人之间的约定。在第三人充任反担保人的场合,抵押权、质权、保证均可采用,究竟采取何者,取决于该第三人(反担保人)和原担保人之间的约定。(2)设立反担保的行为是法律行为,必须符合《民法典》第 143 条规定的有效条件。而每种反担保方式又各有其特定的成立要件,因此尚需符合《民法典》于相应条款规定的特定成立要件。例如,《民法典》第 400 条规定,抵押权设立须有抵押合同并须具有书面形式与相应条款。(3)依反担保设立的目的要求,反担保的实行,应于原担保实行之后。而原担保的实行则无此前提。(4)关于本担保设立者的范围,《民法典》设有明文,可以是债务人,有时也可以是第三人(第 388 条第 2 款、第 391 条等)。关于反担保提供者的范围,《民法典》第 387 条第 2 款仅仅规定债务人为反担保的提供者,忽视了债务人委托第三人向原担保人提供反担保的情形。按该条侧重保护原担保人的合法权益、换取原担保人立保的立法目的和基本思想衡量,法条文义涵盖的反担保提供者的范围过狭,不足以贯彻其立法目的,构成一法律漏洞。对该漏洞的弥

补应采取目的性扩张方式,将第三人提供反担保的情形纳入该条的适用范围。《担保法解释》

[辨析]

《担保制度解释》第19条的规定有无合理的根据？如果遵循《民法典》第388条第1款中段关于"担保合同是主债权债务合同的从合同"的规定以及担保的从属性系担保合同从属于被担保合同之说,那么,《担保制度解释》第19条第2款后段关于"当事人仅以担保合同无效为由主张反担保合同无效的,人民法院不予支持"、第19条第1款关于"担保合同无效,承担了赔偿责任的担保人按照反担保合同的约定,在其承担赔偿责任的范围内请求反担保人承担担保责任的,人民法院应予支持"的规定,似乎不合逻辑,所谓"皮之不存毛将焉附"嘛。不过,担保的从属性还表现在担保债务从属于被担保债务这点上,并且此种表现更为本质。具体到反担保制度,就是反担保债务从属于担保债务。所谓担保债务,不限于担保合同有效成立阶段担保人对于主债权人所负有的担保债务(中性的),担保人依约向主债权人实际承担的担保责任这种担保债务的延伸和变形,以及担保人依法向主债权人实际承担的缔约过失责任性质的担保责任,均为其表现形式。相应地,反担保债务/反担保责任不但从属于常态的担保债务,而且从属于担保责任,包括缔约过失责任性质的担保责任。既然如此,在担保合同无效但担保人却实际承担了担保责任的情况下,反担保债务/反担保责任就客观地存在着,担保人就有权请求反担保人实际承担相应的反担保责任。

从权利的角度说,反担保从属于担保人对于主债务人享有的追偿权。只要实际承担担保责任的担保人对于主债务人的追偿权存在,即使担保合同无效,反担保人对于担保人承担的反担保责任就不会消灭。

上述理念及观点还可从反担保的本质得到印证和支持。原来,反担保系"求偿担保",即为保障担保人实际承担担保责任后易于实现其追偿权而设置的担保方式。担保人的追偿,重在其付出得到填补,不作茧自缚地聚焦于主债务人。只要担保人实际承担了担保责任,只要其追偿权存在,不但主债务人负有容忍担保人追偿的义务,而且反担保人也有义务满足担保人实现追偿的请求。既然反担保债务/反担保责任从属于担保债务/担保责任,保障担保人追偿权的切实实现,那么,只要担保责任实际承担了,只要担保人的追偿权存在,反担保债务/反担保责任就不会因担保合同无效而化为乌有。①

---

① 在北京市物权法学研究会于2021年1月28日举办的"第三届产权保护法治论坛:《最高人民法院关于适用〈中华人民共和国民法典〉有关担保制度的解释》研讨会"上,中国人民大学法学院的高圣平教授主张:反担保的主债务不是担保合同项下的债务,而是担保人向主债务人追偿的债务。特此致谢！

第二节　担保物权的担保范围

一、概述

《民法典》第 389 条前段明确了担保物权的法定担保范围,适用于当事人未约定担保范围的场合;后段赋予当事人约定的担保范围优先于法定的担保范围的效力。

二、主债权

《民法典》第 389 条前段所谓主债权,又称原本债权,是相对于利息债权及其他附随债权而言的称谓。它可以是合同债权、基于单方允诺产生的债权,也可以是不当得利返还请求权、无因管理产生的债权、基于侵权行为产生的债权等;可以是原本就是以支付金钱为内容的债权,也可以是最后可转化为以金钱给付为内容的债权,如交付货物的债权、提供劳务的债权,只要当事人约定该担保是在为将来转化成的以金钱给付为内容的债权而设即可;主债权大多为现实存在的债权,也可以是某些未来成立的债权和附条件债权。

担保物权的存在就是为了确保主债权的实现,因此主债权为担保物权所担保的主要对象。

三、利息

《民法典》第 389 条前段所谓利息,是由作为主债权的金钱债权而产生的法定孳息。利息可分为作为狭义的利息(即作为本金孳生物的利息)和逾期利息(迟延利息)。作为狭义的利息的计算标准的利率既可以是约定的(即当事人在法律规定的范围内作出的约定),也可以是法定利率。所谓逾期利息,是指在债务人履行金钱债务迟延时,应当向债权人给付的利息。具体来说,就是指除应支付合同约定的贷款期间的利息以外,还应支付逾期部分的利息,即应支付未还款之前的实际借款期间的利息。逾期利息的计算标准也可以是当事人约定的或法定的利率。[①] 不过,此时借款人向贷款人支付的利息在法律性质上属于因金钱之债被侵害所产生的法定违约金。由于《民法典》第 389 条已经单独规定了违约金,这里的"利息"不应包括作为法定违约金的逾期利息,而仅指作为本金孳生物的利息。

利息作为担保物权所担保的范围,应有一定的从外部识别的标志。例如,本金债

[①] 王利明、尹飞、程啸:《中国物权法教程》,人民法院出版社 2007 年版,第 430 页。

权的当事人若为金融机构,则以法定的利率为准计算;若为普通的当事人,应举证证明关于利息的约定,否则,视为无利息约定,担保物权的效力不及于利息。

[论争]

有观点认为,逾期利息亦为担保物权所担保的范围。①

四、违约金

尽管《民法典》第389条前段在字面上将违约金作为担保物权所担保的范围之一,但实际上并不确切。作为担保物权所担保的范围的违约金,并非指债务不履行发生前的当事人约定的或法律规定的违约金,而是债务不履行之时及其后产生的违约金责任。

违约金责任分为赔偿性违约金和惩罚性违约金。前者属于主债务因其未被履行而转化成的第二性债务,从权利的角度观察即为主债权因债务人不履行而转化成的救济权,也就是说,赔偿性违约金和主债务之间具有同一性,或者说赔偿性违约金债权和主债权之间具有同一性。既然主债权为担保物权所担保的法定的范围,赔偿性违约金自然应为担保物权所担保的法定的范围。

惩罚性违约金并非主债务因未被履行而转化成的第二性债务,二者之间无同一性。有鉴于此,它是否为担保物权所担保的范围,可有两种思路:(1)简单地按《民法典》第389条的字面规定予以解释和适用,认定惩罚性违约金为担保物权所担保的法定的范围。(2)限缩《民法典》第389条关于违约金为担保物权所担保范围的文义,将惩罚性违约金排除在担保物权所担保的范围之外,除非当事人明确约定担保范围包括惩罚性违约金。有赞同第一种思路的。② 但笔者认为,从法理上讲,第二种思路更为合理。首先,它尊重当事人的自由意志。其次,在无当事人约定的情况下,担保权的目的及功能在于促使债务人履行债务、保障债权实现。而惩罚性违约金超出了债权实现的范围和程度,属于额外的负担,且属于较为严厉的惩罚性措施。在强调等价、补偿性的民法领域,若无特别理由,对惩罚性的措施轻易不予鼓励。不加条件限制地使担保物权的担保范围扩张至惩罚性违约金,已经脱离了担保物权的目的及功能,过分偏向于享有担保物权的债权人了,而对其他债权人过于苛刻。其不合理性在债务人于其不履行债务方面并无可归责之处、债务人的责任财产不足以清偿数个并存的债权场合,表现得尤为突出。因而,第二种思路较为可取。当然,如果通过援用

---

① 黄松有主编:《〈中华人民共和国物权法〉条文理解与适用》,人民法院出版社2007年版,第508页。

② 同上书,第509页。

《民法典》第585条第2款的规定,将惩罚性违约金的数额降低,使违约金、赔偿金等负担之和达到与债权人的损失额(所受损害和所失利益之和)相当的程度,即已经把惩罚性违约金在实际运作中变成了赔偿性违约金的,担保物权所担保的范围则应当包括它。

五、损害赔偿金

《民法典》第389条前段所谓损害赔偿金,为主债务因未被履行而转化成的第二性债务,从权利的角度描述,就是主债权因主债务不履行而转化成的救济权。既然主债权为担保物权所担保的法定的范围,损害赔偿金自然应为担保物权所担保的法定的范围。

六、保管担保财产的费用

由于抵押权并不移转抵押物的占有,不发生抵押权人因保管担保物而支出费用的问题。与此有别,动产质权和留置权存在着保管担保物的费用。在动产质权场合,动产质权的设立必须移转质押财产的占有(《民法典》第429条),质权人对质押财产负有妥善保管的义务(《民法典》第432条第1款前段),由此可产生保管费用。在留置权场合,留置权人必须占有留置物,留置权人负有妥善保管留置财产的义务(《民法典》第451条前段),可能支出保管费用。① 为保管担保物而支出费用,是有利于担保权人、债务人或其他债权人之举,由担保人负担是合理的。不然,不利于担保活动的进行,也不利于确保债权的实现。所以,该项费用应纳入担保物权所担保的范围。②

七、实现担保物权的费用

《民法典》第389条前段所谓实现担保物权的费用,是指担保物权人因实现担保物权而支出的费用,包括拍卖、变卖担保物所支付的费用,以及其他的必要费用。当然,当事人对此有约定的,依其约定。例如,某《担保合同》第1条约定:……"债权实现费用包括但不限于甲方行使权利所产生的法院立案费用、财产保全费用、律师费用、执行费用、档案调查费及相关人员的差旅费等。"

---

① 王利明、尹飞、程啸:《中国物权法教程》,人民法院出版社2007年版,第431页;黄松有主编:《〈中华人民共和国物权法〉条文理解与适用》,人民法院出版社2007年版,第509页。
② 胡康生主编:《中华人民共和国物权法释义》,法律出版社2007年版,第374-375页;谢在全:《民法物权论》(中册),三民书局2003年修订2版,第423页。

第三节　担保物权与人的担保的并存

一、概述

同一债权既有保证又有担保物权的,如何处理?《担保法》规定,保证人对物的担保以外的债权承担保证责任(第28条第1款)。债权人放弃物的担保时,保证人在债权人放弃权利的范围内免除保证责任(第28条第2款)。《担保法解释》对此有所修改:同一债权既有保证又有第三人提供物的担保的,债权人可以请求保证人或物的担保人承担担保责任。当事人对保证担保的范围或物的担保的范围没有约定或约定不明的,承担了担保责任的担保人,可以向债务人追偿,也可以要求其他担保人清偿其应当分担的份额(第38条第1款)。同一债权既有保证又有物的担保的,物的担保合同被确认为无效或被撤销,保证人仍应当按合同的约定或法律的规定承担保证责任(第38条第2款)。债权人在主合同履行期届满后怠于行使担保物权,致使担保物的价值减少或毁损、灭失的,视为债权人放弃部分或全部物的担保。保证人在债权人放弃权利的范围内减轻或免除保证责任(第38条第3款)。这些规定有利有弊,《物权法》吸收其利而规定:"被担保的债权既有物的担保又有人的担保的,债务人不履行到期债务或者发生当事人约定的实现担保物权的情形,债权人应当按照约定实现债权;没有约定或者约定不明确,债务人自己提供物的担保的,债权人应当先就该物的担保实现债权;第三人提供物的担保的,债权人可以就物的担保实现债权,也可以要求保证人承担保证责任。提供担保的第三人承担担保责任后,有权向债务人追偿"(第176条)。法[2019]254号明确遵守、适用《物权法》第176条的规定,不再沿用《担保法解释》第38条的规定(第56条)《民法典》承继了《物权法》第176条的规定及其精神。这与现行法区分物权关系中的义务与债的关系的义务并设置不同的规则、意思自治原则、债的相对性、自己责任原则相吻合,与参与《物权法》立法的工作人员的回顾和解释相一致。与此相反,《担保法》第28条的规定,《担保法解释》第38条承认物上保证人之间、物上保证人与保证人之间存在着追偿权的观点,则与现行法上的诸多制度及规则和学说存在着摩擦,违背了《物权法》和《民法典》的立法目的。至于将视野延伸至公平、效率、风险分配和道德风险以及当事人预期等方面,赞同《担保法解释》第38条奉行相互追偿说之论的与反对《担保法解释》第38条奉行相互追偿说之辨"半斤八两",前者并不占上风。在意思自治、整体交易安排及利益衡量等方面,后者明显地处于优势地位,而意思自治原则恰恰是法律人津津乐道的民商法基本原则。在这方面的详细分析,笔者随后以"[论争]"的形式呈现,因为其内容大多涉及《民法典》之前的法律及司法解释。

显然,五部法律及司法解释的规定存在着矛盾,需要解决。

二、《民法典》第392条及《担保制度解释》的几层意思

1.《民法典》第392条中段关于"没有约定或者约定不明确,债务人自己提供物的担保的,债权人应当先就该物的担保实现债权"的规定,具有合理性,值得肯定。因为债务本应由债务人履行,首先就债务人提供的物的担保实现债权,符合这个机理。此其一。担保责任并非终局的责任,只是过渡性质的债务,最终的责任由主债务人承担。假若首先就人的担保实现债权,保证人或连带债务人承担了人的担保责任后再向主债务人追偿,使得法律关系复杂化,徒增成本。对此,回想一下连带债务场合的内部关系都是按份处理,而不再按连带处理,就会明白。此其二。相较于债权人请求保证人或连带债务人承担人的担保责任,行使物的担保,的确增大了成本,但由于该项成本由担保物的变价负担(《民法典》第389条、第411条),加上该变价不足以清偿债权时,债权人仍有权请求保证人或连带债务人承担人的担保责任,债权人不会遭受不利。此其三。

2.《民法典》第392条中段关于"没有约定或者约定不明确,……第三人提供物的担保的,债权人可以就物的担保实现债权,也可以请求保证人承担保证责任"的规定,同样合理,值得肯定。其道理在于,多个担保方式共同担保同一个债权,在性质和功能上没有按份担保的天然要求,而是各自承担着担保全部债权的责任。此其一。在当事人没有约定先就何种担保实现债权,或约定不明确的情况下,债权人就何种担保实现其债权自由决定,符合权利的本质,也符合趋利避害的经济人的本性。此其二。

3.《民法典》第392条前段关于"被担保的债权既有物的担保又有人的担保的,……,债权人应当按照约定实现债权"的规定,把当事人关于债权人首先行使哪种担保方式的约定置于优先地位,符合意思自治原则和案情实际,较《担保法》和《担保法解释》的规定先进,应予肯定。不过,约定担保责任的承担顺序,情形复杂,需要区别对待。

(1) 如果物上保证人和债权人约定由保证人先履行保证责任,保证人有权主张,该约定对自己这个第三人不发生拘束力,根据在于合同的相对性原则;保证人也可以援用《民法典》第154条的规定,主张此类约定属于物上保证人和债权人恶意串通损害第三人的合法权益而无效。

至于保证人同意该约定,意味着保证人默认自己是唯一的担保人,没有寄希望于他人加入担保人的行列之中;保证人愿意受其单方允诺的约束,必须先承担保证责任。对于此项约定,还可以解释为保证人和债权人重新签订了一份合同,变更了原来

的保证合同,保证人同意先承担保证责任。

（2）在保证合同已经明确约定,债权人不得放弃行使担保物权,否则,保证人有权拒绝承担保证责任的情况下,债权人违反该项约定,而与物上保证人约定在保证人不能代偿债务时债权人才能行使担保物权,保证人获得救济的途径如下:可以援用保证合同关于"债权人不得放弃行使担保物权,否则,保证人有权拒绝承担保证责任"的约定,对抗债权人请求保证人承担保证责任的行为,并追究债权人的违约责任;或援用《民法典》第 154 条的规定,主张该约定属于他们恶意串通损害第三人的合法权益而无效。

（3）如果保证人和债权人约定先就物的担保实现债权,物上保证人若为债务人,就无权对抗此类约定,原因在于《民法典》第 392 条的规定,以及尽量简化法律关系及降低成本的要求;若为第三人,则可以主张该项约定对自己没有法律约束力,根据在于合同的相对性原则。

至于物上保证人同意该约定,这意味着物上保证人默认自己是唯一的担保人,没有寄希望于他人加入担保人的行列之中;物上保证人愿意受其单方允诺的约束,必须先承担物上保证责任。

结合程序处理上述问题,应适用《担保制度解释》第 21 条第 2 款关于"债权人一并起诉债务人和担保人的,应当根据主合同确定管辖法院"的规定,以便快捷、经济。

4.《担保制度解释》未一律贯彻债权人自主选择行使担保方式的思想,而是引入了过失思想,于第 24 条规定了减轻或免除保证责任的事由:"债权人知道或者应当知道债务人破产,既未申报债权也未通知担保人,致使担保人不能预先行使追偿权的,担保人就该债权在破产程序中可能受偿的范围内免除担保责任,但是担保人因自身过错未行使追偿权的除外。"《物权法》第 176 条和《民法典》第 392 条的规定忽视了过失思想,应当反思。

5. 物权法,就其固有的目的及功能而言,仅仅规制物权的问题,而用益物权之间的确不存在相互连带及追偿的属性和效力,至于担保物权,除了共同抵押权,也不存在追偿的问题。就此说来,《物权法》和《民法典》未规定物上担保人之间相互追偿,诚为安分守己。同时,也正因为物权法不管债的事情,债法自然按照自身的规律设置债的规则,包括共同保证人之间的连带责任及追偿的规定,《物权法》和《民法典》对此予以尊重,不作相反的规定,就是尊重的表现。由此可知,《民法典》没有泛泛地规定担保人之间相互追偿,并不意味着否定了《担保法解释》共同保证人负连带保证责任场合相互间享有追偿权。《担保制度解释》第 29 条第 2 款关于"同一债务有两个以上保证人,保证人之间相互有追偿权,债权人未在保证期间内依法向部分保证人行使权利,导致其他保证人在承担保证责任后丧失追偿权,其他保证人主张在其不能追偿的范围内免除保证责任的,人民法院应予支持"的规定,似可解释出来上述结论,主要理由是共同保证人对外承担连带责任。所谓"同一债务有两个以上保证人,保证人之间相互有追偿权",并未限定共同保证人之间有明确约定时方可如此,即使共同保证人之间未明确约定相互间享有追偿权,只要他们对外承担连带债务/连带责任,也应当相互间享有追偿权。《担保法解释》

6. 《担保制度解释》第13条第1款所谓"同一债务有两个以上第三人提供担保,担保人之间约定相互追偿及分担份额,承担了担保责任的担保人请求其他担保人按照约定分担份额的,人民法院应予支持;担保人之间约定承担连带共同担保,或者约定相互追偿但是未约定分担份额的,各担保人按照比例分担向债务人不能追偿的部分",表达出共同担保人约定相互间享有追偿权的,受法律保护,未设"共同担保人未约定相互间享有追偿权的,也存在追偿权"之类的例外。

《担保制度解释》第13条第2款关于"同一债务有两个以上第三人提供担保,担保人之间未对相互追偿作出约定且未约定承担连带共同担保,但是各担保人在同一份合同书上签字、盖章或者按指印,承担了担保责任的担保人请求其他担保人按照比例分担向债务人不能追偿部分的,人民法院应予支持"的规定,一方面坚持共同担保人相互间享有追偿权或是基于其约定或是源自法律规定的原则,另一方面通过推定共同担保人约定相互间享有追偿权的方式,适当地扩张追偿权规则的适用案型。这种推定增强了各担保人在同一份合同文本上签字时的注意义务,在《担保制度解释》第13条第2款明确规定了推定规则的背景下,任何一个担保人作为理性人都明白在同一份合同书签字的意义。既然签字了,就表示了同意相互间享有追偿权的意思。

《担保制度解释》第13条第3款关于"除前两款规定的情形外,承担了担保责任的担保人请求其他担保人分担向债务人不能追偿部分的,人民法院不予支持"的规定,重申了共同担保人相互间享有追偿权或是基于其约定或是源自法律规定的原则。

[《民法典》颁行之前的论争]

1. 混合共同担保人相互间有无追偿权的"论争四说"

在同一个债权被数个担保措施保障,特别是并存着物的担保和人的担保即所谓混合共同担保的情况下,各个担保人相互间是否存在追偿权或曰求偿权?《担保法》仅仅就共同保证的场合于第12条后段规定:"……已经承担保证责任的保证人,有权向债务人追偿,或者要求承担连带责任的其他保证人清偿其应当承担的份额。"《担保法解释》不但就共同抵押的场合于第75条第3款规定"抵押人承担担保责任后,可以向债务人追偿,也可以要求其他抵押人清偿其应当承担的份额";而且将该思想普遍化,于第38条第1款后段规定:"当事人对保证担保的范围或者物的担保的范围没有约定或者约定不明的,承担了担保责任的担保人,可以向债务人追偿,也可以要求其他担保人清偿其应当分担的份额。"其中所谓"承担了担保责任的担保人，……，也可以要求其他担保人清偿其应当分担的份额"，显然是确立了各个担保人相互间的按份责任，以及实际承担了担保责任的担保人对于尚未实际承担担保责任的担保人享有追偿权或曰求偿权。此处所谓担保人，不限于共同保证人、共同抵押人；担保人之间的关系亦不限于共同保证人之间的关系、共同抵押物及其显现的抵押物所有权人之间的关系。这是赞同混合共同担保人相互间享有追偿权的"肯定说"。赞同该说的学者大有人在。① 即使《物权法》第176条后段明确规定"提供担保的第三人承担担保责任后，有权向债务人追偿"，无"承担了担保责任的担保人，……，也可以要求其他担保人清偿其应当分担的份额"的字样，也仍有许多学者坚持"肯定说"。② 《中华人民共和国民法典物权编（草案）》（民法室室内稿）（以下简称为《物权编（草案）》）就采纳了该说（第181条）。

《物权法》制定时，立法者明知《担保法解释》第38条第1款后段的规定却没有吸纳它（第176条等），对《担保法》第12条后段以及《担保法解释》第75条第3款关于担保人享有追偿权的规定也未正面表态。这不是立法者的疏忽大意，而是其有意为之，即未泛泛地承认混合共同担保人相互间的追偿权，法律人对《物权法》第176条后

---

① 叶金强：《担保法原理》，科学出版社2002年版，第26页；程啸：《物权法·担保物权》，中国法制出版社2005年版，第77-79页。

② 高圣平：《物权法：原理·规则·案例》，清华大学出版社2007年版，第160-164页；高圣平：《物权法担保物权编》，中国人民大学出版社2007年版，第68页；郭明瑞主编：《中华人民共和国物权法释义》，中国法制出版社2007年版，第315页；刘保玉：《物权法学》，中国法制出版社2007年版，第343页；梅夏英、高圣平：《物权法原理》，中国人民大学出版社2007年版，第347页；宋晓明：《物权法担保物权编实施中的几个重要问题》，最高人民法院民事审判第二庭编：《民商事审判指导》（2008年第2辑），人民法院出版社2008年版，第5页；郭明瑞：《担保法》，法律出版社2010年版，第55页；高圣平：《物权法与担保法：对比分析与适用》，人民法院出版社2010年版，第81页；王利明：《物权法研究》（下卷）（第3版），中国人民大学出版社2013年版，第1122页；黄忠：《混合共同担保之内部追偿权的证立及其展开——物权法第176条的解释论》，载《中外法学》2015年第4期，第1011-1028页；高圣平：《担保物权司法解释起草中的重大争议问题》，载《中国法学》2016年第1期，第239-245页；贺剑：《走出共同担保人内部追偿的"公平"误区——〈物权法〉第176条的解释论》，载《法学》2017年第3期，第78-85页；中国法学会民法典编纂项目领导小组物权编课题组：《中华人民共和国民法典·物权编修订条文及立法理由》，2017年1月18日。

段的规定应当如此解释。① 这就是所谓"否定说",赞同此说者同样不少。②《中华人民共和国民法典(草案)》(以下简称为《民法典(草案)》)已经采纳否定说(第392条),《第九次全国法院民商事审判工作会议纪要(法[2019]254号)》亦然(第56条),《民法典》固定之(第392条)。

相对棘手的问题是,按照《物权法》第178条关于"担保法与本法的规定不一致的,适用本法"的规定,尤其是《物权法》的立法计划及立法目的,《担保法》及与其相应的司法解释并未全部失效,与《物权法》的规定不冲突的担保规则继续有效。如何认定此处的"规定"?《物权法》第176条欠缺数个担保人担保同一个债权时相互间有无追偿权的内容,这是否属于《担保法》第12条后段以及《担保法解释》第38条第1款后段、第75条第3款的规定与《物权法》的规定不一致?若是,则在中国现行法上完全不存在担保人相互间的追偿权;若否,则《担保法》第12条后段以及《担保法解释》第38条第1款后段、第75条第3款的规定继续有效,就在中国现行法上依然存在着担保人相互间的追偿权。

在混合共同担保关系中,是否确立担保人相互间享有追偿权的规则?在《物权法》制定过程中,百家争鸣,但《物权法》最终没有采纳"肯定说",否定了《担保法解

---

① 胡康生主编:《中华人民共和国物权法释义》,法律出版社2007年版,第381-382页。
② 胡康生主编:《中华人民共和国物权法释义》,法律出版社2007年版,第381-382页;王利明、尹飞、程啸:《中国物权法教程》,人民法院出版社2007年版,第437页;杨明刚:《新物权法——担保物权适用解说与典型案例评析》,法律出版社2007年版,第41页;韩松、张翔、郭升选、赵俊芳:《物权法》,法律出版社2008年版,第366页;代晨:《论物保与人保并存之法律适用》,载《昆明大学学报》2008年第1期;黄喆:《保证与物的担保并存时法律规则之检讨——以〈物权法〉第176条的规定为中心》,载《南京大学学报》(哲学·人文科学·社会科学版)2010年第1期;崔建远:《物权法》,中国人民大学出版社2009年版,第462-464页;崔建远:《物权法》(第2版),中国人民大学出版社2011年版,第426页;崔建远:《物权法》(第3版),中国人民大学出版社2014年版,第435-437页;崔建远:《物权:规范与学说——以中国物权法的解释论为中心》(下册),清华大学出版社2011年版,第763-765页;江海、石冠彬:《论共同担保人内部追偿规则的构建——兼评〈物权法〉第176条》,载《法学评论》2013年第6期;王昌颖:《人保与物保并存时担保人之间追偿权初探——对物权法第一百七十六条的比较分析》,载《人民法院报》2013年4月3日第007版;李红建、雷新勇:《人保与第三人物保的相互追偿及担保物权未设立的责任问题探讨》,载《法律适用》2014年第8期。

释》第 38 条第 1 款后段的规定。① 遵从主观目的论,②可以说中国现行物权法未承认混合共同担保人相互间的追偿权。

介于"肯定说"和"否定说"之间的是态度暧昧的立场:一方面继续引述《担保法解释》第 38 条第 1 款后段的规定,只是说《物权法》第 176 条对担保人相互间有无追偿权没有表态,并不评论其适当与否;另一方面也指出保证人与物的担保人共同分担责任在确定份额和具体操作上的复杂和困难。③ 笔者权且称之为"暧昧说"。

《物权法》第 176 条欠缺数个担保人担保同一个债权时相互间有无追偿权的内容,否定了《担保法》第 12 条后段关于"……已经承担保证责任的保证人,有权向债务人追偿,或者要求承担连带责任的其他保证人清偿其应当承担的份额"的规定,以及《担保法解释》第 75 条第 3 款关于"抵押人承担担保责任后,可以向债务人追偿,也可以要求其他抵押人清偿其应当承担的份额"的规定了吗?

梳理和观察立法例及判例和学说,笔者似乎看到了这样的规律及规则:在一般关系或曰普通关系(如人格权关系、所有权关系)中,义务人一侧相互间不存在追偿权;在某些特殊关系(如债的关系、共有人之间的关系)中,义务人一侧相互间基于约定或法定而存在追偿权。但此处所谓法定,不得是立法者的肆意妄为,而必须是充分尊重各项法律制度及规则乃至判例和学说,立足于各项法律制度及规则(如担保物权的绝对性和排他性、意思自治原则、一般保证中的先诉抗辩权、多数人之债、债的相对性、自己责任原则等)之间的相互衔接、配合,尽可能地自洽,基于公平正义,衡平各个主体之间的利益关系,才承认和设计追偿权规则。具体到混合共同担保制度,在当事人之间没有约定的情况下,在现有制度及规则的框架下,物上保证人之间的关系、物上保证人与保证人之间的关系,属于一般关系而非特殊关系,担保人相互间所负注意义务不多、不高,解释《物权法》第 176 条时不认为物上保证人之间、物上保证人与保证

---

① 胡康生主编:《中华人民共和国物权法释义》,法律出版社 2007 年版,第 381-382 页;全国人民代表大会常务委员会法制工作委员会民法室:《物权法及其相关规定对照手册》,法律出版社 2007 年版,第 259-260 页。

② 德国立法公布立法理由书,而中国立法未公布立法理由书,因而,寻觅立法者的立法计划和立法目的,在中国要难于德国,有必要适当放宽判断标准及要求。其中的立法目的,本有主观目的和客观目的之争,其实,何时应重视主观目的,何时宜倾向于客观目的,并非全凭解释者的主观偏好,而是存在着一定的规则。关于这方面的详细论述,请见[德]卡尔·拉伦茨:《法学方法论》(学生版),陈爱娥译,五南图书出版公司 1996 年版,第 221 页以下;梁慧星:《民法解释学》,中国政法大学出版社 1995 年版,第 206 页以下;崔建远:《从解释论看物权行为与中国民法》,载《比较法研究》2004 年第 2 期;崔建远:《物权:规范与学说——以中国物权法的解释论为中心》(下册),清华大学出版社 2011 年版,第 80 页以下。

③ 黄松有主编:《〈中华人民共和国物权法〉条文理解与适用》,人民法院出版社 2007 年版,第 521-522 页。

人之间存在着追偿权,这与现行法区分物权关系中的义务与债的关系的义务并设置不同的规则、意思自治原则、债的相对性、自己责任原则相吻合,与参与《物权法》立法的工作人员的回顾和解释①相一致,法律人无须特别论证即可得出这样的结论(当然,为了增强说服力,下文将从当事人预期、公平尺度、效率原则、风险分配、利益衡量等方面予以分析、阐释)。与此相反,若肯认物上保证人之间、物上保证人与保证人之间存在着追偿权,因其与现行法上的诸多制度及规则和学说存在着摩擦,就需要特别论证,详细而深入地阐释理由,否则,就是武断的,难以服人的。所以,从《物权法》第176条乃至整部法律的立法计划和立法目的来说,对混合共同担保关系,《物权法》未设物上保证人之间、物上保证人与保证人之间享有追偿权的规则,不存在违反立法计划的不圆满状态,②不构成法律漏洞。"肯定说"于《物权法》颁行之后仍然坚持中国现行法上存在着混合共同担保人相互间享有追偿权之说,是不符合解释论的方法及规则的。

但是,如果对于共同保证、共同抵押的关系也这样解释并得出相同的结论,则是机械的,僵硬的,也不合法理,忽略了它们与混合共同担保关系之间存在的重大差异。原来,在共同保证关系中,各个保证人之间的内部关系不是一般关系,而是特殊关系,并且是具有内在联系的共同关系,因各个保证人负有履行外部关系中对债权人所负债务的义务,客观上使得该内部关系规则必须衡平各个保证人之间的利益,故保证人相互间享有追偿权,是必须的,合理的。③ 共同抵押关系的情形和道理与之大体相同,但抵押物的牵连毕竟有别于保证人及其责任财产的关联,故共同抵押人之间是否享有追偿权,并不像共同保证关系中那样势所必然,而是取决于若干因素,如当事人的约定,法律及判例到底采取分割主义、分配主义、价额比例分担主义、优先负担主义、调整主义、非调整主义中的哪一种,只是《担保法解释》第75条第3款简单化地断然承认了追偿权罢了。但不管怎样说,共同保证人相互间享有追偿权、共同抵押的场合抵押物的所有权人之间可以享有追偿权,有着深层的原则理念、制度机理、利益衡量的支撑,存在着前见(先见),确属合理且必要,加上《担保法》第12条后段、《担保法

---

① 胡康生主编:《中华人民共和国物权法释义》,法律出版社2007年版,第381-382页;全国人民代表大会常务委员会法制工作委员会民法室:《物权法及其相关规定对照手册》,法律出版社2007年版,第259-260页。

② 参见[德]卡尔·拉伦茨:《法学方法论》(学生版),陈爱娥译,五南图书出版公司1996年版,第281页以下;黄建辉:《法律漏洞·类推适用》,蔚理法律出版社1988年版,第21-22页;梁慧星《民法解释学》,中国政法大学出版社1995年版,第251页。

③ 共同保证人无相互间连带负责的约定时,相互间有无追偿权,非三言两语所能说清,为了简化问题,便于叙述,本论争对此暂不讨论,只要未作特别说明,本论争所谓共同保证限于共同保证人相互约定了连带负责的类型。

解释》第 75 条第 3 款设有追偿权的规定,这决定了:承认《物权法》第 176 条的规定存在着法律漏洞——在共同保证、共同抵押的场合担保人相互间享有追偿权,但《物权法》却没有规定,存在着违反立法计划的不圆满状态——是符合担保制度内部各项规则相互衔接、配合的内在要求的,是符合解释论的规则及方法的。[①] 笔者的这种观点虽在总体上属于"否定说",但注意到了不同情形,有些类型化的意味,不妨称作"折中说"。

以上论争"四说"不全是分歧,也有共识:当事人约定或法律规定担保人相互间拥有追偿权的,依其约定、规定。此外,担保人单方允诺其他担保人于其实际承担了全部担保责任之后可以向他自己追偿,于此场合,因该单独行为只是作为允诺人的担保人为自己设立义务,而未为其他担保人设立义务,故应属有效。既然如此,"四说"的论争不应影响编纂《物权编》时设置共同保证人相互间享有追偿权、共同抵押场合抵押物的所有权人之间于必要时享有追偿权的规则,至于是否泛泛地设置混合共同担保关系中物上保证人之间、物上保证人与保证人相互间享有追偿权,则须进一步分析和论证,而后再下结论。当然,笔者对后几种情形持否定的意见。

2. 担保人相互间的追偿权与各项义务具有内在联系的共同关系

常识和惯例都告诉我们,一般关系(如人格权关系、所有权关系)中难有民事主体一方向另一方享有追偿权。法律确认这种常识和惯例,学说也如此认知。只有当事人之间存在着数项义务具有内在联系的共同关系时,才有可能确立追偿权制度。[②]

所谓数项义务具有内在联系,至少包括如下情形:(1)法律关系的天然属性决定了数项义务具有内在联系。例如,共有关系中的内部关系,同一个买卖合同关系中两项对待给付义务之间的牵连关系。此类数项义务具有内在联系,是先天的客观存在,由关系的本质属性决定,当事人如此约定也好,法律这样规定也罢,只不过是对客观存在的重复、确认。再说,法律只要希望自己为善法,就不得不如此确认、规定。(2)当事人约定,使得数项义务之间具有内在联系。例如,共同保证合同约定各个保证人对债权人承担连带责任,他们相互间享有追偿权。在推崇意思自治原则的理念和法治中,也天然地具有正当性,除非此类约定违背公序良俗、违反法律、法规的强制性规定。(3)除此之外的关系,出于利益衡量或特殊领域的特别要求,立法政策决定

[①] 崔建远:《物权法》,中国人民大学出版社 2009 年版,第 462-464 页;崔建远:《物权法》(第 2 版),中国人民大学出版社 2011 年版,第 426 页;崔建远:《物权法》(第 3 版),中国人民大学出版社 2014 年版,第 435-437 页;崔建远《物权:规范与学说——以中国物权法的解释论为中心》(下册),清华大学出版社 2011 年版,第 763-765 页。

[②] 参见[德]迪特尔·梅迪库斯:《德国债法总论》,杜景林、卢谌译,法律出版社 2004 年版,第 609 页。

制定法"硬性"地"拟制"数项义务具有内在联系。

同一个买卖合同关系中两项对待给付义务之间的牵连关系,天然地要求配置同时履行抗辩、先履行抗辩和不安抗辩权,善法对此予以反映,形成履行抗辩权制度,具有正当性。只是它不属于本论题的范围,本部分不拟讨论。

在合伙关系中,合伙人甲向合伙债权人为清偿、代物清偿、提存、抵销或混同而债务消灭的,其他合伙人同时免负其责;该合伙人有权按其内部分担部分向其他合伙人请求偿还。[1] 其原理在于,按份共有关系属于共同关系,而共同关系就是其法定债的关系产生的原因。[2] 可以这样理解,共有人之间的关系包含两类:一类为共有人对共有财产享有所有权的物权关系,另一类是共有人之间的法定债的关系,于此关系中,数项义务具有内在联系,因此使追偿权的确立具有正当性。《物权法》就接受了这样的机理,于第102条后段规定:"在共有人内部关系上,除共有人另有约定外,按份共有人按照份额享有债权、承担债务,共同共有人共同享有债权、承担债务。偿还债务超过自己应当承担份额的按份共有人,有权向其他共有人追偿。"

公司设立过程中发起人之间的关系,属于合伙关系,设立公司行为所产生的费用、债务和责任,由发起人连带负责,部分发起人向债权人承担责任后,按照《公司法解释(三)》的规定,有权向其他发起人追偿(第4条、第5条)。其正当性如同上文所述,不再赘言。

对数项义务本无内在联系,当事人亦未通过意思表示将之密切连接起来,形成牵连关系的,制定法"硬性"地"拟制"数项义务具有内在联系,人为地形成"共同关系",显然面临着巨大障碍,债的相对性首当其冲。

本来,债的相对性如同物权的对世效力一样,为物债二分体制下的根本性原则,一个债的关系约束其中的主体,对第三人原则上没有法律拘束力,这是债权区别于物权的重要属性及表现。"肯定说"赋权保证人追偿物上保证人,就使得保证合同具有了对第三人的法律效力,使得债权具有了对第三人的直接效力了,突破了债的相对性原则。笔者对此诘问:这里存在着不得不如此设计的理由吗?

其实,连《合同法》在内的中国法是在尽力地遵循债的相对性原则的。例如,《合同法》第65条规定的由第三人履行的合同,表面上似乎突破了债的相对性,但因第三人拒不依约向债权人为给付时,债权人只得回过头来请求债务人履行。这在实质上

---

[1] 中国台湾地区"民法"第274条、第281条、第282条、第677条;刘春堂:《民法摘编各论》(下),三民书局2008年版,第79页。

[2] 德国《联邦最高法院民事判例集》第62卷,页243,246;《慕尼黑民法典注释——K.施密特》,第741条,边码3.转引自[德]迪特尔·梅迪库斯:《德国债法分论》,杜景林、卢谌译,法律出版社2007年版,第399页。

还在固守债的相对性。《民法典》已经明文规定了合同的相对性(第465条正文)。再如,《合同法》第73条规定的债权人代位权、第74条和第75条规定的债权人撤销权,确实在突破债的相对性,但同时设置了十分严格的成立条件和苛刻的行使程序,使得债权人援用它们、获得成功的几率大大低下,这不能不说债的相对性在立法者理念上的根深蒂固。换个角度说,债的相对性不是完全不许突破,只是突破它需要具备充分的理由,必须受严格的限制。

物权相对于债权在特定领域具有某些"优越性",物权关系中的义务相对于债务却不是成正比地具有"优越性"。物权关系中的义务人基本上是容忍,少有积极作为的空间,而债的关系中债务人还有积极作为的主动性。如果说允许保证人追偿物上保证人不那么理直气壮的话,那么,准许物上保证人追偿保证人就更缺乏正当性。

再看自己责任原则,该原则根植于人的理性、社会伦理、人类尊严和社会价值的深厚土壤,正当性不言自明。[①] 据此原则,在侵权法领域,是民事主体对自己的侵权行为负责,对他人实施的加害行为原则上不承担责任。在合同法领域,当事人对其债务由自己承受清偿的负担,就其责任财产承担责任。可是,在混合共同担保关系中,担保人承担了担保责任后有权向其他担保人追偿,这就改变了自己责任原则,树立了共同责任原则。其正当性充分吗?

在有关立法例及学说上,多数人之债,只要债务是可分的,如无另外的意思表示,在外部关系方面则以均等的比例享有权利或承担债务,在内部关系方面,在债权人之间或在债务人之间原则上不发生分配或求偿的关系。[②] 多数人承担债务的场合尚且如此,何况物上保证债务并非债法上的债务呢?物上保证人与保证人之间求偿的机理何在?

面对种种巨大的障碍,法律仍然"硬性"地"拟制"数项义务具有内在联系,人为地形成"共同关系",不是绝对不可以,只是需要具备充分且必要的理由。否则,就是"霸道"的,不讲法理的,其结果很可能弊大于利。《合同法解释(一)》第20条关于"债权人向次债务人提起的代位权诉讼经人民法院审理后认定代位权成立的,由次债务人向债权人履行清偿义务……"的规定,完全废弃"入库规则";修正前的《买卖合同解释》第9条第3项关于出卖人就同一普通动产订立多重买卖合同且都有效,均未受领交付,也未支付价款的,依法成立在先合同的买受人请求出卖人履行交付标的物

---

① 王泽鉴:《民法学说与判例研究》(第2册),北京大学出版社2009年版,第106页。
② [日]於保不二雄:《日本民法债权总论》,庄胜荣校订,五南图书出版有限公司1998年版,第200-204页。

等合同义务的,人民法院应予支持的规定,都背离债权平等原则,均为弊大于利,值得反思。①

再具体到混合共同担保制度,物上保证人之间的关系,物上保证人与保证人之间的关系,是否属于数项义务有内在联系的共同关系?确立物上保证人相互间享有追偿权,物上保证人与保证人相互间享有追偿权,有无充分的理由?

最为系统阐释和立论"肯定说"的黄忠教授认可担保人之间要存有一定的法律关系,并进而将之定性和定位在多数人之债的关系,乃至连带债务:"《物权法》第176条在明确了'物的担保责任与人的担保责任平等说'的同时,其实也就隐含了物上保证人与保证人之间存在多数人之债的假设"。"其实,就文义解释而言,《物权法》第176条关于物上保证人、保证人与债权人之间法律关系的描述也完全符合多数人之债的特征。""就混合共同担保而言,由于各混合共同担保人与债务人对债权人的责任并不处于同一层次,故二者之间成立不真正连带责任,进而唯有承担了担保责任的保证人得向债务人求偿;而各混合共同担保人对债权人的债务则处于同一层次,各混合共同担保人地位平等,得成立连带债务"。……②对此,笔者难以赞同,兹分析和反驳如下:

(1)成立连带债务、不真正连带债务的起码前提是,各个义务人对债权人承担的义务属于债法上的债务,具体到混合共同担保制度,就是各个混合共同担保人对债权人承担着债法上的债务,并且这些债务在横向上具有联系性。物上保证人对债权人所负义务属于债法上的债务吗?答案是否定的,理由在于:A.债权人与物上保证人以及物上保证人之间的关系,债权人也是担保权人,其享有担保权人拥有担保物权的次序、担保物权的供保权、担保物权的处分权、担保物价值减少的防止请求权、回复担保物的价值的请求权、增加担保的请求权、物权请求权等等,③物上保证人负有保全担保物权的义务、就特定的担保物容忍和协助担保物权人行使担保物权的义务,④包括提供有关证件、材料的义务,注销登记义务,等等。这些权利义务全部归属于担保物权关系,而非债的关系。在这方面,连力倡"肯定说"的另一位主将高圣平教授都承认:"债权人对于物上保证人所享有的是就担保物优先受偿的物上请求权,并不是债

---

① 崔建远:《合同法总论》(上卷),中国人民大学出版社2012年版,第263-267页;崔建远:《合同法总论》(上卷)(第2版),中国人民大学出版社2016年版,第281-285页;崔建远主编:《合同法》(第3版),北京大学出版社2016年版,第455-456页。
② 黄忠:《混合共同担保之内部追偿权的证立及其展开——〈物权法〉第176条的解释论》,载《中外法学》2015年第4期,第1016-1019页。
③ 谢在全:《民法物权论》(中)(修订5版),新学林出版股份有限公司2010年版,第409页以下。
④ 同上书,第431页以下。

务履行请求权。由此,物上保证人对于债权人也就并不负有债务,自不会与保证人负同一债务,从而并无成立连带债务的可能。"①B.断言物上保证人与债权人之间的关系不是债的关系,最为重要、核心和关键的根据是,构成债的关系,必须存在着主给付义务和与之相对应的债权,否则,债的关系不会存在,债的类型也难以固定,至于从给付义务和附随义务的有无及多寡要视债的类型而定,并且它们不是债的关系成立和存续所必备的因素。②从物上保证人所负义务的性质和作用观察,这些义务均非主给付义务,债权人对物上保证人享有的权利亦无与主给付义务相对应的债权。换个角度表述,物上保证人所负义务是担保物权关系中的义务,尚未独立出担保物权关系而成为另外一个法律关系中的义务。既然它们未能独立于担保物权关系,未成为另外一个法律关系的义务,既然担保物权关系不是债的关系,那么,物上保证人与债权人之间的关系就不是债的关系。尽管债法的某些规定可被类推适用到物权关系之中,③物权法中也体现债法类型的法律关系,如物权请求权关系,只要没有特别规定或因物权关系的特性而受排斥,债法规定就可以适用,④但是,类推适用,只是由于二者之间具有类似性,而非二者就"是"相同的法律关系,此其一;这只涉及物权关系或债的关系的局部,而非整个物权关系全部适用债法规则、整个债的关系全部适用物权规则,此其二;这并未改变物权关系、债的关系的本质属性和基本定位,此其三。C.物上保证人的义务履行期及其确定基本上不适用债法规则,如其不适用《合同法》第62条等规定。它受制于主从关系,随着主债的履行期的届满而视具体情形相应地确定,当事人虽然可以约定物上保证人的义务履行期,但此类约定不得违背主从关系,如果约定的履行期早于主债的履行期,则该约定不发生法律效力。D.《物权法》第202条关于"抵押权人应当在主债权诉讼时效期间行使抵押权;未行使的,人民法院不予保护"的规定表明,物上保证人的义务不适用诉讼时效的规定,而诉讼时效制度主要是针对债权请求权的。E.债法上的许多抗辩在物上保证人与债权人之间的关系中派不上用场。

既然物上保证人之间的义务不是债法上的义务,物上保证人与保证人之间的义务不同质,一侧是物权关系中的义务,一侧是债法上的义务,那么,这些法律关系就不是债的关系,更非多数人之债;这些义务就不具有内在联系,因而就缺乏确立物上保证人之间、物上保证人与保证人之间相互享有追偿权的前提和基础。

(2)按照《担保法》第5条和《物权法》第172条的规定,物上保证人的义务与主

---

① 高圣平:《担保物权司法解释起草中的重大争议问题》,载《中国法学》2016年第1期,第241-242页。
② 王泽鉴:《民法债编总论·基本理论·债之发生》(总第1册),三民书局1993年版,第26-27页。
③ 王泽鉴:《民法物权·通则·所有权》(总第1册),三民书局2003年版,第8页。
④ [德]鲍尔/施蒂尔纳:《德国物权法》(上册),张双根译,法律出版社2004年版,第84页。

债务人所负债务具有从属性，而非同一顺序或曰同级别①的或曰同位阶②的债务，加上这两种债务不同质，按照多数说，这不符合构成不真正连带债务的要件。③ 依据《担保法》第17条第1款和第2款的规定，一般保证人的义务与主债务人所负债务之间也存在先后顺序，并且，一般保证人行使先诉抗辩权阻却违约，也就谈不上承担违约责任，根据多数说，这也不符合构成不真正连带债务的要件④。所谓根据同位阶标准，如果其中一个债务人仅承担补充性的责任，例如保证人，只需对他人的支付能力负责，就不存在连带债务。⑤ 连带债务不分主从，不同于对于主债务进行保证的保证债务。⑥ 由于不真正连带债务与真正连带债务在外部关系方面并无差别，⑦罗歇尔德斯和於保不二雄二位教授的这些阐释也适合于不真正连带债务的场合。因此，黄忠教授关于各混合共同担保人的责任与债务人的责任之间成立不真正连带责任的观点，值得商榷。

诚然，笔者注意到，黄忠教授在这里使用的是"不真正连带责任"一词，而非不真正连带债务。如果黄忠教授此处所谓责任就是笔者上文说的债务，则笔者的上述结论不变也不应该变。如果黄忠教授此处所谓责任指的是真正意义上的民事责任，则需要进一步辨析：除非当事人特别约定，担保物权行使的条件大多是主债务人违约，债权人请求一般保证人承担保证责任的条件也有主债务人违约（还有强制执行主债务人的财产没有效果），此时主债务人一方负担的确是民事责任。不过，物上保证人

---

① ［德］迪特尔·梅迪库斯：《德国债法总论》，杜景林、卢谌译，法律出版社2004年版，第609页。
② ［德］迪特尔·罗歇尔德斯：《德国债法总论》（第7版），沈小军、张金海译，沈小军校，中国人民大学出版社2014年版，第420页。
③ ［日］於保不二雄：《日本民法债权总论》，庄胜荣校订，五南图书出版公司1998年版，第234-235页；林诚二：《民法债编总论——体系化解说》，中国人民大学出版社2003年版，第477页；［德］迪特尔·梅迪库斯：《德国债法总论》，杜景林、卢谌译，法律出版社2004年版，第609页；郑玉波：《民法债编总论》（修订2版），陈荣隆修订，中国政法大学出版社2004年版，第389-390页、第425页以下；孙森焱：《民法债编总论》（下册），法律出版社2006年版，第742页；［德］迪特尔·罗歇尔德斯：《德国债法总论》（第7版），沈小军、张金海译，沈小军校，中国人民大学出版社2014年版，第421页。
④ ［日］於保不二雄：《日本民法债权总论》，庄胜荣校订，五南图书出版公司1998年版，第234-235页；林诚二：《民法债编总论——体系化解说》，中国人民大学出版社2003年版，第477页；［德］迪特尔·梅迪库斯：《德国债法总论》，杜景林、卢谌译，法律出版社2004年版，第609页；郑玉波：《民法债编总论》（修订2版），陈荣隆修订，中国政法大学出版社2004年版，第389-390页、第425页以下；孙森焱：《民法债编总论》（下册），法律出版社2006年版，第742页；［德］迪特尔·罗歇尔德斯：《德国债法总论》（第7版），沈小军、张金海译，沈小军校，中国人民大学出版社2014年版，第421页。
⑤ ［德］迪特尔·罗歇尔德斯：《德国债法总论》（第7版），沈小军、张金海译，沈小军校，中国人民大学出版社2014年版，第421页。
⑥ ［日］於保不二雄：《日本民法债权总论》，庄胜荣校订，五南图书出版公司1998年版，第211页。
⑦ 林诚二：《民法债编总论——体系化解说》，中国人民大学出版社2003年版，第477页。

承受的担保物被拍卖这种负担(后果),就不是真正意义上的民事责任,而是物上债务(负担);一般保证人向债权人承担的也不是真正意义上的民事责任,依然是债务。在这个阶段,笔者的前述结论仍旧不变。如果物上保证人、一般保证人承担的是真正意义上的民事责任,如物上保证人故意毁损担保物、一般保证人迟延承担保证长达1年,那么,物上保证人、一般保证人应就其故意不履行债务产生的费用、各债权人造成的损失自己承受,不得向主债务人追偿。

其实,物上保证人有权向主债务人追偿,系担保物权制度的特殊安排,一般保证人可以向主债务人追偿,乃保证制度的特别规则,其深层的机理在于:终局责任本来就是主债务人的,理应由他承受最终的负担。特别法的规定优先适用,用不着舍近求远地到不真正连带责任那里寻觅此类追偿权的法律依据。

何况共同保证是否非采保证连带不可,法律政策容有讨论空间?! 中华民国民法典制定之前,即采分摊原则,认为除有特约为连带者以外,应采平均分担之制。① 中华民国民法典制定之时,虽然偏于债权人的利益改采保证连带原则,但第748条并不贯彻其为强制性规定,所以,当事人约定采取分担主义的,于法亦属有效。②

(3)"物的担保责任与人的担保责任平等说"与"物上保证人与保证人之间存在多数人之债"之间并不存在确定的因果关系。责任平等,数个民事主体所负责任处于同一层次,没有先后之分、高下之别,仅仅是这些民事主体之间可以成立多数人之债的前提,并非必然是多数人之债的宿命原因。例如,A楼,由甲出卖与乙,后又出卖与丙,乙和丙系互不相干的买受人。于此场合,乙和丙对甲所负担的责任是平等的,无先后之分、高下之别,但这里不存在多数人之债。再如,甲拍卖行拍卖A楼,乙和丙都参加竞拍,缴纳了保证金。于此场合,乙和丙对甲拍卖行所负责任也是平等的,无先后之分、高下之别,但这里同样不存在多数人之债。再说,多数人之债中多数债务人也不一律享有追偿权。其实,即使是多数人之债,数个债务人之间也并不总是享有追偿权。例如,不真正连带债务的场合,虽有观点认为债务人之间享有追偿权的,③但也有学说主张,关于连带债务人间的求偿关系,于不真正连带债务人间并不发生。④ 折中说则谓,不真正连带债务人间并不当然发生求偿关系,但因其各自所负债务性质的差异,如有可以认为某一债务人应负终局的责任者,则其他债务人于清偿后,自亦得

---

① 参照中华民国最高法院1939年上字第一七四二号判例;邱聪智:《新订债法各论》(下),姚志明校订,中国人民大学出版社2006年版,第426-427页。
② 邱聪智:《新订债法各论》(下),姚志明校订,中国人民大学出版社2006年版,第427页。
③ 王洪亮:《债法总论》,北京大学出版社2016年版,第485页。
④ 孙森焱:《民法债编总论》(下册),法律出版社2006年版,第744页;林诚二:《民法债编总论——体系化解说》,中国人民大学出版社2003年版,第478页。

对之求偿。例如，保险公司为赔偿后，得代位被保险人向放火人请求赔偿后，但相反言之，放火人如先行赔偿的，则不得向保险公司求偿，盖放火人乃终局的负责人也。①甲和乙到丙餐馆用餐，各方约定清楚是 AA 制，甲和乙对丙所负责任是平等的，无先后之分、高下之别，当丙请求甲付清全部餐费时，甲有权抗辩，不会产生追偿的结果。即便是甲应丙的请求付清了自己和乙的全部餐费，也适用无因管理或不当得利的规定，请求乙返还相应的餐费，大可不必不顾诸多制度及规则方面的障碍，硬性地套用连带债务及内部关系中的追偿权。

(4)《物权法》第 176 条的文义是什么？

"此种'可以……也可以'的表述常被解释为是成立连带责任或不真正连带责任的词语"，②《物权法》第 176 条也使用了"可以……也可以"的行文，故物上保证人与保证人之间成立了连带债务或不真正连带责任。

在笔者看来，黄忠教授的这种逻辑和证立有些随意，过于轻率。如何确定文义？是看连词，还是看实词？是拘泥于行文，还是重在立法计划、立法目的、法律体系及法理？对此不得颠倒轻重。

首先，"可以……也可以"的表述形式，不都是确立连带责任的句法结构（句套子）。例如，A.庚税务局可以直接请求教师甲纳税，也可以请求教师甲所在的学校乙代扣教师甲的税款。在这里，虽然采用了"可以……也可以"的表述，但教师甲和学校乙不会就缴纳税款承担连带责任。B.丙法院可以令法律专家证人丁出庭作证，也可以要求事实专家证人戊出庭作证。于此场合，虽然采用了"可以……也可以"的句法结构，但教师甲和学校乙不会就缴纳税款承担连带责任。C.大学甲可以要求法学院的教授张三于 2017 年 5 月 5 日提交申报国家社科重大招投标课题"农地三权分置的制度设计及理论基础"申请书，也可以要求法学院的教授李四于 2017 年 5 月 5 日提交申报国家社科重大招投标课题"农地三权分置的制度设计及理论基础"申请书。在这里，虽然采用了"可以……也可以"的"句套子"，但教师甲和乙学校不会就缴纳税款承担连带责任。

其次，《侵权责任法》第 43 条采用了"可以……也可以"的表述，由生产者和销售者承担连带责任，并进而规定它们二者有权相互追偿；第 59 条采用了"可以……也可以"的句法结构，体现出医疗机构与生产者或血液提供机构连带负责的意思，并明确

---

① ［日］於保不二雄：《日本民法债权总论》，庄胜荣校订，五南图书出版公司 1998 年版，第 235 页；郑玉波：《民法债编总论》（修订 2 版），陈荣隆修订，中国政法大学出版社 2004 年版，第 427-428 页；邱聪智：《新订民法债编通则》（下），中国人民大学出版社 2004 年版，第 405 页。

② 黄忠：《混合共同担保之内部追偿权的证立及其展开——物权法第 176 条的解释论》，载《中外法学》2015 年第 4 期，第 1016 页。

规定医疗机构赔偿后,有权向负有责任的生产者或者血液提供机构追偿。

在这里,不是因为采取了"可以……也可以"的表述形式才有连带责任及追偿权,而是由利益衡平决定并符合法理基础才奉行那样的立法政策,形成了那些连带责任的法律规则。只不过"可以……也可以"的表述形式是适合于表达此类法律规则的语文手段。正所谓"可以……也可以"的表述,是表达形式,由要表达的内容决定的,而不是相反,内容决定形式,而不是相反,否则,把本不应当连带甚至亦无按份的债务采取"可以……也可以"的表述,则它所体现的法律规则很可能就是错的。

行文至此,可以说:采用"可以……也可以"的方式表达的,并非统统构成连带债务,不都成立不真正连带责任。《物权法》第176条、《民法典》第392条的文义及其确定,绝非因其采用了"可以……也可以"的表达方式,就承认了物上保证人与保证人之间成立了连带债务,形成了多数人之债,只是明示了债权人的选择权:"可以就物的担保实现债权,也可以要求保证人承担保证责任",至于物上保证人与保证人之间的法律关系如何定性和定位,则超出了该条的职责范围,那是整个物权法和债法及其相关制度及法理的任务。在《物权法》《担保法》及通说上,物上保证人与保证人之间的法律关系不是连带债务关系,不成立不真正连带责任。在《民法典》上也是如此。

3. 公平原则在追偿权制度设计中起什么作用?

"否定说"不赞同担保人相互间享有追偿权的理由之一是:"履行了担保责任的担保人不能向其他担保人追偿恰恰是公平原则的体现。除非当事人之间另有规定,每个担保人在设定担保时,都明白自己面临的风险:即在承担担保责任后,只能向债务人追偿。如果债务人没有能力偿还,自己就会受到损失。这种风险就是担保人设定担保时最为正常的风险且可以预见到的风险,必须由自己承担。担保人希望避免这种风险,就应当在设定担保时进行特别约定。"① 饶有趣味的是,"肯定说"主张,担保人之间普遍存在追偿权,尽管法律对此未设明文规定、当事人之间也没有约定追偿权。其理由之一也是公平原则:《欧洲示范民法典草案》的起草者所言,"'一切'责任均由最先履行的保证人承担,而其他保证人并不负担任何责任,是专断的、不公正的。""既然我国《物权法》允许债权人任意选向保证人或物上保证人主张权利,又不规定担保人之间可透过求偿权分担风险,是规则上的不协调。基于保证人与物上保证人的平等地位,由二者合理分担风险才符合公平原则。"② 黄忠教授于其论文中也透

---

① 胡康生主编:《中华人民共和国物权法释义》,法律出版社2007年版,第381-382页。
② 中国法学会民法典编纂项目领导小组物权编课题组:《中华人民共和国民法典·物权编修订条文及立法理由》,高圣平执笔。

露出这样的观点：承认混合共同担保人相互间享有追偿权,才是公平的、公正的。①

意见不一,如何评论和取舍？

否定说将担保人的预期、意思与公平原则相联系,认为法律尽可能地尊重、满足担保人有无追偿权的预期、意思,就是公平的。这符合理性主义、意思主义和自己责任原则,有其道理。在交易中,当事人的预期系客观存在,且事关若干民法制度或规则,法律不得忽视之。在混合共同担保中,同样如此。关于当事人的预期、意思与公平之间的关系,本书将在第四部分专门讨论,此处暂不展开。

肯定说的着眼点和出发点完全不同于否定说,它从规则之间的协调性等三个角度论证混合共同担保人相互间享有追偿权乃公平原则的要求；至于引用《欧洲示范民法典草案》的起草者所言,则起不到证成混合共同担保人相互间享有追偿权乃公平原则的要求这种观点的作用,因该起草者所言只是断语、命题,没有论证。

所谓规则间的协调性,于此处是债权人可向任何担保人行使担保权的规则与混合共同担保人相互间无求偿权的规则二者之间不协调。在笔者看来,债权人和混合共同担保人相互间的关系,与混合共同担保人相互间的关系,在产生的基础和原因、所追求和实现的基本价值、存在的内在机理等方面不尽相同,不存在这面法律关系如何、那面法律关系就得如此之类的天然牵连性、互动性。既然如此,此处规则之间的不协调,说不定是理当如此的,难谓不公平。

从保证人与物上保证人的平等地位这点能否论证出混合共同担保人相互间享有求偿权才符合公平原则这个结论来呢？答曰：困难极大,因为民法就是调整平等主体间的财产关系和人身关系,凡是民事法律关系的主体都处于平等地位,可其相互间不享有追偿权的制度及规则比比皆是。于此领域不存在只要法律地位平等就相互间享有追偿权的规律及规则。有些立法例及学说承认混合共同担保人相互间享有求偿权,并非简单化地归结于混合共同担保人之间法律地位平等,而是着眼于各项义务具有内在联系的共同关系。

由保证人与物上保证人合理分担风险才符合公平原则,这能否成立呢？这取决于论者的价值观、观察问题的角度等因素。如果站在众人分担实际承担担保责任的风险不"伤筋动骨""不伤元气"、不易"压垮"某特定担保人的立场,得出由保证人与物上保证人合理分担风险符合公平原则的结论,可成一家之说。但若将担保人有无追偿权的预期、意思等因素考虑进来,特别是在担保人明示不同意其他担保人向自己追偿以及预设只有自己负责担保的情况下,规定混合共同担保人相互间享有追偿权,

---

① 黄忠：《混合共同担保之内部追偿权的证立及展开——〈物权法〉第176条的解释论》,载《中外法学》2015年第4期,第1015页、第1018页。

就不好说这符合公平原则。既然如此,在当事人未约定、法律不规定混合共同担保人相互间享有追偿权的背景下,认为只要有公平原则就应当承认混合共同担保人相互间享有追偿权,这是欠缺说服力的。

视野延伸,更加宏观些地审视混合共同担保人之间有无享有追偿权与公平原则之间的关系,运用解释论抑或从事立法论的工作可能导致观点及结论的不同。站在立法论的立场,假如聚焦于混合共同担保人分担实际承担担保责任的风险不"伤筋动骨""不伤元气"、不易"压垮"某特定担保人,而忽视担保人明示不同意其他担保人向自己追偿以及预设只有自己负责担保这些因素,法律硬性地规定混合共同担保人之间相互享有追偿权,也勉强,至少不宜认定其错误。但是,在解释论的层面,必须首先从混合共同担保制度及规则本身入手,看其有无混合共同担保人相互间享有追偿权的规则;即使欠缺,也仍然审视混合共同担保制度及规则本身以及与相关制度及规则之间的关系,能否内在地含有或补充混合共同担保人相互间享有追偿权的规则。这些手段用尽依旧难下结论时,才可引入公平原则。不得一上来便将公平原则作为证立混合共同担保人相互间享有追偿权的根据,因为公平乃价值及其判断的范畴,而不同的立法者、解释者所持公平的理念未必相同,这会导致不同的立法者就同一法律现象设计的法律制度或规则存在差异;不同的法律人对同一法律规定所作解释各异,出现不确定性、摇摆性,这损害法律的权威。解释《物权法》第176条应当遵循这些原理及解释论的有关方法。在该条未规定混合共同担保人相互间享有追偿权的背景下,解释它时不应忽略担保人有无追偿权的预期、意思。在担保人明示不同意其他担保人向自己追偿以及预设只有自己负责担保的情况下,不宜解释出《物权法》第176条承认了混合共同担保人相互间享有追偿权。何况如上文分析的那样,从公平原则并不自然而然地得出《物权法》第176条承认了混合共同担保人相互间享有追偿权这个结论。总之,在解释论的层面,笔者所持折中说较之肯定说考虑的因素更为全面一些,所述理由更充分些。

公平原则不得随时、随地、随意地"入侵"业已形成的法律制度或规则之中,在民法上并不鲜见。不当得利制度与公平正义之间的关系即为一例。"公平正义系法律确信之表现,法律、法学及判例学说导源于此,受其滋润。"[①]诚如 Wilburg 教授所云:"所谓衡平(aequitas,equity,Billigkeit)也者,乃在表示由严格之形式法到弹性法,由硬性之规则到个别精致化的发展,不当得利请求权曾艰辛地借助于衡平思想,而成为一项法律制度。但业经制度化的不当得利,以臻成熟,有其一定之构成要件及法律效

---

① 王泽鉴:《不当得利制度与衡平原则》,载王泽鉴:《民法学说与判例研究》(第5册),中国政法大学出版社1998年版,第176页。

果,正义与公平应功成身退。"①公平,若如游侠骑士一般出没于民法领域,可能是使民法制度或理论取得重大突破的,如上文所述不当得利制度的建立;也可能是起到颠覆性的作用,改变了民法走向,如危险责任制度、产品责任制度的创立;还很可能破坏现有秩序,造成负面的结果,特别是在裁判者打着公平的旗号而枉法裁判时,更是如此,如"以'衡平思想'创设不当得利请求权,势必破坏既存之法律制度。"②

对公平的审视和判断,不可一味地拘泥于单个的法律关系,有时需要甚至必须超越单个法律关系,站在系列交易、整体安排的高度,看待公平。例如,债权人乙拥有的 B 债权上存有混合共同担保:抵押人甲提供的 A 楼抵押权、出质人丙提供的 C 股权质权和保证人丁,未约定各个担保人相互间享有追偿权。其中,抵押人甲与债权人乙存在密切联系,依整体安排,债权人乙对抵押人甲为担保 B 债权而提供的 A 楼抵押权并不拟真正实行,否则,抵押人甲会反制债权人乙,两败俱伤。也可能是抵押人甲与债务人戊之间存在系列交易,两方的权益相互制约,依整体安排,于此法律关系中甲为债务人戊的债务提供抵押,而在另外的法律关系中债务人戊给抵押人甲一定的利益。事情的演变果然是,在债务人不履行债务后,债权人乙实行了 C 股权质权。按照肯定说,出质人丙有权向抵押人甲、保证人丁追偿。这显然同时损害了抵押人甲和债权人乙的利益,也导致抵押人甲对债务人戊不满,破坏了他们之间的合作关系。这对这三方当事人不公,同时表明肯定说不利于系列交易、整体安排的展开。

当然,肯定说可能这样反驳:在上述系列交易、整体安排的背景下采取折中说或否定说,有利于抵押人甲、债权人乙和债务人戊,可对其他担保人则保护不周,也难谓公平。

上述分析和辩驳反映出,所谓公平,不是抽象的,各个人心目中的公平观及其尺度极有可能不同,即使是对同一个事物的处理,公平与否的结论也可能相差甚远。就此说来,单纯地依赖公平原则立论,说服力存疑。此其一。公平与否的判断,必须具体到特定的法律关系,特定的当事人。每一方有每一方的公平观及其结论,肯定说与折中说及否定说聚焦的当事人一方是不同的,在这个意义上各说似乎分不出上下,但肯定说分析的案型不包括系列交易、整体安排,在这个层面上,折中说所作分析、所得结论较肯定说的更具说服力。

毋庸讳言,引入系列交易、整体安排来论证否定说在公平观方面的合理性,是有前提的。该前提就是,肯认智慧的价值,法律对之加强保护;不认为智慧之人通过设

---

① Wilburg, Die Leher von der ungerechtfertigten Bereicherung,1934,S.18f.转引自王泽鉴:《不当得利制度与衡平原则》,载王泽鉴:《民法学说与判例研究》(第 5 册),中国政法大学出版社 1998 年版,第 176 页。

② 王泽鉴:《不当得利制度与衡平原则》,载王泽鉴:《民法学说与判例研究》(第 5 册),中国政法大学出版社 1998 年版,第 176 页。

计系列交易、整体安排来达到利益最大化,将经营风险降到最低,为不道德、缺乏正当性。这如同对赌协议在法律上的命运一样。假如肯定说认为商人通过设计系列交易、整体安排来达到利益最大化,将经营风险降到最低,是不道德的,缺乏正当性,则论争各方就无法对话了,只好"你走你的阳关道,我过我的独木桥"了。

4. 当事人的意思、预期在追偿权制度设计中起什么作用?

(1) 从当事人的意思看承认混合共同担保人之间相互享有追偿权,其正当性如何?

除去留置权、法定抵押权等少数情形,混合共同担保领域主要是法律行为引发有关法律关系,如借款、买卖、抵押、质押、保证等法律关系等。法律行为天然地要求贯彻意思自治原则,法律应尽可能地依当事人的意思赋予法律效果。这决定了设计、解释混合共同担保制度时须将当事人的意思放置于十分重要的位置,更有甚者,依纯粹的意思主义当事人的意思处于首位。

诚然,意思自治原则并非神圣不可"侵犯",在解释轮的层面,当事人的意思表示违背公序良俗、法律或行政法规的强制性规定时或被认定为无效,违反公平原则、诚信原则时裁判机构可调整该意思表示所生权利义务;在立法论的层面,忽略甚至抛弃意思自治原则而设置某制度或规则,须有正当性的理由,如未成年人保护原则、交易安全原则、善意取得制度(采基于法律规定而发生的物权变动说)等原则或制度的本质要求。承认混合共同担保人相互间享有追偿权的规则,均不属于上述范围,而是基于公平原则的利益衡量。相比较而言,置意思自治原则于不顾,单纯地基于公平原则的利益衡量,其正当性较弱,需要充分而坚强有力的论证来补强。肯定说在这方面的工作如何呢?笔者对此不太满意,尚不折服:

A. 在每位担保人均不知尚有其他担保人存在的情况下,其意思表示即为使自己的抵押物承担全部担保责任,或自己承担全部的保证责任,本无连带负责及向其他担保人追偿的意思,却硬性地令每位担保人连带负责,实际承担担保责任后再向其他担保人追偿,不符合意思自治原则。

B. 在各个担保人未作意思表示的前提下,假如法律规定混合共同担保人之间相互享有追偿权,就是承认了各个共同担保人之间成立法定之债,尽管保证合同关系、抵押合同关系、质押合同关系均为意定之债。这在债法上是反常的,因为常态的债法在法定之债中"硬性"地规定法律后果,而置当事人的意思于不顾;而在意定之债中是尽可能地按照当事人的意思赋予法律效果,原则上不"硬性"地规定法律后果,除非债务不履行责任及有关抗辩。肯定说打破了这种常规。

C. 公司甲和银行乙签订8000万元人民币的借款合同。受公司甲的委托,保证人丙和银行乙签订连带责任保证合同,明确约定只有丙自己作为担保人,银行乙不得再觅其他担保人,即便乙违反此项约定另觅,丙也不接受其他担保人的追偿权。事实是银行乙背信,又与抵押人丁签订A楼的抵押合同且办理了抵押登记,同出质人戊签订10000万元汇票的质押合同并予以背书。其后,借款人甲于还款期满时无力还本付息,银行乙行使对于抵押人丁的抵押权,拍卖了抵押物A楼。依肯定说,丁有权向保证人丙追偿,因合同相对性的缘故,丙无力依保证合同的约定对抗丁的追偿。这显然违背了意思自治原则。如果说,法律确立混合共同担保场合担保人相互间享有追偿权的理由十分坚强有力,唯有如此,才可妥当地处理问题,那么,不惜牺牲掉意思自治原则也是可以接受的,甚至是必要的、应该的,如法律规定违背公序良俗的法律行为无效,但如同上文辨析的那样,肯定说不如折中说及否定说的理由更充分,这就应当坚持意思自治原则,尊重当事人的意思,排除担保人的追偿权。

肯定说铿锵有力地诘问:在各自独立提供担保的情形之下,每个担保人根据各自的约定分别承担全部的担保责任,但在担保人得知还有其他担保人时,其真实意思又是什么?难道还是自己完全独自承担担保责任,别的担保人不承担担保责任吗?难道不是:"因为还存在其他担保人,我肯定不会承担全部的担保责任"?[①] 对此,笔者回应如下:

肯定说不区分每个担保人不知和知晓处于混合共同担保之中而一律坚持各个担保人相互享有追偿权,此处却单单拎出来"担保人得知还有其他担保人"来证立其观点,是片面的,因其结论所借助的理由不包括"担保人不知存在其他担保人"这种情况下的利益衡量。此其一。即使在"担保人得知还有其他担保人"的情况下,该诘问也缺少了这样的一面:"难道不是只有其他担保人实际承担担保责任,我不实际承担担保责任,其他担保人也无权向我追偿吗?""因为依整体安排我不实际承担担保责任,只是空卖个人情,难道我还愿意其他担保人向我追偿吗?"如同上文分析的系列交易、整体安排的某些案型,某特定担保人即便知晓被担保债权上还存在其他担保方式,也不赞同存在追偿权,因为该担保人、债权人或债务人的交易设计中含有债权人不请求该担保人实际承担担保责任。于此场合,承认追偿权对该担保人不利。此其二。担保人得知还有其他担保人为同一债权提供了担保、有意享有追偿权,是否已经表达出来了,成为担保合同的内容了?若否,则法律难以评价,贸然地据此设置追偿权,不符合意思表示及法律行为制度及学说,除非其符合交易基础理论。此其三。即使担保人把这种享有追偿权的意思表达出来、成为担保合同的条款,但根据合同相对性,这能否约束其他担保人呢?此其四。

(2)从当事人的预期看承认混合共同担保人之间相互享有追偿权,其正当性

[①] 高圣平:《担保物权司法解释起草中的重大争议问题》,载《中国法学》2016年第1期,第242-243页。

如何?

当事人的预期,影响其决策是否进行某项交易,期待利益赔偿中的重要考量因素,法律人在设计追偿权规则时确实不应轻视之。

担保人的预期,从参与担保的人数方面看:在实务中,一个债权只有一个担保措施的情形为常态,共同担保的情形处于少数,特别是在无意思联络、意思表示的情况下形成混合共同担保,就更属特例。面对这种背景,担保人甲于其全然不知同一债权有其他担保人作保的情况下同意担保该债权,作为一个理性人,其预期应当是自己独立承担担保责任,并且除了向主债务人追偿外,再无他处求偿。不然,就类似患上了幻想症,单相思,基于此种幻想、预期来提供担保,这不能不说其为盲目、草率、投机和侥幸。

担保人预期,从实际承担担保责任的几率方面看:相比较而言,保证责任承担时不存在拍卖、变卖担保物所需要的费用,实行承办相对低些。这样,在混合共同担保下承认追偿权,首先承担担保责任的抵押人、出质人向保证人行使追偿权,会增加保证人提供担保的成本。其正当性值得怀疑,除非保证人愿意负担此项成本。

论争尚未终了,肯定说继续辩白:承担担保人之间的求偿关系,让他们共同分担风险,并没有超出各担保人提供担保时的预期,因为每个担保人所承担的担保责任均小于其在提供担保时所意欲承担的担保责任。[①]

这种辩白带有片面性,实务中存在着根据系列交易安排,某担保人提供担保只是空卖个人情,不但债权人许诺实际上不会主张该担保责任,而且整个交易安排制约着债权人得遵守诺言。

肯定说接着诘问:那是不是说只有其他担保人一点责任没有,把自己是否承担责任完全取决于债权人的选择,才是符合所有当事人的意愿?正如《欧洲示范民法典草案》的起草者所言,"'一切'责任均由最先履行的保证人承担,而其他保证人并不负担任何责任,是专断的、不公正的。"[②]

在笔者看来,这同样是片面的:究竟向谁主张担保责任完全取决于债权人的选择,肯定不符合所有当事人的意愿,但难免符合某个或某些担保人的意愿。对此意愿为什么不予重视呢?在担保人甲明确表示拒绝其他担保人的追偿权的情况下,更应注重意思自治。在这里,存在着意思自治与风险分散之间的权衡,肯定说和否定说各有优长,难分高下。

[①] 高圣平:《担保物权司法解释起草中的重大争议问题》,载《中国法学》2016年第1期,第243页。

[②] 同上。

5. 道德风险说之于混合共同担保人间相互享有追偿权

在混合共同担保人之间可否相互追偿的论争中,道德风险为其焦点之一,不容回避。笔者感到,肯定说在这方面亦未胜出,兹辨析和阐释如下:

(1) 担保人受让债权:是道德风险还是高智慧的经营?

追偿权肯定说中有一派认为:如果规定混合共同担保人之间相互享有追偿权,就会使某混合共同担保人觉得无必要借助于受让债权并基于债权人的身份请求混合共同担保人实际承担担保责任,实际承担了担保责任者径直向债务人或其他混合共同担保人追偿即可。但若无混合共同担保人之间相互享有追偿权制度,则会出现某担保人借受让债权人的债权之道并基于债权人的身份请求其他混合共同担保人实际承担担保责任,这既可使自己直接不实际承担担保责任,又可避免自己实际承担担保责任后难以有效追偿的风险。① 对此,笔者辨析如下:

为便于叙述,把债权人命名为甲,债务人叫作乙,保证人称为丙,抵押人取名为丁,出质人叫作戊。此类受让债权除去动机因素在外观上完全符合法律关于债权让与的要求。

第一,辨析道德风险之意:在现行法不设置混合共同担保人相互间享有追偿权的背景下,混合共同担保人丙,受让甲的债权,以达基于债权人的身份请求尚未实际承担担保责任的丁、戊实际承担担保责任而自己则不予承担的目的,避免自己实际承担担保责任后不能向丁、戊追偿的风险。

在笔者看来,理念不同,视野有异,结论可能不一样。按照当下的理念及操作,混合共同担保人丙借助于受让甲的债权,进而据此可以请求丁、戊实际承担担保责任,而自己则不予承担,以补现行法未设混合共同担保人相互间享有追偿权制度于己不利之"拙",这是担保人在现行法的框架下极富智慧的法律运用,使其利益最大化,并未直接害及他人。如果不局限于债权让与这单个的法律关系,而是"透过现象看本质",那么,事物的实质无非是:尚未实际承担担保责任的丁、戊本不受已经实际承担了担保责任的担保人丙行使追偿权之苦,如今却因丙"摇身一变"有权请求自己实际承担担保责任,"侥幸逃脱"一类的"红利"消失了。如果硬说丁或戊或其他担保人因此受到损害,这也至多属于反射效果。这在道德方面本无可指责之处,依社会主义核心价值观衡量也是如此;至多算作受让债权的混合共同担保人"打道德领域的擦边球",无可厚非。这就是道德风险否定说,笔者在本质上赞同此说。如此,肯定说利用道德风险之论证立自己的观点,批评否定说、折中说,欠缺说服力。

---

① 此类道德风险说系暨南大学法学院/知识产权学院教授汤文平博士所提供,建议笔者予以评论。特此致谢!

第二,从相关制度及学说的比较看:近些年来,随着市场经济的发达,交易方式的复杂多样,人们在理念上发生了不小的甚至是"翻天覆地"的变化,在此试举几例加以说明:A.在很长的历史时期内,人们习惯于"名为买卖,实为借款""名为合作建房,实为借款"等思维模式,把不少合同作无效处理。如今则大多不再认定此类合同无效,理由是应当肯认市场主体利用现行法的设计追求最佳效益,除非其规避法律在实质上违背了公序良俗。毋庸讳言,"名为买卖,实为借款""名为合作建房,实为借款"的确是在规避当时法律的禁止性规定,不过此类规避情有可原,后来的司法解释及有关判决都予以宽容。混合共同担保人丙受让甲的债权,根本不涉及规避现行法的禁止性规定,就更应受到宽容对待了。B.裁判机构起初将对赌协议认定为无效,后来,最高人民法院不再把股东与股东之间的对赌作为无效的原因[①],众多的专家学者则更进一步,连目标公司与股东之间的对赌协议也倾向于不予关注,理由是法律应当鼓励商人富有智慧地利用资金并获利最大化。有些仲裁庭接受了这种理论,宽容对待对赌协议。混合共同担保人之一丙受让甲的债权,不比对对赌协议的道德评价低下。C.合理避税恐怕是人所共知的法律容忍做法,美国一些法学院的考题之一就是如何在个案中合理避税。混合共同担保人之一的丙借助于受让甲的债权,在道德方面较合理避税更无可指责。

第三,即使构成道德风险,法律也并非一律设禁止性规定,而是区分情况,分别处置,对有些"视而不见",对另一些才规定为无效,或是可撤销。A.日本民法在物权变动方面采取意思主义,一物二卖场合,第一份买卖合同一经生效,标的物的所有权就移转给买受人。出卖人签订第二份买卖合同时已经无权处分,第二个买受人对此明知却依然缔约且受领标的物,显然构成双方恶意串通,违背诚信原则。可奇怪的是,日本民法并不因这违反道德而令第二份买卖合同无效。B.买受人为开设妓院而购买房屋,出卖人对此明知却照样签订房屋买卖合同,并移转该房屋的占有和所有权。德国民法在很长的历史时期仅仅判令房屋买卖合同因违背公序良俗而无效,并不否定该房屋的所有权移转。

第四,在道德风险及其评价这点上,诉讼时效制度具有两面性。一方面,时效期间届满,债务人有权援用时效完成的抗辩,拒绝债权人关于义务履行的请求。这从"欠债还钱"及其制度受阻的角度看,诉讼时效/消灭时效制度在客观上"鼓励"债务人"赖账",不合道德要求。但是,另一方面,只要诉讼时效期间届满,债权人请求债务人履行债务时,债务人即可援用时效完成的抗辩,拒绝债权人的请求。这对于已经实

[①] 最高人民法院(2012)民提字第11号民事判决书,载 http://www.360doc.com/content/15/0228/09/11816279_451403871.shtml.2017年10月16日最后访问。

际清偿了债务但缺乏这方面证据的债务人来说,显然是较好的法律保护。据此说来,诉讼时效制度是阻止道德风险的法律制度。

……

(2) 关于受让债权的道德风险论之剖析

当然,为了更有理有据地说清事物,解决问题,笔者退一步,在道德风险的假定前提下进一步辨析。即便有此假定,也有立法论和解释论的阐释和处理的区别。站在立法论的立场,克服该"道德风险"不难,法律设置一禁止规定即可:凡是混合共同担保人为了"规避"无法向其他共同担保人追偿而受让债权的,其他共同担保人均有权抗辩,拒绝受让债权的共同担保人关于实际承担担保责任的请求。

采取立法论也正与追偿权肯定说在实质上运用的方法相一致,因为依据历史解释和目的解释,《物权法》第176条的设置的确是没有泛泛地承认混合共同担保人相互间享有追偿权。① 在方法论上,肯定说只有站在立法论的层面发表议论,这才说得过去;倘若自称依解释论仍有肯定的结论,则是背离解释论的本质属性和基本规则的。

站在解释论的立场,即使肯认存在着道德风险,一是其成立的场合也极为有限,二是肯定说与否定说在这方面半斤八两:A.双务之债的场合,债权债务一并转让须得债务人同意;债务人不同意时共同担保人丙受让不了甲的债权。B.双务之债的场合,甲只让与债权而继续向债务人承担债务,丧失了履行抗辩权以及有关权利,法律地位明显弱化,此情鲜见。C.丙受让甲的债权目的不法时,构成以合法形式掩盖非法目的,依现行法的规定,债权让与合同无效。D.甲和丙恶意串通,损害其他担保人的权益的,依现行法的规定,债权让与合同无效。E.丙受让甲的债权,而丁与甲之间的抵押合同约定仅为甲的债权设保时、戊与甲之间的质押合同约定仅为甲的债权设保时,丙借助于受让甲的债权而可以向丁、戊实际承担物上保证责任的目的落空。于此场合,所谓道德风险说不成立。F.在债务人为法人且无力清偿的情况下,进入破产程序时,甲的债权为破产债权,须依破产程序处理,不得按照普通的民事方式转让。如此,担保人难以通过受让债权的方式,达到目的。G.在未承认物权与债权混同的情况下,抵押人丁和出质人戊的物上保证义务不消灭,绕开自己的物上保证义务而径直请求其他担保人实际承担担保责任,违反诚信原则,其他担保人有权抗辩,拒绝关于实际承担担保责任的请求。即便承认物权与债权混同,抵押人丁和出质人戊受让甲的债权,借助于混同制度消灭抵押权、质权,除去抵押人和出质人的身份,也同样违反了诚信原则,其他担保人有权予以抗辩。故在这些领域,所谓道德风险也不存在。H.实际

---

① 胡康生主编:《中华人民共和国物权法释义》,法律出版社2007年版,第381—382页。

承担了担保责任的担保人取代了债权人的地位,享有代位权,对债务人可以行使债权人的有关权利。在其他担保人对债务人负有债务的情况下,他可以基于《合同法》第73条的规定,请求其他担保人承担原本对债务人所负债务。于此场合,混合共同担保人相互之间不享有追偿权,也没有关系。I.抵押人丁或出质人戊受让甲的债权,拟借助混同除去其物上保证债务,这实际上欠缺现行法的依据,因为《合同法》第106条规定了债权和债务同归于一人时发生混同,未规定物上保证债务和债权同归于一人时发生混同。《物权法》也未规定此类混同。此其一。丁或戊以债权人的身份不行使抵押权或质权,而是请求丙承担保证责任,这有违《担保法解释》第38条第3款关于"债权人在主合同履行期届满后怠于行使担保物权,致使担保物的价值减少或者毁损、灭失的,视为债权人放弃部分或者全部物的担保。保证人在债权人放弃权利的范围内减轻或者免除保证责任"的规定的精神,丙有权援用该条款予以抗辩,拒绝承担保证责任。此其二。J.保证人丙受让甲的债权,以便除去其保证责任,能否达到目的?取宽容态度者就不予干预,笔者倾向于这种态度;采苛刻道德标准者则可能有两条路径:一是抵押人丁和出质人戊援用《民法总则》第132条的规定,抗辩丙滥用权利;二是认为丙损人利己,构成不法目的,可以援用《合同法》第52条第3项的规定,主张债权让与合同无效。看来,即使在这一点上,也不存在铁律。

(3) 关于"压榨""贿赂"的道德风险论之剖析

甲对乙有10万元债权,丙、丁、戊对此共同担保。在无追偿权的前提下,相当于甲掌握了一个生杀大权,可以任意要求丙、丁、戊中的一个人承担全部责任。甲若为一个不诚信的人,即可威胁丙、丁、戊,如说"你给我2万元,我就不请求你承担担保责任",以受贿赂之利。甲拿了贿赂款后,再向戊要求戊承担全部担保责任。这样一来,甲本来只有10万元债权,却可以收获14万元的利益(丙和丁的贿赂款不在担保范围内,所以谈不上符合担保责任的构成要件)。① 对此,笔者评论如下:

首先,所举之例均为若干款项在债权人、担保人之间流动,社会财富毫无增加,交易成本倒升高了,这不符合效率原则,与贺剑博士所持观点南辕北辙。

其次,如果依法处理,则债权人的目的会落空,因其欠缺保有所获利益的法律根据(原因)。①债权人甲向担保人丙"索贿",丙从自己利益出发而"屈服",这已经构成恶意串通损害其他共同担保人的利益,依据《合同法》第52条第2项、《民法总则》第154条的规定,该"贿赂"行为归于无效,按照《合同法》第58条、《民法总则》第157条前段的规定,甲没有根据保有"索贿"所得。②债权人甲向担保人丙"索贿"构成犯

---

① 这种类型的道德风险说改编自贺剑:《走出共同担保人内部追偿的"公平"误区——〈物权法〉第176条的解释论》,载《法学》2017年第3期,第84页。

罪时,同时也损害公序良俗。根据《合同法》第52条第4项、《民法总则》第153条第2款,该"贿赂"行为归于无效,按照《合同法》第59条、《民法总则》第157条后段的规定,该"索贿"所得,甲无功而返。

第三,从"行贿"的担保人丙一侧看,在基于《合同法》第58条、《民法总则》第157条前段的规定处理时,可以收回其"贿赂"款,故其有积极性主张该"贿赂"行为无效;在依《合同法》第59条、《民法总则》第157条后段处理时,"贿赂"款被没收,不存在不当得利返还,于此场合,丙虽然不见得有积极性主张"贿赂"行为无效,但阻挡不住其他混合共同担保人"揭发"。

最后,从其他混合共同担保人一侧观察,其知债权人甲和担保人丙"贿赂",将实际请求承担担保责任的权利引向自己时,可以援用诚信原则,主张债权人甲不得主张大于其本应权利的权益,以减轻自己所负担保责任的数额,同时使甲的不良目的落空。即便不知存在上述"贿赂",其他混合共同担保人实际承担担保责任也未超出其本应的负担,未受不应有的损害。

以贿赂款支付,消灭担保责任,债权人向其他共同担保人请求承担担保责任,若实际承担,则构成非债清偿,应依不当得利制度予以返还。

(4) 关于道德风险论之道德风险

如果说,混合共同担保人受让债权以补法律未设追偿权之拙,依新理念算不上道德风险,那么,肯定说带来的货真价实的道德风险还不算小:A.本来,债权人甲与保证人丙互负债务,予以抵销,各得其所,各负其责。因有追偿权制度,丙又向抵押人丁甚至还向出质人戊追偿,"双重获利"。B.债务人乙和保证人丙为关联企业,丙实际承担保证责任后,以乙丧失清偿能力为由向丁或戊或其他担保人追偿,使其非法获利。C.甲和丙存在系列交易,依其内部相互制约关系,丙宜不实际承担担保责任,但因追偿权制度的存在,丙被实际承担了担保责任的丁或戊追偿时却实际承担了责任。

6. 效率原则决定混合共同担保人相互间享有追偿权?

肯定说中有一派独树一帜,一反其阵营中的通说,发现并承认公平、预期等因素均非决定混合共同担保人相互间享有追偿权的根据,将视线伸向了效率:"允许各担保人相互追偿比不允许相互追偿更有利于降低成本。""假定不允许追偿,结果如何?一种可能是,各担保人都有动力'买通'债权人,即向债权人支付一笔数额低于担保责任的'贿赂',以换取其放弃要求自己承担担保责任。相应地,债权人也有动力主动压榨担保人,以牟取高于主债务数额的不当收益。另一种可能是,各担保人都有动力自行购买或者安排第三人代为购买债权人的债权,继而以债权人之名向其他担保人主张权利,除可以使自己免于承担担保责任外,甚至还可能压榨其他担保人。而且,以上两种情形还可能并存。不管是哪一种情形,哪一类投机行为,都会导致交易成本的增加。相反,若允许追偿,上述投机行为及相应的交易成本均不可能存在。"①对此,笔者难以赞同,试从以下几点反驳:

贺剑博士未区分各担保人知晓存在混合共同担保与不知晓两种情形。担保人若不知晓存在混合共同担保,则难有动机和动力向债权人"贿赂",平白无故地多付出"贿赂"部分的费用,除非他是诸葛亮或妄想症患者。

效率,审视和判断的坐标或基点是什么?贺剑博士初曰"社会财富的最大化,或社会成本的最小化",此处却谓"对于担保人来说,允许追偿的规则更符合其整体利益乃至个人利益。"②这显现出前后不一,因为担保人的整体利益未必是"社会财富的最大化,或社会成本的最小化",更遑论担保人的"个人利益"与"社会财富的最大化,或社会成本的最小化"之间的关系了。"至少在贺剑博士所列举的全部例子中,财富都是在担保人和债权人之间无损耗地流转,如果不考虑第三方受到的影响(贺剑博士的文中确实也没有列举任何与第三方有关的例子),那么担保人和债权人的财富总额没有任何变化,效率无从谈起。"③这是贺剑博士于此处观点的第一个硬伤。

正如贺剑博士文中所述"追偿权之存废是一个任意性规范的设计问题",为了社会成本最小化应该尽量符合当事人的意思,避免当事人另行订约从而增加社会成本,但是为何文中认为关键在于"哪一种方案契合最大多数担保人的心意"?担保合同的订立是债权人和担保人双方的问题,契合担保人的心意不一定契合债权人的心意。如果债权人更加强势,即使法律规定可以追偿,债权人也完全可能要求缔约改变之。如果只考虑降低交易成本,那么应该让法律写得尽量符合交易中强势方的需求,这样可以减少另行缔约的可能性。贺剑博士的论文认为只要考虑"担保人的心意"就可以了,难道其基础是认为在大多数担保交易中,担保人都处于强势地位?显然与事实相悖。这是贺剑博士于此处观点的第二个硬伤。④

简要的结论:

在当事人之间没有约定的情况下,《物权法》第176条未承认物上保证人之间、物上保证人与保证人之间存在着追偿权。如此解释,与现行法区分物权关系中的义务与债的关系的义务并设置不同的规则、意思自治原则、债的相对性、自己责任原则相吻合,与参与《物权法》立法的工作人员的回顾和解释相一致。与此相反,关于现行法

---

①② 贺剑:《走出共同担保人内部追偿的"公平"误区——〈物权法〉第176条的解释论》,载《法学》2017年第3期,第84页。
③ 这段议论是笔者征求清华大学法学院副教授龙俊博士的意见时为龙俊博士所加。特此感谢!
④ 这段分析和阐释系清华大学法学院副教授龙俊博士所为。特此感谢!

已经承认物上保证人之间、物上保证人与保证人之间存在着追偿权的观点,则与现行法上的诸多制度及规则和学说存在着摩擦,违背了《物权法》的立法目的。至于将视野延伸至公平、效率、风险分配和道德风险以及当事人预期等方面,肯定说与否定说"半斤八两",肯定说并不占上风。在意思自治、整体交易安排及利益衡量等方面,否定说明显地处于优势地位,而意思自治原则恰恰是法律人津津乐道的民商法基本原则。有鉴于此,《物权编》不宜全面承认混合共同担保人相互间享有追偿权。

[《民法典》颁行后的论争]

1. 引言

上述论争未因《民法典》第392条承继《物权法》第176条的规定而平息,有些专家学者在各种会议上发表意见,有些观点则直接形成文字。这无疑会影响《民法典》第392条以及第700条、第178条和第518条等条款的解释与适用。对此,法律人不得置若罔闻,无动于衷,在《担保制度解释》已经出台,继续维护、贯彻《民法典》第392条等条款所设制度(如第13条第1款、第3款,第14条,第18条)的背景下,尤为如此。

笔者依然坚持"[《民法典》颁行前的论争]"所持立场,但鉴于有些阐释尚有"夯实"、扩展和补强的空间,特别是《民法典》颁布后肯定说又有些新的论据,这涉及如何理解《民法典》的有关规定,实有继续辨析、澄清和深化阐释的必要。

2. 如何看待公平及公平如何贯彻

肯定说立论的重要基础是公平,混合共同担保人相互间无追偿权会导致某个或某几个担保人实际承担担保责任,而其他担保人不承担担保责任。关于这一点,笔者于《混合共同担保人相互间无追偿权论》中着墨不少,如今继续坚持,但此处不再复述,仅补充如下意见:

(1)甲作为混合共同担保人之一与债权人戊成立担保法律关系,讨价还价的基础,恐怕是对主债务人清偿能力的预判,来估算其交易成本,至多加上主债务人、债权人之间的其他法律关系制约的因素,鲜有可向其他共同担保人追偿的奢望的,因为甲并不知晓还有其他人担保A债权的履行的情形。这是混合共同担保人相互间不享有追偿权的理论基础之一。

相反,混合共同担保人相互间享有追偿权的基础之一是,甲同意担保A债权的清偿,初衷之一是有其他共同担保人会分担担保风险。这在唯有甲充任担保人时显现出甲的幻想症,草率轻狂时才会成为交易基础;在甲、乙、丙、丁共同担保A债权实现,但相互间无追偿的允诺,甲期待可向乙、丙、丁追偿,也有些奢望。

(2)混合共同担保人甲担保债权人的A债权实现,是其与主债务人甚至包括债权人交易所必须承担的交易成本,不然,主债务人或债权人甚至他们各方就会不与甲交易或断绝既有交易或增高甲的交易成本。就是说,他们之间的利益关系是平衡的。甲实际承担担保责任之后,再自乙、丙、丁这些混合共同担保人处追偿一定份额,实际上降低了甲与主债务人甚至债权人戊之间的交易成本,获取了更多的交易获益,攫取了乙、丙、丁的利益。如此,在乙、丙、丁与主债务人甚至债权人戊的交易安排是利益平衡的背景下,乙、丙、丁便"损失"了若干利益,处于"入不敷出"的境地。其结论是:依肯定说表面上公平,实质上颠覆了公平,攫取他人的利益。

与向其他混合共同担保人追偿架构下的利益分配关系不同,向主债务人追偿具有正当性,该笔债务本应由主债务人承担,实际运作中却由担保人承担了。为了避免担保人这种无端地吃亏,不让主债务人获"不当得利",由实际承担了担保责任的担保人向主债务人追偿,利益关系是平衡的,具有正当性。但各个混合共同担保人之间则不同,他们之间本无债权债务关系,不予追偿正符合此种利益关系;允许追偿,对于被追偿的担保人来说属于无端地"飞来横祸",这便打破了利益平衡。这不公平!

有必要指出,在由若干法律关系联结的复杂交易安排的场合,站在交易的整体观察,有些担保在实质上是有偿的,担保人承担担保责任是其交易中必不可少的成本付出。依混合共同担保人相互间享有追偿权之说,实际承担担保责任的担保人向其他共同担保人追偿,特别是向无偿担保之人追偿,则"多赚了"。这不公平!

(3) 其实,依肯定说行事,公平也难以贯彻到底。例如,甲、乙、丙、丁均为 A 债权的混合共同担保人,承认他们相互间享有追偿权,但在债权人戊请求甲承担全部担保责任之后,甲向乙、丙、丁追偿时,乙、丙、丁却无力偿付,甲仍负担全部担保责任。这与不享有追偿权一样。此其一。即使乙、丙、丁偿付能力足够,但乙、丙下落不明,人民法院执行局无法执行其财产。这不但导致甲实现不了其追偿权,而且徒增执行局的困难。此其二。

3. 依肯定说,也难避免担保人与债权人或执行法官串通以执行其他担保人的财产

批评《民法典》第 392 条不规定混合担保人相互间有追偿权,继续言说如下理由:这给某个甚至某几个担保人与执行法官串通去执行其他担保人的财产提供了空间,极易滋生司法腐败。对此反驳,笔者补论如下:

(1) 其实,确立混合共同担保人相互间享有追偿权,同样难免某个或某几个共同担保人与执行法官相互串通,先行追偿其他混合共同担保人,延后自己被追偿的轮次,推迟自己被追偿的时日,获取期限利益;甚至酿成拖垮自己被追偿的结果,如借机转移财产,使强制执行无果而终。可见,在某个或某几个混合共同担保人贿赂执行法官,使自己在实际上不承担担保责任,将"祸水"引向其他混合共同担保人这方面,肯定说也难以"免俗"。换言之,在混合共同担保人相互间的追偿方面,肯定说同样存在

混合共同担保人与执行法官恶意串通、贿赂的空间,它与否定说是五十步笑百步,其高调宣扬的公平基础,十分松软,甚至是海市蜃楼。

(2)采取混合共同担保人相互间享有追偿权之说,混合共同担保人之间相互追偿,会有"第一轮次""第二轮次"甚至"第三轮次"。这显然使法律关系复杂化了,涨高了交易成本、司法成本。

为达效率的目的,仅设"一个轮次"的追偿呢? 这仍然存在问题:其一,在债权人不愿披露全部担保人的名单的场合,如何确定出可追偿名单? 在该名单未确定的情况下,如何计算各个混合共同担保人分担的份额? 其二,在诉讼中或执行程序中确定的混合共同担保人名单与实际的人数不符,特别是在判决已经生效、执行已有结果的情况下,又出现了另外的混合共同担保人,该如何处理? 这会损坏司法权威。其三,即使混合共同担保人的名单已经确定,且符合事实,但其中某个或某几个担保人无偿付能力或下落不明,又该如何操作? 执行法官坐等? 抑或限于执行可被执行的混合共同担保人的财产? 凡此种种,都会使公平的贯彻打了折扣。

(3)在现行法的架构下,只要混合共同担保人之间未约定相互间的追偿权,那么,在债务人具有足够的清偿能力的情况下,连带责任保证人或物上债务人与债权人串通或与执行法官串通,以达由一般保证人实际承担担保责任的目的,也难奏效。因为于此场合没有出现债务人不能履行(准确地说应为执行债务人的财产没有效果)的后果,一般保证人可以行使先诉抗辩权,对抗债权人关于一般保证人实际承担保证责任的请求或执行局的强制执行(《担保制度解释》第26条第1款、第3款)。

(4)有的担保的设立,首先是基于债务人的委托,而后才是担保人与债权人订立担保合同(有时需要交付担保物或登记);而有的担保的设立,却是担保人未经债务人委托而自作主张地与债权人订立担保合同(有时需要交付担保物或登记)。后一种情形的担保,要么侵害了债务人的合法权益,要么构成无因管理关系。如果不分青红皂白地允许自作主张地设立担保之人有权向基于债务人的委托而设立担保之人追偿,可能害及后者的合法权益。这可发生在如下场合:A.自作主张设立担保者与债权人串通,在外观上承担担保责任,并且数额高至上限,放弃抗辩及抗辩权、抵销权,而后向其他担保人全额追偿,以避开债务人援用《民法典》第979条第2款等规定,予以抗辩及抗辩权,避开其他担保人援用债务人对债权人享有的抗辩及抗辩权,避开其他担保人对债权人享有的抗辩及抗辩权、抵销权,使其他担保人承受最终负担,债权人和自作主张设立担保之人"坐地分赃";B.自作主张设立担保之人与债权人、执行法官串通,绕开债务人、其他担保人基于实体法而享有的许多抗辩及抗辩权、抵销权,使基于债务人的委托而成为担保人被追偿,而后债权人、自作主张设立担保之人和执行法官"坐地分赃"。

（5）不少法律制度、规则都难免伴随负面结果。有些负面结果是法律制度、规则天然含有的，如一部法律全面奉行绝对的过错责任原则，在高度危险作业、产品缺陷等场合会带来不公平；有些负面结果是"别有用心"的人"歪用"法律规定而造成的，如利用合同诈骗，歪用自愿履行规则而一物二卖，串通执行局的执行法官，专门锁定某个担保人，即属之。在笔者看来，批评《民法典》第392条未规定混合共同担保人相互间有追偿权所举之例，正是"别有用心"的人"歪用"《民法典》第392条的结果。对于"别有用心"的人"歪用"法律规定，现行法及法理向来都持否定的立场及态度。何况如同上文所分析的，依肯定说行事也难以避免此类现象呢！

观察境内外的成功的经验和失误的教训，对于"歪用"法律规定的问题，援用民法基本原则，采取"一事一议"的个案处理方式，不让"别有用心"得逞，效果良好。如果改弦易辙，抛弃现行法的设计，改采另外的普遍化规则，且不要说"工程浩大"，就是新规则也难免被"别有用心"的人"歪用"，再次出现不良后果。

再就是制定执行规则，包括确立合理执行/便宜执行规则以及制裁后果，以限制执行法官的不当执行。举例来说，在金钱债务的执行案中，担保人甲在其账户上存有足额的钱款，一经划转便可满足被担保债权的实现；担保人乙只有A楼，执行起来程序较为复杂、成本高昂，可能还牵涉房地纠纷、承租人的权益保护等问题。在该案的执行中，执行法官对担保人乙施以执行，而不执行担保人甲，明显失当，不应得到支持。①

4. 某担保人借助债权转让来避开自己实际承担担保责任，是镜花水月

某一担保人与债权人串通或借助"债权转让"的规则，使其他担保人最终担责。这是肯定说立论的基础之一，批评《民法典》第392条未规定混合共同担保人相互间享有追偿权的理由之一。对这种观点的回应，笔者曾在《混合共同担保人相互间无追偿权论》一文中从立法论和解释论两方面予以辨析，如今仍然坚持，于此在解释论的层面补论如下：

（1）即使肯认某担保人受让债权以消灭自己的担保责任，存在着道德风险，其得逞的场合和几率也极为有限。在实务中，拥有担保权的债权人大多为金融机构，而金融机构的债权在转让方面受有重重限制，一般不允许把债权转让给自然人、普通的公司。所以，在自然人、普通公司充任担保人时，通过受让金融机构的债权以实质上免于自己实际承担担保责任这条路走不通。此其一。金融机构处理呆坏账时可以剥离债权，即转让债权，但第一轮次的接收人不是自然人、普通公司，而是由特定的金融资

---

① 这是最高人民法院专职委员刘贵祥大法官于2020年11月28日举办的最高人民法院关于适用《中华人民共和国民法典》担保部分的解释（征求意见稿）研讨会上发表的意见，特此致谢！

产公司接收。故作为担保人的自然人、普通公司受让金融机构的债权以实质上免于自己实际承担担保责任,是做不到的。此其二。金融资产公司转让呆坏账债权时采取打包、竞价的方式,竞拍者能否知晓债权包、资产包中有无自己充任担保人予以担保的债权?即使了解了,能否拍定?况且有些金融资产公司为避开道德风险的责难,直接把债权包、资产包转让给境外的公司。这就更使作为担保人的自然人、普通公司受让被担保债权并消除其担保责任的计划化为泡影。此其三。

(2) 某混合共同担保人受让债权人的被担保债权,以免自己实际承担担保责任。这纯属该担保人滥用权利,其他担保人可以援用《民法典》第132条关于"民事主体不得滥用民事权利损害国家利益、社会公共利益或者他人合法权益"的规定,对抗滥用权利的担保人关于由其他担保人实际承担担保责任的请求。

(3) 有专家学者为证明否定说的不当,举例曰:担保人丙为避免自己实际承担担保责任,指使其关联企业丁受让银行甲的被担保债权,而后丁请求混合共同担保人戊实际承担担保责任,因此获利由丙和戊分享。对此,笔者回应如下:①该债权非属呆坏账的情况下,不会发生该债权的转让;在其确属呆坏账的情况下,分析和结论如同上文"(1)"所述。②即使改变案情的某些条件,如债权人甲为自然人或普通的公司,则其被担保债权转让给丁,那么,戊也同样有权援用《民法典》第132条的规定予以抗辩。

(4) 某个担保人受让债权后,不适用混同规则来消灭该担保人的担保责任,而是使其继续存在。该担保责任,特别是物上负担,类似于债务人以自己财产为其债务的清偿设立担保。如此,便可类推适用《民法典》第392条中段关于"债务人自己提供物的担保的,债权人应当先就该物的担保实现债权"的规定,先由该担保人承担担保责任,清偿其受让的债权,不得先行请求其他混合共同担保人承担担保责任。只有在被担保债权未受完全清偿的情况下,该担保人/债权人才可以请求其他混合共同担保人清偿该余额。

(5) 如今,为不让某个或某几个担保人借助于债权转让来转嫁担保责任的不法目的得逞,《担保制度解释》已经设置明确的规则:"同一债务有两个以上第三人提供担保,担保人受让债权的,人民法院应当认定该行为系承担担保责任。受让债权的担保人作为债权人请求其他担保人承担担保责任的,人民法院不予支持"(第14条)。

5.《民法典》第518条、第178条不宜被类推适用于混合共同担保人关系的场合

《民法典》颁布后,肯定说运用解释论,认为《民法典》第392条未规定混合共同担保人相互间存在追偿权,这形成法律漏洞,主张依类推适用的方法填补该漏洞,包括把《民法典》第518条、第178条类推适用到混合共同担保人关系之中。对此,笔者持有异议,剖析如下:

《民法典》第518条设置了连带债权、连带债务的规则,其第2款明定"连带债权或者连带债务,由法律规定或者当事人约定",反过来说,法律未规定、当事人未约定连带债权或者连带债务的,就不发生连带债权或者连带债务。循此精神及逻辑,《民法典》未规定混合共同担保人之间的关系为连带债权、连带债务的关系,各个担保人之间也无连带关系的约定时,各个混合共同担保人之间的关系就不成立连带关系。无连带关系却赋权实际承担担保责任的担保人有权向其他担保人追偿,缺乏正当性。此其一。依《民法典》第518条的文义和规范意旨,其规范的是债法范畴的债权、债务,不含有物权法领域的物上债务。而混合共同担保场合的义务有些是债法领域的,如保证债务;另有物权法领域的,如抵押债务、质押债务等物上债务。物上债务的履行规则有别于债法领域的债务履行规则,如实际履行时依《民法典》第410条、第436条第2款等规定协议以担保物折价或变卖或拍卖担保物,再就是采取优先效力规则而非平等规则。此其二。看来,《民法典》第518条与第392条规范的关系具有重大差异,难谓二者具有类似性。既然没有类似性,就没有强劲有力的理由把《民法典》第518条的规定类推适用于第392条摄入的关系之中。

《民法典》第178条规定的是连带责任规则。连带责任场合的责任,依《民法典》第179条第1款的规定,有停止侵害、排除妨碍、消除危险、返还财产、恢复原状、修理、重作、更换、继续履行、赔偿损失、支付违约金、消除影响、恢复名誉和赔礼道歉诸种方式,均属债法领域的表现形式。尽管连带责任与连带债务有些差异,但基本属性是共同的。如此,笔者关于《民法典》第518条的分析和结论同样适合于《民法典》第178条的规定,不再重复。

6.《民法典》第700条未承认混合共同担保人相互间存在追偿权

有专家、学者认为:《民法典》第700条关于"保证人承担保证责任后,除当事人另有约定外,有权在其承担保证责任的范围内向债务人追偿,享有债权人对债务人的权利,但是不得损害债权人的利益"的规定,承认了混合共同担保人相互间享有追偿权。对此,笔者认为,这错位了法律关系,忘记了追偿权的成立要件,是不成立的,兹剖析如下:

(1) 首先,《民法典》第700条的文义清楚地表明保证人承担保证责任后有权向债务人追偿,享有债权人对债务人的权利,而非向其他担保人追偿,享有债权人对其他担保人的权利。其次,无论是从保证人的清偿意思还是清偿指向的债权/债务看,保证人都是代债务人向债权人清偿,从而消灭债务人对债权人所负债务,而非代其他担保人向债权人承担担保责任,消灭其他担保责任,以免债务人对债权人所负债务依旧存续。既然如此,承担保证责任的保证人取代债权人对债务人的法律地位,享有相应的权利;而非取代债权人对其他担保人的法律地位,享有相应的权利。在保证人不知其担保的债权还有其他人提供的担保时,更是如此。其实,这种保证人于其承担保证责任的限度内承受债权人对主债务人的权利,即所谓法定承受或曰法定移转,在学说上并非只有保证人取代债权人的法律地位一种,还有承受债权人对主债务人的债权之说。① 依该说,保证人没有概括地取代债权人的法律地位。《民法典》第700条即采此说,而未接受泛泛的取代法律地位说。② 复次,保证人向债权人为清偿,消灭被担保债权,基于担保权从属于被担保债权的本质属性,债权人对于其他担保人的担保权(如抵押权、质权)即告消灭。既然如此,即便认可保证人因其承担保证责任而取代了债权人的法律地位之说,也因债权人与其他担保人之间的担保关系不复存在而不享有对其他担保人的追偿权。再次,即使债务人和债权人之间的债的关系较为复杂,但因保证人毕竟系为债务人免除其债务而承担保证责任,故承担保证责任的保证人取代债权人对于债务人的法律地位,享有相应的权利,也情有可原,尽管债务人可能负担沉重。与此有别,因债权人与各个其他担保人之间的法律关系可能复杂多样,若允许承担保证责任的保证人取代债权人对其他担保人的法律地位,享有相应的权利,可能给其他担保人带来意想不到的"灾难"。这在混合共同担保人之间无相互追偿的约定的场合,是严重欠缺正当性的。最后,假如允许混合共同担保人相互间享有追偿权,就人为地增添了几层法律关系,即第一个轮次是,承担保证责任的保证人向其他混合共同担保人追偿;第二个轮次是,被全额追偿的其他担保人再向未被追偿的其他担保人追偿;第三个轮次是……。这显然增高交易成本,搅动法律秩序。

在这里,勿要把法律关系错位,不可忘记这样的法理:混合共同担保人相互间存在追偿权,是以业已存在的法律规定或当事人约定为基础、前提的,即,只要有此类规定或约定,各个担保人之间自其成为担保人之时起就形成连带法律关系,随后的层面为追偿关系。这种关系不因某个或某几个混合共同担保人实际承担担保责任而依担保权的从属性而化为乌有,也就是说,混合共同担保人的担保责任不因主债务的不复存在而归于消灭,换个角度说,这种关系排除了被担保债权与担保权之间的主从性可被用于此处,也就是债权人对各个混合共同担保人享有的担保权不因某个或某几个混合共同担保人实际承担担保责任而立即归于消灭,或曰于此场合其他担保人不得援用被担保债权与担保权之间的主从性来对抗追偿权的行使。再换个角度说,保

---

① 刘春堂:《民法债编各论(下)》,三民书局2008年版,第369页;邱聪智:《新订债法各论》(下),姚志明校订,中国人民大学出版社2006年版,第397页;林诚二:《民法债编各论》(下),中国人民大学出版社2007年版,第248页。

② 全国人民代表大会常务委员会法制工作委员会民法室副主任石宏博士于2020年10月10日在"民法典担保制度司法解释草案研讨会"上,披露了《民法典》第700条的立法本意,即保证人于其承担保证责任的限度内承受债权人对主债务人的债权。

证人承受债权人对于债务人的权利不是混合共同担保人相互间存在追偿权的原因、理由、基础。于是，某个或某几个混合共同担保人实际承担担保责任之后，基于各个混合共同担保人之间的连带关系，追偿权可由"资格"的层面具化为具体的民事权利，可以在实际承担担保责任的范围内向其他担保人追偿。与此不同，《民法典》第392条未设置混合共同担保人相互间存在追偿权的规则，只要当事人之间未约定此种追偿权，那么，各个混合共同担保人之间就不存在连带关系。在这样的背景下，某个或某几个混合共同担保人实际承担担保责任之后，被担保债权与担保权之间的主从性继续发挥效能——全部的担保权均告消灭，同时是各个担保债务都不复存在，其他担保人有权援用这一抗辩。既然其他担保人的债务消失了，实际承担担保责任的担保人还有什么基础请求其他担保人满足自己的追偿权呢？对此，可以打个比喻：在现行法的架构下，只要混合共同担保人之间未约定相互间的追偿权，那么，各个混合共同担保人便属于"乌合之众"。"乌合之众"一遇异常便"如鸟兽散"，还何谈连带？如何追偿？与此不同，混合共同担保人之间约定了相互间享有追偿权，或法律径直规定他们之间连带、相互间存在追偿权，他们之间的关系便是共同关系，密切地连接在一起，不再是"乌合之众"，连带、追偿便均有基础。

如果不是承担全部的担保责任，而是部分承担，结论有无变化？某个或某几个担保人实际承担部分担保责任，各个担保责任均未完全消灭，是否借助于《民法典》第700条的规定就可以追偿了？首先，依《民法典》第700条的文义和规范意旨，该条未赋予实际承担担保责任之人对于其他担保人享有权利，包括追偿权。其次，保护债权人的利益排列在先，实际承担保证责任的保证人行使权利"不得损害债权人的利益"（《民法典》第700条但书），或者说，保证人不得不经债权人的同意就"擅自"请求其他担保人补偿自己因实际承担保证责任而形成的损失。

（2）笔者注意到，肯定说对于《民法典》第700条还有如下解释路径，以达立论混合共同担保人相互间存在追偿权之目的：保证人承受债权人对于债务人的权利，该债务人的权利包括主权利和从权利，而从权利又包括担保权。例如，债权人甲对债务人乙享有债权，保证人丙担保债权人甲对债务人乙的债权实现，抵押人丁亦然。保证人丙承担了保障责任之后，承受债权人甲对债务人乙的权利，就包括承受债务人乙对抵押人丁的抵押权这种从权利。

对此解释路径，笔者不予赞同。道理不复杂，抵押权是从属于被担保债权的从权利，债务人乙对抵押人丁没有债权，故抵押权不是从属于债务人乙的权利的从权利，实际上是从属于债权人甲的债权的从权利。所以，保证人丙承受债权人甲对债务人乙的权利，不会包括对抵押人丁的抵押权。其实，债权人甲对于债务人乙的债权一经保证人承担保证责任，便消失了，从属于该债权的抵押权因从属性规则也随之消灭了,保证人丙无从主张了。

将上述案型中的抵押权置换为质权,结论也是一样,不再赘述。

(3)笔者还注意到肯定说的另外一种解释《民法典》第700条的路径:《民法典》第700条所谓债务人可扩大解释为包括保证人在内,该规定可被类推适用于混合共同担保的领域,从而承认混合共同担保人相互间享有追偿权。

对此路径,笔者评论如下:A.从《民法典》第700条的文义看,该条明确区分债务人、保证人,将二人并立,不可置换,这才符合该条"保证人承担保证责任后,除当事人另有约定外,有权在其承担保证责任的范围内向债务人追偿,享有债权人对债务人的权利,但是不得损害债权人的利益"的逻辑。假如依该条所谓债务人包括保证人在内之说,该条就变成了如下内容:"保证人承担保证责任后,……向保证人追偿,……"保证人向自己追偿,这等于保证人无处追偿,达不到保护保证人权益的目的,这显非立法者的本意。总之,《民法典》第700条所谓债务人不应包括保证人在内。B.从法律关系间的关联看,《民法典》第700条关于"保证人承担保证责任后,除当事人另有约定外,有权在其承担保证责任的范围内向债务人追偿,享有债权人对债务人的权利,但是不得损害债权人的利益"的规定,涉及如下法律关系:a.保证人与债权人之间的保证关系;b.保证人实际承担保证责任之后与主债务人之间的追偿关系;c.保证人实际承担保证责任之后享有债权人对主债务人的权利的关系;d.保证人实际承担保证责任之后与其他担保人之间的关系。按照把《民法典》第700条的规定类推适用于混合共同担保的领域,从而承认混合共同担保人相互间享有追偿权之说,就是将"b"类推适用于"d",笔者难以赞同之,因为类推适用,必须是"b"和"d"之间存在类似性,即两者所存共性处于法律评价的重心,可事实是,在"b"和"d"之间的关系中,两者差异性系法律评价的重心,即它们之间不具有类似性,故不得类推适用。兹具体分析如下:首先说明,"d"的关系不存在各个担保人之间约定有连带负责、相互间有权追偿,也不存在相互间不得追偿的约定,还不是《民法典》第699条规定非共同保证人的关系,否则,就无需讨论了。其次,"b"的关系,起初是委托合同关系或无因管理关系,无论何者,保证人向债权人实际承担保证责任就是在实际履行委托合同项下的义务或无因管理关系中的义务,接下来保证人(受托人或管理人)向主债务人(委托人或本人)求偿,乃委托关系或无因管理关系的题中应有之意。与此不同,"d"的关系无委托的约定,亦无管理意思,故非委托合同关系、无因管理关系,而是"乌合之众"式的关系。就法律关系的属性而言,它们的差异是本质性的。最后,《民法典》第392条关于担保人与主债务人、担保人相互间的规定,无论是其文义还是规范意旨,均未承认混合共同担保人相互间的追偿权,第700条作为特别法本可以作出相反的规定却没有作,这也反映出法律在重点评价"b"和"d"之间的差异、而非重点评价它们的共同点。

一句话,"b"和"d"之间的关系不具有类似性,不得类推适用。

(4) 肯定说中的一派为了证成《民法典》第700条含有混合共同担保人相互间享有追偿权,扫清"某个或某几个保证人实际承担保证责任之后,被担保债权因获清偿而归于消灭,其他担保人的担保债务也随之不复存在,因而债权人对这些担保人不再享有权利,实际承担保证责任的保证人即使'享有债权人的权利',也难以请求这些担保人继续承担担保责任"这样的逻辑、理论上的障碍,富有想象力地创设出如下理论:各个担保人向债权人负担的不是代主债务人清偿债权的债务,也不是承担赔偿责任以消灭债务人对债权人所负债务的义务,而是另外的一种义务;反过来说,债权人对各个担保人享有的不是请求其清偿(本应由主债务人清偿的)债权的权利,而是请求担保人履行担保义务的权利。如此,即使某个或某几个担保人履行了全部担保责任,仅仅是消灭了后一种权利,没有消灭债权人对于主债务人所享有的债权。进而,实际承担了保证责任的保证人便"有权在其承担保证责任的范围内向债务人追偿,享有债权人对债务人的权利",也就享有立于债权人地位的对其他担保人的追偿权。对此,笔者剖析如下:A.担保人负的不同于、独立于主债务人对债权人所负债务的义务,其质和量如何确定、衡量?担保人履行什么才算完成了担保责任?该义务若与主债务人对债权人所负债务在质和量方面相同,则该论毫无积极价值;若不一致,那是什么?《民法典》第684条要求保证合同的内容一般包括被保证的主债权的种类、数额、债务人履行债务的期限,以及《民法典》第691条规定的保证范围,还有什么意义?不是无的放矢吗?B.该论会酿成如下灾难性的后果:既然债权人对主债务人所享有的债权未因保证人全部承担保证责任而消灭,债权人就有权请求主债务人继续履行其债务,助推债权人获取双重给付,这显然是不应被允许的。为了纠偏,再借助于不当得利返还制度,人为地使法律关系复杂化,徒增成本。C.该论还面临这样的窘境:主债务人向债权人清偿了债权,消灭了自己的债务,但是,担保人的债务仍继续存在,因为不同于、独立于债权人债权的另外一种权利依然存续。于此场合,债权人请求担保人履行该债务,担保人履行什么呢?D.既然债权人对主债务人享有被担保债权,对各个担保人享有另外一种请求权——请求其承担担保责任之权,既然某个或某几个保证人实际承担保证责任之后,就消除了其他担保人对债权人所负的保证债务,那么,即使实际承担保证责任的保证人享有债权人的权利,甚至法律地位,也无机会请求其他担保人履行其向清偿了,因为其他担保人对债权人所负保证债务不复存在了。E.其实,追偿权,是个新产生的权利,而非固有的权利。实际承担保证责任的保证人享有债权人的权利,却不是新产生的权利,而是原本就存在的权利。就是说,即使实际承担保证责任的保证人果真享有债权人的权利,也不是追偿权,应为代位权。看来,主张《民法典》第700条承认了该条担保人相互间存在追偿权之说把法律关系错位了。

7.《民法典》第524条规定的案型与混合共同担保案型不具有类似性

肯定说认为,可将《民法典》第524条关于"债务人不履行债务,第三人对履行该债务具有合法利益的,第三人有权向债权人代为履行;但是,根据债务性质、按照当事人约定或者依照法律规定只能由债务人履行的除外"(第1款)和"债权人接受第三人履行后,其对债务人的债权转让给第三人,但是债务人和第三人另有约定的除外"(第2款)的规定,类推适用于混合共同担保人之间的关系,确立他们之间相互间存在追偿权。笔者不赞同这种意见,首先,该条规范的代为履行,拥有自己独特的构成要件和效力规则,而非担保责任。众所周知,成立担保责任,必须存在担保关系的,并且必定存在着被担保的主债权,即并存着两层法律关系。但《民法典》第524条第1款规范的对象仅仅存在着债权人和债务人之间的债的关系,不存在与之不同的第三人和债权人之间的债的关系,因为债务人与第三人所负担的是同一项债务,债权人是同一个。其次,第三人完全可以袖手旁观,不进入债务人与债权人之间的关系之中。既然可以袖手旁观,就难有担保效果。即使第三人进入了,债权人也可以拒不认可,不接受第三人的履行,将之排除于既有的债的关系之外。与此不同,担保责任一经成立,债权人便无权否认,或者说即使否认,也不发生否认的法律效力。这也与担保不同。最后,《民法典》第524条第2款规范的是,第三人代为履行,若其"对履行该债务具有合法利益的",或曰符合无因管理的构成要件时,第三人承受债权人对债务人的债权。在这个阶段,法律结构和法律效果如同笔者对《民法典》第700条的分析和结论一样,与混合共同担保人相互间存在追偿权不搭界,不再赘述。与此有别,如果第三人对履行债务人所负债务无合法利益,或曰不构成无因管理,那么,债权人不接受此种履行,第三人也就不会承受债权人对债务人的债权。这距离混合共同担保人相互间享有追偿权更为遥远。

8. 法律人的理念及方法

法律难有完美无缺,一项制度及规则存有软肋并不鲜见。法律人发现并批评之,为其职责所在。不过,该职责的正确实施应是,在现行法已经如此设计的背景下,批评是为了寻觅医治的药方。刘贵祥专职委员提出执行工作应当合理/便利,即为一例。

第四节 担保物权的消灭

一、担保物权消灭的事由

物权消灭的事由,如标的物灭失且无代位物等,当然是担保物权消灭的事由。此外,《民法典》第393条还规定了担保物权消灭的特别事由,包括主债权消灭、担保物权实现、债权人放弃担保物权、法律规定担保物权消灭的其他情形。

(一) 主债权消灭

由于担保物权是从属于主债权的从权利,主债权消灭时,担保物权也归于消灭。但须注意,主债权若因主债权债务合同解除而归于消灭时,主债权债务转化为损害赔偿金债权债务或违约金债权债务的,担保物权继续存在于该转化的债权债务之上,并不消灭。除非担保合同另有约定(《民法典》第566条第3款)。

(二) 担保物权实现

担保物权实现,使命完成,应当寿终正寝。被担保债权因此获得完全清偿,固然如此;即使是尚未获得全部清偿,也只能作为无担保物权担保的普通债权存在,无法再求助于担保物权,换句话说,担保物权不会因此而继续存在。

(三) 债权人放弃担保物权

债权人放弃担保物权,又叫债权人抛弃担保物权,担保物权因此而不复存在。但须注意,担保已经登记的,应当及时将担保物权的登记注销;若未注销,虽然对于"担保物权"人来说,担保物权业已消灭,但对于第三人而言,"担保物权"人不得以担保物权已经消灭为由予以对抗。

(四) 法律规定担保物权消灭的其他情形

所谓法律规定担保物权消灭的其他情形,包括现行法规定的担保物权消灭的其他事由,也包括未来的立法新增设的担保物权消灭的事由。就现行法的规定看,《民法典》第457条规定的留置权人丧失对留置物的占有或接受债务人另行提供担保的,留置权消灭,属于这种情况。

二、担保物权消灭的法律后果

1. 担保物权因主债权消灭、自身实现的事由而消灭,一般不会出现复杂的问题,不产生民事责任。

2. 在债权人放弃的是债务人提供的担保物权的情况下,依据《民法典》第409条第2款、第435条后段的规定,其他担保人在担保物权人丧失优先受偿权益的范围内免除担保责任,除非其他担保人承诺仍然提供担保。

第十九章 抵 押 权

第一节 抵押权概述

一、抵押权的界定

抵押权,是指对于债务人或第三人不转移占有而提供担保的财产,在债务人不履行到期债务或发生当事人约定的实现抵押权的情形时,债权人依法享有就该项财产的变价使其债权优先受偿的担保物权(《民法典》第394条第1款)。提供担保财产的债务人或第三人叫作抵押人,而享有抵押权的债权人称为抵押权人,抵押人提供的担保财产称作抵押财产(《民法典》第394条第2款),或曰抵押物。

二、抵押权的性质

(一)抵押权为一种担保物权

抵押权,是债权人支配债务人或第三人提供的抵押物的交换价值,使其债权优先于普通债权获得清偿的权利,故属于担保物权的一种。

(二)抵押权是不移转抵押物占有的物权

抵押权的成立和存续不以移转抵押物的占有为必要,为非占有担保物权,这与质权、留置权等占有担保物权不同。抵押权的行使无须占有抵押物,这与建设用地使用权、土地承保经营权等用益物权有别。之所以如此,是因为抵押权为价值权而非用益权。[①]

(三)抵押权是就抵押物的变价使被担保债权优先受偿的物权

1. 一般理论

抵押权作为物权,为支配权,具有优先效力,但无受领债务人清偿的内容、效力。债权才具有受领债务人清偿的内容、效力,但无优先的效力,除非法律采取有关措施使其发生性质的变化,或立法政策将某类或某些债权赋予优先效力。人们通常所说的抵押权系就抵押物的变价而优先受偿的权利,并非意味着抵押权自身为优先受债

[①] 谢在全:《民法物权论》(中册),三民书局2003年修订2版,第363-364页。

务人清偿的权利,而应理解为抵押权与被担保债权相结合时,或者说是抵押权附着在债权上,因此种结合或曰附着,抵押权的优先性传递给债权,使被担保债权发生性质和效力的变化,由原来的平等性转化为优先性,债权固有的受清偿的效力继续保持,这类似于两种物质结合发生化学反应,使物质的性质改变。优先性体现在债权上,不是该债权的存在就排斥其他债权继续存在,而是该属性债权在顺位上名列前茅,顺位在先者先实现,债权的实现就是获得清偿,于是,债权的优先性就是优先受偿性。①

再者,抵押权担保的债权并非在任何情况下都优先于其他债权受偿,在某些情况下后于质权、留置权担保的债权受偿。

2. 抵押权与质权的效力顺序

《民法典》第415条规定:"同一财产既设立抵押权又设立质权的,拍卖、变卖该财产所得的价款按照登记、交付的时间先后确定清偿顺序。"这是新创设的规范,确立了并存于同一项财产上的抵押权和质权如何确定优先效力的规则。

《民法典》第415条确立了如下具体规则:(1)作为动产的A物既是抵押物又是质押财产,动产抵押权尚未登记的,无论出质的时间是先于还是迟于抵押合同的生效,在效力方面,质权都优先于动产抵押权;(2)作为动产的A物既是抵押物又是质押财产,动产抵押权的登记先于A物出质的,在效力方面,动产抵押权优先于质权;(3)作为动产的A物既是抵押物又是质押财产,A物出质先于动产抵押权办理登记的,在效力方面,质权优先于动产抵押权;(4)作为动产的A物既是抵押物又是质押财产,出质与动产抵押权的登记同时完成,在质权和动产抵押权的实行时,宜类推适用《民法典》第414条第1款第3项关于"按照债权比例清偿"的规定。

3. 超级优先权

《民法典》第416条规定:"动产抵押担保的主债权是抵押物的价款,标的物交付后十日内办理抵押登记的,该抵押权人优先于抵押物买受人的其他担保物权人受偿,但是留置权人除外。"这也是新创设的规则,确立了超级优先权。

《民法典》第416条设计的超级优先权规则适用的典型案型之一是:出卖人甲将动产A物交付给买受人乙,因约定的乙付款期限较迟(如赊销的场合),若恰遇乙进入破产程序,或者A物被出质给丙或被抵押给丁,质权或抵押权的实现条件已经具备,那么,甲就可能无法实现其货款债权,A物也难被取回,遭受损失。可是,此种案型中的甲应受(应有的)周到保护,措施之一是赋予他超级优先权。② 该权在效力方面优

---

① 崔建远:《土地上的权利群研究》,法律出版社2004年版,第247-248页。
② 清华大学法学院副教授龙俊博士被借调到全国人民代表大会常务委员会法制工作委员会民法室,直接参与《中华人民共和国民法典(草案)》的草拟和研讨,了解法律制度及条款设计的初衷。龙俊博士向笔者介绍了此种案型。特此致谢!

先于 A 物之上的质权、普通的动产抵押权、含有 A 物的财团抵押权等优先权,只是留置权除外。《担保制度解释》丰富、细化和明确了超级优先权规则,并将《民法典》第416 条的适用范围扩张至融资租赁领域,于第 57 条规定:"担保人在设立动产浮动抵押并办理抵押登记后又购入或者以融资租赁方式承租新的动产,下列权利人为担保价款债权或者租金的实现而订立担保合同,并在该动产交付后十日内办理登记,主张其权利优先于在先设立的浮动抵押权的,人民法院应予支持:(一)在该动产上设立抵押权或者保留所有权的出卖人;(二)为价款支付提供融资而在该动产上设立抵押权的债权人;(三)以融资租赁方式出租该动产的出租人"(第 1 款)。"买受人取得动产但未付清价款或者承租人以融资租赁方式占有租赁物但是未付清全部租金,又以标的物为他人设立担保物权,前款所列权利人为担保价款债权或者租金的实现而订立担保合同,并在该动产交付后十日内办理登记,主张其权利优先于买受人为他人设立的担保物权的,人民法院应予支持"(第 2 款)。

当然,从平衡方方面面权益的目的出发,该权的设立得符合一定的条件,《民法典》第 416 条设置了如下几条:(1)被担保债权是 A 物的价款债权;(2)A 物已被买受人占有;(3)A 物交付后 10 日内办完(超级优先权的)抵押登记。只要出卖人甲满足了这些条件,即使买受人乙的其他担保物权人就 A 物先于甲办理了普通动产抵押权的登记或设立了质权,这些担保物权在顺位上也后于超级优先权。相反,如果出卖人甲在 A 物交付后 10 日内未就 A 物办理(超级优先权的)抵押登记,那么,该超级优先权在顺位上已不再超级优先,与买受人乙的其他担保物权人享有的担保物权之间的顺位,不再根据该条的规定确定,而是必须依据《民法典》第 414 条第 1 款关于"同一财产向两个以上债权人抵押的,拍卖、变卖抵押财产所得的价款依照下列规定清偿:(一)抵押权已登记的,按照登记的时间先后确定清偿顺序;(二)抵押权已登记的先于未登记的受偿;(三)抵押权未登记的,按照债权比例清偿"的规定予以处理。

《民法典》第 416 条但书明确超级优先权在效力上劣于留置权,道理在于:(1)留置权是法定担保物权,超级优先权是约定担保物权,如果允许超级优先权优先于留置权,就等于鼓励债权人以货物等为客体设立超级优先权,排斥留置权的运用,导致留置权制度的功能减弱乃至丧失,使留置权人等处于十分不利的境地,会影响他们(它们)从事承揽、货物运输、保管、仓储、行纪等业务的积极性。有鉴于此,赋予留置权优先的效力,非常合适。至于由此可能给超级优先权人带来的不利,是可以化解的:超级优先权设立时可以约定,在货物被留置时,债务人另行提供相应的担保,甚至直接在其他特定物上设立。(2)留置物中一般都凝结了留置权人的劳动价值,或由留置权人提供的材料而成,在一定意义上,可认为留置物有"共有物"(归留置权人和留置物所有权人共有)的意味。在这种背景下,如果赋予超级优先权优先于留置权的效力,并且就留置物的全部价值优先受偿,就意味着留置权人代留置物所有权人向超级优先权人承担了物上责任。这显然是不合理的。而赋予留置权优先于超级优先权的效力,就不会出现这种局面。

(四) 抵押权具有特定性

抵押权具有特定性,一是表现在它是在债务人或第三人的特定财产上所设立的物权。这里的财产,即抵押物,在现行法上包括不动产、动产、不动产物权,以及它们集合所形成的集合物(《民法典》第 395 条、第 396 条等)。只有抵押物特定,才能在抵押权实行时将抵押物变价。不过,这里的特定,大多是在抵押权设立之时抵押物即已特定了,如以 A 车作为抵押物为他人债权设立抵押权,以 B 房及其宅基地的建设用地使用权作为抵押物为他人债权设立抵押权等(严格意义上的特定性);有时也可以是抵押物在抵押权设立时尚未确定,待抵押权实行时方予特定,如《民法典》第 396 条规定的企业等以其现有的及将有的生产设备、原材料、半成品、产品作为抵押物设立抵押权(放宽解释所承认的特定性)。

抵押权具有特定性,还表现在抵押权所担保的债权是特定的。这是由现行法上的抵押权为保全担保物权的基本属性所决定的。同样,被担保债权的特定,既可以是抵押权设立时即有特定的债权,如不动产抵押权、汽车抵押权等;有时也可以抵押权设立时仅仅预估一个在一定期间发生的债权总额,至于在该总额内实际上有多少个债权,以及每个债权在预订的期间内何时成立,法律均不干预,如《民法典》第 420 条以下规定的最高额抵押权。

(五) 抵押权具有从属性

所谓抵押权的从属性,是指抵押权的成立、移转和消灭,均应从属于债权,以及被担保债权优先受偿的范围以抵押权实现时存在的债权为限的现象。分解开来,有如下几方面的表现:

1. 成立上的从属性

所谓抵押权成立上的从属性,是指抵押权的成立以被担保债权的存在为前提,该债权若不存在,抵押权就不成立。这是因为现行法上的抵押权系保全担保物权,不具有独立性,被担保债权不存在,抵押权即无存在的价值,故抵押权具有成立上的从属性,系属当然。

不过,对于成立上的从属性,应从宽把握,即抵押权成立时被担保债权已经存在,固然是抵押权在成立上具有从属性的表现,抵押权成立时被担保债权尚未产生,在抵押权实行时被担保债权业已存在的,亦不违反抵押权成立上的从属性。《民法典》第 420 条关于最高额抵押权与被担保债权之间关系的规定,体现了这种精神。

从宽把握的另一表现是,在某些情况下,主债权债务合同归于无效,业已办理了抵押登记的抵押权不因此而归于消灭。① 在这方面,日本的一则判例给我们以启示。该案的案情是,B 从 A 劳动金库贷款时,因其没有会员资格而设立了一个自己作为代表人的 P 组合,然后以 P 组合的名义贷款,并以自己的不动产设立抵押权(实质上是会员外贷款)。因其不能还款,该抵押权被实行,C 通过拍卖取得了该不动产,并办理了所有权登记。在这里,B(原告)主张上述贷款行为和抵押权的设定无效,请求注销该不动产的所有权登记,并将该不动产归还自己。② 日本的判例适用诚实信用原则,否定了 B 的请求,认为即使"贷款行为无效,B 也有义务返还 A 因其不当得利而得到的上述'贷款金',因此债务没有发生变化。而且,本件抵押权,从其设定宗旨开始,在经济上视为债权人 A 所具有对上述债权的担保意义,B 不偿还以上的债务,并以以上的贷款行为无效作为理由,主张本件抵押权或其实行手续的无效,在诚实信用原则上是不允许的。"③对其法律构成,四宫和夫教授、高木多喜男教授提出债权同一性说,认为无效贷款债权转化成不当得利的返还请求权,两者在法律上没有同一性,但在经济实质上有同一性,因此抵押权成立并有效。所以,按照这种学说,抵押权所担保的债权成为不当得利返还的债权。④

抵押权虽然已经成立,但被担保债权实际上不成立的,因违反成立上的从属性,该抵押权应归消灭。纵使已经办理了抵押登记,也是如此,抵押人有权行使排除妨害请求权而请求注销该抵押权登记。⑤

2. 内容上的从属性

所谓抵押权内容上的从属性,包含两层意思:(1)除非法律另有规定,抵押权成立之后,当事人对所担保的范围已有明确约定的,则未经抵押人的同意,债权人和债务人不得加重抵押人的负担,否则,超过的部分不属于抵押权担保的范围。简言之,债权人只能在其债权范围内享有抵押权(《民法典》第 389 条后段)。当事人对所担保的债权范围没有约定的,则当债权数额增加或减少时,抵押权也会发生相应的变动。(2)只有当抵押权所担保的债权到期之后,抵押权才相应地到期,抵押权人才能行使

---

① 在不少情况下,主债权债务合同无效,抵押权应当消灭。例如,主债权债务合同违反公序良俗原则而无效时,抵押权应当消灭。

② 转引自[日]近江幸治:《担保物权法》,祝娅、王卫军、房兆融译,沈国明、李康民审校,法律出版社 2000 年版,第 107 页。

③ [日]最判 1969.7.4 民集 23 卷 8 号 1347 页·千种秀夫"百选 I"178 页。转引自[日]近江幸治:《担保物权法》,祝娅、王卫军、房兆融译,沈国明、李康民审校,法律出版社 2000 年版,第 107 页。

④ [日]四宫和夫:《法学协会杂志》第 87 卷 9=10 号,第 988 页以下;[日]高木多喜男:《担保物权法》,有斐阁 1984 年版,第 102 页。转引自[日]近江幸治:《担保物权法》,祝娅、王卫军、房兆融译,沈国明、李康民审校,法律出版社 2000 年版,第 107 页。

⑤ 谢在全:《民法物权论》(中册),三民书局 2003 年修订 2 版,第 379 页。

抵押权,除非当事人约定了不同的实现抵押权的条件(《民法典》第386条)。①

3. 移转(或处分)上的从属性

所谓抵押权移转上(或处分上)的从属性,是指抵押权需附随于所担保的债权,才能转让或成为其他债权的担保,抵押权不得与债权分离而单独转让或作为其他债权的担保。《民法典》第407条前段关于"抵押权不得与债权分离而单独转让或者作为其他债权的担保。债权转让的,担保该债权的抵押权一并转让"的规定,明确承认了抵押权的这种从属性。这是由抵押权为保全担保物权的性质和作用决定的。

[探微]

(1)《民法典》第407条前段所谓"抵押权不得与债权分离而单独转让",包括下列三种情形:

A. 抵押权人不得将抵押权单独转让给他人,而自己保留债权。否则,该转让因违反《民法典》第407条的禁止性规定而无效,受让人不能因此而取得抵押权。

于此场合,抵押权转让合同是否当然无效,存有疑问。德国、中国台湾地区的民法及其理论区分债权行为和物权行为,抵押权转让合同为债权行为,抵押权让与是物权行为,所谓单独让与抵押权无效,指的是物权行为无效。中国《民法典》未承认物权行为,抵押权转让合同不是物权行为,抵押权让与为事实行为,或者说抵押权转让合同生效及履行的结果。虽然事实行为难谓无效,尽管《民法典》区分了物权变动与其原因行为(第215条),但探究《民法典》第407条的禁止性规定的规范意旨,可知单独转让抵押权而自己保留债权的,法律不赋予抵押权转让的效果。鉴于抵押权转让合同也违反了禁止性规定,考虑到假如使抵押权转让合同有效,会出现受让人有权请求转让人转让抵押权的结果,从而致使《民法典》第407条的立法目的落空,因而应当令抵押权转让合同归于无效。

B. 抵押权人不得将债权单独转让给他人,而自己保留抵押权。无论当事人有无关于抵押权随着被担保债权的让与而转让的约定,抵押权原则上都随同债权一并移转给受让人,且无须征得抵押人的同意(《民法典》第547条第1款正文),而且在动产抵押、浮动抵押的场合无须办理移转登记手续。但是,在不动产抵押权的场合,按照《不动产登记暂行条例实施细则》第27条第8项、第69条的规定,当事人可以持不动产权属证书、不动产登记证明、被担保主债权的转让协议、债权人已经通知债务人的材料等相关材料,申请抵押权的转移登记。

债权人(抵押权人)和受让人明确约定仅让与债权,抵押权不随之转让,不损害抵押人的利益,亦未增加债务人的负担,应予允许。不过,此时的抵押权没有所担保的

---

① 王利明、尹飞、程啸:《中国物权法教程》,人民法院出版社2007年版,第442页。

债权存在，由其保全担保物权的性质决定，已经失去存续的价值，应归消灭，抵押人可主张注销抵押登记。①

C.抵押权人不得将债权和抵押权分别转让给不同的主体。抵押权人若将被担保债权和抵押权分别转让给不同的主体，就债权的让与而言，因抵押权人将抵押权另转让给他人，可知当事人间的真实意思表示仅仅是让与债权，受让人取得的仅为无抵押权担保的普通债权；就抵押权的转让而言，不发生抵押权转让的效果（抵押权转让合同也归于无效），抵押权仍存留于抵押权人手中。但此种抵押权已成为无债权的抵押权，违反抵押权成立上的从属性，应归于消灭。②

(2)《民法典》第407条前段所谓"抵押权不得与债权分离而作为其他债权的担保"，换句话表述，是说抵押权仅仅可以与被担保债权一起为其他债权设立债权质权。该债权质权仍以债权为留置财产，但该债权（留置财产）附有抵押权的担保。于是：

A. 抵押权人仅以抵押权供担保，自己保留债权的，不仅违反《民法典》第407条的规定，也违反物权法定主义，属于创设以抵押权作为担保物的抵押权或质权的情形，法律不承认此类"抵押权"或"质权"，令其无效。

B. 抵押权人仅以债权设质，而自己保留抵押权。此项情形不违反抵押权处分上的从属性或其他的从属性，因为抵押权人既未仅单独处分其抵押权，而仅以其债权出质后，该债权仍然存在于抵押权人（债权人）之手，不发生无债权存在的问题，所以抵押权人有权仅以债权出质，成立无担保的债权质权。至于该债权质权的效力是否及于抵押权，虽然存在着反对说，但依据抵押权从属于被担保债权的法理和《民法典》第547条第1款正文的规定，应作肯定的回答。

C. 抵押权人分别将债权和抵押权为他人提供担保的，就债权而言，属于抵押权人以债权为标的物单独为他人设立质权，合法有效，只不过属于无附随抵押权担保的债权质权；就抵押权来说，属于债权人单独以抵押权为他人设立质权，违反物权法定主义，法律不承认此类"质权"，令其无效。③

(3) 相关问题

A. 当事人就抵押权的设立，如特别约定债权让与时抵押权不随同移转的，该项特约在当事人之间可视为抵押权的约定消灭事由。如果此后有债权让与的情事时，则构成抵押权消灭的原因，抵押人可请求注销该抵押权的登记。只是当该特约若未办理登记，债权的受让人或质权人不知该特约而取得该抵押权时，应受到登记的公信力

---

① 参见谢在全：《民法物权论》（中册），三民书局2003年修订2版，第382页。
② 谢在全：《民法物权论》（中册），三民书局2003年修订2版，第382页。
③ 同上书，第382-383页。

的保护。①

B. 当事人欲以抵押权作为担保权的标的物的,必须将该抵押权附随于被担保债权一并为之,成立附随抵押权的债权质权。通说认为,于此场合,应办理抵押权随同被担保债权出质的登记。②

(4) 实务中不给办理抵押权转移登记的法律效果

根据《民法典》第407条的规定,债权转让,担保该债权的抵押权也随之转让。但在实务中,受让债权者非为金融机构的,在有些地区,不动产登记机构不给办理该抵押权的转移登记,其理念及理由是,只有银行等金融机构享有担保物权时,不动产登记机构才有义务为其办理抵押登记,普通的公司即使取得抵押权,不动产登记机构也无职责为其办理抵押登记。

当然,这是错误的,应予纠正。在未被纠正之前,随着债权转让而转移的抵押权没有办理抵押权转移登记是个事实,也有的是由于当事人自己的原因未办理抵押权转移登记。对于此类案件,一方面必须坚持《民法典》第407条正文关于"担保该债权的抵押权一并转让"和第547条关于"债权人转让债权的,受让人取得与债权有关的从权利"(第1款正文)的规定及法理;另一方面区分不同的法律关系而有不同的结论。在债权的转让人和受让人之间的关系中,除非双方存在相反的约定,抵押权随其担保的债权一并转让给受让人,即使没有办理抵押权的转移登记,也是如此。所以,《民法典》第547条第2款规定:"受让人取得从权利不因该从权利未办理转移登记手续或者未转移占有而受到影响。"在他们与第三人的法律关系层面,应当遵循物权的公示和公信的原则,只要第三人不知晓抵押权转移的事实,第三人凭信赖不动产登记簿的他项权利登记的记载,就应当保护此种信赖。例如,第三人不承认受让人享有抵押权,至少起到一时的抗辩的法律效果。于此场合,需要债权的受让人向第三人举证证明案涉抵押权已经归其享有,而非债权的转让人继续保有。至此,才可击破第三人的前述信赖。

需要反思的是,《民法典》第547条第2款的文义显示,即使在抵押权转让与第三人之间的关系上,也是抵押权转让的效力不因尚未办理抵押登记而受影响,或曰受让人取得的抵押权即使没有办理抵押登记也可以对抗第三人,不论第三人善意与否。笔者认为这与《民法典》第216条第1款规定的公信原则相抵触,对于信赖抵押登记的交易第三人十分不利,有必要修正。

4. 消灭上的从属性

所谓抵押权消灭上的从属性,是指抵押权所担保的债权若因清偿、提存、免除、混

---

①② 谢在全:《民法物权论》(中册),三民书局2003年修订2版,第383页。

同、抵销等原因而全部消灭时,抵押权也随之而消灭。《民法典》第393条第1项关于主债权消灭的,担保物权消灭的规定,明确承认了抵押权的这种从属性。

在抵押权全部消灭的情况下,抵押权人负有注销抵押登记的义务,不仅抵押人享有注销登记请求权,债务人(由第三人提供抵押物场合)亦然(《不动产登记暂行条例实施细则》第70条)。

[拓展]①

A. 抵押权所担保的债权一部分消灭的,抵押权也一部分消灭,抵押物的全部仍须担保剩余的债权。不过这已涉及抵押权不可分性的问题。

抵押权一部消灭的,可请求就消灭部分办理抵押权的变更登记。即使没有办理该项变更登记,抵押权的效力也当然缩减至该剩余债权的范围。

B. 债权和债务混同时,债的关系原则上归于消灭,但该债权若为他人权利的标的物的,如债权人以该债权为他人设立债权质权,债权并不消灭(《民法典》第576条但书)。于此场合,抵押权若随同被担保债权为他人设立担保的,也不消灭。

C. 在债务由第三人承担的场合,若为并存的债务承担,则原债务人的债务仍然存在,对抵押权不发生影响;若为免责的债务承担,那么,债务由承担人(第三人)承受,原债务人脱离债的关系,于此场合,抵押权的效果因抵押物由何人提供而有不同:若由原债务人提供的,则抵押权不因债务的承担而受妨碍,亦即抵押权仍为该项债务的担保;若由第三人提供的,那么,抵押权因债务的承担而归于消灭,除非该第三人对于债务的承担已经表示承认。

5. 抵押权实现上的从属性

所谓抵押权实现上的从属性,是指被担保债权基于抵押权所得优先受偿的范围,以抵押权实行时存在的被担保债权(包括债权数额)为限。例如,在普通抵押权(一般抵押权)的情况下,预估价值3000万元的A楼担保债权2000万元,借款人已经偿还了1000万元,该抵押权实行时,抵押权人只得从A楼的变价3000万元中优先受偿1000万元,使其债权获得清偿,而非受偿2000万元。再如,在最高额抵押权的情况下,预估价值3000万元的A楼担保最高限额为2000万元的债权,借款人随借随还1000万元,该最高额抵押权实行时,确定的抵押债权有两笔,共计1500万元,抵押权人只得从A楼的变价3000万元中优先受偿1500万元,使其债权获得清偿。

应当注意,如今的判例和学说多将抵押权成立上的从属性和权利实现上的从属性合而为一地予以观察。②

---

① 这部分内容,见谢在全:《民法物权论》(中册),三民书局2003年修订2版,第384-385页。
② 谢在全:《民法物权论》(下册),三民书局2003年修订2版,第56页。

债权人甲与受让人乙签订债权 A 的转让合同,该债权 A 附有房地产抵押权。由于乙不是金融机构,实务操作中不给予抵押权登记(包括抵押权变更登记),抵押权在外观上仍归债权人甲享有。此时,债务人丙偿债困难,丙的数个债权人都向丙主张债权。于此场合,乙有无优先受偿的权利?

对此,应区分内部关系与外部关系。在内部关系即债权人甲与受让人乙之间的关系上,乙享有抵押权。在外部关系上,乙的抵押权对抗不了债务人丙的其他债权人。有鉴于此,乙保护自己的权益,可有若干路径供其选择:(1)乙向丙主张债权时,代位行使甲名义上对于丙所享有的抵押权;(2)甲授权乙行使抵押权。①

(六) 抵押权具有不可分性

对于抵押权的不可分性,《担保法》《物权法》和《民法典》均未明确。值得提出的是,《担保制度解释》第 38 条关于"主债权未受全部清偿,担保物权人主张就担保财产的全部行使担保物权的,人民法院应予支持"(第 1 款正文),"担保财产被分割或者部分转让,担保物权人主张就分割或者转让后的担保财产行使担保物权的,人民法院应予支持"(第 2 款正文)的规定,是就"包括抵押物在内的担保财产的全部担保债权的各个部分"的角度立论的,填补了这个法律漏洞。

其实,抵押权的不可分性,可有不同角度的表达。除了就抵押物与被担保债权之间的关系立论的行文外,还可以就抵押权和被担保债权之间的关系立论,抵押权的不可分性因之而表述为"被担保的债权分,抵押权不分。"②《担保制度解释》第 39 条第 1 款正文关于"主债权被分割或者部分转让,各债权人主张就其享有的债权份额行使担保物权的,人民法院应予支持"的规定,以及第 39 条第 2 款关于"主债务被分割或者部分转移,债务人自己提供物的担保,债权人请求以该担保财产担保全部债务履行的,人民法院应予支持"的规定,属于从"被担保的债权分,抵押权不分"的角度所作的表述,只不过第 39 条第 2 款的规定是以债权的反面——债务——为基点罢了。

[拓展]

必须指出,《民法典》第 391 条关于"第三人提供担保,未经其书面同意,债权人允许债务人转移全部或者部分债务的,担保人不再承担相应的担保责任"的规定,以及《担保制度解释》第 39 条第 2 款后段关于"第三人提供物的担保,主张对未经其书面同意转移的债务不再承担担保责任的,人民法院应予支持"的规定,是对抵押权的不可分性的排除。对此,笔者表示赞同。其道理在于:(1)抵押权的不可分性并非抵押

---

① 路径之二系中国政法大学的李永军教授所提,特此感谢!
② 郑玉波:《论抵押权之不可分性》,载郑玉波主编《民法物权论文选辑》(下),五南图书出版公司 1984 年初版,第 608 页。

权的本质要求所必须具有的性质,只是法律为加强抵押权的担保作用而特别赋予的,其法律规范不是强行性规定,当事人可以特约予以排除。① 这在法国已经著有判例②,在日本也有持赞同意见的学说。③ 既然法律确认抵押权的不可分性系基于周到保护抵押权人的立法政策所致,对抵押人的合法权益应当予以适当的照顾,就属于立法政策的题中应有之义。如此衡平的结果便是,在若干场合,需要有条件地排除抵押权的不可分性。(2)债务承担人的责任财产可能少于原债务人的责任财产,并由此导致债务承担人不能全部或全部不能清偿抵押权人的债权,抵押权人选择行使抵押权的路径来实现其债权,抵押人因此而丧失抵押物的所有权,至少受到抵押物的使用价值被剥夺的损失,属于暂时的损害。尤其在原债务人的责任财产不足以清偿数个并存的债权时,抵押人的追偿权也部分或全部地失去实际效用,遭受终局性的损失。在抵押人不同意债务承担的情况下,令抵押人承受此类的损失,是不合理的,一部良法应当给这样的抵押人必要的保护。《担保制度解释》第39条第2款后段的规定,符合这个精神,值得肯定。

《担保制度解释》第39条第2款后段的排除虽然必要,但还不足够。在这点上,物权法没有必要否认意思自治原则的作用,应当比较广泛地承认当事人以约定排除抵押权的不可分性。

总之,抵押权的不可分性有利于债权的保障殊多,对于抵押权制度的推广发展上具有决定性的作用④,因而,《担保法》《物权法》和《民法典》忽视抵押权的不可分性,需要反思。《担保制度解释》第38条和第39条规定了抵押权的不可分性,值得肯定。⑤

(七)抵押权具有物上代位性

所谓抵押权的物上代位性,是指抵押物灭失、毁损,其价值转化为他种形态时,抵押权的效力仍然及于该他种形态之物上的法律属性。⑥ 所谓他种形态之物,包括抵押物的变形物和代位物(代偿物)。例如,甲以其已投保的A车抵押给乙,以担保

---

① 郑玉波:《论抵押权之不可分性》,载郑玉波主编《民法物权论文选辑》(下),五南图书出版公司1984年初版,第612页。
② [日]神户大学外国法研究会编译:《法兰西民法》(V),第245页。转引自郑玉波《论抵押权之不可分性》,载郑玉波主编《民法物权论文选辑》(下),五南图书出版公司1984年初版,第612页。
③ [日]柚木馨:《担保物权法》,第197页;[日]我妻荣:《担保物权法》,第92页。转引自郑玉波《论抵押权之不可分性》,载郑玉波主编《民法物权论文选辑》(下),五南图书出版公司1984年初版,第612页。
④ 郑玉波:《论抵押权之不可分性》,载郑玉波主编:《民法物权论文选辑》(下),五南图书出版公司1984年初版,第612页。
⑤ 崔建远:《土地上的权利群研究》,法律出版社2004年版,第254-256页。
⑥ 郑玉波:《民法物权》,三民书局1988年修订12版,第232页。

丙向乙还本付息的债务履行。一天,A车被撞毁,只剩下四只轮胎可继续使用。保险公司理赔90万元人民币。其中,四只轮胎叫作变形物,90万元人民币(请求权)称为代位物(代偿物)。抵押权继续存在于该四只轮胎和90万元人民币(请求权)之上。

抵押权之所以具有物上代位性,是因为抵押权不以利用抵押物的实体为目的,而是以取得标的物的交换价值为内容,属于价值权。正因如此,抵押物即使改变其原有形态或性质,但只要还维持着交换价值,就不会影响抵押权的实行。换言之,抵押物的变形物或代位物在实质上仍是抵押权的客体,抵押权的效力仍然及于此类变形物或代位物上,除非立法政策反其道而行之。现行法没有逆行,而是承认了抵押权的上述性质和效力,即承认了抵押权的物上代位性(《民法典》第390条,《担保制度解释》第42条、第46条第2款)。

[引申]

(1) 关于代位物的范围

现行法对抵押权的物上代位的规定,使用的表述为在抵押物灭失、毁损或被征收/征用的情况下,抵押权人可以就该抵押物的保险金、赔偿金或补偿金优先受偿(《民法典》第390条、《担保制度解释》第42条和第46条第2款)。这遗漏了抵押物的另外的变形物类型,如抵押物为房屋,而该房屋被毁,变成一堆砖、瓦、门、窗、椽等。由于砖、瓦、门、窗、椽是各个动产而非不动产,亦非不动产的一部分,所以,抵押权的效力及于它们的根据,不是抵押权对抵押物本身的作用力,也不是抵押权的效力及于抵押物的一部分,还不是抵押权对抵押物的保险金、赔偿金或补偿金的优先效力,只能是抵押权物上代位效力及于抵押物的变形物的原理。有鉴于此,中国法若采取列举的方式规定代位物的范围,就要全面且清晰;若采取概括式规定代位物的范围,就应直接使用代位物和变形物的术语。①

(2) 关于物上代位的法律构成

同样由于现行法对抵押权的物上代位的规定,使用的表述为在抵押物灭失、毁损或被征收/征用的情况下,抵押权人可以就该抵押物的保险金、赔偿金或补偿金优先受偿(《民法典》第390条、《担保制度解释》第41条第1款、第42条和第46条第2款),可知采用了物上代位于变形物或代位物本身上的法律构成论。这同德国等国家或地区的民法及其理论奉行的法定债权质的法律构成论不一致。《民法典》究竟选择哪种法律构成论,应有结论。为了使选择建立在理性的基础之上,下文对有代表性的

---

① 崔建远:《土地上的权利群研究》,法律出版社2004年版,第257页。

立法例及其学说作一简要的考察,然后得出自己的结论。①

《德国民法典》规定,要求定期给付的权利与土地所有权相结合的,抵押权的效力扩及于此项定期给付的请求权(第1126条前段)。为土地所有权人或者土地自主占有人的利益而将属于抵押权的标的物付诸保险的,抵押权的效力扩及于因保险契约而发生的对保险人的债权(第1127条第1项)。将房屋付诸保险的,保险人或被保险人如曾向抵押权人通知损害的发生,并且自收到通知之时起经过一个月的期间,则保险人向被保险人所为保险金额的支付,即可对抵押权人发生效力。抵押权人,在上述期间内,得对保险人的支付保险金额,声明异议(第1128条第1项前段)。其他情形,适用关于债权质权之规定;但保险人,就土地登记簿中所应知道之抵押权,不得主张其不知(第1128条第2项)。瑞士民法"关于抵押权,就租金请求权、保险金请求权、公用征收补偿金请求权上,承认有物上代位。"②采取法定债权质的法律构成。

抵押权存在于抵押物的变形物——保险金请求权、赔偿金请求权、补偿金请求权——之上,若采取债权质说,那么按照现行法的架构,要么是抵押人和抵押权人双方达成了在保险金请求权、赔偿金请求权、补偿金请求权上设立质权的协议,要么是法律直接规定在保险金请求权、赔偿金请求权、补偿金请求权上当然产生质权。但事实并非如此,现行法直接规定抵押权的效力存在于保险金、赔偿金、补偿金上,而不是质权存在于它们之上,亦非质权存在于保险金请求权、赔偿金请求权、补偿金请求权上。由此可知,对于抵押权的物上代位,在其法律构成上,现行法未采取法定债权质说。③

中国法有无必要采取法定债权质说?笔者初步认为,因以保险金请求权、赔偿金请求权、补偿金请求权为标的物的担保物权属于债权质,故债权质说比较符合逻辑。但基于抵押权为价值权,抵押权的效力当然追及于抵押物的价值变形物上④,当然追及于作为抵押物的变形物的保险金请求权、赔偿金请求权、补偿金请求权上,更为简洁。所以,两种方案均有其道理,立法者可以选择其中之一,倘若选择法定债权质的方案,则必须由法律设置明文。⑤

至于是物上代位于赔偿金、保险金、补偿金"现物本身",还是物上代位于保险金

---

① 崔建远:《土地上的权利群研究》,法律出版社2004年版,第257页。
② [日]柚木馨:《注释民法(9)·物权(4)》,有斐阁1982年版,第51页。
③ 崔建远:《土地上的权利群研究》,法律出版社2004年版,第258页。
④ [日]近江幸治:《担保物权法》,祝娅、王卫军、房兆融译,沈国明、李康民审校,法律出版社2000年版,第40页。
⑤ 崔建远:《土地上的权利群研究》,法律出版社2004年版,第258页。

请求权、赔偿金请求权、补偿金请求权上，笔者曾经赞同前者①，但因对于赔偿金、保险金等"现物本身"的效力，不是物上代位问题，而是担保权的直接效力问题，即是担保权的追及效力问题②，故现在修正以往的意见，改为抵押权物上代位于保险金请求权、赔偿金请求权、补偿金请求权上的观点。③

既然是抵押权物上代位于保险金请求权、赔偿金请求权、补偿金请求权上，那么，为了减少迂回曲折，为了降低风险，法律应当规定抵押权人有通知义务，即抵押权人应当将抵押权存在的事实及时地通知给有关保险公司、赔偿义务人、补偿义务人，以便这些义务人知晓并实际向抵押权人支付保险金、赔偿金、补偿金；若怠于通知，这些义务人不负任何民事责任，抵押权人向抵押人主张抵押权的追及效力。④

[探讨]

关于以出让的建设用地使用权、"四荒"土地承包经营权等作为抵押物场合抵押权的母权问题

以出让的建设用地使用权、"四荒"土地承包经营权等作为抵押物场合，抵押权的母权如何寻觅？解决此类问题，同样可有两种思路。其一，抵押权所分享的权能，依然是土地所有权含有的收益、处分权能；抵押权所分享的对象，依然是土地所有权的交换价值。建设用地使用权人、土地承包经营权人之所以能使建设用地或承包地的所有权中的权能由抵押权人分享，是因为建设用地使用权、土地承包经营权于其设立时法律已经将处分权直接授予他（它）们了。其二，在出让的建设用地使用权、"四荒"土地承包经营权等作为抵押物的场合，将建设用地使用权、土地承包经营权等视为民法上的"物"，其上存在着"所有权"，因建设用地使用权、土地承包经营权含有收益、处分的权能，该"所有权"自然含有这些权能，抵押权系分享其中的权能而形成。

三、抵押权的标的物

（一）概说

《民法典》对于抵押权的标的物设有明确的要求，于第395条列举了可以抵押的财产的范围，相对于《物权法》第180条列举的抵押财产的规定而言，其大部分相同，仅在个别项目上略有微调。例如，增加"海域使用权"为可以抵押的财产，删除了《物权法》第180条第1款第3项列举的"以招标、拍卖、公开协商等方式取得的荒地等土

---

① 王利明、崔建远：《合同法新论·总则》，中国政法大学出版社1996年版，第551页。
② ［日］近江幸治：《担保物权法》，祝娅、王卫军、房兆融译，沈国明、李康民审校，法律出版社2000年版，第41页。
③④ 崔建远：《土地上的权利群研究》，法律出版社2004年版，第258页。

地承包经营权"。

《民法典》第395条之所以增加"海域使用权"为可以抵押的财产，是因为海域使用权为财产权，财产权具有转让性（让与性）时价值更高；《海域使用管理法》第27条第2项规定"海域使用权可以依法转让"，允许以海域使用权设立抵押权符合该项规定的精神。

《民法典》第395条之所以删除《物权法》第180条第1款第3项列举的"以招标、拍卖、公开协商等方式取得的荒地等土地承包经营权"，是因为与《物权法》不允许以家庭承包方式设立的土地承包经营权抵押的立场不同，《民法典》允许任何类型的土地经营权转让、抵押（第339条、第342条）。

(二)《民法典》第395条所列抵押财产的具体分析

《民法典》第395条第1款第1项所列"建筑物和其他土地附着物"，包括住宅、商业用房、比赛场馆等建筑物，桥梁、隧道、大坝、道路等构筑物，以及林木、农作物等其他土地附着物。不过，它们作为抵押财产受有限制：其一，住宅等建筑物必须符合《民法典》第231条关于"合法建造"的要求，违法建筑物无所有权，不得用作抵押财产；其二，用于军事、国防、国家机关、国家举办的事业单位等单位的建筑物、构筑物不得作为抵押物。

《民法典》第395条第1款第2项所列"建设用地使用权"，包括国有建设用地使用权、集体经营性建设用地使用权，但行政划拨的建设用地使用权原则上不得用于抵押，除非符合《土地管理法》第56条后段、《城市房地产管理法》第40条规定的条件。乡镇企业、乡（镇）村公共设施、公益事业等乡（镇）村建设所设立的集体建设用地使用权，也不得作为抵押财产（《土地管理法》第61条）。

《民法典》第395条第1款第3项所列"海域使用权"，因其具有转让性（让与性），故可用作抵押物。

《民法典》第395条第1款第4项所列"生产设备、原材料、半成品、产品"，都具有转让性（让与性），可以用作设立动产抵押权。

《民法典》第395条第1款第5项所谓"正在建造的建筑物、船舶、航空器"，其中"正在建造的建筑物"，是指正在建造、尚未办理所有权首次登记的房屋等建筑物（《不动产登记暂行条例实施细则》第75条第3款）。

《民法典》第395条第1款第5项所列"正在建造的建筑物、船舶、航空器"，在构成一个独立之物时，用作抵押物，不成问题；但它们大多未成一个独立之物，按照物权法关于物权的客体应该特定的传统理论，它们不可用作抵押，但《物权法》第180条第1款第5项则持肯定态度，《民法典》第395条第1款第5项亦然。这主要是因为建设工程往往周期长、资金缺口大，以正在建造的建筑物、船舶、航空器作为融资担保，对于解决建设者融资难、保证在建工程顺利完工具有重要作用。①《物权法》和《民法典》如此设计，表明了法律要为经济发展的需要服务，不应受制于某个教条。

《民法典》第395条第1款第6项所列"交通运输工具"，诸如飞机、船舶、火车、各种机动车辆等，只要它们不属于法律特别禁止转让的，就可被用作抵押财产。

《民法典》第395条第1款第7项所谓"法律、行政法规未禁止抵押的其他财产"，为一兜底性条款，其可适应不断变化的经济生活需要。该项规定也暗含着这样的意思，前6项规定以外的财产用作抵押，必须同时具备两项条件：（1）不是法律、法规禁止抵押的财产；（2）抵押人对该财产拥有处分权。

《民法典》第395条第2款关于"抵押人可以将前款所列财产一并抵押"的规定，等于承认了财团抵押，即一个企业有权将其全部财产，包括建设用地使用权、地上房屋、设备、运输工具等，设立一个抵押权。

（三）《民法典》禁止抵押的财产

《民法典》第399条明确了不得抵押的财产，其第1项规定土地所有权不得抵押，国家土地所有权和农民集体土地所有权都不得抵押，这是由土地所有权不由民事程序流转的国策所决定的。

《民法典》第399条第2项正文规定宅基地使用权不得抵押，这与《土地管理法》第62条关于农民一户一宅，"农村村民出卖、出租、赠与住宅后，再申请宅基地的，不予批准"的规定相一致。据此可知，《民法典》第399条第2项所谓"但是法律规定可以抵押的除外"，不是宅基地使用权不得抵押的例外。

《民法典》第399条第2项正文规定自留地、自留山的使用权不得抵押，可由该条第2项所谓"但是法律规定可以抵押的除外"的但书排除，即自留地、自留山的土地承包经营权人根据《民法典》第339~341条的规定发生流转的，其中一种情形就是以自留地、自留山的使用权设立抵押权。其表现形式之一是：自留地、自留山的土地承包经营权人与金融机构达成融资担保协议，设立抵押权，该抵押权以土地经营权作为标的物；表现形式之二是：自留地、自留山的土地承包经营权人与第三人达成流转协议，该第三人取得自留地、自留山的土地经营权，再以该土地经营权抵押。

《民法典》第399条第2项正文删除了《物权法》第184条第2项正文、《担保法》第37条第2项正文中的耕地使用权不得抵押，其道理也如上个自然段所述的那样，现行法已经允许耕地的土地经营权抵押。

《民法典》第399条第3项的"等"，如公共图书馆、科学技术馆、博物馆、国家美术

---

① 黄薇主编：《中华人民共和国民法典物权编释义》，法律出版社2020年版，第479-480页。

馆、少年宫、工人文化宫、敬老院、残疾人福利基金会等。①

《民法典》第 399 条第 3 项规定学校、幼儿园、医疗机构等以公益为目的成立的非营利法人的教育设施、医疗卫生设施和其他公益设施不得抵押,主要是因为这些用于公益目的,假如它们被抵押且抵押权被实行,则公益目的,轻者会受干扰,重者,无法达到。医疗,为保健康、挽救生命;教育及幼儿培育,事关后继有人,百年大计;公共图书馆、科学技术馆等设施直接与一个民族、国家的精神文明、文化传承、发明创造力等素养的培育联系在一起。所有这些,均非小事,务必慎重对待。

诚然,允许它们抵押,但在抵押权实行时不得改变其固有的用途,自表面观察,能自圆其说。但实际上,接手拍卖标的者能接收学校、幼儿园、医疗机构的工作人员吗?特别是那些具有专长的技术骨干吗?退一步说,即使接收,那些技术骨干愿意留下来吗?若否,负面后果难以估量。此其一。实行抵押权,需要时日,在此期间,人心惶惶,会影响学校、幼儿园、医疗机构的职能发挥,损害后果也是不容低估的。此其二。因此,《民法典》第 399 条第 3 项的规定值得赞同。

《民法典》第 399 条第 4 项规定所有权、使用权不明或有争议的财产不得抵押,在物权法上理由充分,因为在实体权益方面,所有权、使用权不明或有争议的财产抵押后难免产生纷争,秩序不稳,成本较高;在程序方面,也难以办理抵押登记。至于在合同法上,可以不认定此类抵押合同无效。

《民法典》第 399 条第 5 项规定依法被查封、扣押、监管的财产不得抵押,道理在于此类财产属于限制流通物,只要该限制未解除,抵押权就实行不了。为使抵押权真正能发挥功效,为减少纷争,为降低成本,不允许此类财产抵押是合适的。但须注意:当事人以依法被查封或扣押的财产抵押,抵押权人请求行使抵押权,经审查查封或扣押措施已经解除的,人民法院应予支持(《担保制度解释》第 37 条第 2 款前段)。以依法被监管的财产抵押的,照此办理(《担保制度解释》第 37 条第 3 款)。至于在合同法上,《担保制度解释》第 37 条第 2 款后段规定:"抵押人以抵押权设立时财产被查封或者扣押为由主张抵押合同无效的,人民法院不予支持。"

《民法典》第 399 条第 6 项的规定,既属于兜底性条款,防止挂一漏万;也属于引致性(管道性)规定,可将具有构成要件和法律效果的法律、行政法规的规定适用于抵押权的设立。例如,《民法典》第 369 条前段规定,居住权不得转让、继承,据此可知,居住权不得抵押,因为抵押权实行时会发生作为抵押物的居住权转让。再如,《民法典》第 398 条前段关于"乡镇、村企业的建设用地使用权不得单独抵押"的规定,应为强制性规定,必须遵守之。

---

① 黄薇主编:《中华人民共和国民法典物权编释义》,法律出版社 2020 年版,第 492-493 页。

[澄清]

《担保法》第37条第4项规定:"所有权、使用权不明或者有争议的财产""不得抵押"。《物权法》第184条第4项沿袭之。这是混淆抵押权设立与抵押权实行的表现,与鼓励交易原则未尽契合。某些抵押物于抵押权设立时权属不明或有争议,待抵押权实行时抵押物的权属已经清晰,已无争议,此类抵押权的实行没有障碍,法律对此应予保障,不宜否定。《民法典》注意到这一点,不再禁止所有权、使用权不明或者有争议的财产设立抵押权,但未明确此类财产设立抵押权的法律后果。有鉴于此,《担保制度解释》第37条第1款规定:"当事人以所有权、使用权不明或者有争议的财产抵押,经审查构成无权处分的,人民法院应当依照民法典第三百一十一条的规定处理。"至于某些抵押物于抵押权设立时权属不明或有争议,待抵押权实行时抵押物已经确定归属于抵押人的,则不适用《民法典》第311条关于善意取得的规定。

第二节 抵押权的取得

一、抵押权取得概述

(一)原始取得与继受取得

抵押权的取得,同样分为原始取得和继受取得。所谓抵押权的原始取得,是指非基于他人既有的权利而独立取得抵押权的现象。抵押权的善意取得,为其表现。所谓抵押权的继受取得,是指依据他人既有的权利而取得抵押权的现象。它又分为移转继受取得和创设继受取得。所谓抵押权的移转继受取得,是就原抵押权人既有的抵押权,不变更其性质而予以取得的现象。例如,通过一并转让债权及其抵押权、一并继承债权及其抵押权而取得抵押权。所谓抵押权的创设继受取得,是就他人的所有权或某些用益物权创设抵押权而予以取得的现象。例如,在他人的建设用地使用权与地上房屋上设立抵押权。于此场合,抵押权人所取得的抵押权与抵押人所享有的建设用地使用权和地上房屋所有权相比较,性质各异,但因抵押权人的抵押权乃基于抵押人的建设用地使用权与地上房屋所有权而取得,故亦不失为继受取得。

(二)基于法律行为取得与非基于法律行为取得

1. 基于法律行为而取得抵押权

基于法律行为而取得抵押权,包括通过设立而取得抵押权和通过转让而取得抵押权两种。前者是指债权人和抵押人签订抵押合同(《民法典》第400条)或抵押人立遗嘱而设立抵押权的现象。基于抵押合同而设立抵押权,在实务中最为常见。后者是指抵押权人(债权人)将其债权及抵押权一并转让给受让人,受让人取得该抵押权的现象(《民法典》第407条)。这种情况也不鲜见。基于法律行为而取得的抵押权,学说上称为约定抵押权或意定抵押权。

基于法律行为而取得抵押权,如果抵押权的设立以登记为生效要件,则受让人非经登记不能当然取得抵押权。①《不动产登记暂行条例实施细则》第65条第1款规定:对下列财产进行抵押的,可以申请办理不动产抵押登记:(1)建设用地使用权;(2)建筑物和其他土地附着物;(3)海域使用权;(4)以招标、拍卖、公开协商等方式取得的荒地等土地承包经营权;(5)正在建造的建筑物;(6)法律、行政法规未禁止抵押的其他不动产。此外,《担保制度解释》第52条第1款有条件地承认了抵押预告登记可以设立抵押权:"当事人办理抵押预告登记后,预告登记权利人请求就抵押财产优先受偿,经审查存在尚未办理建筑物所有权首次登记、预告登记的财产与办理建筑物所有权首次登记时的财产不一致、抵押预告登记已经失效等情形,导致不具备办理抵押登记条件的,人民法院不予支持;经审查已经办理建筑物所有权首次登记,且不存在预告登记失效等情形的,人民法院应予支持,并应当认定抵押权自预告登记之日起设立。"

2. 非基于法律行为而取得抵押权

在现行法上,基于法律的直接规定而取得抵押权,依据善意取得制度而取得抵押权,通过继承而取得抵押权,都属于非基于法律行为而取得抵押权。

(1) 基于法律的直接规定而取得抵押权

基于法律的直接规定而取得抵押权,如《民法典》第397条规定:"以建筑物抵押的,该建筑物占用范围内的建设用地使用权一并抵押。以建设用地使用权抵押的,该土地上的建筑物一并抵押"(第1款)。"抵押人未依据前款规定一并抵押的,未抵押的财产视为一并抵押"(第2款)。视为,属于不可举反证推翻的拟制。据此可知,《民法典》第397条的规定表达了这样的意思:在以建筑物抵押的,无论当事人是否同意以该建筑物占用范围内的建设用地使用权提供抵押,该建设用地使用权自然一并抵押;在以该建筑物占用范围内的建设用地使用权抵押的,无论当事人是否同意以该建筑物提供抵押,该建筑物当然一并抵押。由于即使当事人仅仅约定以建筑物提供抵押,甚至于明确地将该建筑物占有范围内的建设用地使用权排除于抵押物的范围,但依据《民法典》第397条的规定,该建筑物占用范围内的建设用地使用权也视为一并抵押;由于在现行法上建筑物和该建筑物占有范围内的建设用地使用权分别为各自独立的两个物,就内部关系而言,每个物上各存在着一个抵押权,所以,该建设用地使用权上存在的抵押权,是基于法律的直接规定而成立的,属于法定抵押权。

---

① 姚瑞光:《民法物权论》,2000年自版,第207页;中国大陆《民法典》第402条及其准用。

至于《民法典》第807条规定的建设工程承包人的工程价款优先受偿权,存在着留置权说①、法定抵押权说②和优先权说③的分歧。留置权说不符合现行法关于留置物为动产的限制,故不可采。法定抵押权说和优先权说各有所据,后者较为主动。

(2) 基于善意取得制度而取得抵押权

《民法典》规定,不动产抵押权的设立以登记作为生效要件(第402条),其转让亦应如此(《民法典》第402条的准用);该登记具有公信力(第216条第1款)。按照通说,在法律赋予公示以公信力的情况下,受让人已经占有了标的物(动产场合)或标的物已被登记在受让人名下(不动产及某些权利场合),可发生善意取得。因而,在甲将本属于乙但登记在自己名下的不动产A向丙提供抵押的情况下,丙对此不知情,且无重大过失,只要业已办理抵押登记,便符合《民法典》第311条第1款和第3款的规定,丙应善意取得该抵押权。或者,甲把本属于乙但登记在自己名下的B抵押权连同被担保债权C一并转让给丙的情况下,丙对此不知情,且无重大过失,只要约定的价格合理,已经办理完毕抵押权的移转登记(变更登记),便符合《民法典》第311条第1款和第3款的规定,丙应善意取得该不动产抵押权。④

动产抵押权以登记为对抗要件(《民法典》第403条),即使个案中已经办理了抵押登记,按照通说,该登记也不具有公信力,善意取得须受让人占有标的物(动产场合)或标的物已被登记在受让人名下(不动产及某些权利场合),否则,不发生善意取得的效力。既然如此,动产抵押权不会发生善意取得。

其实,解决这个问题,首先取决于论者所持理念。如果论者更倾向于动的安全,就容易赞同善意取得的观点。如果论者对善意取得仅仅是不得已的选择,就会严格善意取得的成立要件。笔者将所有权保护与动的安全并重,所以结论会是另外的样子。

笔者重申以下理念及观点:(1)公示不是物权变动的对抗要件,而是成立(生效)

---

① 江平主编:《中华人民共和国合同法精解》,中国政法大学出版社1999年版,第223页。
② 梁慧星:《是优先权还是抵押权——合同法第286条的权利性质及其使用》,载《人民法院报》2000年12月1日;王全兴、刘建强、洪彬主编:《新合同法原理与案例评析》,暨南大学出版社1999年版,第385页;梁慧星、陈华彬:《物权法》(第4版),法律出版社2007年版,第311页。
③ 崔建远主编:《合同法》(修订本),法律出版社2000年版,第436页;崔建远主编:《合同法》(第3版),法律出版社2003年版,第405页;崔建远主编:《合同法》(第4版),法律出版社2007年版,第444页。
④ 参见王利明、尹飞、程啸:《中国物权法教程》,人民法院出版社2007年版,第452页。关于德国民法承认不动产物权善意取得,可见[德]鲍尔/施蒂尔纳:《德国物权法》(上册),张双根译,法律出版社2004年版,第64页、第488页以下;[德]鲍尔/施蒂尔纳:《德国物权法》(下册),申卫星、王洪亮译,法律出版社2006年版,第94页以下。关于中国台湾地区的学说有承认不动产物权善意取得的动向,见王泽鉴:《民法物权·通则·所有权》(总第1册),三民书局2003年增补版,第122页以下。

要件;(2)公示具有公信力是善意取得的逻辑前提和技术前提。

德国民法在出卖他人的动产时是否成立善意取得方面,强调让与人对于动产要占有,受让人通过交易对该动产也要占有。如果只是让与人对作为交易标的物的动产处于占有的状态,受让人尚未占有该动产,在真正的所有权人主张其所有权时,受让人不会善意取得该动产。据此衡量,动产抵押权的设立不移转抵押物的占有,故没有满足动产物权善意取得需要的要件。

从《民法典》第311条第1款规定的善意取得的要件看,也是要求受让人对标的物占有或者已经办理完毕登记。因此,动产抵押权不存在善意取得。

动产抵押权的登记是否为善意取得的要件呢?笔者持否定的答案,道理在于,在登记不是物权变动的成立(生效)要件的模式中,登记不是反映物权真实状态的必然标志,不具有公信力。受让人信赖该登记而与无处分权的让与人交易,至少属于重大过失。从这方面说,动产抵押权也不会发生善意取得。

[论争]

其实,就动产抵押权能否发生善意取得,存在着不同意见。否定说认为,既然抵押权不以占有为内容,且善意取得以交付为要件,因此动产抵押权不能善意取得。[①] 肯定说主张,善意取得制度建立在占有的公示力基础上,即占有具有推定占有人为动产的所有人的效力,那么第三人因信赖占有人为动产的所有人而与之订立动产抵押权的设定合同,自然能够善意取得该动产抵押权。[②]《担保制度解释》第37条第1款采取了肯定说:"当事人以所有权、使用权不明或者有争议的财产抵押,经审查构成无权处分的,人民法院应当依照民法典第三百一十一条的规定处理。"另有学者认为,动产抵押权能否善意取得,关键在于是否办理登记。因为《民法典》第311条第3款规定:"当事人善意取得其他物权的,参照适用前两款规定。"而该条第1款在规定动产或不动产所有权的善意取得时明确提出了三项要件的要求,其中第3项是"转让的不动产或者动产依照法律规定应当登记的已经登记,不需要登记的已经交付给受让人。"由于动产抵押权不以交付作为生效要件,而是以登记作为对抗要件,因此只有在善意第三人办理了抵押权登记之后才可能符合善意取得的构成要件。[③]

(3) 通过继承而取得抵押权

被继承人一经死亡,继承人即取得作为遗产的抵押权与其担保的债权(《民法典》第230条)。

---

① 李建华、傅穹:《论占有与善意取得》,载《法制与社会发展》1998年第3期,第28页。
② 李国光、奚晓明、金剑锋、曹士兵:《最高人民法院关于适用〈中华人民共和国担保法〉若干问题的解释理解与适用》,吉林人民出版社2000年版,第211-212页。
③ 王利明、尹飞、程啸:《中国物权法教程》,人民法院出版社2007年版,第452页。

二、抵押权的设立

（一）抵押合同

1. 抵押合同及其形式

《民法典》第 400 条第 1 款规定抵押权可以通过当事人双方订立书面抵押合同的形式设立，含有如下几层意思：（1）抵押权的设立不是原始取得，而是创设的继受取得，属于基于法律行为而发生的不动产物权变动。其潜台词是只有抵押合同合法、有效，抵押权才可以设立；若该合同不成立、被撤销、无效，则抵押权不可能设立。（2）虽然《民法典》第 400 条措辞为"应当采用书面形式"，但也不应把该规定理解为强制性规定，更不应将之确定为效力性的强制性规定。因为强制性规定系调整社会公共利益关系的法律规定，该规定调整的是具有转让性（让与性）的财产的物权人与债权人之间的利益关系，不属于社会公共利益关系，所以它非为强制性规定。不过，该规定毕竟呼吁当事人"应当采用书面形式"，这不同于典型的任意性规定，王轶教授把它划归倡导性规定①，笔者予以赞同。（3）尽管如此，书面形式仍很重要，至少在证据法上，在个案中，虽然当事人双方未签书面形式的抵押合同，但只要债权人举证成功双方之间的确存在抵押合同关系，就应当予以肯定的认定，支持债权人的此项主张。（4）结合《民法典》第 402 条、第 403 条的规定，可知在动产抵押权的场合，《民法典》第 400 条所谓抵押合同生效之时，就是动产抵押权设立之日；在其他类型的抵押权的场合，该条所谓抵押合同生效，抵押权尚未设立，只有办理完毕抵押登记时抵押权才设立。

2. 抵押合同的条款

《民法典》第 400 条第 2 款示例了抵押合同的一般条款，这便于人们在订立抵押合同时参考、模仿，使合同趋于完整，因而它们具有行为规范的属性。

《民法典》第 400 条第 2 款第 1 项规定抵押合同应有被担保债权的种类和数额的条款，这是被担保债权特定化的要求，是作为保全性担保物权的抵押权所必备的，因而被担保债权的种类和数额的条款属于抵押合同的必备条款。欠缺它，抵押合同不成立。《担保法解释》第 56 条第 1 款关于"抵押合同对被担保的主债权种类……没有约定或者约定不明，根据主合同和抵押合同不能补正或者无法推定的，抵押不成立"的规定，反映了这种法理。

《民法典》第 400 条第 2 款第 2 项示例债务人履行债务的期限这项抵押合同条款。该条款是衡量债务人是否违约的标准之一，是抵押权实行的条件之一，因而应该

---

① 王轶：《论倡导性规范——以合同法为背景的分析》，载《清华法学》2007 年第 1 期，第 66-74 页。

明确规定。它有两种情形：一为期日，二为期间。不过，由于抵押合同未规定债务人履行债务的期限，按照《民法典》第510条和第511条的规定也能确定，该条款不属于必备条款。

《民法典》第400条第2款第3项规定抵押财产的名称、数量等情况也是抵押合同的条款。抵押财产的名称、数量等情况，是抵押物特定化的要求，同样是作为保全性担保物权的抵押权所必备的，因而该项条款属于抵押合同的必备条款。欠缺它，抵押合同不成立。《担保法解释》第56条第1款关于"抵押合同对……抵押财产没有约定或者约定不明，根据主合同和抵押合同不能补正或者无法推定的，抵押不成立"的规定，反映了这种法理。

《民法典》第400条第2款第3项中的"等情况"并非《物权法》第185条第2款第3项中"质量、状况、所在地、所有权归属或者使用权归属"的缩略语，因为"所有权归属或者使用权归属"等信息不在于抵押合同条款写明与否，而在于实际情况是否为抵押人对抵押财产有无处分权，所以，抵押合同不必有此条款。此其一。但抵押财产的所在地、抵押财产究竟为建设用地使用权还是建筑物、抵押财产为建筑物时的面积和估价等，应属抵押登记的内容，为《民法典》第400条条第2款第3项中的"等情况"。此其二。

《民法典》第400条第2款第4项把担保范围列为抵押合同的条款。此种条款的价值在于，当事人约定了该项条款，抵押权实行时，被担保债权依该范围优先受偿（《民法典》第389条后段）；若未约定该项条款，则依据《民法典》第389条前段关于"担保物权的担保范围包括主债权及其利息、违约金、损害赔偿金、保管担保财产和实现担保物权的费用"的规定，确定担保范围。据此可知，担保范围条款亦非抵押合同的必备条款，欠缺它，抵押合同照样成立，甚至生效。

3. 余论：其他条款

在个案中，抵押合同的条款可能多于上述条款。在这个意义上，《担保法》第39条第1款关于抵押合同可有"当事人认为需要约定的其他事项"的规定，及第39条第2款关于"抵押合同不完全具备前款规定内容的，可以补正"的规定，符合实际。《民法典》未再复述它们，并不意味着排斥它们，而应这样理解：（1）当事人在抵押合同中约定他们认为需要约定的其他事项，乃合同自由的题中应有之义，无须赘言。只要约定不违反法律、行政法规的强制性规定，不违背公序良俗原则，即为有效。（2）《担保法》第39条第2款规定的"抵押合同不完全具备前款规定内容的，可以补正"，既赋予了当事人各方事后补充抵押条款的权利，符合合同自由原则的要求；又授权裁判人员，在不违反合同自由原则的前提下，可以依据公平正义原则，根据个案案情，填补抵押合同的某些条款。此种精神不应因《民法典》的实施而予改变。

[辨析]

就抵押合同是否为物权合同,存在着不同的看法。有持肯定说的①,但笔者坚持否定说。在不采纳物权行为理论的中国现行法上,抵押合同不是物权合同,乃当然的结论。即使是在承认物权行为的立法例及其理论上,也区分抵押合同和抵押权设定(设立),其中,抵押合同(抵押约定)为债权行为,抵押权设定(设立)为物权行为。正所谓"设定抵押权之'约定',与抵押权之'设定'(或设定抵押权),在概念上应严予区别,前者为债权契约(负担行为),后者为物权契约(物权行为,处分行为)。"②这符合德国民法理论细腻的风格,即使在德国民法法制及其理论上,也是可取的。那种不区分抵押约定与抵押权设定(设立),将它们均叫作物权合同的观点,违背了物权行为无须履行行为、物权行为引发物权变动需要公示的基本精神。在德国民法上,抵押合同生效,产生抵押登记等项义务,当事人履行完毕这些义务,抵押权才设定(设立)。由此可见,抵押合同需要履行行为,与物权行为的理念不符。

4. 抵押合同的生效

《担保法》规定,设立动产抵押权的抵押合同自签订之日起生效(第43条第1款),抵押登记只是对抗第三人的要件(第43条第2款前段)。设立其他类型抵押权的抵押合同,自登记之日起生效(第41条及第42条)。

《物权法》和《民法典》未再复述《担保法》第41条的规定,但也没有直接规定抵押合同自成立起生效,亦无抵押登记不是抵押合同的生效要件的字样。依其立法计划和立法目的,抵押合同是自成立时生效。我们结合《民法典》第215条关于"当事人之间订立有关设立、变更、转让和消灭不动产物权的合同,除法律另有规定或者当事人另有约定外,自合同成立时生效;未办理物权登记的,不影响合同效力"的规定,以及《民法典》第402条关于"以本法第三百九十五条第一款第一项至第三项规定的财产或者第五项规定的正在建造的建筑物抵押的,应当办理抵押登记。抵押权自登记时设立"的规定分析,可以得出这个结论。

在《物权法》实施期间,因有《物权法》第178条规定"担保法与本法的规定不一致的,适用本法",《担保法》第41条至第43条第1款的规定失去法律效力。《民法典》实施之后,《担保法》和《物权法》均被废止,更应以《民法典》第402条和第403条的规定为准。

[评论]

根据《担保法》第41条及第42条的规定,办理抵押登记手续只是签订抵押合同

---

① 梁慧星、陈华彬:《物权法》(第4版),法律出版社2007年版,第310页。
② 王泽鉴:《民法学说与判例研究》(第5册),中国政法大学出版社1998年版,第116页。

所应做的工作,而不是履行合同义务。这种模式的最大缺点在于,当事人未办理抵押登记手续,抵押合同即不存在,产生不了合同债权和合同债务,在抵押人无正当理由地拒绝办理抵押登记手续时,债权人没有法律依据请求抵押人办理抵押登记手续和取得抵押权,只有请求抵押人承担缔约过失责任。而在抵押合同不成立或无效的情况下,债权人因此所受到的损失究竟多少,难以确定和证明。如果物权法将抵押登记作为抵押权的生效要件,而非抵押合同的生效要件,不办理抵押登记,只是抵押权不产生,抵押合同的效力不因此而受影响,那么,在抵押人无正当理由地拒绝办理抵押登记手续时,债权人可以依据已经生效的抵押合同请求抵押人履行办理抵押登记的债务,甚至诉请人民法院强制抵押人履行,那么,抵押权照样产生,债权人的债权因有抵押权的担保而易于实现,债权人免遭损失。有鉴于此,《物权法》和《民法典》不再沿袭《担保法》第41条的规定,而是区分抵押合同的生效和抵押权的设立,把抵押登记作为绝大多数抵押权设立的生效要件,而不再作为抵押合同的生效要件(参见《物权法》第15条、第187条,《民法典》第402条、第403条)。①

[拓展与引申]

(1) 在《物权法》制定之前,有的学者虽然反对抵押登记作为抵押合同的生效要件,却不赞同抵押登记为不动产抵押权的生效要件,而主张登记为对抗要件。② 笔者认为,基于《海商法》等特别法的规定,船舶等抵押登记为抵押权的对抗要件,从国际惯例、法解释学的规则等方面讲,情有可原,暂不发表意见。但对于不动产抵押权,若采取抵押登记为对抗要件的模式,则非上策。第一,为了弄清这一问题,我们简要地考察一下对抗要件主义和成立要件主义(生效要件主义)的由来和依据。德国民法理论区分物权行为和债权行为,认为物权变动除有当事人的意思表示之外,尚须履行一定形式,如不动产登记和动产的交付,才发生效力。抵押权设立这种物权变动,既需要当事人之间有抵押权设立的合意(物权行为),又需要将设定抵押权的事实予以登记,否则,设定抵押权的行为无效。可见,它是把登记作为抵押权设立的成立要件,也可以说生效要件,其优点是非常有利于交易安全。与此不同,法国民法不承认物权行为的独立性,认为设定抵押权的约定(合同)不但能发生债权关系,同时能发生抵押权设立的效果。抵押权设立只是债之效力的表现,并非物权合同的效力所致。又由于法国民法特别强调当事人意思的地位和作用,甚至认为当事人的意思在他们之间相当于法律,因而规定抵押权设立只需要当事人之间的合同即可完成,无须登记等形

---

① 参见崔建远:《土地上的权利群研究》,法律出版社2004年版,第244-245页。
② 王海南:《对土地使用权抵押设定与实现的思考》,载《法学与实践》1993年第1期;郭明瑞:《担保法原理与实务》,中国方正出版社1995年版,第150-151页。

式。只是为防第三人受不测之损害,为保障交易安全,才规定非经登记不得对抗第三人。于是,登记成了抵押权设立的对抗要件。换言之,法国民法把登记作为对抗要件,是对过分强调当事人意思的地位及作用所产生的不利于交易安全的弊端的一种补正。但这种补正能否达到目的,不无疑问。例如,对同一抵押物设立两个抵押权,先设立的未经登记,但在当事人之间仍然有效;后设立者办理了抵押登记,不但在当事人之间有效,而且对任何人均可主张抵押权的效果。按照法国民法的观点,后一个抵押权人完全享有抵押权,对前一个抵押权人也可主张,否认其抵押权的效力,先一个抵押权人无权抗辩。同样,依据法国民法的规定,先一个抵押权人也享有抵押权,但无权对后一个抵押权人主张。这种冲突的存在,难以合理地解决,保障交易安全便大打折扣,因为先一个抵押权人在许多情况下也属于善意第三人。中国实行社会主义市场经济,理应更重视经济秩序的稳定,显然应把交易安全放在重要位置。既然对抗要件主义难以很好地胜任之,那么就没有充分的理由沿袭它。[①] 第二,正因为在对抗要件主义下,未办理登记手续的抵押权基本上是对于抵押人、知情第三人来说具有抵押权的效力,善意第三人可以不承认它为抵押权,否认其物权效力,即,未登记的抵押权在善意第三人面前只有类似于债权的效力。就是说,对抗要件主义在一定意义上模糊了物权和债权的界限。这种情况一定要尽量避免。《民法典》实施之后,更不得采取此种见解。

  公示对抗主义并非完美,反对者亦不在少数。对其批评,主要来源于这一制度法理上的不足。首先,未正确区分物权与债权,使物权和债权在本质上变得模糊。根据不公示即不得对抗的法理,已经完成物权变动的,若不公示就不能拒绝第三人的介入,从而使物权失去排他性效力。这样一来,失去排他性效力的物权无法与债权区别开来,因而意思主义法制下对抗机制的采行削弱了物权的对世意义,破坏了物权制度赖以建立的基础,使得物权与债权的区分变得不明晰。而实际上既然谈及物权变动,关键是必须将其与债权的不同之处予以彰显。如物权涉及相对人利益时,权利人个人的意思如何以客观公正的标准认定,个人意思又如何发生物权排他性效果,这些都是按照对抗主义理解问题时在法律上的难题。其次,批评者认为该主义过分关注主体的自由意思而对交易安全重视不足,交易安全的社会价值被掩映在个人价值之下。在意思主义法体系中,物权变动全然委诸于当事人的意思,存在于纯粹的观念里,社会无法认识当事人之间物权变动之细节,交易安全难免有受害之虞。虽然采取对抗主义,可以在一定程度上起到对交易安全及第三人的保护,但其公示作用并不充分。

  [①] 崔建远:《抵押权若干问题之我见》,载《法律科学》1991年第5期,第55页;王利明、崔建远:《合同法新论·总则》,中国政法大学出版社1996年版,第567-568页。

总之,它对主体本身的过度保护与对交易安全的相对冷漠,特别是对现今信息高度发达之资讯时代人们的权利义务关系的调整保护,均不很有利。另外,意思主义法制为克服在交易安全上的严重不足,安排了公示对抗主义,借对抗利益促使当事人完成公示。其规定,在物权变动中如果不登记,就不能对抗第三人。于是在二重让与的场合,假使两个受让人均不登记,按照日本民法的规定,他们之间相互不能对抗,则物权便无确定的归属,倘使以发生的时间先后决定,则又无法达成公示对抗主义法制借对抗利益促成当事人完成公示的立法目标。①

通过以上分析可知,对于不动产抵押权和权利抵押权,《民法典》没有采取登记对抗模式,而确立登记生效要件主义,是科学的,可取的。

(2) 以案说法

甲系乙的长兄,假冒乙的名义向丁借款240万元。由甲和丁于2007年12月26日起草并签署的借款合同书、房地产抵押合同书中,借款人、抵押人栏填写的均为乙的姓名,系甲伪造签名;经办人或代理人栏为空白。与该借款合同同日草拟和签署的还有《借据》《收到条》,其"借款人""收到人"栏均由甲伪造乙的签名。涉案抵押物为乙与其妻丙共有的房地产A,但房屋所有权证载明的所有权人为乙,土地使用权证载明的使用权人亦为乙。2007年12月26日,丙出具《财产共有人声明书》,称"我与乙系夫妻关系,对房地产A享有共同所有权,现就我的丈夫乙向丁借款240万元人民币,同意以之向丁提供抵押担保,以保证到期履行债务。若到期不能偿还借款,我自愿将我们的共同所有的抵押财产依法处置,确保到期债务清偿。特此声明。"声明人栏填写的是丙的姓名,系由丙亲笔签署。对此签名,丙予以承认,但声称系甲诱骗的结果,并不知实情。2008年1月28日,乙和丙出具《承诺书》,内容包括乙和丙于2007年12月26日向丁借款240万元(即上笔款项),以房地产A设立了抵押权,现因无力偿还借款而自愿将房地产A作价240万元充抵借款,委托戊全权办理此事。其中,乙的签名系甲伪造的,丙的签名系丙亲自所为。甲利用代乙办理房地产A的过户登记握有乙的身份证和房地产A的房屋所有权证、土地使用权证的便利,办理了房地产A的抵押登记。

发生纠纷后,一审法院认定,丁在借款过程中已经尽到了充分的注意义务,进行的审查也是积极、审慎的,办理借款抵押也属于善意;而且,丙以及其所主张的借款具体行为人甲向丁提供了乙的身份证,足以让丁相信真正的借款人为乙和丙,从而提供了借款,甲的行为构成了表见代理,甲以乙的名义实施的民事法律行为,应当由乙承担民事责任。

---

① 崔建远:《土地上的权利群研究》,法律出版社2004年版,第245-246页。

笔者认为，该法院的认定谬之千里，理由如下：其一，涉案借款合同、房地产抵押合同均非乙的意思表示，只是甲和丁的意思表示，对乙而言自然不成立，不发生法律效力。其二，表见代理的构成，在法律文件上须出现三方当事人，即被代理人、（无权）代理人、相对人。涉案借款合同、房地产抵押权合同仅仅出现了两方当事人，即相对人丁、所谓的被代理人乙，没有出现（无权）代理人甲。不符合表见代理的法律结构，却认定构成表见代理，根据何在？退一步说，即使求助《民法典》第925条、第926条规定的外贸代理（隐名代理），也无济于事，因为《民法典》第925条、第926条规定的外贸代理（隐名代理），在法律文件上出现的当事人为相对人和外贸（隐名）代理人，不出现被代理人。而涉案借款合同、房地产抵押合同文件上出现的恰恰是相对人和所谓的被代理人。其三，按照《民法典》第172条关于表见代理的规定，构成表见代理需要相对人为善意，可涉案合同的相对人丁却为恶意。之所以说丁为恶意，是因为证据显示，甲和乙的相貌有别，以通常的审阅方式即可发现。此其一。借款合同书上的借款人为乙一个人，而《承诺书》上的借款人却增加了丙，如此重大差异，丁却熟视无睹、听之任之，未表现出疑义，与理性人应有的判断力不符。此其二。

系争案件完全是民事欺诈、刑事诈骗的案件，与代理及表见代理毫无关系。

应当承认，房地产抵押合同的签订，丙出具了《财产共有人声明书》《承诺书》，无有利证据证明系被骗所为，她对此行为至少具有重大过失。但即使如此，也不能导致涉案房地产抵押合同有效，道理在于：其一，《承诺书》的核心在于以抵押物抵偿乙的所谓借款，且签署在涉案抵押合同签订、抵押登记完毕之后，不影响涉案抵押合同、抵押权的效力，暂且不考虑它。《财产共有人声明书》为丙授权其夫乙以二人共有的房地产A设立抵押权的法律文件，表明了丙授予乙代理她设立抵押权。显然，授予代理权的行为不同于签订房地产抵押合同（含代理行为，以下简称为代理行为）的行为，其地位及作用在于：在共有人之一的乙已经签订了房地产抵押合同（代理行为）的情况下，若该合同（代理行为）除了欠缺代理权一项要件外，其他的有效要件均已具备，则另一共有人丙实施了授予代理权的行为，涉案房地产抵押合同（代理行为）就确定地有效，乙无权否认；在乙没有签订涉案房地产抵押合同（代理行为），甲假冒乙之名签署的情况下，由于该抵押合同（代理行为）不是乙的意思表示，对乙而言不成立，不发生法律效力，丙授予代理权的行为即使自身有效，也仅仅是发生了乙取得了代理权的效果，并不会越俎代庖，催生涉案房地产抵押合同（代理行为）生效。其二，涉案房地产抵押合同是涉案借款合同的从合同，涉案借款合同无效，作为从合同的涉案房地产抵押合同也随之无效。

5. 流押条款及其效力

所谓流押，又叫流押合同，流押契约，或流押条款，是指债权人和抵押人在订立抵押合同时约定,债务人不履行债务时抵押物归抵押权人所有。

[**拓展**]

有专家学者认为,在实践中,下列约定被认为属于流押合同:(1)借款合同中载有偿款期限届至而借款人不还款的,贷款人可以将抵押物自行变卖的特别约定。(2)抵押权人在债权清偿期限届满后与债务人另订有延期清偿的合同,其中附有这样的条件:延期届满债务人仍未清偿的,抵押物交给债权人经营。(3)债务人以所负担的债务额作为某项不动产的出售价,与债权人订立一个不动产买卖合同,但并不移转该不动产的占有,只是约定在一定的期限内清偿债务以赎回该财产。此种合同虽然形式上是买卖,实际上是就原有债务设定的抵押权,只是以回赎期间作为清偿期间罢了。①

关于流押条款,《物权法》采取禁止的立场,于第186条规定:"抵押权人在债务履行期届满前,不得与抵押人约定债务人不履行到期债务时抵押财产归债权人所有。"值得注意的是,《民法典》第401条已经有条件地修正了《物权法》第186条关于禁止流押条款的规定。所谓修正了《物权法》第186条的规定,是因为《民法典》第401条未再重复《物权法》第186条的规定。所谓有条件地修正,是因为《民法典》第401条未删除《物权法》第186条,仅仅是改为"与抵押人约定债务人不履行到期债务时抵押财产归债权人所有的,只能依法就抵押财产优先受偿"的表达。

对于《民法典》第401条所谓"只能依法就抵押财产优先受偿",可有如下解读:(1)这纯属物权法规范,《民法典》在恪守本分;而《物权法》第186条关于禁止流押条款的规定,实为合同法规范。虽然立法技术允许物权法掺杂有合同法规范,合同法偶有物权法规范,但合适的理念是只有在有必要时才如此安排法律规范之所在,以免增大人们特别是百姓大众"找法"的难度。(2)流押条款的效力问题交由法律行为规则调整,适用《民法典》第143~156条的规定,抵押权制度仅管自己分内之事,更从容些,效果更佳。(3)"抵押权人在债务履行期限届满前,与抵押人约定债务人不履行到期债务时抵押财产归债权人所有",属于以物抵债协议的一种,抵押权人若主张履行该合同,不害及抵押人的其他债权人(如抵押人无其他债权人,或者即使有其他债权人,但抵押人的责任财产足以清偿那些债权,现金流处于正常状态)时,法律自无干预的必要。即使对抵押财产的估价偏低,不利于抵押人,只要抵押人不主张撤销,也应该承认该以物抵债协议/流押条款的效力。该协议适当履行(包括抵押财产为动产时完成交付,抵押财产为不动产时办理完毕登记手续)后,抵押权人取得该抵押财产的所有权。(4)在抵押人的数个债权人都对抵押人请求清偿,没有涉及抵押财产、抵押人

---

① 王利明、尹飞、程啸:《中国物权法教程》,人民法院出版社2007年版,第454页。

也没有进入破产程序的情况下,抵押权人可依基于以物抵债协议/流押条款的约定及其适当履行取得抵押财产的所有权。(5)在抵押人的数个债权人都对抵押人请求清偿,已经涉及抵押财产,但抵押人尚未进入破产程序的场合,抵押权人不得请求抵押人实际履行以物抵债协议/流押条款,只可援用《民法典》第410条的规定,实行抵押权,就抵押财产的变价使担保债权优先获得清偿。(6)在抵押人已经进入破产程序的情况下,抵押权人也无权请求抵押人实际履行以物抵债协议/流押条款,必须适用《企业破产法》的有关规定,包括第109条关于"对破产人的特定财产享有担保权的权利人,对该特定财产享有优先受偿的权利"的规定。

[论争]

反对《担保法》第40条和《物权法》第186条的意见认为:(1)禁止流押的规定违背当事人意思自治原则。流押合同仅涉及抵押人和抵押权人,如果抵押权人和抵押人在没有欺诈、胁迫或其他违法事由的情况下,自愿达成流押合同,没有什么不可以。(2)流押合同的订立并非都对抵押人不公平。抵押财产的价值并非一成不变,有可能出现设立抵押时抵押财产的价值远远大于所担保的债权额,而实现抵押权时抵押财产的价值却一落千丈,反而远远小于所担保的债权额。尤其在中国市场经济尚不成熟时,政府对社会经济生活进行广泛的干预和管制,政府的许多政策常常在很大程度上决定了许多抵押财产的价格,而政府的决定往往变化不定,因此,抵押财产的价值大涨大落的情形并非停留在学者的理论上。如果抵押权人就这些抵押财产与抵押人作了流押的约定,那么当抵押权实现时抵押财产的价值跌落,债权人反而深受其害。(3)订立流押合同或流押条款,可以使实现抵押权的成本最小化。①

赞同《物权法》继续规定禁止流押的理由如下:(1)抵押权人和抵押人签订流押合同,从形式上看好像是自愿,但实际上是迫于压力还是自愿所为,很难判断。就像消费者与某些垄断地位的生产者、经营者签订的合同,形式上消费者都是自愿接受的,但他不接受又能如何呢?真正公平的意思自治必须通过制度保障。②(2)禁止流押合同有利于保护抵押人的利益,避免使抵押人因一时的急迫而蒙受重大的不利。在中国,由于禁止企业之间相互借贷,企业在发展过程中的融资只能向有权从事贷款业务的金融机构进行借款。假如允许流押合同,金融机构尤其是银行可能会在企业特别是中小企业迫切需要资金的时候,强迫订立流押合同,以价值非常大的抵押物担保小额的债权,并于债务人届期不能清偿债务时获得该抵押物的所有权,牟取暴利。如此,抵押人将遭受重大的损失,也严重违背了公平、等价有偿的原则。有鉴于此,为

---

① 转引自胡康生主编:《中华人民共和国物权法释义》,法律出版社2007年版,第408页。
② 胡康生主编:《中华人民共和国物权法释义》,法律出版社2007年版,第409页。

了保护抵押人的利益,必须对流押合同加以禁止。(3)禁止流押合同也可以有效地保护国有财产。在中国国有经济占主导地位的情形下,市场经济活动的主体中国有企业占据相当大的比例,以国有资产抵押的情形极为普遍。假如赋予流押合同法律效力,则只要债务人不能清偿债务,抵押物所有权就归属于债权人,对抵押物不需要进行任何评估,这为一些人尤其是那些国企的领导人利用流押合同逃避国有资产管理部门对国有资产的监管,从而造成国有资产的大量流失。有鉴于此,必须禁止流押。[1]

以上意见各有其理由,《民法典》设置第401条不直接在流押条款无效和有效之间"一刀切"地表态,而是以一句"只能依法就抵押财产优先受偿"迂回处理,其实质是倾向于不支持流押条款肯定地发生法律效力的观点。[2]

[拓展]

2006年3月23日法国部长会议讨论并通过了由司法部长Pascal Clement提交的《第2006—346号关于担保的法令》[3],2006年3月25日该法令生效[4]。至此,在立法层面,法国完成了担保物权制度的改革。此次改革,对法国法在两个方面产生了深刻的影响:在内容上,它对过去的担保物权制度进行了深刻的变革;在形式上,它部分地改变了《法国民法典》的传统结构。[5]

改革前,《法国民法典》只是明文(原第2078条和第2088条)禁止了流质协议的订立,没有涉及流抵押协议的订立;法国法院判例曾表明的倾向是:《法国民法典》没有禁止流抵押协议,禁止流质的规定也不被类推适用到抵押领域[6]。通过本次改革,

---

[1] 王利明、尹飞、程啸:《中国物权法教程》,人民法院出版社2007年版,第454页。

[2] 参考黄薇主编:《中华人民共和国民法典物权编释义》,法律出版社2020年版,第497-499页。

[3] 法文全名为《 Ordonnance n°2006-346 du 23 mars 2006 relative aux sûretés 》。在法国只有议会有权制定"法律"(loi),但是,根据法国《宪法》第38条的规定,议会可以授权政府就与"法律"有关的事项采取措施,此即授权立法。政府要在议会限定的目标和期间内行使权限、制定"法令"(ordonnance);"法令"的制定还必须以行政法院的意见为目标,并要提交部长会议讨论(法国《宪法》第13条)。此次法国政府制定有关担保制度改革的"法令"的法律依据是《2005年7月26日第2005-842号为经济现代化和信心的法律》。

[4] 该法令对《法国民法典》的修订也于同日发生法律效力。但是有关"机动交通工具质押"的三个条文是例外:由于该项制度改革的施行还需要配给警察局修改后的信息文档,《民法典》第2351条到第2353条的生效日期有待新的指令另行规定,但最迟不会晚于2008年7月1日(法令,第58条)。同样地,由于附抵押的终身金贷款的运作还需要对1955年有关不动产公示的指令进行修改,这一制度的运行也要等待另一指令的颁布(消费法典,第L.314-20条)。参见,Vincent Toussant, L'ordonnance réformant le droit des sûretés présentée en conseil des ministres, JCP (N), n°12, 24 mars 2006, p.575-577。

[5] 李世刚:《关于法国担保制度的改革》,载《政治与法律》2007年第3期,第166页。

[6] 法国最高法院的典型判决有1957年3月25日作出的(Cass. 1er civ., 25 mars 1957, Bull. civ. I, n°149)和1961年12月26日作出的(Cass. 1er civ., 26 déc. 1961, Bull. civ. I, n°622, D. 1962, 381, note VOIRIN)。这种倾向曾遭到权威学者的批判,比如,Philippe Simler & Philippe Delebecque, Droit civil: les sûretés, la publicité foncière, 4e éd., Dalloz, 2004, p.412。

《法国民法典》承认了流质、流抵押协议都具有有效性(第 2348 条第 1 款、第 2459 条)。但是,为了保护债务人利益,对于流质、流抵押条款的订立,新条文要求担保财产的价值应当由专业人士评估(第 2348 条第 2 款、第 2460 条第 1 款);如果不动产是债务人主要的居住地,当事人则不能订立此类条款(第 2459 条和第 2388 条第 2 款)。①

(二) 抵押登记

1. 抵押登记的概念

抵押登记,是指基于抵押权人和抵押人的申请,登记部门将抵押合同约定的有关事项在不动产登记簿及不动产权利证书或其他载体上加以记载,并向抵押权人颁发他项权利证明书的现象。

[辨析]

《担保法》(第三章第二节的标题、第 41 条以下)及《担保法解释》(第 49 条第 2 款等)使用的称谓是抵押物登记,不够全面准确,因为抵押登记所记载的内容不限于抵押物的状态,还包括抵押权的内容,如抵押权的担保范围等。《物权法》改称抵押登记,比较合适。②《民法典》承继抵押登记(第 402 条等)的概念,值得赞同。

2. 抵押登记之于不动产抵押权、在建工程抵押权的设立

《民法典》第 402 条规定:"以本法第三百九十五条第一款第一项至第三项规定的财产或者第五项规定的正在建造的建筑物抵押的,应当办理抵押登记。抵押权自登记时设立"。联系《民法典》第 400 条、第 209 条第 1 款的规定,可知《民法典》第 402 条应为基于抵押合同或其他类型的法律行为而设立不动产抵押权、在建工程抵押权,需要抵押合同或其他法律行为有效。若抵押合同或其他法律行为无效,不动产抵押权、在建工程抵押权的设立就欠缺原因行为,没有法律根据,那么,就设立不了,即使已经办理了抵押登记,该抵押权也保有不住,应当适用《民法典》第 220 条等规定注销抵押登记。

《民法典》第 402 条后段明确:"抵押权自登记时设立。"此处所谓登记,即抵押登记,是指基于抵押权人和抵押人的申请,登记机构将抵押合同或其他法律行为约定的有关事项在不动产登记簿及不动产权利证书或其他载体上加以记载,并向抵押权人颁发他项权利证明书的现象。

在《担保法》上,抵押合同生效,抵押权设立,抵押物是否为动产,在所不问(第 41 条、第 43 条第 1 款)。《物权法》区分抵押物而决定抵押权产生的条件。在动产抵押

---

① 李世刚:《关于法国担保制度的改革》,载《政治与法律》2007 年第 3 期,第 170 页。
② 参见程啸:《物权法·担保物权》,中国法制出版社 2005 年版,第 148 页。

权、浮动抵押权的情况下,抵押合同生效,抵押权设立,抵押登记只是对抗善意第三人的要件(《物权法》第188条、第189条第1款)。在其他类型的抵押权的场合,抵押合同生效,加上办理完毕抵押登记,抵押权才设立(《物权法》第187条),就是说,抵押登记是抵押权设立的生效要件。《民法典》也是如此,《民法典》第402条规定不动产抵押权、在建工程抵押权自登记时设立,就明确了这一点。

抵押登记为抵押权设立的生效要件,其原则叫作登记生效要件主义,简称为登记生效主义。其优点是抵押权设立的时间点十分清晰,抵押权具有绝对性,抵押权人对任何人都可主张其抵押权。

抵押登记,在正常情况下是登记名义人为债权人,名实相副。但实务中出现了下述情形:为债券持有人提供的包括抵押权在内的担保物权登记在债券受托管理人名下,没有登记在委托人(债权人)的名下;为委托贷款人提供的包括抵押权在内的担保物权登记在受托人名下,没有登记在委托人(债权人)的名下;抵押人或其他担保人知道债权人与他人之间存在委托关系、抵押权或其他担保物权登记在该他人名下的其他情形。在这些当事人将抵押权或其他担保物权登记在他人名下,债务人不履行到期债务或发生当事人约定的实现抵押权或其他担保物权的情况下,《担保制度解释》第4条规定,债权人或其受托人主张就该财产优先受偿的,人民法院依法予以支持。之所以如此,一个重要原因是担保人知晓真实的担保物权人是债权人(委托人),不涉及有害交易安全的问题。

在程序方面,按照《不动产登记暂行条例实施细则》的规定,不动产抵押权、在建工程抵押权,可以申请办理不动产抵押登记(第65条第1款)。同时注意,以建设用地使用权、海域使用权抵押的,该土地、海域上的建筑物、构筑物一并抵押;以建筑物、构筑物抵押的,该建筑物、构筑物占用范围内的建设用地使用权、海域使用权一并抵押(第2款)。自然人、法人或者其他组织为保障其债权的实现,依法以不动产设定抵押的,可以由当事人持不动产权属证书、抵押合同与主债权合同等必要材料,共同申请办理抵押登记(第66条第1款)。同一不动产上设立多个抵押权的,不动产登记机构应当按照受理时间的先后顺序依次办理登记,并记载于不动产登记簿。当事人对抵押权顺位另有约定的,从其规定办理登记(第67条)。

3. 抵押登记之于动产抵押权的设立

《民法典》第403条规定:"以动产抵押的,抵押权自抵押合同生效时设立;未经登记,不得对抗善意第三人。"联系《民法典》第400条、第225条的规定,可知《民法典》第403条应为基于抵押合同而设立动产抵押权,需要抵押合同有效。若抵押合同无效,动产抵押权的设立就欠缺原因行为,没有法律根据,那么,就设立不了。

与《物权法》将普通的动产抵押权与浮动抵押权并列有差异,《民法典》合并了普通的动产抵押权与浮动抵押权,故《民法典》第 403 条所谓动产抵押权包含《民法典》第 398 条规定的浮动抵押权。

《民法典》第 403 条后段规定"未经登记,不得对抗善意第三人",这确立了抵押登记为抵押权对抗善意第三人的要件,其原则被称为登记对抗要件主义,简称为登记对抗主义。按照该项原则,抵押登记与否,不影响动产抵押权的成立,但关系到动产抵押权能否对抗善意第三人。

所谓业已登记的抵押权能够对抗善意第三人,只是对第三人主张的要件,并不妨碍第三人承认未办理抵押登记的抵押权设立的效力。例如,甲以其 A 船向乙设立抵押权,双方签订了 A 船抵押合同,但未办理登记。其后,甲将 A 船出卖与丙,丙将 A 船用于运输货物的营业之中。在甲无法向乙履行债务的情况下,乙实行该抵押权,委托拍卖 A 船。对此,丙予认可。法律没有必要否认乙对 A 船的抵押权。

针对买受人在出卖人正常经营活动中通过支付合理对价取得已被设立抵押权的动产,该动产抵押权登记的对抗效力,《担保制度解释》第 56 条第 1 款在下列情况下予以承认:购买商品的数量明显超过一般买受人、购买出卖人的生产设备、订立买卖合同的目的在于担保出卖人或第三人履行债务、买受人与出卖人存在直接或间接的控制关系、买受人应当查询抵押登记而未查询的其他情形(第 1 款)。

不过,按照《担保制度解释》第 56 条第 1 款前段的规定,买受人在出卖人正常经营活动中通过支付合理对价取得已被设立抵押权的动产,即使已经办理了抵押登记,抵押权人请求就该动产优先受偿,人民法院也不予支持。所谓出卖人正常经营活动,是指出卖人的经营活动属于其营业执照明确记载的经营范围,且出卖人持续销售同类商品(《担保制度解释》第 56 条第 2 款前段)。

登记为抵押权设立的对抗要件场合,最难的问题是,未经登记的抵押权不得对抗第三人,此处所谓第三人的范围如何。首先,分析未经登记不得对抗的第三人的范围。

(1)未经登记,不得对抗就同一抵押财产而享有业已登记的抵押权的人。该抵押权人是否为善意,在所不问。其法律依据为《民法典》第 411 条第 1 款第 2 项。这样,需要对《民法典》第 403 条后段关于"不得对抗善意第三人"的规定予以目的性扩张的解释。

(2)未经登记,不得对抗就同一抵押财产也享有抵押权的人。其法律依据为《民法典》第 411 条第 1 款第 3 项。不过,后设立抵押权的人应为善意。其法律依据为《民法典》第 403 条后段,以及第 7 条规定的诚实信用原则。

(3)未经登记,不得对抗就该抵押财产享有质权的人。该质权人是否为善意,在所不问。

（4）未经登记，不得对抗就该抵押财产享有留置权的人。该留置权人是否为善意，在所不问。

（5）在动产抵押权的场合，未经登记，不得对抗受让该抵押财产所有权的人。该受让人（新所有权人）必须为善意。其法律依据为《民法典》第7条规定的诚实信用原则、第403条后段，以及《担保制度解释》第54条第1项正文。

（6）在浮动抵押权的场合，未经登记，不得对抗正常经营活动中已付合理价款并取得抵押财产所有权的人。该所有权人是否善意，在所不问。其法律依据是《民法典》第404条。

（7）未经登记，不得对抗就该抵押财产享有租赁权、借用权等权利的债权人。此类债权人必须为善意。其法律依据为《民法典》第7条规定的诚实信用原则。

（8）未经登记，可否对抗一般债权人？日本通说认为，可以对抗，不然，抵押权就失去了存在的积极价值。笔者认为，抵押权即使没有登记，也是物权。按照物权优先于债权的原则，抵押权能够对抗一般债权人。对此，我们可以设定若干情形加以分析。

A. 甲以其A电脑为乙设立动产抵押权，未经登记；其后，甲又将A电脑卖与丙，尚未交付。丙不知A电脑系乙的动产抵押权的标的物。于此场合，尽管乙的动产抵押权不具有对抗丙的债权的效力，但由于丙的债权也没有约束乙的效力，乙就A电脑实行抵押权时，丙无权制止。即使甲愿意将A电脑交付与丙，移转所有权，乙也有权申请法院强制执行A电脑，阻止甲将A电脑交付与丙。相反，债权人丙则没有更好的途径和方法阻止乙实行抵押权。

这算不算未经登记的动产抵押权具有优先于一般债权的效力？笔者认为是。

B. 对上例稍加改造，即甲以其A电脑为乙设立动产抵押权，未经登记；其后，甲又将A电脑卖与丙，且已交付。

于此场合，虽然乙的动产抵押权对抗不了丙，但此时丙已是所有权人，而非债权人。故该例没有否定未经登记的动产抵押权优先于一般债权的结论。

C. 龙俊博士关于"未登记的动产抵押权和浮动抵押权在破产程序中没有优先效力，不享有别除权"的观点及其论证，不宜扩及于一切领域，不宜成为普适性的结论，而应为"动产抵押权即使未经登记，也具有优先于一般债权的效力"的例外。

[思考]

通过上述分析考察可知，《民法典》第403条后段采取"未经登记，不得对抗善意第三人"的表述，未能反映出"未经登记，也不得对抗恶意第三人"的情形，存在着缺点。但假如采取"未经登记，不得对抗第三人"的表述，删除"善意"一词，也有问题，即诸如设立在后亦未办理抵押登记的抵押权人明知同一抵押财产上已经存在着抵押权、买受抵押财产的人明知该物上存在着抵押权、承租或借用抵押财产的人明知该物上存在着抵押权等场合,(先设立的)抵押权即使尚未登记,(先设立的)抵押权人也能向他们主张其抵押权,换句话说,未经登记也能对抗这些恶意第三人。而"未经登记,不得对抗第三人"的表述显然没有涵盖这些情形。由此看来,必须借助于法解释的方法,才能适当地适用《民法典》第403条的规定。

其次,分析和考察抵押权未经登记也可对抗的第三人的范围。

(1) 以不公正的手段妨碍抵押权人获得登记的人,或负有协助登记义务而不履行的人,以及主张欠缺登记为理由明显违背诚实信用的人。抵押权人有权对抗他们,即使抵押权尚未登记,也是如此。

(2) 对抵押财产没有任何真实权利的人,一般被称为实质上无权利之人。例如,甲就A物享有抵押权,但尚未登记。乙就A物不享有物权,也不享有债权。于是,乙无权否认甲对A物的抵押权。

(3) 未经登记,抵押权人也能对抗侵权行为人。在第三人侵害抵押权的情况下,抵押权人有权请求侵权行为人承担侵权责任。

抵押登记具有重要的意义,它可以实现社会活动中的"动的安全"即交易安全。通过登记簿展现抵押财产上的权利状态及其内容,便于第三人和抵押人进行与抵押财产有关的法律交易时,作出合理的预期,避免遭受突如其来的损害,同时也极大地节省了交易成本,能够有效地实现鼓励交易、融通资金的市场经济目标。此其一。抵押登记能够强化抵押权的担保效力。在抵押权经过登记而成立的情况下,法律就推定第三人已经知晓抵押权的存在。此其二。抵押登记能够预防纠纷。通过抵押权登记能够合理地规范同一抵押财产上多项抵押权以及抵押权与其他权利之间的关系,减少纠纷,并在纠纷发生之后能够提供强有力的证据。[①] 此其三。

4. 抵押登记的机构

依据《民法典》第402条和第403条以及《不动产登记暂行条例》及其实施细则的相关规定,需要办理登记的抵押权应当分别在以下部门办理。

(1) 以建设用地使用权,建筑物和其他土地附着物,海域使用权,以招标、拍卖、公开协商等方式取得的荒地等土地承包经营权,正在建造的建筑物,法律、行政法规未禁止抵押的其他不动产抵押的,登记机构为自然资源主管部门统一负责土地管理和监督的不动产登记机构(《土地管理法》第5条、《不动产登记暂行条例》第5、6、7条及《不动产登记暂行条例实施细则》第65条第1款)。以建设用地使用权、海域使用权抵押的,该土地、海域上的建筑物、构筑物一并抵押;以建筑物、构筑物抵押的,该建

---

① 程啸:《物权法·担保物权》,中国法制出版社2005年版,第148页。

筑物、构筑物占用范围内的建设用地使用权、海域使用权一并抵押,登记部门依然是不动产登记机构(《不动产登记暂行条例实施细则》第65条第2款)。

[知识]

1986年之前,中国并无统一的土地资源管理机关,土地资源的管理由多个行政主管部门分头实施,结果导致管理失控,乱占耕地和滥用土地的现象十分严重。1986年,成立了国家土地管理局,标志着中国土地资源统一管理体制的建立。1998年3月,第九届全国人民代表大会第一次会议批准了国务院机构改革方案,决定国家土地管理局与地质矿产部合并组建了国土资源部,作为国务院的组成部门,负责全国的土地资源的规划、管理、保护和合理利用。因此,国务院的国土资源行政主管部门就是国土资源部。[①] 至于县级以上地方人民政府国土资源行政主管部门的设置则各地差异很大。例如,在上海市、深圳市等地区,国土资源管理与房产管理部门合一,建设用地使用权与地上建筑物的抵押登记部门已经统一。而在中国绝大多数地方,仍是国土资源管理部门与房产管理部门分设。因此,以建设用地使用权抵押的,登记机关为国土资源管理部门。[②] 如今,这种情况已得到改观。2018年3月17日第十三届全国人民代表大会第一次会议通过《国务院机构改革方案》,决定组建自然资源部,作为国务院组成部门。这在组织上保障了不动产登记统一由自然资源管理机关负责指导、监督的不动产登记机构(《不动产登记暂行条例》第4条、第6条等)。

(2) 在《民法典》实施之前,企业、个体工商户、农业生产经营者以现有的以及将有的生产设备、原材料、半成品、产品抵押的,登记部门为抵押人住所地的县级工商行政管理部门(《物权法》第189条第1款前段,《动产抵押登记办法》第2条)。一般民事主体以动产设立抵押的,亦然(《动产抵押登记办法》第2条)。以机动车辆抵押的,登记部门为机动车所在行政辖区的车辆管理所(《机动车辆登记规定》第2条第2款、第22条、第23条);以船舶抵押的,登记部门为船籍港港务监督机构(《船舶登记条例》第8条、第20条以下);以民用航空器抵押的,登记部门为国务院民用航空主管部门(《民用航空法》第16条,《民用航空器权利登记条例》第3条、第4条、第7条以下)。

鉴于这种分散的登记模式不便于公示效能的发挥,使交易相对人及其利害关系人了解抵押登记情况的困难不小,越来越多的专家、学者呼吁建立统一的动产担保登记制度,《民法典》删除有关担保物权具体登记机构的规定,为建立统一的动产抵押和

---

① 卞耀武、李元主编:《中华人民共和国土地管理法释义》,法律出版社1998年版,第50-51页;程啸:《物权法·担保物权》,中国法制出版社2005年版,第153页。
② 程啸:《物权法·担保物权》,中国法制出版社2005年版,第153-154页。

权利质押登记制度留下空间。①

第三节 抵押权的效力（Ⅰ）

一、概述

抵押权的效力，包括抵押权所担保债权的范围、抵押权效力所及的标的物的范围、抵押人的权利、抵押权人的权利、抵押权的实行、第三人的求偿权和代位权。其中，抵押权所担保债权的范围，没有不同于担保物权所担保债权的范围之处，应遵从本书第十八章"担保物权总论"第二节"担保物权的担保范围"所讨论的规则，此处不赘。抵押权的效力所及的标的物的范围，本章第二节"抵押权的取得"中"抵押合同的条款"部分，简要讨论了抵押权的效力所及的抵押物本体，抵押权的效力所及的抵押物的从物、从权利、孳息，则完全没有论及，至于抵押权的效力所及的抵押物的代位物，也只是在抵押权的法律性质中简要地讨论过，此处有必要深入研讨。

二、抵押权的效力所及的标的物的范围

（一）概述

抵押权的效力所及的标的物的范围，是指抵押权人实行抵押权时有权依法予以变价的抵押财产的范围。抵押权系支配抵押物的交换价值，以确保被担保债权实现的价值权，故其标的物的范围与所有权的标的物的范围应属同一。换句话说，在抵押物与其权利之间的关系方面，所有权的标的物就是抵押权的标的物。但是，一直到抵押权实行之前，抵押权人都不直接占有抵押物，且抵押权自其设立至实行，其间大多历时较久，抵押物本体不仅难免有所增减，抵押权所及之物也常有更替，为维护抵押权所支配的交换价值与其标的物的经济效用，以及兼顾当事人、利害关系人的利益，法律对抵押权的效力所及的标的物范围设置明文，超出了抵押物的本体（《民法典》第390条、第412条，《担保法解释》第62条、第63条前段、第80条第1款）。当然，法律有关抵押权的效力所及标的物范围的规定，并非强制性规定，旨在补充当事人意思的不足，当事人有权以特约予以变更或限制。②

---

① 王晨：《关于〈中华人民共和国民法典（草案）〉的说明》，http://paper.people.com.cn/rmrb/html/2020-05/23/nw.D110000renmrb_20200523_1-07.htm。2020年5月31日最后访问。
② 谢在全：《民法物权论》（中册），三民书局2003年修订2版，第429页。

[辨析]

这里所说的当事人得以特约变更或限制抵押权的效力所及标的物的范围,指的是抵押权人和抵押人之间得约定抵押权的效力所及标的物的范围,非指抵押人和其他人在买卖、租赁等合同中约定抵押权的效力所及标的物的范围。后者的约定,按照合同相对性原则,无法约束抵押权人。对此,通过一案例加以阐明。某《房屋租赁合同》第16.1.3条规定:"本房屋[租赁物——笔者注]如设立抵押,则抵押物只包括本房屋的全部或部分,而不包括其他任何承租人所有的资产。"这里所说的承租人所有的资产,按照该合同第9.1条关于"租赁期间内,承租人以建设、装修、安装、购置、更换等各种形式投资形成的装修、设备、设施、不动产及其他附属物、附着物等各种形式的资产的所有权属于承租人"的规定,包括已经添附到作为租赁物的房屋之上的财产。本来,动产被附合于不动产场合,依据添附规则和物的重要成分的理论,动产的所有权因被不动产的所有权吸收而不复独立存在,承租人已经丧失了这些动产的所有权。按照《物权法》《担保法》等关于抵押权的效力所及标的物范围的规定,抵押权的效力当然及于这些"动产"。该《房屋租赁合同》第16.1.3条的约定,不能约束抵押权人,除非抵押权人接受该项约定。不过,抵押权人接受该项约定已经属于另一合同或单方允诺的法律效力范畴了。该案若发生于《民法典》实施之后,分析和结论也不会改变。

(二)附合物、混合物、加工物

1. 附合物

所谓附合物,是从属于不动产的附合之物。虽然《民法典》未规定抵押权的效力是否及于附合物,但《担保制度解释》填补了这一漏洞,明确规定抵押物因添附使其所有权归第三人所有的,抵押权的效力及于补偿金;抵押物所有人为添附物的所有人的,抵押权的效力及于添附物;第三人与抵押物所有人为添附物的共有人的,抵押权的效力及于抵押人对共有物享有的份额(第62条)。

[知识]

附合物,日本民法及其学说称为附属物,是从属于不动产的附合之物(《日本民法典》第242条)。附属物因为附属失去独立的存在,而且被不动产的所有权吸收;[①]附属物被《日本民法典》第370条规定的附加物所包含,至于是否与附加物的外延相同,则存在两种对立的学说。经济一体说认为,《日本民法典》第370条所说的"附加后成为一体"具有经济一体性的意思,所以,附加物不只是《日本民法典》第242条规定的

---

① [日]近江幸治:《担保物权法》,祝娅、王卫军、房兆融译、沈国明、李康民审校,法律出版社2000年版,第113页。

附属物,也包含《日本民法典》第87条规定的从物的意思。① 构成部分说则主张,"附加后成一体的物"仅仅是指"附属物",作为物的具有独立性的"从物"不包含在其中。② 近江幸治教授赞同前者。从附加物和附属物的中文文义来看,两者似乎相同,尤其是附属物系失去独立存在之物,它已经被不动产的所有权所吸收,而从物是独立于不动产之物,所以,假如中国民法使用附属物的概念,那么笔者赞同附属物和附加物的外延相同,都不包括从物的观点。

由于附合物与抵押物的所有权合而为一,抵押权不因对抵押物的附合而消灭,所以,只有抵押权的效力及于附合物,在附合物就是抵押物且归抵押人和第三人共有时,抵押权的效力及与抵押人的共有份额,才符合法理。所以,《担保制度解释》第41条的规定值得肯定。③

[探讨]

在"四荒"土地承包经营权、土地经营权、建设用地使用权作为抵押物的情况下,有无抵押权的效力是否及于附合物或曰附属物的问题?如果附合物为树苗、农作物种子、花草等,它们被栽种于土地之中时,是与"四荒"土地承包经营权、土地经营权或建设用地使用权附合吗?笔者认为,它们是与"四荒"土地承包经营权、土地经营权或建设用地使用权所作用的土地附合,那么它们成为土地的组成部分,具有"四荒"土地承包经营权、土地经营权或建设用地使用权的客体的地位。如果从价值的角度看,"四荒"土地承包经营权、土地经营权、建设用地使用权的客体的价值提高,"四荒"土地承包经营权、土地经营权、建设用地使用权本身的价值很可能也随之增加,似乎可以说抵押权的效力及于这些树苗等附合物。另一方面,树苗等与土地附合,成为"四荒"土地承包经营权、土地经营权或建设用地使用权的客体的组成部分,在民法的构成上,毕竟不是成为"四荒"土地承包经营权、土地经营权或建设用地使用权本身的成分,加之作为"四荒"土地承包经营权、土地经营权或建设用地使用权的客体的土地新添了附合物,"四荒"土地承包经营权、土地经营权或建设用地使用权的交换价值未必因此而提高,所以,为慎重起见,不宜把"四荒"土地承包经营权、土地经营权或建设用

---

① [日]我妻荣:《新订担保物权法》,岩波书店1971年版,第258页、第270页;[日]於保不二雄:《附加物以及从物和抵押权》,载《民商法杂志》第29卷第5号,第20页以下;[日]林良平:《抵押权的效力》,《新版·民法演习2》,第184页以下;[日]铃木禄弥:《物权法讲义》,创文社1985年版,第168页。转引自[日]近江幸治:《担保物权法》,祝娅、王卫军、房兆融译,沈国明、李康民审校,法律出版社2000年版,第113页。

② [日]柚木馨、高木多喜男:《担保物权法》,有斐阁1982年第3版,第248页;[日]高木多喜男:《担保物权法》,有斐阁1984年版,第112页。转引自[日]近江幸治:《担保物权法》,祝娅、王卫军、房兆融译,沈国明、李康民审校,法律出版社2000年版,第113页。

③ 崔建远:《土地上的权利群研究》,法律出版社2004年版,第262页。

地使用权的客体的附合物作为"四荒"土地承包经营权、土地经营权或建设用地使用权抵押权的效力所及的对象。①

具有独立使用价值、可以作为独立交易客体的房屋等建筑物,在中国法律上不是土地的成分,而是独立于土地的不动产。一种意见认为,它们是与建设用地使用权"附合"②。不过,这只是形象的说法,有助于理解建筑物因建设用地使用权的存在而不属于土地的成分。实际上,建筑物是独立之物,既独立于土地,也独立于建设用地使用权,不是建设用地使用权的成分。这样,建设用地使用权抵押权的效力不当然及于它。③

2. 混合物

《民法典》未涉及抵押权的效力是否及于混合物,《担保制度解释》第41条填补了这一漏洞,值得肯定。

抵押物发生混合,抵押物的所有权覆盖于混合物全部,抵押权不因抵押物有混合现象而消灭,所以,只有抵押权的效力及于混合物,在混合物就是抵押物且归抵押人和第三人共有时,抵押权的效力及与抵押人的共有份额,才符合法理。所以,《担保制度解释》第41条的规定值得肯定。④

[探讨]

抵押物系"四荒"土地承包经营权、土地经营权、建设用地使用权时,存在着混合物的问题吗?从混合发生于动产之间的概念可知,无论是"四荒"土地承包经营权、土地经营权、建设用地使用权本身,还是"四荒"土地承包经营权、土地经营权、建设用地使用权的客体——土地,都不发生混合现象,所以,"四荒"土地承包经营权、土地经营权、建设用地使用权抵押场合,不存在抵押权的效力及于混合物的问题。

3. 加工物

《民法典》欠缺抵押权的效力是否及于加工物的规定,《担保制度解释》第41条填补了这一漏洞,值得肯定。

首先说明,第三人和抵押人对加工物共有,如果加工物与抵押物以外的物合而为一,抵押权的效力不及于加工物,除非法律另有规定或当事人另有约定。只有加工物与抵押物合而为一时,抵押权的效力才及于抵押人对该共有物享有的份额。⑤

---

① 崔建远:《土地上的权利群研究》,法律出版社2004年版,第262页。
② 参考谢在全:《民法物权论》(中册),三民书局2003年修订第2版,第56页;苏永钦:《走入新世纪的私法自治》,中国政法大学出版社2002年版,第257页。
③ 崔建远:《土地上的权利群研究》,法律出版社2004年版,第262-263页。
④ 同上书,第263页。
⑤ 同上书,第264页。

其次，加工物与抵押物的所有权合而为一，抵押权不因对抵押物的加工而消灭，所以，只有抵押权的效力及于加工物，在加工物就是抵押物且归抵押人和第三人共有时，抵押权的效力及与抵押人的共有份额，才符合法理。①

［探讨］

抵押物系"四荒"土地承包经营权、土地经营权、建设用地使用权时，存在着加工物的问题吗？从加工的对象限于动产的要求看，无论是对"四荒"土地承包经营权、土地经营权、建设用地使用权本身，还是对"四荒"土地承包经营权、土地经营权、建设用地使用权的客体——土地，都不存在加工现象，所以，在"四荒"土地承包经营权、建设用地使用权抵押的情况下，不存在抵押权的效力及于加工物的问题。

（三）从物

抵押权的效力是否及于从物，《民法典》未加规定，《担保制度解释》明确规定："从物产生于抵押权依法设立前，抵押权人主张抵押权的效力及于从物的，人民法院应予支持，但是当事人另有约定的除外"（第40条第1款）。在抵押权设立之前，抵押物的从物已经存在，由从物帮助抵押物发挥效用，两物之间具有的依存关系（《民法典》第320条）所决定，抵押权的效力应当及于该从物。②

抵押权设立后新产生从物，抵押权的效力是否也及于该从物呢？《担保制度解释》第40条第2款规定："从物产生于抵押权依法设立后，抵押权人主张抵押权的效力及于从物的，人民法院不予支持，但是在抵押权实现时可以一并处分。"这可资赞同，道理在于：抵押权设立后出现的从物是否为抵押权的效力所及，涉及抵押权人和一般债权人之间的利益平衡。在这种情况下，涉及两个利益：一是抵押权人的利益。从经济目的看，从物辅助抵押物这个主物发挥效能，抵押物与其从物之间具有依存关系，如果不让抵押权的效力及于从物，就意味着抵押权实行时不得一并拍卖抵押物与其从物，势必减损抵押物的价值，影响抵押权人的利益。二是一般债权人的利益。抵押权设立后增加的从物，若为抵押权的效力所及，抵押权人就从物的变价优先受偿，等于从抵押人的一般担保财产中划出一部分，归于抵押物中，共同担保因而减少，一般债权人难免蒙受损失。为兼顾各方当事人的利益，可以把抵押物与从物一同拍卖，但就该从物无优先受偿权。③

［知识］

对抵押权的效力是否及于抵押权设立后增加的从物，简要考察若干立法例及其

---

①② 崔建远：《土地上的权利群研究》，法律出版社2004年版，第264页。
③ 参考王泽鉴：《民法学说与判例研究》（第3册），中国政法大学出版社1998年版，第366-369页。

理论,可能有助于深化理解。

在法国,民法典把有交易能力的不动产的附属物视为不动产(第2118条第2项),规定抵押权的效力及于对作为抵押物的不动产的所有改良(第2133条)。在这种背景下,具有"根据性质区分的不动产"和"根据用途区分的不动产"的严格区别的理论,从物属于"根据用途区分的不动产"范畴,被包含在"对不动产的所有改良"之中,抵押权的效力及于作为抵押物的不动产,也及于已被不动产化了的从物(第2133条)。①

在德国民法上,采用"构成部分"("附加于主物的物,已经和主物一体化了")和"从物"严格区别的理论,认为从物保持着独立性,故抵押权的效力不当然及于从物。在这里,从抵押权的特殊性考虑,从物从属于主物,是依照处分主物之人的意思,写入了特别规定之中(第1120条)。这种规定也包括设定抵押权后的从物。②

日本旧民法担保篇模仿《法国民法典》,规定抵押权的效力及于对不动产的增加或改良(第200条)。像《法国民法典》那样,从物被包含在"对不动产的增加或改良"中,抵押权的效力及于这样的从物,即使此类从物产生于抵押权设定之后。但是,《日本民法典》在设置第370条时,对日本旧民法债权担保篇第200条的规定作了文字修改。同时,其第87条又模仿《德国民法典》第一草案,接受了"构成部分"和"从物"严格区分的理论,割裂了与日本旧民法债权担保篇第200条的同一性,造成《日本民法典》内部的矛盾。对此,我妻荣教授等主张按照《德国民法典》第1120条的处置方法,在不动产存在分离物的情况下,遵循"经济一体说",抵押权的效力及于从物,且不问从物产生于抵押权的前后。③但也有学者认为,《日本民法典》第370条所说的附加物只有附属物的意思,不包含作为独立之物的从物,但是第87条第2项所谓"从物随主物的处分",是指抵押权设定后到抵押权实行时止期间内,抵押权的效力及于附加的从物。④ 有的判例也持这种立场⑤。

但是,在现代社会,抵押权的效力全部及于作为抵押物的不动产上,不一定产生适当的结果。与其为了从物的财产价值得到很大提高,倒不如提出割裂抵押权效力的一般性的社会经济的要求。况且,从当事人的意思观察,即使是抵押人也没有预见

---

①②③ [日]近江幸治:《担保物权法》,祝娅、王卫军、房兆融译,沈国明、李康民审校,法律出版社2000年版,第116页。

④ [日]柚木馨、高木多喜男:《担保物权法》,有斐阁1982年3版,第255-256页。转引自[日]近江幸治:《担保物权法》,祝娅、王卫军、房兆融译,沈国明、李康民审校,法律出版社2000年版,第117页。

⑤ 东京高判1978.12.26,案时383号第109页;[日]近江幸治:《担保物权法》,祝娅、王卫军、房兆融译,沈国明、李康民审校,法律出版社2000年版,第117页。

到有关的从物当然地成为抵押物的情形。不过，判例尚未认可割裂抵押权的效力。①

[引申]

以区分所有的建筑物抵押时，停车位、停车库、地下室、锅炉房、会所等是否为抵押物的从物，是否为抵押权的效力所及？首先需要确定它们是否为独立之物，是否有独立的产权证。它们若不是独立之物、无独立的产权证，则一定是区分所有的建筑物的组成部分，从而为抵押权的效力所及；若为独立之物、有独立的产权证，则需要区分两种情况：其一，它们不是区分所有的建筑物的从物，而是抵押人以外之人的财产，抵押权的效力不及于它们；其二，它们是区分所有的建筑物的从物，抵押权的效力及于它们。

（四）从权利

所谓从权利，是指为辅助主权利的效力而存在的权利。从权利和主权利之间的关系，类似于主物和从物之间的关系，因而，以主权利或其所附丽的标的物设立抵押权时，该抵押权的效力及于从权利。②

[引申]

"四荒"土地承包经营权、土地经营权、建设用地使用权的从权利，包括相邻通行权、相邻排水权、地役权等。中国台湾地区的"民法"学说认为，为保全抵押物的经济效用，对抵押物的从权利从宽解释，不仅本质上的从权利，其本质上虽非从权利，但抵押物存在上所必需的权利亦包括在内，例如以建筑物抵押时，建筑物对基地的利用权，如建设用地使用权、租赁权、借贷权等，亦应认为系从权利，而为抵押权的效力所及。③ 至该项权利是否具有让与性亦非所问④。盖土地与建筑物虽为各别独立的不动产，但建筑物的使用，既不能脱离土地而存在，则于建筑物就基地有利用权时，自应予以维护，始无害于社会经济。⑤ 再如，以农地抵押时，其灌溉用水之权，亦可解释为

---

① [日]近江幸治：《担保物权法》，祝娅、王卫军、房兆融译，沈国明、李康民审校，法律出版社2000年版，第117页。

② 谢在全：《民法物权论》（中册），三民书局2003年修订2版，第435页；梁慧星、陈华彬：《物权法》（第4版），法律出版社2007年版，第314页；王利明、尹飞、程啸：《中国物权法教程》，人民法院出版社2007年版，第466页。

③ 谢在全：《民法物权论》（中册），三民书局，2003年修订2版，第436页。

④ 郑玉波：《论抵押权标的物之范围》，载郑玉波《民商法问题研究》（二），第136页；姚瑞光：《民法物权论》，1980年自版，第217页。转引自谢在全：《民法物权论》（中册），三民书局2003年修订2版，第458页。

⑤ 中国台湾地区"最高法院"1959年度台上字第1457号判决；中国台湾地区"最高法院"1959年度台上字第227号判决。

农地的从权利。① 对抵押物的从权利从宽解释,显然使抵押物的经济效用达到最大化,抵押权的效力因而得到了强化,抵押权实行之后,抵押物的受让人就不会因他人享有抵押物的从权利而受到种种牵制、妨害,从而顺畅地利用抵押物,使效益最大化。在这种背景下,应当持有这种立场。所以,笔者认为,中国大陆民法应当对抵押物的从权利从宽解释,"四荒"土地承包经营权、土地经营权、建设用地使用权作抵押物时亦应如此。②

正因"四荒"土地承包经营权、土地经营权、建设用地使用权的从权利能使其效用彰显和强化,所以,只要立法者坚持权利本位的思想,拟使抵押权保持完整权利的状态,那么,"四荒"土地承包经营权、土地经营权、建设用地使用权的抵押权的效力及于土地使用权的从权利,就是当然的结论。③

在中国台湾地区的"民法"上,从权利在抵押权设立时登记与否,不影响它们为抵押权的效力所及。④ 由于从权利与抵押物的不动产物权之间天然地存在着主从关系,这也是一种公示的表现,只要法律明确规定抵押权的效力及于抵押物的从权利,就意味着已经公示了,所以,即使从权利在抵押权设定时未登记,也不存在损害善意之人的问题。⑤

(五) 孳息

孳息分为天然孳息和法定孳息。抵押权的效力是否及于它们,应当区分二者及是否已经与抵押物分离的情况而讨论。

1. 抵押权的效力与天然孳息

天然孳息未与抵押财产分离时,系抵押财产的组成部分,当然为抵押权的效力所及。在它同抵押财产相分离而成为独立之物时,是否仍一律如此呢? 答案是否定的。抵押权设立后、实行之前,抵押财产的占有、使用、收益之权归抵押人享有,由此决定,天然孳息应由抵押人收取,抵押权的效力不应及于它们。但是若绝对贯彻这一原则,又会出现下述弊端:抵押财产所有人故意拖延抵押财产被扣押的时间,以便更多地收取天然孳息。有鉴于此,《民法典》第412条第1款规定:"自扣押之日起,抵押权人有权收取该抵押财产的天然孳息"。这告诉我们,抵押财产被依法扣押前,抵押权的效力不及于抵押财产的天然孳息;被扣押后,抵押权的效力及于抵押财产的天然孳

---

① 谢在全:《民法物权论》(中册),三民书局2003年修订2版,第436页。
② 崔建远:《土地上的权利群研究》,法律出版社2004年版,第267页。
③ 同上书,第268页。
④ 谢在全:《民法物权论》(中册),三民书局2003年修订2版,第435-436页。
⑤ 崔建远:《土地上的权利群研究》,法律出版社2004年版,第268页。

息。即使在抵押权设立之后,抵押财产被人民法院扣押之前,抵押财产上又成立了租赁权等权利的,基于抵押权设立在先效力亦优先的规则及原理,也是抵押权人有权自扣押抵押财产时起收取与抵押财产分离的天然孳息。①

2. 抵押权的效力与法定孳息

按照《民法典》第412条第1款的规定,抵押财产被人民法院依法扣押之前,抵押财产所产生的法定孳息由抵押人收取,抵押权的效力不及于它;自被依法扣押时起,并且抵押权人已将扣押抵押财产的事实通知了应当清偿法定孳息的义务人的,抵押权的效力自扣押之日起及于法定孳息。

可见,抵押权的效力若及于法定孳息,较抵押权的效力及于天然孳息,多出一个要件,即抵押权人将依法扣押抵押财产的事实通知给应当清偿法定孳息的义务人。何以如此?原来,与天然孳息系直接收取于抵押财产不同,法定孳息系由第三人给付而来,若不将扣押抵押财产的事实通知该第三人,会造成不必要的麻烦乃至损失。②有鉴于此,《民法典》设置了但书,抵押权人未将扣押抵押财产的事实通知应当清偿法定孳息的义务人的,抵押权的效力不及于该孳息(《民法典》第412条第1款后段)。

3. 孳息用于清偿抵押人所负债务的顺序

如果抵押人的责任财产充足,能够清偿抵押人所负的任何债务,那么,规定和讨论孳息用作清偿抵押人所负的哪笔债务,似无必要。但是,在抵押人的责任财产不足以清偿全部的到期债务,特别是抵押财产本身不足以清偿抵押权担保的债权的情况下,确定孳息用于清偿抵押人所负的哪笔债务,就特别必要,事关抵押权人的利益实现多少。有鉴于此,立法者于《民法典》第412条设置第2款,明确"前款规定的孳息应当先充抵收取孳息的费用。"

(六) 代位物

抵押物的代位物,为抵押物的变形物,对于作为价值权的抵押权来说,抵押物与其代位物的意义相同,基于抵押权的物上代位性,抵押权的效力当然及于它们。对此,《民法典》第390条、《担保制度解释》第42条和第46条第2款均予承认。其中的机理,笔者已在本章第一节关于"抵押权具有物上代位性"中阐释过了,不再赘言。

(七) 抵押物的转让对价

抵押权的效力是否及于抵押物的转让对价?需要区分抵押权实行前的抵押物的对价与抵押权实行时/过程中的抵押物的变价及其法律意义、法律命运。对于抵押权

---

①② 崔建远:《我国担保法的解释与适用初探》,载《吉林大学社会科学学报》1996年第2期,第27-28页。

实行前的抵押物的对价,抵押权的效力不及于它。不然,一方面将抵押权的效力及于抵押物的对价;另一方面又承认抵押权的保全(抵押物价值减少的防止权、抵押物价值减少的恢复原状、增加担保请求权)、抵押权的物上请求权等制度,①就使得抵押权捆取了超出被担保债权实现所需要的责任财产,就意味着闲置了某些财产,这对抵押权人保护过度;对于抵押人而言,人为地压缩了其以抵押物转让的对价从事另外交易的空间,从而妨害着抵押人转让抵押物的积极性。有鉴于此,法律应该允许某物在未设立抵押权时可以自由买卖,且其对价归属于出卖人;某物之上设立抵押权之后,经过抵押权人的同意甚至只要予以通知,该抵押物就可以自由买卖,其对价也照样归属于出卖人,而不归属于抵押权人。假如抵押权的效力也及于该阶段的抵押物的对价,一是会消除抵押物转让抵押物的积极性进而阻碍财产流转,二是意味着抵押权担保的债权提前届期,牺牲掉了的债务人的期限利益。既然如此,就不可承认抵押权的效力及于抵押权实行之前的抵押物的对价。此其一。对于抵押物所生租金等法定孳息,有些立法例、判例和学说均认为抵押权于其实行前效力不及于之,②抵押物转让的对价(价款)与抵押物的租金具有类似性,按照相似的事务相同处理的公平原则,抵押权于其实行前的效力也不及于抵押物的对价。此其二。但是,抵押权一旦进入实行的状态,担保人就不得自主决定处分抵押物,而由抵押权人决定,而且自此开始抵押权的效力及于抵押物的拍卖价款或变卖价款。不这样,就不足以维护抵押权的价值,有可能使抵押权担保的债权难获清偿,或者代价昂贵。③

(八)抵押权设立后新增的建筑物

关于抵押权设立后新增的建筑物,是否为抵押权的效力所及的范围,《民法典》第417条明确规定:"建设用地使用权抵押后,该土地上新增的建筑物不属于抵押财产。该建设用地使用权实现抵押权时,应当将该土地上新增的建筑物与建设用地使用权一并处分,但新增建筑物所得的价款,抵押权人无权优先受偿。"这值得肯定,其理由在于:建设用地使用权抵押后,抵押权人在实现抵押权时不能将抵押权设立后新增的建筑物一并处分,那么就会产生两种不适当的后果:(1)在房地产抵押权实行时,尤

---

① 参见谢在全:《民法物权论》(下),新学林出版股份有限公司2014年版,第233-242页。
② 《日本民法典》第371条;[日]铃木禄弥:《物权法讲义》(第3版),创文社1985年版,第154页;[日]川井健:《担保物权法》,青林书院1975年版,第54页;[日]槙悌次:《担保物权法》,有斐阁1981年版,第157页;[日]近江幸治:《担保物权法》,祝娅、王卫军、房兆融译,沈国明、李康民审校,法律出版社2000年版,第122-123页;中华民国最高法院1933年度上字第235号;谢在全:《民法物权论》(中),新学林出版股份有限公司2014年版,第185页。
③ 谢在全:《民法物权论》(中),新学林出版股份有限公司2014年版,第185页。

其是拍卖抵押房地产时,可能出现建设用地使用权与房屋异其主体的现象。这显然违反了《物权法》第142条正文所确立的房地权属的主体相一致的原则。(2)受新增房屋必定需要占用一定范围的建设用地的影响,抵押的建设用地使用权在拍卖或变卖时价格极有可能有所降低,甚至无人受让,抵押权人的合法权益会受到不利影响。为避免此种后果,必须将新增的房屋连同被抵押的建设用地使用权一同拍卖,只是对新增房屋的变价无权优先受偿。①

需要注意,该土地上新增的建筑物不属于抵押财产,该建设用地使用权的抵押权实现时,虽然将该土地上新增的建筑物与建设用地使用权一并处分,但新增建筑物所得的价款,抵押权人无权优先受偿(《民法典》第417条)。从另一个角度观察,该新增建筑物的变价不属于抵押物的变价,不在抵押债权分配抵押物变价的范围之内。

特别是,《担保制度解释》基于社会生活的实际,总结裁判经验,区分情况而定不尽一致的规则:(1)第51条第1款前段关于"当事人仅以建设用地使用权抵押,债权人主张抵押权的效力及于土地上已有的建筑物以及正在建造的建筑物已完成部分的,人民法院应予支持"的规定,系通过示例案型的方式适用《民法典》第397条的表现,值得肯定。(2)第51条第1款后段关于"债权人主张抵押权的效力及于正在建造的建筑物的续建部分以及新增建筑物的,人民法院不予支持"的规定,是把"正在建造的建筑物的续建部分"作为抵押权设立后"该土地上新增的建筑物",因而适用《民法典》第417条前段的规定。至于抵押权设立后"新增建筑物",就完全是《民法典》第417条前段规范的对象,认定抵押权的效力不及于它,是非常正确的。(3)第51条第2款前段关于"当事人以正在建造的建筑物抵押,抵押权的效力范围限于已办理抵押登记的部分"的规定,符合《民法典》第402条关于"以……正在建造的建筑物抵押的,应当办理抵押登记。抵押权自登记时设立"的规定,系第214条关于"不动产物权的设立……自记载于不动产登记簿时发生效力"的规定的具体落实。至于尚未登记的"正在建造的建筑物",不属于独立于土地的不动产,也不属于独立于建筑物的不动产,而是附合于建筑物的动产,或是附合于土地或建设用地使用权的动产。当然,也有观点认为"正在建造的建筑物"具备物理上的独立性、功能上的独立性和法律上的独立性的,应以不动产论。但《担保制度解释》第51条似乎没有采纳此种观点。(4)第51条第2款后段关于"当事人按照担保合同的约定,主张抵押权的效力及于续建部分、新增建筑物以及规划中尚未建造的建筑物的,人民法院不予支持"的规定,有抵押权的效力(及范围)法定,不允许当事人任意创设之义。(5)第51条第3款关于"抵押人将建设用地使用权、土地上的建筑物或者正在建造的建筑物分别抵押给不同

---

① 参见崔建远、孙佑海、王宛生:《中国房地产法研究》,中国法制出版社1995年版,第130-131页。

债权人的,人民法院应当根据抵押登记的时间先后确定清偿顺序"的规定,系适用《民法典》第414条第1款第1项的表现。当然,此处所谓抵押权都是依法办理完毕抵押登记的。

[**以案说法**]

北京市第二中级人民法院(2019)京02民初169号民事判决书认为,中国信达资产管理股份有限公司北京分公司(以下简称为信达北京分公司)对案涉房屋的土地使用权、在建工程也有抵押权,对专用监管账户拥有监管的权利。从信达北京分公司对北京金丰科华房地产开发有限公司(以下简称为金丰科华公司)为债权人的视角看,信达北京分公司对案涉房屋拥有就房屋预售款优先受偿的权利,对案涉房屋买卖专用监管账户中的房屋预收款拥有债权人的合法利益。中电科(北京)网络信息安全有限公司(以下简称为中电科公司)作为案涉《商品房预售合同》等协议的缔约人,对相关合同条款尤其是涉及第三人利益的条款,负有必要的注意义务。中电科公司为自己购房利益的实现亦应注意到对抵押权带来的影响,明知案涉房屋之上设有抵押权却未能与抵押权人协商,这与交易习惯不符;应案涉房屋出卖人亦为抵押人的金丰科华公司的要求,与其以及保理合同项下的债权受让人相互约定,将人民币5.78亿的购房尾款支付到非监管账户,具有过失甚至恶意,损害了抵押权。并且,这种约定与案涉《商品房预售合同》项下的权利、义务冲突,依据合同法相关规定可以认定其为无效或者认定其效力具有较大瑕疵。金丰科华公司将案涉房屋交付与中电科公司之时,案涉房屋已被查封,这难以通过管理控制的外观显示出中电科公司系占有人;况且《城市房地产管理法》第38条明文规定被查封的房地产不得转让。这都说明中电科公司对于案涉房屋没有合法占有。总而言之,中电科公司关于执行异议的诉讼请求不符合《最高人民法院关于人民法院民事执行中查封、扣押、冻结财产的规定》第17条、《最高人民法院关于人民法院办理执行异议和复议案件若干问题的规定》第28条关于执行异议的全部要求。

对此,笔者不予赞同,在此仅就系争抵押权的效力是否及于案涉房屋的对价展开分析,反驳北京市第二中级人民法院(2019)京02民初169号民事判决书的观点。

我们务必区分抵押权实行前的抵押物的对价与抵押权实行时/过程中的抵押物的变价及其法律意义、法律命运。对于抵押权实行前的抵押物的对价,抵押权的效力不及于它。其中道理,上文"(七)抵押物的转让对价"已经阐释过,不再赘言。在系争案件中,中电科公司、金丰科华公司、诺亚商业保理有限公司之间关于案涉购房款的支付和流向的约定,关于将之纳入保理的制度安排之中的约定,都处于系争抵押权实行之前的事情,如此,可有如下结论:

既然案涉抵押权尚未进入实行阶段时,中电科公司和金丰科华公司以及诺亚商业保理公司之间约定5.78亿元的购房尾款付至另外的账户,不损害抵押权人的权益,加上案涉抵押物的转让已经抵押权人的同意,那么,中电科公司和金丰科华公司对于《商品房预售合同》之外第三人的注意义务已经足够注意了,不存在违反对第三人的注意义务的情形。北京市第二中级人民法院(2019)京02民初169号民事判决书认定中电科公司违反此类注意义务,是不成立的。

对于上述观点及理论,北京市第二中级人民法院(2019)京02民初169号民事判决书是不接受的,若明若暗地抓住《物权法》第191条第1款作为"救命稻草",所谓"抵押权人信达公司同意预售商品房并不等于放弃抵押权,如相关法律规定处分抵押物抵押权人可优先受偿,和允许债务人转让不动产,以房屋转让价款偿还债权,均可以实现涤除抵押权之目的",似有此意,其中所谓"相关法律规定""抵押权人""允许债务人转让不动产,以房屋转让价款偿还债权,均可以实现涤除抵押权之目的",好像在援用《物权法》第191条第1款前段的规定。质疑这种思路及观点至少有二:第一,在抵押权担保的债权尚未届期的情况下,凭什么置债的清偿制度于不顾,漠视债务人的期限利益? 使抵押人承受不利?① 强令以抵押物的价款予以清偿?! 这是不是没有道理地优惠了抵押权担保的债权? 第二,难道金丰科华公司和诺亚商业保理有限公司之间签订《保理合同》,中电科公司、金丰科华公司与诺亚商业保理有限公司共同签署《款项支付协议》,以及中电科公司与金丰科华公司签署《补充协议》,使5.78亿元的购房尾款付至监管账户以外的账户,果真违反了《物权法》第191条第1款前段关于"抵押期间,抵押人经抵押权人同意转让抵押财产的,应当将转让所得的价款向抵押权人提前清偿债务或者提存"的规定了吗? 回答是否定的,因为《物权法》第191条第1款前段所谓"将转让所得的价款向抵押权人提前清偿债务"必须出自抵押人金丰科华公司的自愿,只要抵押人金丰科华公司不愿提前清偿,抵押权人信达北京分公司就无权强求,因其债权尚未届清偿期,否则,就无视了金丰科华公司这个债务人的期限利益。笔者在卷宗材料未见金丰科华公司自愿将人民币5.78亿元的购房尾款提前向信达北京分公司清偿的证据。该笔人民币5.78亿元的购房尾款未依《物权法》第191条前段的规定予以提存,是否构成中电科公司的过错? 回答同样是否定的,理由如下:(1)抵押权人信达北京分公司同意抵押人金丰科华公司预售作为抵押物的房屋,没有附加任何条件,没有要求金丰科华公司遵循《物权法》第191条第1款前段的规定,事后亦未提示金丰科华公司予以提存。这是否意味着信达北京分公司已经默

---

① 抵押人于此场合承受的不利至少表现为两点:第一,使抵押人实际履行了物上担保义务,而按照正常的债务履行,债务人届时有能力且实际清偿了债权,抵押人本可不实际承担物上担保义务的;第二,使抵押人过早地履行了物上担保义务,也丧失了期限利益。这在抵押权人(债权人)、抵押人和债务人之间的利益衡量上,是有失公正的。

认金丰科华公司可以不将5.78亿元购房尾款予以提存？在此,可借用如下观点及逻辑:抵押物的所有权人仍是"一家之主"(Herr im Hause),他可以出让出产物以及从物,让与用益出租的租金债权等。通过这种方式,这些为抵押责任所覆盖的标的物会"脱离于责任之外"。所以,这种责任只是潜在(potentiell)的,抵押权人享有实现它的可能性;如果他不去实现,那么,从责任集合体中脱离的标的物的担保责任就消失了。① 何况案涉房屋的购房款不属于担保责任的范围呢?! (2)信达北京分公司与金丰科华公司等公司签订有《印章监管协议》,其中约定金丰科华公司使用其印章须经信达北京分公司审批且书面同意(第3条),还要有其人员在场(第2条)。金丰科华公司与有关当事人签订《保理合同》《款项支付协议》和《补充协议》,并于其上加盖印章,未见信达北京分公司不予同意的证据。这是否意味着信达北京分公司默认金丰科华公司可以不将5.78亿元人民币的购房尾款予以提存？在这里,同样可以借用上文所引之语:……如果他不去实现担保责任,那么,从责任集合体中脱离的标的物的担保责任就消失了。② (3)提存,即使算作一项义务,依民法通说,在《合同法》和《物权法》上也不过是不真正义务③。众所周知,不真正义务的违反于义务人而言只是本来可以得到的利益不再得到,而非积极的付出(如支付违约金或承担违约损害赔偿之类的负担)。由此决定,有关当事人未将5.78亿元的购房尾款提存,也不成立民事责任。(4)退一步说,即使人民币5.78亿元的购房尾款应当提前清偿或者提存,也是抵押人金丰科华公司的义务,而中电科公司的义务,因为中电科公司付款义务对应的债权是金丰科华公司基于《商品房预售合同》项下的债权,而非信达北京分公司对于金丰科华公司享有的债权。就此说来,中电科公司也无过错。

北京市第二中级人民法院(2019)京02民初169号民事判决书所谓"抵押权人信达公司同意预售商品房并不等于放弃抵押权,如相关法律规定处分抵押物抵押权人可优先受偿",其要害在于前提错误,即其仍以抵押权的效力于其实行前也及于抵押物的对价为前提,而该前提是不存在的,上文就此议论已经不少了,此处不再赘言。

需要辨析的还有,北京市第二中级人民法院(2019)京02民初169号民事判决书认定"对案涉房屋买卖专用监管账户中的房屋预售款拥有债权人的合法利益",言外之意是,案涉5.78亿元的购房尾款未入监管账户,就损害了信达北京分公司对于金丰科华公司的债权,就显现出中电科公司具有过错。在笔者看来,这样的观点及其逻辑既偏激又强权,因为信达北京分公司对金丰科华公司的债权是金钱债权,其标的物是

---

① ② [德]鲍尔/施蒂尔纳:《德国物权法》(下册),申卫星、王洪亮译,法律出版社2006年版,第133页。

③ 当然,笔者就此有个人意见,即在某些情况下提存义务属于真正义务。这不在此处讨论的范围内,本案中的提存义务不属于真正义务。

以数额表示的一般等价物,而非特定物。就是说,即使中电科将案涉房屋的购房款实际支付给金丰科华公司,这些购房款也不是信达北京分公司对金丰科华公司债权的标的物。要说这些购房款与信达北京分公司的债权之间有利益关系,那也是在一般担保/民事责任的层面,即在金丰科华公司未于清偿期向信达北京分公司清偿时,信达北京分公司有权就金丰科华公司的全部责任财产,包括这些购房款,申请强制执行。可是,在这个层面,到了这个阶段,相对于信达北京分公司的债权而言,这些购房款与金丰科华公司名下的任何财产(包括金钱、非金钱的财产)均有同等的法律意义,同等的价值。既然如此,这些购房款处于哪个账户有什么关系呢?此其一。当然,在担保该债权的抵押权开始实行时,结论就不一样了,由于案涉房屋是信达北京分公司的抵押权的标的物,系争抵押权一经实行,作为案涉房屋对价的购房款就处于系争抵押权的效力范围,系争抵押权人有权就该阶段的购房款使其债权优先受偿。在该阶段购房款划入信达北京分公司无法寻觅或难以控制的账户,至少增加实现债权的成本,甚至使其债权不能实现。假如北京市第二中级人民法院(2019)京02民初169号民事判决书所谓"对案涉房屋买卖专用监管账户中的房屋预售款拥有债权人的合法利益"之语用于此处,尚有道理,但中电科公司与金丰科华公司和诺亚商业保理有限公司之间就部分购房款的流向另作安排时,信达北京分公司的抵押权尚未进入实行阶段,因而,北京市第二中级人民法院(2019)京02民初169号民事判决书那样认定就不合法律及法理了。此其二。

还有,拜读北京市第二中级人民法院(2019)京02民初169号民事判决书,深切地感受到它偏袒到了不近情理的地步。例如,该判决断言中电科公司"明知案涉房屋存有抵押权而未能与抵押权人协商与交易习惯不符"。笔者没有寻觅到这样的交易习惯,怀疑该判决在杜撰交易习惯。之所以怀疑,一个重要的原因是,只要抵押物的买受人不拟涤除该抵押权,就没有必要与抵押权人协商。无必要协商,何来交易习惯?再如,该判决认定中电科公司、金丰科华公司和诺亚商业保理有限公司之间通过《款项支付协议》等就部分购房款的流向安排而约定,"依据合同法相关规定可以认定为无效或者认定此类约定效力具有较大瑕疵。"人们不禁要问:《合同法》规定合同无效的条文有第52条和第53条,约定把5.78亿元购房尾款付至监管账户以外的账户,属于其中的那个原因?如前分析得那样,在这个阶段,案涉房屋的对价不为系争抵押权的效力所及,该约定未损害抵押权,故其非为无效原因,亦无瑕疵可言。

总之,系争抵押权及其担保的债权不会因中电科公司、金丰科华公司和诺亚商业保理有限公司之间就部分购房款的流向安排而受到损害,北京市第二中级人民法院(2019)京02民初169号民事判决书认定中电科公司在这方面有过错,是不成立的。

退一步说,即使中电科公司、金丰科华公司在这方面果真具有过错,信达北京分公司也无权追究中电科公司的责任,也不能就此阻止中电科公司诉请执行异议,其重要的原因是合同的相对性。中电科公司与信达北京分公司之间没有合同关系,是金丰科华公司与信达北京分公司之间有合同关系,尽管中电科公司与金丰科华公司之间签订的《北京市商品房预售合同》约定由监管账户,即使该监管账户影响到信达北京分公司的抵押权担保的债权,也是金丰科华公司违反它们双方的《债务重组抵押合同》和《债务重组合同》,而非中电科公司违反了对信达北京分公司所负的义务,中电科公司对于信达北京分公司不承担注意义务。北京市第二中级人民法院(2019)京02民初169号民事判决书认定中电科公司同意并且实际上将部分购房款打入非监管账户违反了注意义务,这是背离合同相对性的,是违背法理的,是不成立的。

需要指出,信达北京分公司作为一方当事人签订的《账户监管协议》未约定与案涉《商品房预售合同》相一致的监管账户,怠于行使其签署的《印章监管协议》项下的监管金丰科华公司使用印章的权利,同时是未尽义务,未要求金丰科华公司将5.78亿元的购房尾款提前清偿或者提存,显然具有过错。它应就其过错承担不利后果,无权让中电科公司就此"买单"。

第四节 抵押权的效力(Ⅱ)

抵押权的效力,还包括抵押人的权利,本节专门讨论这个问题。抵押权为价值权,于其设立之后,无须移转抵押物的占有,抵押人对抵押物仍然享有占有、使用、收益和处分的权利。据此,抵押人就抵押物享有如下权利:

一、在同一抵押物上设立多个抵押权的权利

观察《民法典》第414条第1款关于"同一财产向两个以上债权人抵押的……"的表述,第415条关于"同一财产既设立抵押权又设立质权的……"的文义,可知抵押人有权在同一项财产上设立数个抵押权。

需要注意,同一不动产上设立多个抵押权的,不动产登记机构应当按照受理时间的先后顺序依次办理登记,并记载于不动产登记簿。当然,当事人对抵押权顺位另有约定的,依据意思自治原则,从其规定办理登记(《不动产登记暂行条例实施细则》第67条)。

[知识与思辨]

《担保法》第35条规定:"抵押人所担保的债权不得超出其抵押物的价值。财产抵押后,该财产的价值大于所担保债权的余额部分,可以再次抵押,但不得超出其余额部分。"《物权法》未再重复《担保法》对超额抵押的禁止性规定,但也没有明确允许

抵押物的价值额可低于被担保债权的价值额。对此,有截然相反的两种理解:一种观点认为,《物权法》规定"担保法与本法的规定不一致的,适用本法"(第 178 条),未设明文被担保债权的价值额可以高于抵押物的价值额,亦未明文废止《担保法》第 35 条的规定,难谓《物权法》和《担保法》的规定不一致,因而《担保法》第 35 条的规定依然有效。另一种观点则认为,《担保法》第 35 条的规定不应继续适用。

笔者赞同后者,理由如下:(1)《担保法》第 35 条的规定弊端较多:其一,未考虑到抵押物的价值额会不断变化的情形,可能弄巧成拙。在有的情况下,抵押物的价值在抵押合同订立时可能高于被担保债权的数额,但待抵押权实行时,则因市场供求关系的变动而下跌至被担保债权的数额之下。反之,在另一些情况下,在订立抵押合同时,抵押物的价值可能明显低于被担保债权的数额,但待抵押权实行时,其价值额变得高于被担保债权的数额。在后者情况下,《担保法》第 35 条的规定显然使抵押人丧失了融通资金的机会,而债权人也可能失去一次成交并获利的良机,很可能在社会范围内效率不高,岂不可惜!其二,《担保法》的立法者过分地关注了病态交易乃至经济的情形,总是在抵押权实际实行的假设情境中来设计抵押权制度,未注意到或者说有所忽视这样的状况:在一个良性发展的社会及经济形态中,抵押权等担保权只是备而不用或少用的法律手段,债务被适当履行,债权因此而实现,抵押权等担保手段随之消失,成本低廉。在这样的环境中,抵押物的价值额多或少,还有什么关系呢?退一步说,假使债权人果真实际行使抵押权,因抵押物的价值额低致使其债权部分无法实现,也还有债务人的责任财产以一般担保的方式作为债权人实现其债权的物质基础。其三,《担保法》第 35 条的规定不符合意思自治原则的地位及功能。本来,债权人为一理性人,他有能力审时度势,权衡利弊得失,拍板同意抵押人以价值额较小的抵押物担保价值额较大的债权,自有其道理。即使是无可奈何的决定,也无必要以强制性规定影响其法律效力。所以,《担保法》不惜违反意思自治原则而设置第 35 条的规定,有失权衡。《担保法解释》第 51 条已经修正了《担保法》的这个规定,指出"抵押人所担保的债权超出其抵押物价值的,超出的部分不具有优先受偿的效力。"对此,原则上可资赞同。需要申明的是,判断债权额是否超出抵押物的价值额,不应当以抵押权设定时的比例关系为准,而应当以抵押权实行时的为准。① (2)在物权立法的过程中,对于《物权法》是否承继《担保法》第 35 条的规定,存在着不同意见,2002 年 12 月 17 日的《中华人民共和国民法(草案)》采取了肯定的态度,于第 242 条第 1 款规定:"抵押人所担保的债权不得超出其抵押物的价值。"其后各物权法草案则删除了该条规定,体现了不赞同《担保法》第 35 条规定的精神,《物权法》亦然。至于这些物权法

---

① 崔建远:《土地上的权利群研究》,法律出版社 2004 年版,第 246-247 页。

草案和《物权法》为何不直接规定抵押物的价值可以低于抵押债权的价值,是因为草拟和研讨物权法草案的专家、学者们考虑到,法律条文直接规定抵押物的价值额可以低于被担保债权额,亦非理想的方案;特别是认可抵押物的价值几何,乃债权人的自由选择事项,法律不宜干涉,也无需直接言明。既然如此,按照法意解释,应当认为《物权法》允许抵押物的价值额低于抵押债权的价值的。(3)在物权立法的过程中,对于整个《担保法》和《物权法》之间的关系,有两种不同的意见,一种保留《担保法》,《物权法》不规定担保物权;另一种意见是废止《担保法》,对于《担保法》中反映了社会生活的要求、符合法理的规范,由《物权法》承继,对于《担保法》中不尽妥当的规范,《物权法》当然不予沿袭。后一种意见虽被立法者部分采纳,但物权法草案和《物权法》没有设置明文废止《担保法》,而是采用了诸如《物权法》第178条那样的表述,致使《物权法》未能准确地反映出废止《担保法》第35条规定的立法意图。有鉴于此,我们解释法律不应以文害义,不应阻碍法律的发展和社会的进步。(4)随着《民法典》的实施,《担保法》于2021年1月1日被废止,上述争论就更无必要了,特别是为充分发挥《民法典》第414条、第415条等功效,应该抛弃"抵押人所担保的债权不得超出其抵押物的价值"的理念。

二、在抵押物上设立用益物权的权利

在德国、法国、日本的民法以及中国台湾地区的"民法"上,抵押物中最为重要的是土地,抵押人以作为抵押物的土地设立地上权、地役权等用益物权,不成问题。与此有别,中国现行法禁止土地(所有权)和海域(所有权)作为抵押物,允许建筑物抵押,故抵押人就抵押物不可能设立建设用地使用权、宅基地使用权、土地承包经营权、海域使用权等用益物权,但可以设立以(已为抵押物的)建筑物为供役地或需役地的地役权,或者设立以(已为抵押物的)建筑物为客体的居住权。

三、出租抵押物的权利

抵押人可否出租抵押物,《民法典》未予直接表态,但因明确允许抵押人可以转让抵押物(第406条第1款前段),转让抵押物较出租抵押物更不利于抵押权人,故举重以明轻,可以得出《民法典》允许抵押人出租抵押物的结论。

当然,已经登记的抵押权具有对世效力,故该租赁关系不得对抗该抵押权。至于尚未登记的抵押权,按照《民法典》第403条的规定,租赁关系能够对抗。不过,在动产抵押权的情况下,《担保制度解释》第54条第2项区分情况而有不同的效力:"抵押人将抵押财产出租给他人并移转占有,抵押权人行使抵押权的,租赁关系不受影响,但是抵押权人能够举证证明承租人知道或者应当知道已经订立抵押合同的除外。"

所谓租赁关系不得对抗已登记的抵押权，是指在因租赁关系的存在致使于抵押权实行时无人应买抵押物，或出价降低导致不足以清偿抵押债权等情况下，抵押权人有权主张租赁终止。在这方面，《日本民法典》第 395 条关于"不超过第 602 条规定期间的租赁，虽在抵押权登记后为登记，亦得以之对抗抵押权人。但其租赁对抵押权人发生损害时，法院得因抵押权人的请求，命令其解除"的规定，值得我们借鉴，即当抵押权人请求解除租赁合同时，人民法院应当支持。换个角度说，于此场合抵押权人享有解除权，但该解除权的行使宜采取诉讼的方式。①

当然，如果存有租赁权负担的抵押物的变价额足以清偿抵押债权，表明租赁关系对抵押权没有损害，则适用《民法典》第 725 条的规定，租赁关系仍可存续，由抵押物的受让人承受。还有，如果存有租赁权负担的抵押物的变价额虽不足以清偿抵押债权，但除去该租赁权后，抵押物的变价与不消除租赁权负担时的变价额相等或降低时，就表明租赁关系的存在对抵押权并无损害。因此，在抵押权实行时仍可将抵押物连同租赁权负担一并移转给受让人。②

[引申]

抵押权实行，自此时起抵押物的交换价值成为抵押权的内容，比较妥当。于是，抵押权设立后，抵押人将抵押物出租与第三人，若对抵押权没有影响，抵押物被人民法院依法扣押后，承租人应付的租金，固为抵押权的效力所及，不容置疑。现在的问题是，此项租赁权的存在对抵押权有影响时，对于抵押权人就不发生效力，承租人应付的租金是否亦为扣押的效力所及？若认为扣押的效力所及，则抵押权人对于有害抵押权的租赁合同，能否再为对之不发生效力的主张？即有疑问。由于此类租赁合同是法律所允许的，租赁权对抵押权人原则上有效，只是在该租赁权害及抵押权时才不发生效力。而是否害及的判断应以拍卖抵押物的时间点，而非以租赁合同签订之时，加以判断。所以，拍卖时因有租赁权的存在，无人应买，或出价不足清偿抵押债权，法院即得除去该项负担，重新估价拍卖。如除去负担拍卖的结果，变价款与未除去该项负担拍卖的结果相等或反而减少的，足以证明负担的存在并未影响抵押权，此项负担仍应由拍定人承受。因此，自抵押物被扣押后至拍卖止，承租人对于抵押物的使用收益的权利，虽已丧失，但租赁或其他用益权亦仅影响抵押权时，对抵押权人不发生效力，抵押人和承租人之间的租赁关系并不受其影响，抵押人于抵押物扣押后所

---

① 崔建远、孙佑海、王宛生：《中国房地产法研究》，中国法制出版社 1995 年版，第 582-583 页。
② 参见杨与龄：《抵押权对抵押标的物用益权之影响》，载郑玉波主编《民法物权论文选辑》（下册），五南图书出版公司 1984 年版，第 644-645 页。

有权丧失前,基于合同关系,对承租人收取法定孳息,应认为扣押的效力所及。① 这种意见也符合《民法典》的情况,应予借鉴。

至于抵押权设立前抵押物已经出租的,租赁关系不应受抵押权的影响(《民法典》第405条),符合法理,不成问题。

[提示]

《担保法》第48条的全文为"抵押人将已出租的财产抵押的,应当书面告知承租人,原租赁合同继续有效。"其中的"应当书面告知承租人"之语,容易使人误认抵押人将抵押事实"书面告知承租人"系租赁关系不受抵押权影响的要件,《物权法》第190条前段、《民法典》第405条未再保留它,是正确的,因为成立在前的租赁关系不受设立在后的抵押权的影响,乃法律秩序的当然要求,与抵押人是否通知承租人没有关系。

由于抵押人将租赁物抵押给他人可能影响到承租人的利益,抵押人有必要将该抵押事实通知承租人,以免不测,尤其是保护承租人的优先购买权。② 可见,抵押人将租赁物抵押给他人的事实告知承租人,系抵押人(出租人)向承租人所负的告知义务,属于租赁关系的内容,由《民法典》"第三编　合同"调整,没有必要在抵押权和租赁关系之处提及它。

[反思]

抵押权设立时本无抵押物已经出租的事实,但待抵押权实行时,第三人却提出异议:该抵押物先于抵押权设立而成为租赁物,抵押权的实行不得害及该租赁权。如此一来,严重影响了抵押物的拍卖或变卖:或是无人竞买或买受,或是抵押物的变价大大低于实际价值。这使抵押权担保的债权不能受偿或不能全部受偿。此类案件已非一起、两起。

消除此类现象,可采取如下对策:只有已经登记的租赁权才可对抗设立在后的抵押权,未予登记的租赁权没有对抗抵押权实行的效力。《民法典》没有采纳此种方案,诚为遗憾。

四、出借抵押物

抵押人可否出借抵押物,《民法典》未予直接表态,但因明确允许抵押人可以转让抵押物(第406条第1款前段),转让抵押物较出借抵押物更不利于抵押权人,故举重

---

① 杨与龄:《抵押权对抵押标的物用益权之影响》,载郑玉波主编《民法物权论文选辑》(下册),五南图书出版公司1984年版,第645-466页。

② 黄松有主编:《〈中华人民共和国物权法〉条文理解与适用》,人民法院出版社2007年版,第569页。

以明轻,可以得出《民法典》允许抵押人出借抵押物的结论。

五、转让抵押物的权利

抵押人将抵押物转让给他人,包括将抵押物出卖、赠与、互易给他人。这已被《民法典》所承认。《民法典》第406条第1款前段以"抵押期间,抵押人可以转让抵押财产"取代《物权法》第191条第2款正文的"抵押期间,抵押人未经抵押权人同意,不得转让抵押财产。"这体现了抵押物的转让取决于抵押人和第三人之间的合意,而不受限于抵押权人的"专断",符合财产及其流转的本性要求,确认了抵押人的自然权利。

《民法典》第406条第1款中段增设"当事人另有约定的,按照其约定",尊重了抵押人和抵押权人的合意,贯彻了意思自治原则。不过,在这里存在着解释路径方向的不同会致结论相反的问题。如果把该规定看作修饰、限制着本条第1款前段关于"抵押期间,抵押人可以转让抵押财产"的规定,则完全符合意思自治原则与合同的相对性,依逻辑也符合抵押人和抵押权人之间的利益关系,还不破坏交易安全。但是,若将之看作限制本条第1款后段关于"抵押财产转让的,抵押权不受影响"的规定,那么,就很容易使人得出禁止转让抵押物的约定限制"抵押财产转让"的结论。如果是这样,则其与合同的相对性就未尽契合,与《民法典》在债权让与等制度修正《合同法》设计的大趋势相悖。稍微展开来说:(1)抵押权人和抵押人约定抵押物非经抵押权人的同意不得转让,这约束抵押人不成问题,抵押人倘若违反该约定,则向抵押权人承担违约责任,这有《民法典》第577条等条款作为法律依据,合法合理。但是,按照《民法典》第465条第2款关于"依法成立的合同,仅对当事人具有法律约束力,但是法律另有规定的除外"的规定,在无"法律另有规定"的情况下,该约定不具有阻碍第三人取得抵押物所有权或其他物权的效力,甚至不是影响抵押物买卖合同/转让合同的法律效力的因素。就此看来,如果把《民法典》第406条第1款中段关于"当事人另有约定的,按照其约定"的规定看作是限制该条款后段所谓"抵押财产转让的",就欠考虑,至少不周延。(2)《合同法》第79条第2项规定债权人不得转让其与债务人约定不得转让的债权。至少为数众多的专家学者在相当长的时期把该规定理解为强制性规定,认为违反该规定的债权让与合同无效。这有负面结果,不合国际发展趋势,《民法典》顺应潮流,于第545条第2款规定:"当事人约定非金钱债权不得转让的,不得对抗善意第三人。当事人约定金钱债权不得转让的,不得对抗第三人。"其言外之意是债权不得让与的约定不影响债权让与合同的效力。不难发现,将《民法典》第406条第1款中段的规定看作限制该条款后段所谓"抵押财产转让的",似乎又回归了《物权法》第191条第2款正文规定的"抵押期间,抵押人未经抵押权人同意,不得转让抵押财产",其消极作用是显而易见的。

究竟选择哪条解释路径？本书赞同第一条，但《担保制度解释》选取了第二条，同时兼顾合同的相对性和公示的效果，一方面坚持《民法典》第406条第1款前段正文的精神，明确"当事人约定禁止或者限制转让抵押财产但是未将约定登记，抵押人违反约定转让抵押财产，抵押权人请求确认转让合同无效的，人民法院不予支持；抵押财产已经交付或者登记，抵押权人请求确认转让不发生物权效力的，人民法院不予支持"；另一方面又限缩《民法典》第406条第1款中段'当事人另有约定的，按照其约定'的适用范围："当事人约定禁止或者限制转让抵押财产且已经将约定登记，抵押人违反约定转让抵押财产，抵押权人请求确认转让合同无效的，人民法院不予支持；抵押财产已经交付或者登记，抵押权人主张转让不发生物权效力的，人民法院应予支持，但是因受让人代替债务人清偿债务导致抵押权消灭的除外"（第43条第2款）；禁止或者限制转让抵押财产的约定未经登记，抵押人违反约定转让抵押财产，"抵押权人请求抵押人承担违约责任的，人民法院依法予以支持"（第43条第1款后段）。

《担保制度解释》第43条符合这样的原理甚至规则：法律规定（包括司法解释）一经公布就具有公示的效力，使人们有义务注意并遵守法律的有关要求，否则，就具有过错，至少是重大过失。对于故意、重大过失之人法律没有必要优惠保护，令其承受不利后果，符合公平正义。具体到抵押物转让，抵押权人和抵押人关于不得转让抵押物的约定一经登记，就公示于天下，交易相对人在这方面负有注意义务，违反此项注意义务，在抵押物已经交付（抵押物为动产的场合）或者登记（抵押物为不动产的场合）时，发生物权变动的效力；无论何种情形，抵押物转让合同的效力不受影响。

《担保制度解释》第43条的负面结果也是明显的：（1）抵押权人多为银行等金融机构，其经济实力、法律团队均大大强于交易相对人，非常容易在抵押合同中设置限制甚至禁止抵押物转让的条款，迫使急需资金的借款人就范，接受此类约定；并且及时办理登记手续，以达阻止抵押物所有权或其他物权变动的效力，实现自己利益的最大化。《担保制度解释》第43条在实质上默许甚至纵容了银行等金融机构如此行事。(2)多年实践证明此类约定被赋予法律效力是弊多利少的，《物权法》第191条第2款正文实施的结果亦然，立法机关及众多的专家学者努力克服之，千辛万苦地成《民法典》第406条第1款前段和后段"抵押期间，抵押人可以转让抵押财产"，"抵押财产转让的，抵押权不受影响"之果，转瞬间便有南橘北枳的意味。(3)《民法典》第406条认可抵押物为可流通物，《担保制度解释》第43条第2款赋权金融机构借助约定和登记将之在当事人之间变成禁止流通物或限制流通物，这是否构成司法机关是否超越了立法权？需要深思。

《民法典》第406条第1款后段规定"抵押财产转让的，抵押权不受影响"，确立了抵押权的追及效力，以维护抵押权人的权益。

当然,客观地说,依《民法典》第406条第1款的规定,有些场合抵押权的实现可能遇到一些周折。例如,抵押人诚实信用、无诉讼缠绕,抵押物的变卖或拍卖顺畅无阻,甚至被折价冲抵被担保债权也无人异议。但抵押物的受让人则不然,要么已经或将要进入破产程序,要么肆意损害抵押物,要么诉讼缠身,等等,这给抵押权的实现增加了困难,甚至加大了成本。假如仅仅从抵押权人的利益保护一侧着眼,《物权法》第191条的设计有其道理,但这是以牺牲财产的流转性、忽视抵押物的所有权人和受让人的意思自治为代价的。如果全方位地审视和平衡抵押权人、抵押人、抵押物的受让人乃至社会效益之间的关系,就不难发现《物权法》第191条优惠地保护抵押权人显得目光狭隘,《民法典》第406条兼顾各方的利益,视野广阔,权衡适当。

《民法典》第406条第2款前段以"抵押人转让抵押财产的,应当及时通知抵押权人",替代《物权法》第191条第1款前半句的"抵押期间,抵押人经抵押权人同意转让抵押财产的",是在配合和衔接抵押权的追及效力。

《民法典》第406条第2款中段关于"抵押权人能够证明抵押财产转让可能损害抵押权的,可以请求抵押人将转让所得的价款向抵押权人提前清偿债务或者提存"的规定,与《物权法》第191条第1款前段后半句关于抵押人"应当将转让所得的价款向抵押权人提前清偿债务或者提存"的基本精神相一致,确立涤除权以维护抵押权人的利益,明确抵押人的提存义务,同时平衡了抵押人和抵押权人的利益关系。当然,增设"抵押权人能够证明抵押财产转让可能损害抵押权的"的限定条件,兼顾了抵押权人和抵押人各自的权益,更为合理。[①]

不容忽视的是,抵押物的受让人已向抵押人付清对价时,若再认定抵押权存在于抵押物,任凭抵押权人实现抵押权,抵押权担保的债权得以实现,抵押人对于抵押物受让人的价款债权也得以实现,从而使该受让人既失去抵押物所有权,又请求抵押人返还抵押物的转让对价因抵押人无资力而落空,"鸡飞蛋打",这明显不公正。在受让人为百姓大众时更不应采取如此立场。可取的方案是,至抵押物转让生效之时,抵押权存续于抵押物转让的对价请求权之上,抵押人于抵押权担保的债权获得清偿之前无权获取抵押物转让的对价。从另外的角度审视,就是抵押权的追及效力在抵押物原物上有被截断的事由和时间点,而非无限延续下去。

在此,值得注意的是,抵押物转让的对价汇入于抵押人的一般责任财产之中,便不再具有独立性,致使抵押权失去标的物而归于消灭,抵押权人的债权变成无抵押权

[①] 关于《物权法》第191条的利弊分析,赞同抵押权的追及效力的理由,详见崔建远:《抵押权探微》,载《法学》2004年第4期,第75-78页;崔建远:《物权:规范与学说——以中国物权法的解释论为中心》(下册),清华大学出版社2011年版,第811-818页。

担保的债权。为防止此类结果出现,一方面,抵押合同宜约定如下内容:如果抵押人转让抵押物,则抵押物转让对价款用于清偿抵押权担保的债权,或把抵押物转让的对价划入由抵押权人控制的特定账户,没有抵押权人的指示,抵押人等主体无权动用该特定账户内的款项;另一方面,不动产登记机构遵循抵押权不注销登记就不办理抵押物权属的转移登记手续,而注销抵押登记必须符合法定事由或约定事由。

[演变]

对于抵押人有无转让抵押物之权,不同的立法例及其理论所持立场有所差异。中国台湾地区"民法"、判决和学说持完全开放的态度,不限制抵押人的所有权自由。至于抵押权人的利益,借助抵押权的追及效力制度予以保护。[①] 而中国大陆的立法一直处于变化之中。最高人民法院《关于民法通则的意见》第115条第1款规定:"抵押物如由抵押人自己占有并负责保管,在抵押期间,非经债权人同意,抵押人将同一抵押物转让他人,或者就抵押物价值已设置抵押部分再作抵押的,其行为无效。"我们可称之为"债权人不同意则转让无效制度"。《担保法》第49条第1款则规定:"抵押期间,抵押人转让已办理登记的抵押物的,应当通知抵押权人并告知受让人转让物已经抵押的情况;抵押人未通知抵押权人或者未告知受让人的,转让行为无效。"这可被分解为三项制度,其一,抵押人转让已经办理了抵押登记的抵押物时,抵押人通知抵押权人或者告知受让人系转让抵押物行为的有效要件,抵押人未履行通知义务或者告知义务人的,转让行为无效(第49条第1款)。这可简称为"不通知或告知则转让无效制度"。其二,转让抵押物的价款明显低于其价值的,抵押权人可以要求抵押人提供相应的担保;抵押人不提供的,不得转让抵押物(第49条第2款)。我们可将其简称为"提供相应的担保制度"。其三,抵押人转让抵押物所得价款,应当向抵押权人提前清偿所担保的债权或者向与抵押权人约定的第三人提存(第49条第3款前段)。这就是"提前清偿或提存制度"。《担保法解释》回避了这些制度,另辟蹊径,以抵押权的追及效力和抵押物取得人的涤除权两项制度解决抵押物的转让出现的相应问题(第67条、第68条)。《物权法》第191条规定:"抵押期间,抵押人经抵押权人同意转让抵押财产的,应当将转让所得的价款向抵押权人提前清偿债务或者提存。转让的价款超过债权数额的部分归抵押人所有,不足部分由债务人清偿"(第1款)。"抵押期间,抵押人未经抵押权人同意,不得转让抵押财产,但受让人代为清偿债务消灭抵押权的除外"(第2款)。又回归到了《关于民法通则的意见》第115条第1款规定的"债权人不同意则转让无效制度",只采纳了抵押物取得人的涤除权一项,依然不采

---

① 中国台湾地区"民法"第867条;谢在全:《民法物权论》(中册),三民书局2003年修订2版,第481-482页。

纳抵押权的追及效力的规定。如此设计的理由在于："第一,财产抵押实际是以物的交换价值担保,抵押物转让,交换价值已经实现。以交换所得的价款偿还债务,消灭抵押权,可以减少抵押物流转过程中的风险,避免抵押人利用制度设计的漏洞取得不当利益,更好地保护抵押权人和买受人的合法权益。第二,担保法规定转让抵押财产的应当通知抵押权人并告知受让人,也就是说,只要是通知了抵押权人并告知了受让人,抵押权人就不能阻止抵押人的转让行为,而只能在转让抵押物的价款明显低于债权的价值时,要求抵押人提供相应的担保。但抵押财产的价值是随着市场价格波动的,抵押财产的价值是否明显低于债权难以做准确判断,与其为抵押权的实现留下不确定因素,不如在转让抵押财产时,就将转让所得的价款向抵押权人提前清偿或提存。第三,现实中往往是在实现抵押权时才发现未通知抵押权人或未告知受让人已转让了抵押财产的情况,此时即使宣告转让合同无效,转让的财产可能也已无法追回。而转让抵押财产前就取得抵押权人同意,可防止以后出现的一系列麻烦,节省经济运行的成本,减少纠纷。一般说来,抵押人转让抵押财产的所得的价款不可能完全与其担保的债权数额一致,当抵押财产价款超过债权数额时,超过的部分,应当归抵押人所有;不足的部分由债务人清偿。"①

实则,这种为《物权法》第191条第1款规定辩护的理由,系针对《担保法》第49条的规定而言的,若针对抵押权的追及效力,则不成立,其中的第二和第三两点理由即属此类。其中的第一点理由,过分偏向于抵押权人,抵押债权尚未届期,就赋予抵押权人(债权人)就其债权提前受偿,牺牲了债务人的期限利益,也使抵押人承受了不利。该不利的第一点表现为,使抵押人实际履行了物上担保义务,而按照正常的债务履行,债务人届时有能力且实际清偿了债权,抵押人本可不实际承担物上担保义务的;第二点表现为,使抵押人过早地履行了物上担保义务,也丧失了期限利益。这在抵押权人(债权人)、抵押人和债务人之间的利益衡量上,是有失公正的。

鉴于上述为《物权法》第191条第1款辩护的理由系针对《担保法》第49条规定的,有必要再分析《担保法》第49条规定,从中发现其不足,再看出《物权法》第191条纠正不适当的法律规定而设计的制度,更加不适当。

《担保法》第49条的规定,确实有利于抵押权人,但其代价高昂。"不通知或告知则转让无效制度"实际上是"不通知则转让无效"和"不告知则转让无效"两个制度的合称。其中,"不通知则转让无效"制度的要义是,在抵押人转让已经办理了抵押登记的抵押物情况下,抵押人未将该转让事实通知抵押权人的,则该转让行为无效。其优点是可以最大程度地降低抵押物毁损灭失的风险,不增加抵押权实行时的障碍。其

---

① 胡康生主编:《中华人民共和国物权法释义》,法律出版社2007年版,第418-419页。

不足表现为,规定转让抵押物的行为无效,一是与交易安全原则产生了冲突,二是使受让人遭受到不测之损害,不利于交易安全。我们能否找到一种制度,既能有利于抵押权人,或者说能够发挥出"不通知则转让无效"制度的优点,又能克服"不通知则转让无效"制度的缺点呢?回答是肯定的,主要是抵押权的追及效力。只要物权立法确立抵押权的追及效力,那么,不论抵押物辗转落入何人之手,抵押权人都可以追及至抵押物之所在而主张抵押权,抵押物的受让人无权抗辩,抵押权的合法权益不因抵押物转让与否而受影响。并且,抵押人不履行转让通知义务给抵押权人造成损害时,抵押权人还可以基于侵权行为请求抵押人承担损害赔偿责任。另一方面,转让抵押物的行为不因抵押人是否履行了转让通知义务而受影响,对于受让人给予足够的保护,达到保护交易安全的目的。还有,同样重要的是,一个正常的经济制度下,财产的流通性或曰财产权的让与性是健康的社会范围的经济流转所必需的,也是财产权名副其实甚至增值的前提和表现。所以,在目前,适用法律解决个案时,不宜适用《担保法》第49条第1款的规定,而应当适用《担保法解释》第67条关于"抵押权存续期间,抵押人转让抵押物未通知抵押权人或者未告知受让人的,如果抵押物已经登记的,抵押权人仍可以行使抵押权"的规定,不应认定转让抵押物的行为无效。[1] 正所谓"保护抵押权人的利益不能依靠对抵押人处分权的限制,而要靠抵押权的追及性。"[2] "抵押人未经抵押权人同意而转让抵押的动产的,其转让行为并不因为欠缺'抵押权人的同意'而无效。"[3]

"不告知则转让无效"制度的要义是,在抵押人转让已经办理了抵押登记的抵押物的情况下,抵押人未将该物已经设立了抵押权的事实告知受让人时,转让抵押物的行为无效。对此,首先在解释论的层面上予以审视,把这项制度放置于法律行为无效和可撤销的背景下评论其利弊得失。在转让抵押物的行为系买卖等合同的情况下,应与《合同法》第52条(相当于《民法典》第146条第1款、第153条、第154条等,下同)关于无效原因的规定相衔接。如此,只有在买卖抵押物等合同损害了国家利益、社会公共利益的情况下,合同才无效。抵押人虽然未将设立抵押权的事实告知受让人,但买卖抵押物等合同并不损害国家利益、社会公共利益,就不应适用《合同法》第52条的规定,而应适用《合同法》第54条(相当于《民法典》第147条至第151条,下同)的规定,赋予受让人撤销权。可见,"不告知则转让无效"制度没有与法律行为无效和可撤销制度合理衔接。并且,这种未合理衔接所导致的后果是不适当的,因为在

---

[1] 崔建远:《抵押权探微》,载《法学》2004年第4期,第75-76页。
[2] 王利明主编:《中国物权法草案建议稿及说明》,中国法制出版社2001年版,第437页。
[3] 梁慧星主编:《中国物权法草案建议稿》,社会科学文献出版社2000年版,第645页。

受让人需要受让抵押物,并且在价格等方面也不吃亏的情况下,买卖抵押物等合同仍然要因抵押人未履行告知义务而绝对无效,显然不如合同的效力由受让人是否行使撤销权来决定,对受让人有利。虽然可以认为《担保法》第49条第1款的规定属于特别法,优先于《合同法》第54条的规定而适用,从而化解两部法律的相互抵触,但却以牺牲受让人的合法权益为代价,实在不值得。有鉴于此,处理个案,应当适用《担保法解释》第67条关于"抵押权存续期间,抵押人转让抵押物未通知抵押权人或者未告知受让人的,如果抵押物已经登记的,抵押权人仍可以行使抵押权"的规定,不应认定转让抵押物的行为无效。①

"提供相应的担保制度"如何呢?该制度使抵押权人的债权处于担保权的保障之中,有利于抵押权人,其立法用意不能说不好,但仍有如下问题需要反思:(1)在不承认抵押权的追及效力的背景下,抵押人能够提供不少于低价部分款额的物的担保,可不降低保障抵押权人的债权的力度,倘若抵押人只能提供人的担保的话,因人的担保固有的局限性所致,抵押权人仍然面临着其债权不能全部或全部不能实现的风险。在法律确立抵押权的追及效力的背景下,抵押物的转让价款额是多还是少,与抵押权人无关,只要债务人不履行其债务,抵押权人仍有权就抵押物行使抵押权,不会因转让价款额低而遭受额外的损失。如果法律让抵押权的追及效力和抵押人提供另外的担保并存,当然更有利于抵押权人,但却牺牲了一般债权人的利益。如此厚抵押权人薄一般债权人,有失权衡。(2)在抵押人转让抵押物的价款明显低于其价值的情况下,抵押人提供相应担保的义务是以抵押权人的要求为产生前提的,还是无论抵押权人请求与否,抵押人都负有提供相应担保的义务?从《担保法》第49条第2款规定的文义观察,十分不清楚,解释起来颇费力气。站在解释论的立场上,基于财产流转、效率等原则的要求,应当解释为只有在抵押权人有请求时,抵押人才有义务提供相应的担保;抵押人若违反此项义务,必须向抵押权人承担赔偿损失等民事责任。其实,眼界应当更宽广些,适用法律解决个案时,应当适用《担保法解释》第67条关于"抵押权存续期间,抵押人转让抵押物未通知抵押权人或者未告知受让人的,如果抵押物已经登记的,抵押权人仍可以行使抵押权"的规定,不适用提供相应担保的规定。站在立法论的立场上,以抵押权的追及效力替代提供相应的担保制度,使问题迎刃而解。(3)《担保法》第49条第2款后段所谓"抵押人不提供的,不得转让抵押物",其意思如何?如果将其解释为转让抵押物的行为无效,便同样产生"不通知则转让无效"制度那样的弊端:不利于受让人,有碍交易安全,障碍财产流通。如果根据情形的不同而分别采取下列对策,效果较佳:A.在符合《合同法》第74条和第75条规定及《合同

---

① 崔建远:《抵押权探微》,载《法学》2004年第4期,第76页。

法解释(一)》第 23 条至第 25 条规定的条件情况下,准许抵押权人行使债权人的撤销权,以保护抵押权人的利益。B.转让抵押物的行为处于效力未定的状态,抵押权人若同意,转让行为有效;反之,转让行为无效。采取该项对策的困难不少:现行法的依据何在? 可以把它解释为符合《合同法》第 51 条规定的情形吗? 运用该项对策增加了转让行为归于消灭的几率,不利于受让人,有碍交易安全,障碍财产流通。笔者还是主张,应当站在立法论的立场上,以抵押权的追及效力替代提供相应的担保制度,免去这些烦恼。①

"提前清偿或提存制度",如果其内容是指抵押人转让抵押物不必通知抵押权人,只要把转让抵押物所得的价款,提前清偿所担保的债权或者提存,那么,在现行法的架构里,相比较而言是较好的设计:不损害抵押权人的利益,甚至还使其获得期限利益,不会障碍财产的流通,未损害交易安全,提存转让抵押物所得的价款还符合抵押权的物上代位性(《担保法》第 49 条第 3 款、《担保法解释》第 62 条)的要求。但是它仍然存在不足:(1)在提存的情况下,意味着使抵押人闲置资金,无法将该笔资金投入适当的项目中去,失去许多市场机会,甚至迫使抵押人高代价地去融资,增加成本。(2)在提前清偿的情况下,抵押人失去期限利益。②

《物权法》第 191 条第 1 款前段关于"抵押期间,抵押人经抵押权人同意转让抵押财产的,应当将转让所得的价款向抵押权人提前清偿债务或者提存"的规定,其优点在于,不损害抵押权人的利益,甚至还使其获得期限利益,不会障碍财产的流通,未损害交易安全,提存转让抵押物所得的价款还符合抵押权的物上代位性(《物权法》第 174 条、《担保法解释》第 62 条)的要求;其缺点在于:(1)在提存的情况下,意味着使抵押人闲置资金,无法将该笔资金投入适当的项目中去,失去许多市场机会,甚至迫使抵押人高代价地去融资,增加成本。(2)在提前清偿的情况下,抵押人失去期限利益。笔者认为,既然抵押权的追及效力能够兼顾各项目标,那么,在目前,适用法律解决个案时,应当适用《担保法解释》第 67 条关于"抵押权存续期间,抵押人转让抵押物未通知抵押权人或者未告知受让人的,如果抵押物已经登记的,抵押权人仍可以行使抵押权"的规定,只要当事人没有相反的约定,就排斥提存抵押物所得价款规定的适用。但这面临着巨大的法律障碍,即《物权法》的位阶高于《担保法解释》,两者的规定冲突时,应当适用《物权法》的规定。

《物权法》第 191 条第 1 款后段规定:"转让的价款超过债权数额的部分归抵押人所有,不足部分由债务人清偿。"符合抵押权的目的及功能,及债权债务关系的规

---

① 崔建远:《抵押权探微》,载《法学》2004 年第 4 期,第 77-78 页。
② 同上书,第 78 页。

则。因为抵押物转让的价款若已由受让人支付,则在法律上归抵押人所有,只不过抵押权人(债权人)就该笔款项享有优先受偿权;既然抵押债权已从转让的价款中获得全部清偿,便归于消灭,作为从权利的抵押权也随之消失;超过债权额的抵押物转让的价款自然继续归抵押人所有。至于"不足部分由债务人清偿",乃因为抵押物转让的价款没有使抵押债权获得全部清偿,未获清偿部分的债权继续存在,债务人的该部分债务尚未消失,自然由债务人继续清偿。不过,于此场合,抵押权因抵押物及其变形物已经不复存在而归于消灭,未获清偿部分的债权变为无担保债权,不再有优先受偿的效力。

《物权法》第191条第2款前段关于"抵押期间,抵押人未经抵押权人同意,不得转让抵押财产",其意思如何?如果将之解释为转让抵押物的合同无效,便会产生下述弊端:不利于受让人,有碍交易安全,障碍财产流通。如果根据情形的不同而分别采取下列对策,效果较佳:(1)贯彻《物权法》第15条关于区分物权变动与其原因行为的规定及精神,将《物权法》第191条第2款规定的"不得转让抵押财产"解释为,抵押人未经抵押权人同意而转让抵押财产的,意指不发生抵押物所有权移转给受让人的效力,至于转让抵押物的合同的效力,适用《合同法》的有关规定。(2)可将《物权法》第191条第2款关于"抵押期间,抵押人未经抵押权人同意,不得转让抵押财产"的规定,解释为管理性的强制性规定,而非效力性的强制性规定,使之尽可能地不影响转让抵押物合同的效力。①(3)在符合《合同法》第74条和第75条规定及《合同法解释(一)》第23条至第25条规定的条件情况下,准许抵押权人行使债权人的撤销权,以保护抵押权人的利益。(4)转让抵押物的合同处于效力未定的状态,抵押权人若同意,转让合同有效;反之,转让合同无效。采取该项对策的困难不少:现行法的依据何在?可以把它解释为符合《合同法》第51条规定的情形吗?运用该项对策增加了转让行为归于消灭的几率,不利于受让人,有碍交易安全,障碍财产流通。可喜的是,最高人民法院于2016年11月30日通过了《第八次全国法院民事商事审判工作会议(民事部分)纪要》采纳了上述方案之二,于第14条前段规定:"物权法第一百九十一条第二款并非针对抵押财产转让合同的效力性强制性规定,当事人仅以转让抵押房地产未经抵押权人同意为由,请求确认转让合同无效的,不予支持。"至于在物权变动方面,则于第14条后段规定:"受让人在抵押登记未涂销时要求办理过户登记的,不予支持。"

鉴于《物权法》第191条存在不足,《民法典》已经改弦易辙,第406条第1款规定抵押物的转让不以抵押权人同意为条件。但《担保制度解释》第43条第2款的规定

---

① 中国人民大学法学院的王轶教授将《物权法》第191条第2款解释为倡导性规范。

却在实质上变相地否定了《民法典》第406条第1款后段关于抵押物转让的规定。

[拓展]

需要注意,现行法上多次出现"不得转让""不得抵押"等规定,例如,《城市房地产管理法》第38条规定"下列房地产,不得转让";《城镇国有土地使用权出让和转让暂行条例》第19条第2款规定"未按土地使用权出让合同规定的期限和条件投资开发、利用土地的,土地使用权不得转让",第44条规定"划拨土地使用权,除本条例第四十五条规定的情况外,不得转让、出租、抵押";《物权法》164条规定"地役权不得单独转让",第165条规定"不得单独抵押",第183条规定"乡镇、村企业的建设用地使用权不得单独抵押",第184条规定"下列财产不得抵押",第191条第2款规定"不得转让抵押财产",第204条规定"最高额抵押担保的债权确定前,部分债权转让的,最高额抵押权不得转让",……其含义如何,涉及诸多问题,有必要检讨。

首先,就立法本意来讲,上述"不得……"的含义不尽相同,有的是指不发生物权变动的效果,有的则指转让合同、抵押合同不发生效力或无效。例如,从《城镇国有土地使用权出让和转让暂行条例》第19条第1款关于"土地使用权转让是指土地使用者将土地使用权再转移的行为,包括出售、交换和赠与"的规定可知,该条例上所规定的土地使用权转让,首先不是土地使用权由转让人之手移转到受让人之处的物权变动,更非物权行为,而是出售、交换和赠与土地使用权等合同。

在此,有必要辨析《城市房地产管理法》第37条关于"房地产转让,是指房地产权利人通过买卖、赠与或者其他合法方式将其房地产转移给他人的行为"等规定中"房地产转让"的含义。房地产转让,既可指房地产物权的变动,也可指房地产转让的合同,如建设用地使用权转让合同、房屋买卖合同等。在《城市房地产管理法》等法律、法规制定当时,更多的是在后者的意义上使用房地产转让这个概念。在《合同法》的立法方案设计、草案的草拟和讨论过程中,谢怀栻先生特别强调,中国大陆的合同法设计的买卖合同,不学中国台湾地区"民法"将有体物的买卖合同、权利的转让合同都作为买卖合同的模式,而是借鉴德国民法典将买卖合同的标的物仅限于有体物的模式,而将权利的转让留给单行法规定,并贯彻特别法优先于普通法的适用规则。谢怀栻老师在这里所说的权利的转让,指的是权利的买卖,是法律行为,而非权利变动本身。

需要辨析的还有,《城市房地产管理法》第38条的规定。实际上,该条所设计的房地产转让制度,与德国法关于须就一个标的物作成一个物权行为或准物权行为(一物一权原则)的模式不同。其原因在于,在中国现行法上,土地和房屋是两个不同的不动产,是两个物。假如按照德国法及其理论的路径,《城市房地产管理法》第38条涉及的房地产转让,即房地产转让合同,应当是两个法律行为——处分行为/物权行为,一个是土地使用权转让的处分行为/物权行为,另一个是房屋所有权移转的处分行为/物权行为。但这不尽符合中国现行法的规定、实务和大多数理论的认识。例如,《城镇国有土地使用权出让和转让暂行条例》第19条第1款明确规定:"土地使用权转让是指土地使用者将土地使用权再转移的行为,包括出售、交换和赠与。"如同上文所述,其中所谓转让不是指物权变动,不是如同德国民法所说的处分行为,而是指物权变动的原因行为,相当于德国民法所说的负担行为。实务和大多数理论(物权行为论除外)都认为房地产转让合同是一个法律行为,而非两个法律行为。房地产转让合同适当履行完毕,发生两个物权变动的后果,一个是土地使用权转让(由转让方处移转到受让方之手),该物权变动以移转登记为必要;另一个是房屋所有权移转(由转让方处移转到受让方之手),该物权变动亦以移转登记为必要。

客观地说,由于中国改革开放以来二十多年,实践中和法律规定上没有区分过物权合同和债权合同,包括1999年制定的合同法;①由于《土地管理法》《城市房地产管理法》《农村土地承包法》《担保法》《城镇国有土地使用权出让和转让暂行条例》等法律、法规制定时没有区分物权变动与其原因行为的立法计划和立法目的,所用"转让……",首先指的是转让合同;所谓"不得转让""不得抵押",首先指的是转让合同、抵押合同的效力受影响。

《物权法》开区分物权变动与其原因行为的先河(第15条等),自此,"转让……"才可被解释为物权变动。

有些专家、学者不顾中国立法的发展史,硬性地将现行法上的"转让……"解释为仅指物权行为,把"不得转让"解释为仅指物权行为无效,债权行为的效力不受影响,会使有些规定无法自圆其说,使有些规定之间发生抵触,造成法律内部的不和谐。

《民法典》与《物权法》一脉相承,上述辨析和结论同样适合于《民法典》实施之后。

[辨析]

《物权法》第191条第2款关于"抵押期间,抵押人未经抵押权人同意,不得转让抵押财产,但受让人代为清偿债务消灭抵押权的除外"的规定,是否与本章第二节"抵押权的取得"中关于"动产抵押权的场合,未经登记,不得对抗受让抵押物所有权的人"的观点抵触?亦即是否与《物权法》第180条和第188条后段、《担保法》第43条的规定相矛盾?笔者认为,我们应当作不矛盾的解释,展开说明如下:(1)《物权法》

---

① 王胜明:《物权法制定过程中的几个重要问题》,载《法学杂志》2006年第1期(总第155期),第37页;王胜明:《关于物权法若干问题的思考》,2005年10月25日18:30,中国人民大学逸夫会议中心二层报告厅。载中国法学会民法学研究会、中国人民大学法学院、广东省律师协会编:《中国物权法疑难问题研讨会论文集》,2005年12月7日,第21页。

第191条第2款的规定适用于一切类型的抵押权,除了动产抵押权外,更包括不动产抵押权,以及在建工程抵押权。在不动产抵押权、在建工程抵押权的领域,无此类疑问产生的余地。(2)更为根本的是,未登记的动产抵押权场合,抵押人未经抵押权人同意而转让抵押物,其法律效果的确定,按照特别法优先于普通法的规则处理,即将《物权法》第191条第2款的规定作为普通法,将《物权法》第188条后段的规定作为特别法;首先适用《物权法》第188条后段关于"未经登记,不得对抗善意第三人"的规定,侧重于保护善意第三人:当第三人不知所受让的标的物为抵押物时,不但受让有效,而且抵押权的负担在该物上不复存在。(3)不宜将《物权法》第191条第2款的规定理解为,未经抵押权人同意的抵押物转让合同无效,受让人不能受让该物,而应根据情况的不同而分别解释为"在符合《合同法》第74条和第75条(相当于《民法典》第535条至第539条)的规定及《合同法解释(一)》第23条至第25条的规定的条件情况下,准许抵押权人行使债权人的撤销权";或者"转让抵押物的合同处于效力未定的状态,抵押权人若同意,转让合同有效;反之,转让合同无效。"如此,就会减少《物权法》第191条第2款与第188条后段在后果上的不一致。

[以案说法]

银行出具预售许可函与银行抵押权消灭或抵押权代位性

在房产开发贷款业务的实践中,银行将根据建设工程的进度向房产管理部门出具同意办理预售许可证的函件,开发商据此才能进行房产预售。这对存在于预售房屋之上的抵押权产生何种影响,观点不一。

观点I认为,银行作为抵押权人出具商品房预售许可函,应视为其放弃抵押权,对于该商品房已不再享有抵押权,仅对开发商收取的房款享有优先受偿权。例如,最高人民法院(2016)最高法民申887号民事裁定书认为:《物权法》第177条规定,债权人放弃担保物权的,担保物权消灭。对于债权人同意抵押人转让抵押物的情况下,能否认定抵押权已经消灭,结合《物权法》第191条关于"抵押期间,抵押人经抵押权人同意转让抵押财产的,应当将转让所得的价款向抵押权人提前清偿债务或者提存"之规定,可以作出这样的理解,该条确立了"抵押权人同意方可转让"的基本原则,如果抵押权人同意转让抵押物的情况下,则不应由受让人代为清偿债务,在抵押物的交换价值实现之日即丧失了物上追及力,抵押权的效力仅及于转让价金。

笔者不赞同此说,通说认为,放弃权利须有明确的意思表示。银行作为抵押权人出具商品房预售许可函,不含有放弃其抵押权的意思表示,故于此场合无适用《物权法》第177条第3项关于"债权人放弃担保物权"的规定的余地。此其一。从比较法的角度看,境外的通说主张:抵押权设定后,不影响抵押物的流传,但抵押权不消灭,追及至抵押物之所在,抵押权人可以行使抵押权。这有其道理,特别是在《民法典》允许抵押物转让(第406条第1款)的背景下更是如此。即使系争案件适用《物权法》，也得不出抵押权人同意抵押人转让抵押物即为放弃抵押权的结论，理由之一是《物权法》允许抵押物转让，只不过需要经抵押权人同意罢了(第191条第1款)。同意转让抵押物与放弃抵押权分属不同的效果意思、法律制度，二者不可互换、替代。理由之二是，观察《物权法》第191条第2款的文义，可知抵押物的受让人代债务人向抵押权人清偿债务，才可消灭抵押权；审视《物权法》第191条第1款的规定，可知抵押人将抵押物的转让对价用于清偿抵押权担保的债权，才可使实现该债权，从而消灭抵押权。既然如此，不难发现作为抵押权人的银行出具作为抵押物的商品房预售许可函，完全不同于抵押人将抵押物转让的对价提前清偿抵押权担保的债权，完全不同于抵押物的受让人代债务人向抵押权人清偿，所以，所谓抵押权人同意转让抵押物即消灭其抵押权之论不符合《物权法》第191条的文义。此其二。从保护抵押物受让人的合法权益的立场出发，抵押权对于抵押物的追及效力不宜在抵押物原物之上无限延续下去，而应认为自抵押物转让生效之时抵押权存续于抵押物转让的对价请求权之上，不再存续于抵押物原物之上，抵押人于抵押权担保的债权之前获得清偿无权获取抵押物转让的对价。此其三。为防止抵押物转让的对价汇入于抵押人的一般责任财产之中，不再具有独立性，致使抵押权失去标的物而归于消灭，作为抵押权人的银行可强令抵押人设立特定账户，把抵押物转让的对价划入该特定账户，没有作为抵押权人的银行之命，他人无权动用该特定账户内的款项。此其四。

观点Ⅱ认为，根据物权行为和债权行为的区分，银行出具预售许可函仅代表银行同意债务人与第三人签订买卖合同，但不代表同意办理过户手续；如果要过户，需要符合涤除抵押权的条件。比如，在实务操作中，开发商要取得后续开发资金必然会对房屋进行预售，银行会对预售的价格和收款进行监控，如果售价过低不能覆盖银行享有的抵押权担保的债权数额，则开发商应根据约定补足差价才能过户。否则，将会出现一种后果，只要银行出具预售许可函，则开发商可以按照任意价格随意出售，不受任何限制，由抵押权担保的银行债权可以难以实现。显然，这是不合理的，也不公平。最高人民法院在(2018)最高法民申6179号案中认为抵押权人在办理抵押之后明确同意抵押人出售案涉房屋，不能由此认定抵押权人对抵押物丧失了抵押权，要根据《最高人民法院关于人民法院办理执行异议和复议案件若干问题的规定》第二十九条规定来判断案涉房屋是否有排除强制执行的民事权益。

笔者赞同该说关于抵押权人同意抵押物转让并不消灭抵押物的结论，但不同意其基于物权行为和债权行为二分的架构所进行的分析，因为这个现行法没有承认物权行为独立性和无因性的理论，未据此理论设计相关的法律制度及规则。

四川省高级人民法院(2015)川民提字第126号民事判决书认为：黄振永所购房

屋,属农行金牛支行的抵押房产,并办理了抵押登记。根据《物权法》第191条关于"抵押期间,抵押人经抵押权人同意转让抵押财产的,应当将转让所得价款向抵押权人提前清偿债务或者提存。转让的价款超过债权数额的部分归抵押人所有,不足由债务人清偿"的规定,金创公司依法对外销售该抵押房屋,应当遵守前述法律规定的基本条件:(1)有义务将抵押登记的事实告之买受人;(2)所出售的价款应当清偿农行金牛支行的债务。涉案抵押房产虽经抵押权人农行金牛支行同意,由金创公司对外出售,该同意行为系农行金牛支行为实现债权所作出的意思表示,并非自愿放弃抵押权,农行金牛支行同意出售房屋是为了实现债权,金创公司对外销售房屋的价款应当偿还债务。金创公司能够为黄振永办理权属证书,应当具备两个条件:其一,农行金牛支行的债权全部实现;其二,农行金牛支行自愿放弃抵押物权,向房屋登记机关申请注销抵押登记。在农行金牛支行的债权未完全实现也不同意放弃抵押权注销登记的情形下,金创公司依法不能为黄振永办理权属证书。同时,根据《中华人民共和国物权法》第一百七十七条"有下列情形之一的,担保物权消灭:(一)主债权消灭;(二)担保物权实现;(三)债权人放弃担保物权;(四)法律规定担保物权消灭的其他情形"的规定,只有抵押物权消灭,金创公司才能为黄振永办理权属证书。黄振永要求金创公司继续履行《商品房买卖合同》,办理房权属证书,黄振永的请求属债权请求权,而农行金牛支行的抵押权系物权。根据物权效力优于债权请求权的基本原则,黄振永所举证据不能证明抵押权符合法律规定的消灭条件,农行金牛支行又不同意解除抵押权的情形下,黄振永请求金创公司为其办理权属证书不符合法律规定。

四川省高级人民法院(2015)川民提字第126号民事判决书关于"涉案抵押房产虽经抵押权人农行金牛支行同意,由金创公司对外出售,该同意行为系农行金牛支行为实现债权所作出的意思表示,并非自愿放弃抵押权,农行金牛支行同意出售房屋是为了实现债权,金创公司对外销售房屋的价款应当偿还债务"和"黄振永的请求属债权请求权,而农行金牛支行的抵押权系物权。根据物权效力优于债权请求权的基本原则,黄振永所举证据不能证明抵押权符合法律规定的消灭条件,农行金牛支行又不同意解除抵押权的情形下,黄振永请求金创公司为其办理权属证书不符合法律规定"的意见,符合法理,值得赞同。

此外的思路,如最高人民法院(2018)最高法民申6179号民事裁定书认为:就本案而言,王国华在与鑫东源公司于2014年5月25日签订《商品房预售合同》之前,案涉房屋已于2014年4月28日抵押登记给海控公司。即便海控公司在办理抵押之后明确同意鑫东源公司出售案涉房屋,也不能由此认定海控公司丧失了对案涉房屋享有的抵押权。可见,王国华作为购房者,其现在对抗的是海控公司针对案涉房屋享有担保物权的强制执行,故本案需参照适用《执行异议和复议规定》第29条来判断王国华对案涉房屋是否享有排除强制执行的民事权益。原审查明,王国华与鑫东源公司签订《商品房预售合同》后,又将案涉房屋委托给万宁兴隆亿云山水温泉度假酒店有限公司管理经营,且王国华的住所地在北京,而案涉房屋坐落于海南,故本案可以认定王国华购买案涉房屋的目的不是用于满足生活居住所需,而应认定为商业性投资。因此,即便本案王国华在案涉房屋查封之前与鑫东源公司签订了《商品房预售合同》,且王国华已经支付全部购房款,但本案情形仍不符合《执行异议和复议规定》第29条的规定。

上述意见符合法理,不抵触中国现行法的规定,值得赞同。

第五节 抵押权的效力(Ⅲ)

抵押权人的权利,包括抵押权的顺位权、抵押权的处分权、抵押权的保全权、抵押权人的物权请求权、抵押权人的侵权损害赔偿请求权和抵押权人实行抵押权的权利,均为抵押权效力的题中应有之义,本节专门讨论它们。

一、抵押权的顺位权

(一)抵押权顺位的概念

抵押权的顺位,又称抵押权的顺序,或抵押权的次序,是指数个抵押权并存于同一抵押物之上时,各抵押权存在着优先的顺序,也就是抵押权之间的相互关系。先顺位的抵押权所担保的债权较后顺位的抵押权所担保的债权可以优先受偿。可见,这种顺位是一种利益,甚至是一种权利,一般称之为顺位权。

(二)抵押权顺位的决定标准

《民法典》第414条第1款规定,同一财产向两个以上债权人抵押的,拍卖、变卖抵押财产所得的价款依照下列规定清偿:(1)抵押权已登记的,按照登记的先后顺序清偿;顺序相同的,按照债权比例清偿;(2)抵押权已登记的先于未登记的受偿;(3)抵押权未登记的,按照债权比例清偿。据此可知,抵押登记是确定抵押权顺位的首要标准,登记在先的,抵押权的顺位在先。但考虑到动产抵押权、浮动抵押权的设立不以登记为生效要件,此类抵押权若并存于同一抵押物之上,均未办理抵押登记的,就无法以抵押登记及登记的时间作为确定抵押权顺位的标准,只能另辟蹊径,即视两个以上的抵押权的顺位相同(《民法典》第414条第1款第3项)。当然,如果有的抵押权办理了抵押登记,则办理抵押登记的抵押权的顺位在先(《民法典》第414条第1款第2项),仍然奉行抵押登记为确定抵押权顺位的标准的原则。

上述确定抵押权顺位的标准是法定的,并且,当事人不得以其意思表示将之排除或改变。就是说,即使当事人约定了抵押权的顺位,在此类约定与上述法定规则相抵触时,仍然以法定的为准。

[论争]

一种观点认为,当事人订立抵押合同后,可以先按照《物权法》第20条第1款亦即《民法典》第221条第1款的规定办理抵押权的预告登记,以确保其顺位在先。因为预告登记具有顺位效力(Rangwirkung)。所谓预告登记的顺位效力是指,由于预告登记已经表明了被担保的请求权经过履行后将要产生某种不动产物权,因而将来该物权一旦产生就会取得预告登记所具有的顺位。赋予预告登记顺位效力的原因在于:预告登记毕竟是暂行性的,其要么转为本登记,要么丧失效力,当其能够成功地转为本登记的时候,其所具有的顺位自然应当转归为本登记,只有这样才能更有效地保障债权人的合法权益。因此,只要抵押权的预告登记的顺位是第一顺位,那么在转为作为本登记的他项权利登记时,该抵押权的顺位仍然是第一顺位,依此类推。①

笔者则认为,由于《物权法》第20条第1款亦即《民法典》第221条第1款没有规定物权变动于办理本登记后依预告登记的时间点确定物权变动的时间,《物权法》第14条亦即《民法典》第214条却明确规定"不动产物权的设立、变更、转让和消灭,依照法律规定应当登记的,自记载于不动产登记簿时发生效力",未设但书,表明物权变动的时间点以本登记的时间点为准,就是说,在《物权法》上,预告登记不具有顺位效力。如此,抵押权的预告登记不是确定抵押权顺位的根据。在《民法典》上也应如此。

(三)抵押权的顺位固定主义与顺位升进主义

先顺位的抵押权因实行抵押权以外的原因而消灭时,后顺位的抵押权是否依次序升进?德国、瑞士的民法规定,抵押权的顺位不升进,采取了抵押权的顺位固定主义。法国、日本的民法规定,抵押权的顺位升进,奉行的是抵押权的顺位升进主义。

所谓抵押权的顺位固定主义,是指先顺位的抵押权所担保的债权因实行抵押权以外的原因而消灭时,该抵押权并不随之消灭,而是依然存在,致使后顺位的抵押权依然处于原有的顺位上,即抵押权的顺位固定不变。所谓抵押权的顺位升进主义,是指先顺位的抵押权所担保的债权因实行抵押权以外的原因而消灭时,该抵押权也消灭,后顺位的抵押权在顺位上相应地晋升。

这两种原则的法律效果不尽相同。例如,甲以其所有的土地为乙设定200万元的抵押权,其后再为丙设定100万元的第二顺位的抵押权,倘若土地拍卖换得价款250万元,则乙的债权可以全部受偿,丙仅能受偿50万元。倘若抵押物在拍卖前,乙的抵押权已经因清偿或其他原因而消灭,依顺位固定主义,丙的抵押权仍然属于第二

---

① 王利明、尹飞、程啸:《中国物权法教程》,人民法院出版社2007年版,第469页。

顺位,抵押人可以就该宗土地向丁设定第一顺位的抵押权,获得有利的融资。倘若在拍卖抵押物时,第一顺位抵押权尚属空白,则仍应先扣除第一顺位 200 万元的债权额,丙所受偿的债权额仍然仅为 50 万元,至于该 200 万元则归抵押人所有,而由其一般债权人受偿。但是,如果采取顺位升进主义,则丙的抵押权当然升进为第一顺位,其债权获得全部清偿,而其他一般债权人的受偿机会相对减少;故顺位在先的抵押权已经消灭而未涂销时,后顺位的抵押权人可以请求涂销之,以保护其权利。①

[论争]

有学者评论道,顺位升进主义对于一般债权人的保护不周,并且,后顺位抵押权人原能获得担保,本即以该顺位所能获得者为限,现在却因先顺位抵押权的消灭竟然获得全部清偿,实有不当得利之嫌。② 对此,有专家回应说:上述批评固非无据,然而究竟采取何种原则为宜,实与国家或地区的实际情况有关,中国台湾地区的金融交易与抵押权的实务运作,已经习惯于顺位升进主义,后顺位抵押权的设定带有可以升进的期待,抵押物以后顺位抵押权获取融资遂有相当的可能。故似未闻实务界或社会有应改采顺位固定主义的异声。其实,顺位固定主义也有缺点,即,使得后顺位抵押权融资之途因而受阻,其金融界均有后顺位抵押权应予升进的强烈需求,驯至实务操作的结果,后顺位抵押权亦可生顺位升进的效果。③

以上二说各有利弊,立法采取何者,通过功能比较、利益衡量后得出结论固然是不容忽视的路径及方法,有无相关配套的制度及学说的支撑,也起着关键的作用。法律若要采取抵押权的顺位固定主义,则不应强调抵押权的从属性,即使没有被担保债权,抵押权也可以存续。此其一。因债权人不存在,应当确认所有人抵押制度,即抵押权可以存在于抵押权人自己所有的财产之上。此其二。④ 如果此论是正确的,则据此审视中国现行法的规定,就可以得出结论:中国现行法不具备奉行抵押权的顺位固定主义的条件。其理由在于:(1)中国现行法特别强调担保物权的从属性,《民法典》第 388 条第 1 款中段和后段关于"担保合同是主债权债务合同的从合同。主债权债务合同无效,担保合同无效,但是法律另有规定的除外"的规定,第 393 条第 1 项关于"主债权消灭"的,"担保物权消灭"的规定,第 407 条前段关于"抵押权不得与债权分离而单独转让或者作为其他债权的担保。债权转让的,担保该债权的抵押权一并转

---

① 谢在全:《民法物权论》(中册),三民书局 2003 年修订 2 版,第 495-496 页。
② 姚瑞光:《民法物权论》,1990 年 9 月自版,第 223 页;史尚宽:《物权法论》,荣泰印书馆股份有限公司 1979 年第 5 版,第 279 页。
③ 谢在全:《民法物权论》(中册),三民书局 2003 年修订 2 版,第 496 页。
④ [日]近江幸治:《担保物权法》,祝娅、王卫军、房兆融译,沈国明、李康民审校,法律出版社 2000 年版,第 92 页。

让"的规定,都确立了抵押权的从属性,这与抵押权的顺位固定主义的本质要求不相符。(2)《民法典》第 409 条第 2 款规定,抵押权人放弃债务人提供的抵押权的顺位的,其他担保人在抵押权人丧失优先受偿权益的范围内免除担保责任,除非其他担保人承诺仍然提供担保。该款规定只有按照抵押权的顺位升进主义才能解释得通。①

(四)抵押权顺位的让与、放弃与变更

顺位权是抵押权的优先效力的一种形态,以抵押权的存在为前提,不能离开抵押权而独立,但法律也有条件地允许抵押权人让与、放弃或变更抵押权的顺位。②

1. 抵押权顺位的让与

抵押权顺位的让与,又叫抵押权顺位的转让,是指为同一债务人的后顺位担保人的利益,仅将抵押权的顺位转让给后顺位担保权人的现象。

抵押权顺位的让与,一是需要让与人和受让人(受益人)均为并存于同一抵押物上的抵押权的主体;二是需要让与人和受让人(受益人)之间签订顺位让与合同。在日本民法上,该合同的生效无需债务人、抵押人、其他抵押权人的同意,亦不以办理登记手续为要件。不过,确定让与的抵押权顺位,则以两个抵押权登记上办理附记登记为准(《日本民法典》第 375 条第 2 项),在同第三人的关系方面,如果不将抵押权顺位让与的事实通知主债务人,或未得到该主债务人承诺的话,不得以抵押权的顺位已经让与来对抗主债务人、保证人、抵押人(《日本民法典》第 376 条第 1 项)。在中国台湾地区"民法"上,因其物权行为系采取登记为生效要件主义,不为登记,物权的变动不发生效力,顺位权的让与也是物权行为之一种,所以,除经当事人的合意和抵押人的同意以外,非经办理两抵押权登记的附记登记,不生效力。③

对于抵押权顺位的让与,中国现行法未加规定。因抵押权及其顺位权为非专属性的财产权,故法律应承认抵押权顺位的让与。抵押权顺位的让与,需要让与人和受让人签订让与合同。至于登记的地位和作用,应当与《民法典》设计的物权变动模式相一致,不宜照抄照搬日本民法和中国台湾地区"民法"的模式。动产抵押权的顺位的让与,应当自顺位让与合同生效时发生效力,在抵押登记页上办理附记登记为对抗要件(《民法典》第 225 条、第 403 条等)。不动产抵押权等以登记为生效要件的抵押权,其顺位的让与,若发生法律效力,不但需要让与人和受让人成立让与合同,且已经生效,而且需要在不动产登记簿的抵押登记页上办理附记登记(《民法典》第 209 条第

---

① 王利明、尹飞、程啸:《中国物权法教程》,人民法院出版社 2007 年版,第 470 页。
② 郑玉波:《民法物权》,三民书局 1988 年修订 12 版,第 242 页。
③ 史尚宽:《物权法论》,荣泰印书馆股份有限公司 1979 年第 5 版,第 279 页;郑玉波:《民法物权》,三民书局 1988 年修订 12 版,第 242-243 页。

1款、第402条等)。①

关于抵押权顺位让与的法律效果,学说上存在着分歧。顺位交换说认为,受让人取得让与人的顺位,而让与人取得受让人的顺位。发生两个抵押权顺位的交换。② 唯顺位的让与,由当事人之间的顺位让与合同确定,并不影响第三人的合法权益,受让人的被担保债权超过让与人的债权额时,若无中间抵押权存在,就在各个被担保债权额的范围内发生转换。③ 但也有人认为,顺位的让与,仅于让与人的被担保债权额的范围内发生顺位转换,对于受让人的债权额超过让与人的债权额部分,与让与人处于同一顺位,由受让人本应受分配的数额,按比例受清偿。④ 顺位变更说则认为,顺位让与系受让人取得让与人的顺位,而让与人处于受让人的下位,乃发生当事人之间的顺位变更,并非发生顺位的交换。⑤ 依现在的通说,对于抵押权顺位让与的效果,认为对于双方当事人依本来的抵押权可以取得的分配金的合计额,让与人和受让人之间就被担保债权的金额发生顺位的变更。受让人优先于让与人,从上述的分配金合计额中受清偿。就是说,受让人就其被担保的债权金额从分配金合计额中优先受偿,若有剩余额时由让与人受偿。⑥ 笔者以前赞同顺位变更说⑦,现在改为赞成通说,原因在于通说不仅达到了让与人和受让人关于顺位让与的目的,在他们之间形成的利益分配没有违反其意思,而且没有变动其他相关当事人的权益地位和状况,就是说,各方

---

① 崔建远:《土地上的权利群研究》,法律出版社2004年版,第270-271页。
② [日]末弘严太郎:《现代法学全集》第8卷,第228页;最判1963年3月1日,民集17·2·269;大阪控判,大正4年2月15日,法律新闻1002·23。转引自林廷瑞:《抵押权之让与·抛弃与抵押权顺位之让与·抛弃》,载郑玉波主编:《民法物权论文选辑》(下),五南图书出版公司1984年版,第805页。[日]近江幸治:《担保物权法》,祝娅、王卫军、房兆融译,沈国明、李康民审校,法律出版社2000年版,第183页。
③ [日]大阪诉院判决,大正4年2月15日,法律新闻1002·23。转引自林廷瑞《抵押权之让与·抛弃与抵押权顺位之让与·抛弃》,载郑玉波主编:《民法物权论文选辑》(下),五南图书出版公司1984年版,第806页。
④ [日]三渚信三:《全订担保物权法》,第536页以下。转引自林廷瑞《抵押权之让与·抛弃与抵押权顺位之让与·抛弃》,载郑玉波主编:《民法物权论文选辑》(下),五南图书出版公司1984年版,第806页。
⑤ [日]石田文次郎:《全订担保物权法》(上),第208页。转引自林廷瑞《抵押权之让与·抛弃与抵押权顺位之让与·抛弃》,载郑玉波主编:《民法物权论文选辑》(下),五南图书出版公司1984年版,第806页。
⑥ [日]我妻荣:《担保物权法》,第191页;末弘严太郎:《现代法学全集》第8卷,第228页;最判1963年3月1日,民集17·2·269;大阪控判,大正4年2月15日,法律新闻1002·23。转引自林廷瑞《抵押权之让与·抛弃与抵押权顺位之让与·抛弃》,载郑玉波主编:《民法物权论文选辑》(下),五南图书出版公司1984年版,第806页。
⑦ 王利明、崔建远:《合同法新论·总则》,中国政法大学出版社1996年版,第590页。

面的利益都得到了兼顾。①

抵押权顺位的让与，乃作为抵押权内容的顺位权的处分，所以发生物权的效果，抵押权顺位的让与属于物权变动的一种。如此，如果已经在抵押登记中办理了附记登记，并且通知了债务人或得到了债务人的同意，那么，受让人可以其受让的顺位权对抗第三人(后顺位的抵押权人、抵押不动产的第三取得人)的主张。②

顺位的受让人，只有在其被担保债权和让与人的被担保债权均已届清偿期时，才可以实行抵押权，使其被担保债权按照受让的抵押权顺位优先受偿。之所以强调届期才可实行抵押权，是因为受让人仅仅受让了顺位，未改变被担保债权的清偿期，所以被担保的债权未届清偿期时，当然不得实行抵押权。如果允许在让与人的被担保债权的清偿期届至前就实行抵押权，并依受让的抵押权顺位使被担保债权优先获得清偿，就侵害了抵押物所有权人的合法权益。③ 还有，在被担保债权的清偿期届满债务人未履行债务时才允许实行抵押权，债务人具有清偿债务的能力的情况下，本来通过债务人适当履行债务的方式消灭债的关系，抵押权也随之消灭，抵押人和债务人之间便不产生追偿关系，简洁、清晰，但若允许在让与人的被担保债权的清偿期届至前就实行抵押权，则会人为地导致法律关系复杂化，增加一层抵押人向债务人追偿的关系。这显然不可取。

[拓展]

顺位的让与人在让与其抵押权的顺位之后，若其被担保债权尚有优先获得清偿的分配额时，只要该被担保债权的清偿期届满时债务人未履行其债务，即可实行其抵押权，使其被担保债权在上述分配额内优先获得清偿，而不问受让人的被担保债权的清偿期是否届至。其道理在于，纵为顺位的让与，对于让与人的被担保债权的清偿期也无影响，它不扩张让与人的被担保债权的优先清偿的范围，所以，不损害抵押物所有权人的合法权益。在这种情况下，受让人的被担保债权尚未届期，必须把受让人应当受分配的数额提存。④这种方案兼顾了各方当事人的利益，可资赞同。

抵押权顺位让与的结果，使得让与人在没有受优先清偿的分配额时，让与人即使实行抵押权也不会使其被担保债权优先获得清偿。在这种情况下，让与人的被担保

---

① 王利明、崔建远：《合同法新论·总则》，中国政法大学出版社1996年版，第590页。
② 参见林廷瑞：《抵押权之让与·抛弃与抵押权顺位之让与·抛弃》，载郑玉波主编：《民法物权论文选辑》(下)，五南图书出版公司1984年版，第807页。
③④ 林廷瑞：《抵押权之让与·抛弃与抵押权顺位之让与·抛弃》，载郑玉波主编《民法物权论文选辑》(下)，五南图书出版公司1984年版，第807页。

债权虽然已届清偿期,也不得实行抵押权。①

让与人的被担保债权消灭的,受让人所取得的抵押权顺位让与的效果是否也归于消灭?依抵押权的从属性而言,顺位让与人的被担保债权消灭的,让与人本来所具有的抵押权也当然归于消灭,从而顺位受让人所取得的顺位让与的效果也归于消灭。②但如果受让的顺位已经在抵押登记中进行了附记登记,且已经通知了债务人或得到了债务人的同意,发生了物权效果的情况下,仍然坚持受让的顺位因让与人的抵押权的消灭而消灭,就与物权的要求不尽一致,对受让人不利。此其一。其二,在受让抵押权顺位的情况下,无论是坚持让与人的抵押权移转给受让人的绝对效力说③,还是认为受让的顺位已经与受让人的抵押权结合在一起,都阻碍着所谓从属性说的无条件适用,如此,再坚持受让的顺位随让与人的抵押权的消灭而消灭,是不妥当的。因而,中国未来的立法应当有条件地承认受让的顺位不受让与人的抵押权消灭的影响。

2. 抵押权顺位的放弃

抵押权顺位的放弃,也叫抵押权顺位的抛弃,分为相对的放弃和绝对的放弃。

抵押权顺位相对的放弃,是指先顺位的抵押权人为同一债务人的特定后顺位的抵押权人的利益,而放弃其顺位权的现象。放弃的方法,依放弃人的意思表示为之,并办理附记登记。④ 放弃的效果,与一般权利的放弃不同,仅仅对于受放弃利益的人失去其优先权,也就是放弃人和受放弃利益人为同一顺位,对于其他抵押权人并无影响。因而,放弃人原顺位上应当分得的分配额,由受放弃利益人与放弃人按被担保债权额的比例受偿。⑤

抵押权顺位的相对放弃与抵押权顺位的让与相类似,但仍有所不同:相对放弃场合,由放弃人和受放弃利益人按被担保债权比例受偿;抵押权顺位让与场合,转让人的债权可能完全不能获得清偿。⑥

抵押权顺位绝对的放弃,是指先顺位的抵押权人并非专为同一债务人的某一特定后顺位抵押权人的利益而放弃其顺位权的现象。绝对放弃的方法与相对放弃的相

---

① 林廷瑞:《抵押权之让与·抛弃与抵押权顺位之让与·抛弃》,载郑玉波主编:《民法物权论文选辑》(下),五南图书出版公司1984年版,第807页。
② 同上书,第808页。
③ [日]近江幸治:《担保物权法》,祝娅、王卫军、房兆融译,沈国明、李康民审校,法律出版社2000年版,第184页。
④ 郑玉波:《民法物权》,三民书局1988年修订12版,第244页。
⑤ 郑玉波:《民法物权》,三民书局1988年修订12版,第245页;[日]近江幸治:《担保物权法》,祝娅、王卫军、房兆融译,沈国明、李康民审校,法律出版社2000年版,第184页。
⑥ 郑玉波:《民法物权》,三民书局1988年修订12版,第245页。

同,但放弃的效果不同:在绝对放弃的情况下,其他抵押权人可以各依次升进其顺位,而放弃人退居最后的地位。不过,放弃后新成立的抵押权仍不能优先于该放弃顺位的抵押权。①

《民法典》第 409 条第 2 款规定,抵押权人放弃债务人提供的抵押权的顺位的,其他担保人在抵押权人丧失优先受偿权益的范围内免除担保责任,除非其他担保人承诺仍然提供担保。由此认可了抵押权顺位的绝对放弃。

动产抵押权顺位的放弃,自抵押权人作出放弃的意思表示时发生法律效力,在抵押登记页上办理附记登记为对抗要件(《民法典》第 225 条等)。不动产抵押权等以登记为生效要件的抵押权,其顺位的放弃,若发生法律效力,不但需要抵押权人做出放弃的意思表示,而且需要在登记簿的不动产抵押登记页上办理附记登记(《民法典》第 209 条第 1 款等)。

3. 抵押权顺位的变更

抵押权顺位的变更,是指同一抵押人的数个抵押权人将其抵押权顺位互相交换的现象。例如,债务人甲在其抵押物上分别存在着乙的第一顺位的抵押权、丙的第二顺位的抵押权、丁的第三顺位的抵押权,这些抵押权担保的债权额依次为 100 万元、200 万元和 300 万元。现在乙、丙和丁约定,乙、丁的抵押权的顺位互换,因之变成为丁、丙、乙分别享有第一顺位 300 万元、第二顺位 200 万元、第三顺位 100 万元的抵押权的格局。②

对于抵押权顺位的变更,《民法典》第 409 条第 1 款予以承认,但同时设有限制:"抵押权人与抵押人可以协议变更抵押权顺位以及被担保的债权数额等内容。但是,抵押权的变更未经其他抵押权人书面同意,不得对其他抵押权人产生不利影响。"这里所说的"未经其他抵押权人书面同意,不得对其他抵押权人产生不利影响",是指抵押权顺位的变更若未经其他抵押权人的书面同意,则该变更不发生绝对的效力,仅在变更顺位的各抵押权人之间发生效力,其他抵押权人不受其约束。这相当于抵押权顺位的相对抛弃。③ 只有经过其他抵押权人的书面同意,抵押权顺位的变更才发生绝对的效力,约束全体抵押权人。在上述例子中,假如乙、丁的抵押权的顺位互换未经丙的书面同意,拍卖债务人甲的抵押物时仅仅获得 300 万元的变价,则丙有权拒绝丁就 300 万元的变价优先受偿,只同意他就 100 万元的变价优先受偿,丙自己可就 200

---

① 郑玉波:《民法物权》,三民书局 1988 年修订 12 版,第 245 页。
② 谢在全:《民法物权论》(中册),三民书局 2003 年修订 2 版,第 504 页。
③ 王利明、尹飞、程啸:《中国物权法教程》,人民法院出版社 2007 年版,第 472 页。

万元优先受偿。反之,如果该顺位互换已经征得了丙的同意,则丁有权就300万元的变价优先受偿,丙的抵押权因抵押物的代位物不复存在而消失,其债权不再具有优先受偿的效力。

[论争]

有学者认为,抵押权顺位的变更具有绝对的效力。① 笔者认为,这不符合《民法典》的有关规定(第409条等),应坚持作类型化的分析。

需要指出,抵押权顺位的变更,为抵押权人处分其利益的一种表现,应由参与变更的抵押权人之间达成合意。《民法典》第409条第1款中段规定由抵押权人和抵押人协议变更抵押权的顺位,未规定抵押权人之间协议变更抵押权的顺位,不尽妥当。宜按照抵押权顺位变更的规范意旨,对该条款予以目的性扩张,补充各抵押权人之间成立顺位变更的合同这个要件。

动产抵押权顺位的变更,自各抵押权人之间成立顺位变更的合同时发生法律效力,在抵押登记页上办理附记登记为对抗要件(《民法典》第225条、第403条等)。不动产抵押权等以登记为生效要件的抵押权,其顺位的变更,若发生法律效力,不但需要各抵押权人成立顺位变更的合同,而且需要在不动产登记簿的抵押登记页上办理附记登记(《民法典》第209条第1款、第402条等)。

应予需要强调的是,《民法典》第409条第2款规定,债务人以其财产设立抵押,抵押权人变更抵押权的顺位的,其他担保人在抵押权人丧失优先受偿权益的范围内免除担保责任,除非其他担保人承诺仍然提供担保。此处所谓其他担保人,包括为担保该债权(也被抵押权担保)的实现而成立的保证、连带责任或设立的质权(限抵押物为动产场合),或另外的抵押权等场合的担保人,如保证人、连带责任人、出质人或抵押人等。

抵押权顺位变更的,当事人应当持不动产权属证书、不动产登记证明、抵押权变更等必要材料,申请抵押权变更登记(《不动产登记暂行条例实施细则》第68条第1款第4项)。因抵押权顺位发生变更申请抵押权变更登记时,如果该抵押权的变更将对其他抵押权人产生不利影响的,还应当提交其他抵押权人书面同意的材料与身份证或户口簿等材料(《不动产登记暂行条例实施细则》第68条第2款)。

二、抵押权的处分

上述抵押权顺位的转让、放弃、变更,也属于抵押权的处分。这是广义上的抵押权的处分。抵押权自身的转让、放弃、供作担保,属于狭义上的抵押权的处分。下文

---

① 梁慧星、陈华彬:《物权法》(第4版),法律出版社2007年版,第322页。

专门讨论后者。

（一）抵押权的转让

抵押权的转让，又叫抵押权的让与，是指抵押权人将其抵押权转让给他人的现象。抵押权在现行法上是从属于抵押债权的权利，故不得与债权分离而单独转让，只能随同抵押债权一并转让（《民法典》第407条、第547条）。这在本章第一节"抵押权概述"中的"抵押权具有从属性"部分已经讨论过，此处仅说明如下几点：

1. 因主债权转让导致抵押权转让的，当事人可以持不动产权属证书、不动产登记证明、被担保主债权的转让协议、债权人已经通知债务人的材料等相关材料，申请抵押权的转移登记（《不动产登记暂行条例实施细则》第26条第5项、第69条）。

2. 抵押权顺位的让与，不以抵押债权的转让为前提；而抵押权的转让在现行法上必须随同债权的让与而转让，不得违反债权让与的规则。除此而外，如果当事人双方约定，抵押权的转让以登记为生效要件，那么，只有办理变更登记才发生抵押权转让的效力；若以登记为对抗要件，则未办理变更登记的，善意第三人有权不承认该抵押权的转让。但是，一方面，抵押权的转让在实际上并未依当事人的约定办理移转登记手续的，则该抵押权因违反抵押权的从属性而归于消灭；另一方面，"抵押权虽已办毕移转登记，倘其债权之移转不具备生效要件时，受让人仍不能实行其抵押权。债务人倘不知债权已为让与而向让与人清偿时，仍足使抵押权消灭。"①

（二）将抵押权供作担保

抵押权人可以将其抵押权与其所担保的债权一并为他人的债权设立担保，成立附抵押权的债权质权（《民法典》第407条、第547条）。这在本章第一节"抵押权概述"中的"抵押权具有从属性"部分也已经讨论过，此处不赘述。

（三）抵押权的放弃

抵押权的放弃，又叫抵押权的抛弃，是指抵押权人放弃可以优先受偿的担保利益，分为抵押权的相对放弃和绝对放弃。②

抵押权的相对放弃，是指抵押权人为抵押人的特定无担保债权人的利益，放弃其优先受偿的利益的现象。例如，在甲抵押人的300万元的抵押物上，乙、丙各有100万元、200万元的第一顺位、第二顺位的抵押权，丁则为甲的无担保债权人（债权额为300万元）。乙为丁的利益而放弃其抵押权。③

抵押权相对放弃的当事人为抵押权人和特定的无担保债权人，且该无担保债权

---

① 谢在全：《民法物权论》（中册），三民书局2003年修订2版，第512页。
② 梁慧星、陈华彬：《物权法》（第4版），法律出版社2007年版，第323页。
③ 谢在全：《民法物权论》（中册），三民书局2003年7月修订2版，第514页；梁慧星、陈华彬：《物权法》（第4版），法律出版社2007年版，第323页。

人的债务人和抵押权人的抵押人必须是同一个人。学说认为,抵押权的相对放弃仅在抵押权放弃人和受放弃利益的特定无担保债权人之间发生相对效力。就优先受偿的范围而言,抵押权放弃人就抵押物卖得的价金所能获得分配的金额,由放弃人和受放弃利益的债权人,按两者合计的债权额的比例受偿。①

《民法典》第409条第1款中段规定抵押权人和抵押人可以协议变更抵押权的顺位以及被担保债权的数额等内容,但按照合同的相对性,这不具有对抗其他抵押权人的效力,除非其他抵押权人书面同意。

抵押权的绝对放弃,也就是通常所说的抵押权的抛弃,是指抵押权人向抵押人为消灭抵押权的意思,放弃其抵押权的现象(《民法典》第393条第3项)。以登记为生效要件的抵押权,被放弃需要办理注销登记,才发生抵押权消灭的效力(《不动产登记暂行条例实施细则》第28条第1款第2项)。一般而言,抵押权人可任意放弃抵押权,除非放弃会害及第三人的利益,如已经设立了附抵押权的债权质权。②

分析《民法典》第409条第2款关于"债务人以自己的财产设定抵押,抵押权人放弃该抵押权、抵押权顺位或者变更抵押权的,其他担保人在抵押权人丧失优先受偿权益的范围内免除担保责任,但是其他担保人承诺仍然提供担保的除外"的规定,可知若抵押权顺位的变更未经其他抵押权人的同意,则该变更不会约束不同意变更的其他抵押权人,仅仅在变更的抵押权人之间发生效力,相当于抵押权顺位的相对放弃。③

《民法典》第409条第2款调整债务人作为抵押人的场合抵押权人放弃抵押权、抵押权的顺位、变更抵押权时的利益关系,采取的立场是,其他担保人在抵押权人丧失优先受偿权益的范围内免除担保责任,除非他们承诺仍然提供担保。

笔者理解,《民法典》第409条第2款在利益衡量上更倾向于保护其他担保人的权益,对于不免除其他担保人的担保责任的情形设置了较高的门槛——必须是其他担保人"承诺仍然提供担保",无此承诺,就不得推定为其他担保人同意继续提供担保。

三、抵押权的保全

抵押权遭受侵害时,需要法律提供救济手段,如物权请求权、侵权损害赔偿请求权和抵押权的保全权。后者在《物权法》上表现为抵押物价值减少的防止权、恢复抵押物的价值请求权、增加担保的请求权(《民法典》第408条)。此处讨论抵押权的保

---

① 谢在全:《民法物权论》(中册),三民书局2003年修订2版,第514页。
② 梁慧星、陈华彬:《物权法》(第4版),法律出版社2007年版,第324页。
③ 王利明、尹飞、程啸:《中国物权法教程》,人民法院出版社2007年版,第472页。

全权,前两类救济手段将在下文介绍。

(一) 抵押财产价值减少的防止权

抵押人占有抵押财产并使用收益的同时,即负有维持抵押财产的价值的义务。抵押人按照通常使用方法使用、收益抵押财产,导致抵押财产的价值减少,乃抵押人行使其权利所必需的成本,抵押权人必须容忍。除此而外,抵押人不得实施减少抵押财产价值的行为。否则,抵押权人享有并可行使抵押财产价值减少的防止权(《民法典》第408条前段)。该权表现为抵押权人请求抵押人停止其行为。抵押权人行使抵押财产价值减少的防止权,需要注意以下几点:

1. 抵押人的行为必须足以使抵押财产的价值减少

所谓足以使抵押财产的价值减少,是指有使抵押财产的价值减少的较大甚至巨大的危险。至于是否发生了实际减少的后果,在所不问。抵押权人请求抵押人停止其行为时,只须证明抵押人有足以使抵押财产价值减少的行为(如挖土制砖、屋漏不修)即可,无须就抵押财产价值减少负举证责任。但因抵押权为价值权,抵押财产的占有、使用、收益的权能归抵押人享有,所以,抵押人对抵押财产为正当的占有、使用、收益(如按照抵押财产的固有用途和经济目的而使用、收取孳息)而导致抵押财产的价值减少的,抵押权人便无抵押财产价值减少的防止权。[1]

2. 足以使抵押财产的价值减少的行为,必须是抵押人的行为,假如是抵押权人的行为、不可抗力、通常事变足以使抵押财产的价值减少,或市场因素致使抵押财产的价值下跌,都不成立抵押财产价值减少的防止权。抵押人的行为,是否因过错所为,作为抑或不作为,在所不问。[2]

至于抵押人之外的第三人的行为足以使抵押财产的价值减少,抵押权人不得行使抵押财产价值减少的防止权,但可行使物权请求权。

3. 抵押权人原则上只可请求抵押人停止其行为,仅在情况急迫而不能依通常方法请求其停止时,才可为必要的保全处分。

《民法典》第408条前段赋予抵押权人"有权请求抵押人停止其行为"的权利。所谓"停止其行为",在作为场合,是指禁止抵押人继续实施足以使抵押财产价值减少的行为,如停止拆毁作为抵押财产的建筑物;在不作为场合,是指使抵押人实施积极的行为,如修缮作为抵押财产的建筑物等。这些请求,既可以直接向抵押人提出,也可

---

[1] 谢在全:《民法物权论》(中册),三民书局2003年修订2版,第517页;梁慧星、陈华彬:《物权法》(第4版),法律出版社2007年版,第324-325页。

[2] 谢在全:《民法物权论》(中册),三民书局2003年修订2版,第517页;梁慧星、陈华彬:《物权法》(第4版),法律出版社2007年版,第325页;王利明、尹飞、程啸:《中国物权法教程》,人民法院出版社2007年版,第473页。

以通过诉讼的方式。在抵押人置抵押权人的请求于不顾,继续实施足以使抵押财产价值减少的行为场合,抵押权人有必要请求人民法院强制抵押人停止其行为。①

在情况急迫而不能依通常方法请求抵押人停止其行为的场合,抵押权人可否自己为必要的保全处分?《民法典》未设明文,学说持肯定说。在作为抵押财产的建筑物漏雨严重,风暴豪雨将至,若不立即修补,必遭风雨摧毁;将倾的大厦若不加以支撑必遭损毁等,抵押权人便可自为必要的修补或支撑行为。②

(二) 恢复抵押财产的价值请求权、增加担保的请求权

抵押财产价值减少的防止请求权制度系针对抵押财产的价值尚未减少的情况而设的,在抵押人的行为已经造成了抵押财产价值的减少时,需要另外的救济制度,《民法典》第408条中段设置了恢复抵押财产的价值请求权、提供与减少的价值相应的担保的请求权。

所谓恢复抵押财产的价值,是指将遭受侵害的抵押财产在价值上恢复到侵害行为没有发生时的状态。把抵押财产自身修复如初,为恢复抵押财产价值的通常做法。例如,抵押人拆毁了作为抵押财产的 A 栋房屋的屋顶,抵押权人请求他把该屋顶重新盖好。不仅如此,笔者还认为,即使对遭受侵害的抵押财产未能在物理上修复如初,但通过某些办法使抵押财产的价值增加,在价值的层面达到了侵害行为没有发生时的状态,也属于恢复抵押财产的价值。例如,作为抵押财产的 A 栋房屋,原有的屋顶是茅草的,被抵押人擅自掀掉。抵押权人请求抵押人恢复抵押财产的价值时,抵押人用钢筋水泥盖好屋顶,盖房屋的价值高于侵害行为发生之前的价值,仍然属于恢复抵押财产的价值。

所谓提供与减少的价值相应的担保,简称为增加担保,或增担保,或代担保,是指抵押人的行为造成了抵押财产的价值减少场合,抵押人提供物的担保或人的担保,在担保债权的数额方面发挥着与既有抵押权相当的作用。

[引申]

(1) 提供与减少的价值相应的担保,是否包括金钱担保?在理论上没有理由禁止提供金钱担保。但实际运作上较为罕见,一是流动资金一般都较为紧缺,二是究竟是以该笔金钱直接清偿抵押债权,还是另设担保,有个权衡问题。

(2) 人的担保存在着弱点:一是保证人、连带债务人的财产状况可能于设立担保后恶化,从而难以保障债权(全部或部分地)顺利实现;二是人的担保无法使债权具有

---

① 梁慧星、陈华彬:《物权法》(第4版),法律出版社2007年版,第325页。
② 王利明、尹飞、程啸:《中国物权法教程》,人民法院出版社2007年版,第474页;梁慧星、陈华彬:《物权法》(第4版),法律出版社2007年版,第325页。

优先受偿的效力,也不利于实现债权。有鉴于此,只有抵押权人(债权人)同意,抵押人提供人的担保,才算满足了《民法典》第408条后段的要求。

（3）究竟是恢复抵押财产的价值还是提供与减少的价值相应的担保,《民法典》第408条没有把这两种救济措施强制排序,因而,固然允许抵押权人请求其中之一,但最终应由抵押人决定,除非抵押人决定的恢复抵押财产的价值在实际上不能,或决定的增加担保在实际上无法匹敌既有的抵押权。

（4）抵押财产的价值减少,由不可归责于抵押人的事由引起的场合,有学说认为,抵押权人只能在抵押人可以受到损害赔偿的范围内请求提供担保,因为抵押权属于物权,抵押财产毁损灭失的风险,自应由作为权利人的抵押权人负担。[①]《担保法》采纳了这种方案,于第51条第2款规定:"抵押人对抵押物价值减少无过错的,抵押权人只能在抵押人因损害而得到的赔偿范围内要求提供担保。抵押物价值未减少的部分,仍作为债权的担保。"于此场合,抵押权人可以借助于抵押权的物上代位性等制度保护自己,《民法典》提供了这种机会(第390条)。

抵押财产的价值减少,可能是有形的毁损,也可能是其他形式的,例如,作为抵押财产的"四荒"土地承包经营权,原有水源存在,却因抵押人怠于疏通水渠致使承包地成为旱田,造成承包地的价值降低。[②]

抵押权人行使恢复抵押财产的价值请求权,或提供与减少的价值相应的担保的请求权,可以通过诉讼的方式,也可以直接向抵押人主张。

抵押权人行使上述请求权,《民法典》虽未规定期限,但由抵押权的目的和功能决定,抵押权人应当在抵押权实行完毕之前行使之。

抵押人应当在抵押权人指定的合理期间内恢复抵押财产的价值,或提供与减少价值相应的担保,若有违反,在抵押人不是债务人的情况下,抵押权人应另订合理期间,请求债务人提供与减少价值相应的担保,逾期不提供时,抵押权人应有权请求债务人清偿债权;抵押人是债务人时,抵押权人应有权径直请求债务人清偿债权。[③]《民法典》原则上采纳了这种观点,规定抵押人拒绝恢复抵押财产的价值或提供与减少的价值相应的担保的,抵押权人有权要求债务人提前清偿债务(第408条后段)。

四、物权请求权

抵押权为非占有担保物权,抵押权设立后,抵押权人所支配的,仅为抵押物的交

---

① 谢在全:《民法物权论》(中册),三民书局2003年修订2版,第521页。
② 参见谢在全:《民法物权论》(中册),三民书局2003年修订2版,第521页;王利明、尹飞、程啸:《中国物权法教程》,人民法院出版社2007年版,第475页。
③ 谢在全:《民法物权论》(中册),三民书局2003年修订2版,第522页。

换价值,抵押物仍由抵押人占有,因而,抵押人或其用益权人对抵押物的占有,抵押权人无权干涉;即使是抵押物被第三人无权占有,抵押权人也无权过问。依此思路,在抵押权场合,似乎不存在抵押物受占有妨害的问题,于是也就没有物权请求权的产生及行使。但是,构成抵押权受到妨害,只需要抵押物的价值因抵押人或第三人的妨害行为而减少或有可能减少即可,至于抵押物的价值是否足以清偿抵押债权,则非所问。如此,抵押人或第三人若未经抵押权人的同意,或未依抵押物的性能和使用方法而分离抵押物,如将抵押的房地产上的林木砍伐、运走等,把抵押的汽车拆卸,取走发动机等,就都构成了对抵押权的妨害。于此场合,抵押权人有权行使抵押权妨害除去请求权(排除妨害请求权)。若存在着上述妨害之虞时,抵押权人有权行使抵押权妨害预防请求权(消除危险请求权)。日本、中国台湾地区的通说承认这两种权利,但不认可抵押物返还请求权。①

[论争]

抵押权有无物权请求权? 对此存在着针锋相对的意见。肯定说认为,抵押权为物权的一种,依物权请求权理论,抵押权人自有物权请求权。具体而言,当抵押物被第三人非法侵占时,抵押权人可以行使抵押物返还请求权;当抵押权的圆满状态受到妨害时,抵押权人可以行使妨害除去请求权;当抵押权的圆满状态有受到妨害之虞时,抵押权人可以行使妨害预防请求权。② 否定说则主张,抵押权人不享有任何物权请求权。③ 本书采取折中立场,认为抵押权具有排除妨害请求权、消除危险请求权,在第三人不法侵占抵押物的情况下,抵押权人可代位行使抵押人对于该第三人的抵押物返还请求权。

日本近来有学说认为,抵押物被第三人不法占有本身确实造成了抵押物的变价降低的,例如,抵押物若为暴力团体不法占有,买受人通常都不愿购买。这些情况应被认为构成了对抵押权的妨害。就是说,在抵押物被第三人不法占有,且其继续状态明显的场合,应认为具有妨害抵押权的客观盖然性,抵押权人应可基于抵押权的抵押物返还请求权,请求不法占有抵押物的第三人(向抵押人)交付抵押物。④ 日本最高法院于1991年改变以前的见解,认为因第三人不法占有抵押不动产,有害拍卖程序的进行,而存在着抵押物拍卖价格低于适当价格之虞,造成抵押不动产交换价值的实

---

① 谢在全:《民法物权论》(中册),三民书局2003年修订2版,第525-526页。
② 梁慧星、陈华彬:《物权法》(第4版),法律出版社2007年版,第326页。
③ 王利明、尹飞、程啸:《中国物权法教程》,人民法院出版社2007年版,第476页。
④ [日]近江幸治:《担保物权法》,祝娅、王卫军、房兆融译,沈国明、李康民审校,法律出版社2000年版,第146-147页;[日]高木多喜男:《担保物权法》(新版),有斐阁1998年版,第147页;铃木禄弥:《物的担保制度分化》,创文社1992年版,第779页。

现受到妨害,抵押权人优先清偿权的行使遭遇困难的状态时,抵押权人为矫正上述状态,对于抵押不动产的所有权人具有请求其妥当维持或保存抵押物的权利,抵押权人为保全此项请求权,可代位行使所有权人对不法占有人的排除妨害请求权。① 这确有道理,值得借鉴。

[引申]

在一般情况下,第三人应将抵押物返还给抵押人,但在抵押权人行使代位权时②,既可请求将抵押物交付于自己占有,则于其行使抵押权排除妨害请求权以排除第三人不法占有的状态时,为确保自己对抵押物享有的变价权,似应认为抵押权人可请求该第三人把抵押物交付给自己占有。何况代位行使抵押人的权利时,抵押权人可请求把抵押物交付于自己占有,乃代位权的应有之义。③

这里的不法,大多数情况下表现为无权占有;在少数情况下,虽为有权占有,但占有的权源不能对抗抵押权人时,仍为不法。

抵押人的行为足以减少抵押物的价值,构成妨害抵押权,可产生排除妨害请求权。在抵押人的行为有减少抵押物价值的较为可能且较大的危险时,抵押权人可行使消除危险请求权(妨害预防请求权)。

[引申]

抵押权的保全权(恢复抵押物的价值请求权、增加担保的请求权)与物权请求权形成较为复杂的关系,有时是狭义的竞合关系,抵押权人可选择其一而主张,如消除危险请求权行使之后,抵押物的价值得以维持,抵押权恢复至圆满状态,恢复抵押物的价值请求权或增加担保的请求权无行使余地;有时是聚合关系,抵押权人可一并主张,如排除妨害请求权的行使,仍不能使抵押物的价值恢复至侵害行为未发生时的状态,有必要再主张增加担保。

五、侵权损害赔偿请求权

不法侵害抵押物,例如,致抵押物毁损、灭失使交换价值减少,抵押债权无法完全受偿,构成侵权损害赔偿责任。抵押权人可依据《民法典》第 1165 条和第 238 条的规定,行使侵权损害赔偿请求权。

需要注意,抵押物的价值虽然减少,但抵押物的残值仍足以使抵押债权实现,或

---

① 最判 1991、11、24 民集 53、8、1998。判决评释,见最高裁判判例解说(法曹时报 52 卷 9 号第 2796 页)。转引自谢在全:《民法物权论》(中册),三民书局 2003 年修订 2 版,第 527 页。

② 我国《合同法》将债权人代位权的标的限于到期债权(第 73 条),过于狭窄,应予目的性扩张,解释为包括物权。

③ 谢在全:《民法物权论》(中册),三民书局 2003 年修订 2 版,第 530 页。

抵押物的代位物(如保险金或赔偿金)足以保障抵押债权完全受偿,则因无损害可言而不成立侵权损害赔偿责任。

还有,抵押人已经使抵押物的价值恢复到侵害行为未发生时的状态,或已另设立了担保,抵押权人亦无损害可言,也不发生侵权损害赔偿责任。不过,在抵押人尚未采取抵押权的保全措施的情况下,形成抵押权保全请求权和侵权损害赔偿请求权的竞合。

还需指出的是,抵押权人的物权请求权和侵权损害赔偿请求权也可能竞合或聚合。

六、抵押权的实行

(一)概述

抵押权的实行,《民法典》第 410 条的措词是抵押权的实现,是指抵押权人于其债权已届清偿期却未获清偿时,可处分抵押财产,以使其债权优先受偿的行为。

抵押权的实行,为抵押权的主要效力,是抵押权人的权利,而非抵押权人的义务。因此,抵押权人如要求债务人依约定清偿债务,债务人不得以应先就抵押财产变价优先受偿,加以抗辩;也不得强行要求以抵押财产抵债,以防抵押财产的价值额低于抵押债权额时损害抵押权人的合法权益。还有,物上保证人或抵押财产的第三取得人,有无一般保证人的先诉抗辩权?基于抵押权既以担保债权的清偿为目的,则债权附有抵押权担保的,理论上应先就抵押财产变价,不得如保证人那样行使先诉抗辩权而拒绝抵押权人实现抵押权。① 不过,抵押人有权援用债务人对于债权人的履行抗辩权、时效完成的抗辩权。

[论争]

抵押权人在债务履行期限届满可以行使抵押权时,不行使抵押权却要求就债务人的其他财产受偿,是否允许?一种观点认为,抵押权人是否实现抵押权乃其权利,因此其当然有权不实行抵押权而先就债务人的其他财产取偿,不足的部分再实行抵押权,即便抵押物的价值足以清偿债权,也是如此。② 另一种观点认为,担保物权既然是以担保债权的清偿为目的,那么当债权有担保物权加以担保时,应当先就担保物变价受偿,不足的部分再就债务人的其他财产取偿。因为当债务人有多个债权人,且其全部财产不足以清偿债权而抵押物的价值又不足以清偿抵押权人的债权之时,如果

---

① 谢在全:《民法物权论》(中册),三民书局 2003 年修订 2 版,第 550 页。
② 史尚宽:《物权法论》,荣泰印书馆股份有限公司 1979 年版,第 294 页;曹士兵:《中国担保法诸问题的解决与展望——基于担保法及其司法解释》,中国法制出版社 2001 年版,第 225 页。

抵押权人的全部债权能够就债务人的其他财产与一般债权人的债权那样平均受偿，再就抵押物卖得价金优先受偿，将侵害一般债权人的合法权益，无法保证公平。①《民法典》第413条规定："抵押财产折价或者拍卖、变卖后，其价款超过债权数额的部分归抵押人所有，不足部分由债务人清偿。"从这一规定来看，采取的似乎是第二种观点，即抵押权人应先就抵押财产受偿，不足部分才能通过强制执行就债务人的其他财产受偿。②

（二）抵押权行使的条件

抵押权的实行，《民法典》第410条第1款前段规定了两种条件，一是债务人不履行到期债务，二是发生了当事人约定的实现抵押权的情形。满足了上述任何一项条件，抵押权人就可以与抵押人协议以抵押财产折价或者以拍卖、变卖该抵押财产所得的价款优先受偿。兹分析、阐释如下：

1. 债务人不履行到期债务

该项条件包含存在着有效的抵押权、债务人不履行到期债务和不存在法律禁止实行抵押权的情形三项要素。

（1）存在着有效的抵押权

存在着有效的抵押权，是抵押权行使的必备条件，如无有效的抵押权，自然谈不上实行抵押权。所谓存在着有效的抵押权，在基于合同设立动产抵押权、浮动抵押权的情况下，是指抵押合同成立并生效；在基于抵押合同设立其他抵押权的场合，是指抵押合同生效，并办理了抵押登记；在基于法律规定直接取得抵押权的情况下，是指具备了法定的取得抵押权的条件。

（2）债务人不履行到期债务

所谓债务人不履行到期债务，是指债务人于债务履行期限届满而不履行债务的现象。它可以是债务人完全没有履行，也可以是部分没有履行。在履行期为期日的情况下，它表现为债务人于该期日届满（也可以说是届至）时未履行债务。在履行期为期间的情况下，它表现为债务人于该期间届满时未履行债务。

[思考]

这里的债务，在中国台湾地区"民法"上，仅指本金债务，而非利息债务。③ 在中国大陆，鉴于《民法典》已经明文规定抵押权的效力及于利息（第389条），而未明文把不履行到期的利息债务排除于行使抵押权的条件；鉴于利息债务有时数额巨大，债务

---

① 杨与龄：《民法物权》，五南图书出版公司1981年版，第197-198页；曹杰：《中国民法物权论》，商务印书馆1964年版，第211页；姚瑞光：《民法物权论》，1990年自版，第252页。
② 王利明、尹飞、程啸：《中国物权法教程》，人民法院出版社2007年版，第482页。
③ 谢在全：《民法物权论》（中册），三民书局2003年修订2版，第551页。

人和抵押人的责任财产均不足以清偿数个并存的债权,需要区分情况而定,有时债务人不履行到期的利息债务,抵押权人可以行使抵押权;有时则否。

债务人不履行到期的利息债务,抵押权人可以行使抵押权,应当具备下述条件:A.当事人约定了利息债务,且未以特约排除《民法典》第389条关于抵押权的效力及于利息的规定;B.利息债务数额较大乃至巨大,所占债务比重较大;C.到期的本金债务业已清偿完毕,抵押权人无法以债务人不履行到期的本金债务为由行使抵押权。

在下述情况下,债务人不履行到期的利息债务,抵押权人不可行使抵押权:到期的本金债务业已清偿完毕,到期的利息债务所占债务数额的比例较低,行使抵押权会使目的和手段不匹配;或抵押人已经提供了其他担保方式或代债务人清偿。

在本金债务和利息债务均届履行期且均未清偿的情况下,由于利息债务的履行期滞后于本金债务的履行期,债务人不履行到期的利息债务,同时构成不履行到期的本金债务,抵押权人即使以债务人不履行到期的利息债务为由行使抵押权,实质上可视为以不履行到期的本金债务为由主张,不会发生不适当的结果。

在债务人不履行到期债务的情况下,抵押权人可以直接实现抵押权,除非债务人又与抵押权人达成了延期履行协议。

[辨析]

在中国台湾地区的"民法"上,债权只须已届债权人得请求清偿时而未受清偿者,抵押权人即可实行抵押权。① 这与中国大陆《民法典》第410条第1款前段规定的债务人不履行到期债务,在履行期为期日的情况下差别不大;但在依民法通说所主张的履行期为期间的场合则不同。对此举例说明,履行期为2008年1月1日至2008年2月20日,自2008年1月1日开始,债权人即得请求债务人清偿债务,按照中国台湾地区的"民法",抵押权人(债权人)即可行使抵押权,但在2008年2月20日之前,按照中国大陆现行法的规定,债务人未履行债务尚不构成债务不履行,在合同场合即为不构成违约行为,抵押权人无权行使抵押权,抵押权人若行使抵押权,抵押人有权抗辩。

[拓展]

债务人不履行到期债务,若系可归责于债权人的原因引起的,债务人享有一些权利,诸如履行抗辩权、提存的权利等,债务人行使此类权利,不应承担违约责任,债权人(抵押权人)无权行使抵押权。假如债权人(抵押权人)行使抵押权,抵押人有权援用债务人对债权人(抵押权人)的抗辩,拒绝或暂时拒绝抵押权的行使。

(3)不存在法律禁止实行抵押权的情形

抵押权的实行必须没有法律上的特别限制,如有限制,则抵押权人不得当然实行

---

① 谢在全:《民法物权论》(中册),三民书局2003年修订2版,第551页。

抵押权。例如,《企业破产法》第75条第1款规定:"在重整期间,对债务人的特定财产享有的担保权暂停行使。但是,担保物有损坏或者价值明显减少的可能,足以危害担保权人权利的,担保权人可以向人民法院请求恢复行使担保权。"抵押权显然属于其中的担保权。①

2. 发生了当事人约定的实现抵押权的情形

此处所谓当事人,在抵押人为第三人的情况下,应为抵押合同的当事人;在抵押人为债务人的场合,可指主合同的当事人。

所谓"当事人约定的实现抵押权的情形",是指债务人不履行债务以外的,当事人特别约定的实现抵押权的情形。例如,抵押合同约定,抵押人的股东发生变更、高管出现变动,抵押权人即可实行抵押权。关于此类约定是否受到法律的保护,《担保制度解释》第45条第1款规定:"当事人约定当债务人不履行到期债务或者发生当事人约定的实现担保物权的情形,担保物权人有权将担保财产自行拍卖、变卖并就所得的价款优先受偿的,该约定有效。因担保人的原因导致担保物权人无法自行对担保财产进行拍卖、变卖,担保物权人请求担保人承担因此增加的费用的,人民法院应予支持。"

《民法典》允许当事人约定抵押权实行的条件,具有积极的意义。例如,浮动抵押期间,抵押人在正常经营范围内可以自由处分其动产,债务人到期不履行债务的,抵押权人是以实现抵押权时的动产优先受偿。如果只允许抵押权人在债务人到期不履行债务时才能实现抵押权,可能会由于抵押人在经营过程中的非正常经营行为或恶意的行为,甚至是正常的经营行为,造成抵押财产的价值大大减少,不足以清偿抵押债权,损害抵押权人的合法权益。允许抵押权人和抵押人约定提前实现抵押权的条件,抵押权人就可以在抵押合同中对抵押人的某些行为进行约束,一旦抵押人违反约定从事了这些行为,满足了约定的抵押权实现的条件,抵押权人就可以提前实现抵押权,以使抵押债权获得清偿。②

[辨析]

有学说认为,《民法典》第410条规定的当事人约定的实现抵押权的情形,其中的当事人是指主合同的当事人,也可以是抵押合同的当事人。前者如,债权人与债务人约定在债务人没有按时缴纳利息达到一定时间后,即可以解除合同,要求债务人承担违约责任。此时,抵押权人自然可以实现抵押权。后者如,抵押人与抵押权人可以在

---

① 王利明、尹飞、程啸:《中国物权法教程》,人民法院出版社2007年版,第483页。
② 胡康生主编:《中华人民共和国物权法释义》,法律出版社2007年版,第425-426页。

抵押合同中约定抵押人必须对抵押财产进行保险,否则抵押权人即可实现抵押权。① 笔者认为,在抵押人为第三人的情况下,根据合同的相对性原则,主合同的约定不得约束抵押人,除非抵押人同意。至于所谓抵押人不对抵押财产进行投保,则属于债务人(抵押人)不履行到期债务,在实质上仍属于法定的实行抵押权的条件。

应当看到,允许当事人约定实行抵押权的条件,也会带来消极的结果。抵押权人和抵押人约定的实现抵押权的情形,若被执行,则损害其他债权人利益的,其他债权人可以请求人民法院撤销该协议(《民法典》第410条第1款后段)。

此类约定损害其他债权人利益的情形,例如,按照协议,对抵押财产折价过低;或依约定,使抵押权行使的时间点大大提前,使原本清偿期在先的其他债权在实质上后于了抵押债权接受清偿,而责任财产又不足以清偿此类债权。

所谓租赁关系不得对抗已登记的抵押权,是指在因租赁关系的存在致使于抵押权实行时无人应买抵押物,或出价降低导致不足以清偿抵押债权等情况下,抵押权人有权主张租赁终止。在这方面,《日本民法典》第395条关于"不超过第602条规定期间的租赁,虽在抵押权登记后为登记,亦得以之对抗抵押权人。但其租赁对抵押权人发生损害时,法院得因抵押权人的请求,命令其解除"的规定,值得我们借鉴,即当抵押权人请求解除租赁合同时,人民法院应当支持。换个角度说,于此场合抵押权人享有解除权,但该解除权的行使宜采取诉讼的方式。②

当然,如果存有租赁权负担的抵押物的变价额足以清偿抵押债权,表明租赁关系对抵押权没有损害,则适用《民法典》第725条的规定,租赁关系仍可存续,由抵押物的受让人承受。还有,如果存有租赁权负担的抵押物的变价额虽不足以清偿抵押债权,但除去该租赁权后,抵押物的变价与不消除租赁权负担时的变价额相等或降低时,就表明租赁关系的存在对抵押权并无损害。因此,在抵押权实行时仍可将抵押物连同租赁权负担一并移转给受让人。

(三)抵押权实行受有限制

《民法典》第418条规定:"以集体所有土地的使用权依法抵押的,实现抵押权后,未经法定程序,不得改变土地所有权的性质和土地用途。"这吸纳了《物权法》第201条有益的成分,反映并升华《土地管理法》第59条、第61条和第63条的成果,既开拓了土地经营权、集体经营性建设用地使用权等集体所有土地使用权可以设立抵押权的通道,搞活经济;又坚持社会主义公有制不变,不变颜色;还坚守耕地"红线",尽量控制农民集体所有土地的建设用地的比重。

---

① 王利明、尹飞、程啸:《中国物权法教程》,人民法院出版社2007年版,第483页。
② 崔建远、孙佑海、王宛生:《中国房地产法研究》,中国法制出版社1995年版,第582-583页。

《民法典》第418条所谓"以集体所有土地的使用权依法抵押的",包括在"三权分置"模式下诞生的土地经营权用作抵押财产、集体经营性建设用地使用权用作抵押财产,以及乡镇企业以其厂房等建筑物、构筑物设立抵押权时,占地范围的集体建设用地使用权一并抵押三种情形。

对于以土地经营权设立抵押权,抵押权实行后,受让该土地经营权之人必须继续在该承包地上从事农林牧渔,不得改变承包地的原定用途。这是耕地国策的本质要求,务必遵守。

对于乡镇企业享有的建设用地使用权,本来是严格控制的(《土地管理法》第60条第2款),不得单独用于抵押的(《民法典》第398条),由此决定,乡镇企业以其厂房等建筑物、构筑物设立抵押权时,占地范围的集体建设用地使用权一并抵押的,抵押权实行后,受让乡镇企业的房地产的,不得改变农民集体所有土地的性质,也不得改变土地用途。不过,依笔者所见,受让人把该建设用地改变为耕地,似应允许。如果这是正确的,则《民法典》第418条的规定涵盖过宽,应予目的性限缩,设置例外。

对于以集体经营性建设用地使用权设立抵押权,抵押权实行后,受让人不得改变农民集体所有土地的性质,也不得改变土地用途。不过,依笔者所见,受让人把该建设用地改变为耕地,似应允许。如果这是正确的,则《民法典》第418条的规定涵盖过宽,应予目的性限缩,设置例外。

(四)抵押权的行使方式

关于抵押权实行的方式,《民法典》第410条规定了折价、拍卖和变卖三种方式,兹分析、阐释如下:

1. 折价方式

折价方式,也可以叫作代物清偿,是指抵押权人和抵押人协议,以抵押财产折价,清偿抵押债权的方式(《民法典》第410条第1款中段)。它是抵押权人和抵押人协议,参照市场价格确定一定的价款,将抵押财产的所有权转移给抵押权人,以实现债权。[1]

这不同于流押合同,而是属于代物清偿。在抵押权的行使阶段,抵押人不会有必须屈服于抵押权人、接受低估抵押财产价值的压力,不会出现不当的结果。

2. 拍卖方式

按照《民法典》第410条的规定,抵押权人和抵押人未就抵押权实现方式达成协议的,抵押权人可以请求人民法院拍卖抵押财产。

拍卖是指以公开竞价的形式,将特定的拍卖物转让给最高应价者的买卖方式

---

[1] 黄薇主编:《中华人民共和国民法典物权编释义》,法律出版社2020年版,第520-521页。

(《拍卖法》第3条)。拍卖具有公开、公平竞争等特点,对抵押财产通过公平竞价的方式公开进行拍卖,有利于杜绝暗箱操作,实现价格的最大化。

3. 变卖方式

变卖方式,是指以一般的买卖形式出卖抵押财产,以其变价清偿抵押债权的方式。变卖和拍卖虽然都属于买卖,但前者为一对一的洽商方式,无需严格程序,无竞价机制,其优点在于成本较低、效率高,其缺点在于透明度和公开性不高,程序较为随意,容易造成暗箱操作,损害被执行人或其他债权人的利益。因此,法律上要严格限制变卖的适用范围。这些限制措施包括:(1)除非债权人或债务人申请,不采取变卖的方式;(2)变卖方式原则上只能适用于动产、有价证券和一些特殊的情形;(3)变卖应当参照市场价格(《民法典》第410条第3款)。

《民事诉讼法》对于变卖的适用范围问题未予规定,《执行规定》第46条第2款规定:"财产无法委托拍卖、不适于拍卖或当事人双方同意不需要拍卖的,人民法院可以交由有关单位变卖或自行组织变卖。"《最高人民法院关于人民法院民事执行中拍卖、变卖财产的规定》予以了进一步补充,其第34条第1款规定:"对查封、扣押、冻结的财产,当事人双方及有关权利人同意变卖的,可以变卖。"第2款规定:"金银及其制品、当地市场有公开交易价格的动产、易腐烂变质的物品、季节性商品、保管困难或者保管费用过高的物品,人民法院可以决定变卖。"

[探讨]

《民法典》第410条的行文,容易使人觉得抵押权的实行必须先由抵押权人和抵押人协议,只有在协议不成时才可以运用拍卖、变卖的方式。实务和学说中确有相当数量的专家、学者如此操作和主张。其最大弊端是抵押人出于私利故意拖延,久久达不成实行抵押权的协议,损害抵押权人的正当利益。笔者主张,对于该条第1款中段的理解,一是不把协议方式当作抵押权实行的必经程序,抵押权人于实行抵押权的条件具备时有权径直申请拍卖抵押财产;二是仍把协议方式当作先行程序,但抵押权人不必"守株待兔",而是给抵押人限定承诺的最后期间,一俟该期间届满,抵押权人即可申请拍卖抵押财产。

(五)折价或变卖抵押财产的价格基准

实行抵押权,无论把抵押财产折价还是变卖,都有合理作价的需要。作价低了,可能害及其他债权人的债权实现;作价高了,对抵押权人也不利,不尽符合公平原则。为了解决这个问题,《民法典》第410条第3款明确"抵押财产折价或者变卖的,应当参照市场价格",这是条可取之路,值得赞同。

(六)抵押物变价款的分配

抵押物被拍卖或变卖后,所得价款的具体分配顺序如下:

1. 执行费用

拍卖所得价款应首先用于支付强制执行的费用(《执行规定》第 49 条第 2 款前段),其中包括委托拍卖、组织变卖被执行人财产等发生的费用。之所以要优先清偿执行费用,主要是因为这些费用的支出对于全体债权人都具有利益,属于公益性费用,应当优先支付。

2. 建设用地使用权出让金

《城市房地产管理法》第 51 条规定:"设定房地产抵押权的土地使用权是以划拨方式取得的,依法拍卖该房地产后,应当从拍卖所得的价款中缴纳相当于应缴纳的土地使用权出让金的款额后,抵押权人方可优先受偿。"

[讨论]

上述规定似乎与《城镇国有土地使用权出让和转让暂行条例》存在着矛盾,因为依据该条例第 45 条第 1 款的规定,以划拨方式取得的国有土地使用权,只有依照《城镇国有土地使用权出让和转让暂行条例》关于土地使用权出让的规定,签订土地使用权出让合同,并向当地市、县人民政府补交土地使用权出让金,或以抵押所获收益抵交土地使用权出让金后,才能设立抵押权。而按照该条例第 16 条的规定,土地使用者应当在签订土地使用权出让合同后 60 日内支付全部土地使用权出让金。如此一来,当抵押权设立之时就意味着该划拨的国有土地使用权已经变为出让的土地使用权,且已经缴清了全部的出让金,那么拍卖划拨的国有土地使用权时应当说已经不存在缴纳出让金的问题了。从实践来看,《担保法》第 56 条和《城市房地产管理法》第 51 条的规定主要是针对那些一次缴清全部出让金的情形。申言之,自然资源行政主管部门在享有划拨土地使用权的主体尚未缴纳全部出让金之时,就为其办理了国有土地使用权证并允许设立抵押,因此在抵押权实现时必须要从拍卖划拨的国有土地使用权所得的价款中扣除尚未缴纳的出让金。但是,由于抵押权人可能并不清楚抵押人是否缴纳完毕出让金,这样又会给抵押权人带来一些不测损害。①

3. 抵押权所担保的债权

(1) 抵押权担保债权的清偿顺序

抵押物拍卖、变卖的价金用于清偿前述强制执行费用、建设用地使用权出让金之后,适用《民法典》第 414 条第 1 款的规定。依据该规定,抵押登记是确定抵押权顺序的首要标准,登记在先的,抵押权的顺序在先。但考虑到动产抵押权、浮动抵押权的设立不以登记为生效要件,此类抵押权若并存于同一抵押物之上,均未办理抵押登记的,就无法以抵押登记及登记的时间作为确定抵押权顺序的标准,只能另辟蹊径,即

---

① 王利明、尹飞、程啸:《中国物权法教程》,人民法院出版社 2007 年版,第 487-488 页。

视两个以上的抵押权的顺序相同(《民法典》第414条第1款第3项)。当然,如果有的抵押权办理了抵押登记,则办理抵押登记的抵押权的顺序在先(《民法典》第414条第1款第2项),仍然奉行抵押登记为确定抵押权顺序的标准的原则。

上述确定抵押权顺序的标准是法定的,并且,当事人不得以其意思表示将之排除或改变。就是说,即使当事人约定了抵押权的顺序,在此类约定与上述法定规则相抵触时,仍然以法定的为准。

《民法典》第414条第1款第1项所谓"抵押权已登记的,按照登记的时间先后确定清偿顺序",第一层意思是各个抵押权因登记都已经存在,其适用领域限于以登记为生效要件的抵押权;第二层意思是业已存在的抵押权,依其登记完毕的时间依次排列效力优先顺序,顺序在先的抵押权担保的债权在受偿顺序上也排列在先。之所以如此解释,是因为《民法典》第214条规定物权变动自记载于不动产登记簿时发生效力,而不是自登记机构收到申请书时或其他时间点发生效力。就是说,抵押登记的时间点即为记载于不动产登记簿的时间点,即为抵押权设立等变动的时间点。

《民法典》第414条第1款第2项所谓"未登记的"抵押权,限于不以抵押登记为生效要件的动产抵押权,因为其他类型的抵押权均以登记为生效要件,未办理抵押登记,抵押权不存在。抵押权不存在,自然没有资格与已经存在的抵押权在效力顺序上一争高下,不存在抵押权担保的债权仅为普通债权,在受偿的顺序上低于抵押权担保的债权。

《民法典》第414条第1款第3项所谓"抵押权未登记的,按照债权比例清偿",可有几种解释。第一种解释是,该条项仅仅适用于动产抵押权这种不以登记为生效要件的抵押权,此类抵押权未予登记时不得对抗善意第三人,故在未能举证证明其他债权人非为善意的情况下,各个由动产抵押权担保的债权无优先于其他债权的效力,各个债权只得依其比例受偿。依此解释,《民法典》第414条第1款第3项的规定具有合理性。第二种解释是,动产抵押权虽然未予登记,但抵押人的其他债权人知晓该抵押权的存在,根据《民法典》第403条的规定,该动产抵押权具有对抗其他债权人的效力,该动产抵押权担保的债权具有优先于其他债权受偿的效力。于是,该债权就不是"按照债权比例清偿",而是可以完全受偿。如此,《民法典》第414条第1款第3项的规定涵盖过宽,应该依规范意旨予以目的性限缩,即不适用于其他债权人非善意的场合。第三种解释是,该条项可以适用于动产抵押权和以登记为生效要件的抵押权两大领域,因为动产抵押权未予登记时无对抗善意第三人的效力,其担保债权与因尚未登记而仅有抵押合同"担保"的债权似无二致,所以,在未能举证证明其他债权人非为善意的情况下,各个债权也只好按照比例受偿。

(2) 其他可以登记的担保物权在顺序方面的准用

《民法典》第414条第2款所谓"其他可以登记的担保物权,清偿顺序参照适用前款规定",属于准用条款,从实质上说,这很有必要,以登记为生效要件的质权,与以登记为生效要件的抵押权相比,差异只在标的物的种类上,效力方面应当相同,所以,以登记为生效要件的质权在效力顺序上准用《民法典》第414条第1款的规定,具有合理性;从立法技术上说,如此设计简洁,在解决问题上功效相同。

(3) 抵押财产的变价款高于或低于担保债权数额时如何处理

抵押物拍卖、变卖后所得的价款清偿了抵押权担保的债权之后仍剩余的,归抵押人所有,不足部分由债务人负责清偿,此时剩余的债权与债务人的普通债权人的债权处于平等受偿地位(《民法典》第413条)。

《民法典》第413条所谓抵押财产的变价款超过债权数额的部分归抵押人所有,乃自然之理,因为抵押权不是所有权,抵押财产不因抵押权的设立而归属于抵押权人,只是使抵押权人的债权因该抵押权的设立而具有优先受偿的效力。担保债权受偿了,实现了,抵押权人的利益得到完全满足,抵押权便功成身退。假如把抵押财产的变价款超过债权数额的部分划归抵押权人,该抵押权人就获取了不当得利,这不应被允许。此其一。从另一个侧面讲,抵押财产属于抵押人的责任财产的组成部分,抵押人适当履行物上保证责任之后,剩余的部分仍为其责任财产,当然由其享有。此其二。

抵押财产的变价款全部用于清偿担保债权之后,担保债权仍未完全实现,不得谓该债权已经消灭,而是就未实现部分继续具有请求力、执行力、保有力,即债权人/抵押权人有权就其债权未实现的部分请求债务人清偿,债务人没有理由抗辩。于此场合,需要说明的至少有两点:一是在债务人和抵押人分属不同的主体的情况下,此时债权人/抵押权人无权请求抵押人清偿,只可请求债务人清偿;二是此时的债权仅仅是普通债权,已无抵押权的担保,无优先受偿的效力。

(4) 以建设用地使用权为客体的抵押权的效力不及于新增加的建筑物

《民法典》第417条关于"建设用地使用权抵押后,该土地上新增的建筑物不属于抵押财产。该建设用地使用权实现抵押权时,应当将该土地上新增的建筑物与建设用地使用权一并处分。但是,新增建筑物所得的价款,抵押权人无权优先受偿"的规定,值得肯定,理由在于:建设用地使用权抵押后,抵押权人在实现抵押权时不能将抵押权设立后新增的建筑物一并处分,那么就会产生两种不适当的后果:①在房地产抵押权实行时,尤其是拍卖抵押房地产时,可能出现建设用地使用权与房屋异其主体的现象。这显然违反了《民法典》第352条正文所确立的房地权属的主体相一致的原则。②受新增房屋必定需要占用一定范围的建设用地的影响,抵押的建设用地使权在拍卖或变卖时价格极有可能有所降低,甚至无人受让,抵押权人的合法权益会受到不利影响。为避免此种后果,必须将新增的房屋连同被抵押的建设用地使用权一同拍卖,只是抵押权人对新增房屋的变价无权优先受偿。①

[辨析]

需要注意,该土地上新增的建筑物不属于抵押财产,该建设用地使用权的抵押权实现时,虽然将该土地上新增的建筑物与建设用地使用权一并处分,但新增建筑物所得的价款,抵押权人无权优先受偿(《民法典》第417条)。从另一个角度观察,该新增建筑物的变价不属于抵押物的变价,不在抵押债权分配抵押物变价的范围之内。

[提示]

在抵押物为建设工程的场合,建设工程价款优先受偿权优先于抵押债权(《民法典》第807条,《建设工程施工合同解释》第36~42条),此时建设工程的变价款,承包人从中优先于抵押权人获得工程价款。

[讨论]

《建设工程价款优先受偿权解释》第2条规定,消费者交付购买商品房的全部或大部分款项后,承包人就该商品房享有的工程款优先受偿权不得对抗买受人。能否由此得出消费者请求开发商(出卖人)交付商品房并移转所有权的债权优先于抵押权的结论？或消费者对于商品房的所有权可对抗抵押权的结论？就《建设工程价款优先受偿权解释》优惠保护消费者的解释意旨考虑,可以得出这些结论。至于消费者的权利、承包人的工程款优先受偿权均无公示方法,应否赋予它们如此强大的效力,则属于立法政策层面的问题,由未来的立法或修法解决。从《建设工程施工合同解释》的规定中不见了此类内容看,似乎采取了否定的态度。

第六节　抵押权的消灭

一、抵押权消灭的事由

(一) 主债权消灭

主债权消灭,基于抵押权的从属性,抵押权随之消灭。这里的主债权消灭,应指主债权的全部消灭;若部分消灭,则抵押权因其不可分性仍继续存在。

(二) 抵押物灭失

抵押物灭失,抵押权无所附丽,失去存在的意义,归于消灭。此处所谓抵押物灭

---

① 参见崔建远、孙佑海、王宛生:《中国房地产法研究》,中国法制出版社1995年版,第130-131页。

失,包括法律上的消灭和事实上的消灭。前者如抵押物被征收,后者如抵押房屋被焚毁。但须注意,因抵押物灭失而受有补偿金、赔偿金或保险金时,抵押权因其物上代位性而不消灭(《民法典》第390条)。

(三) 抵押权的抛弃

抵押权人抛弃抵押权,抵押权归于消灭(《民法典》第393条第3项)。

(四) 抵押权的实行

抵押权于其实行时,无论抵押债权是否因此而全部受偿,均归消灭。

抵押权的实行,不仅指抵押权人依法律规定的实行方法实行抵押权,而且包括抵押权人申请参与分配。另外,先顺位的抵押权人实行抵押权时,后顺位的抵押权无论是否实行抵押权(包括申请参与分配),或抵押债权是否已获清偿,均归消灭。①

[引申]

《担保法解释》第12条第2款规定:"担保物权所担保的债权的诉讼时效结束后,担保权人在诉讼时效结束后的二年内行使担保物权的,人民法院应当予以支持。"这承认了抵押权因诉讼时效期间再加2年期间的届满而消灭。但它存在着弊端,对此在第十章的第三节"用益物权与相关权利"中已经做过剖析,此处不赘。在此特意指出的是,《物权法》第202条关于"抵押权人应当在主债权诉讼时效期间行使抵押权;未行使的,人民法院不予保护"的规定,取消了《担保法解释》第12条第2款的规定,采纳了抵押权不因抵押债权罹于诉讼时效而消灭的观点,抵押债权罹于诉讼时效之后,抵押人可以援用主债务人对债权人(抵押权人)的时效完成抗辩权,拒绝抵押权人将抵押物变价或折价;也可以自愿承受抵押权人行使抵押权、变卖抵押物的结果。

《担保制度解释》第44条第1款前段所谓"主债权诉讼时效期间届满后,抵押权人主张行使抵押权的,人民法院不予支持;抵押人以主债权诉讼时效期间届满为由,主张不承担担保责任的,人民法院应予支持",从正反两面揭示《民法典》第419条的文义和适用范围。第44条第1款后段所谓"主债权诉讼时效期间届满前,债权人仅对债务人提起诉讼,经人民法院判决或者调解后未在民事诉讼法规定的申请执行时效期间内对债务人申请强制执行,其向抵押人主张行使抵押权的,人民法院不予支持",则将《民法典》第419条的精神引至民事程序之中,并且把诉讼时效与执行时效等量齐观,至少在这个事项上如此。第44条第2款前段关于"主债权诉讼时效期间届满后,财产被留置的债务人或者对留置财产享有所有权的第三人请求债权人返还留置财产的,人民法院不予支持"的规定,把《民法典》第419条的规定适用于留置权

---

① 谢在全:《民法物权论》(中册),三民书局2003年修订2版,第638页;梁慧星、陈华彬:《物权法》(第4版),法律出版社2007年版,第330页。

的场合,但限于物的返还请求权或债法意义上的留置物返还请求权。至于留置权的第二次效力,第44条第2款后段则变通了《民法典》第419条的适用,是巧妙地对待和处理"残疾"的留置权的"战术"动作:即使留置权担保的主债权已经罹于诉讼时效,债务人或者第三人也有权请求拍卖、变卖留置财产并以所得价款清偿债务。

如何看待《担保制度解释》第44条第2款后段对《民法典》第419条的变通适用?单纯地从立法法的层面看,这在表面上不符合《立法法》未赋予人民法院立法权的原则;但它满足了社会生活实际的要求,在利益衡量的层面具有合理性:在留置权人一侧,"拍卖、变卖留置财产并以所得价款清偿债务"正是留置权的效力的实现结果,留置权人的债权获得清偿,其该得利益没有减少;在作为留置物的所有权人或其他权利人的债务人或第三人一侧,虽然返还原物的目标不能达到(在某些案件中还特别重要),但在留置物的变价有剩余时能够较为及时地回归自己,发挥其效能,总比较长期间地无法占有、使用留置物要好得多;在社会利益的层面,物尽其用,各取所需。此其一。如果放眼于整个物权制度,那么,《担保制度解释》第44条第2款后段是尊重所有权及其行使的体现。常态的留置权抑制留置物所有权的运行,为保护留置权人权益所必需;但主债权已经罹于诉讼时效的留置权,不但其自身"残疾",而且"囚禁"着留置物的所有权,还未能及时、高效地清结留置权人和债务人之间的债权债务,放任这种状态持续,显非上策,而适当地突破机械地适用《民法典》第419条的模式,"拆除"一些已经罹于诉讼时效的留置权的"藩篱",如《担保制度解释》第44条第2款后段设计的那样,是明智的。此其二。

一种观点认为,《物权法》第202条关于"抵押权人应当在主债权诉讼时效期间行使抵押权;未行使的,人民法院不予保护"的规定,说明担保物权的存续期间无须当事人约定和登记,即便当事人约定了或登记了,也是无效的。担保物权的存续期间为主债权的诉讼时效期间。主债权的诉讼时效期间因中止、中断的事由发生而变得可能不确定,担保物权的存续期间也因此不确定。法律未对诉讼时效的中止、中断的次数加以限制,因此很难说对担保物权的存续期间的上限有规定。[1]

在笔者看来,这种理解有误。(1)《物权法》第202条系专就抵押权作的规定,并非当然地适用于其他担保物权。法律人不作阐释就直接地将其适用范围扩张至所有的担保物权,不合法解释学的规则。盲目扩张适用范围,留置权和质权领域可能会有不公平的结果。[2] (2)更为重要的是,《物权法》第202条系为修正《担保法》第52条关于"抵押权与其担保的债权同时存在,债权消灭的,抵押权也消灭"的规定,第74条

---

[1] 王利明、尹飞、程啸:《中国物权法教程》,人民法院出版社2007年版,第290页。
[2] 胡康生主编:《中华人民共和国物权法释义》,法律出版社2007年版,第440-441页。

关于"质权与其担保的债权同时存在,债权消灭的,质权也消灭"的规定,第88条第1项关于债权消灭的留置权也消灭的规定,以及《担保法解释》第12条第2款关于"担保物权所担保的债权的诉讼时效结束后,担保权人在诉讼时效结束后的二年内行使担保物权的,人民法院应当予以支持"的规定而特意设置的。而《担保法解释》第12条第2款的本意是认为担保物权的存续期间为被担保主债权的诉讼时效期间再加上2年。① 这违反了担保物权与被担保债权之间主从权利关系的原理,剥夺了抵押人援用主债务人对债权人的抗辩权的权利,也忽视了担保人于诉讼时效期间届满后的第3年及其以后的期间仍自愿、主动地清偿债务的情况。《物权法》没有采纳《担保法解释》第12条第2款的思路和观点,而是采取了这样的意见:"过了主债权诉讼时效期间后,抵押权人丧失的是抵押权受人民法院保护的权利即胜诉权,而抵押权本身并没有消灭,如果抵押人自愿履行担保义务的,抵押权人仍可行使抵押权。"② 总的结论是,担保物权的存续期间应为被担保债权及其救济权的存续期间,被担保债权或其救济权存在,担保物权就存续;被担保债权及其救济权均已消灭,担保物权就消失。对于《民法典》第419条也应作同样的理解与适用。③

毋庸讳言,《物权法》第202条亦即《民法典》第419条的规定,的确不同于德国民法及其学说和中国台湾地区的"民法"及其学说。在德国,请求权上设有抵押权等担保物权的场合,请求权虽已罹于时效,权利人仍可实现其担保物权。本来,抵押债务人得依《德国民法典》第1137条第1项前段关于"人的债务人(即就本身事由而负责的债务人)对债权所有的抗辩,及保证人依第770条所有的抗辩,土地所有人均得援用对抵押权主张之"的规定,质押债务人得依《德国民法典》第1121条第1项前段关于"土地之出产物及其他构成部分以及从物,在为债权人之利益予以扣押以前,已经出让者,应免除其担保责任"的规定,主张从属性的抗辩。但《德国民法典》第223条第1项关于"以抵押权或质权担保的请求权虽经时效消灭,但不妨碍权利人就担保物请求履行"的规定放松了这种从属性抗辩。以抵押为例,该规定的意义在于,若债权人对债务人即所有权人既提起要求付款的对人诉讼,又提起要求其容忍强制执行抵押土地的对物诉讼,而被告主张请求权消灭时效期间已经届满的,则对人诉讼因《德国民法典》第222条第1项关于"消灭时效完成后,义务人有拒绝给付的权利"的规定而不成立;相反,债权人得依《德国民法典》第223条第1项的规定执行抵押土地,此

---

① 李国光、奚晓明、金剑锋、曹士兵:《最高人民法院关于适用〈中华人民共和国担保法〉若干问题的解释理解与适用》,吉林人民出版社2000年版,第88-89页。
② 胡康生主编:《中华人民共和国物权法释义》,法律出版社2007年版,第441页。
③ 黄薇主编:《中华人民共和国民法典物权编释义》,法律出版社2020年版,第544-547页。

项行使抵押权的权利不受时间方面的限制。①

类似的，中国台湾地区"民法"第880条规定："以抵押权担保之债权，其请求权已因时效而消灭，如抵押权人于消灭时效完成后，五年间不实行其抵押权者，其抵押权消灭。"实乃物权因除斥期间的经过而消灭的例外规定。良以抵押权系不占有标的物的物权，自不宜令其久悬，有害于抵押人的利益。何况外国立法例上，亦有担保物权得因一定时间经过，依公示催告程序，宣示为无效（《瑞士民法典》第871条，《德国民法典》第1170条、第1171条），则中国台湾地区"民法"径以抵押权因除斥期间经过而消灭，更为便捷，似无不可之处。再者，此项除斥期间系自消灭时效完成后起算，而消灭时效尚有时效中断或时效不完成的情形，故抵押权的消灭时间非必为消灭时效期间加5年除斥期间，以15年的一般请求权消灭时效期间为例，其抵押权非必然届满20年后即行消灭。② 尽管如此，笔者还是觉得中国大陆《物权法》第202条亦即《民法典》第419条的规定更为可取，理由已如上述，不再赘言。

同时也应看到，《物权法》第202条亦即《民法典》第419条的设计也有弱点：担保债权不消灭，抵押权也不消灭，抵押财产上的负担继续存在，阻碍其流转，即使可以转让出去，价格也不理想。解决这样的问题，不妨在《民法典》第419条的基础上，再设置一抵押权最长的存续期间，该期间届满，抵押权便彻底消灭，即使担保债权仍在，也是如此。

二、抵押权消灭的效果

无须登记的抵押权消灭，在抵押权人和抵押人及债务人之间，在抵押权人和第三人之间，都发生抵押权消灭的结果。

登记的抵押权，其消灭时应予注销登记（《不动产登记暂行条例实施细则》第70条）；若未办理注销登记，抵押权在抵押权人和抵押人之间归于消灭，但对于善意第三人，抵押人、抵押权人均无权主张抵押权消灭。

第七节　特殊抵押权

一、共同抵押权

（一）共同抵押权的概念

共同抵押权，又称为总括抵押权或聚合抵押权，是指为担保同一债权而在数项不

---

① ［德］迪特尔·梅迪库斯：《德国民法总论》，邵建东译，法律出版社2000年版，第103页。
② 谢在全：《民法物权论》（中册），三民书局2003年修订2版，第637页。

动产、动产或权利上设立的抵押权。例如,债务人甲为担保所借债权人乙的 3000 万元,提供房地产 A 和房地产 B 各价值 1500 万元设立抵押权。该抵押权即为共同抵押权。其法律性质如下:

1. 担保的是同一债权。所谓同一债权,是指债权发生的原因相同,债权人和债务人同一,给付内容也相同。不过,抵押物担保的债权额可不必相同。例如,债务人甲为担保所借债权人乙的 3000 万元,提供价值为 2200 万元的房地产 A 和价值 1000 万元的房地产 B 设立抵押权,应被允许。

2. 抵押物为复数。共同抵押权的标的物是两项以上的财产,以此区别于普通抵押权。此处所谓财产,可以是不动产,如房屋;也可以是动产,如船舶;还可以是某些权利,如建设用地使用权。这些抵押物可以同属于一人,也可以分属于几个人。

3. 共同抵押权人限定各个抵押物所负担的抵押债权的数额场合,抵押权实行时,共同抵押权人只能按照该限定的数额受偿各个抵押物变卖的价款。严格地说,这已经不是真正的共同抵押权。① 如果未对各个抵押物所担保的债权份额作出约定或约定不明,则抵押权人有权就其中任一或各个抵押物所卖得的价金,满足其债权的全部或一部分。换个角度描述,任何一个抵押物都就抵押债权的全部承担责任②。这是真正的共同抵押权的性质,它来自抵押权的不可分性。

[辨析]

境外学说认为,在当事人未对各个抵押物所担保的债权份额作出约定或约定不明的情况下,数个抵押物对于所担保的债权各负全部的担保责任,酷似连带债务,学者遂将共同抵押称为连带抵押或物上连带担保。但连带债务为人的连带,属于债的关系,而共同抵押权则为物的连带,属于物权关系;连带债务中负连带责任的人都是债务人,而共同抵押权中负连带责任的物,不必限于债务人所有,第三人所有的物也可以作为共同抵押权的标的物。因此,共同抵押权与连带债务存在明显的差别,不得准用连带债务的规定。③

关于共同抵押人对于抵押权人负有连带责任,准用连带债务的规定;在各个抵押人之间确定了按份责任的观点有利有弊,其利在于使各个抵押人均会承担物上担保责任,分散了负担,也有助于避免下述现象:抵押人乙和抵押权人甲恶意串通,私下确定变卖或拍卖其他抵押人所有的抵押物,使被担保债权获得清偿,从而使抵押人乙所

---

① 郑玉波:《民法物权》,三民书局 1988 年修订 12 版,第 278 页。
② [德]鲍尔/施蒂尔纳:《德国物权法》(下册),申卫星、王洪亮译,法律出版社 2006 年版,第 209 页。
③ 郑玉波:《民法物权》,三民书局 1988 年修订 12 版,第 277 页;谢在全:《民法物权论》(下册),三民书局 2003 年修订 2 版,第 191 页。

有的抵押物免于变卖或拍卖。同时,该款规定也存在着明显的弊端:(1)在每位抵押人均不知尚有其他抵押人存在的情况下,其意思表示即为使自己的抵押物承担全部担保责任,本无连带负责及向其他抵押人追偿的意思,却硬性地令每位抵押人就其抵押物连带负责,实际承担担保责任后再向其他抵押人追偿,不符合意思自治原则。(2)债权人甲的债权先有抵押人乙以其所有的 A 房地产抵押,后有抵押人丙以其 B 房地产提供抵押的情况下,抵押人丙声称抵押权人(债权人)甲会先就抵押人所有的 A 房地产的变价受偿,B 房地产不会被债权人甲变卖或拍卖,甚至出示了书面协议,致使债权人丁同意以其 C 房地产置换 B 房地产,且先将 C 房地产过户登记在抵押人丙的名下。在这种背景下,如果不承认担保人之间互有追偿权,则在抵押人乙承担了担保责任并使债权人甲的债权获得清偿的情况下,抵押人丙的清偿能力未受影响,债权人丁处于较为有利的地位;反之,抵押人乙承担担保责任后,向抵押人丙追偿,致使 B 房地产被抵给抵押人乙,债权人丁就处于不利的境地。(3)各个抵押人负有担保责任的法律行为不同,或者说并非基于同一原因,却使其承担连带责任,除非法律设有明文,在法理上并无当然的结论。(4)各个抵押人之间相互追偿,人为地导致了法律关系复杂、曲折,耗时费力,社会的经济效益不佳。

[引申]

鉴于共同抵押权场合存在数个抵押物,学说对共同抵押权究竟是单一抵押权还是数个抵押权存在着分歧。第一种观点认为,考虑到一物一权乃物权法的基本原则,作为共同抵押的标的物是各自独立的数项财产,因而只能是每个抵押物上各成立一个抵押权,于是出现了多个抵押权。① 赞同该说的学者论证道:"如果采取单一抵押权说,不仅与一物一权原则相违背,而且无法说明共同抵押权中的一些复杂情形,例如,不同抵押物上不同顺位的抵押权担保同一债权时,如果说共同抵押权为一个抵押权,那么这个抵押权的顺位究竟是什么?再如,共同抵押权人可以抛弃或者让与在某一抵押物上的抵押权的顺位,但是对于其他抵押物上抵押权的顺位不发生影响,显然这一点共同抵押权也难以说明。因此,共同抵押权的性质是在数项财产上成立的数个抵押权。"② 第二种观点则坚持,尽管共同抵押权的标的物是数项独立的财产,但是

---

① 史尚宽:《物权法论》,荣泰印书馆股份有限公司 1979 年版,第 318 页;谢在全:《民法物权论》(下册),三民书局 2003 年修订 2 版,第 190 页;陈重见:《共同抵押法制修正评析》,载《月旦法学杂志》第 95 期,2003 年 4 月;郭明瑞:《担保法》(第 2 版),法律出版社 2004 年版,第 146 页;梁慧星、陈华彬:《物权法》(第 4 版),法律出版社 2007 年版,第 336 页。

② 王利明、尹飞、程啸:《中国物权法教程》,人民法院出版社 2007 年版,第 492 页。

抵押权却只有一个，这是一物一权原则的例外。① 第三种观点主张，共同抵押权可以是以数个不动产一并设立的单一抵押权，如同土地与其上的建筑物同属一人所有之时，以它们作为抵押物而设定的抵押权为单一抵押权一样。② 在抵押物和抵押权之间的关系上，一个抵押物对应着一个抵押权，换个角度描述，在抵押人和抵押权人之间的关系上，同时存在着数个抵押权。但在抵押权人和第三人之间的关系上，则只存在着一个不动产抵押权。③

比较而言，第二种观点面临着较多的诘问，且难以作出圆满的回答。例如，承认一物一权主义例外的法理是什么？何以允许当事人约定共同抵押权人限定各个抵押物所负担的抵押债权的数额？何以允许约定每个抵押物被拍卖或变卖的顺位？第一种观点和第三种观点则能够合乎法理地予以解释。不过，第一种观点与《民法典》第397条规定的建设用地使用权和地上建筑物一并抵押，以及第398条后段规定的，以乡镇、村企业的厂房等建筑物抵押的，其占用范围内的建设用地使用权一并抵押，未尽吻合，因为这些法律没有把此类抵押权作为两个抵押权看待，而是作为一个抵押权设计的。第三种观点因其在抵押权人和第三人之间的关系上视为一个抵押权，符合现行法的设计。此其一。至于共同抵押权人限定各个抵押物所负担的抵押债权的数额、约定每个抵押物被拍卖或变卖的顺位等问题，第一种观点能够满足，第三种观点同样如此。此其二。

（二）共同抵押权的社会作用

共同抵押权制度能够聚集多数标的物的交换价值，以确保抵押债权获得清偿，能够克服单一抵押物的交换价值无法满足抵押债权的局限。此其一。退一步说，即使各个抵押物的价值虽然能够满足抵押债权的清偿，但各个抵押物的市场价格变化无常，且时有毁损、灭失或其他因素导致其价值减少，可能无法满足抵押债权的受偿。为避免此类危险，有必要以多数抵押物共同担保同一债权，以分散上述危险。④ 共同抵押权，对于债权人来讲是太好了；对于所有权人（甚或多个所有权人）而言，则是太不好了；对后顺位的抵押权人来说，又太危险了。因为债权人可以"任意地"从每个抵押物的（变价）全部或一部获得清偿。他也可以先将债权的金额分摊到单个的抵押物

---

① 黄右昌：《民法诠解·物权编》（下册），商务印书馆1947年版，第28页以下；曹杰：《中国民法物权论》，商务印书馆1964年版，第210页；王利明主编：《中国民法案例与学理研究·物权篇》（修订本），法律出版社2003年版，第344页；舒正平：《共同担保之研究——主要是对于共同抵押制度之研究》，中国文化大学法律学研究所硕士论文（1993年），第52页。

② 郑玉波：《共同抵押之研究》，载郑玉波：《民商法问题研究》（第4册），1991年自版，第126页。

③ 崔建远：《土地上的权利群研究》，法律出版社2004年版，第279页。

④ 谢在全：《民法物权论》（下册），三民书局2003年修订2版，第191-192页；[德]鲍尔/施蒂尔纳：《德国物权法》（下册），申卫星、王洪亮译，法律出版社2006年版，第209页。

上,再获得清偿。① 此其二。

(三) 共同抵押权的设立

共同抵押权的设立,在现行法上,有根据法律的直接规定设立的,如《民法典》第397条规定的,以建筑物抵押的,该建筑物占用范围内的建设用地使用权一并抵押。以建设用地使用权抵押的,该土地上的建筑物一并抵押。抵押人未约定一并抵押的,未抵押的财产视为一并抵押。由于建设用地使用权和建筑物分别为独立的不动产(权利),在它们共同担保同一债权时,成立共同抵押权。再如,《民法典》第398条后段规定的,以乡镇、村企业的厂房等建筑物抵押的,其占用范围内的建设用地使用权一并抵押,同样就建筑物与其所在地的集体建设用地使用权成立共同抵押权。

共同抵押权,大多通过签订抵押合同而设立,在这点上与普通抵押权的设立相同。在各个抵押物均为动产场合,抵押合同成立并生效,共同抵押权设立。在数项不动产或不动产权利作为抵押物场合,抵押合同成立并生效,且办理了抵押登记时,共同抵押权设立。

在A建设用地使用权上设立抵押权之后,A建设用地被分割为数宗建设用地,该数宗建设用地使用权共同承担着物上责任时,形成共同抵押权。或者抵押权先以A建设用地使用权为抵押物而设立,后来又扩及B建设用地使用权和C建筑物,扩及的B建设用地使用权和C建筑物也共同承担物上责任时,也形成共同抵押权。这两种情况下共同抵押权的设立,叫作追加的共同抵押权设立。共同抵押权就其成立要件而言,与普通抵押权的没有多大的差别。②

(四) 共同抵押权的效力

共同抵押权的效力,一般而言,与普通抵押权的大致相同,但也有特殊之处:数个抵押物担保同一债权,各个抵押物就被担保债权应负担的金额如何,不得不解决。

1. 当事人明确约定了各个抵押物所负担的金额时

如果当事人就各个抵押物应负担的金额已有明确的约定,且未超过被担保债权的额度,那么,应当按照各个抵押物应负担的金额,负其担保责任。

如果当事人就各个抵押物应负担的金额已有明确的约定,但已经超过了被担保债权的额度,那么,应当按照各个抵押物应负担的金额,并依比例降低相应的金额,负其担保责任。

2. 当事人未限定各个抵押物负担的金额时

如果当事人没有限定各个抵押物应负担的金额,则抵押权人可以就其中任一或

---

① [德]鲍尔/施蒂尔纳:《德国物权法》(下册),申卫星、王洪亮译,法律出版社2006年版,第210页。
② [德]鲍尔/施蒂尔纳:《德国物权法》(下册),申卫星、王洪亮译,法律出版社2006年版,第212页;王利明、尹飞、程啸:《中国物权法教程》,人民法院出版社2007年版,第493页。

各个抵押物行使抵押权,即抵押权人既可以将抵押物全部拍卖或变卖,就卖得的价金使其债权优先受偿,也可以拍卖或变卖其中的一个或几个抵押物,就卖得的价金使其债权优先受偿。

不难发现,当事人未限定各个抵押物负担的金额时,共同抵押权对抵押权人极为有利。但在抵押人不是同一个人的情况下,各个抵押人相互之间的利益可能会失衡,在抵押权人专就某个抵押物行使抵押权时尤为明显;在各个抵押物上存在的抵押权有先后顺位之分时,更可能发生不公正的结果。为了避免出现上述结果,《日本民法典》第392条第1项、《大韩民国民法典》第368条第1项采取分担主义,这值得中国的最高人民法院解释《民法典》时借鉴。

二、财团抵押权

(一) 财团抵押权的概念

所谓财团抵押权,是以企业的财团为抵押物的抵押权。所谓财团,是指由企业的建设用地使用权、地上建筑物及其附属设施、设备、知识产权等财产组成的一种集合的财产。财团既不是单纯的不动产,也不是单纯的动产,而是企业所有的不动产、动产及权利综合为一体,法律上视为一项独立的财产,于其上设立一个抵押权。这与普通抵押权的标的物为一个单一物不同,与共同抵押权的标的物为数个物或权利也有差异。

[延伸]

在日本,特别法规定了财团抵押权制度,将一个企业的财产的集合体作成一个财产目录的"财团"(Inventar)。该"财团"的构成方法,可有两种:一种是以不动产为中心构成的方法,将机械、器具等动产与不动产作成一体化,形成"不动产财团"。该"不动产"的组成采取任意选择主义,当事人以在财团目录中记载的物构成财团。另一种是以企业设施全体作为一个"物"看待,形成"物财团",作为抵押权的客体。因企业全体作为一个"物",所以,物财团的组成不是当事人的任意选择,而是采用以构成企业全体一体性的财团的当然归属主义。①

《民法典》第395条第2款关于"抵押人可以将前款所列财产一并抵押"的规定,等于承认了财团抵押,即一个企业有权将其全部财产,包括建设用地使用权、地上房屋、设备、运输工具等,设立一个抵押权。

(二) 财团抵押权制度的社会作用

财团抵押权之所以存在,主要是因为企业所有的不动产、动产及权利多为有机地

---

① [日]近江幸治:《担保物权法》,祝娅、王卫军、房兆融译,沈国明、李康民审校,法律出版社2000年版,第214-215页。

配合着,其使用价值或交换价值都比单个地使用或交换要高。如果僵硬地固守一物一权主义,把上述财产分解为一个一个的不动产、动产或权利,一一设立抵押权或其他担保权,不仅会减损其价值,而且过于烦琐,既不经济又不能充分发挥融资的作用。财团抵押权正好可以克服普通抵押权在这方面的不足,起到积极的作用。①

(三) 财团抵押权的设立

包括《不动产登记暂行条例》及《不动产登记暂行条例实施细则》在内的现行法尚无财团抵押权直接基于法律规定而设立的规定,从《民法典》第395条第2款关于"抵押人可以将前款所列财产一并抵押"的规定看,财团抵押权需要通过抵押合同设立,且应以抵押登记为财团抵押权的生效要件。

《不动产登记暂行条例实施细则》第65条第2款的规定,可以视为关于财团抵押的规定,但仍嫌概括,缺乏可操作性。

在实务中,中国至今尚未开展把财团作为一个抵押物办理抵押登记的业务,当企业以其所有的不动产、动产及权利一并设立抵押权时,实际操作是就建设用地使用权抵押、建筑物及其附属设施抵押、动产抵押、知识产权抵押等分别办理抵押登记,由此形成的抵押权难谓真正的财团抵押权,亟待修正。

(四) 财团抵押权的效力

财团抵押权的效力及于构成财团的各个不动产、动产及权利。不过,构成财团的物并非一成不变,因经营上的必要,有时旧机器、工具应予换成新的或增加全新之物。财团抵押权的效力及于这些新的或增加的物,但为对抗第三人,应为财团的财产目录的变更登记。②

三、浮动抵押权

(一) 浮动抵押权概述

《民法典》第396条承继了《物权法》第181条的规定,承认了浮动抵押权。《物权法》同时承认动产抵押权和浮动抵押权(第181条、第188~第189条),《民法典》将它们合并,缩成动产抵押权一种类型(第396条、第403~404条),但此种态样的动产抵押权在内部仍被区分为典型形态的动产抵押权和浮动抵押权。典型形态的动产抵押权遵循一物一权主义,即一个动产之上存在一个动产抵押权。浮动抵押权则不然,它是存在于由若干动产聚合在一起的标的物之上的抵押权。由此决定,它们在实行的条件、方式等方面存在差异。

---

① 郑玉波:《民法物权》,三民书局1988年修订12版,第275页。
② 史尚宽:《物权法论》,荣泰印书馆有限公司1979年版,第299页。

(二) 浮动抵押权的法律性质

1. 抵押人限于企业、个体工商户、农业生产经营者

普通抵押权场合的抵押人可以是自然人、法人或其他组织,而浮动抵押权场合的抵押人只能是企业、个体工商户、农业生产经营者(《民法典》第396条)。

[比较]

在英国,设立浮动抵押的只能是公司,自然人和合伙组织无设立浮动抵押的资格。这是英国《抵押证券法》(1972—1982年)和《破产法》(1914年)作用的结果。[1] 日本《企业担保法》(1958年)将设立浮动抵押的抵押人限定在有限责任公司。香港《公司条例》规定,有限责任公司能设立浮动抵押,自然人不得于其个人企业或合伙组织中设立浮动抵押。究其原因,浮动抵押权的标的物为流动性较强的财产,抵押权实现前,抵押人可自由处分它们,容易导致抵押权无法真正实现。与自然人相比,公司具有较规范的运作机制,且公司财产受资本三原则的限制,其财产具有一定的稳定性,公司能够以此独立承担民事责任。这在一定程度上利于浮动抵押权的实现。

与此不同,美国和加拿大未限制设立浮动抵押之人的资格。

中国《民法典》之所以将抵押人的范围放宽至个体工商户、农业生产经营者,是为了利用浮动抵押制度解决中小企业和农民贷款难的问题,以促进经济发展;[2] 中国允许作为浮动抵押权标的物的限于企业的动产,窄于英国法、香港法允许的范围,浮动抵押权的实现不一定导致抵押人进入破产程序,负面作用较小。[3]

2. 抵押物为企业、个体工商户、农业生产经营者的时时变动不居的动产

普通抵押权以不动产、动产或权利等财产作为抵押物,而浮动抵押权的标的物在《民法典》上仅限于抵押人现有的及将有的生产设备、原材料、半成品、产品(第396条)。这些财产集合起来作为抵押物,表现出集合性。

[比较]

浮动抵押制度滥觞于英国19世纪后半叶的判例法。在英国法上,浮动抵押权的标的物,可以是企业一部分财产,也可以是企业的全部财产,原材料、成品、商品、应收账款、商誉等无形资产均可成为浮动抵押权的标的物。在美国,可以作为美式浮动抵押权担保物的有:(1)货物,包括各种担保权益成立时一切能动之物;(2)半无形动

---

[1] 任清:《论英国法上的浮动抵押》,http://www.civillaw.com.cn/Article/default.asp?id=8376.转引自周自如:《我国浮动抵押制度探析》,清华大学法学硕士学位论文(2008年),第7页。
[2] 黄薇主编:《中华人民共和国民法典物权编释义》,法律出版社2020年版,第482页。
[3] 齐恩平、王明河:《论我国动产浮动抵押制度的理解和适用》,http://www.civillaw.com.cn/wangkan/content.asp?id34812&types.转引自周自如:《我国浮动抵押制度探析》,清华大学法学硕士学位论文(2008年),第8页。

产,包括代表货物所有权的单证、各种票据、动产文书;(3)完全无形动产,包括应收账款、知识产权和商誉等一般无形财产、收入。[①] 德国的让与担保制度、日本的企业担保制度与浮动抵押制度类似。

时时变动不居的动产不意味着作为标的物的集合性的动产模糊不清和无法特定化,抵押权的特定性于浮动抵押权的领域依然存在,且具有强制性,只不过在浮动抵押权设立时不强求特定,只要在浮动抵押权实行时特定即可罢了。这是适当处理实务中出现的对抵押财产概括性描述是否影响浮动抵押权设立的基准之一。

所谓对抵押财产概括性描述,就是界定抵押物时不具体、不清晰,甚至含混不清,无法确定地识别和把握之。例如,有的抵押合同约定甲公司仓库中的仓储物为抵押物,可是甲公司有数个仓库,全部仓库里的仓储物均为抵押物吗?仓储物中有一些属于第三人丁公司的,它们也属于抵押物吗?再如,有的抵押合同约定,以甲公司的进货担保某债权的实现。于是疑问顿时产生:甲公司在哪个时间段的进货作为抵押物?在普通的动产抵押权的场合,还存在哪种或哪几种进货作为抵押物的疑惑。

对于此类问题,《担保制度司法解释》贯彻鼓励交易原则,区分特定性在抵押合同成立与抵押权实行这些不同阶段的地位及作用:抵押权实行时特定性毫不含糊,抵押合同成立上不那么严苛,而是相对宽松地把握抵押物的特定性要求,"当事人在动产和权利担保合同中对担保财产进行概括描述,该描述能够合理识别担保财产的,人民法院应当认定担保成立"(第53条)。

3. 普通抵押权仅以现有的财产作为抵押物,而浮动抵押权的标的物,既包括抵押权人现有的动产,也包括抵押人将有的动产(《民法典》第396条)

需要强调指出的是,浮动抵押权对其标的物不是从静态把握的,而是允许企业、个体工商户、农业生产经营者的财产在浮动抵押权实行前正常流动,由企业、个体工商户、农业生产经营者向外流出的财产自动从浮动抵押权的效力范围中解脱,由外部流入企业、个体工商户、农业生产经营者的财产当然为浮动抵押权的效力所及。[②] 这就是浮动抵押权的标的物所具有的流动性。

4. 浮动抵押权的效力具有特殊性

浮动抵押的场合,抵押权的效力无对抗正常经营活动中已支付合理价款并取得抵押财产的买受人(《民法典》第404条),但享有超级优先权(《民法典》第416条)。所有这些,都是普通抵押权所不具备的。

5. 浮动抵押权因实行而转化为固定抵押权

债务人不履行到期债务成为事实,或发生了当事人约定的实现抵押权的情形,抵

[①] 吴光兴:《美国统一商法典概要》,华南理工大学出版社1997年版,第53页。
[②] 梁慧星、陈华彬:《物权法》(第4版),法律出版社2007年版,第338页。

押权人有权行使抵押权。自此时,浮动抵押权的标的物得以确定,浮动抵押权转化为固定抵押权。① 这表现出抵押物在性质上的可转化性。

(三)浮动抵押权与固定抵押权的比较

所谓固定抵押,系相对于浮动抵押而存在的概念,是指抵押权于其设立时便附着于特定的财产上,该财产的特定性在抵押权的存续期间一直不变的抵押。其典型特征是,抵押物的范围被清晰、准确地界定出来,一般用附录等形式尽量地逐项记明作为抵押权标的物的全部财产;抵押权人对作为抵押权标的物的财产能有效控制,抵押人与他人交易抵押物,必须征得抵押权人的同意。②

关于浮动抵押的特征,Romer L.J 大法官在 Re Yorkshire Woolcombers Association 案的判决中概括为:(1)以公司现在或未来的某个类别的资产抵押;(2)该类别的资产在公司正常的业务运作期间会不断变化;(3)在对抵押拥有权益的人或其代表采取某些法律措施前,公司可以利用该类别的资产继续运作。③ Slade.J 法官在 Re Bond Worth Ltd 案的判决中指出,并不是一定要包含 Romer 法官所提出的三项特征的抵押才是浮动抵押。相似地,Lord Millett 勋爵在 Re Agnew 案中提及 Romer 法官所描述的那三项特征时说,那三项特征只是对浮动抵押制度的一种描述,而非定义。前两项特征虽是浮动抵押的典型特征,但却不能因此推出有关担保必然为浮动抵押的结论,而第三项特征(自主经营权)才是浮动抵押制度的标志性特征。④

总之,固定抵押的本质在于抵押权人能够充分掌握和控制抵押物(的交换价值),而浮动抵押的本质在于抵押人享有利用抵押物从事生产和经营的自主经营权。一个抵押权人不得一方面宣称其抵押权为固定抵押权,另一方面又允许抵押人如同没有抵押权那样处分抵押的财产。⑤

抵押财产的性质和种类直接关系到抵押权人对抵押财产的控制程度和抵押人对抵押财产处分的自由度,进而关系到抵押权的性质和种类。通常而言,固定抵押不会以企业的存货或原材料等来设立抵押权,即使抵押合同等文件明示设立在这些财产

---

① 梁慧星、陈华彬:《物权法》(第 4 版),法律出版社 2007 年版,第 338 页。
② 高燕红:《谈英国判例法对浮动担保与固定担保的识别》,http://ckrd.cnki.net/grid20/detail.aspx?QueryID=18&CurRec=1.转引自周自如:《我国浮动抵押制度探析》,清华大学法学硕士学位论文(2008 年),第 26 页。
③ Roy Goode, Legal Problems of Credit and Security, Sweet & Maxwell, Third Edition,2003,p.114. 转引自周自如:《我国浮动抵押制度探析》,清华大学法学硕士学位论文(2008 年),第 26 页。
④ Roy Goode, Legal Problems of Credit and Security, Sweet & Maxwell, Third Edition,2003,p.115. 转引自周自如:《我国浮动抵押制度探析》,清华大学法学硕士学位论文(2008 年),第 26 页。
⑤ 周自如:《我国浮动抵押制度探析》,清华大学法学硕士学位论文(2008 年),第 26-27 页。

上的抵押权为固定抵押权,也可能被法院解释为浮动抵押权。因为这些资产组合具有高度的变动性,在抵押人的日常业务中会不可避免地被消耗掉。假如当事人主张这些财产为固定抵押权的效力所及,可能会导致抵押人的整个业务瘫痪。[①]

(四) 浮动抵押权与财团抵押权的比较

财团抵押权是把企业的全部财产视为一个物而设立一个抵押权,该抵押权一经设立,这些财产即为抵押权的效力所及,抵押人(企业)不得擅自处分。而浮动抵押权是以时时变动不居的企业财产为标的物而设立的一个抵押权,在抵押权实行之前,抵押人(企业)可以处分其财产。

浮动抵押权制度,是为克服财团抵押权制度的缺陷并使企业可以获得巨大的融资而发展起来的。从保护企业发展的角度看,浮动抵押权较财团抵押权为优,但从保护抵押权人的侧面观察,则正好相反。详言之,设立浮动抵押权后,企业仍然可以对企业的财产自由处分,企业的生产经营活动不受抵押权设立的影响;但另一方面,如企业因经营不善致财产大量减少,便会影响抵押权人的债权实现。而财团抵押权场合,企业不得对作成了财团目录的财产任意处分,对企业的生产经营活动显然不利,但因抵押财产固定,有利于抵押权人的债权实现。[②]

(五) 浮动抵押权制度的社会作用

在现代市场经济条件下,企业担负着社会的生产和流通的重要经济职能,事关国计民生,影响十分深远。因此,维持企业的存在并使其在此基础上振兴、发展,也就成为现代民法的一项重要理念。为此便需要借助法律而采取各种手段和措施,包括使企业获得融资而采取的担保措施。[③]

一个企业要想存立,需要由下列要素为了一个目的统一结合成一个组织体:第一,是企业设施、加工材料、生产用具、商品仓库等无数的物的要素;第二,是与顾客间产生的赊销价金及其他继续供给的债权关系,与行纪或原材料供给者的信用关系,与受雇人、土地主人或房屋主人之间产生的雇佣关系或租赁关系等无数的法律关系;第三,是基于商标、商号、专利等所谓无体财产权的特殊利益;第四,是企业特有的技能或熟练技术与据此产生的商誉等事实上的利益。在近现代,企业是一个通过企业组织结合起来的上述权利、法律关系及事实关系的统一体,有着超越各个要素的价值的总和而形成的整体价值。该价值不是与特定主体的人格不可分离地结合在一起的,而是有其客观存在的。假如从中单单抽取某些要素,即使被概括处理,也会使这些财

[①] 周自如:《我国浮动抵押制度探析》,清华大学法学硕士学位论文(2008年),第27页。
[②][③] 梁慧星、陈华彬:《物权法》(第4版),法律出版社2007年版,第339页。

产所保有特殊价值的法律上和事实上的无形的要素消失,影响其担保价值。① 就是说,若固守一物一权主义,将各个不动产、动产或权利分开,单独设立抵押权等担保权,就不能充分发挥企业的担保价值,设立手续也不胜其烦。还有,单个的物供作担保,容易导致担保物的变价,犹如各个击破,酿成企业解体的危险。这显然有悖于维持、发展企业的现代商事的法理念。相反,若把企业的不动产、动产、权利等财产,作为一个整体而设立浮动抵押权,则不但可以发挥企业的整体担保价值,而且可以避免单独设立担保权的繁累,节省大量的人力、物力。② 《物权法》和《民法典》规定的浮动抵押权,虽然把不动产排除于抵押物的范围之外,但仍能表现出上述价值。

(六)抵押财产的确定

浮动抵押权要实行,需要确定浮动抵押的财产。所谓确定浮动抵押的财产,又叫结晶或封ману,是指浮动抵押权因抵押财产的确定而成为固定抵押权(一般抵押权),抵押人处置抵押财产的权利终止,抵押权人有权就抵押财产变价所得价款优先受偿。如果把浮动抵押权设立时的抵押财产比作一条流淌的水流,那么,所谓浮动抵押财产的确定,就是在该水流的上、下游都筑坝截流,被围困起来的水就是被确定的浮动抵押财产。

确定浮动抵押财产,需要出现法定事由。对此,《民法典》第411条规定:发生下列情形之一的,浮动抵押财产确定:(1)债务履行期限届满,债权未实现;(2)抵押人被宣告破产或者解散清算;(3)当事人约定的实现抵押权的情形;(4)严重影响债权实现的其他情形。

债务履行期限届满,债权未实现,浮动抵押权实行的条件具备了,抵押权人可以实行浮动抵押权。把抵押财产折价、拍卖、变卖都必须有具体、明确的抵押财产,不然,抵押财产的价格无法确定,拍卖、变卖也难有对象。因此,抵押财产在这种情况下必须确定。由浮动抵押权的特殊性决定,确定抵押财产,就是要清晰地界定抵押财产所包含的具体的物的种类、数量、所有权的归属,登记造册,把原来流动的财产暂时固定成静态的财产。

抵押人被宣告破产,适用《企业破产法》的规定确定破产财产,从中再界分出浮动抵押财产。抵押人解散清算时同样如此操作。

当事人约定的实现抵押权的情形,确定浮动抵押财产的方法与理由如同"债务履行期限届满,债权未实现"的场合,不再赘言。

---

① [日]我妻荣:《债权在近代法上的优越地位》,王书江、张雷、谢怀栻译,中国大百科全书出版社1999年版,第104-106页。

② 梁慧星、陈华彬:《物权法》(第4版),法律出版社2007年版,第338页。

所谓严重影响债权实现的其他情形,需要结合其他法律的规定并通过司法实践不断细化。例如,抵押人因经营管理不善而导致经营状况恶化或严重亏损,或抵押人为了逃避债务而故意低价转让财产或隐匿、转移财产等。①

(七) 浮动抵押权的效力

1. 浮动抵押权所担保债权的范围

浮动抵押权所担保债权的范围,当事人有约定时,依其约定;无约定时,包括被担保的主债权及其利息、违约金、损害赔偿金和实现抵押权的费用等(《民法典》第389条)。

2. 浮动抵押权的效力及于标的物的范围

抵押人现有的及将有的生产设备、原材料、半成品、产品都是浮动抵押权的效力所及的范围(《民法典》第396条)。特别是浮动抵押权设立之后,抵押人在生产、经营过程中新取得的财产,将自动归入浮动抵押权的效力所及的范围。同时,凡来自抵押物的一切所得(应存入抵押权人指定的专用账户,但在实际操作中难以掌握),包括抵押物出售所得的钱款,抵押物毁损、灭失、被征收/征用等所获得的保险金、赔偿金、补偿金(的请求权),以及抵押物毁损后的残留物,还有抵押物的孳息等,亦为浮动抵押权的效力所及。②

不动产、知识产权和债权原则上不为浮动抵押权的效力所及。交通运输工具一般也不在浮动抵押权的标的物范围之内,除非当事人另有约定。③

3. 抵押权人的权利义务

浮动抵押权场合,抵押权人的权利义务,基本上相同于普通抵押权场合的权利义务。对于相同的,此处不再赘述,需要指出的是,对于抵押人正常经营活动中,将某特定的抵押物出售与他人,浮动抵押权人无权阻止,并且,该他人(买受人)已支付合理价款并取得抵押物时,浮动抵押权人于实行抵押权时无权将该抵押物折价或变价。

4. 浮动抵押权无对抗正常经营活动中已付合理价款并取得抵押财产的买受人

与动产抵押权一经登记便可对抗任何第三人不同,《民法典》第404条规定,浮动抵押权即便已经登记完毕,也不得对抗正常经营活动中已支付合理价款并取得抵押财产的买受人。这是由浮动抵押权制度的天性所决定的,是法律为克服财团抵押权、工厂抵押权等场合抵押人无权处分抵押财产的缺陷而特意设置浮动抵押权制度的目的之一。详细些说:如果法律规定浮动抵押权在办理登记之后,发生绝对的对抗第三

---

① 王利明、尹飞、程啸:《中国物权法教程》,人民法院出版社2007年版,第491页。
②③ 彭长林:《浮动抵押制度在执行冲突中的协调》,载《人民法院报》2008年6月13日,第6版。

人的效力,那就意味着抵押权具有追及的效力。即便抵押财产的所有权发生转移,该财产上的权利负担——抵押权——仍不消灭。当债务人届期不履行债务或者发生当事人约定的实现抵押权的事由时,抵押权人就有权将第三人已经取得所有权的抵押财产加以拍卖或者变卖,而买受人只能通过买卖合同追究出卖人(抵押人)的权利瑕疵担保责任。风险就被因此转嫁到买受人的头上。买受人为了防止此种风险,要么支出大量的费用去逐一查证标的物是否被抵押了,要么不与设定了浮动抵押权的抵押人从事交易,该抵押人的正常生产经营活动事实上就无法开展,于是设立浮动抵押权的立法目的之一——有利于提供浮动抵押的民事主体从事正常的经营管理活动——也将落空。所以,《民法典》第404条特别对办理了登记的动产浮动抵押权的对抗效力作出了进一步的限制。当然,为了防止抵押人与他人合谋欺诈抵押权人,《民法典》将不能对抗的第三人的范围作出了限制,亦即该第三人必须符合以下两个条件:其一,必须是正常经营活动中已支付了合理价款的买受人。如果买受人仅仅与抵押人订立了买卖合同,但是尚未支付价款或者支付的是极少的价款,那么没有保护这些买受人的必要。其二,买受人必须已经取得了抵押财产,即抵押人已经将抵押财产交付给了买受人。依据《民法典》第224条关于"动产物权的设立和转让,自交付时发生效力,但法律另有规定的除外"的规定,如果抵押人没有将抵押财产交付给买受人,那么买受人就没有取得该抵押财产的所有权,即便买受人已经支付了全部的价款,在法律地位上仍然只是债权人。作为担保物权人的浮动抵押权人,无论其抵押权是否登记,都可以对抗此种普通债权的权利人。[①]

[思考]

为了交易便捷和安全,《民法典》设计系列制度及规则时首先推定参与正常经营活动中的交易相对人为善意,无义务查询于正常的经营活动中被处分的动产或其权利的登记状况。当然,这种设计的合理性和正当性与动产或其权利的登记与被登记的权利的真实状况不相符合的几率较大有关。《民法典》第403条、第404条均源自此种理念。

为了贯彻上述理念,澄清疑义,也适当保护担保权人,《担保制度解释》特设第56条,明确了担保权人包括已经办理了抵押登记的抵押权人、所有权保留买卖的出卖人和融资租赁合同的出租人(第2款后段),界定了出卖人的正常经营活动为出卖人于其营业执照明确记载的经营范围内持续销售同类商品的活动(第2款前段),列举了不属于善意买受人、担保权人可以对抗之的类型:(1)购买商品的数量明显超过一般买受人之人,难谓其为消费者,法律无必要优惠保护他,故抵押权人有权就该买受人

[①] 请参考王利明、尹飞、程啸:《中国物权法教程》,人民法院出版社2007年版,第489-490页。

买受的动产使其债权优先受偿;(2)购买出卖人的生产设备之人,非属消费者,而为商家,对其优惠保护有失权衡,故融资租赁关系中的出租人、所有权保留买卖中的出卖人有权对抗他,抵押权人有权就该买受人买受的动产使其债权优先受偿;(3)订立买卖合同的目的在于担保出卖人或第三人履行债务,于此场合,如果仍然坚持此类买受人取得买卖物的所有权,排斥抵押权人就该买卖物使其债权优先受偿,排斥所有权保留买卖中的出卖人保有该买卖物的所有权,那么,其所得明显大于其负担,有失权衡;(4)买受人与出卖人存在直接或间接的控制关系,他们相互利用,共同获利且最大化,无特殊保护之的必要,而应坚持抵押权的优先效力;(5)买受人应当查询抵押登记而未查询的其他情形,属于买受人非善意,对其不值得优惠保护,而应坚持抵押权的优先效力。①

当然,《担保制度解释》第 56 条存在可商榷之处,即将融资租赁合同中的出租人称为担保物权人,在概念方面不尽周延,莫不如将抵押权人、所有权保留买卖的出卖人和融资租赁合同的出租人统称为担保权人,更为妥当。

5. 超级优先的效力

按照《民法典》第 416 条的规定,在满足以下条件时,浮动抵押权优先于除去留置权的其他担保物权的效力:(1)被担保债权是 A 物的价款债权;(2)A 物已被买受人占有;(3)A 物交付后 10 日内办完(超级优先权的)抵押登记。对此,本章"第一节 抵押权概述"中"抵押权是就抵押物的变价使被担保债权优先受偿的物权"含有较为详细的论述,此处不赘。

[思考]

鉴于《民法典》第 416 条的文义在实际上限制了应有的适用领域,且其意思如何也有不尽相同的理解,《担保制度司法解释》特设第 57 条予以澄清、细化和扩张其适用范围:"担保人在设立动产浮动抵押并办理抵押登记后又购入或者以融资租赁方式承租新的动产,下列权利人为担保价款债权或者租金的实现而订立担保合同,并在该动产交付后十日内办理登记,主张其权利优先于在先设立的浮动抵押权的,人民法院应予支持:(一)在该动产上设立抵押权或者保留所有权的出卖人;(二)为价款支付提供融资而在该动产上设立抵押权的债权人;(三)以融资租赁方式出租该动产的出租人"(第 1 款)。"买受人取得动产但未付清价款或者承租人以融资租赁方式占有租赁物但是未付清全部租金,又以标的物为他人设立担保物权,前款所列权利人为担

---

① 清华大学法学院副教授龙俊博士于 2021 年 1 月 28 日在北京市物权法学研究会举办的"第三届产权保护法治论坛:《最高人民法院关于适用〈中华人民共和国民法典〉有关担保制度的解释》研讨会"上发表了这种意见。特此致谢!

保价款债权或者租金的实现而订立担保合同,并在该动产交付后十日内办理登记,主张其权利优先于买受人为他人设立的担保物权的,人民法院应予支持"(第2款)。"同一动产上存在多个价款优先权的,人民法院应当按照登记的时间先后确定清偿顺序"(第3款)。这些规定于系争案件符合其构成要件时应被首先适用,把《民法典》第416条的适用范围扩张到融租租赁关系,并明确了具体的构成要件和法律效果。

(八)浮动抵押权的实行

浮动抵押权,作为一种特殊的抵押权,其实行必须适用《民法典》第411条关于浮动抵押财产确定的规定、第416条关于超级优先权的规定;作为抵押权的一种,也适用《民法典》关于普通抵押权实行的规定(第410条)。

在司法实务中,除抵押权人和抵押人协商一致实行抵押权以外,还有两种常见的方式执行浮动抵押物:一种是在经过诉讼程序确认抵押权人对浮动抵押财产的抵押权后,进入执行程序执行浮动抵押财产;另一种是抵押权人未经诉讼程序,在他案执行抵押人的其他资产时,对浮动抵押的财产一并采取查封、扣押等措施(《执行规定》第40条前段)。①

四、最高额抵押权

(一)最高额抵押权的概念

最高额抵押权,又称最高限额抵押,是指在预定的债权的最高额限度内,为担保将来一定期间内连续发生的债权,由债务人或第三人提供抵押物而设立的特殊抵押权。债务人不履行到期债务或发生当事人约定的实现抵押权的情形,抵押权人有权在最高债权额限度内就该抵押物的变价优先受偿。例如,甲制药厂和乙银行于2000年12月1日签订抵押合同,约定了如下内容:对于甲制药厂在2001年一年内所需要的流动资金约1亿元,乙银行同意分六期贷款与甲制药厂,甲制药厂以其约2亿元的房地产设立抵押权。该抵押权即为最高额抵押权。其法律性质如下:

1. 最高额抵押权担保不特定债权

所谓不特定债权,是指抵押债权自该抵押权设立时起至确定时止不断地发生或消灭,处于变动状态,具有流动性、替代性。② 这是最高额抵押权不同于普通抵押权的一个方面。

由上述可知,所谓不特定债权,是指所担保的债权系一定期间内和最高额限度内(一定范围内)所发生的生生不息的债权,非指在一定期间内和最高额限度内(一定范

---

① 王利明、尹飞、程啸:《中国物权法教程》,人民法院出版社2007年版,第489-490页。
② 谢在全:《民法物权论》(下册),三民书局2003年修订2版,第50页。

围内)发生的某债权本身不特定。举例来说,在一定期间内和最高额限度内(一定范围内)发生的甲债权,固为最高额抵押权担保的债权;如有乙债权产生,同样为其担保的债权;而且,即使甲乙债权因受清偿而消灭,日后有丙债权在一定期间内和最高额限度内(一定范围内)成立,它仍为最高额抵押权担保的对象。其中的甲、乙、丙各债权本身都是特定的,而非不特定。①

[**论争**]

最高额抵押权担保的债权为不特定债权,是否含有抵押债权在数额上不特定之义,对此存在着分歧。肯定说认为,最高额抵押权所担保的,是基于当事人之间连续性交易关系而于将来可能发生的不特定债权,而且债权的数额在最高额抵押权设立时也不确定,仅仅预定一个最高限额。② 否定说则主张,所谓不特定债权,非指债权本身尚未特定,且与担保债权的债权数额是否确定无关。③ 不特定债权常常是金额不特定的或未曾发生的债权(即将来债权),但并非所有金额不特定的债权或将来的债权都是不特定债权。作为最高额抵押权担保对象的不特定债权具有特殊含义,是指债权本身具有变动性。④ 准确地说,是在一定期间内且有最高限额(一定范围内)各个债权像走马灯似地发生、消灭,具有变动性、代替性,某债权本身具有特定性。在笔者看来,这两种见解各有所据,只要坚持同一律,采取任何一种,都说得过去。本书暂时采取第二种观点,因其更符合最高额抵押权与其担保的债权之间互动关系的实质。

同时,也应看到,最高额抵押权所担保的不特定债权,是相对而言的,并不绝对排斥担保最高额抵押权设立前已经存在的债权。对此,《民法典》第420条第2款规定,最高额抵押权设立之前已经存在的债权只要经过当事人同意,可以转入最高额抵押所担保的债权范围。其法理依据,有专家解释为最高额抵押权所担保的为不特定债权,并非债权本身不特定。⑤ 既然如此,业已存在的债权虽然具有特定性,经当事人同意而成为最高额抵押权担保的对象,与最高额抵押权的属性并不抵触。但须注意,当事人将最高额抵押权设立前已存在债权转入最高额抵押担保的债权范围,应当办理登记手续。

还有,将来的不特定债权是否以具有发生的可能性为必要?中国台湾地区的判

---

① 谢在全:《民法物权论》(下册),三民书局2003年修订2版,第51页。
② 梁慧星、陈华彬:《物权法》(第4版),法律出版社2007年版,第331页;郑玉波:《民法物权》,三民书局1988年修订12版,第286页。
③ 谢在全:《民法物权论》(下册),三民书局2003年修订2版,第51页。
④ 王利明、尹飞、程啸:《中国物权法教程》,人民法院出版社2007年版,第495-496页。
⑤ 参见胡康生主编:《中华人民共和国物权法释义》,法律出版社2007年版,第443页;黄薇主编:《中华人民共和国民法典物权编释义》,法律出版社2020年版,第549页;谢在全:《民法物权论》(下册),三民书局2003年修订2版,第51页。

例基于最高额抵押权乃抵押权的一种,仍应具有从属性的立场,似采肯定的见解。①但中国台湾地区的民法学说则有所不同,对最高额抵押权已经采取尽可能地缓和从属性的立场,应认为不特定债权有无发生的可能性并非所问,即使没有发生的可能性,也是属于被担保债权的确定问题。② 该学说的见解更有说服力,值得中国大陆的物权法及其理论借鉴。

2. 最高额抵押权担保一定期间内和最高额限度内(一定范围内)的债权

所谓一定期间内和最高额限度内(一定范围内)的债权,是指债权人和债务人之间一定法律关系中的债权,或基于票据所发生的权利。最高额抵押权所担保的不特定债权,必须限于在该期间内和最高额限度内(一定范围内)发生的不特定债权。③ 所以,这里的一定期间,不仅指债权发生的期间,更是指抵押权担保的期间。④ 只有在该期间内发生的债权,且未超出最高额限度的债权,才是最高额抵押权担保的债权。

这里的一定法律关系,在《担保法》上被限定为借款合同关系、债权人和债务人就某项商品在一定期间内连续发生交易而签订的合同关系(第60条)。随着市场经济的不断发展,经济往来日益频繁,经济交往形式日益多样,在现实经济生活中,不仅当事人之间的借贷关系、商品交易关系可以利用最高额抵押的形式,其他交易形式也可能需要以最高额抵押权作担保,如票据关系、商业服务关系。有鉴于此,《物权法》不再对最高额抵押权制度的适用范围作《担保法》第60条那样的限制,为实践发展留出空间。⑤《民法典》亦然。⑥

[探讨]

应当看到,对于最高额抵押权所担保的债权,《物权法》并未明文限于一定期间内的交易关系所产生的债权,采用的是"一定期间内将要连续发生的债权"的表述(第203条第1款)。《民法典》亦然(第420条第1款)。就其文义观察,侵权行为引发的债权、不当得利债权等也被涵盖其中。假如完全如此,不加限定,则意味着《物权法》和《民法典》承认了概括最高额抵押权;如果按照全国人大常委会法制工作委员会所著《中华人民共和国物权法释义》对《物权法》第203条的解释,则认为《物权法》尚未承认概括最高额抵押权。为有助于得出适当的结论,有必要简要考察有关判例、学说

---

① 中国台湾地区"最高法院"1973年台上字第776号判例。
② 谢在全:《民法物权论》(下册),三民书局2003年修订2版,第51-52页。
③ 参见上书,第52页。
④ 胡康生主编:《中华人民共和国物权法释义》,法律出版社2007年版,第442页;黄薇主编:《中华人民共和国民法典物权编释义》,法律出版社2020年版,第548页。
⑤ 胡康生主编:《中华人民共和国物权法释义》,法律出版社2007年版,第443页。
⑥ 黄薇主编:《中华人民共和国民法典物权编释义》,法律出版社2020年版,第549页。

对概括最高额抵押权的态度。对于《民法典》关于最高额抵押权的界定,也应如此解释。

所谓概括最高额抵押权,是指就抵押权人(债权人)对债务人的一切债权,在最高额限度内均予担保的最高额抵押权。此处所谓一切债权,又叫概括债权,包括基于交易行为所产生的债权、基于侵权行为所产生的债权、基于不当得利返还的债权等。日本、中国台湾地区的判例和学说对此态度不一。赞同概括最高额抵押权的判例和学说认为,概括最高额抵押权虽然可能阻塞抵押人就抵押物再次获取融资的途径,但它为抵押人原来所选择的方法,基于合同自由原则,不存在主张概括最高额抵押权无效的理由。何况最高限额已有登记,最高额抵押权的效力及其限度业已确定且已公示,对第三人不致发生损害。加上在解释上应认为最高额抵押权所担保的债权,并非无限的债权,而是限于直接或间接因交易关系所生的债权,而非及于所有的侵权行为产生的损害赔偿请求权等债权。所以,日本下级审裁判实务一向认定概括最高额抵押权为有效。[①] 否定概括最高额抵押的判例和学说则主张,概括最高额抵押权系就抵押权人和债务人之间所发生的一切债权,如侵权损害赔偿请求权、不当得利返还请求权等偶然发生的债权,均列入担保的范围,会使抵押人负担不可预期的债务,对抵押人来说是不公正的。并且因担保债权未划定一定范围,抵押物在最高限额范围内受无限制的拘束,尤其在对最高限额约定过高的情况下,将使实际担保债权额与最高额之间的抵押物的交换价值陷于窒息状态,导致妨害其交换价值的有效利用,有违物尽其用的宗旨。再者,一般最高额抵押所担保的债权因有一定范围的限制,后顺位抵押权人、一般债权人对抵押物负担的担保程度可以作出一定的预测,以决定是否同意抵押人就其财产设立抵押权,是否再成立债的关系。但在概括最高额抵押权的情况下,因该抵押未划定担保债权的范围,不仅偶然发生的债权可以进入担保范围,甚至抵押权人得以不当方法把本无担保的债权、票据债权等列入担保范围,使后顺位抵押权人、一般债权人难以预料,面临较大的风险。还有,概括最高额抵押权的设立,常常是经济上处于优势地位的金融机构、大企业以格式条款的形式,使经济上处于劣势地位的弱者被迫接受,抵押权人然后利用对抵押物交换价值的独占,处于优越于其他债权人的地位,使抵押人在经济上屈服于自己的控制之下,形成压迫经济上弱者的不公平结果,有悖于社会公平正义的理念。[②] 最后,概括最高额抵押权所担保的不特定债权因无一定的基础法律关系作为发生原因,该抵押权已无一定的法律关系可资从属,已经

---

① 日本东京高判1957年7月17日,载高民集第10卷第5号,第292页。转引自谢在全:《民法物权论》(下册),三民书局2003年12月修订2版,第71页。

② 谢在全:《民法物权论》(下册),三民书局2003年修订2版,第70-71页。

违反了抵押权的从属性,故不应承认其效力。①

以上两种见解各有所据,但权衡利弊,否定说的理由更充分些。具体到中国,由于《担保法》第 60 条将最高额抵押权制度的使用范围限定为借款合同关系、债权人和债务人就某项商品在一定期间内连续发生交易而签订的合同关系场合,《物权法》和《民法典》虽然将其适用范围有所扩张,如票据关系、商业服务关系等领域亦可成立最高额抵押权,但其规范意旨也没有超出交易关系的领域,②所以,宜得出《物权法》和《民法典》没有承认概括最高额抵押权的结论。当然,即使不承认概括最高额抵押权,立法政策上也可考虑对某些特殊的侵权损害赔偿请求权——如工厂排放废气引发的侵权损害赔偿请求权——允许设立最高额抵押权予以担保。

上述所谓一定期间和最高额限度(一定范围),需要当事人在抵押合同中明确约定,办理抵押登记时亦应记载。

3. 最高额抵押权系在最高额限度内为担保

所谓最高额限度,简称为最高限额,是指抵押权人基于最高额抵押权所得优先受偿债权的最高数额。《担保制度解释》第 15 条第 1 款将之称作最高额担保中的最高债权额,包括主债权及其利息、违约金、损害赔偿金、保管担保财产的费用、实现债权或者实现担保物权的费用等在内的全部债权,但是当事人另有约定的除外。最高额抵押权所担保的不特定债权,其优先受偿的金额范围必须在最高额限度之内(《民法典》第 420 条第 1 款后段)。

最高额限度,是当事人在签订抵押合同时预估的最高额抵押权能够担保的债权的限额,不一定是最高额抵押权实际担保的债权的数额,或者说,不一定是债务人实际清偿的债权额。抵押权人实现最高额抵押权时,实际存在的债权额等于最高限额的,最高限额的债权优先受偿;实际存在的债权额大于最高限额的,以最高限额为限优先受偿,超过最高限额的债权额无优先受偿的效力;实际存在的债权额小于最高限额的,以实际存在的债权额为限优先受偿。

4. 最高额抵押权的从属性已被最大限度地缓和

最高额抵押权设立在先,被担保债权发生于后(即使将已经存在的债权纳入最高额抵押权担保的范围,该种债权所占比重也很小);尤其是待最高额抵押权实行时,有的债权已经消灭,于是引发了这样的疑问:设立的最高额抵押权究竟从属于哪个或哪些债权?若无法确定,或确定最高额抵押权所从属的债权于抵押权实行时均已消灭,

---

① 陈石狮:《有关最高限额抵押之几个问题》,载《民商事裁判研究专集》,1985 年,第 317 页。转引自谢在全:《民法物权论》(下册),三民书局 2003 年修订 2 版,第 71 页。

② 胡康生主编:《中华人民共和国物权法释义》,法律出版社 2007 年版,第 443 页;黄薇主编:《中华人民共和国民法典物权编释义》,法律出版社 2020 年版,第 548-549 页。

能谓最高额抵押权从属于它们吗？局限于最高额抵押权设立时的情境,如此思考问题,容易得出最高额抵押权丧失了从属性的结论。

但是,由于从属性是保全抵押权的本质属性,如今的判例和学说多将抵押权成立上的从属性和权利实现上的从属性合二为一地予以观察,对最高额抵押权有无从属性更应依此路径思考。其结论是,最高额抵押权作为保全抵押权的一种,于其实现时可使业已确定的债权优先受偿,从而显现出从属性。①

[辨析]

有判例和学说认为,最高额抵押权所担保的债权是将来发生的债权,故最高额抵押权并不从属于某特定的债权,而是从属于当事人之间存在的具有将来应为信用授受的基本合同,或曰一定范围的基础法律关系。该基础法律关系所产生债权即使在一定的期间内连续发生,最高额抵押权也不受影响。这样一来,即便基础法律关系发生的债权因清偿、抵销等原因,一度归于消灭,实际的债权额为零,由于最高额抵押权是为担保将来可能发生的不特定债权而存在的,所以它并不消灭。这也是它与普通抵押权在消灭上的从属性的差别。②

通说坚持,抵押权所从属的是被担保债权,只不过最高额抵押权所从属的是由债权人和债务人间一定的法律关系所产生的不特定债权,或基于票据所生的权利,而非某特定债权,亦非产生债权的基本合同,尤其在最高额抵押权担保基于票据所生的权利时,可能不存在基本的法律关系。③ 本书遵从通说。

诚然,最高额抵押权的从属性毕竟特殊：其一,在成立的从属性方面,最高额抵押权设立在先,被担保债权生成于后,成立上的从属性推移至被担保债权确定后。④ 其

---

① 谢在全：《民法物权论》(下册),三民书局2003年修订2版,第56页。
② 中国台湾地区"最高法院"1997年台上字2114号判例;吴光明：《最高限额抵押权所担保债权之研究》,载《固有法制与当代民事法学——戴东雄六秩华诞祝寿论文集》,三民书局1997年8月版,第251页;郑冠宇：《论最高限额抵押权之法定化》,载《月旦法学杂志》第67期,2000年12月,第142页;王利明、尹飞、程啸：《中国物权法教程》,人民法院出版社2007年版,第496页。
③ [日]川井健：《担保物权法》,青林书院1987年版,第153页;[日]远藤浩、川井健、高原重义、广中俊雄、水本浩、北本进一编集：《民法(3)担保物权》,有斐阁1999年版,第210页;[日]小林资郎：《根抵当》,载[日]星野英一汇编：《民法讲座》(3),有斐阁1990年版,第217页;[日]清水诚：《根抵当权にぉける被担保债权の不特性について》,载《手形研究》第418号,1988年版,第282页;[日]铃木禄弥：《根抵当法概说》,新日本法规出版株式会社1998年版,第67页、101页;蔡明诚：《论最高额法定抵押权之法定化》,载《月旦法学杂志》第67期,2000年12月,第121页。转引自谢在全：《民法物权论》(下册),三民书局2003年修订2版,第57页。
④ 谢在全：《民法物权论》(下册),三民书局2003年12月修订2版,第57页;黄松有主编：《〈中华人民共和国物权法〉条文理解与适用》,人民法院出版社2007年版,第605页;[日]近江幸治：《担保物权法》,祝娅、王卫军、房兆融译,沈国明、李康民审校,法律出版社2000年版,第194页。

二,在移转的从属性方面,最高额抵押权在被担保债权确定前不得单独转让,被担保的部分债权(大多是某个或某些债权)转让的,最高额抵押权也不得转让,除非当事人另有约定(《民法典》第421条但书)。在中国台湾地区,"民法"第881条之6第2项规定,被担保债务由第三人为债务人免责地承担的,脱离被担保债权的范围,抵押权人就该承担的部分不得行使最高额抵押权。① 被担保债权确定后,最高额抵押权随着被担保债权的让与而转让。其三,在消灭的从属性方面,最高额抵押权系担保生生不息的不特定债权,在确定之前,被担保债权如因清偿、抵销、免除等原因而全部消灭,实际债权额为零时,最高额抵押权仍为担保将来可能发生的不特定债权而继续存在,并不消灭,因此就具体的各个债权而言,最高额抵押权没有消灭上的从属性。②

5. **最高额抵押权无独立性**

日本有学者基于否定最高额抵押权的从属性、最高额抵押权可以与被担保债权分离而让与等原因,认为最高额抵押权具有独立性,亦即最高额抵押权与被担保债权分离而独立地为价值支配权。③ 中国有的专家亦有类似的议论。④ 但是,海峡两岸的民法及其通说均承认最高额抵押权仍具有从属性,未设最高额抵押权可以独立让与的规定,否认概括最高额抵押权,最高额抵押权必须是担保一定范围内(一定期间内和最高额限度内)的不特定债权,该一定范围又以一定法律关系或基于票据所产生的权利为限;并且,一定法律关系一旦结束,或因其他事由不再发生不特定债权时,最高额抵押权即归于确定,从属性得以复归,开始普通抵押权化,待被担保债权额结算后,绝大多数情况下还须在完成变更登记后,成为真正的普通抵押权。所有这些,都表明最高额抵押权无法完全脱离被担保债权的影响,尚不独立。⑤

6. **最高额抵押权在特定性上仅有抵押物的特定性**

抵押权的特定性,表现为抵押物的特定和抵押权所担保债权的特定。最高额抵押权场合,抵押物的特定性显而易见;被担保债权的特定性似乎欠缺,因为最高额抵

---

① 谢在全:《民法物权论》(下册),三民书局2003年修订2版,第57页。
② 谢在全:《民法物权论》(下册),三民书局2003年修订2版,第58页;王利明、尹飞、程啸:《中国物权法教程》,人民法院出版社2007年版,第497页;梁慧星、陈华彬:《物权法》(第4版),法律出版社2007年版,第331页;[日]近江幸治:《担保物权法》,祝娅、王卫军、房兆融译,沈国明、李康民审校,法律出版社2000年版,第194页。
③ [日]近江幸治:《担保物权法》,祝娅、王卫军、房兆融译,沈国明、李康民审校,法律出版社2000年版,第194页。
④ 黄松有主编:《〈中华人民共和国物权法〉条文理解与适用》,人民法院出版社2007年版,第609页。
⑤ 谢在全:《民法物权论》(下册),三民书局2003年修订2版,第58页;王利明、尹飞、程啸:《中国物权法教程》,人民法院出版社2007年版,第498页。

押权所担保的是生生不息的不特定债权,一旦被担保债权确定(特定),最高额抵押权马上普通抵押权化。此时被担保债权虽然具有特定性,但该抵押权不再是真正的最高额抵押权。所以,最高额抵押权的特定性仅仅表现在抵押物的特定性上。

[论争]

有学者否认最高额抵押权的特定性,理由在于最高额抵押权所担保的是不特定债权。① 有专家承认最高额抵押权的特定性,根据在于无论最高额抵押权所担保的债权如何变动,都要受到最高额的限制。最高额抵押权以最高额为限对债权提供价值担保,这就是其特定性的特殊之处。②

(二) 最高额抵押权制度的社会作用

在现代市场经济条件下,银行和客户之间的资本信用关系,经销商、制造商或批发商和零售商之间的商业信用关系,以及消费者和经销商之间的消费信用关系等,仅有一次便寿终正寝的,实属罕见,相反,大都为循环往复、生生不息的连续性交易关系。此类连续交易关系将不断产生债权。对于这些不断发生的债权,如通过设立普通抵押权加以担保,会不胜其烦,徒增劳费,也不符合追求交易便捷和安全的现代市场经济的本旨。最高额抵押权正好能克服普通抵押权的这一缺陷和不足。依此制度,当事人只需设立一个抵押权便可担保在一定期间内连续发生的一定的权利义务,其结果不仅使债权担保的设立十分方便,也必将节省大量的费用和劳力。③

最高额抵押权制度也有缺陷和不足,学说称之为最高额抵押权的危险④,即债权人为了担保其债权的实现,常常超过交易上的必要范围,设立巨额的最高额抵押权,独占抵押物的交换价值,使抵押人无剩余价值可资利用,从而妨害抵押物担保价值的发挥。更有甚者,债权人在取得超额的最高额抵押权之后,常常任意不予贷款或不与债务人进行正常的交易,结果是,不仅使抵押物的价值受不当拘束,而且严重地束缚和影响了债务人的正常经济活动。还有,由于最高额抵押权所担保的交易关系具有长期性、继续性,银行或大企业往往通过设立最高额抵押权来达到支配债务人的经济

---

① 王利明、尹飞、程啸:《中国物权法教程》,人民法院出版社2007年版,第498页。

② 黄松有主编:《〈中华人民共和国物权法〉条文理解与适用》,人民法院出版社2007年版,第605页。

③ [日]三和一博、平井一雄:《物权法要说》,青林书院1989年版,第237页;谢在全:《民法物权论》(下册),三民书局2003年12月修订2版,第58-59页;梁慧星、陈华彬:《物权法》(第4版),法律出版社2007年版,第332页。

④ [日]吉田真澄:《最高额抵押的机能、作用与理论》,载[日]椿寿夫编《担保法理的现状与课题》,第198页以下。转引自梁慧星、陈华彬:《物权法》(第4版),法律出版社2007年版,第332页。

活动,进而左右其存亡的目的。①

(三) 最高额抵押权的设立

最高额抵押权的设立,需要债权人和抵押人签订抵押合同,加上抵押登记。需要特别指出的,有以下问题:

1. 被担保债权范围

由于最高额抵押权设立时通常尚无债权存在,而且被担保债权不特定,当事人应当约定被担保债权的范围。由于被担保债权的范围是限定最高额抵押权人支配抵押物交换价值的范围的重要基准,属于最高额抵押权的效力之一,因而特别重要。一般认为,被担保债权限于如下类型:

(1) 债权人和债务人之间特定的继续性交易所产生的债权。这里所说的继续性交易关系,包括批发商和零售商之间的继续性买卖合同关系、透支合同关系、票据贴现合同关系及交互计算合同关系所产生的债权。②

(2) 债权人和债务人为一定种类的交易所产生的债权。例如,债权人和债务人之间签订普通的买卖合同、承揽合同等所产生的债权,可由最高额抵押权担保。③

(3) 基于债权人和债务人之间交易行为以外的特定原因,债权人和债务人之间继续发生的债权。例如,甲工厂排放气体或液体,可能使乙的财产受到损害,乙基于甲的该项侵权行为所引起的损害赔偿请求权,可设立最高额抵押权予以担保。④

(4) 基于票据所产生的权利。

2. 最高额限度

所谓最高额限度,简称为最高额,即抵押权人基于最高额抵押权所得优先受偿债权的最高数额,包括主债权及其利息、违约金、损害赔偿金、保管担保财产的费用、实现债权或实现担保物权的费用等在内的全部债权,除非当事人另有约定。登记的最高债权额与当事人约定的不一致的,以前者为准(《担保制度解释》第 15 条)。

---

① 谢在全:《民法物权论》(下册),三民书局 2003 年修订 2 版,第 59-60 页;梁慧星、陈华彬:《物权法》(第 4 版),法律出版社 2007 年版,第 332-333 页。

② 谢在全:《民法物权论》(下册),三民书局 2003 年修订 2 版,第 79 页;[日]近江幸治:《担保物权法》,祝娅、王卫军、房兆融译,沈国明、李康民审校,法律出版社 2000 年版,第 195 页;梁慧星、陈华彬:《物权法》(第 4 版),法律出版社 2007 年版,第 333 页。

③ 谢在全:《民法物权论》(下册),三民书局 2003 年修订 2 版,第 80 页;[日]近江幸治:《担保物权法》,祝娅、王卫军、房兆融译,沈国明、李康民审校,法律出版社 2000 年版,第 195 页;梁慧星、陈华彬:《物权法》(第 4 版),法律出版社 2007 年版,第 333 页。

④ 谢在全:《民法物权论》(下册),三民书局 2003 年修订 2 版,第 79-80 页;[日]近江幸治:《担保物权法》,祝娅、王卫军、房兆融译,沈国明、李康民审校,法律出版社 2000 年版,第 195 页;梁慧星、陈华彬:《物权法》(第 4 版),法律出版社 2007 年版,第 333 页。

在登记的最高债权额与当事人约定的最高债权额不一致的情况下,《担保制度解释》第 15 条第 2 款规定,人民法院应当依据登记的最高债权额确定债权人优先受偿的范围。理解和把握该款规定,应当注意以下两点:(1)在抵押人有数个债权人时,最高额抵押权人能够对抗抵押人的其他债权人的,是抵押登记记载的最高债权额,而不是最高额抵押合同约定的最高债权额。这是由不动产物权的公示及其效力的规则所决定的。(2)在抵押人无其他债权人或虽有但其他债权人的债权实现没有财产方面的障碍时,最高额抵押权人有权基于最高额抵押合同约定的最高债权额实行最高额抵押权。至于最高额抵押权人置最高额抵押合同的约定于不顾,主张抵押登记记载的最高债权额,抵押人有无权利抗辩,需要继续思考。笔者初步认为,最高额抵押权的公示,重在与交易相对人之间的关系,至于抵押人和抵押权人之间更应关注其真实的意思表示,当事人若能举证证明抵押合同约定的最高债权额系他们真实的意思表示,则应支持其引用抵押合同约定的主张,若能举证证明抵押登记的最高债权额系其真实的意思表示,那么,应当支持其援用抵押登记记载的最高债权额的主张。

3. *债权确定期间*

债权确定期间(《民法典》第 423 条),又叫确定期日,是使得最高额抵押权所担保的不特定债权得以确定的日期。

有的债权确定期间由抵押合同约定。当事人没有约定债权确定期间或约定不明确,抵押权人或抵押人自最高额抵押权设立之日起满 2 年后请求确定债权的,抵押权人的债权确定(《民法典》第 423 条第 2 项)。

无论通过什么方式确定,一旦债权确定期间届至,都发生最高额抵押权所担保的债权归于确定的效果。①

4. *最高额抵押权的登记*

尽管最高额抵押权所担保的是在一定期间内生生不息的债权,但无须每个新生的债权都要到登记部门办理抵押登记,只需办理一次抵押登记即可。

《不动产登记暂行条例实施细则》对于最高额抵押权的登记规定得比较简单:设立最高额抵押权的,当事人应当持不动产权属证书、最高额抵押合同与一定期间内将要连续发生的债权的合同或者其他登记原因材料等必要材料,申请最高额抵押权首次登记(第 71 条第 1 款)。当事人申请最高额抵押权首次登记时,同意将最高额抵押

---

① 谢在全:《民法物权论》(下册),三民书局 2003 年修订 2 版,第 95 页;梁慧星、陈华彬:《物权法》(第 4 版),法律出版社 2007 年版,第 333 页;王利明、尹飞、程啸:《中国物权法教程》,人民法院出版社 2007 年版,第 499 页。

权设立前已经存在的债权转入最高额抵押担保的债权范围的,还应当提交已存在债权的合同以及当事人同意将该债权纳入最高额抵押权担保范围的书面材料(第71条第2款)。

(四) 最高额抵押权的变更

最高额抵押担保的债权确定前,抵押权人和抵押人可以通过协议变更债权确定的期间、债权范围以及最高债权额,但变更的内容不得对其他抵押权人产生不利影响(《民法典》第422条)。分解开来说,有三种变更。

1. 债权确定期间的变更

抵押人和抵押权人协议变更债权的确定期间,可有三种情形:(1)将债权确定期间缩短,或表现为将该期间的始期延后,或表现为将该期间的终期提前。(2)将债权确定期间延长,表现为该期间的始期不变,终期延后。(3)将债权确定期间废止。在最高额抵押权场合,如果允许顺位在先的抵押权人可以与抵押人随意变更债权确定期间,由此产生的风险由顺位在后的抵押权人承受,无疑是不公正的。有鉴于此,《民法典》第422条但书规定,变更债权确定期间不得对其他抵押权人产生不利影响。[①] 债权确定期间已经登记的,应为变更登记,否则,不得对抗善意第三人。[②]

2. 担保债权范围的变更

抵押人和抵押权人协议变更被担保债权范围,可有三种形态:(1)取代型,例如,原来约定担保因经销电器产品的合同所产生的债权,现在变更为因经销橡胶制品的合同所产生的债权。(2)追加型,例如,在原来约定担保因经销电器产品的合同所产生的债权之外,另追加担保因经销橡胶制品的合同所产生的债权。(3)缩减型,例如,原来约定担保因委托合同所产生的债权和因票据关系所生产的债权,变更为仅担保因票据关系所产生的债权。[③] 必须注意,变更被担保债权范围不得对其他抵押权人产生不利影响(《民法典》第422条)。

[比较]

在日本民法上,被担保债权范围的变更不需要得到后顺位的抵押权人及其他第三人的承诺(《日本民法典》第398条之4第2项)。只是,本金确定前没有进行变更登记的话,视为没有变更(《日本民法典》第398条之4第3项)。所以,变更登记是生

---

① 参见王利明、尹飞、程啸:《中国物权法教程》,人民法院出版社2007年版,第500页;谢在全:《民法物权论》(下册),三民书局2003年修订2版,第116页。
② 黄松有主编:《〈中华人民共和国物权法〉条文理解与适用》,人民法院出版社2007年版,第611页。
③ 谢在全:《民法物权论》(下册),三民书局2003年修订2版,第113页。

效要件。①

3. 最高债权额的变更

最高额抵押权人和抵押人协议变更最高债权额限度,也有两种情形:将最高债权额限度提高或将最高债权额限度降低。毫无疑问,最高额抵押权将最高债权额限度降低,对同一抵押财产上后顺位抵押权人和普通债权人有益无害,法律没有禁止的理由。但若提高最高债权额限度,则必将对后顺位抵押权人甚至抵押人的普通债权人的利益造成损害。有鉴于此,《民法典》第422条但书规定,变更被担保债权范围不得对其他抵押权人产生不利影响。②

最高额抵押权发生变更时,《不动产登记暂行条例实施细则》要求办理变更登记,即有下列情形之一的,当事人应当持不动产登记证明、最高额抵押权发生变更的材料等必要材料,申请最高额抵押权变更登记:(1)抵押人、抵押权人的姓名或者名称变更的;(2)债权范围变更的;(3)最高债权额变更的;(4)债权确定的期间变更的;(5)抵押权顺位变更的;(6)法律、行政法规规定的其他情形(第72条第1款)。因最高债权额、债权范围、债务履行期限、债权确定的期间发生变更申请最高额抵押权变更登记时,如果该变更将对其他抵押权人产生不利影响的,当事人还应当提交其他抵押权人的书面同意文件与身份证或者户口簿等(第72条第2款)。

(五)最高额抵押权的转让

《民法典》第421条规定:"最高额抵押担保的债权确定前,部分债权转让的,最高额抵押权不得转让,但是当事人另有约定的除外。"对此规定应把握如下几点:

1.《民法典》第421条所谓部分债权转让,往往不是指某特定债权被分割成若干部分债权,其中的部分债权的转让,如不是2000万元的债权仅仅转让1000万元的债权,大多是指抵押合同约定的一定期间内发生的某个或某些债权的转让。这不同于《民法典》第545条规定的,合同权利部分转让仅限于某特定权利被分割成若干部分权利,其中的部分权利的转让。

2. 因为最高额抵押权担保的是生生不息的不特定债权,而非聚焦在或曰从属于某个或某些债权,所以,最高额抵押担保的债权确定前,部分债权(某个或某些债权)转让的,最高额抵押权不随之转让。不过,当事人约定部分债权(某个或某些债权)转

---

① [日]我妻荣:《新订担保物权法》,岩波书店1971年版,第496页;[日]铃木禄弥:《最高额抵押法概说》,新日本法规出版株式会社1973年版,第266页;[日]高木多喜男:《担保物权法》(新版),有斐阁1993年版,第243页;[日]近江幸治:《担保物权法》,祝娅、王卫军、房兆融译,沈国明、李康民审校,法律出版社2000年版,第197页。

② 王利明、尹飞、程啸:《中国物权法教程》,人民法院出版社2007年版,第500页;谢在全:《民法物权论》(下册),三民书局2003年修订2版,第117页。

让、最高额抵押权也随之转让的,法律没有必要干预。

3. 依当事人约定,最高额抵押权随着部分债权(某个或某些债权)的让与而转让的场合,由于转让的部分债权(某个或某些债权)实际上为特定债权,此时的最高额抵押权因其从属于特定债权,使从属性得以复归,开始普通抵押权化,待被担保债权额结算和完成变更登记后,成为真正的普通抵押权。就是说,随部分债权(实际上为特定债权)转让的,不再是最高额抵押权,而是普通抵押权化的抵押权,或真正的普通抵押权。

4. 最高额抵押权所担保的债权确定后,最高额抵押权的从属性得以复归,开始普通抵押权化,待被担保债权额结算和完成变更登记后,成为真正的普通抵押权。就是说,随确定后的债权转让的,不再是最高额抵押权,而是普通抵押权化的抵押权,或真正的普通抵押权。而普通抵押权化的抵押权、真正的普通抵押权可以随同被担保债权的让与而转让(《民法典》第407条),所以,此时的"最高额抵押权"随同被担保债权的让与而转让(《民法典》第424条等),除非当事人之间存在着相反的约定。[①]

5. 最高额抵押权担保的债权确定前,债权人转让部分债权的,除当事人另有约定外,不动产登记机构不得办理最高额抵押权转移登记(《不动产登记暂行条例实施细则》第74条第3款)。

债权人转让部分债权,当事人约定最高额抵押权随同部分债权的转让而转移的,应当分别申请下列登记:(1)当事人约定原抵押权人与受让人共同享有最高额抵押权的,应当申请最高额抵押权的转移登记;(2)当事人约定受让人享有一般抵押权、原抵押权人就扣减已转移的债权数额后继续享有最高额抵押权的,应当申请一般抵押权的首次登记以及最高额抵押权的变更登记;(3)当事人约定原抵押权人不再享有最高额抵押权的,应当一并申请最高额抵押权确定登记以及一般抵押权转移登记(《不动产登记暂行条例实施细则》第74条第2款)。

6. 当事人约定最高额抵押权随着担保债权的部分转让而转让

尽管《民法典》第421条规定最高额抵押担保的债权确定前,部分债权转让的,最高额抵押权不得转让,这只是出于最高额抵押权的担保面覆盖于一定期间连续发生的债权,有利于债权人/最高额抵押权人的立法政策的考量,以及抵押权的从属性的要求,这对于最高额抵押权人而言是个利益。利益,可被权利人放弃。最高额抵押权人与抵押人约定,即使最高额抵押担保的债权尚未确定,最高额抵押权也随着部分债权的转让而转让,可看作是最高额抵押权人放弃一些担保利益,这不涉及公共利益,法律没有必要干预。

[①] 参见王利明、尹飞、程啸:《中国物权法教程》,人民法院出版社2007年版,第501页。

(六) 最高额抵押权所担保债权的确定

1. 确定的概念

《民法典》第 421 条把"最高额抵押担保的债权确定前"作为限制最高额抵押权转让的条件。所谓最高额抵押权所担保债权的确定①,简称为原债权的确定,或径称为确定,是指最高额抵押权所担保的一定范围内的不特定债权,因一定事由的发生而归于具体特定。

最高额抵押权所担保债权确定后,具有如下性质:(1)最高额抵押权所担保的不特定债权的特性消失。最高额抵押权所担保的债权一经确定,无论其原因如何,被担保债权的流动性随之消失,不特定债权变为特定债权,也就是抵押权的从属性回复。仅就此而言,确定后,最高额抵押权在性质上与普通抵押权相同。② 确实如此,值得赞同。(2)最高额继续存在。确定后,由原债权所产生的利息、违约金、损害赔偿金等仍继续为抵押权所担保(《民法典》第 389 条、第 424 条等),但与原债权合计不得超过最高额限度,就是说被担保债权优先受偿的金额应受最高额限度的限制。就此看来,确定后,最高额抵押权在性质上与普通抵押权又不尽相同。因而,通说认为,确定后,最高额抵押权仍属最高额抵押权之一种,可称之为确定最高额抵押权,而不可说已径直变更为普通抵押权。③ 这有道理,值得中国民法学说借鉴。

[辨析]

《不动产登记暂行条例实施细则》第 73 条规定:"当发生导致最高额抵押权担保的债权被确定的事由,从而使最高额抵押权转变为一般抵押权时……";民法通说也认为,被担保债权确定,最高额抵押权变为普通抵押权。④ 这种界定不够周延,不如称

---

① 我国有专家学者将最高额抵押权所担保债权的确定,叫作最高额抵押权所担保债权的决算。见曹士兵:《中国担保诸问题的解决与展望》,中国法制出版社 2001 年版,第 266 页;黄松有主编:《〈中华人民共和国物权法〉条文理解与适用》,人民法院出版社 2007 年版,第 610 页、第 613 页。

② 谢在全:《民法物权论》(下册),三民书局 2003 年修订 2 版,第 147 页。

③ [日]我妻荣:《民法讲义Ⅱ·新订物权法》,有泉亨补订,岩波书店 1984 年版,第 542 页;[日]高木多喜男:《担保物权法》(新版),有斐阁 1998 年版,第 273 页;[日]川井健:《担保物权法》,青林书院 1987 年版,第 168 页;[日]道垣内:《担保物权法》,三省堂 1997 年版,第 206 页;[日]贞家克己、清水湛:《新根抵当法》,金融财政事情研究会 1973 年版,第 255 页;[日]伊藤进:《根抵当》,载[日]椿寿夫编:《担保物权法》,法律文化社 1996 年版,第 145 页;谢在全:《民法物权论》(下册),三民书局 2003 年修订 2 版,第 142 页。

④ 李国光、奚晓明、金剑锋、曹士兵:《关于适用〈中华人民共和国担保法〉若干问题的解释理解与适用》,吉林人民出版社 2000 年版,第 307 页;曹士兵:《中国担保诸问题的解决与展望》,中国法制出版社 2001 年版,第 272 页;胡康生主编:《中华人民共和国物权法释义》,法律出版社 2007 年版,第 451 页;王利明、尹飞、程啸:《中国物权法教程》,人民法院出版社 2007 年版,第 501 页;黄薇主编:《中华人民共和国民法典物权编释义》,法律出版社 2020 年版,第 557 页。

为普通抵押权化更为确切。

总之,被担保债权的确定,使最高额抵押权所担保的债权由不特定债权变为特定债权,致使最高额抵押权性质上发生变更,从属性得以复归,开始普通抵押权化,待被担保债权额结算和完成变更登记后,成为真正的普通抵押权。学说着眼于该项效果,称之为最高额抵押权的确定。①

2. 确定的事由

使最高额抵押权所担保债权确定的事由,《民法典》第423条称之为情形,有如下几种：

（1）约定的债权确定期间届满

约定的债权确定期间②届满,如约定债权确定期间为2005年4月20日,于2005年4月21日0:01,最高额抵押权所担保的债权确定。此后产生的债权不再被最高额抵押权所担保。如果该期间已被变更的,如被变更为2005年6月6日,则2005年6月7日0:01,最高额抵押权所担保的债权确定。

[辨析]

债权确定期间,有专家学者称之为决算期,不同于债权清偿期,因为债权清偿期是债务人履行债务的期间（债务履行期）,而债权确定期间（决算期）届至,债务履行期未必届至。最高额抵押合同的当事人可以在债权确定期间（决算期）外另行约定债权清偿期（债务履行期）。③

债权确定期间也不同于最高额抵押权的存续期间,前者是用于确定最高额抵押权所担保债权额的时间,后者是最高额抵押权担保债权的期间。④

（2）没有约定债权确定期间或约定不明确,抵押权人或抵押人自最高额抵押权设立之日起满2年后请求确定债权

当事人没有约定债权确定期间或约定不明确,假如任凭最高额抵押权存续下去,

---

① 谢在全：《民法物权论》（下册）,三民书局2003年修订2版,第116页。
② 最高额抵押权所担保债权的确定期间,我国有专家学者称之为最高额抵押权所担保债权的决算期。见李国光、奚晓明、金剑锋、曹士兵：《关于适用〈中华人民共和国担保法〉若干问题的解释理解与适用》,吉林人民出版社2000年版,第308页;曹士兵：《中国担保诸问题的解决与展望》,中国法制出版社2001年版,第266页;黄松有主编：《〈中华人民共和国物权法〉条文理解与适用》,人民法院出版社2007年版,第610页,第613页;王利明、尹飞、程啸：《中国物权法教程》,人民法院出版社2007年版,第500页。
③ 曹士兵：《中国担保诸问题的解决与展望》,中国法制出版社2001年版,第266页;黄松有主编：《〈中华人民共和国物权法〉条文理解与适用》,人民法院出版社2007年版,第613页;胡康生主编：《中华人民共和国物权法释义》,法律出版社2007年版,第448页;黄薇主编：《中华人民共和国民法典物权编释义》,法律出版社2020年版,第554页。
④ 胡康生主编：《中华人民共和国物权法释义》,法律出版社2007年版,第448页。

就意味着只要债务人仍继续从债权人处得到融资,作为抵押人的第三人就不能摆脱担保责任,处于极为不利的境地,而这是不公正的,需要法律为抵押人提供保护措施。《民法典》第423条第2项规定的措施即属此类。依据该项规定,如果当事人没有约定债权确定期间或约定不明确,则抵押权人或抵押人自最高额抵押权设立之日起满2年后请求确定债权时,债权将被确定。①

该确定请求制度是为保护抵押人的利益而设置的,故不允许当事人以特约加以排除。若有排除的特约,应为无效,不影响确认请求权的存在。②

需要注意的是,该2年是个固定期间,不存在中止、中断的问题,其起算点是最高额抵押权设立之日。③

(3) 新的债权不可能发生

所谓新的债权不可能发生,是指产生被担保债权的基础法律关系已经消灭,不可能发生属于最高额抵押权担保范围的新债权。例如,甲制药厂和乙银行于2000年12月1日签订抵押合同,约定了如下内容:对于甲制药厂在2001年1年内所需要的流动资金约1亿元,乙银行同意分六期贷款与甲制药厂,甲制药厂以其约2亿元的房地产设立抵押权。截至2001年10月2日,乙银行共贷与甲制药厂7000万元,此时该借款合同被解除,新贷款债权不再产生。

新的债权不可能发生,最高额抵押权所担保的债权即告确定。

(4) 抵押权人知道或者应当知道抵押财产被查封、扣押

抵押物因财产保全或执行程序而被查封、扣押时,最高额抵押权所担保的债权特定。其原因在于:首先,因财产保全而查封、扣押抵押物的根本目的就是防止被申请人转移、隐匿或毁损财产导致将来判决难以执行的情况出现。若允许抵押物被查封、扣押后被担保债权仍可不特定,抵押人和最高额抵押权人就可能恶意串通,在抵押物被查封、扣押后连续制造虚假的债权。由于这些债权连同抵押物被查封、扣押之前产生的债权都可以从抵押物拍卖、变卖所得价款中优先受偿,财产保全的目的就落空了。所以,当抵押物因财产保全而被查封、扣押时,最高额抵押权所担保的债权应当被特定。其次,抵押物因执行程序而被查封、扣押时债权特定的原因在于:查封、扣押

---

① 王利明、尹飞、程啸:《中国物权法教程》,人民法院出版社2007年版,第501页;黄薇主编:《中华人民共和国民法典物权编释义》,法律出版社2020年版,第554页。

② 黄松有主编:《〈中华人民共和国物权法〉条文理解与适用》,人民法院出版社2007年版,第613页。

③ 胡康生主编:《中华人民共和国物权法释义》,法律出版社2007年版,第449页;王利明、尹飞、程啸:《中国物权法教程》,人民法院出版社2007年版,第501页;黄薇主编:《中华人民共和国民法典物权编释义》,法律出版社2020年版,第555页。

的目的是保证对财产的顺利换价,实现债权的清偿。它是一种临时性的措施,是为了进一步的拍卖或变卖做准备。而且查封、扣押不仅是强制执行程序的实质性开始,通过将被查封、扣押的财产与被执行人的其他财产分开,而且是公示社会公众不要就查封、扣押之物进行交易,查封、扣押也具有维护交易安全的作用。《执行规定》第 39 条规定:"查封、扣押财产的价值应当与被执行人履行债务的价值相当。"第 40 条规定:"人民法院对被执行人所有的其他人享有抵押权、质押权或留置权的财产,可以采取查封、扣押措施。财产拍卖、变卖后所得价款,应当在抵押权人、质押权人或留置权人优先受偿后,其余额部分用于清偿申请执行人的债权。"于此场合,必须明确最高额抵押权人优先受偿的范围,假如该范围不明确,则执行申请的债权就无法获得清偿。

值得一提的是,相较于《物权法》第 206 条第 4 项的规定,《民法典》第 423 条第 4 项增加了"抵押权人知道或者应当知道"来限定"抵押财产被查封、扣押",这值得赞同,理由如下:就《物权法》第 206 条的文义观察,抵押物被查封、扣押使最高额抵押权所担保的债权确定的时间点,应为抵押财产被实际查封、扣押之时。自此时既有的债权及某些将来发生的债权属于被担保债权的范围,其他将来发生的债权不再属于担保范围。倘若最高额抵押权人没有接到法院关于查封、扣押的裁定,也没有通过其他途径知悉查封、扣押的事实,继续放贷或与债务人成立其他债权,却无担保,则加大了不能实现其债权的风险。最高额抵押权人若知悉抵押物被查封、扣押,不再放贷或与债务人成立其他债权,则会降低风险。这告诉我们,把抵押物被查封、扣押使最高额抵押权所担保的债权确定的时间点,定在最高额抵押权人知悉抵押物被查封、扣押之时,比较合理。中国台湾地区的"民法"及其理论即持这样的立场,并对知悉查封、扣押事实的原因,不予考虑。[①]

(5)债务人、抵押人被宣告破产或解散

债务人被宣告破产,人民法院受理破产申请时对债务人享有的债权称为破产债权(《企业破产法》第 107 条第 2 款)。于此场合,最高额抵押权所担保的债权若不确定,依然变动,必然损害其他破产债权人的合法权益。债务人被解散时,依法应当清算,所以最高额抵押权所担保的债权也必须特定。至于抵押人被宣告破产,被宣告破产的抵押人为破产人,其财产称为破产财产(《企业破产法》第 107 条第 2 款),最高额抵押权人虽然针对抵押财产享有别除权,但是如果任由债权继续增加,将会损害其他破产债权人的合法权益,因此也必须确定。抵押人被撤销时,最高额抵押权担保的债权必须确定的理由也是一样的。[②]

---

① 谢在全:《民法物权论》(下册),三民书局 2003 年修订 2 版,第 142 页。
② 王利明、尹飞、程啸:《中国物权法教程》,人民法院出版社 2007 年版,但 502-503 页。

《物权法》第 206 条第 5 项的措辞是"债务人、抵押人被宣告破产或者被撤销",《民法典》第 423 条第 5 项把其中的"被撤销"改为"解散",这更为全面,值得赞同,因为抵押人解散,要进行清算,最高额抵押权应当实行,担保债权不确定,最高额抵押权就难以实行,所以,各种原因导致的抵押人解散均应确定最高额抵押权所担保的债权。

(6) 法律规定债权确定的其他情形

除上述五种债权确定的事由以外,还有法律规定的事由。例如,根据《民法典》第 420 条的规定,发生当事人约定的实现最高额抵押权的事由时,最高额抵押权人有权在最高额限度内就担保财产优先受偿。而最高额抵押权人行使最高额抵押权的基础就是被担保债权额的确定。所以,出现当事人约定的实现最高额抵押权的事由就意味着被担保债权额的确定。[①] 再如,最高额抵押权存续期间,抵押物被强制拍卖,必须先使最高额抵押权确定。因此,抵押物的强制拍卖亦为被担保债权确定的事由。[②]

3. 确定后的效果

关于确定后的效果,《民法典》未作规定,学说论述不多,有必要借鉴境外的立法例及其学说,形成我们的观点。

(1) 被担保债权确定

最高额抵押权所担保的原债权确定时已经存在的、并且符合约定的被担保债权范围标准的债权,才属于最高额抵押权担保的债权。就时间点而言,最高额抵押权担保的原债权范围,在确定时发生截断的作用,截断前的债权被最高额抵押权担保,截断后的债权则否。需要注意的是,确定时存在的原债权不以当时已经发生的(已经特定和已经发生的债权)为限,当时尚未发生的附条件债权[③]、将来债权或其他发生原因事实已经存在的债权(已经特定、尚未发生),可以包括在内。[④]

确定时存在且已经具有担保资格的债权,其利息、违约金、损害赔偿金等在确定时已经发生的,若与原债权合计没有超过最高额限度,当然属于被担保的债权;在确定后发生的债权,假如没有超过最高额限度,亦为最高额抵押权的效力所及。更有甚者,确定时存在的被担保债权因清偿等原因而消灭,导致最高额未达满额,其他确定

[①] 胡康生主编:《中华人民共和国物权法释义》,法律出版社 2007 年版,第 451 页;黄薇主编:《中华人民共和国民法典物权编释义》,法律出版社 2020 年版,第 557 页。

[②] 黄松有主编:《〈中华人民共和国物权法〉条文理解与适用》,人民法院出版社 2007 年版,第 615 页。

[③] 就笔者个人的观点而言,附停止条件债权仍为真正的债权,只是效力不齐备。至于附解除条件的债权,应为完全债权,是效力齐备的债权。

[④] 谢在全:《民法物权论》(下册),三民书局 2003 年修订 2 版,第 148-149 页。

时存在的债权于其嗣后发生的利息,也属于被担保债权的范围。之所以如此,是因为利息等债权在最高额抵押权确定时已经存在着发生的原因事实,本质上应属于将来债权的一种。正因确定时存在的债权于其嗣后发生的利息债权仍然属于被担保债权,所以通说仍然坚持最高额抵押权的特性继续存在,尚未完全变成普通债权。①

当发生导致最高额抵押权担保的债权被确定的事由,从而使最高额抵押权转变为一般抵押权时,当事人应当持不动产登记证明、最高额抵押权担保的债权已确定的材料等必要材料,申请办理确定最高额抵押权的登记(《不动产登记暂行条例实施细则》第 73 条)。经依法登记的最高额抵押权担保的债权确定,不登记不得对抗善意第三人。

[探讨]

虽然《担保制度解释》第 15 条第 1 款规定,最高额抵押权所担保债权的范围,包括实现担保物权的费用,但有观点认为,实现抵押权的费用不得算入最高额,而应在抵押物的拍卖、变卖所得价金中扣除。这是保护抵押权人的利益所必需的。因为实现抵押权的费用系基于抵押关系产生的,自应列入抵押权所担保的债权范围之内。但如果将此费用算入最高额,就会增加抵押权所担保的债权额,而一旦该债权额超过最高额,就会损害抵押权人的利益。② 这确有道理,值得赞同。

确定时的被担保债权,如其债权总额已经超过了最高额限度,可以列入最高额限度内的债权种类或顺序,按照债权清偿的抵充顺序加以确定。这时,它与普通抵押权的一部抵押权相同。基于抵押权的不可分性,债务人必须在清偿全部被担保债权之后,才能使最高额抵押权消灭。这是因为确定最高额抵押权所担保的并非仅仅是按照抵充顺序列入的债权,而是确定时存在的全部债权,何况此类债权若因清偿原因而消灭时,其后抵充顺序的被担保债权仍然可以填补所剩余的空额,从而成为优先受偿的债权。③

(2) 法律关系的变化

确定后,当事人不得再实施下列行为:变更被担保债权的范围、变更债务人、变更债权确定期日、行使原债权确定请求权、约定原债权的特别确定事由等。

确定后,最高额抵押权的从属性得以回复,于是,可以适用法律关于普通抵押权的从属性的规定。例如,被担保债权发生让与、代位清偿等,都要适用法律关于抵押

---

① 谢在全:《民法物权论》(下册),三民书局 2003 年修订 2 版,第 149 页。
② 李国光、奚晓明、金剑锋、曹士兵:《关于适用〈中华人民共和国担保法〉若干问题的解释理解与适用》,吉林人民出版社 2000 年版,第 308 页;黄松有主编:《〈中华人民共和国物权法〉条文理解与适用》,人民法院出版社 2007 年版,第 608 页、第 613 页。
③ 谢在全:《民法物权论》(下册),三民书局 2003 年修订 2 版,第 150 页。

权处分上的从属性的规定。

确定后,发生被担保债权额的结算请求权和最高额抵押权的注销请求权。

(七) 最高额抵押权的实行

最高额抵押权的实行,除与普通抵押权相同的以外,尚需说明如下几点:

1. 债务人不履行到期债务,被担保债权尚未实现,固为最高额抵押权实行的条件之一,只是因最高额抵押权所担保的债权为不断发生的不特定债权,因而该项实行条件通常仅以被担保债权中有一个已届清偿期而未受偿,就算满足了实行的条件。其道理在于,被担保的不特定债权系分别发生的,每个债权的清偿期不尽相同,只得按照每个债权的实际情况判定。①

2. 最高额抵押权设立之时,可能暂不存在被担保债权,甚至一直没有债权发生;或者即使发生了,但又消灭了。有鉴于此,最高额抵押权实行时,最高额抵押权人必须证明存在着被担保债权。②

3. 如果有第三人申请查封抵押物,致使最高额抵押权归于确定的,只要被担保债权符合最高额抵押权所担保债权的资格,且于确定时存在,即可在强制执行程序中列入分配,至于是否已届清偿期,则非所问。此类债权确有未届清偿期的,当事人预先约定有于此场合债务人丧失期限利益的,最高额抵押权人可径直优先受偿;若无此类约定的,就最高额抵押权人所能优先受偿的数额,债务人可以提存的方式履行债务。③

4. 最高额抵押权所担保的不特定债权,在特定及结算后,债权已届清偿期的,最高额抵押权人可以根据普通抵押权的规定行使其抵押权。抵押权人实现最高额抵押权时,如果实际发生的债权余额高于最高限额的,以最高限额为限,超过部分不具有优先受偿的效力;如果实际发生的债权余额低于最高限额的,以实际发生的债权余额为限对抵押物优先受偿。

(八) 最高额抵押权的消灭

最高额抵押权因被担保债权实现、抵押权人抛弃、抵押物灭失且无变形物和代位物等事由而消灭。最高额抵押权消灭,应当办理注销登记(《不动产登记暂行条例实施细则》第 70 条等)。

五、所有人抵押权

(一) 所有人抵押权的概念

所谓所有人抵押权,是指所有权人在自己所有的财产上存在抵押权的现象。它

---

① 谢在全:《民法物权论》(下册),三民书局 2003 年 12 月修订 2 版,第 178 页。
② 同上书,第 179 页。
③ 同上书,第 180 页。

与普通抵押权最主要的不同之处在于,普通抵押权只能存在于抵押权人以外的人所拥有的财产上。

所有人抵押权分为两种:(1)所有权人在自己所有的财产上为自己设立的抵押权。这种抵押权自始即为所有权人享有,因而被称为原有的所有人抵押权,或原始的所有人抵押权。这种抵押权是为尚未存在的债权而设立,因所有权人的设立而存在,于是又叫作设立的所有人抵押权。(2)原为他人所成立的抵押权,其后基于法定原因(如混同)而归于抵押物所有权人取得的抵押权。此类抵押权是在抵押权成立后才发生的,所以叫作后有的所有人抵押权或后发的所有人抵押权。由于此类抵押权是因法定原因而产生的,因而又称为法定的所有人抵押权。①

(二)所有人抵押权的社会作用

原有的所有人抵押权,在《德国民法典》上表现为土地债务(第1196条之1),是土地所有权人预先以自己名义在自己的土地上设立的,不具有债权的所有人土地债务。其主要功能在于保留先次序(顺位),以便将之让与他人或设立抵押权(土地债务和抵押权可互相转换),以获取有利的融资。②

后发的所有人抵押权,是抵押权所担保的债权消灭后,抵押权不消灭而归属于所有人的抵押权(《德国民法典》第1163条之1),以及物上保证人代债务人清偿债务时,为确保其求偿权,担保债权和抵押权共同移转于所有权人(物上保证人)的抵押权(《德国民法典》第1143条之1、第1153条参照)。这种抵押权乃运用抵押权次序(顺位)固定原则,一方面使先次序(顺位)的抵押权不因清偿等原因而消灭,以阻止后次序(顺位)的抵押权升进,所有人抵押权遂有成立的空间;另一方面,使所有权人可以据此保留所有物的交换价值,作为获取有利融资的积极手段。可见,其社会作用主要在于排除混同原则与抵押权从属性原则的适用,以促进不动产融资的发达,便利抵押权的流通。③

凡事有一利即有一弊。所有人抵押权在实际运作中,造成了不动产所有权人获取融资的阻碍,原因在于,所有权人于设立后次序(顺位)抵押权以获取融资时,常常因后次序(顺位)抵押权的次序(顺位)不能升进,而遭到拒绝。为解决这个问题,并为适应金融交易的实际需求,德国遂于1977年将《德国民法典》第1179条予以修正,并增订第1179a条、第1179b条和第1196条第3项。按照上述修正规定,先次序(顺

---

① 谢在全:《民法物权论》(下册),三民书局2003年修订2版,第228页。
② 谢在全:《民法物权论》(下册),三民书局2003年修订2版,第228页;[德]鲍尔/施蒂尔纳:《德国物权法》(下册),申卫星、王洪亮译,法律出版社2006年版,第45页以下。
③ 谢在全:《民法物权论》(下册),三民书局2003年修订2版,第228-229页;[德]鲍尔/施蒂尔纳:《德国物权法》(下册),申卫星、王洪亮译,法律出版社2006年版,第45页。

位)或同次序(顺位)的抵押权在发生所有人抵押权时,后次序(顺位)或同次序(顺位)抵押权的主体对该抵押权即有涂销(注销)登记请求权。该项请求权在办理抵押登记时,可办理预告登记,使该涂销(注销)登记请求权具有相同的保全效力(《德国民法典》第1179a条)。并且,即使不存在先次序(顺位)或同次序(顺位)的抵押权,抵押权人于其后成立所有人抵押权时,也当然赋予涂销(注销)登记请求权,并通过预告登记取得相同的效力(《德国民法典》第1179b条)。①

(三) 所有人抵押权在中国

虽然现行法未设所有人抵押权的条文,但笔者赞同所有人抵押权,理由如下:(1)中国法是否确立所有人抵押权制度,在很大程度上与采取抵押权顺位固定原则还是奉行顺位升进主义有关。如果采取抵押权顺位升进主义,抵押物所有权人无因清偿债务而自己取得先顺位抵押权的余地,牺牲了该抵押物的担保价值,对抵押物的所有权人不利。如果承认所有人抵押权制度,则可以弥补这些不足。因为在抵押物所有人清偿先顺位抵押权所担保的债权时,该抵押权即移转给抵押物所有权人,或抵押权人因购买、继承等原因而取得抵押物所有权时,则所有权人可以将该项先顺位抵押权再用作其他债权的担保,融通资金,实现更大的利益;同时也可以抵御后顺位抵押权人实行其抵押权,保全住抵押物的所有权。有鉴于此,应当承认所有人抵押权制度。(2)由于所有人抵押权确实能满足了社会生活的实际需要,由于所有人抵押权依然为抵押权,其法律效力(包括担保债权的范围,及于标的物的范围等方面的效力)与普通抵押权的相同,只是抵押权存在于抵押权人自己的所有物上这点不同于普通抵押权,宽松地理解物权法定主义,可以说它没有违反该项原则。

---

① 谢在全:《民法物权论》(下册),三民书局2003年修订2版,第229页。

第二十章 质　　权

第一节　质权概述

一、质权的概念

质权,是指为担保债权的实现,债权人依法占有债务人或第三人的动产,或控制债务人或第三人的可转让的财产权,债务人不履行到期债务或发生了当事人约定的实现质权的情形时,债权人就该动产或财产权的变价使被担保债权优先受偿的物权(《民法典》第425条第1款、第440条)。其中,提供动产或财产权设立质权的债务人或第三人叫作出质人;债权人称作质权人;供设立质权的财产称为质押财产(《民法典》第425条第2款)或质物。

由上述界定可知,质权支配标的物的交换价值,以确保债权的实现为目的,属于价值权,与抵押权同属担保物权。质权具有从属性、不可分性和物上代位性,这些也与抵押权相同。与抵押权不同的,有如下几个方面:(1)在标的物方面,质权不以不动产为质物(日本民法则承认不动产质权),而抵押权大多以不动产为抵押物;不动产物权只能作为抵押物,而不得成为质物;债权、股权、知识产权等只能作为质物,却不得成为抵押物。(2)在生效要件方面,除动产抵押权、浮动抵押权自抵押合同生效时设立以外,其他的抵押权均以登记为生效要件;动产质权则以质权人占有质物为生效要件,有些权利质权以登记为生效要件,有些权利质权以占有权利凭证为生效要件,有些权利质权以背书为生效要件。(3)在担保作用方面,动产质权和某些权利质权不但具有使被担保债权优先受偿的效力,而且具有留置的效力;抵押权只有使被担保债权优先受偿的效力,没有留置的效力。

二、质权的类型

(一)动产质权、不动产质权与权利质权

1. 区分标准

质权以质物的形态不同为区分标准,可以分为动产质权、不动产质权和权利质权。

2. 界定

以动产作为标的物的质权是动产质权,以不动产作为质物的质权为不动产质权,以权利出质而设立的质权叫作权利质权。

3. 立法例的态度

日本民法上存在着上述三种类型的质权,德国民法仅承认动产质权、权利质权以及船舶质权,不承认不动产质权。中国《民法典》承认动产质权(第425条以下)和权利质权(第440条以下)。

4. 分类的法律意义

这种分类的法律意义在于,动产质权和权利质权的成立要件不尽相同,适用的法律有一定区别。

(二)占有质权、用益质权与归属质权

1. 区分标准

质权以其内容作为区分标准,可以分为占有质权、用益质权和归属质权。

2. 界定

占有质权,又称占有质,是指质权人对于质物仅有权占有,原则上不得使用、收益的质权。动产质权大体属于此类质权。这是近现代民法上的常态质权。

用益质权,是指质权人对于质物具有占有、使用、收益诸项权能的质权。这种质权可进一步区分为销偿质权和利息质权。所谓销偿质权,又称期限质权,是指以质物的收益抵充债权原本,质权可能因债权被抵充完毕而消灭的质权。利息质权,又叫永久质权,是指以收益抵充债权的利息,质权不可能因债权被抵充完毕而消灭的质权。归属质权,又称流质,是指质权人可以取得质物所有权以抵充被担保债权的质权。[①]

3. 立法例的态度

法国民法上的不动产质权属于销偿质权。日本民法上的不动产质权属于利息质权。中国台湾地区"民法"不承认不动产质权和归属质权。中国大陆《民法典》承认占有质权(第425条以下),对于归属质权弹性化对待(第428条),虽然允许质权人收取质物的孳息(第430条第1款前段),似乎承认了销偿质权,但原则上禁止质权人使用质物,又与销偿质权不尽相符。至于利息质权,在《民法典》上没有踪影。

4. 分类的法律意义

这种分类的法律意义在于,各种质权的法律效力不同,在立法例上的命运有别。

[①] 谢在全:《民法物权论》(下册),三民书局2003年修订2版,第240页;梁慧星、陈华彬:《物权法》(第4版),法律出版社2007年版,第335页。

(三) 民事质权、商事质权与营业质权

1. 区分标准

质权以其所适用的法律的不同作为标准，可以分为民事质权、商事质权和营业质权。

2. 界定

民事质权，是指适用民法规定的质权。商事质权，是适用商事法律规定的质权。营业质权，是指适用当铺业法的当铺业质权。

3. 立法例的态度

在德国、日本等国家，因采取民商分立主义，民法典和商法典并存，故而产生了民事质权和商事质权之分。商法基于商业活动的特殊性(效率、安全、灵活)，而对民事质权的某些法律规定做出了一些改变，形成了商事质权制度。例如，《德国民法典》在民事质权的实现方面设有较为严格的规定，要求质权人在拍卖质物之前必须向质物的所有人提出警告，并表明出售的金额，同时在警告之后还必须有1个月的等待期，这一期间内不得变卖质物(第1234条)。但是，依据《德国商法典》第368条的规定，质权人要拍卖质物，从警告到出售的等待期间仅为1周。这一差别的原因在于：商事活动中的交易的标的物数量往往非常巨大，缩短等待的期间有利于节省质物的保管费用，体现了商事活动注重交易效率的精神。① 再如，依据《日本民法典》第349条，民事质权中当事人之间不能订立流质契约，否则无效。但是《日本商法典》第515条却允许在因商行为而产生的为债权提供担保被设定的质权中存在流质契约的特别约定。②

在海峡两岸，采取了民商合一的立法模式，相应的，没有民事质权和商事质权的分类。不过，存在着民事质权和商事质权分类的学说。③

营业质权，存在于中国自古以来的当铺业之中，是人们将其动产(当物)交给当铺，获得一定数额的借款，于约定期间内回赎该物的，向当铺给付利息即可终止双方的关系；于约定期间届满没有回赎的，便成死当，当物由当铺自由处置。④ 需要注意，2005年4月1日起施行的《典当管理办法》将当和典统一调整，将典当界定为："当户

---

① 范健：《德国商法》，中国大百科全书出版社1993年版，第224页；王利明、尹飞、程啸：《中国物权法教程》，人民法院出版社2007年版，第505页。
② 王利明、尹飞、程啸：《中国物权法教程》，人民法院出版社2007年版，第505页。
③ 谢在全：《民法物权论》(下册)，三民书局2003年修订2版，第241页；梁慧星、陈华彬：《物权法》(第4版)，法律出版社2007年版，第336页；王利明、尹飞、程啸：《中国物权法教程》，人民法院出版社2007年版，第506页。
④ 江平、王家福主编：《民商法学大辞书》，南京大学出版社1998年版，第132-133页。

将其动产、财产权利作为当物质押或者将其房地产作为当物抵押给典当行,交付一定比例费用,取得当金,并在约定期限内支付当金利息、偿还当金、赎回当物的行为"(第3条第1款)。

4. 分类的法律意义

它们的法律效力不同,适用的法律不同。

(四) 意定质权与法定质权

1. 区分标准

质权依其成立的原因不同作为区分标准,可以分为意定质权和法定质权。

2. 界定

意定质权,是指当事人以法律行为设立的质权。法定质权,是指依据法律的规定直接发生的质权。

3. 分类的法律意义

这种分类的法律意义在于,质权的成立要件不同。

(五) 典型质权与特殊质权

如同抵押权有典型抵押权和特殊抵押权之分,质权也存在着典型质权和特殊质权的现象。特殊质权中,《民法典》于第439条规定了最高额质权:允许出质人和质权人协议设立最高额质权,除适用动产质权的规定以外,参照最高额抵押权的规定。既然如此,本书已经较为详细地阐释了最高额抵押权,下文将较为系统地讨论动产质权,故不再专设章节介绍最高额质权,以免重复。

三、质权的社会作用

质权在法制史上早于抵押权。动产质权在消费性融资领域内,乃消费性融资的主要手段,自古至今,一直占有王者的地位实非无因。不过,中国因有典当业的存在,已经提供部分融资渠道,加上银行等金融机构开办信用卡等业务,提供了相当规模的信用贷款,使得以质权作为消费性融资手段的社会作用似有式微的趋势。[①]

在动产质权方面,由于质权的成立和存续均以质权人占有质物为要件,剥夺了出质人对于质物的利用权,因而,商人对其供为销售的商品、制造商等对其用作制造产品的设备及工具,自然都不适宜设立质权。在这方面,抵押权作为融资的手段更具优势。[②]

权利质权既不需要所有权的转移,也不需要对物的实体予以支配,其权利的本质

[①][②] 谢在全:《民法物权论》(下册),三民书局2003年修订2版,第137页。

在于对标的物的价值的支配。① 它避免了动产质权的局限,保留了使被担保债权优先受偿的担保功能,更符合担保物权直接支配标的物交换价值的本质,而与抵押权的社会作用类似。况且作为质权标的物的财产权的交换价值相对容易取得,债务人不履行债务时,质权的实行比较便捷,因而权利质权日渐盛行。尤其是主要的财产权证券化的趋势十分明显,以证券为权利质权的标的物,无论于设立方式还是质权的实行上,都非常符合社会投资担保手段的需求,在现代金融界足与抵押权相媲美,而与之一争短长。② 在中国,法律允许公路、桥梁等收费权质押,稳定可靠,更受金融界的欢迎。

第二节 动产质权

一、动产质权的概念

所谓动产质权,是指为担保债权的实现,债权人占有债务人或第三人的动产,于债务人不履行到期债务或发生当事人约定的实现质权的情形时,有权就该动产的变价使被担保债权优先受偿的担保权利。其法律性质如下:

（一）动产质权以他人所有的动产为标的物

动产质权的标的物为动产,且必须属于债务人或第三人所有,并具有转让性(让与性)(《民法典》第426条的反面推论)。质物之所以必须归债务人或第三人所有,是动产质权具有质押效力的要求。质物之所以必须具有让与性,是因为动产质权在实现时需要将质押财产拍卖、变卖或折价,从而发生所有权人的变化。

（二）动产质权以质权人占有质押财产为生效要件和存续要件

动产质权以质权人占有债务人或第三人的动产为生效要件,是由动产物权的变动以占有为公示方式和生效要件的立法模式所决定的。动产质权以质权人占有质押财产为存续要件,是由动产质权以质押效力实现其担保功能的性质决定的。但质物的交付,亦即质物占有的移转,不以现实交付为限,简易交付、指示交付也为法律所认可(《民法典》第226条、第227条),但占有改定不在其中,这是由质权须有质押效力所要求的。

［引申］

在德国,设定质权所要求的交付质物,比动产所有权转让所需要的动产交付还要

---

① 胡开忠：《权利质权制度研究》,中国政法大学出版社2004年版,第59页。
② 谢在全：《民法物权论》(下册),三民书局2003年修订2版,第310-311页。

严格,不承认通过占有改定设定质权。通过基于占有媒介关系的返还请求权让与方式设定质权,占有媒介人必须被通知到(《德国民法典》第1205条第2项)。须注意,采用这种方式设定质权,在质物返还于出质人或所有权人时,质权消灭,即使质权人表达了相反的意思,也无济于事。①

[案例分析]

甲公司与和乙银行签署贷款协议和质押合同,约定乙银行向甲公司提供贷款2000万元人民币,甲公司作为借款人,同时也是出质人,将其仓库内的货物出质给乙银行,作为2000万元贷款的担保。

甲公司、乙银行和丙公司签署了《担保物三方保管合同》,约定丙公司作为保管人,接受乙银行和甲公司的共同委托,代表乙银行占有存放于甲公司仓库中的质物,即代表乙银行接受货物,向乙银行签发仓单,并按照乙银行的放货指令放货。

丙公司和甲公司签署了厂房租赁合同,承租了甲公司的仓库,约定租赁的用途是存储甲公司向乙银行出质的质物,但丙公司只支付名义上的租金每年1元人民币。由于仓库本身仍然是在甲公司的控制之下,丙公司只是在名义上租赁,且每个仓库派出一至二名监管员进行监管,为了明确丙公司和甲公司之间的责任,丙公司和甲公司签署了《监管作业协议》。

争议的焦点:乙银行对于甲公司仓库里货物的质权成立了吗?

回答这个问题,需要确定保管人同时是承租人的丙公司对于涉案仓库里货物的占有属于何种类型。众所周知,在租赁合同中,对租赁物为直接占有的,是承租人而非出租人。在保管合同中,对保管物为直接占有的,是保管人而非寄存人。如此,在本案中,丙公司而非出质人甲公司对涉案质物为直接占有。

在本案中,就形成了第三人直接占有质物,按照德国民法关于"通过基于占有媒介关系的返还请求权让与方式设定质权,占有媒介人必须被通知到"的规定及其理论,本案中,占有媒介人丙公司是签订保管合同、租赁合同的缔约人,详知涉案质权设立的信息,满足了占有媒介人被通知到的要求,因而,乙银行的质权已经设立。

从反面讲,既然动产质权设立所需要的质物交付仅仅排除了占有改定的方式,承认包括现实交付、简易交付、基于占有媒介关系的返还请求权让与在内的交付方式,而涉案质权的设立并非通过占有改定的方式,那么认定涉案质权已经设立,应当是有把握的。

(三)动产质权是就质物的变价使被担保债权优先受偿的权利

《民法典》规定,在债务人不履行到期债务或发生当事人约定的实现质权的情形

---

① [德]鲍尔/施蒂尔纳:《德国物权法》(下册),申卫星、王洪亮译,法律出版社2006年版,第543页。

时,质权人可以与出质人协议以质物折价,也可以就拍卖、变卖质物所得的价款,使被担保债权优先受偿(第425条第1款、第436条第2款)。

(四) 动产质权属于担保物权

上述性质表明动产质权为担保物权。

二、动产质权的取得

(一) 概述

动产质权的取得,有的是基于法律行为,也有的是基于法律行为以外的原因。基于法律行为而取得动产质权,包括动产质权的设立和动产质权的转让。基于法律行为以外的原因而取得动产质权,表现为善意取得动产质权、通过继承取得动产质权和基于法律的规定直接取得动产质权(法定动产质权)。

现行法没有承认取得时效,故动产质权不会因取得时效而取得。《民法典》没有将动产质权排除于遗产之列,所以,在动产质权人死亡时,按照《民法典》第230条的规定,动产质权移转给继承人。关于动产质权的善意取得,许多立法例及其理论均予以承认[①],中国《民法典》第311条关于善意取得的规定,适用于动产质权的善意取得。动产质权的转让,属于动产质权的效力,将在下文讨论。关于法定质权,现行法上尚付阙如,此处不予讨论。以下集中研讨动产质权的设立。

(二) 动产质权的设立

1. 设立行为

动产质权的设立,在理论上不排除依遗嘱设立,但最为常见的是质权人和出质人签订质押合同(《民法典》第427条等)。

质押合同在外形上可以是独立于主债权合同的质押合同,也可以是主债权合同中的质押条款。质押合同应当采取书面形式(《民法典》第427条第1款)。

《民法典》第427条第2款示例了质押合同的五个方面的条款,兹简要介绍和讨论如下:

(1) 被担保债权的种类和数额

该条款旨在将被担保债权特定化,满足质权特定性的要求。被担保债权的种类是质押合同的主要条款。

(2) 债务人履行债务的期限

在当事人未约定另外的质权实行条件的情况下,债务人履行债务的期限是确定质权实行的重要的因素,即债务人于债务履行期限届满时未履行债务,质权实行的条

---

① 参见《德国民法典》第1207条,《瑞士民法典》第884条第2款,中国台湾地区"民法"第886条。

件具备,质权人可以行使质权(《民法典》第425条第1款、第436条第2款)。在这个意义上说,该条款是质押合同的主要条款。

(3) 质押财产的名称、数量等情况

该条款旨在将质押财产特定化,满足质权特定性的要求。它是质押合同的主要条款。

《物权法》第210条第2款第3项的表述是"质押财产的名称、数量、质量、状况",《民法典》第427条第3项改为"质押财产的名称、数量等情况",更为机动,留有余地。因为质押财产的质量和状况主要是与评估质押财产的价值有关,至于在质押合同的成立要件方面,即使欠缺质押财产的质量、状况的约定,也能锁定质押财产,在这个意义上说,质押财产的名称、数量属于质押合同的主要条款,而质押财产的质量、状况只是质押合同的一般条款。

在这里,尚需注意《民法典》第426条关于"法律、行政法规禁止转让的动产不得出质"的规定。

《民法典》第426条是对《物权法》第209条的复制,明确了法律、行政法规禁止转让的动产不得出质,换个说法,质押财产必须具有转让性(让与性)。

法律、行政法规的禁止性规定,属于强制性规定。尽管关于强制性规定有效力性的和管理性的两大类,而且二者的区分标准见仁见智,但笔者认为至少以下两大类应为效力性的强制性规定:A.违反禁止性规定的同时(或结果)损害了社会公共利益;B.法律、法规关于禁止流通物的规定。法[2019]254号第30条第2款规定:"人民法院在审理合同纠纷案件时,要依据《民法总则》第153条第1款和合同法司法解释(二)第14条的规定慎重判断'强制性规定'的性质,特别是要在考量强制性规定所保护的法益类型、违法行为的法律后果以及交易安全保护等因素的基础上认定其性质,并在裁判文书中充分说明理由。下列强制性规定,应当认定为'效力性强制性规定':强制性规定涉及金融安全、市场秩序、国家宏观政策等公序良俗的;交易标的禁止买卖的,如禁止人体器官、毒品、枪支等买卖;违反特许经营规定的,如场外配资合同;交易方式严重违法的,如违反招投标等竞争性缔约方式订立的合同;交易场所违法的,如在批准的交易场所之外进行期货交易。关于经营范围、交易时间、交易数量等行政管理性质的强制性规定,一般应当认定为'管理性强制性规定'。"

《民法典》第426条系关于禁止转让的动产不得出质的规定,属于关于禁止流通物的规定,应为效力性的强制性规定。当事人违反该条规定,以法律、法规禁止转让的动产出质,质押合同应当无效。

《民法典》第426条属于不完全法条,尚须结合《民法典》第153条第1款前段关于"违反法律、行政法规的强制性规定的民事法律行为无效"的规定,来认定以法律、法规禁止转让的动产订立的质押合同无效。也正因为必须结合《民法典》第153条第1款前段的规定适用法律,所以,《民法典》第426条把法律的位阶限定于法律和行政法规两个位阶,排除了部门规章、地方法规和地方规章,符合体系自洽的要求。当然,如果从实质正义的层面检讨,则可有另外一种结论。

作为动产质权的标的物,不仅必须具有让与性,而且应为适合于留置之物,因为质权具有留置的功能。对此,有观点认为,海商法上的船舶和民用航空法上的航空器价值甚巨,应使其充分物尽其用,以发挥经济效用,自不适合于留置,不得为质权的标的物。①

(4)担保的范围

质权担保的范围,在质押合同中约定更能反映当事人的真意,不过,即使质押合同无此条款,也可以根据《民法典》第389条的规定确定下来。可见,担保的范围应为质押合同的一般条款。

(5)质押财产交付的时间、方式

质押财产的交付时间决定着动产质权的设立及其时间点(《民法典》第429条),也很重要,当事人应予重视。

质押财产交付的方式很可能影响着交易成本,如适合于指示交付的场合却约定现实交付的方式,就增加了费用;甚至左右着出质人违约与否,例如,若认可指示交付,出质人即能满足质押合同的要求,但约定现实交付同时约定的交付期限过短,使出质人无法按时交付质押财产,就构成违约。

上述第(1)中的被担保债权的数额条款,及(2)、(4)和(5)各条款,即使当事人未在质权合同中约定,或约定不明,可依据有关法律规定补充。例如,当事人对于被担保债权的数额没有约定的,应按照《民法典》第389条正文关于"担保物权的担保范围包括主债权及其利息、违约金、损害赔偿金、保管担保财产和实现担保物权的费用"的规定确定。再如,当事人对于质物交付的时间没有约定或约定不明的,可依据《民法典》第510条、第511条第4项的规定,债权人有权随时要求出质人交付质物,出质人也可以随时向债权人交付质物,但都必须给对方必要的准备时间。② 还如,当事人对于担保范围没有约定或约定不明的,可依据《民法典》第430条、第390条等规定补充。

2. 流押条款及其效力

《民法典》第428条已经有条件地修正了《物权法》第211条关于禁止流质条款的规定。所谓修正了《物权法》第211条关于禁止流质条款的规定,是因为该条未再重

---

① 谢在全:《民法物权论》(下册),三民书局2003年修订2版,第251页。
② 王利明、尹飞、程啸:《中国物权法教程》,人民法院出版社2007年版,第510页。

复《物权法》第 211 条关于"不得与出质人约定债务人不履行到期债务时质押财产归债权人所有"的规定。所谓有条件地修正,是因为该条未删除《物权法》第 211 条,仅仅是改为"与出质人约定债务人不履行到期债务时质押财产归债权人所有的,只能依法就质押财产优先受偿。"

《民法典》第 428 条所谓"只能依法就质押财产优先受偿",可有如下解读:(1)这纯属物权法规范,《民法典》在恪守本分;而《物权法》第 211 条所谓"质权人在债务履行期届满前,不得与出质人约定债务人不履行到期债务时质押财产归债权人所有",即流质条款被禁止,实为合同法规范。虽然立法技术允许物权法掺杂有合同法规范,合同法偶有物权法规范,但合适的理念是只有在有必要时才如此安排法律规范之所在,以免增大人们特别是百姓大众"找法"的难度。(2)流质条款的效力问题交由法律行为规则调整,适用《民法典》第 143~156 条的规定,质权制度仅仅管好自己份内之事,更从容些,效果更佳。(3)"质权人在债务履行期限届满前,与出质人约定债务人不履行到期债务时质押财产归债权人所有",加上质押财产已被质权人占有,故其为代物清偿,质权人若主张履行该合同,不害及出质人的其他债权人(如出质人无其他债权人,或者即使有其他债权人,但出质人的责任财产足以清偿那些债权,现金流处于正常状态)时,法律自无干预的必要。即使对质押财产的估价偏低,不利于出质人,只要出质人不主张撤销,也应该承认该代物清偿协议/流押条款的效力。该协议适当履行后,质权人取得该质押财产的所有权。(4)在出质人的数个债权人都对出质人请求清偿,没有涉及质押财产、出质人也没有进入破产程序的情况下,质权人可依基于代物清偿协议/流押条款的约定及其适当履行取得质押财产的所有权。(5)在出质人的数个债权人都对出质人请求清偿,已经涉及质押财产,但出质人尚未进入破产程序的场合,质权人无权主张代物清偿协议/流押条款有效,并声称自己已经取得质押财产的所有权,只可援用《民法典》第 425 条第 1 款、第 436 条第 2 款和第 3 款的规定,实行质权,就质押财产的变价使担保债权优先获得清偿。(6)在出质人已经进入破产程序的情况下,质权人也无权主张代物清偿协议/流押条款有效,并声称自己已经取得质押财产的所有权,必须适用《企业破产法》的有关规定,包括第 109 条关于"对破产人的特定财产享有担保权的权利人,对该特定财产享有优先受偿的权利"的规定。

[引申]

(1) 金钱可否作为质物

金钱通过包封等方式特定化时成为"独立物",可作为质物。否则,金钱自交付与质权人时,其所有权也转归质权人,不符合动产质权的性质,因而不得作为质物。① 对此,《担保制度解释》第70条第1款规定:"债务人或者第三人为担保债务的履行,设立专门的保证金账户并由债权人实际控制,或者将其资金存入债权人设立的保证金账户,债权人主张就账户内的款项优先受偿的,人民法院应予支持。当事人以保证金账户内的款项浮动为由,主张实际控制该账户的债权人对账户内的款项不享有优先受偿权的,人民法院不予支持"(第1款)。"在银行账户下设立的保证金分户,参照前款规定处理"(第2款)。如何看待该项规则?如果单纯地关注保证金账户内的款项浮动,则会认为款项浮动不符合质物特定这一质权设立的要求,从而不承认保证金账户的质权。但是,如果聚焦于保证金账户这个对象,而暂时忽略保证金账户内的款项浮动,那么,保证金账户是特定的,这符合质物特定这一质权设立的要求。此其一。《民法典》已经承认浮动抵押权,保证金账户内的款项浮动类似于浮动抵押权场合的动产浮动,遵循相似的事物相同处理的公平理念,承认保证金账户可以设立质权,符合逻辑。此其二。区分质权的设立与质权的实行,只要质权实行时质物特定即可。具体到保证金账户就是质权实行时固定账户内的款项,不再任其浮动,特别是不允许再划转款项,以满足质权实行的要求。此其三。至于保证金账户内的款项浮动,特别是被划转,导致保证金账户质权不足以担保主债权的实现,这属于此种质权设立的风险。对此,债权人是清楚的。债权人明知此种风险仍选择保证金账户质权,法律没有必要再予优惠保护。此其四。

《担保制度解释》第70条第3款关于"当事人约定的保证金并非为担保债务的履行设立,或者不符合前两款规定的情形,债权人主张就保证金优先受偿的,人民法院不予支持,但是不影响当事人依照法律的规定或者按照当事人的约定主张权利"的规定,符合意思自治原则和物权法定主义,因为当事人所约保证金无担保之意,不符合质权设立的本质要求,自然不应承认此类保证金具有质权的属性和效力。

(2)动产的份额(应有部分)可否为质物

由于动产质权的设立以质权人占有动产为生效要件,出质人(共有人)应使质权人与该动产的其他共有人共同占有该动产,才会使动产质权设立于该动产的份额(应有部分)之上。②

(3)在个案中,质押合同的条款可能多于上述条款。在这个意义上,《担保法》第

---

① 谢在全:《民法物权论》(下册),三民书局2003年修订2版,第254页;梁慧星、陈华彬:《物权法》(第4版),法律出版社2007年版,第348页;黄松有主编:《〈中华人民共和国物权法〉条文理解与适用》,人民法院出版社2007年版,第620页。

② 谢在全:《民法物权论》(下册),三民书局2003年修订2版,第256页;梁慧星、陈华彬:《物权法》(第4版),法律出版社2007年版,第348页。

65条第1款关于抵押合同可有"当事人认为需要约定的其他事项"的规定,及第65条第2款关于"质押合同不完全具备前款规定内容的,可以补正"的规定,符合实际。《物权法》和《民法典》未再复述它们,并不意味着排斥它们,而应这样理解:A.当事人在质押合同中约定他们认为需要约定的其他事项,乃合同自由的题中应有之义,无须赘言。只要约定不违反法律、行政法规的强制性规定,不违背公序良俗原则,即为有效。B.《担保法》第65条第2款规定的"质押合同不完全具备前款规定内容的,可以补正",既赋予了当事人各方事后补充质押条款的权利,符合合同自由原则的要求;又授权裁判人员,在不违反合同自由原则的前提下,可以依据公平正义原则,根据个案案情,填补质押合同的某些条款。《担保法》虽被废止,但该精神不灭。

3. 质物的交付

《担保法》奉行质押合同生效时动产质权的设立的思想,将质物移交于质权人占有作为质押合同的生效要件(第64条第2款)。其缺点十分明显:(1)它不符合物权与债权二分、各自依其自身规律运动的基本原理。物权依其绝对性及强大效力有必要奉行公示原则,尤其在交易领域,这还是交易安全的需要。所以,动产物权以质押财产的交付、占有作为公示方法,其设立以质押财产的交付作为生效要件,具有内在合理性。动产质权设立的原因行为——抵押合同,遵循合同的相对性,无公示的强烈需求,并且时常也无法公示。既然如此,把质押财产的交付作为质押合同的生效要件不符合合同的本质要求,画蛇添足。(2)把质押财产的交付作为质押合同的生效要件,只要质押财产没有交付,质押合同便未生效,甚至无效,出质人交付质押财产的义务便不复存在,"质权人"无权请求出质人交付质押财产,动产质权的设立成为泡影。这显然不利于"质权人"。(3)把质押财产的交付作为质押合同的生效要件,未交付质押财产则质押合同不发生效力甚至无效,"质权人"只可追究出质人的缔约过失责任。如此,违约金责任不复存在,就损害赔偿,多数说认为限于直接损失(成本的支出),不得主张机会利益的损失赔偿。无机会利益的损失赔偿远远低于违约责任中的履行利益(期待利益或曰预期利益)的赔偿。这显然不利于"质权人"。

《物权法》为克服该缺点,规定动产质权自出质人交付质押财产时设立(第212条),质押财产的交付不再影响质权合同的效力(第15条)。《民法典》完全承继(第215条、第429条)。如此,不但符合法理,实际效果也好。

设立动产质权所需要的交付,现实交付最为理想;指示交付亦可,但必须将动产质权设立的事实通知给占有媒介人;通过占有改定设立动产质权的形式是不可以的。[①] 这符合物权公示原则的要求,中国法应予接受。

[①] [德]鲍尔/施蒂尔纳:《德国物权法》(下册),申卫星、王洪亮译,法律出版社2006年版,第543页。

质押财产的交付,可以是现实交付,也可以是简易交付,还可以是基于占有媒介关系的返还请求权让与。这是法律人的共识,且符合实际。现在的问题是,商家具有超乎寻常的想象力和创造力,实务中出现了多种"交付"方式,哪些方式应当得到法律的确认和保护,哪些方式应被否定,都值得研讨。在这方面,《担保制度解释》第 55 条第 1 款前段规定:"债权人、出质人与监管人订立三方协议,出质人以通过一定数量、品种等概括描述能够确定范围的货物为债务的履行提供担保,当事人有证据证明监管人系受债权人的委托监管并实际控制该货物的,人民法院应当认定质权于监管人实际控制货物之日起设立。"其中所谓"出质人以通过一定数量、品种等概括描述能够确定范围的货物为债务的履行提供担保",体现的是质押财产应当具有特定性。所谓"当事人有证据证明监管人系受债权人的委托监管并实际控制该货物",第一层意思是质押财产已经交付了,第二层意思是此种交付采取的方式为监管人占有质押财产,第三层意思是监管人占有质押财产是受债权人委托的,相当于债权人即质权人占有了质押财产。所谓"监管人实际控制货物之日",等同于债权人占有质押财产之日,也就是动产质权设立之日。

与此有别,《担保制度司法解释》第 55 条第 2 款前段规定:"在前款规定情形下,当事人有证据证明监管人系受出质人委托监管该货物,或者虽然受债权人委托但是未实际履行监管职责,导致货物仍由出质人实际控制的,人民法院应当认定质权未设立。"之所以认定动产质权未设立,是因为监管人占有该货物受出质人委托,也就是出质人而非债权人在占有该货物,这不符合动产质权的设立必须是债权人占有质押财产的要件。

三、动产质权的效力

(一) 动产质权所担保的债权的范围

动产质权所担保的债权范围可由当事人约定(《民法典》第 427 条第 2 款第 1 项),若无约定,则包括主债权及利息、违约金、损害赔偿金、质物保管费用和实现质权的费用(《民法典》第 389 条)。

与抵押权所担保的债权的范围相比,动产质权所担保的债权的范围具有特殊之处:(1)动产质权因其不存在登记的问题,所担保的债权的范围不能如同抵押权所担保的那样依登记而公示。[①] (2)动产质权场合,质权人占有质物,负有妥善保管的义务,加上动产质权具有留置的效力,因而,保管质物所产生的费用,应当纳入质权担保

---

① 王利明、尹飞、程啸:《中国物权法教程》,人民法院出版社 2007 年版,第 511 页。

的债权的范围。① 对此,《民法典》第427条设有明确的规定。但保管费用是否限于必要费用,如修缮费或其他必要的保管费等,却无明文,应持肯定说,至于单纯的保管费,如把质物放置于仓库所需要的租金,则应由质权人自己负担。② (3)抵押权的设立无移转标的物占有的问题,故无保管抵押物所生费用被纳入担保范围之说。而动产质权的设立必须移转标的物的占有,当质物具有隐蔽的瑕疵并致质权人遭受损害时,出质人应当承担赔偿责任。该赔偿责任虽与原债权无关,但与质物有密切的关系,通常也纳入质权所担保的债权的范围中(参见《日本民法典》第346条、中国台湾地区"民法"第887条)。对此,最高人民法院所作《担保法解释》设有明文:"质物有隐蔽瑕疵造成质权人其他财产损害的,应由出质人承担赔偿责任。但是,质权人在质物移交时明知质物有瑕疵而予以接受的除外"(第90条)。这种精神不应因《担保法解释》被废止而失色。《民法典》第427条中的损害赔偿金,在解释上应当包括因质物的隐蔽瑕疵而给质权人造成损害时的赔偿金。③ 该损害赔偿责任被纳入质权的担保范围,需要具备以下条件:A.质物确有瑕疵;B.该瑕疵必须为隐蔽瑕疵,就是通常的注意所难以发现的,若为质权人所明知的瑕疵,则质权人纵因该瑕疵遭受了损害并可请求赔偿,也属于普通债权,而不在质权担保的债权范围之内;C.该瑕疵和损害之间存在因果关系。④

(二) 动产质权标的物的范围

动产质权和抵押权在标的物的范围上大体相同,均以标的物所有权的范围为担保权的效力范围,但动产质权因以占有质物为生效要件和存续要件,与抵押权不同,在标的物的范围方面也就有些差异。兹分别说明如下:

1. 从物

就质物的从物是否为质权的效力所及,理论上有不同的见解。一种观点认为,主物的处分及于从物,因而质权的效力及于从物,无论从物是否交由质权人占有。⑤ 另

---

① 郑玉波:《民法物权》,三民书局1988年修订12版,第306页;黄右昌:《民法物权诠解》,1965年自版,第310页;倪江表:《民法物权论》,正中书局1981年版,第343页;谢在全:《民法物权论》(下册),三民书局2003年修订2版,第262页;王利明、尹飞、程啸:《中国物权法教程》,人民法院出版社2007年版,第511页;梁慧星、陈华彬:《物权法》(第4版),法律出版社2007年版,第350页。

② 参见李肇伟:《民法物权》,1979年自版,第468页;中国台湾地区"民法"第887条第2项;谢在全:《民法物权论》(下册),三民书局2003年修订2版,第262页。

③ 王利明、尹飞、程啸:《中国物权法教程》,人民法院出版社2007年版,第511页;梁慧星、陈华彬:《物权法》(第4版),法律出版社2007年版,第349-350页。

④ 谢在全:《民法物权论》(下册),三民书局2003年修订2版,第262页;梁慧星、陈华彬:《物权法》(第4版),法律出版社2007年版,第349-350页。

⑤ 倪江表:《民法物权论》,正中书局1981年版,第344页;余荣昌:《民法要论·物权》,第127页。

一种观点认为,质权的效力并非当然及于从物,只有当从物移交给质权人占有时,才为质权的效力所及。① 这为多数说,且符合质权的生效要件,值得赞同。

2. 孳息

动产质权场合,质权人占有质物,由他来收取质物的孳息最为方便,最为经济,故《民法典》第430条第1款正文规定动产质权的效力及于质物的孳息,值得赞同。

《民法典》第430条第1款设置但书"但是合同另有约定的除外",尊重当事人的意思,至少在某些情况下最符合当事人的利益安排。当然,当事人如此约定也可能是出质人处于强势地位,动产质权人不得已而为之。即使如此,法律也无必要主动出击。

孳息本有天然孳息和法定孳息之分,《民法典》第430条第1款正文未将任何一类孳息从动产质权的效力范围中排除,从动产质权的目的及功能方面考虑,宜解释为它们均为动产质权的效力所及,除非当事人有相反的约定。

依照质物的性能和使用方法收取孳息,对出质人及其全部债权人都有利,由此决定,因收取孳息而发生的费用属于为了出质人的全部债权人而形成的公益费用,出质人就此负担的债务属于公益债务,按照公益债务优先清偿的规则(《企业破产法》第42条、第43条),质权人有权优先受偿。所以,《民法典》第430条第2款规定,孳息应当先充抵收取孳息的费用。

由于《民法典》第430条第2款规定上述孳息应当先充抵收取孳息的费用,表明质权人不是无偿收取孳息,因而,充抵收取孳息的费用后尚有剩余的,应作为清偿担保债权的财产,依次充抵原债权的利息、原债权。在担保债权及其利息已届清偿期时,即刻清偿;在担保债权及其利息尚未届期时,或提前清偿,或先行提存,待届期时再予清偿。假如清偿担保债权及其利息之后仍有剩余,应返还给出质人。

3. 代位物

动产质权具有物上代位性,《民法典》第390条关于"担保期间,担保财产毁损、灭失或者被征收等,担保物权人可以就获得的保险金、赔偿金或者补偿金等优先受偿。被担保债权的履行期限未届满的,也可以提存该保险金、赔偿金或者补偿金等"的规定,自有其适用余地。

能够成为质权的物上代位物的,必须具备如下条件:(1)质物系因事实上或法律上的原因而绝对灭失,毁损的在解释上也可包含其中;(2)质物因灭失而产生保险金、

---

① 史尚宽:《物权法论》,荣泰印书馆有限公司1979年版,第358页;姚瑞光:《民法物权论》,1990年自版,第289页;谢在全:《民法物权论》(下册),三民书局2003年修订2版,第264页;梁慧星、陈华彬:《物权法》(第4版),法律出版社2007年版,第350-351页;王利明、尹飞、程啸:《中国物权法教程》,人民法院出版社2007年版,第511页。

赔偿金或补偿金;(3)这些保险金、赔偿金或补偿金必须是出质人有权获得的,假如出质人无权获得,如出质人出质前已将质物投保并指定第三人甲为受益人,则保险事故发生时,享有保险金请求权的为甲,于是质权人对该保险金请求权没有物上代位权。①

4. 添附物

质物因附合、混合或加工使质物的所有权为第三人所有的,质权的效力及于补偿金;质物所有人为附合物、混合物或加工物的所有人的,质权的效力及于附合物、混合物或加工物;第三人与质物所有人为附合物、混合物或加工物的共有人的,质权的效力及于出质人对共有物享有的份额(应有部分)(《民法典》第 322 条,《担保制度解释》第 41 条之参照)。

(三) 出质人的权利

1. 质物收益权

《民法典》第 430 条规定:"质权人有权收取质押财产的孳息,但是合同另有约定的除外"(第 1 款)。"前款规定的孳息应当先充抵收取孳息的费用"(第 2 款)。

2. 质物处分权

动产质权的设立,并未使出质人丧失对质物的所有权,出质人仍可将质物出卖或赠与他人,亦可以质物与他人的物品互易;对于质物的交付采取简易交付或指示交付的方式,出质人可将质物的所有权让与,也可以将质物再次设立质权,或设立动产抵押权,既有的质权不因此而受影响。这些担保物权的顺位按照成立的先后加以确定。至于事实上的处分,出质人因已经丧失对质物的占有而无法实施,加上此种处分也将有害于质权人的利益,故解释上不允许出质人享有及行使。②

3. 对债务人的追偿权和代位权

在出质人是债务人之外的第三人时,出质人在代债务人清偿债务之后或因质权的实现而丧失质物的所有权时,对债务人享有追偿权(《民法典》第 700 条之类推适用)。

至于出质人的代位权,即出质人向质权人承担物上保证责任后,可以取代债权人的地位,行使其债权的权利,现行法尚无明文,但解释上似无理由不予承认。

4. 保全质物的权利

动产质权以质权人占有质押财产为设立要件,在占有期间,质押财产脱离出质人

---

① 谢在全:《民法物权论》(下册),三民书局 2003 年修订 2 版,第 265 页;梁慧星、陈华彬:《物权法》(第 4 版),法律出版社 2007 年版,第 351 页。

② 谢在全:《民法物权论》(下册),三民书局 2003 年修订 2 版,第 267-268 页;梁慧星、陈华彬:《物权法》(第 4 版),法律出版社 2007 年版,第 351-352 页;王利明、尹飞、程啸:《中国物权法教程》,人民法院出版社 2007 年版,第 513 页。

的控制,而由质权人控制。从维护出质人的合法权益、平衡双方利益、物尽其用、尽可能地保持甚至提高社会效益等角度考量,质权人对于质押财产应当负有妥善保管的义务。此处所谓妥善保管,不是以质权人管理自己财产的注意而为保管,因为一些人管理自己的财产有些马虎、随意,而是以善良管理人的注意这样高标准的程度来保管质押财产。

质权人保管不善致使质押财产毁损、灭失,既构成违反质押合同,又构成侵权行为,无论根据合同法(《民法典》第577条等)还是侵权责任法(《民法典》第1165条),质权人都应承担赔偿责任,只不过出质人只可选择其中之一而请求罢了。所以,《民法典》第432条第1款后段规定质权人的损害赔偿责任,是有根据的。

在质物由债权人委托的第三人即监管人占有的情况下,《担保制度解释》第55条第1款后段规定,监管人违反约定向出质人或者其他人放货、因保管不善导致货物毁损灭失,债权人请求监管人承担违约责任的,人民法院依法予以支持。至于监管人受出质人的委托而占有货物,监管人保管不善导致该货物毁损灭失,《担保制度解释》第55条第2款中段和后段规定:"债权人可以基于质押合同的约定请求出质人承担违约责任,但是不得超过质权有效设立时出质人应当承担的责任范围。监管人未履行监管职责,债权人请求监管人承担责任的,人民法院依法予以支持。"其中所谓"债权人可以基于质押合同的约定请求出质人承担违约责任",依据的法理是质押合同的相对性,以及出质人违反质押合同关于其交付质押财产的约定,构成违约。但书所谓出质人承担违约责任"不得超过质权有效设立时出质人应当承担的责任范围",原因在于质押合同与买卖等合同在计算违约责任的范围时具有特殊性——违反质押合同给债权人造成的损失,单纯地、孤立地从质押合同本身考察是难以确定出来的,必须对比有质权担保的主债务与无质权担保的主债务被违反时致债权人损失的角度来确定违反质押合同所造成的损失,两者的差额即为违反质押合同给债权人造成的损失。所谓"监管人未履行监管职责,债权人请求监管人承担责任的,人民法院依法予以支持",是因为在一般情况下,相对于债权人来说,监管人系出质人的占有辅助人,不是一个独立的当事人。就此说来,债权人无权请求监管人向自己承担责任。但是,也可能存在例外:其一,监管人向债权人承诺以勤勉注意的精神保管货物时,债权人可以监管人违反该注意义务为由请求监管人承担赔偿责任;其二,监管人作为一方参与含有质押合同内容的"三方协议"的订立,监管人保管不善致使货物毁损灭失是在违反该"三方协议",构成违约;其三,债权人代出质人之位请求监管人承担因保管不善致使货物毁损灭失的责任;等等。既然如此,《担保制度解释》第55条第2款后段明确"人民法院依法予以支持",强调"依法",是慎重的,妥当的。

5. 请求质权人及时行使质权之权

《民法典》第 437 条第 1 款规定出质人对于质权人享有及时行使质权的请求权，对于人民法院拥有拍卖、变卖质押财产的诉权；第 2 款明确质权人怠于行使质权给出质人造成损害的，应当承担赔偿责任。

根据《民法典》第 7 条规定的诚信原则、第 132 条规定的禁止权利滥用原则，考虑到出质人的交易安排，质权人于质权实行的条件具备时应当及时行使质权，这应为义务。从对面看，出质人有权请求质权人及时行使质权。

此处所谓及时，不一定是质权实行的条件具备就必须行使，应该综合债务人、债权人/质权人、出质人三方面的关系及情况，才可作出结论。例如，债务人正在积极筹备清偿债务的财产，可以在不太长的期间即可适当清偿债务，在这样的情况下，行使质权反倒增大交易成本，"逼得"出质人向债务人追偿，酿成较为复杂的法律关系。

出质人催告质权人及时行使质权，质权人仍不行使又无理由的，《民法典》第 437 条第 1 款给出出质人一项救济通道——可以请求人民法院拍卖、变卖质押财产。这类似于质权人自己实行质权时请求人民法院拍卖质押财产，或由人民法院代质权人变卖质押财产。

《民法典》第 437 条赋予出质人的救济途径不限于此，第 2 款赋权出质人请求怠于行使质权的质权人承担损害赔偿责任。所谓怠于行使权利，是指质权人因可归责于自己的原因而不及时行使权利。例如，质权人明知作为质押财产的某电子产品的升级产品即将上市，若在新产品上市后再变卖质押财产，所获价款将明显降低，但却基于质押财产的变价款减少也足以使其债权获得清偿的考虑，而没有及时将质押财产变卖。①

出质人行使此项损害赔偿请求权时，需要举证证明质权人怠于行使质权给自己造成了损害。

质权人承担损害赔偿责任毕竟属于消极的事后救济，在质押财产对于出质人特别重要时，此类救济难以使出质人回复到未受侵害时的利益状态，再联系到社会成本的考量，实在有必要赋予出质人更为积极的法律手段，以便保全质押财产。现行法确实给出质人配置了保全质押财产的权利，《民法典》第 432 条第 2 款规定："质权人的行为可能使质押财产毁损、灭失的，出质人可以请求质权人将质押财产提存，或者请求提前清偿债务并返还质押财产。"由此产生的提存费用应由质权人负担；如果出质人提前清偿债务的，则应当扣除未到期部分的利息。

提存，不影响质权的效力，与质权人亲自占有质押财产而不由出质人占有相差无

---

① 王利明、尹飞、程啸：《中国物权法教程》，人民法院出版社 2007 年版，第 517-518 页。

几,能使质权人的债权实现有可靠的财产保障;在出质人一侧,提存可以使质押财产避开质权人的威胁、危害,在质权实行之前,出质人得以继续拥有质押财产的所有权。看来,提存是于此场合的合适的救济措施。

至于出质人请求提前清偿,在出质人同时为债务人的情况下,提前清偿意味着放弃期限利益,但为使质权人的债权消灭从而终止质权,取回质押财产,使质押财产免遭质权人不当行为之祸,付此代价,似乎也"值得";在出质人非为债务人的场合,提前清偿消灭自己的物上负担,保全质押财产,由此导致的财产损失,再向债务人追偿,也算是无奈中的较好选择。

质权人拒绝提前清偿的,出质人可以请求人民法院拍卖、变卖质物的诉权。

(四) 出质人的义务

1. 损害赔偿的义务

质物有隐蔽瑕疵造成质权人其他财产损害的,应由出质人承担赔偿责任。但是,质权人在质物移交时明知质物有瑕疵而予以接受的除外。

[论争]

对质物的明显瑕疵等原因给质权人造成损害时,出质人是否也承担损害赔偿责任? 法无明文,学说上存在着分歧。既有否定说[1],也有肯定说[2]。谢在全先生阐释道,唯就中国台湾地区"民法"第887条第1项关于"质权所担保者为原债权、利息、迟延利息、违约金、保存质物之费用、实行质权之费用及因质物隐有瑕疵而生之损害赔偿。但契约另有约定者,不在此限"的规范意旨,仅系在当事人间未约定质权所担保债权的范围时,限定其担保范围,而非在限定质权人所得行使损害赔偿的范围,故质权人如因质物的瑕疵而受损害时,纵其损害非属隐有者,于得依其他法律关系请求损害赔偿时(如符合侵权行为要件),出质人仍应负损害赔偿责任。[3]诚哉斯言! 法律人应当坚持质物的明显瑕疵致使质权人遭受损害时,质权人请求出质人承担损害赔偿的权利属于普通债权,不在质权担保的债权的范围。[4]

2. 偿还必要费用的义务

质权人保管质物的费用属于质权担保的范围,除非当事人另有约定(《民法典》第389条)。表明出质人有义务向质权人偿付该项费用,在解释上限于必要费用。

---

[1] 李肇伟:《民法物权》,1979年自版,第471页。
[2] 姚瑞光:《民法物权论》,1990年自版,第287页。
[3] 谢在全:《民法物权论》(下册),三民书局2003年修订2版,第268页。
[4] 王利明、尹飞、程啸:《中国物权法教程》,人民法院出版社2007年版,第514页;梁慧星、陈华彬:《物权法》(第4版),法律出版社2007年版,第352页。

[论争]

对于保管质物支出的有益费用,出质人是否有义务偿还,学说存在着争论。有力说认为,出质人通常为经济上的弱者,为使出质人清偿债务后,不致发生偿还有益费用的困难,对于质权人非经出质人同意而支出的有益费用,出质人不负偿还义务。[①] 这符合中国大陆立法的一贯精神,值得赞同。

(五)质权人的权利

1. 质物的留置权

依法理,债务履行期届满质权人未受清偿的,质权人可以继续留置质物,并以质物的全部行使权利。出质人清偿所担保的债权后,质权人应当返还质物。

2. 质物的孳息收取权

质权人对其占有的质物有收取孳息的权利,除非质权合同另有约定(《民法典》第430条第1款)。质权人收取质物的孳息,不是无偿取得,而是首先用于充抵收取孳息的费用(《民法典》第430条第2款),其次充抵原债权的利息,最后充抵原债权,除非当事人另有约定(《民法典》第561条)。

3. 优先权

债务人不履行到期债务时,质权人有权依法以作为质物的动产折价或以拍卖、变卖该动产的价款使被担保债权优先受偿(《民法典》第425条第1款)。这表明质权人享有优先权,即使其质押债权优先于一般债权获得清偿的权利。

4. 转质权

(1) 概述

转质,是指质权人在质权存续期间,为了担保自己的或他人的债务,将质物移交给第三人,在该质物上设立新质权的行为。例如,甲为了担保欠乙的100万元债务,而将新奔驰车一辆为乙设立质权。其后,质权人乙为了担保欠丙的90万元债务,又以该车为丙设立质权。在这里,就原质权而言,甲为出质人,乙为质权人;就转质来说,乙为转质人,丙为转质权人。

转质有责任转质和承诺转质之分。所谓责任转质,是指质权人于质权存续期间,无须经过出质人的同意,而以自己的责任将质物为第三人设立质权。所谓承诺转质,又称同意转质,是指质权人在征得出质人的同意后,为了担保自己或他人的债务而以质物向第三人设立质权。

对于转质,《民法典》仅于第434条规定了这样的内容:"质权人在质权存续期间,未经出质人同意转质,造成质押财产毁损、灭失的,应当承担赔偿责任。"可将之解

[①] 谢在全:《民法物权论》(下册),三民书局2003年修订2版,第269页。

释为不否定承诺转质。

（2）责任转质

关于责任转质的性质，虽有不同意见，但宜采取质物再度出质说，即新质权设立说：转质系质权人为了担保自己或第三人的债务，在质物上再设立新质权的行为。换句话说，转质是质权人将质物所得直接支配的交换价值赋予转质权人于转质权实行的条件成就时优先用于清偿被担保债权，故转质权人取得的乃质权人所得支配交换价值内的另一优先支配权。①

责任转质的构成要件包括：A.转质必须在质权存续期间设立，转质所担保债权的清偿期间不得超过原质权所担保债权的清偿期间；B.转质权所担保的债权额必须在质权所担保债权的数额范围内；C.质权人以自己的责任转质，即质物因转质所发生的一切责任，包括不可抗力造成的损失，均由转质人负责；D.必须具备质权的一般成立要件（生效要件）。②

责任转质对于出质人具有如下效力：A.在转质情况下，出质人欲清偿债务，取回质物，应先向转质权人为之，如果清偿转质权所担保的债务尚有余额，应再向质权人清偿。否则，出质人的清偿对转质权人不发生效力。B.质权所担保债权关系中的债务人即使不是出质人，也是质权关系的一环，在质权人将质物转质时，转质权对于该债务人也有效力。因而，该债务人若未经转质权人同意，而向质权人清偿时，也不得以此拒绝转质权人请求他履行债务。不过，在质权人或转质权人未将转质的事实通知给债务人的，不在此限。③

责任转质对于质权人具有如下效力：A.转质后，转质人（质权人）对于质物因不可抗力或通常事变所遭受的损失，也应负责。这是因为质权人未经出质人的同意而以自己的责任转质，应当加重其责任。B.质权人应受转质的拘束，负有不得消灭其支配质物交换价值的义务，所以，不得抛弃其质权，不得免除质权所担保的债权，不得受领债务人对该债权的清偿，不得接受债务人将该债权抵销。原质权所担保的债权额超过转质权所担保的债权额时，就超过范围的差额，亦同。④

责任转质对于转质权人具有如下效力：A.转质权人对于质物取得新质权，享有一

---

① ［日］我妻荣：《新订担保物权法》，岩波书局1983年版，第149页；［日］松坂佐一：《民法提要·物权法增订第4版》，有斐阁1996年版，第273页；［日］星野英一：《民法概论Ⅱ·物权·担保物权》，良书普及会平成6年，第231页；［日］川井健：《担保物权法》，青林书院1987年版，第239页。转引自谢在全：《民法物权论》（下册），三民书局2003年修订2版，第273页。
② 谢在全：《民法物权论》（下册），三民书局2003年修订2版，第273-274页。
③ 同上书，第275页。
④ 同上书，第276页。

般质权人所享有的权利,同时负有一般质权人所负担的义务。B.在转质权所担保的债权和原质权所担保的债权均已届清偿期,转质权人的债权未获清偿时,转质权人可对质物行使变价权。C.转质权人就质物所卖得的价金享有使其债权优先受偿的权利。①

责任转质权因其本身的消灭原因或所担保债权的消灭而消灭,因原质权的消灭而消灭。

(3) 承诺转质

承诺转质的性质与责任转质的,原则上相同,只是承诺转质系经出质人的同意而成立,所以,质权人所能赋予转质权人的交换价值自然不受原债权人所能支配交换价值的拘束,致使转质权已经脱离原质权而存在了。

承诺转质的构成要件,除与责任转质的第四项构成要件相同以外,可以超过原债权所担保债权的金额和清偿期,或者说不受原质权的拘束。②

承诺转质的法律效力如下:A.转质权实行的条件专以转质权确定,原质权是否已经具备实行的条件,在所不问。B.质权人如何实行其质权,原则上按照转质权合同的约定,但通常可理解为质权人已经放弃其实行权。C.质权人对于质物因不可抗力或通常事变所造成的损失,不再承担责任,仅仅承担过错责任。D.由于转质权已经独立于原质权,原质权人有权受领其债务人的清偿,该债务人也有向原质权人(债权人)清偿的自由。只是该结果不得对抗转质权人,亦即转质权不因此而消灭,仅使质权人负有返还质物的义务;出质人为达到返还质物的目的,有权以利害关系人的身份,代质权人向转质权人清偿,然后以因此而取得的债权与原质权所担保的债权相互抵销,从而消灭质权和转质权。③

5. 预行拍卖质物之权

预行拍卖质物之权,又叫质物的变价权,按照《民法典》第433条的规定,指这样的权利:因不能归责于质权人的事由可能使质物毁损或价值明显减少,足以危害质权人权利的,质权人要求出质人提供相应的担保而出质人不提供的,质权人可以拍卖、变卖质物,并与出质人通过协议将拍卖、变卖所得的价款提前清偿债务或提存。

分析《民法典》第433条后段的规定,可知质物变价权的行使必须具备如下要件:(1)因不能归责于质权人的事由可能使质物毁损或价值明显减少,足以危害质权人的权利。例如,质物为流行的时装,其流行季节将过,价格会狂跌,致使该时装的变价不

---

① 谢在全:《民法物权论》(下册),三民书局2003年修订2版,第277页。
② 同上书,第278-279页。
③ 同上书,第279页。

足以清偿质权担保的债权。于此场合,尽管实行质权的期限尚未届至,质权人拍卖质物,也实为必要。除质物以外,即使尚有人的担保或其他物的担保,质权人也仍然有权实行预行拍卖质物之权。盖质权人预行拍卖质物,非仅为自己的利益,并兼为出质人或其他利害关系人之故。[①] 如果是由于质权人的事由(如保管不善)导致质物毁损或价值明显减少,质权人不仅无权要求出质人提供担保,还得就此损失向出质人承担赔偿责任(《民法典》第432条第1款)。(2)质权人要求出质人提供相应的担保,诸如抵押权、保证金或保证等,均可。(3)出质人不提供相应的担保。此处所谓出质人不提供,系中性概念,出质人对此有无过失,在所不问。其道理在于,质物毁损或价值明显减少,已成客观事实,任凭该状况发展下去,对出质人、质权人乃至利害关系人都是负面的结果,允许质权人实行预行拍卖质物之权,对各方均为有利。

质权人要求出质人提供相应担保,必须具备如下要件:(1)因不能归责于质权人的事由可能使质物毁损或价值明显减少。(2)质物毁损或价值明显减少的可能或事实,已经足以危害质权人的权利。

预行拍卖质物之权的行使,或出质人以变价款提前清偿被担保债权,或将变价款代充质押财产,予以提存。所谓代充质押财产,是指质权移存于该项价款之上,而非指以该笔价款直接满足债权。由于出质人提前清偿会牺牲其期限利益,代充质押财产并予提存的,在实务中较为常见。

6. 质权的保护权

(1)质权人对于质物被他人无权侵占或实施其他妨害时,质权人可行使物权请求权(《民法典》第235条、第236条),也可以基于占有而行使物上请求权(《民法典》第462条第1款)。

(2)因不能归责于质权人的事由可能使质物毁损或价值明显减少,足以危害质权人权利的,质权人有权要求出质人提供相应的担保(《民法典》第433条前段),即享有增加担保权。

(3)质权受到他人不法侵害,遭受损失时,质权人可向侵权行为人请求损害赔偿(《民法典》第238条等)。

7. 放弃质权

(1)放弃质权规则的机理

《民法典》第435条前段赋权质权人放弃质权,后段正文明确债务人同时系出质人的,其他担保人在质权人丧失优先受偿权益的范围内免除担保责任,后段但书贯彻意思自治原则,承认其他担保人关于继续提供担保的承诺。

---

① 谢在全:《民法物权论》(下册),三民书局2003年修订2版,第280页。

质权的存续使被担保债权具有优先受偿的效力,这显现出质权对于权利人是一种利益,而非负担。既然是利益,质权人放弃它应被允许。

在债务人同时是出质人的情况下,依据《民法典》第392条的规定,质权人必须首先请求债务人/出质人承担清偿责任,包括就质物的变价优先受偿,其他担保人享有顺序利益,只有在债务人/出质人的财产(包括质物)不足以清偿担保债权时,其他担保人才有义务实际承担担保责任。因此,假如允许质权人一方面放弃其对债务人/出质人的质权;另一方面又请求其他担保人承担原来态样的担保责任,就牺牲了其他担保人的顺序利益,不适当地优惠了债务人/出质人,这有失权衡。《民法典》没有如此失当地处理问题,而是规定"债务人以自己的财产出质,质权人放弃该质权的,其他担保人在质权人丧失优先受偿权益的范围内免除担保责任"(第435条后段正文),这就较好地平衡了各方的利益关系。

《民法典》第435条后段但书"但是其他担保人承诺仍然提供担保的除外",是贯彻意思自治原则的体现。在质权人放弃某个或某几个质权的情况下,其他担保人本有顺序利益但其放弃,承诺其仍然提供担保,这是其他担保人在抛弃自己的利益,不涉及社会公共利益,法律没有干涉的必要和理由。所以,该但书也值得肯定。

在债务人和出质人分属不同的主体、当事人之间无特别约定的情况下,按照《民法典》第392条的规定,各个担保人之间无顺序利益,质权人/债权人有权选择任何一个或几个出质人承担担保责任,因此,质权人放弃其对某个或几个出质人的质权,其他的担保人的利益未受损害,不免除其担保责任。

(2)放弃质权的具体形态

A. 概念和类型

质权的放弃,又叫质权的抛弃,是指质权人放弃可以优先受偿的担保利益,分为质权的相对放弃和绝对放弃。①

B. 质权的绝对放弃

质权的绝对放弃,也就是通常所说的质权的抛弃,是指质权人向出质人为消灭质权的意思,放弃其质权的现象。质权的绝对放弃,在质权人和担保人之间的关系、在各个担保人之间的关系方面,适用《民法典》第435条的规定;在质权人与第三人之间的关系方面,质权人放弃质权不得损害第三人的利益。例如,甲所有的A电脑是乙的质权的标的物,后来又成为丙的抵押权的标的物。甲对乙有抗辩权,可以对抗乙实行质权;对丙无有效的抗辩及抗辩权。在该案型中,乙放弃其质权,会使丙对于A电脑的抵押权处于最优先的地位,也使甲任凭丙实行其抵押权。于此场合,乙不得放弃其

---

① 梁慧星、陈华彬:《物权法》(第4版),法律出版社2007年版,第323页。

质权。

C. 质权的相对放弃

质权的相对放弃,是指质权人为出质人的特定无担保债权人的利益,放弃其优先受偿的利益的现象。例如,在出质人甲的30万元的质物上,乙、丙各有10万元、20万元的第一顺位、第二顺位的质权,丁则为甲的无担保债权人(债权额为30万元)。乙为丁的利益而放弃其质权。

质权相对放弃的当事人为质权人和特定的无担保债权人,且该无担保债权人的债务人和出质人必须是同一个人。质权的相对放弃仅在质权放弃人和受放弃利益的特定无担保债权人之间发生相对效力。就优先受偿的范围而言,质权放弃人就质物卖得的价金所能获得分配的金额,由放弃人和受放弃利益的债权人,按两者合计的债权额的比例受偿。

(六) 质权人的义务

1. 妥善保管质物

质权人负有妥善保管质物的义务;因保管不善致使质物毁损、灭失的,应当承担赔偿责任(《民法典》第432条第1款)。

2. 不得擅自使用、处分质物

由动产质权的目的及功能决定,质权人无使用质物的权利,而负有妥善保管的义务;在动产质权不具备实行的条件时,质权人也无处分质物的权利。质权人在无权利的情况下擅自使用、处分质物,既违反质押合同项下的义务(当事人未约定此类义务时依法产生),又符合侵权行为的构成要件,出质人有权请求质权人承担民事责任。《民法典》第431条对此予以固定。

虽然总的说来质权人对于质物无使用权,但有些质物依其性能需要适当使用才可维持其价值和功用的,则质权人适当使用不属于《民法典》第431条调整的范围,质权人不承担赔偿责任。

由于《民法典》第431条正文使用"擅自""处分"的措辞,排除了质权人于质权实行条件成就时处分质物的情形。

质权人擅自使用、处分质物,给出质人造成损害的,质权人负有赔偿出质人损失的民事责任。于此场合,违约损害赔偿与侵权损害赔偿竞合,出质人只可选择其中之一而主张,不得双重获利。

在质权人擅自使用、处分质物,尚无财产损失的后果时,出质人有权援用《民法典》第236条的规定,请求质权人停止侵害;也有权援用《民法典》第432条第2款的规定,主张提存质物,或请求提前清偿债务以便请求质权人返还质物。《民法典》第431条的行文仅用质权人应当承担赔偿责任,没有涵盖提存、提前清偿等救济措施,不周延。有鉴于此,适用该条的规定时,应当结合《民法典》第236条等条款的规定,全面地解决问题。

在质权人、出质人与监管人订立三方协议,由监管人代质权人占有质押财产的情况下,监管人违反约定向出质人或者其他人放货,即违反该三方协议,监管人成为违约方,质权人作为守约方,按照《担保制度解释》第55条第1款后段的规定,债权人有权请求监管人承担违约责任。

3. 以自己的注意收取质物的孳息,并为出质人的利益着想

对于质物的孳息,质权人应以自己的注意予以收取,并为出质人的利益着想。例如,质物为乳牛时,质权人每日获取乳汁之量,应当保证乳牛的健康,如同该牛为自己所有的那样饲养和取奶。否则,给出质人造成损害时,应当承担损害赔偿责任。①

4. 赔偿因转质造成的损失

质权人在质权存续期间,未经出质人同意转质,造成质物毁损、灭失的,应当向出质人承担赔偿责任(《民法典》第434条)。

5. 赔偿因怠于行使质权造成的损失

出质人请求质权人及时行使质权,因质权人怠于行使权利造成损害的,由质权人承担赔偿责任(《民法典》第437条第2款)。所谓怠于行使权利,是指质权人因可归责于自己的原因而不及时行使权利。例如,质权人明知作为质物的某电子产品的升级产品即将上市,若在新产品上市后再变卖质物所获价款将明显降低,但却基于质物的变价款减少也足以使其债权获得清偿的考虑,而没有及时将质物变卖。②

6. 返还质物

债务人履行债务,债权得以实现,担保该债权的动产质权完成使命,应当归于消灭,债权人占有质物的法律根据不复存在,变成无权占有,有义务把该质物返还给出质人,出质人有权利请求债权人返还质物。

出质人为债务人时,提前清偿,牺牲其期限利益,满足债权人/质权人的债权利益,更有利于债权人/质权人,因而被允许。于此场合,担保该债权的动产质权寿终正寝,应当归于消灭,债权人占有质物的法律根据不复存在,变成无权占有,有义务把该质物返还给出质人,出质人有权利请求债权人返还质物。

总之,《民法典》第436条第1款关于返还质物的规定具有充足的理由,值得肯定。

---

① 姚瑞光:《民法物权论》,海宇文化事业有限公司1995年版,第304页;梁慧星、陈华彬:《物权法》(第4版),法律出版社2007年版,第354页。
② 王利明、尹飞、程啸:《中国物权法教程》,人民法院出版社2007年版,第517-518页。

四、动产质权的实行

（一）动产质权实行的界定

所谓动产质权的实行，是指债务人不履行到期债务或发生当事人约定的实现质权的情形，质权人与出质人协议以质物折价，也可以将质物拍卖或变卖，并就拍卖、变卖质物所得的价款优先受偿的行为。它是变价权和优先受偿权的总称。

（二）动产质权实行的条件

依据《民法典》第 436 条第 2 款的规定，动产质权的实行，一般需要具备两项要件：一是动产质权有效存在；二是债权于清偿期届满而未受清偿，可以是全部未获清偿，也可以是部分未获清偿；或者当事人约定的实现质权的情形出现。

[辨析]

在中国台湾地区的"民法"上，债权只须已届债权人得请求清偿时而未受清偿者，质权人即可实行质权。① 这与中国大陆《民法典》第 436 条第 2 款前段、第 437 条第 1 款规定的债务人不履行到期债务，在履行期为期日的情况下差别不大；但在履行期为期间的场合则不同。对此举例说明，履行期为 2008 年 1 月 1 日至 2008 年 2 月 20 日，自 2008 年 1 月 1 日开始，债权人即得请求债务人清偿债务，按照中国台湾地区的"民法"，质权人（债权人）即可行使质权，但在 2008 年 2 月 20 日之前，按照中国大陆的现行法的规定，债务人未履行债务尚不构成债务不履行，在合同场合即为不构成违约行为，质权人无权行使质权，质权人若行使，出质人有权抗辩。

（三）动产质权实行的方式

根据《民法典》第 436 条第 2 款的规定，动产质权实行的方式包括折价、拍卖和变卖三种，与《民法典》第 410 条关于抵押权实行的方式相同，已经详述过，此处不赘述。

（四）质物变价的确定基准

实行动产质权，无论把质物折价还是变卖，都有合理作价的需要。作价低了，可能害及其他债权人的债权实现；作价高了，对质权人也不利，不尽符合公平原则。为了解决这个问题，《民法典》第 436 条第 3 款明确"质押财产折价或者变卖的，应当参照市场价格"，这是条可取之路，值得赞同。

（五）质物的变价款高于或低于担保债权数额时如何处理的规则

《民法典》第 438 条确立了质物的变价款高于或低于担保债权数额时如何处理的规则。

《民法典》第 438 条所谓质物的变价款超过债权数额的部分归质押人所有，乃自

---

① 谢在全：《民法物权论》（下册），三民书局 2003 年修订 2 版，第 287-288 页。

然之理,因为质权不是所有权,质物不因质权的设立而归属于质权人,只是使质权人的债权因该质权的设立而具有优先受偿的效力。担保债权受偿了,实现了,质权人的利益得到完全满足,质权便功成身退。假如把质物的变价款超过债权数额的部分划归质权人,该质权人就获取了不当得利,这不应被允许。此其一。从另一个侧面讲,质物属于出质人的责任财产的组成部分,出质人适当履行物上保证责任之后,剩余的部分仍为其责任财产,当然由其享有。此其二。

质物的变价款全部用于清偿担保债权之后,担保债权仍未完全实现的,不得谓该债权已经消灭,而是就未实现部分继续具有请求力、执行力、保有力,即债权人/质权人有权就其债权未实现的部分请求债务人清偿,债务人没有理由抗辩。于此场合,需要说明的至少有两点:一是在债务人和出质人分属不同的主体的情况下,此时债权人/质权人无权请求出质人清偿,只可请求债务人清偿;二是此时的债权仅仅是普通债权,已无质权的担保,无优先受偿的效力。

最后,应当注意《担保制度解释》第44条第3款后段的规定:主债权诉讼时效期间届满后,主债务人或对质押财产享有所有权的第三人请求债权人返还质押财产的,人民法院不予支持;主债务人或第三人请求拍卖、变卖质押财产并以所得价款清偿债务的,人民法院应予支持。

五、动产质权的消灭

(一) 担保债权消灭

动产质权所担保的债权消灭,从属于该债权的动产质权随之消灭(《民法典》第393条第1项)。

(二) 质物的返还

质权人占有质物为动产质权的成立要件(生效要件)和存续要件,且质权人不得以占有改定的方法设立动产质权,因此,质权人将质物返还出质人,多数说认为动产质权归于消灭。①

(三) 丧失对质物的占有

质物因遗失、被盗、被侵夺或其他原因,致使质权人事实上丧失了对质物的占有,且不能请求返还时,动产质权消灭。

(四) 质物灭失

质物灭失,又无代位物或代偿物时,动产质权消灭。

---

① [日]铃木禄弥:《物权法讲义》,创文社1994年版,第269页;[日]本城武雄等:《民法物权论》(下),嵯峨野书院1984年版,第317页;梁慧星、陈华彬:《物权法》(第4版),法律出版社2007年版,第356页。

（五）动产质权的抛弃

质权人抛弃动产质权，动产质权自然归于消灭（《民法典》第 393 条第 3 项、第 435 条）。

（六）动产质权的实行

动产质权的实行，无论被担保债权是否获得全部清偿，动产质权均告消灭（《民法典》第 393 条第 2 项）。

第三节　最高额质权

《民法典》第 439 条第 1 款允许当事人协议设立最高额质权，第 2 款明确最高额质权的法律适用的准则，即《民法典》关于动产质权的规定可以适用于最高额质权，可以准用《民法典》关于最高额抵押权的规定。

《民法典》第 439 条所谓最高额质权适用《民法典》关于动产质权的规定，是指关于质权本质特征所必须具有的规定，最高额质权不得排除之，必须适用之。例如，适用《民法典》第 429 条关于质权自出质人交付质押财产时设立的规定，出质人未交付质押财产时最高额质权未设立；适用《民法典》第 425 条第 1 款关于质权担保的债权具有优先受偿效力的规定，第 426 条关于禁止流通物不得出质的规定，第 432 条关于质权人负有妥善保管质押财产的义务的规定，等等。

《民法典》第 439 条所谓最高额质权准用《民法典》关于最高额抵押权的规定，是指关于"最高额"本质特征所要求的规定，应当准用之，而不可排除之。例如，准用《民法典》第 420 条关于最高额抵押权担保的债权应是"一定期间内将要连续发生的债权"的规定，第 423 条关于所担保债权的确定及其事由的规定，等等。

第四节　权 利 质 权

一、权利质权概述

（一）权利质权的概念

权利质权，是指以所有权以外的可让与的财产权为标的物而设立的质权。其法律性质如下：

1. 权利质权为质权

质权原本是以有体物为基础发展起来的担保制度，而权利质权却以权利为标的物，加上以权利为客体的物权学说多称之为准物权，于是，权利质权是否为质权，则并非无疑。然而质权制度的本意在于以标的物的交换价值担保债权的实现,并以该价值优先受偿,由此点出发,将质权的标的物严格限制为有体物并无必要,毕竟,能以某种财产性权利的交换价值而使被担保债权得以优先受偿与成为质权的标的物并无实质性的抵触。① 何况动产质权实质上是以动产所有权为标的物,也可以说是以权利为客体。就此看来,称权利质权为质权,应不成问题。

[引申]

就权利质权是否为物权,存在着分歧。按照附停止条件的权利让与主义、并存性权利让与主义,债权质权在性质上为债权。② 在限制性权利让与主义看来,权利质权存在物权性和债权性两种不同的特性。③ 依据设定性权利让与主义,好像有其父必有其子那样,母权是物权,子权也当然是物权;母权是债权,子权也只能是债权。权利质权的性质与出质的权利的性质相一致,出质的权利是物权的,其质权也是物权;出质的权利为债权的,其质权就是债权。④ 采取权利标的主义的学者,对以物权作为标的物的权利质权看作物权这点,很少有异议;但对以债权为标的物的债权质权如何定性却争议较大:有的看作物权,有的认为物权是建立在有体物基础上的权利,权利质权不是以有体物为客体的,所以不得称其为物权,但它在某种程度上具有绝对权的效力,具有物权的效力。⑤ 日本法学家神户寅次郎教授认为,权利质权不是纯粹的物权。物上质权以物为标的,权利质权以权利为标的,二者在形式上是相同的。但权利质权虽以物权为标的,却未必是物权。质权人可以直接干涉作为标的的权利,据此可认为权利质权又非纯粹的债权。另外,权利的绝对性和物权性之间是有区别的。权利质权不是物权,也不是债权,而是一种特别的权利,日本法中在必要的范围内应赋予其物权性;还有的将权利质权视为债权。⑥ 在中国《民法典》上,权利质权被安排在《民法典》"第二编 物权"下辖"第四分编 担保物权"之内,具有绝对性、排他性和优先性,应为物权。

---

① [日]林良平编:《注释民法(8)·物权(3)》,有斐阁1983年版,第327页。
② [日]冈松参太郎:《权利质权的性质》,载《京都法学协会杂志》第1卷,第7号,第5页。转引自刘银春:《债权质权的理论与实践》,清华大学法学博士学位论文(2005年),第13页。
③ [日]神户寅次郎:《权利质的性质》,载《法学协会》第28卷,第10号,总第2122页。转引自刘银春:《债权质权的理论与实践》,清华大学法学博士学位论文(2005年),第14页。
④ [日]神户寅次郎:《权利质的性质》,载《法学协会》第28卷,第10号,总第2144页。转引自刘银春:《债权质权的理论与实践》,清华大学法学博士学位论文(2005年),第14页。
⑤ 刘银春:《债权质权的理论与实践》,清华大学法学博士学位论文(2005年),第21页。
⑥ [日]神户寅次郎:《权利质的性质》,《法学协会》第28卷,第10号,总第2145页、第2157页。转引自刘银春:《债权质权的理论与实践》,清华大学法学博士学位论文(2005年),第21-22页。

2. 权利质权的标的物是具有让与性的所有权以外的财产权

与动产质权的标的物为动产不同,权利质权的标的物是权利。这里的权利,限于财产权,人格权和身份权不在其中。这是因为质权支配标的物的交换价值,而人格权和身份权本身无直接的经济价值。此处所谓财产权,必须具有让与性,这是由质权实行时需要变卖或拍卖标的物所决定的。性质上不得让与的债权,禁止扣押的债权,特别法规定不得让与、扣押或供作担保的债权,不得成为权利质权的标的物。依当事人约定不得让与的债权,在现行法上不得作为权利质权的标的物,在境外的某些法律上可以。

出让的建设用地使用权、土地承包经营权、某些土地经营权、探矿权、采矿权,在现行法上可以转让,或有条件地允许转让,可以作为担保物。不过,按照法律关于担保权体系的分工,它们可成为抵押权的标的物,不得作为权利质权的客体。"这样有利于法律体系的合理化,也便于准确适用法律规定。"①由于这些权利、建筑物作为抵押物而设立的抵押权以登记为生效要件,而基金份额、股权、应收账款、注册商标专用权、专利权、著作权等知识产权作为质物而设立的权利质权也以登记为生效要件,使得抵押权和权利质权的界限趋于模糊。

养殖权、捕捞权在现行法上禁止转让,不得成为权利质权的标的物。即使未来的法律允许它们转让,也不得入质,可以抵押。

抵押权、动产质权、留置权在现行法上均为保全性担保物权,不得与其担保的债权相分离,故不得单独成为权利质权的标的物。不过,于其担保的债权出质给他人时,抵押权、动产质权或留置权可随之出质。

按照物权法的权利配置体系,权利的归属权不叫所有权,有体物的归属权才叫所有权。换句话说,所有权的标的物,不是权利,而是有体物。所以,以所有权设立担保,不动产所有权场合成立抵押权,动产场合产生动产质权,不会出现权利质权。"按照以物的归属表示所有权的习惯,当质权针对的是所有权时,人们说质权是针对物的;当质权针对的是其他权利时,则说质权是针对权利的。"②

从社会及经济的发展历史和趋势看,权利类型逐渐增多,如公路、桥梁的收费权等。在实务中,权利质权的标的物可能不限于上述所举,为解决问题提供规则,《担保制度解释》特设第63条的规定:"债权人与担保人订立担保合同,约定以法律、行政法规尚未规定可以担保的财产权利设立担保,当事人主张合同无效的,人民法院不予支持。当事人未在法定的登记机构依法进行登记,主张该担保具有物权效力的,人民

---

① 胡开忠:《权利质权制度研究》,中国政法大学出版社2004年版,第148页。
② [意]彼得罗·彭梵得:《罗马法教科书》,黄风译,中国政法大学出版社1992年版,第345页。

法院不予支持。"对此规定,可作如下解读:(1)合同法奉行意思自治原则,而不恪守类型法定原则,当事人双方订立《民法典》及有关单行法所未设置的典型合同,法律也承认之,除非它们存在法定的无效原因。因而,"债权人与担保人订立担保合同,约定以法律、行政法规尚未规定可以担保的财产权利设立担保,当事人主张合同无效的,人民法院不予支持。"(2)物权法坚守法定主义,法律不承认当事人自由创设的物权类型和内容,由于权利质权的设立以登记或背书或权利凭证的交付为生效要件,在当事人以《民法典》第440条所列举的权利以外的权利设立"质权"时,因其欠缺生效要件而不发生物权的(设立)效力,"当事人未在法定的登记机构依法进行登记,主张该担保具有物权效力的,人民法院不予支持。"

总的来说,基于质权实行时需要将标的物变价的要求,权利作为质权的标的物,必须具有让与性。《民法典》第426条关于"法律、行政法规禁止转让的动产不得出质"的规定,因有第446条关于"权利质权除适用本节规定外,适用本章第一节的有关规定"的指引,可以适用于权利质权的领域。具体来说:(1)法律禁止转让的权利不得出质。例如,《公司法》第142条第5款规定:"公司不得接受本公司的股票作为质押权的标的。"再如,《收费公路管理条例》第22条规定:"有下列情形之一的,收费公路权益中的收费权不得转让:(一)长度小于1000米的二车道独立桥梁和隧道;(二)二级公路;(三)收费时间已超过批准收费期限2/3。"因此,此类收费公路的收费权不得设立应收账款质权。(2)基于特定的人身关系而专属于特定人的债权,如基于扶养关系、抚养关系、赡养关系、继承关系产生的给付请求权和劳动报酬、退休金、养老金、抚恤金、安置费、人寿保险、人身伤害赔偿请求权等权利。(3)基于特殊信任关系而产生的债权,如委托合同中委托人对受托人的处理委托事务的请求权,雇佣合同中雇主对雇员的劳务请求权,租赁合同中承租人所享有的债权等。不过,如果经过当事人同意,可以转让,也应允许出质。(4)按照当事人的约定不得转让的权利,在现行法上具有一定的阻止权利转让的效力(《民法典》第545条第1款第2项),因而不得出质;一旦出质,不得对抗善意第三人。值得注意的是,境外的一些法律文件已经允许当事人约定禁止转让的债权发生转让的效力。①

《民法典》第440条从正面规定了可以入质的权利:(1)汇票、支票、本票;(2)债券、存款单;(3)仓单、提单;(4)可以转让的基金份额、股权;(5)可以转让的注册商标专用权、专利权、著作权等知识产权中的财产权;(6)现有的以及将有的应收账款;(7)法律、行政法规规定可以出质的其他财产权利(第440条)。

---

① 参见《澳门商法典》第872条;《俄罗斯联邦民法典》第828条;《国际保理公约》第6条第1款、第18条;《美国统一商法典》(2001年修订)第9-406(d)条;《联合国国际贸易应收款转让公约》第9条。

除此而外的权利可否出质呢?《担保制度解释》第 63 条区分物权法上的效果与债法上的效果,"债权人与担保人订立担保合同,约定以法律、行政法规尚未规定可以担保的财产权利设立担保,当事人主张合同无效的,人民法院不予支持。当事人未在法定的登记机构依法进行登记,主张该担保具有物权效力的,人民法院不予支持。"①看来,不属于《民法典》明确列举的财产作为担保物,只有在已经办理完毕担保登记时方发生担保效力,换个角度说,法律奉行了担保登记为担保权的生效要件主义,而非对抗要件主义。

3. 权利质权的设立分别以登记、背书或交付权利凭证为要件

与动产质权的设立以动产的交付为生效要件不同,权利质权的设立,有的以登记为生效要件,有的以背书为生效要件,有的以交付权利凭证为生效要件。

[辨析]

汇票、支票、本票、债券、仓单、提单等有价证券,既是权利凭证,又是权利本身,是权利质权的标的物。而应收账款场合的借据、欠条、公证书等仅仅是债权证书,不是应收账款请求权本身。至于存款单,《民法典》(第 440 条以下)将之与债券规定于同一项,联系将汇票、支票、本票规定于同一项,将仓单、提单规定于同一项的模式,似乎有将债券和存款单两者等量齐观之意。如此考虑问题,存款单亦为有价证券。不过,《民法典》也同时把存款单与票据、仓单、提单、股权、应收账款等并列规定于同一条(第 440 条),而应收账款欠条、借据等显然不是有价证券。就此看来,又难下存款单为有价证券的结论。究竟如何定性,需要探讨。学说有认为它只是债权证书的,②也有主张其为证券债权的。③

[探讨]

在中国台湾地区的"法律"上,普通债权质权设立所需要的交付权利证书,不是作为质权设立的公示方法,因而其交付可以是现实交付,也可以是观念交付,占有改定

---

① 中国政法大学的刘保玉教授、刘家安教授于 2021 年 1 月 28 日在北京市物权法学研究会举办的"第三届产权保护法治论坛:《最高人民法院关于适用〈中华人民共和国民法典〉有关担保制度的解释》研讨会上主张,可以作为不动产抵押权的标的物的财产,《民法典》第 395 条第 1 款一一列举,不得用作抵押权的标的物的财产,《民法典》第 399 条也一一列举;但是,《民法典》仅仅一一列举了可以出质的权利(第 440 条),却未明确哪些权利不得出质,这就引发一个问题:《民法典》第 440 条明示以外的权利哪些权利还可以出质呢?《担保制度解释》第 63 条即为解答其而设,只不过解答得不彻底罢了。"

② 谢在全:《民法物权论》(下册),三民书局 2003 年修订 2 版,第 317 页;黄松有主编:《〈中华人民共和国物权法〉条文理解与适用》,人民法院出版社 2007 年版,第 656 页;曹士兵:《中国担保诸问题的解决与展望》,中国法制出版社 2001 年版,第 303 页。

③ 李国光、奚晓明、金剑锋、曹士兵:《最高人民法院关于适用〈中华人民共和国担保法〉若干问题的解释理解与适用》,吉林人民出版社 2000 年版,第 355 页。

的交付方式不在禁止之列。① 与此不同,无记名有价证券出质,当事人之间有设立质权的合意,加上有价证券的交付,发生质权设立的效力。但此处的交付不包括占有改定的方式,可以是现实交付、简易交付或让与返还请求权的方式。② 中国大陆的法律采取何种态度,值得研究。

[探讨]

关于以股权、知识产权等权利为客体场合质权的母权问题

权利质权的场合,作为质押财产的权利多种多样,其策源地的情形十分复杂。并非任何一种权利,如债权,都有母权。退一步说,即使质押财产的权利有母权,每种权利的母权也极不统一,难有权利质权同一的母权。与其逐一地考察每种权利的标的物,再锁定每种物的所有权,从而确定权利质权的母权,不如放弃这种思路,另觅坦途。

笔者注意到,日本民法及其理论将无记名债权(如无记名支票、公司债券、商品券、入场券、车票等)视为动产。③ 尽管如此处理重在确定,民法关于动产适用消灭时效、善意取得(即时取得)、公示对抗、遗失物拾得、共有物管理、所持份额的放弃等规定,适用于无记名债权,④尚无承认无记名债权之上存在着所有权之意,但为了社会生活发展的需要,不妨进一步扩张其"视为动产"的功用,升华到无记名债权之上竖立着另类的"所有权"这样的理念。

如此,我们可将作为质物的权利视为民法上的"物",该"物"之上存在着"所有权",该所有权即为权利质权的母权。

(二) 权利质权的本质

权利质权的本质如何,在法学上一直是最有争议的问题之一,存在着权利让与主义(Zessionstheorien)和权利标的主义(Theorie des Rechts am Rechte)的对立。

权利让与主义,又称权利让渡主义,认为权利质权实质上是为了担保而为的权利让与,是出质人将出质的权利让与质权人,以担保债权的实现。其要点如下:首先,质权人就入质权利取得的权利并非新的权利,而仅系受让入质或让与的权利。权利的入质即为权利的让与。其次,质权人的权利标的物必然是出质人入质权利的标的物,

---

① 中国台湾地区"民法"第946条第2项、第761条;中华民国最高法院1937年上字第823号判决;谢在全:《民法物权论》(下册),三民书局2003年修订2版,第317页。
② 中国台湾地区"民法"第946条、第761条、第885条第2项;谢在全:《民法物权论》(下册),三民书局2003年修订2版,第321-322页。
③ [日]四宫和夫:《日本民法总则》,唐晖、钱孟姗译,朱柏松校订,五南图书出版公司1995年版,第136页。
④ [日]四宫和夫:《日本民法总则》,唐晖、钱孟姗译,朱柏松校订,五南图书出版公司1995年版,第137页。

而非出质的权利本身。再次,既然权利的入质即为权利的让与,则质权人取得与出质人同种的权利。最后,该权利的让与并非一般意义上的纯粹的权利移转,而系以设质目的为限的移转。受让人(质权人)受让权利的边界仅以达到债权担保的必要目的为限,只有在债务人不清偿债务时才可行使该权利。该主义认为不可能成立所谓的债权质权。①

权利让与主义内部又分出很多支派,例如,将债务不履行作为停止条件的设质债权让与说,即附停止条件的权利让与说;以债务履行为解除条件的设质债权让与说,即附解除条件的权利让与说;以担保目的为限的权利内容限制让与说;作为"母权"的权能之一部的"子权"的让与说,即设立的让与说;等等。②

[引申]

各种权利让与主义存在着如下共同的缺点:(1)债权让与和债权质权,原本目的就不同。前者是债权从一个人之手转至他人之手,后者是担保被担保债权实现。(2)因为要用让与的观念来解释出质,或力图排除出质和债权让与所生结果中那些不相容的要素,所以只能容忍二者必出其一的结局,一个是很难令人感到这么做的必要所在,另一个是对出质性质的违反。而前者只能以不成功而告终,后者一定也只能得出不正当的结果。(3)权利让与主义的各种学说,都认为债权质权是与出质人的权利相同的权利,出质债权的,权利质权也是债权。于是产生下述不便:首先,无法解释当一个权利上设立多个质权时,某质权优先于其他质权的根据所在。其次,当出质债权发生债权人(出质人)和债务人混同时,质权就得消灭,而这是不符合事实的。若按照权利标的主义,则质权不消灭,不过是相当于在自己的债权上拥有质权,这在理论上是正当的。③

权利标的主义认为,权利质权是在权利上设立质权,入质的权利仍存在于出质人(主债务人)之手,质权人取得的权利与入质权利不同。其要点如下:首先,入质权利作为质权支配的对象与有体物作为质权支配的对象具有同样的意义。当然,所谓同样的意义,是指在担保的目的和支配标的物的交换价值上系为同样的作用,并非说权利作为质权标的物与有体物作为质权标的物完全一致。其次,权利质权的效力及于入质权利所指向的物或义务人,这由权利质权自身的效力和入质权利的"媒介作用"

---

① [日]冈松参太郎:《权利质权的性质》,载《京都法学协会杂志》第1卷,第7号,第2页。转引自刘银春:《债权质权的理论与实践》,清华大学法学博士学位论文(2005年),第15-16页。

② [日]冈松参太郎:《权利质权的性质》,载《京都法学协会杂志》第1卷,第7号,第5-8页。转引自刘银春:《债权质权的理论与实践》,清华大学法学博士学位论文(2005年),第13-17页。

③ [日]冈松参太郎:《权利质权的性质》,载《京都法学协会杂志》第1卷,第7号,第4-6页。转引自刘银春:《债权质权的理论与实践》,清华大学法学博士学位论文(2005年),第16-17页。

而引起。因此,权利质权的效力及其实现的方法与动产质权的多少存有差异。①

权利标的主义分为新旧两派学说,观点不尽相同。旧派认为,权利质与物上质权具有同样意义,只是在权利上设立质权。新派则主张,以权利入质,就是给与质权人一种权利,质权人依据这一权利,在必要的范围内(这一范围由法律或合同而定),为了达到担保自己债权的目的,可以获得行使其入质权利的权能。因此,所谓的权利质权是直接将入质权利作为标的物,依据质权的效力得以行使作为质权标的物的权利。当作为权利质权标的物的权利为物权时,质权人有取得该物权的物的权利,当作为权利质权标的物的权利为相对性权利,特别是债权时,质权人对该入质权利义务人取得权利。②

[引申]

依据权利标的主义,权利质权就是设立在权利上的权利。对此,持批评意见的不在少数。有的认为,权利是一种意思效力(意志力)的体现,不可能承认在一个人的意思效力上又有别人的意思效力存在,因而在既有的权利之上不可以再成立新的权利。有的认为,权利是一种观念性的东西,"权利上的权利"在观念上是不可能的。有的认为,退一步讲,假设"权利上的权利"在观念上是可能的,"权利上的权利"也不是上位权支配下位权的关系,不过是支配下位权的标的罢了,因此下位权不是权利的标的。③甚至有更为激进的观点认为,采用权利标的主义的人必须要能证明在某种意思效力之上又能够存在着其他人的意思效力,而实际上能够明确解释这一点的人根本没有。权利一词本身就包含着混合而且抽象的元素,"权利上的权利"就变得更为复杂,它不包含任何实体的元素,只不过是一个苍白的影像而已,没有任何实际意义。④

赞同权利标的主义的人认为,如果不考虑客观层面的关系,仅仅从主观层面出发,对权利问题的把握也许是有些否定性的认识。但是,如果真的这么仅仅从一个层面考虑,非但权利质权问题无法解释,甚至连最起码的财产性权利应具有让与性这个基本特点也都被否定。所以,上述否定意见并不能解决问题,索性不如把这些抽象性认识的讨论交由法哲学去研究,作为对部门法的研究,我们将注意力更多地放到关注

---

① [日]冈松参太郎:《权利质权的性质》,载《京都法学协会杂志》第1卷,第7号,第4页。转引自刘银春:《债权质权的理论与实践》,清华大学法学博士学位论文(2005年),第18-19页。

② [日]冈松参太郎:《权利质权的性质》,载《京都法学协会杂志》第1卷,第7号,第2-3页。转引自刘银春:《债权质权的理论与实践》,清华大学法学博士学位论文(2005年),第19页。

③ [日]冈松参太郎:《权利质权的性质》,载《京都法学协会杂志》第1卷,第7号,第6页。转引自刘银春:《债权质权的理论与实践》,清华大学法学博士学位论文(2005年),第20页。

④ [日]神户寅次郎:《权利质的性质》,载《法学协会》第28卷,第10号,总第2134页。转引自刘银春:《债权质权的理论与实践》,清华大学法学博士学位论文(2005年),第20页。

事物的客观表现带给我们的影响。① 虽然不能说物作为权利的标的和权利作为权利的标的有同样的意义,但是,因为本来权利标的这个观念就不是固定、一成不变的东西,所以在某种意义上,承认权利是权利的标的,并非不可以。② 另外,从实际情况看,以"权利的权利"或"权利以其他权利作为标的"这样的字样出现在法典上的也不少,如《德国民法典》第 876 条、《日本民法典》第 362 条,等等。这说明在现实社会生活中,支持权利标的主义的,还是占据了上风。③

权利标的主义能够概括说明各种具体类型的权利质权,而权利让与主义除了某种个别见解之外,应当说只是就债权质权进行研究并作出其结论的。如今,权利标的主义为多数说。

由于《民法典》把权利质权作为担保物权,没有依质权标的物为债权、不动产收益权、股权、知识产权而将权利质权依次定性和定位为债权、不动产收益权、股权、知识产权,表明采取的是权利标的主义。不过,《担保法》第 78 条第 3 款关于"以有限责任公司的股份出质的,适用公司法股份转让的有关规定。质押合同自股份出质记载于股东名册之日起生效"的规定,《担保法解释》第 103 条第 1 款关于"以股份有限公司的股份出质的,适用《中华人民共和国公司法》有关股份转让的规定"的规定,又采纳了权利让与主义。鉴于权利标的主义优点更多,鉴于《民法典》没有表现出权利让与主义,本书赞同权利标的主义。

(三) 权利质权的类型

在《民法典》上,权利质权包括票据质权、债券质权、存款单质权、基金份额质权、股权质权、知识产权质权、应收账款质权等(第 440 条)。

它们按照一定标准可有若干分类。以质权的标的物是否为债权,权利质权可分为债权质权和非债权质权。票据质权、债券质权、存款单质权属于债权质权,应收账款质权除了不动产收益权外亦为债权质权。基金份额质权、股权质权和知识产权质权则为非债权质权。以标的物是否为有价证券所表彰或衍生之物为标准,权利质权可分为有价证券质权和非有价证券质权。票据质权、债券质权、股票质权、仓单质权、提单质权等均为有价证券质权。应收账款质权等为非有价证券质权。

鉴于这些权利质权在设立要件和法律效力方面不尽相同,与其按照债权质权、有价证券质权等传统的叙述方式介绍,仍需在其内部分别讨论每种质权,莫不如一开始

---

① [日]神户寅次郎:《权利质的性质》,载《法学协会》第 28 卷,第 10 号,总第 2135 页。转引自刘银春:《债权质权的理论与实践》,清华大学法学博士学位论文(2005 年),第 20 页。
② [日]冈松参太郎:《权利质权的性质》,载《京都法学协会杂志》第 1 卷,第 7 号,第 6 页。转引自刘银春:《债权质权的理论与实践》,清华大学法学博士学位论文(2005 年),第 20-21 页。
③ 刘银春:《债权质权的理论与实践》,清华大学法学博士学位论文(2005 年),第 21 页。

即逐一讨论各个权利质权,更加清楚简洁。以下按照《民法典》及有关法律、法规及规章规定的票据质权、债券质权、存款单质权、仓单质权、提单质权、基金份额质权、股权质权、知识产权质权、应收账款质权及法律、行政法规规定可以出质的其他财产权质权的顺序讨论。

二、票据质权

(一) 票据质权的概念

票据质权,是指为了担保主债权的实现,作为持票人的债务人或第三人将其票据作为质押财产而设立的质权。

所谓票据,是指发票人依据法律的规定发行的,由自己无条件支付或委托他人无条件支付一定金额的有价证券。①《票据法》所称票据,是指汇票、本票和支票(第2条第2款)。其中,汇票是出票人签发的,委托付款人在见票时或在指定日期无条件支付确定的金额给收款人或持票人的票据,分为银行汇票和商业汇票(《票据法》第19条)。汇票依其记载收款人的形式被分为记名汇票和指示汇票。记名汇票,是指出票人在汇票上明确记载收款人姓名的汇票。指示汇票,是指不仅在汇票上记载收款人的姓名,而且记载"或者指定人"字样的汇票。《票据法》不承认无记名汇票,规定未记载收款人名称的汇票无效(第22条第2款)。因而,不得以无记名汇票出质。本票是出票人签发的,承诺自己在见票时无条件支付确定的金额给收款人或持票人的票据(《票据法》第73条第1款)。《票据法》所称本票仅指银行本票(《第73条第2款》)。一般的企业、事业单位不能签发本票(《支付结算办法》第97条、第100条)。本票依其记载收款人的方式被分为记名本票、指示本票和无记名本票。《票据法》规定,本票必须记载收款人的名称,否则无效(第75条第1款第4项),表明不承认无记名本票。因而,不得以无记名本票出质。支票是出票人签发的,委托办理支票存款业务的银行或其他金融机构在见票时无条件支付确定的金额给收款人或持票人的票据(《票据法》第81条)。支票依其付款人的方式被分为记名支票、指示支票和无记名支票。记名支票,是指在支票上记载收款人名称的支票。指示支票,是指在支票上明确表示收款人的名称,还附有"或者其他指定人"等指示性的文句的支票。无记名支票,是指支票上未记载收款人的名称,或仅记载"来人"等字样的支票。②

关于票据质权的法律性质,需要指出的至少有如下几点:

---

① 谢怀栻:《票据法概论》(增订版),法律出版社2006年版,第16页;杨建华:《票据法要论》,汉林出版社1979年版,第1页。

② 李国光、奚晓明、金剑锋、曹士兵:《最高人民法院关于适用〈中华人民共和国担保法〉若干问题的解释理解与适用》,吉林人民出版社2000年版,第347-348页。

1. 票据质权为有价证券质权

票据属于有价证券,票据质权属于有价证券质权。对其首先适用法律关于票据及其质权的特别规定,在欠缺这些特别规定或特别规定不明确的场合,还需要适用法律关于有价证券及其质权的一般规定。

2. 票据质权为债权质权

票据为以请求支付金钱为债权内容的金钱证券,票据上体现的法律关系是一种债权债务关系,[①]故票据质权也属于债权质权。

3. 票据质权的标的物必须具有让与性

票据本来以流通性著称,具有让与性乃其天性。在这个意义上说,所有种类的票据均可出质。不过,《票据法》第 27 条规定,出票人在汇票上记载"不得转让"字样的,汇票不得转让。《票据解释》第 52 条进而明确:"依照票据法第二十七条的规定,出票人在票据上记载'不得转让'字样,其后手以此票据进行贴现、质押的,通过贴现、质押取得票据的持票人主张票据权利的,人民法院不予支持。"第 53 条也规定:"依照票据法第三十四条和第三十五条的规定,背书人在票据上记载'不得转让'字样,其后手以此票据贴现、质押的,原背书人对后手的被背书人不承担票据责任。"因此,以注明"不得转让"的票据质押的,质押无效,当事人不能取得质权。[②]

[论争]

在中国投资银行天津分行诉天津市轻工公司对外贸易公司确认记载"不得转让"字样汇票质权效力案中,主审法院判决设立于记载"不得转让"字样的汇票上的质权有效。[③] 有专家学者也主张,记载"不得转让"字样的汇票出质,并非票据权利的转让,有效与否,应区别情况而定。如果票据记载"不得转让"的本意并非全然否定票据的流通性,只是附有期限等限制的,可认定该质权有效设立。[④]

4. 票据质押行为具有连带性

票据质押的质权人享有的票据权利,既包括付款请求权,也包括追索权。当质权人作为持票人行使付款请求权遭到拒绝后,可以对票据的出票人及其所有前手行使追索权。票据的出票人、背书人、承兑人、保证人等所有在票据上签章的人对持票人

---

① 谢怀栻:《票据法概论》(增订版),法律出版社 2006 年版,第 36 页。
② 李国光、奚晓明、金剑锋、曹士兵:《最高人民法院关于适用〈中华人民共和国担保法〉若干问题的解释理解与适用》,吉林人民出版社 2000 年版,第 352 页;曹士兵:《中国担保诸问题的解决与展望》,中国法制出版社 2001 年版,第 316 页;胡开忠:《权利质权制度研究》,中国政法大学出版社 2004 年版,第 164-165 页。
③ 资料来源:最高人民法院内部局域网。转引自刘银春:《债权质权的理论与实践》,清华大学法学博士学位论文(2005 年),第 47-48 页。
④ 刘银春:《债权质权的理论与实践》,清华大学法学博士学位论文(2005 年),第 53 页。

承担连带担保付款的责任。持票人可以不依照签章的顺序而自由选择追索的对象，被追索人对持票人受到拒绝承兑或拒绝付款承担无条件给付票据全部金额的责任。①

[探讨]

（1）票据质押行为是否具有无因性

一种观点主张，票据质押行为具有独立性和无因性。票据质押行为和其他票据行为体现在同一张票据上，但是各个票据行为都各自独立产生效力，不受其他票据行为的影响。票据质押行为的有效性不受前面票据行为的影响，即使前面有的票据行为存在瑕疵或无效，如票据上签章的伪造，也只会导致该行为不具有法律上的效力，并不影响所有票据行为的效力，更不会波及票据质押行为的效力，同时票据质押行为的效力也不影响其他票据行为的效力。一般而言，票据质押行为只要具备了法定要件就生效，无论当事人之间设立票据质权的基础合同的效力怎样，也不论双方对质权的担保范围等有何约定，均不影响票据质押行为的效力。质权人实现质权而向付款人请求付款或向前手追索时，付款人和被追索人不得以票据质押的原因关系或质押的主债务无效而抗辩票据债务的承担。但是，出质人若为付款人或被追索人的，得以票据质押的原因关系或质押的主债务无效而抗辩票据债务的承担。②

笔者认为，必须区分票据质押行为和票据质权两个概念。票据质押行为是设立票据质权的行为，在承认物权行为的立法例及其理论上，是指票据质权的设立，为准物权行为；设立票据质权的约定则为债权行为，该债权行为是票据质权设立的原因行为。在德国民法上，设立票据质权的约定有效与否，均不影响票据质权的设立，就是说德国民法及其理论对票据质权的设立采取无因性原则，也可以说票据质押行为具有无因性。

在不承认物权行为的中国《民法典》及其理论上，票据质权的设立为物权变动，但非物权行为，票据质权由票据质押合同加上交付票据设立而成，票据质押合同相当于德国民法理论所谓的债权行为。按照《民法典》及其司法解释，票据质押合同无效或被撤销，票据质权随后要归于消灭，而非不受票据质押合同的效力的影响。在这个层面上，难谓票据质权设立具有无因性。

（2）另一种观点认为，票据质押行为具有文义性。票据质押的意思表示只能以票据上记载的内容为准，无论当事人之间有无其他约定，也无论主债权情况怎样，出质人与质权人之间的权利义务只能依照票据上的文字记载认定，不允许以票据以外

---

① 李国光、奚晓明、金剑锋、曹士兵：《最高人民法院关于适用〈中华人民共和国担保法〉若干问题的解释理解与适用》，吉林人民出版社2000年版，第347-348页。

② 熊伟、罗平：《票据质押若干问题研究》，载《法学评论》1999年第6期，第102页以下。

的其他方式证明。即使当事人由于疏忽而作了错误记载仍按照错误记载发生法律上的效力,所以当事人不得以票据没有记载的内容主张权利或抗辩票据权利。① 笔者认为,这个结论符合经背书质押票据的情况,但对于未经背书的票据质权则有所不当,因为后一种票据质权要由质押合同及交付的票据来证明,票据质权的若干内容也要由质押合同的条款确定。如此,笼统地主张票据质押行为一律具有文义性,颇有以偏概全之嫌。

(二) 票据质权的取得

1. 概述

票据质权,可以随同其担保债权一同转让,使受让人取得票据质权。票据质权,也可以因继承、赠与而随同被担保债权而由继承人或受赠人取得(《票据法》第11条之参照)。由于《民法典》将权利凭证的交付作为票据质权设立的生效要件(第441条正文),此项权利凭证的交付具有公信力(第224条之参照),票据质权可以善意取得(第311条)。当然,最为常见的还是设立取得。以下专门讨论票据质权的设立。

2. 票据质权的设立

票据质权的设立,依据《民法典》第441条的规定,需要当事人有设立票据质权的质押合同,并且需要出质人将票据(权利凭证)交付给债权人,或是通过背书的方式;没有权利凭证的,质权自办理出质登记时设立。

[辨析]

(1) 欠缺书面形式的质押合同有无法律效力

对于票据质押合同,《物权法》使用的是"应当订立书面合同"的表述,质押合同未采取书面形式的,究为无效抑或效力不受影响。笔者赞同《物权法》第224条非强制性规定而为倡导性规定的观点,不宜仅凭质押合同未采取书面形式即认定其无效,只要当事人都认可质押合同,或有其他证据证明质押合同存在,且不违反法律、行政法规的强制性规定,即承认质押合同的效力。

鉴于《物权法》第224条关于设立票据质权"应当订立书面合同"的表述容易引起理解的分歧,《民法典》第441条删除了"应当订立书面合同"这个短语。

(2) 票据质押合同是实践合同还是诺成合同

关于票据质押合同为诺成合同还是实践合同(要物合同),存在着分歧。《担保法》采取了实践合同说(第64条第2款),有学者据此解释。② 对于质押合同为实践合同,有学者论证其合理性:质物的移交是质押合同中最为关键的因素,是质押合同最

---

① 熊伟、罗平:《票据质押若干问题研究》,载《法学评论》1999年第6期,第102页以下。
② 郭明瑞、杨立新:《担保法新论》,吉林人民出版社1996年版,第204页。

重要的外在体现,是其他权利义务产生的前提和必要条件,如无质物的移交,则该合同的一切权利义务都将成为空谈。从实践来看,多数权利质押合同在本质上均具有实践合同的特征,如债权质权在设立时要交付债权证书,票据在设质时需要将背书设质后的票据交付给债权人。不过,与动产质权相比,权利质押合同的"要物性"已经很弱,因为在债权质押中,出质人移交的债权证书仅是债权的凭证,债权人即使无该证书也可能接受债务人的清偿,这与动产质押中质权人对质物的绝对的物理上的控制力相比要弱得多,甚至我们可以说这种"要物性"往往是象征性的,只是在有价证券质押中,其"要物性"才体现得比较强烈。① 反对说则主张,质押合同在质物移转前并非不发生效力,《担保法》第64条第2款关于"质押合同自质物移交于质权人占有时生效"的规定,显然将质押合同的生效与质权的设立混为一谈了。②

笔者认为,《担保法》上的质押合同的确为实践合同,但《物权法》和《民法典》上的则不然。按照《物权法》第224条的文义及规范意旨,以及第15条区分物权变动与其原因行为的规定,应当承认质押合同为诺成合同。至于质物的交付或票据等权利凭证的交付,属于质权设立(物权变动)的生效要件,不再是质押合同(物权变动的原因行为)的成立要件和生效要件。质押登记亦然。《物权法》将质押合同定性和定位于诺成合同具有如下优点:A.明确区分了质权设立和引发质权产生的法律事实——质押合同,划清了物权法和债法各自管辖的领域,体系上更为严密,理论上更为清晰,法律效果更为理想。B.质押一经成立,一般即发生法律约束力,出质人违反诚实信用原则,拒不交付质物或票据等权利凭证,债权人可以基于有效的质押合同请求出质人履行交付质物或票据等权利凭证的义务,最终使质权设立;反之,若采取质押合同为实践合同说,把交付质物或票据等权利凭证作为质押合同的成立要件或生效要件,一旦出质人拒不交付质物或票据等权利凭证,或拒不配合办理质押登记,质押合同即未告成立或不具有法律效力,债权人无法依据质押合同请求出质人履行交付质物或票据等权利凭证的义务,也就难以使质权设立。将质押登记作为权利质权设立的生效要件,而非质押合同的成立要件和生效要件,其优点也是如此。C.把质押合同定性和定位在诺成合同,在出质人拒不交付质物或票据等权利凭证时,构成违约,而非合同不成立或不生效,有利于债权人(质权人)追究出质人的违约责任。把质押登记作为权利质权设立的生效要件的优点同样如此。反之,而按照实践合同说,在出质人拒不交付质物或票据等权利凭证,质押合同不成立或不具有法律效力,债权人无法基于质

---

① 胡开忠:《权利质权制度研究》,中国政法大学出版社2004年版,第209页、第211页。
② 梁慧星主编:《中国物权法草案建议稿:条文、说明、理由与参考立法例》,社会科学文献出版社2000年版,第706-707页。

押合同请求出质人继续履行移交质物或交付票据等权利凭证的义务,只好追究出质人的缔约过失责任。而缔约过失责任场合,债权人无法主张违约金条款,赔偿范围不会是履行利益的损失。正因如此,《民法典》承继了《物权法》的规定和精神。

还应看到,德国、中国台湾地区的立法及其学说主张质押合同为要物合同,日本有学者如此沿袭,与其区分物权行为和债权行为密切相关,特别是坚持质押合同作为物权行为的学说,把质押合同定性为要物合同,更是顺理成章。当然,在区分质押合同和质权设立的学说中,把质押合同认定为要物合同仍有疑问。在中国现行法上,没有物权行为制度,但承认物权变动,《民法典》把质押财产的交付或票据等权利凭证的交付作为物权变动的生效要件了,质押合同自双方合意成立,一般情况下同时生效。如此,质押合同应为诺成合同无疑。

3. 票据质权设立所需要的票据交付、背书转让的形式

《票据法》既不承认无记名汇票,又不承认空白背书票据,因此,不准许以单纯交付的方式转让汇票,只承认记名汇票,于是,汇票转让在现行法上只能采取背书交付的方式(第35条第2款)。对于本票,也只承认记名本票,所以,本票亦只能通过背书交付的方式而转让(第80条)。① 由于票据质权的设立相似于票据权利的转让,票据质权设立所需要的票据交付,在汇票质权、本票质权的设立场合目前似应采取背书交付的方式。在这种背景下,《民法典》第441条正文规定票据质权的设立以权利凭证的交付为生效要件,但书"法律另有规定,依照其规定",尊重《票据法》第35条第2款、第80条规定的背书转让,也就承认了记名汇票、记名本票出质以背书为生效要件。在这方面,《担保制度解释》强调:"以汇票出质,当事人以背书记载'质押'字样并在汇票上签章,汇票已经交付质权人的,人民法院应当认定质权自汇票交付质权人时设立"(第58条)。

实务中,票据质权的设立多要背书记载"质押"字样。对于该背书的地位及作用,《票据解释》第54条规定:"依照票据法第三十五条第二款的规定,以汇票设定质押时,出质人在汇票上只记载了'质押'字样未在票据上签章的,或者出质人未在汇票、粘单上记载'质押'字样而另行签订质押合同、质押条款的,不构成票据质押。"第50条规定:"依照票据法第三十四条和第三十五条的规定,背书人在票据上记载'不得转让''委托收款''质押'字样,其后手再背书转让、委托收款或者质押的,原背书人对后手的被背书人不承担票据责任,但不影响出票人、承兑人以及原背书人之前手的票据责任。"所有这些,都符合《民法典》第441条但书的规定。

---

① 谢怀栻:《票据法概论》(增订版),法律出版社2006年版,第76页。

(三) 票据质权的效力

1. 票据质权所担保的债权范围

票据质权的担保范围,包括主债权及利息、违约金、损害赔偿金和实现质权的费用,除非质押合同另有约定(《民法典》第389条)。一般地说,票据质权不存在保管质物的问题,也就没有票据质权的效力及于质物的保管费用、因质物隐蔽瑕疵造成的损害赔偿金的问题,但是,质权人若把入质的票据委托给他人保管,需要支付必要的保管费用,该费用应包含在票据质权担保的范围之内。

2. 质权效力所及的标的物范围

票据质权的效力及于票据权利,不成问题。票据权利的内容就是到期由票据债务人支付票据所记载的金额,不存在类似一般民事债权的利息、股票持有人的新股优先认购权等孳息,所以,无所谓票据质权的效力及于票据孳息可言。

3. 出质人的权利义务

(1) 处分权受到限制

票据质权的设立不同于票据权利的转让,出质人的权利主体资格并未被剥夺,对入质的票据权利,出质人依然享有处分权。只不过为了质权人的利益,需要限制此类处分权,表现在如下方面:A.由于票据是完全有价证券,权利随票据,只要质权人持有票据,出质人就不能依法律行为消灭质权。B.票据是文义证券,票据权利的变更只能通过更改票据上的文字来实现,质权人虽然现实地持有票据但却不具备更改权,有更改权的票据债务人却未持有票据,因此,未经质权人的同意,也不可能变更票据权利。C.由于质权人持有票据,未获其同意,票据质权的出质人不可能转让票据权利。而以股权、知识产权供作质押的,则出质人完全具有不经质权人同意而径直处分入质权利的可能性。票据质权的出质人的处分权在实践中是不可能实现的。①

(2) 容忍票据质权人兑现票据并就兑现款项提前受偿或提存

在出质的票据到期日先于被担保债权的清偿期届至,票据质权实行的条件尚未成就,依一般原理,质权人本应无权请求第三债务人(票据债务人)予以兑现,只有票据权利人(出质人)才有此权利。可是,尽管基于物上代位性,票据质权的效力及于兑现款项,但票据权利人(出质人)兑现后私自消耗掉该款项,票据质权担保的债权就变成没有优先受偿性的普通债权,票据质权人可能因此遭受损失。为了平衡出质人(票据债权人)和票据质权人之间的利益关系,《民法典》设置特别规则,赋权票据质权人将票据兑现,在取得出质人(票据债权人)同意的情况下,使担保债权就兑现款项提前受偿或向与出质人约定的第三人提存(第442条)。

---

① 于莹、高一寒:《论票据质押的效力》,载《人民法院报》2007年11月18日,第6版。

如果担保债权的数额小于票据的金额,则以担保债权额为限受偿,至于票据的一部付款的手续,按照惯例处理。如果担保债权非金钱债权,质权人仍可如此收取给付,待被担保债权因债务不履行转化为金钱债权时,再按照动产质权的实行方法优先受偿。①

(3) 担保债权已届清偿期,债务人已经适当清偿了债务,担保债权消灭,质权随之消灭,出质人有请求质权人返还票据的权利。

(4) 担保债权已届清偿期,债务人不履行债务,质权人依法行使质权,若票据金额超过了被担保债权的数额,出质人对于多余的票款有返还请求权。

4. 质权人的权利义务

(1) 概述

票据权利的内容就是到期由票据债务人支付票据所记载的金额,不存在类似一般民事债权的利息、股票持有人的新股优先认购权等孳息,所以,票据质权人没有收取所谓票据孳息的权利。

(2) 票据的留置权

票据质权人占有出质的票据,在主债务人不履行到期债务之前,质权人有权留置该票据。

(3) 转质权

票据质权场合,质权人享有转质权,其理由在于:①质权设立后,票据从出质人转移至质权人,如果不允许质权人转质,无疑使入质的票据权利无法再流转,必然阻碍效率的实现;②转质的效果是转质权人取得了较质权人对入质的权利更优先的支配力,实际上等于限制了质权人的权利,对出质人的利益并无大的影响,更何况立法在规定转质权的同时都规定了质权人对质物因转质发生损害的赔偿责任,所以,转质并不会损害出质人的利益。承诺转质,因获得了出质人的同意更应该被承认。②

(4) 票据质权的保全权

在基于质押合同设立质权的场合,质权人只能通过质押合同以及主债权到期未获清偿的事实证明自己的权利,而非通过背书连续能够在形式上证明自己为票据权利的票据权利人,于是,在票据质权实行的条件尚未具备的情况下,质权人并不当然地有权行使票据权利,也就不可能行使追索权。在出质人的行为足以造成入质权利的价值减少而危及质权人的权益的场合,为保全入质的票据权利,只能请求出质人另行提供担保,或请求出质人行使期前追索权,并将出质人获得的追索金额提存或用以

---

① 谢在全:《民法物权论》(下册),三民书局2003年修订2版,第367页、第368页。
② 于莹、高一寒:《论票据质押的效力》,载《人民法院报》2007年11月18日,第6版。

提前清偿。当然,在质权实现的条件具备而票据仍未到期时,质权人因其有权行使票据权利,就可以行使期前追索权。①

(5) 物权请求权

在票据被他人无权占有、票据质权受到妨害或有妨害之虞时,票据质权人有权行使物权请求权。

(6) 行使票据权利

票据质权人的权利,按照权利让与主义,就是票据权利本身,出质人于设立票据质权时已经把票据权利移转给质权人了;依据权利标的主义,票据质权的设立并未移转票据权利,只是在质权实行时,质权人可以行使票据权利。《票据法》第35条第2款后段规定:"被背书人依法实现其质权时,可以行使汇票权利。"由此表明采取的是权利标的主义,票据质权人是以自己的名义为自己的利益而行使票据权利。对此,本书予以遵循。

[引申]

票据质权人行使票据权利,究竟是作为出质人的代理人行使,还是类似《民法典》第535条以下规定的债权人代位权那样,以自己的名义代位行使出质人的票据权利,法无明文,需要探讨。由于前者需要适用代理的规定,意味着质权人行使票据质权须在不少方面受制于出质人,显然不利于质权人,也不符合实务运作的情况,本书采取代位行使说。

(7) 对抗票据债务人抗辩

票据质权人(被背书人)有权对抗票据债务人援用其对背书人(出质人)的抗辩,除非票据质权人(被背书人)在取得票据时存在着有害于背书人的故意。这在票据法理论上称为切断人的抗辩。设质背书的被背书人(票据质权人)是以自己的名义为自己的利益行使票据权利,背书人(出质人)和被背书人(票据质权人)是在票据法上人格与利益分离的两个独立的主体,票据债务人不能像委任取款背书一样以对背书人的抗辩事由来对抗被背书人。如日内瓦《汇票和本票统一法公约》第19条第2款规定:"汇票债务人不得以自己与背书人个人之间所存在之抗辩事由,对抗执票人"。其理由在于,设质背书的目的是以票据权利的安全性和信用性作为设质债务的担保,如果允许以对背书人的抗辩对抗被背书人,使其妨碍质权的行使,就破坏了票据作为权利证券的安全性和作为流通证券的信用性,与票据行为的独立性原则不相吻合,票

---

① 于莹、高一寒:《论票据质押的效力》,载《人民法院报》2007年11月18日,第6版。

据作为设质标的就失去其特有的意义了。①

5. 票据质权的实现

票据质权的实现,以主债务人不履行到期债务致使票据质权人(主债权人)的担保债权未获清偿为条件,或以当事人约定的实现票据质权实现的情形为条件。一般而言,当以上条件成就时,票据质押权人实现质权的方式主要有如下几种:

(1)向付款人请求付款,并以所得款项优先满足自己的债权。当主债务已届清偿期、票据也到期时,票据质权人作为主债权人,即可以依背书的连续性证明自己权利的存在,持票据提示付款人付款。如果该票据已经付款人、第三人承兑或保付,承兑人、保付人则成为票据主债务人,负有绝对保证票据兑付的义务,其余债务人则退居其次而成为第二债务人。若票据主债务人拒绝付款,票据质权人可以直接向法院起诉,要求其履行票据义务,而不必马上行使追索权。如果付款人、承兑人或保付人将票款支付给票据质权人,在票据法上,票据质权关系便已结束。当然,票据质权人只能获得与其主债权相等的金额,其余的则须退还给出质人。②

(2)行使票据追索权,并以所得款项优先满足自己的债权。当票据到期未获付款,或在到期日前不获承兑,或有其他法定原因时,票据质权人在进行了行使或保全票据权利的行为后,可以向其前手追索,请求偿还票据金额及其他法定款项。由于票据关系人发行、转让、质押票据所连带的担保责任其实只是对内的一种连带关系,相对于付款人、承兑人来说则只是一种补充担保,所以只有当票据付款请求权不能实现或无法得到满足时,持票人才能行使追索权,使其前手连带承担担保责任。正因为如此,可以认为,追索权是付款请求权的一种补充或保障性权利,为第二次请求权,它有效地起到了保障票据债权安全流通、票据制度规范运行的作用。倘若票据质权人能够通过行使追索权而获得票款,则可优先满足自己的债权,即使是对出质人行使追索权时也是如此。追索的标的是票据所载的全部票款,而不是主债权的数额,因此票据债务人不能以主债权数额小于票面金额予以抗辩。不过在所有的被追索对象中,只有出质人可以依票据原因关系的瑕疵而抗辩质权人的票据追索权。③

(四)**票据质权的消灭**

票据质权所担保的债权消灭、票据权利消灭、质权人将票据返还与出质人、质权

---

① 姜建初:《票据原理与票据法比较》,法律出版社1994年版,第103-104页;王小能:《票据法教程》,北京大学出版社1994年版,第226页;谢怀栻:《票据法概论》(增订版),法律出版社2006年版,第161页;熊伟、罗平:《票据质押若干问题研究》,载《法学评论》1999年第6期,第107页。

② 熊伟、罗平:《票据质押若干问题研究》,载《法学评论》1999年第6期,第107-108页。

③ 王小能:《票据法教程》,北京大学出版社1994年版,第225页;谢怀栻:《票据法概论》(增订版),法律出版社2006年版,第161页;熊伟、罗平:《票据质押若干问题研究》,载《法学评论》1999年第6期,第108页。

人抛弃票据质权等事由出现,票据质权归于消灭。

三、债券质权

(一) 债券质权的概念

债券质权,是指以债券为标的物而设立的质权。

债券是指由政府、金融机构或企业为了筹措资金而依照法定程序向社会发行的,约定在一定期限内还本付息的有价证券。它包括政府债券、金融债券和企业债券。政府债券在中国又称国库券,即由政府为筹措资金而向投资者发行的一种债券。金融债券是由金融机构发行的债券。企业债券是由企业发行的债券。[①]

债券,表示着一定的债权,因而,债券质权属于债权质权。债券,为有价证券的一种,所以,债券质权属于有价证券质权。

(二) 债券质权的取得

1. 概述

债券质权,可以随同其担保债权一同转让,使受让人取得债券质权。债券质权,也可以因继承、赠与而随同被担保债权而由继承人或受赠人取得(《票据法》第 11 条之参照)。由于《民法典》将权利凭证的交付、背书转让作为债券质权设立的生效要件(第 441 条正文前段),此项权利凭证的交付具有公信力(第 224 条之参照),债券质权可以善意取得(第 311 条)。当然,最为常见的还是设立取得。以下专门讨论债券质权的设立。

2. 债券质权的设立

债券质权的设立,依据《民法典》第 441 条正文的规定,需要出质人将债券(权利凭证)交付给债权人(质权人),债券质权自债券(权利凭证)交付债权人(质权人)时设立。

诸如记账式国库券、在证券交易所上市交易的公司债券等债券均因实现无纸化而没有权利凭证,它们出质,依据《民法典》第 441 条正文后段的规定,需要到有关部门进行出质登记,债券质权自该登记部门办理出质登记时设立。由于《民法典》第 214 条规定物权变动自记载于不动产登记簿时发生效力,债券质权自登记部门将债券质押的信息记载于登记簿时设立。

需要指出,《公司法》规定:"公司债券在证券交易所上市交易的,按照证券交易所的交易规则转让"(第 159 条第 2 款)。"记名公司债券,由债券持有人以背书方式或者法律、行政法规规定的其他方式转让;转让后由公司将受让人的姓名或者名称及

[①] 胡康生主编:《中华人民共和国物权法释义》,法律出版社 2007 年版,第 478 页。

住所记载于公司债券存根簿"(第160条第1款)。"无记名公司债券的转让,由债券持有人将该债券交付给受让人后即发生转让的效力"(第160条第2款)。第160条的规范意旨,在于保护第三人不因公司债券的转让而受不测的损害,以维护交易安全。按照权利标的主义,债券质权的设立虽然与债券转让有所区别,但具有类似性,应当类推适用债券转让的有关规定。在公司债券出质的问题上,《民法典》第441条正文后段的规定为普通法,《公司法》第160条的规定为特别法,应当优先适用。① 其中,记名公司债券质权的设立,不但需要签订质押合同,而且需要出质人在公司债券上记载"质押"字样或履行法律、行政法规规定的其他方式,还要将质权人的姓名或名称记载于公司债券存根簿。

还需说明,将债券出质的事实通知第三债务人,不是债券质权设立的生效要件,而是债券质权拘束债务人的要件,换句话说,若不为设立债券质权的通知,第三债务人可以拒绝质权人关于清偿被担保债权的请求。

(三)债券质权的效力

1. 债券质权所担保的债权范围

关于债券质权所担保的债权范围,质押合同有约定的,依其约定;没有约定的,包括主债权及利息、违约金、损害赔偿金(《民法典》第389条),以及由他人有偿保管债券时产生的必要费用。

2. 债券质权的效力所及的标的物范围

债券债权本身及其利息,债券债权遭受侵害所产生的损害赔偿金,应属于债券质权的效力所及的标的物范围。如果债券附有从证券且在出质时交付债权人了,此类从证券亦为债券质权的效力所及。

3. 质权人的权利

(1) 债券的留置权

在出质人已将出质债券交付债权人(质权人)、被担保债权尚未获得清偿的情况下,质权人有权留置该债券。

(2) 利息的收取权

债券产生的利息,质权人享有利息收取权(《民法典》第446条、第430条)。

(3) 转质权

质权人有权准用《民法典》第434条的规定,将债券转质。

---

① 参见黄松有主编:《〈中华人民共和国物权法〉条文理解与适用》,人民法院出版社2007年版,第660-661页。

(4) 入质债券的保全权

出质人的行为造成入质债券的价值明显减少,足以危害质权人权利的,可准用《民法典》433条的规定,质权人有权要求出质人提供相应担保;出质人不提供的,质权人有权与出质人协议将入质债券提存。

(5) 物权请求权

在入质债券被他人无权占有、债券质权受到妨害或有妨害之虞时,债券质权人有权行使物权请求权。

(6) 提前受偿或提存权

在出质债券的兑现日期先于主债务的清偿期限场合,债券债权人届期受偿,会使入质债券消灭,债券质权因其标的物消失而难以存续。为了保护质权人的合法权益,在债券债权人愿意放弃期限利益而提前向质权人为清偿时,应当允许;债券债权人若不愿放弃期限利益,有义务将第三债务人(付款人,债券债权人的债务人,下同)的付款提存于第三人处,质权人有权请求债券债权人为此类提存行为(《民法典》第442条)。

(7) 享有债券的担保利益

入质债券附有质权或保证时,债券债权为主权利,质权、请求保证人承担保证责任的权利等为从权利。根据担保权的效力及于担保物的从权利的原理,债券质权的效力及于这些担保利益。如此,在入质债券的兑现日期届满后,第三债务人拒不付款,债券质权人有权代入质债券债权人之位而行使附带于债券上的担保权,可以直接请求债券债权的保证人予以清偿,或就担保债券债权的质物的变价,使其债权优先受偿。

(8) 别除权(涤除权)

在债券债权人进入破产程序时,债券质权人可以就已经入质的债券主张行使别除权(涤除权),要求不将该部分财产权利列入破产财产范围。

(9) 债券质权的实行权

在主债务人不履行到期债务致使被担保债权未获清偿时,债券质权人有权实行质权,就入质债券为处分:入质债券的兑现日期先于被担保债权的,质权人有权请求债券债权人提前清偿或予以提存,已如上述,此处不赘;债券债权已届兑现期的,质权人有权直接请求第三债务人付款,并就此享有优先于债券债权人和一般第三人受偿的权利。

债券的金额超过被担保债权的部分归出质人所有,不足部分由主债务人清偿(《民法典》第446条、第438条)。

4. 债券质权人的义务

(1) 保管义务

债券质权人对其占有的入质债券应尽善良管理人的注意予以保管。

（2）通知义务

债券质权的实现,取决于第三债务人的清偿,因而应当将债券质押的事实通知第三债务人,若未通知,则不具有对抗该第三债务人的效力,该第三债务人仍然可以向债券债权人付款,无须对债券质权人负担任何责任。只有这样,才能较为公正地平衡各方当事人的利益关系。由此导出债券质权人负有将债券质押的事实通知给第三债务人的义务。质权人怠于通知,第三债务人有权向债券债权人付款,除非能够证明该第三债务人为恶意。

需要注意,由于债券质权自债券交付或有关部门办理出质登记时设立,表明质权人将债券出质的事实通知第三债务人不是质权的生效要件,只是质权设立后于质权实行时请求第三债务人付款的条件。从第三债务人的角度观察,在质权人怠于通知时,第三债务人得以此向质权人为有关的抗辩,如在第三债务人已经向债券债权人付款时,其债务消灭,可以对抗质权人关于付款的请求。

债券质权人对第三债务人还负有另一通知义务,即,在主债务人不履行到期债务致使担保债权未获清偿时,债券质权人有义务通知第三债务人向自己付款。

（3）消除对债券债权的限制

在主债务人适当清偿担保债务、质权人放弃债券质权等事由导致质权消灭的情况下,质权人应当消除对债券债权的限制,如及时返还债券或及时办理注销登记等。

（4）赔偿损失

债券质权人对债券债权人承担损害赔偿责任的情况有如下两种：A.在债券质权存续期间,未经出质人同意却转质,给债券债权人(出质人)造成损失的,债券质权人应当赔偿其损失(《民法典》第446条、第434条)。B.债券质权人怠于行使质权,给债券债权人(出质人)造成损失的,应当赔偿其损失(《民法典》第446条、第437条第2款)。

（5）不当得利返还

债券质权的行使,超过了被担保债权的范围,就该超出部分构成不当得利,债券质权人应予返还(《民法典》第985条以下)。

（四）债券质权的消灭

债券质权所担保的债权消灭、债券债权消灭、质权人将债券返还与出质人、质权人抛弃债券质权等事由出现,债券质权归于消灭。

四、存款单质权

（一）概述

存款单,简称为存单,是指存款人在银行等储蓄机构存了一定数额的款项后,由该银行等储蓄机构开具的到期还本付息的债权凭证。①

[扩展]

1. 存款单分为记名存单和不记名存单,记名存单可挂失,不记名存单不可以挂失。可以设立质权的存款单主要是指各类定期存款单,因为活期存款可以随时存取,没有必要设立质权。

实践中,使用存单质押的情形主要包括三种:(1)大额可转让定期存单的质押。所谓大额可转让定期存单,是指一种固定面额、固定期限、可以转让的大额存款凭证(《大额可转让定期存单管理办法》第2条)。银行目前对城乡居民个人发行的大额可转让定期存单,其面额包括1万元、2万元、5万元三种;而对企业、事业单位发行的大额可转让定期存单,其面额包括50万元、100万元、500万元三种。大额可转让定期存单采用记名方式发行,采用背书方式转让,转让次数不限,背书应当连续。(2)单位定期存单质押。这里的单位定期存单,是指借款人为办理质押贷款而委托贷款人依据开户证实书向接受存款的金融机构申请开具的人民币定期存款权利凭证(《单位定期存单质押贷款管理规定》第3条第1款)。(3)个人定期储蓄存款存单质押。此种个人定期储蓄存单仅限于中国境内的居民未到期的整存整取、存本取息、华侨人民币、大额可转让定期存单(记名)和外币定期储蓄存款存单(《个人定期储蓄存款存单小额抵押贷款办法》第4条)。②

2. 存折不宜质押,因为活期储蓄可以随时支取,满足存款人的需要。③

存单为债权凭证,反映着一定的还本付息请求权,因而存单质权为债权质权。存单是一种证券,所以存单质权同时为证券质权。

[辨析]

存款单质权不同于实务中存在着的账户质权。所谓账户质权,不得望文生义地将之界定为以账户为标的物而设立的质权,因为账户是一个会计概念,属于经济学范畴,其作用是为企业等提供一个资金往来的载体,便于国家对企业和相关人员进行税收等必要的管理;账户本身不具有交换价值,不属于可以流通的财产性资源,不代表着财产性权利。还有,从实际情况看,一个企业的账户数目也并无严格限制,而且申请开立账户亦决非难事,由此使得账户本身不具有价值和交换价值。所谓账户质权,指的是这样的质权:借款人或第三人以未来预期可能获得的收入(一般是较为稳定的收费收入等)作担保,在贷款银行开立唯一的收费等经济往来账户,由贷款银行对

---

① 胡开忠:《权利质权制度研究》,中国政法大学出版社2004年版,第171页;胡康生主编:《中华人民共和国物权法释义》,法律出版社2007年版,第478页。
② 王利明、尹飞、程啸:《中国物权法教程》,人民法院出版社2007年版,第525页。
③ 胡开忠:《权利质权制度研究》,中国政法大学出版社2004年版,第172页。

该账户进行日常监管,一旦出现债务人不能按期还款的情况,贷款银行有权直接从该收费账户中扣划资金。可见,账户质权,实际上不是真正地用特定账户来担保债权的实现,而是以特定账户中的资金作为质物,担保债权实现的质权。①

在界定了特定账户里的资金数额并为特定债权提供担保的情况下,此类账户质权实际上是以一定数量的资金为标的物的金钱质权。②

在质押合同仅仅规定以某账户质押,并未特定其中的资金,则由于账户资金是流动的,在出质人为企业、个体工商户、农业生产经营者的情况下,可依据《民法典》第396条的规定,以浮动抵押权论处。

在其他情况下,所谓的账户质权可按照债权对待。

(二) 存款单质权的取得

存款单质权可因继承、赠与、与被担保债权一同转让、设立等方式取得。后一种方式最为常见。

以存款单出质的,出质人和债权人(质权人)应当订立质押合同,存款单质权自出质人将存款单交付债权人(质权人)时设立(《民法典》第441条)。

在实务操作中,以存款单出质的,依次进行如下作业:出质人和债权人(质权人)签订质押合同,出质人在存款单上背书,债权人(质权人)进行核押,甚至进行登记。③

所谓存款单核押,是指债权人(质权人)将存款单质押的情况告知开具存款单的储蓄金融机构,并就存款单的真实性向储蓄金融机构咨询,储蓄金融机构对存款单的真实性予以确认,并在存款单上签章或以其他方式签章的行为。其法律意义在于,开具存款单的储蓄金融机构对存款单的真实性进行确认,并且一经确认,无论出质人实际存款的情况如何,均应推定存款单为具有完全权利内容的权利凭证,可以成为合法的质权标的物。存款单出质核押也是在向开具存款单的储蓄金融机构为质权设立的通知,储蓄金融机构被告知存款单出质的事实之后,存款人就成为"虚有权利人",开具存款单的储蓄金融机构就不得再向存款人支付存款单载明的款项,更不允许挂失该存款单。如果开具存款单的储蓄金融机构核押后又受理挂失并造成存款流失的,应当承担民事责任。④

[探讨]

1. 以虚开的存款单质押,以伪造、变造的虚假存款单质押的效力

所谓伪造、变造的虚假存款单,是指确属储蓄金融机构出具的但无实际存款内容

---

① 刘银春:《债权质权的理论与实践》,清华大学法学博士学位论文(2005),第126-127页。
② 参考曹士兵:《中国担保法诸问题的解决与展望》,中国法制出版社2001年版,第312页。
③ 李国光、奚晓明、金剑锋、曹士兵:《最高人民法院关于适用〈中华人民共和国担保法〉若干问题的解释理解与适用》,吉林人民出版社2000年版,第355页。
④ 参考曹士兵:《中国担保诸问题的解决与展望》,中国法制出版社2001年版,第307页。

的或与实际存款不符的真实存款单。无实际存款内容的存款单,即空存单。与实际存款内容不符的存款单,即套取的存款单。

对于此类存款单,《存单解释》第8条规定,存单持有人以伪造、变造的虚假存单质押的,质押合同无效。接受虚假存单质押的当事人如以该存单质押为由起诉金融机构,要求兑付存款优先受偿的,人民法院应当判决驳回其诉讼请求,并告知其可另案起诉出质人(第1款)。存单持有人以金融机构开具的、未有实际存款或与实际存款不符的存单进行质押,以骗取或占有他人财产的,该质押关系无效。接受存单质押的人起诉的,该存单持有人与开具存单的金融机构为共同被告。利用存单骗取或占用他人财产的存单持有人对侵犯他人财产权承担赔偿责任,开具存单的金融机构因其过错致他人财产权受损,对所造成的损失承担连带赔偿责任。接受存单质押的人在审查存单的真实性上有重大过失的,开具存单的金融机构仅对所造成的损失承担补充赔偿责任。明知存单虚假而接受存单质押的,开具存单的金融机构不承担民事责任(第2款)。以金融机构核押的存单出质的,即便存单系伪造、变造、虚开,质押合同均为有效,金融机构应当依法向质权人兑付存单所记载的款项(第3款)。

2. 以借用的存款单质押的效力

借用他人的存款单,以该他人的名义出质的,应当视构成要件而后决定适用代理或无权代理或表见代理的规定,来确定质押合同的效力,进而确定质权是否设立。

借用他人的存款单,以自己的名义出质,且存款单的所有权人与出质人(存款单的持有人)的姓名不一致的,出质人出示了对该存款单享有处分权的确凿证明,质押合同不因此而无效;出质人不能出示对该存款单享有处分权的确凿证明,质押合同也不因此而无效。

(三)存款单质权的效力

存款单质权的效力与前述债券质权的效力大体相当,不再赘述。需要指出的是,存款单到期后予以转期,而换发定期存款单的存款债权,仍为存款单质权的效力所及。①

(四)存款单质权的实现

主债务人不履行到期债务致使被担保债权未获清偿,或当事人约定的实现存款单质权的条件成就,质权人可行使质权,直接向存款单债务人——开具存款单的储蓄金融机构——请求兑付,使其被担保债权就存款单兑付的款项优先获得清偿。假如

---

① 谢在全:《民法物权论》(下册),三民书局2003年修订2版,第342页。

该储蓄金融机构拒绝兑付存款单,质权人可向该储蓄金融机构提起给付之诉。①《存单解释》第6条第3款规定:"出资人起诉金融机构的,人民法院应通知用资人作为第三人参加诉讼;出资人起诉用资人的,人民法院应通知金融机构作为第三人参加诉讼;公款私存的,人民法院在查明款项的真实所有人基础上,应通知款项的真实所有人为权利人参加诉讼,与存单记载的个人为共同诉讼人。该个人申请退出诉讼的,人民法院可予准许。"

存款单的金额超过被担保债权的部分归出质人所有,不足部分由债务人清偿(《民法典》第446条、第438条)。

(五) 存款单质权的消灭

存款单质权所担保的债权消灭、存款单债权消灭、质权人将存款单返还与出质人、质权人抛弃存款单质权、质权人依其意思丧失对存款单的占有又不能依法请求返还等事由出现,存款单质权归于消灭。

五、仓单质权

(一) 仓单质权的概念

所谓仓单质权,是指以仓单为标的物而设立的质权。

仓单,是指仓库的保管人应寄托人(存货人)的请求所填发的证明寄托人(存货人)所寄存物品的一种有价证券。仓单一般记载如下内容:寄托人的姓名及住址,保管场所,寄存物品的种类、名称、数量、质量,仓单填发地及填发时间,保管期限,保管状况,保管费用等。仓单是一种有价证券,要行使仓单上的权利,必须持有仓单。②

关于仓单的立法模式主要有两单主义、一单主义和并用主义三种。所谓两单主义,是指保管人同时填发两仓单,一为提取仓单,一为出质仓单。前者用来提取寄存物,可以转让;后者用来出质,可作为债权担保。其理由为,寄托人(存货人)可以先以出质仓单来出质,以便筹措现款,然后以提取仓单待价而沽,所以出质和转让并行不悖。如果只有一单,则出质后无法转让。③ 法国、比利时和意大利等国的立法例采取此项主义。所谓一单主义,是指保管人仅填发一份仓单,可同时作为转让和出质之用。其理由为,如果采用两单主义,两单分别流通时,则提取仓单持有人常担心出质仓单所担保的债权未获清偿致使仓储物或保管物有被拍卖的危险;而出质仓单持有人也担心两单所载数额不符,难免不安。还有,在两单主义下,虽然先质后卖,但出质

---

① 曹士兵:《中国担保诸问题的解决与展望》,中国法制出版社2001年版,第311页。
② 黄松有主编:《〈中华人民共和国物权法〉条文理解与适用》,人民法院出版社2007年版,第656页。
③ 郑玉波:《论仓单》,载郑玉波:《民商法问题研究》(第1册),1988年自版,第321页。

后一般都不易再卖,所以实际上两单等同于一单。《德国商法典》采取一单主义(第424条)。所谓并用主义,是指根据存货人的选择,请求填发两单或一单。《日本商法典》采取此种模式(第627条)。① 这种制度叠床架屋,徒滋纷扰,并无实益。所以,在实务中采取的是单一主义。② 中国法律采取的是一单主义,即保管人应存货人的请求仅填发一仓单,而不须填发两个仓单。该仓单作为提取保管物的凭证,既可以转让也可以出质。③

关于仓单质权的性质,素有争论。有主张仓单质权为动产质权的,理由在于,仓单为表示所代表的物品的有价证券,占有证券与占有物品有同一效力,故仓单质权为动产质权。④ 也有认为仓单质权为权利质权的,理由在于,仓单等有价证券所表示的物品仅得依其证券来行使权利,况民法将有价证券出质一概归于权利质权,故仓单质权应为权利质权。⑤ 有学者进一步论证道,以仓单出质实际上是以仓单上所附载的对保管人的请求权出质,因为寄托人有权请求保管人履行对货物的保管义务并在合同到期后将货物交付寄托人,所以仓单所代表的权利可视为一种债权。以仓单出质实际上属于证券债权质权。⑥《民法典》把仓单质权放在权利质权中规定(第440条以下),可见采取了权利质权说。

(二) 仓单质权的取得

仓单质权可以基于继承、与被担保债权转让等方式取得,也可以善意取得,不过最为常见的是设立取得。按照《民法典》第441条的规定,以仓单为标的物设立质权时,出质人和质权人应有以仓单出质的意思表示,出质人将仓单(权利凭证)交付质权人,仓单质权设立。《担保制度解释》第59条第1款补充道:"存货人或者仓单持有人在仓单上以背书记载'质押'字样,并经保管人签章,仓单已经交付质权人的,人民法院应当认定质权自仓单交付质权人时设立。没有权利凭证的仓单,依法可以办理出质登记的,仓单质权自办理出质登记时设立。"

---

① 胡开忠:《权利质权制度研究》,中国政法大学出版社2004年版,第166-167页。
② [日]西原宽一:《商行为法》,有斐阁1972年版,第364页。
③ 崔建远主编:《合同法》,王轶执笔,法律出版社2007年第4版,第486页。
④ 中国台湾地区"最高法院"1965年台上字第1057号判决;倪江表:《民法物权论》,正中书局1965年版,第360页;黄右昌:《民法物权诠解》,商务印书馆1965年版,第338页;曹杰:《中国民法物权论》,商务印书馆1964年版,第258页;施智谋:《海商法专题研究》,三民书局1992年版,第184页。
⑤ 杨仁寿:《最新海商法论》,1999年自版,第401页;中国台湾地区"最高法院"1984年台上字第984号判决;谢在全:《民法物权论》(下册),三民书局2003年修订2版,第326页。
⑥ 房绍坤、赵志毅:《论仓单质押》,载《法制与社会发展》2001年第4期;胡开忠:《权利质权制度研究》,中国政法大学出版社2004年版,第168页。

[讨论]

《民法典》规定,仓单是提取仓储物的凭证。存货人或仓单持有人在仓单上背书并经保管人签字或盖章的,可以转让提取仓储物的权利(第910条)。否则,不发生转让的效力。权利质权的设立应当遵循权利让与的规则,所以,以仓单出质的,除当事人之间的出质合意、背书和交付外,还需要以保管人的签字或盖章为必要条件。①

笔者认为,从交易安全、有价证券流通的通例等方面考虑,这种意见确有道理,但依据《民法典》及其理论,却难获赞同。其原因在于:(1)权利标的主义而非权利让与主义为今日通说,如此,仓单转让和仓单出质存在着区别,仓单出质并非仓单(权利)的转让。因而,仓单出质并非当然地适用《民法典》第910条的规定。(2)《民法典》(第441条)为仓单质权设立要件的权威性条文,均未把背书、保管人的签字或盖章作为仓单质权设立的必要条件。上述观点违反了《民法典》的强制性规定。当然,站在立法论的立场,在仓单上记载"质押"字样,作为质权设立的生效要件,较为可取。

不过,应当注意,《民法典》第441条的规定没有区分无记名证券、记名证券和指示证券,一律以交付有价证券为质权设立的生效要件,不尽合理。仓单出质,背书为妥;未经背书,不得对抗第三人。② 这种意见值得重视。

(三) 仓单质权的效力

1. 仓单质权所担保债权的范围

仓单质权所担保债权的范围,当事人之间有约定的,依其约定;无约定的,按照《民法典》第389条的规定确定,包括主债权及其利息、违约金、损害赔偿金。如果质权人将仓单委托他人(如委托银行等)保管而需要支出一定费用的,此类必要费用属于仓单质权所担保的债权范围。

2. 仓单质权的效力所及标的物的范围

仓单质权的效力及于出质的仓单,实际上是该仓单所载明的财产权。这是因为仓单与记载其上的财产权利是合为一体,不可分割的。另外,依《民法典》第913条的规定,仓储物的保管人对入库仓储物发现有变质或其他损坏,危及其他仓储物的安全和正常保管的,除催告存货人或仓单持有人做出必要的处置外,在紧急情况下,保管人可以做出必要的处置。保管人对仓储物的处置多为将其变价,从而作为保管仓储物的代位物。由此若该仓单已经出质,则该权利质权仍存在于该代位物上;如果仓储期间届满存货人或仓单持有人没有提取仓储物,则保管人有权将仓储物依法提存,于

---

① 黄松有主编:《〈中华人民共和国物权法〉条文理解与适用》,人民法院出版社2007年版,第661页。

② 李国光、奚晓明、金剑锋、曹士兵:《最高人民法院关于适用〈中华人民共和国担保法〉若干问题的解释理解与适用》,吉林人民出版社2000年版,第357页;房绍坤、赵志毅:《论仓单质押》,载《法制与社会发展》2001年第4期。

此情况下,仓单质权的效力仍存在于该提存物上。质言之,如果仓储物有代位物或提存物的,则仓单质权的效力仍及于该代位物或提存物。同时,如果仓储物生有孳息的,则仓单质权的效力也及于该孳息。[①]

3. 仓单质权的效力顺位

《担保制度解释》还规定:"保管人为同一货物签发多份仓单,出质人在多份仓单上设立多个质权,按照公示的先后确定清偿顺序;难以确定先后的,按照债权比例受偿"(第59条第3款)。于此场合,"债权人举证证明其损失系由出质人与保管人的共同行为所致,请求出质人与保管人承担连带赔偿责任的,人民法院应予支持"(第59条第4款)。这符合公示规则和过错责任原则,值得赞同。

但是,《担保制度解释》第59条第2款关于"出质人既以仓单出质,又以仓储物设立担保,按照公示的先后确定清偿顺序;难以确定先后的,按照债权比例清偿"的规定,值得商榷。

出质人既以仓单出质,又以仓储物设立担保,按照公示的先后确定清偿顺序;难以确定先后的,《担保制度解释》第59条第2款规定,按照债权比例清偿。之所以如此规定,据说是因为仓单运作没有做到仓单与其表征的仓储物一一对应,实务中将某特定的仓储物数次出卖、多重出质常有发生,致使仓单所表征的仓储物归属与真实的仓储物归属不相一致,并不鲜见。为迁就此种现象,不得已地既确认仓单出质的效力,又认可以仓储物出质的效力,于是有"按照公示的先后确定清偿顺序"或"按照债权比例清偿"之论。不宜说此论毫无道理,但其可被攻击之点不少。其一,仓储物由仓单体现时,仓储物无论是作为物权的标的物还是作为债权的标的物,在法律上均由仓单表征。仓储物所有权的移转,不是以仓储物的交付而是以仓单的背书为准。质权的设立,不是以仓储物由债权人占有而是以仓单背书出质给债权人为准。以仓单出质并且已经背书之后,若再以仓储物出质,实质上是不具备交付这个生效要件的(也可以说是成立要件,下同,),也就是以仓储物出质时未设立动产质权。既然未设立仓储物质权,仅有仓单质权,何谈"按照公示的先后确定清偿顺序"或"按照债权比例清偿"?其二,现行法确立的仓单制度已经向众人公示了:仓储物的流转,包括设立质权,均以仓单为公示方式、以仓单背书为生效要件,而不以仓储物这个动产的交付为生效要件。在这样的背景下和理念中,买受人、潜在的质权人负有注意义务,即有义务审查仓单的情形,有义务协助仓单的背书。买受人未获仓单背书,仅仅是实际占有仓储物,就没有取得仓储物的所有权,因其具有重大过失即非善意,也不会善意取得。同理,债权人未获记载有"质押"字样的背书,质权未设立,因其具有重大过失

[①] 房绍坤、赵志毅:《论仓单质押》,载《法制与社会发展》2001年第4期。

即非善意,也不会善意取得。其三,实务中的不合法、混乱,应当依法治理、矫正,而不宜一味地迁就。只要裁判机构奉行仓单背书系仓储物所有权移转、质权设立的裁判规则,确认仅有仓储物交付便无所有权移转、质权不设立的规则,就会使理性人摒弃忽略仓单背书的陋习,逐渐走上正轨。

4. 质权人的权利义务

(1) 仓单的留置权

仓单出质后,出质人应将仓单交付给质权人占有,实务中多为背书交付。债务人未为全部清偿以前,质权人有留置仓单而拒绝返还之权。

(2) 转质权

按照《民法典》第 446 条、第 434 条的规定,质权人在出质人同意等条件下可以转质。

(3) 仓单质权的保全权

仓单出质后,因出质人的原因而使仓储物有所损失时,会危及质权人质权的实现。于此情形下,质权人有保全仓单质权的权利(《民法典》第 446 条、第 433 条),有权依照《民法典》第 911 条和第 912 条的规定,向仓储物的保管人请求检验仓储物或提取仓储物的样品,保管人不得拒绝,并且无须征得出质人的同意。质权人在检验仓储物或提取仓储物的样品后,发现仓储物有毁损或灭失之虞而将害及质权的,质权人得与出质人协商由出质人另行提供足额担保,或由质权人提前实现质权,或向第三人提存,以此来保全自己的质权。①

(4) 仓单质权的物权请求权

仓单被他人无权占有、仓单质权被妨害或有妨害之虞时,仓单质权人有权行使物权请求权。

(5) 仓单质权的实行权

在主债务人不履行到期债务致使被担保债权未获清偿,或当事人约定的实行仓单质权的情形出现的情况下,质权人有权实行仓单质权。

(6) 损害赔偿请求权

出质人既以仓单出质,又以仓储物设立担保;或者保管人为同一货物签发多份仓单,出质人在多份仓单上设立多个质权,给仓单质权人造成损失的,债权人举证证明该损失系由出质人与保管人的共同行为所致的,有权请求出质人与保管人承担连带赔偿责任(《担保制度解释》第 59 条第 4 款)。

---

① 房绍坤、赵志毅:《论仓单质押》,载《法制与社会发展》2001 年第 4 期。

（7）妥善保管仓单的义务

仓单出质后,出质人要将仓单交付给质权人占有。由于采取权利标的主义,仓单所载明的财产权并未移转给质权人,继续由出质人享有。如果仓单丢失或被第三人善意取得,就会使出质人受到损害。为了保护出质人的合法权益,质权人负有妥善保管仓单的义务。

（8）返还仓单的义务

在主债务人履行了到期债务使被担保债权获得清偿,或其他原因致使仓单质权消灭的情况下,质权人负有返还仓单的义务。

5. 出质人的权利义务

出质人对仓储物处分权受有限制。仓单是提取仓储物的权利凭证,取得仓单意味着取得了仓储物的所有权。但仓单一经出质,质权人即占有出质人交付的仓单,此时质权人取得的并不是仓储物的所有权而仅为质权;对于出质人,因其暂时丧失了对仓单的占有,尽管对仓储物依然享有所有权,但若想处分该仓储物,则势必会受到限制。出质人若想对仓储物进行处分,应当向质权人另行提供相应的担保,或经质权人同意而取回仓单,从而实现自己对仓储物的处分权。在前者,表现为仓单质权消灭;在后者,表明质权人对债务人的信用持信任态度而自愿放弃自己债权的担保,法律自无强制的必要。如果此项处分权不受任何限制,则质权人势必陷入无从对质押担保标的物的交换价值进行支配的境地,该项权利质权的担保机能便因此而丧失殆尽。①

6. 仓单质权对仓储物的保管人的效力②

仓单质权对仓储物的保管人是否发生效力,因现行法上没有明确规定,所以不无疑义。质权对人的效力一般仅限于质押合同的当事人,但在仓单质权似有不同。我们认为,仓单质权对仓储物的保管人亦发生效力,只是不如其对质权人和出质人那么强而已。仓单质权对保管人的效力主要表现在如下两个方面：

（1）保管人负有见单即交付仓储物的义务

仓单是提取仓储物的凭证,仓单持有人可以凭借所持有的仓单向保管人请求交付仓储物,而保管人负有交付仓储物的义务。因而,在仓单质权中,当质权人的债权到期不能获清偿时,质权人便可以向保管人提示仓单请求提取仓储物,从而实现仓单质押担保。从这个意义上讲,仓单质权的效力及于保管人。

（2）保管人享有救济权

依合同法原理,仓单持有人提前提取仓储物的,保管人不减收仓储费。因此,质权人在实现质权时,尽管仓储期间尚未届满,保管人也不得拒绝交付仓储物。但是,

---

①② 房绍坤、赵志毅:《论仓单质押》,载《法制与社会发展》2001年第4期。

如果出于质权人提前提取仓储物而尚有未支付的仓储费的,保管人得请求质权人支付未支付的仓储费。当然,质权人因此而为的支出应当在仓储物的变价之中扣除,由债务人最后负责。若质权实行时,仓储期间业已届满,保管人亦享有同样的救济权,由质权人先支付逾期仓储费,债务人最后予以补偿。

(四) 仓单质权的实行①

仓单质权的实行应当依法进行。依据《民法典》第436条第2款的规定,债务履行期届满质权人未受清偿的,可以与出质人协议以质物折价,也可以依法拍卖、变卖质物;质物折价或拍卖、变卖后,其价款超过债权数额的部分归出质人所有,不足部分由债务人清偿。可见,仓单质权的实行方法也包括折价、拍卖、变卖三种方式。

仓单作为提货凭证,一般会有仓储期间记载其上。仓单出质后,仓单质权所担保的债权会有一个清偿期,从而,两个期间的届至会有先后,当然也不排除同时届至的可能性。在仓单质权实行时会因仓单上所记载的提货日期先于、后于或同时与仓单质押担保的债权的清偿期届至而有所不同。因此,在仓单质权场合,质权人实行质权时须区分以下三种情况:

1. 仓单所记载的提货日期先于质押所担保的债权的清偿期届至的,依《民法典》第442条的规定,质权人可以在债权清偿期届满前提取仓储物,并与出质人协议将提取的仓储物用于提前清偿所担保的债权,或向与出质人约定的第三人提存,质权的效力仍然及于该提存物上。在此情况下,仓单质权变为动产质权。如果在此种情况下,债务人另行提供了担保,则不发生质权人提取仓储物这一后果,而为质权人返还仓单给出质人,从而使仓单质权消灭。至于质权人返还仓单后出质人是否提取已届期的仓储物,则不属于仓单质权问题。

值得讨论的是,在上述情况下,如果质权人与出质人不能达成协议的,应如何处理?对此,现行法上并无明确的规定。笔者认为,于此情况下,质权人只能将所提取的仓储物予以提存,而不能用于提前清偿所担保的债权。因为若用于提前清偿所担保的债权,则势必会损害债务人所享有的期限利益。尽管法律在制度的设计上多考虑权利人的利益如何能够得到有效的保障和实现,但随着现代债法的发展和完善并由债的平等性决定了法律在保障权利人的利益的同时更应注意保障义务人的利益。在有期限的债的关系中,债务人即享有在债务履行期届至之前拒绝履行未到期债务的权利,这种权利所体现就是一种期限利益。既然不能提前清偿所担保的债权,因而只能向第三人提存。质权人将提取的仓储物提存之后,质权仍存在于该提存物上,这样债权人的债权依然能够得到有效的保障;同时债务人于履行期届满时依法履行了

---

① 房绍坤、赵志毅:《论仓单质押》,载《法制与社会发展》2001年第4期。

债务后,即可以向提存人请求提取提存物,从而取回属于自己的物品。

2. 仓单所记载的提货日期后于质押所担保的债权的清偿期届至的,质权人能否直接向债务人请求给付,有观点认为,以载明兑现或者提货日期的汇票、支票、本票、债券、存款单、仓单、提单出质的,其兑现或者提货日期后于债务履行期的,质权人只能在兑现或者提货日期届满时兑现款项或者提取货物。

[论争]

有学者认为,这种解释对于仓单质权似有不妥。根据《民法典》第915条的规定,法律允许存货人或仓单持有人提前提取仓储物,而不减收仓储费。仓单持有人有权提前提取存储物,而保管人不减收仓储费,对于双方当事人均无害处。因此,质权人在仓单所记载的提货日期后于质押所担保的债权的清偿期届至时,质权人提前提取仓储物,于法并无不可,且对保管人也无危害。当然,如前所述,如果由于质权人提前提取仓储物而造成保管人仓储费损失的,保管人享有救济权。[1] 谢在全先生认为,在质权人的担保债权清偿期届至时,不待证券清偿期届至,质权人可依动产质权的实行方法实行其质权。此时对于出质人与依证券而负给付义务的人均属无害,且对质权人及出质人有利,当无不许之理。[2]

与此不同的意见是,仓单所记载的提货日期后于质押所担保的债权的清偿期届至的,如果允许质权人提前取货,一方面,在事实上常常难以做到;另一方面,质权人在质押关系设定时,知道证券上的清偿期后于债务履行期,而仍然同意以此证券设定质押,表明其已自愿承担了在被担保的债权到期后,不能立即行使质权的后果。在此情况下,质权人只能等到证券所记载的清偿期到来后才能行使质权。[3]

3. 仓单所载提货日期与质押所担保的债权的清偿期同时届至的,因为在所担保的债权清偿期届至时,债务人未为债务的清偿,故而,质权人自可依法实现质权。在仓单质权场合,质权人实现质权时,以向仓储物的保管人提示仓单为必要。质权人向保管人提示仓单请求提取仓储物,保管人不得拒绝交付仓储物。质权人可依法处分所提取的仓储物,从而优先清偿其到期债权。[4]

(五) **仓单质权的消灭**

仓单质权所担保的债权消灭、仓单所载权利绝对消灭、质权人抛弃仓单质权等事由出现,仓单质权归于消灭。

---

[1][4]　房绍坤、赵志毅:《论仓单质押》,载《法制与社会发展》2001年第4期。
[2]　谢在全:《民法物权论》(下册),三民书局2003年修订2版,第368-369页。
[3]　王利明:《物权法论》,中国政法大学出版社1998年版,第766页。

六、提单质权

所谓提单质权,是指以提单为标的物而设立的质权。

所谓提单,是指用以证明海上货物运输合同和货物已经由承运人接收或者装船,以及承运人保证据以交付货物的单证(《海商法》第71条)。

提单中载明的向记名人交付货物,或按照指示人的指示交付货物,或向提单持有人交付货物的条款,构成承运人据以交付货物的保证。货物由承运人接收或装船后,应托运人的要求,承运人应当签发提单。提单可以由承运人授权的人签发。提单由载货船舶的船长签发的,视为代表承运人签发。《海商法》第79条规定,记名提单不得转让;指示提单经过记名背书或空白背书可以转让;不记名提单,无需背书,即可转让。因此,能够作为权利质权标的物的提单只能是指示提单和不记名提单两种。[1]

依据《民法典》第441条的规定,以提单为标的物设立质权时,出质人和质权人应当达成以提单出质的合意,质权自提单(权利凭证)交付之日起设立。

[讨论]

提单出质,同样面临着背书质押的地位及作用问题。《民法典》第441条但书,可被认为背书作为提单质权设立的生效要件。

提单质权的效力与仓单质权的大体相当,不再赘述。

七、股权质权

(一)股权质权的概念

所谓股权质权,是指以股权为标的物而设立的质权。

所谓股权,股东权利的简称,是指股东依其股东身份和地位而享有从公司获取经济利益和参与公司经营管理的权利。在中国,公司包括有限责任公司和股份有限公司。在有限责任公司,股权的标的(物)是出资,其外在形式是出资证明书。在股份有限公司,股权的标的(物)是股份,其外在形式是股票。[2] 出资证明书,是指证明投资人已经依法履行缴付出资义务,成为有限责任公司股东的法律文件。[3] 按照《公司法》的规定,出资证明书应当载明下列事项:(1)公司名称;(2)公司成立日期;(3)公司注册资本;(4)股东的姓名或名称、缴纳的出资额和出资日期;(5)出资证明书的编

---

[1] 胡康生主编:《中华人民共和国物权法释义》,法律出版社2007年版,第478页;黄薇主编:《中华人民共和国民法典物权编释义》,法律出版社2020年版,第585页;王利明、尹飞、程啸:《中国物权法教程》,人民法院出版社2007年版,第525-526页。

[2] 施天涛:《公司法论》(第2版),法律出版社2006年版,第237页,第271页。

[3] 胡康生主编:《中华人民共和国物权法释义》,法律出版社2007年版,第479页。

号和核发日期(第31条第2款)。出资证明书由公司盖章(第31条第3款)。这表明出资证明书是记名的。股票是公司签发的证明股东所持股份的凭证(第125条第2款后段)。公司发行的股票,可以为记名股票,也可以为无记名股票(第129条第1款)。公司向发起人、法人发行的股票,应当为记名股票,并应当记载该发起人、法人的名称或姓名,不得另立户名或以代表人姓名记名(第129条第2款)。

[辨析]

有学者认为,股权质权的标的物是股权。在股份有限公司,股权的标的是股份,其外在形式是股票。在有限责任公司,股权的标的是出资,其外在形式是出资证明书。由此可将股权质权区分为股份质权和出资质权两种类型。①

股权质押须依法进行。股权出质,首先应当满足《民法典》的要求;其次还应当满足《公司法》的要求。例如,《公司法》第142条第5款规定:"公司不得接受本公司的股票作为质押权的标的。"② 并且,《公司法》第141条关于"发起人持有的本公司股份,自公司成立之日起一年内不得转让。公司公开发行股份前已发行的股份,自公司股票在证券交易所上市交易之日起一年内不得转让。公司董事、监事、高级管理人员应当向公司申报所持有的本公司的股份及其变动情况,在任职期间每年转让的股份不得超过其所持有本公司股份总数的百分之二十五;所持本公司股份自公司股票上市交易之日起一年内不得转让。上述人员离职后半年内,不得转让其所持有的本公司股份。公司章程可以对公司董事、监事、高级管理人员转让其所持有的本公司股份作出其他限制性规定"的规定,适用于股权出质。

需要注意,现行法关于股权能否出质的一些特别规定,例如,《证券公司股票质押贷款管理办法》(2004年)第12条规定,用于质押贷款的股票应业绩优良、流通股本规模适度、流动性较好。贷款人不得接受以下几种股票作为质物:(1)上一年度亏损的上市公司股票;(2)前六个月内股票价格的波动幅度(最高价/最低价)超过200%的股票;(3)可流通股股份过度集中的股票;(4)证券交易所停牌或除牌的股票;(5)证券交易所特别处理的股票;(6)证券公司持有一家上市公司已发行股份的5%以上的,该证券公司不得以该种股票质押;但是,证券公司因包销购入售后剩余股票而持有5%以上股份的,不受此限。第23条规定,一家商业银行及其分支机构接受的用于质押的一家上市公司股票,不得高于该上市公司全部流通股票的10%。一家证券公司用于质押的一家上市公司股票,不得高于该上市公司全部流通股票的10%,并且不得高于该上市公司已发行股份的5%。被质押的一家上市公司股票不得高于该上市公司全部流通股票的20%。上述比率由证券登记结算机构负责监控,对超过规

---

①② 施天涛:《公司法论》(第2版),法律出版社2006年版,第271页。

定比率的股票,证券登记结算机构不得进行出质登记。

[论争]

1. 公司不得接受本公司的股票作为质押权的标的,是否合理?

《公司法》第 142 条第 5 款关于"公司不得接受本公司的股票作为质押权的标的"的限制,是否合理,对此存在着争论。通说认为,如果公司接受自己本公司的股票作为质权标的,无异于用自己的财产担保自己的债权。有的著作进一步阐述道,当公司的债务人无力清偿到期债务而公司拍卖抵押物又无人应买时,公司自然就成为抵押股票的所有人,从而违背公司不得拥有自身股份的一般原则。①

反对说则认为,(1)"公司不得接受本公司股票作为质押权标的",针对的应是在公司作为债权人而由本公司股东作为出质人的情形。股东的股权属于股东可处分的财产,为何不能出质呢? (2)当债务人不能清偿债务时,公司作为质权人(债权人)有权依法拍卖该出质股份,并从拍卖该股份所获得的价款中优先受偿。这里,公司所获得的拍卖价款是股东股份的价值,又如何能说是公司用自己的财产担保自己的债权呢? (3)在公司拍卖股份无人应买时,"公司自然就成为抵押股票的所有人"说,也难以成立。拍卖而无人应买是不可能的,无人应买只是价格问题,如价格适当怎么会无人应买呢?至于说价格低到不能体现股份质权所担保的债权价值,则另当别论。这是质权人应当承担的风险,因为股权质押本身就具有价值的不确定性,为什么其他质权人能承担这种风险,公司作为质权人就不能承担这种风险呢?何况所质押的股权没有价值在很大程度上是由于公司自己经营管理不善造成的。进而言之,即使是因无人应买而由公司取得该股份的所有权,又有何不可呢?应当注意,现代法律允许公司取得自己股份的情形越来越多,实现股权质权取得自己股份应为法律所允许。②

2. 关于以股份有限公司的股份出质的,适用《公司法》有关股份转让的观点,是否适当?

有观点认为,以股份有限公司的股份出质的,适用《公司法》有关股份转让的规定。这显然采取了权利让与主义,与作为通说的权利标的主义不合,在个案中也可能导致不适当的结果。例如,股权出质也适用《公司法》第 141 条的规定,公司于 2014 年 2 月 2 日成立,发起人以其持有的本公司股份 20 万股于 2014 年 5 月 5 日出质,担保履行期为 2018 年 2 月 2 日至 6 月 2 日的债权,应予允许,因为在实质上与《公司法》第 141 条规定的立法目的并不抵触。但由于《担保法解释》第 103 条第 1 款规定,股权出质适用《公司法》关于股权转让的规定,而该法第 141 条明文规定发起人持有的

---

① 赵旭东:《公司法学》,高等教育出版社 2003 年版,第 317 页。
② 施天涛:《公司法论》(第 2 版),法律出版社 2006 年版,第 272 页。

本公司股份,自公司成立之日起1年内不得转让;公司公开发行股份前已发行的股份,自公司股票在证券交易所上市交易之日起1年内不得转让;公司董事、监事、高级管理人员所持本公司股份自公司股票上市交易之日起1年内不得转让,上例的股权质权不得发生法律效力。这显然是不适当的。

(二)股权质权的取得

1. 概述

股权质权可以基于继承、赠与、与被担保债权一同转让、设立等方式取得。通过设立而取得股权质权最为常见。至于可否善意取得股权质权,则存在着争论,法释[2014]2号(第25条、第27条)、《担保制度解释》(第37条)及法[2019]254号(第8条)持肯定态度,笔者予以赞同。①

2. 股权质权的设立

《民法典》443条第1款规定,以股权出质的,自办理出质登记时设立。

应当指出,《公司法》第71条第2款前段规定,有限责任公司的股东向股东以外的人转让股份时,必须经其他股东过半数同意。这意味着有限责任公司的股东将其出资设立质权时,必须事先征得其他股东过半数同意。

在此有必要简要介绍合伙人以其在合伙关系中的财产份额出质的问题。由于合伙人在合伙关系中的财产份额类似于股东在公司中的股份,合伙人以其在合伙关系中的财产份额出质类似于股东以其在公司中的股份出质,准用股份出质的规则避免不了。同时,也要注意,合伙人以其在合伙关系中的财产份额出质的特殊规则。例如,《合伙企业法》第25条规定:"合伙人以其在合伙企业中的财产份额出质的,须经其他合伙人一致同意;未经其他合伙人一致同意,其行为无效,由此给善意第三人造成损失的,由行为人依法承担赔偿责任。"

(三)股权质权的效力

1. 股权质权所担保的债权范围

股权质权所担保的债权范围,当事人有约定时,依其约定;无约定时,适用《民法典》第389条关于主债权及其利息、违约金、损害赔偿金和实现股权质权的费用的规定,予以确定。有学者主张,质权人为了防止出质的股票大幅缩水而紧急抛售股票来保值所支付的费用,也应列入所担保债权的范围。②

2. 股权质权的效力所及标的物的范围

股权质权的效力及于出质股权自身,以及股权出质后产生的法定孳息(《民法典》

---

① 崔建远:《无权处分再辨》,载《中外法学》2020年第4期,第872-879页。
② 胡开忠:《权利质权制度研究》,中国政法大学出版社2004年版,第275页。

第 446 条、第 430 条),包括现金红利、股息、红股、转增股等。① 如果公司以发行新股的方式分配股利的一部或全部,质权人对新股同样有收取权。② 在这方面,《证券公司股票质押贷款管理办法》(2004 年)第 35 条规定:"质物在质押期间所产生的孳息(包括送股、分红、派息等)随质物一起质押。质物在质押期间发生配股时,出质人应当购买并随质物一起质押。出质人不购买而出现质物价值缺口的,出质人应当及时补足。"按照意思自治原则,对于股权的法定孳息,质押合同约定不在股权质权的效力范围之内的,依其约定(《民法典》第 446 条、第 430 条第 1 款)。

在公司清算而有剩余财产可分配于股东时,股权质权人有权收取该剩余财产。③

出质的股权因公司的合并或创设分立而失去效力,因此配发新股或现金,属于股权的代位物。例如,甲股份有限公司的股票出质后,甲公司和乙公司合并,依合并合同,甲公司终止而乙公司存续,此时甲公司的股票应当失去效力,唯因此可向乙公司请求配发新股或现金。此类新股或现金为股权质权的代位物,应为股权质权的效力所及。至于若为配合股票公开上市,由大面额股票换发为小面额股票,或可转换的公司债券经转换成为股份后的股票,或股票经除权判决宣告无效后换发的新股票等,虽然不是因权利质权消灭所获得的损害赔偿金,但这些新股票和原股票应被视为同一物,该新股票相对于原股票的代位物而言,更应为股权质权的效力所及。④

3. 质权人的权利义务

(1) 股票、出资证明书的留置权

在出质人将出质的股票、出质股权的出资证明书交付给质权人的情况下,只要主债务人不履行到期债务致使被担保债权未获清偿,质权人均有权留置入质的股票、交付的出资证明书。

(2) 对股权法定孳息的收取权

股权的法定孳息为股权质权的效力所及,已如上述,质权人自然有权收取,除非质押合同另有约定(《民法典》第 446 条、第 430 条)。

---

① 谢在全:《民法物权论》(下册),三民书局 2003 年修订 2 版,第 340 页;中国台湾地区"最高法院"1974 年度第三次民事庭会议决议(二);王利明、尹飞、程啸:《中国物权法教程》,人民法院出版社 2007 年版,第 531 页。

② 施天涛:《公司法论》(第 2 版),法律出版社 2006 年版,第 275 页。

③ 柯芳枝:《公司法论》,中国政法大学出版社 2004 年版,第 195 页;施天涛:《公司法论》(第 2 版),法律出版社 2006 年版,第 275 页。

④ 中国台湾地区"公司法"第 317 条之一第 1 项③④;谢在全:《民法物权论》(下册),三民书局 2003 年修订 2 版,第 341 页;王利明、尹飞、程啸:《中国物权法教程》,人民法院出版社 2007 年版,第 532 页。

(3) 转质权

在能否转质的问题上,现行法对各种权利质权一视同仁,股权质权与票据质权、债券质权等在转质方面应被同等对待,此处不赘。

(4) 物上代位的权利

股权质权与票据质权、债券质权等在物上代位的方面应当被同样对待,此处不赘。

(5) 股权质权的保全权

股权质权与票据质权、债券质权等在保全上有相同的一面,也有特殊之处。例如,《证券公司股票质押贷款管理办法》(2004年)第33条规定:"用于质押股票的市值处于本办法第二十七条规定的平仓线以下(含平仓线)的,贷款人有权无条件处分该质押股票,所得的价款直接用于清偿所担保的贷款人债权。"此处所指第27条的内容为:"为控制因股票价格波动带来的风险,特设立警戒线和平仓线。警戒线比例(质押股票市值/贷款本金×100%)最低为135%,平仓线比例(质押股票市值/贷款本金×100%)最低为120%。在质押股票市值与贷款本金之比降至警戒线时,贷款人应要求借款人即时补足因证券价格下跌造成的质押价值缺口。在质押股票市值与贷款本金之比降至平仓线时,贷款人应及时出售质押股票,所得款项用于还本付息,余款清退给借款人,不足部分由借款人清偿。"

(6) 股权质权的物权请求权

入质的股票被他人无权占有、股权质权被不法妨害或有妨害之虞的,股权质权人有权行使物权请求权。

(7) 股权质权的实行权

在主债务人不履行到期债务致使被担保债权未获清偿,或当事人约定的实现股权质权的情形出现时,质权人有权行使其质权,就出质股权的价值使被担保债权优先受偿。

按照《民法典》第446条、第438条的规定,股权质权实行的方法可以是拍卖、变卖出质的股权,也可经出质人和质权人协商将出质股权折价,使被担保债权优先受偿。变价款超过被担保债权的部分归出质人所有,不足部分由债务人清偿。

(8) 保管义务

在出质的股权有股票或出资证明书交付与质权人的情况下,质权人有保管此类股票、出资证明书的义务。在这方面,《证券公司股票质押贷款管理办法》(2004年)第19条规定,贷款人(股权质权人)在发放股票质押贷款前,应在证券交易所开设股票质押贷款业务特别席位,专门保管和处分作为质物的股票。贷款人应在贷款发放后,将股票质押贷款的有关信息及时录入信贷登记咨询系统。

（9）返还义务

在股权质权消灭后,质权人有义务将保管的股票或出资证明书返还与出质人。

4. 出质人的权利义务

（1）处分权受到限制

股权出质后,出质人对于股权不得以法律行为使其消灭或变更,除非经过了质权人的同意。例如,这里所谓的消灭,指的是绝对消灭;至于相对消灭,如股权转让,《民法典》没有绝对禁止:股权出质后,不得转让,但经出质人和质权人协商同意的除外（第443条第2款前段）。

（2）提前清偿或提存的义务

《民法典》第443条第2款后段规定,经协商同意而转让股权的,出质人应当将该转让款向质权人提前清偿或提存。

（3）继续享有和行使在公司中的表决权

由于采取权利标的主义,股权的出质,并未剥夺出质人的股权,只是基于股权所享有的若干权能受到限制,而另外的权能则未受限制。未受限制的权能中包括表决权。出质人于股权出质后,有权继续出席股东大会,并对股东大会的决议进行表决。[①]

（4）股利的收取权

记名股票的股东仍然享有收取股利的权利,但应将之向质权人提前清偿或提存。无记名股票出质场合,股东已经不能证明自己的股东身份,无从依据股票行使权利,故无权取得股利。[②]

（四）股权质权的消灭

股权质权所担保的债权消灭、股份有限公司或有限责任公司终止导致股权失效、质权人抛弃股权质权等事由出现,股权质权归于消灭。

八、基金份额质权

（一）基金份额质权的概念

所谓基金份额质权,是指以基金份额为标的物而设立的质权。

所谓基金份额,是指向投资者公开发行的,表示持有人按其所持份额对基金财产享有收益分配权、清算后剩余财产取得权和其他相关权利,并承担义务的凭证。[③] 这里所称基金,仅指《证券投资基金法》调整的证券投资基金,即通过公开发售基金份额

---

① 谢在全:《民法物权论》（下册）,三民书局2003年修订2版,第346-347页;施天涛:《公司法论》（第2版）,法律出版社2006年版,第275页。
② 谢在全:《民法物权论》（下册）,三民书局2003年修订2版,第347页。
③ 胡康生主编:《中华人民共和国物权法释义》,法律出版社2007年版,第478页。

募集证券投资基金,由基金管理人管理,基金托管人托管,为基金份额持有人的利益,以资产组合方式进行证券投资活动的信托契约型基金,包括投资于不同对象的信托契约型基金、采用不同运作方式的信托契约型基金和选择不同投资收益与风险的信托契约型基金等,但不包括私募基金和公司型基金。①

[扩展]

依据基金运作方式的不同,证券投资基金可以分为封闭式基金、开放式基金以及采取其他运作方式的基金。封闭式基金即采用封闭式运作方式的基金,是指经核准的基金份额总额在基金合同期限内固定不变,基金份额可以在依法设立的证券交易场所交易,但基金份额持有人不得申请赎回的基金(《证券投资基金法》第5条第2款)。开放式基金即采用开放式运作方式的基金,是指基金份额总额不固定,基金份额可以在基金合同约定的时间和场所申购或者赎回的基金(《证券投资基金法》第5条第3款)。这两种基金的一个重要区别就是,基金份额的转让方式不同。封闭式基金的基金份额在基金存续期间内,可以依法在证券交易所上市交易,但基金份额持有人不得申请赎回。而开放性基金的基金份额可以在基金合同约定的时间和场所申购或赎回,但是不能在证券交易所上市交易。至于采用其他运作方式的基金,其基金份额发售、交易、申购、赎回的办法,由国务院另行规定。②

(二) 基金份额质权的取得

基金份额质权可以基于继承、与被担保债权转让等方式取得,也可以善意取得,最为常见的是基于设立而取得。依据《民法典》第443条第1款的规定,以基金份额为标的物设立质权时,自办理完毕基金份额出质登记,基金份额质权设立。

(三) 基金份额质权的效力

基金份额质权的效力与股权质权的大体相当,不再赘述。

九、知识产权质权

(一) 知识产权质权的概念

所谓知识产权质权,是指以知识产权为标的物而设立的质权。

所谓知识产权,是指人们对于自己的创造性智力活动成果和经营管理中的标记所依法享有的权利,主要包括注册商标专用权、专利权和著作权等。

所谓注册商标专用权,简称为商标权,是法律赋予商标所有人对其注册商标(包括商品商标、服务商标和集体商标、证明商标)依法享有的独占使用权。商标权是一

---

① 李飞主编:《中华人民共和国证券投资基金法释义》,法律出版社2003年版,第6页。
② 王利明、尹飞、程啸:《中国物权法教程》,人民法院出版社2007年版,第526页。

种纯粹的财产权利,不包含人身权利在内,因此按照《商标法》第42条的规定,原则上可以转让;依据《民法典》第440条第5项的规定,可以出质。

专利权,是指国家专利主管机关依法授予专利申请人或其继受人在一定期限内实施其发明创造的独占性权利,分为发明专利权、实用新型专利权与外观设计专利权。专利权含有人身权和财产权两部分内容。按照《专利法》的规定,其中的人身权指发明人、设计人的署名权(第17条),而财产权包括专利许可权、专利转让权等。专利权中的财产权可以转让(第10条),也可以出质(《民法典》第440条第5项)。

著作权,又叫版权,是指文学、艺术和科学作品的创作者对其创作完成的作品依法享有的权利。著作权含有人身权和财产权两部分内容。按照《著作权法》的规定,其中的人身权包括发表权、署名权、修改权、保护作品完整权,而财产权包括复制权、发行权、出租权、展览权、表演权、放映权、广播权、信息网络传播权、摄制权、改编权、翻译权、汇编权,以及应当由著作权人享有的其他权利(第10条第1款)。著作权人可以将财产权全部或部分地转让,并依照约定或本法有关规定获得报酬(《著作权法》第10条第3款),也可以出质(《民法典》第440条第5项)。

(二)知识产权质权的取得

知识产权质权可因继承、赠与、与被担保债权一同转让、设立等方式取得。专利权质权和注册商标专用权质权,也可以善意取得。通过签订质押合同而设立,取得知识产权质权,最为常见。

知识产权质权的设立,属于创设的继受取得,应有设立合同或单独行为的成立和生效,再有出质登记。

[论争]

1. 知识产权质权可否善意取得

有学者认为,知识产权质权不能适用善意取得制度,因为知识产权的取得常常要履行一定的手续。[①] 对此,笔者回应如下:《专利法》第10条第3款规定:"转让专利申请权或者专利权的,当事人应当订立书面合同,并向国务院专利行政部门登记,由国务院专利行政部门予以公告。专利申请权或者专利权的转让自登记之日起生效。"《商标法》第42条第4款规定:"转让注册商标经核准后,予以公告。受让人自公告之日起享有商标专用权。"这表明专利权、商标专用权的转让都采取了公示为生效要件的模式,比照《民法典》赋予公示以公信力的精神,可认为《专利法》《商标法》上的知识产权转让所需的公示也具有公信力。加上《民法典》规定知识产权出质以登记为生效要件(第443条第1款),可认为专利权质权和注册商标专用权质权,也能够善意

---

① 胡开忠:《权利质权制度研究》,中国政法大学出版社2004年版,第272-273页。

取得。

2. 向外国人出质知识产权合同的效力

有学者认为,《专利法》第 10 条第 2 款规定,中国单位和个人向外国人转让专利申请权或专利权的,必须经国务院有关主管部门批准。为此,如果中国单位或个人向外国人出质专利申请权或专利权,必须经国务院有关主管部门批准。[1] 鉴于通说采取权利标的主义,专利权质权设立时专利权依然归出质人拥有,即使质权人为外国人,也不违反《专利法》第 10 条的规范意旨,没有必要令向外国人出质专利权的合同无效,可以承认此类专利权质权。当然,在此类专利权质权实现时不得由外国人受让作为质物的专利权,除非经过了国务院有关主管部门的批准。

(三)知识产权质权的效力

1. 知识产权质权所担保的债权范围

知识产权质权所担保的债权范围,当事人有约定时,依其约定;无约定时,适用《民法典》第 389 条关于主债权及其利息、违约金、损害赔偿金和实现知识产权质权的费用的规定,予以确定。

2. 知识产权质权的效力所及标的物的范围

知识产权质权的效力及于出质知识产权自身,以及出质的知识产权转让时产生的转让费、许可他人使用时产生的许可费。当然,对于知识产权的前述收益,质押合同有相反约定的,按照意思自治原则,依其约定。

3. 出质人的权利义务

(1) 出质人继续使用知识产权

以注册商标专用权、专利权和著作权等知识产权中的财产权设立质权后,质权人实际上是无法控制出质人自己使用知识产权的,从效益的原则出发,法律也没有必要禁止出质人自己使用。

(2) 出质人不得转让或者许可他人使用出质的知识产权,除非经过了质权人的同意

如果出质人可以在未经质权人同意的情况下将出质的知识产权转让、(有偿或无偿地)许可他人使用,就会有害于质权人的合法权益。因为一方面转让的对价和许可他人使用的对价都要归属于出质人;另一方面出质人无限制地转让其注册商标专用权、专利权、著作权等知识产权中的财产权,必然导致其价值降低。为了保护知识产权质权人的合法权益,《民法典》第 444 条第 2 款规定:"知识产权中的财产权出质后,出质人不得转让或者许可他人使用,但是出质人与质权人协商同意的除外。出质

---

[1] 胡开忠:《权利质权制度研究》,中国政法大学出版社 2004 年版,第 267 页。

人转让或者许可他人使用出质的知识产权中的财产权所得的价款,应当向质权人提前清偿债务或者提存。"①

4. 质权人的权利义务

(1) 转让费、许可费的收取权

从《民法典》第 444 条第 2 款后段的规定推论,质权人有权收取出质知识产权转让时产生的转让费、许可他人使用时产生的许可费。当然,不是无偿收取,而是用以清偿被担保债权。

(2) 转质权

质权人可按照《民法典》第 446 条、第 434 条的规定,将知识产权转质,其法律效果也据其发生。

(3) 知识产权质权的保全权

质权人可按照《民法典》第 446 条、第 433 条的规定,保全知识产权质权,其法律效果也据其发生。

(4) 知识产权质权的物权请求权

知识产权质权被侵害、妨碍或有侵害、妨碍之虞的,知识产权质权人有权行使物权请求权,包括排除妨害请求权、消除危险请求权。

(5) 知识产权质权的实行权

在主债务人不履行到期债务致使被担保债权未获实现,或当事人约定实行质权的情形出现的情况下,质权人有权实行知识产权质权。

按照《民法典》第 446 条、第 438 条的规定,知识产权质权实行的方法可以是拍卖、变卖出质的知识产权,也可经出质人和质权人协商将出质知识产权折价,使被担保债权优先受偿。变价款超过被担保债权的部分归出质人所有,不足部分由债务人清偿。

(四) 知识产权质权的消灭

知识产权质权因被担保债权消灭、出质的知识产权消灭、质权人抛弃知识产权质权等事由出现而归于消灭。

十、应收账款质权

(一) 应收账款质权的界定

应收账款质权,简单地说,是以应收账款(请求权)为标的物而设立的质权。所谓

---

① 黄薇主编:《中华人民共和国民法典物权编释义》,法律出版社 2020 年版,第 495 页;王利明、尹飞、程啸:《中国物权法教程》,人民法院出版社 2007 年版,第 533 页。

应收账款(account receivables, book debt),在境外及国际的法律文件上,指未被证券化的(不以流通中票据或债券为代表的)具有金钱给付内容的现在或未来的债权。但在中国现行法上不限于此类债权,尽管主要指它,还包括公路、桥梁等收费权,[①]以及基础设施和公用事业项目收益权、提供服务或者劳务产生的债权(《担保制度解释》第61条第4款)。按照《应收账款质押登记办法》第2条的规定,应收账款是指权利人因提供一定的货物、服务或设施而获得的要求义务人付款的权利以及依法享有的其他付款请求权,包括现有的和未来的金钱债权,但不包括因票据或其他有价证券而产生的付款请求权(第1款)。它包括下列权利:(1)销售、出租产生的债权,包括销售货物,供应水、电、气、暖,知识产权的许可使用,出租动产或不动产等;(2)提供医疗、教育、旅游等服务或劳务产生的债权;(3)能源、交通运输、水利、环境保护、市政工程等基础设施和公用事业项目收益权;(4)提供贷款或其他信用活动产生的债权;(5)其他以合同为基础的具有金钱给付内容的债权(第2款)。

[辨析]

《民法典》及《应收账款质押登记办法》将公路、桥梁等不动产的收费权(以下简称为不动产收费权)纳入应收账款之中,意味着把它们作为债权看待了。但实际上它们不同于典型债权。(1)典型债权分为一时性债权和继续性债权,前者为债务人一次适当给付即告消灭的债权,后者乃债务人持续地或重复地给付相同内容的债权。不动产收费权非义务人一次付费即告消灭的权利,明显不同于一时性债权。虽然在不动产收费权有整体权利和个别成分之分,以及持续实现这些方面类似于继续性债权,但在义务人等方面却存在着差异。(2)典型债权的当事人均为特定之人,而不动产收费权的义务人不宜用特定来描述,因为不动产收费权实现之前,义务人不特定,只有在某个时间点的个别成分实现之时才特定,其他个别成分尚未实现,整体的不动产收费权继续存在。就是说,其他个别成分的法律关系中,义务人依然不特定,也可以说整体的不动产收费权关系中,义务人不特定。(3)典型债权基于当事人之间的意思表示或法律规定而成立,约束当事人各方。不动产收费权基于合同和行政审批而成立,不但约束合同当事人,而且约束合同当事人以外的将要通过收费站的车辆驾驶员,不符合债的相对性原则。(4)按照物债二分的架构,债权无对世性,对于债务人以外之人无积极的效力,即无原权利性质的请求权。循此原则及原理,如将不动产收费权作为债权,则不动产收费权人就无权请求过往的车辆驾驶员缴纳过路费。但实际上却

[①] 《全国人大法律委员会关于〈中华人民共和国物权法(草案)〉修改情况的汇报》(2006年12月24日第十届全国人大常委会第二十五次会议),载全国人民代表大会常务委员会法制工作委员会民法室编著《物权法立法背景与观点全集》,法律出版社2007年版,第73页;胡康生主编:《中华人民共和国物权法释义》,法律出版社2007年版,第481页。

相反,不动产收费权的目的及功能恰恰在于向过往车辆收费。满足此种目的及功能,对不动产收费权定性和定位,应选择绝对权而非相对权。既然如此,《民法典》及《应收账款质押登记办法》将不动产收费权纳入应收账款之中,有违法理。

有观点认为:"收费权指权利人对将来可能产生的收益所享有的请求权,实质上是一种预期债权"①。这是自相矛盾的界定,因为权利人基于其不动产权利而享有收益之权,这不符合债权的特质——请求债务人为给付并保有之,倒是物权的权能表现——收益权能。此其一。何谓预期债权?望文生义,似为当下尚无债权,将来才会产生的具有极大现实可能性的债权。其实不然,只要政府特许某人(多为投资修建公路、桥梁等设施的公司)就特定公路、桥梁等设施而设置收费站并进而收费,不动产收费权即告产生,该权是现实的,不是预期的。至于不动产收费权人就每辆车收费,这相对于不动产收费权产生之时而言是未来的,且为权利人期待的,那只是不动产收费权的具体地、不断地实现,我们不得将之与不动产收费权本身混为一谈。此其二。假如把不动产收费权人向某特定过往的车辆权利人收费之权叫作预期债权,那么我们不禁发问:这种"债权"产生的法律事实是什么?双方的合意?非也,不少的过往车辆的权利人不同意交费;法律直接规定?同样不是,因为法律赋权不动产收费权人可以收费乃基于某特定不动产及其形成原因的事实,法律强制过往的车辆的权利人交费的理由重在某特定不动产及其利用的事实,而非不动产权利人这个"人"的因素。既然"基于某特定不动产及其形成原因""重在某特定不动产及其利用",那么,这显然接近于不动产物权及其效力,而远离债权及其效力。此其三。

也有人主张:"收费权实质是一种变动性比较大的期待权,体现在:一是赖以收费的设施能否建成是未知的;二是该设施建成后,能否收到预期的费用是未知的;三是收费权是特许的,受行政干预过多,有可能被行政机关取消,不稳定。"②笔者也不赞同这种定性和定位:第一,它有以偏概全之嫌,因为有些不动产收费权是公路、桥梁等不动产设施建成后才取得的;第二,所谓期待权,是当下尚不存在的、于未来具有极大可能取得的权利,不动产收费权大多是既有权,而非期待权;第三,所谓"该设施建成后,能否收到预期的费用是未知的",这不是期待权构成的要素,既得权场合"能否收到预期的费用"也可能"是未知的";第四,所谓"收费权是特许的,受行政干预过多,有可能被行政机关取消,不稳定",这若为反对不动产收费权出质的理由,尚可理解,但若为证立不动产收费权为期待权、债权的根据,则难以成立,因为民事权利的性质和归属不取决于可否被行政机关取消,而受制于自身的质的规定性。在这里,不存在

---

① 转引自胡康生主编:《中华人民共和国物权法释义》,法律出版社2007年版,第481页。
② 同上书,482页。

可被行政机关取消的民事权利即为期待权、债权的定律。物权等民事权利均可被行政机关取消，国有建设用地未被开发超过2年的，国有建设用地使用权可被行政主管机关收回。

上文所述，不动产收费权为不动产物权的结论好像呼之欲出，其实不然，理由如下：(1)公路、桥梁等设施的所有权归属于国家，不属于投资并建设公路、桥梁等设施且于日后取得收费权的公司。假如此类公司取得公路、桥梁等设施的不动产物权，也只能是他物权，并且必须是行政主管机关代国家出让之。可是，行政主管机关只有特许收费权之意，毫无出让不动产他物权的意思表示。既无此类意思表示，何来出让的不动产物权？因此，从实质看，不动产收费权不是物权。(2)中国现行法没有规定不动产收费权为物权，依据《民法典》(第116条)所定物权法定主义衡量，不动产收费权绝非物权。

可否解读为行政主管机关将公路、桥梁等设施的不动产所有权中的收益权转让给投资并修建的公司？若果真如此，就只是权能的转让。但在物权法上，收益权这个权能不是一个独立之物，而是"物"的成分，而所谓转让权能是不会发生物权变动的。在合同法理论上，收益权转让合同就因欠缺标的物而未成立，也就不具有法律效力，时常叫作无效。不过，如此解释不符合鼓励交易原则，不是最为理想的选择。如果更换思路，注意到债法不同于物权法的理念及运作，则可有如下结果：(1)合同法高倡合同自由原则，通过转让合同取得公路、桥梁等设施的不动产所有权中的收费权，可为债权。债权可以由债权人自己行使，也可以依法或通过约定与他人分享。(2)此类债权无对抗第三人的效力，如此类收费权人以自己的名义向过往车辆之人收取费用，过往之人有权拒付。(3)至于不动产收费权人因此遭受的损失，可向行政主管机关请求支付违约金或赔偿损失。

十分明显，这样的解读不符合客观现实，因为不动产收费权的效力及于过往的车辆的权利人，拒付过路费给不动产收费权人造成的损失也不由行政主管机关负责赔偿；这样的解读在理论上亦非最佳选择，主要在于债权对外的效力太弱，这使得不动产收费权人处于不利地位。有鉴于此，有必要另觅其他解释路径。

从权利的设立和实质内容观察，不动产收费权系由公路、桥梁等设施的不动产载体与行政特许赋权构成。没有投资并修建公路、桥梁等设施，就不会有不动产收费权。没有行政特许，更不会有不动产收费权的产生。没有行政权的"保驾护航"甚至扩张不动产收费权的"势力范围"，不动产收费权就难有约束过往车辆的权利人的效力。有鉴于此，不妨把不动产收费权划归特许经营权之内，不动产收费权系特许经营权的效力表现。

尽管如此，由于《民法典》及《应收账款质押登记办法》将不动产收费权纳入应收账款之中,本书勉为其难地暂时从之,从权利的角度统一命名为应收账款请求权。

汇票、支票、本票、债券、存款单所代表的权利为债权,合法持有人具有在条件成就、期限届至的情况下持这些凭证向凭证上记载的债务人请求支付一定款项的权利。这些债权与普通应收账款债权的区别在于,前者由于有一定的书面凭证作为记载而被表征化和固定化了,而应收账款则无此特征,即使有些具有借款协议或欠条等书面凭证,也仅仅是债权存在的证据,不具备证券化载体的无因性。这些差异在质权制度中也有反映,如普通应收账款质权在实现过程中,质权人仍然会面临较大风险。有鉴于此,应当将有价证券质权和应收账款质权予以区别,如此,宜将应收账款质权界定为一种以未被证券化的或不能以流通中票据或债券为载体的、具有金钱给付内容的普通债权或某些不动产收费权为标的物的质权。①

在应收账款质权关系中,应收账款请求权人为出质人,绝大多数情况下就是主债务人,主债务人的债权人为质权人,向应收账款请求权人负清偿义务的当事人为第三债务人。

(二) 应收账款质权的法律性质

1. 应收账款质权的标的物是未被证券化的以金钱给付为内容的权利

以未被证券化的、以金钱给付为内容的权利作为权利质权的标的物,是应收账款质权不同于其他权利质权的重要之点。

《物权法》允许应收账款出质,但未表态是否限于现有的,《民法典》第 440 条第 6 项明确"现有的以及将有的应收账款"。增加"将有的应收账款",是否合适呢?

将来之物不得被作为质物,原因在于将来之物尚不能被占有,而动产质权的设立以质权人占有质物为要件;而在将来的权利具有让与性时,将来的权利就可以被设立为质权。② 近现代法已经承认债权具有让与性,于债权之上设立质权便成为可能。如此说来,"将有的应收账款"作为将来债权的一种,可以出质。

所谓将来债权,又叫未来债权,按照德国著名法学家 V.Tuhr 教授的界定,系欠缺法律要件其中之一的债权。③ 在笔者看来,这种界定适合于附始期的债权、附停止条件的债权以及股东基于出资或股份所可能发生的盈余分配请求权、合伙人的剩余财产分配请求权诸类型,没有问题,但却难涵盖仅有预约却未订立本约结构中本约项下的债权以及债权人可基于债权人代位权制度而对次义务人主张的将来债权,原因在于,只有纯粹的预约而无本约的场合,本约项下的所谓债权尚不存在,欠缺全部的法

---

① 杜国辉:《应收账款质押若干法律问题分析》,清华大学法学硕士学位论文(2008 年),第 6 页。
② [德]鲍尔/施蒂尔纳:《德国物权法》(下册),申卫星、王洪亮译,法律出版社 2006 年版,第 737 页。
③ [德]V.Tuhr 语,转引自刘绍猷:《"将来债权"的让与》,载郑玉波主编:《民法债编论文选辑》(中),五南图书出版公司 1984 年版,第 897 页。

律要件;在债权人代位权的场合,可能是债权人对其债务人的债权欠缺法律要件,该债务人对其债务人(次债务人)的债权也欠缺法律要件,而非简单地欠缺法律要件其中之一;甚至于债务人尚无向其承担债务的次债务人。由此可见,V.Tuhr 教授的此种界定不尽周延。有鉴于此,界定将有的应收账款应该避开此种不周延。

此处所谓将来应收账款,是指在应收账款质权设立时尚不存在的应收账款,还是已经存在但其实现尚待时日,应收账款实现还取决于有关条件的成就或始期的届至?假如将目光局限于将来应收账款本身,采取何种学说似乎都无可厚非,除非界定者自己未保持概念的一贯性和体系的严密性。但是,处于应收账款转让、应收账款质权的领域思考这个问题,结论就不大一样。在应收账款业已存在,只是其实现取决于有关条件的成就或始期的届至的情况下,将此种应收账款出质不违背质权的本质,反倒是将已届清偿期或很快届至清偿期的应收账款出质会产生较为复杂的处理规则。就此看来,应收账款质权制度中所谓将有的应收账款仅指质权设立时尚不存在的应收账款,而不应包括已经存在只是其实现取决于有关条件的成就或始期的届至的类型,进而的结论是,附条件的应收账款、附始期的应收账款应该属于既存应收账款。

将来应收账款作为质权的标的物,不但要求应收账款必须具有转让性(让与性),而且要求该应收账款具有特定性。例如,就应收账款发生的原因、债务人、清偿期或转让的金额等均予明确约定时,该应收账款出质应为有效,至于该应收账款转让合同订立时,该应收账款发生的可能性的程度如何,并非当然足以影响合同的效力。原来,即使转让的应收账款于将来并未发生,乃应收账款转让人应负何种责任,也只是原因行为(如应收账款转让合同)不能履行的问题,而非应收账款由转让人移转至受让人之手的"物权变动"。[①]

此种学说在区分应收账款行为与物权行为的模式下符合逻辑,在未奉行物权行为理论的法制上须加限定,原因行为一律不要求处分权这个因素,会导致极不妥当的后果。例如,甲和乙恶意串通,虚构应收账款,并将其出质,若仍承认质押合同有效,则弊大于利。

应收账款质权所要求的将来应收账款,包括如下类型:其一,已有成立的基础法律关系,但尚未发生的应收账款。属于此类的将来应收账款有:A.附始期的法律行为

[①] 谢在全:《民法物权论》(下),新学林出版股份有限公司 2005 年修订 5 版,第 265 页。

项下的应收账款①;B.附停止条件的法律行为项下的应收账款②;C.除此而外的、日后仅须有某种情事发生,即可由已经存在的基础法律关系上发生的应收账款。例如,股东基于出资或股份所可能发生的股息红利分配请求权、合伙人的剩余财产分配请求权,均属此类。③ 再如保证人的求偿权、物上保证人的求偿权、连带债务人的求偿权,以及行使撤销权、解除权、优先购买权、买回权等形成权时所产生的应收账款。④ 此外,应收账款人对于债务人享有应收账款,债务人与第三人之间存在某种基础关系,将来极大可能发生应收账款。在这种法律结构中,应收账款人基于应收账款人代位权制度而对该第三人可以主张的应收账款,也应允许应收账款人将该将来的应收账款出质。其二,无成立基础的法律关系,尚未发生的应收账款,即所谓"纯粹的将有的应收账款"。此类将有的应收账款又分为两个亚类:A.虽无法律基础但有事实基础存在,因该事实基础而将来发生的应收账款。B.无事实基础存在的将有的应收账款。⑤ 其中的第一种亚类型,如甲发现并占有了乙遗失的一头牛,且一直饲养至乙前来领取之时,甲对乙享有无因管理之债的应收账款或不当得利返还请求权。其中的第二种亚类型,如于将来应该订立承揽合同,该合同产生的应收账款。

[以案说法]

天津乾坤特种钢铁有限公司(以下简称为乾坤公司)作为出卖人与中再资源再生开发有限公司(以下简称为中再公司)作为买受人于2013年1月2日签订《工业品买卖合同》,约定买卖物为20#圆坯30000吨,单价为每吨4200.00元人民币,总价款为126000000.00元人民币。

---

① 需要注意,此处所谓附始期的法律行为项下的应收账款不同于附始期的应收账款,因为附始期的法律行为于始期尚未届至时法律行为尚未生效,应收账款也就没有产生,故以此种情形的应收账款出质属于以将来应收账款出质;而附始期的应收账款则是应收账款已经的确地存在了,只是始期未届至时应收账款人请求债务人予以清偿的,债务人有权抗辩罢了,故以此种应收账款出质不属于以将来应收账款出质。

② 需要注意,此处所谓附停止条件的法律行为项下的应收账款不同于附停止条件的应收账款,因为附停止条件的法律行为于停止条件尚未成就时法律行为尚未生效,应收账款也就没有产生;而附停止条件的应收账款则是已经实实在在地存在了,故以此种应收账款出质不属于以将来应收账款出质。

③ 谢在全:《民法物权论》(下),新学林出版股份有限公司2005年修订5版,第266页。

④ 刘绍猷:《"将来应收账款"的让与》,载郑玉波主编:《民法债编论文选辑》(中),五南图书出版公司1984年版,第897页、第899页。

所引论文未使用"附始期的法律行为项下的应收账款""附停止条件的法律行为项下的应收账款"的表述,而是"附始期的应收账款""附停止条件的应收账款"。但笔者认为,"附始期的应收账款""附停止条件的应收账款"均为既存应收账款,而非将来应收账款,故修正了原文的表述,使用的是"附始期的法律行为项下的应收账款""附停止条件的法律行为项下的应收账款"的术语。

⑤ 谢在全:《民法物权论》(下),新学林出版股份有限公司2005年修订5版,第266页。

北京银行股份有限公司天津和平支行(以下简称北京银行)与乾坤公司于2013年3月6日签订《有追索权保理额度主合同》,约定乾坤公司将其对中再公司的应收账款转让与北京银行。同日,乾坤公司和北京银行联合向中再公司发出《应收账款债权转让通知书》,告知中再公司上述《工业品买卖合同》项下的应收账款债权已被转让给北京银行。中再公司发给乾坤公司及北京银行回执,称已经收阅该通知书,并确认同意其内容。

在北京银行向中再公司主张应收账款债权的诉讼中,天津市高级人民法院(2015)津高民二初字第0027号民事判决书认为,如果乾坤公司已经根据案涉《工业品买卖合同》的约定向中再公司交付了圆坯,那么,案涉《工业品买卖合同》项下的应收账款系既存的或曰真实存在的;反之,如果乾坤公司尚未向中再公司依约交付圆坯,则该应收账款为未来的。①

在上诉审中,中再公司将案涉《工业品买卖合同》项下的应收账款界定为未来应收账款。②

笔者认为,中再公司和天津市高级人民法院(2015)津高民二初字第0027号民事判决书所谓未来应收账款之说,是根本错误的。案涉《工业品买卖合同》自缔约人签字、盖章时就已经生效,其项下的应收账款债权即告存在,真实存在,而非什么未来的。虽然该应收账款债权在乾坤公司交付案涉圆坯前后确有差异,但该差异仅仅在于所附负担不同,换句话说,对抗该债权的抗辩及抗辩权不同,即,在乾坤公司已经交付案涉圆坯之后,中再公司不再享有同时履行抗辩权、先履行抗辩权,北京银行请求中再公司支付应收账款时,中再公司无理由拒绝;在乾坤公司尚未交付案涉圆坯时,北京银行请求中再公司支付应收账款,中再公司可暂时予以拒付。即使后一种情形,应收账款债权也是真实存在的,且已届清偿期的债权,而非什么未来债权。

值得注意的是,实务中出现了如下类型的虚假应收账款:甲公司将被整体转让,为索要高价而编造多份虚假合同,据此拥有本不存在的应收账款。此类应收账款可为应收账款质权的标的物吗?以虚假应收账款为标的物的质权具有何种法律效力?如果遵循"物权以物为其客体,客体(标的物)既灭失,权利亦因之消灭"③"权利质权标的物之权利消灭时,权利质权自归于消灭,盖皮之不存,毛自无所附也"④的原则,应收账款质权因其原因行为不成立亦即不存在而根本不设立或不复存在。换句话说,虚假应收账款不得出质,法律不承认虚假应收账款质权。这种理念及模式与罗马法、

---

①② 信息来源:中华人民共和国最高人民法院(2016)最高法民终6号民事裁定书。
③ 谢在全:《民法物权论》(上),新学林出版股份有限公司2010年版,第146页。
④ 谢在全:《民法物权论》(下),新学林出版股份有限公司2010年版,第323页。

意大利民法、英国法确立的理念和规则如出一辙。与此不同,如果适用《民法典》第597条第1款关于"因出卖人未取得处分权致使标的物所有权不能转移的,买受人可以解除合同并请求出卖人承担违约责任"的规定,那么,应收账款质押合同不因虚假应收账款或曰标的物不存在而不成立、无效,只不过"出卖人因未取得所有权或者处分权致使标的物所有权不能转移,买受人要求出卖人承担违约责任或者要求解除合同并主张损害赔偿的,人民法院应予支持。"如此,应收账款质权似无不复存在的理由。

两相比较,哪种模式更可取呢?从有关信息可知,上个自然段开头所谓甲公司虚造应收账款之事,负面结果实在严重:导致收购方乙公司付出高价却取得了财产状况糟糕的甲公司,酿成重大损失。此其一。甲公司的弄虚作假,乙公司于不知间披露的信息不真,损害了股市的形象。此其二。该种信息不胫而走,波及股市,致使在股市上购买相关股票的股民们损失不小。此其三。管理、决策机关以虚假应收账款及其流转现象作为判断依据之一,形成"决定""规程""措施",贯彻于实务之中,非"对症下药",难免出错。此其四。特别是,将此类虚假应收账款、虚假应收账款质权做成证券,发行于社会,可能会酿成美国次贷危机那样的恶果,广大百姓遭殃。此其五。① 既然如此,即使承认以此类虚假应收账款出质有效,该所谓质权也无使应收账款优先受偿的效力及功能,只有质权之名而无质权之实。与采取这种理念及模式所致后果不同,践行标的系合同成立要件之一的理念,则虚假应收账款质押合同不成立,不发生法律效力,进而,虚假应收账款质权因标的物不存在而不设立或归于消灭,就避免了至少是减弱了上述负面后果。笔者赞同这种理念及模式,反对《民法典》第597条第1款采纳的买卖合同、权利转让合同不以处分权为必要的学说。

值得讨论的还有,无效的基础行为项下的应收账款可否出质。如果基础行为无效,该行为项下的应收账款归于消灭,以该应收账款作为标的物的应收账款质权失去标的物,如同上述,该质权因无标的物而归于消灭。此其一。需要辨析的是,在基础行为无效的情况下,基于《民法典》第157条的规定产生缔约过失的损害赔偿请求权,如果把该损害赔偿请求权视为基础行为项下的应收账款的变形,类似于质物的代位物,那么,承认因基础行为无效导致的应收账款质权不因欠缺标的物而归于消灭,而是使应收账款质权借助于物上代位性继续存在于缔约过失的损害赔偿请求权,这不可以吗?其实,缔约过失的损害赔偿请求权并非基础行为项下的应收账款转化而来

---

① 此处"其五"系清华大学法学院副教授龙俊博士于2019年4月27日晚向笔者阐释的。其背景是:2019年4月27日,王洪亮教授于清华大学法学院举办"民法典担保物权法律问题研讨会",邀请笔者于会上报告《关于应收账款质的思考》。龙俊博士对此有感而发。

的应收账款,前者乃法定权利,后者则大多为意定权利,二者产生的理论基础、法律事实、构成要件和赔偿范围均不相同,按照严格的担保物权的物上代位性衡量,缔约过失的损害赔偿请求权不是基础行为项下的应收账款的代位物。既然如此,还是坚持应收账款质权因基础行为无效从而导致欠缺标的物而归于消灭的原则,最符合法理。笔者赞同此理。此其二。

2. 应收账款质权的设立不以交付权利凭证为要件

应收账款是一种未被证券化的具有金钱内容的请求权,无证券载体,因此,在设立应收账款质权时无需转移权利凭证。当然,根据当事人意思自治原则,质权人可以要求出质人在订立应收账款质押合同时转移合同书或其他凭证,增加其私下转让、处置应收账款的难度,尽可能维护质权的效能。①

3. 应收账款质权的实现受制于应收账款义务人的清偿能力

应收账款质权实质上是以一种请求权担保另一种请求权的担保方式,与其他已经证券化的权利质权相比,其实现更加依赖应收账款债务人的信用程度和履行能力,受制因素明显多于票据质权,故其担保功能相对有限,在质权得不到实现时的交易成本更高,商业银行在办理此项业务时面临的风险更大。②

[辨析]

(1) 应收账款质权与债权转让

尽管有学者将应收账款质权与债权转让相提并论,但二者存在着区别:A.二者的性质不同。应收账款请求权一经转让,原权利人便彻底退出,受让人以新请求权人的身份收取账款,性质上为一种权利的"买卖",具有融资的功效却无担保的机能;而以应收账款出质,应收账款请求权人的身份并未发生变化,只是在第三债务人(付款人)到期未付款时,银行才可以就入质的应收账款优先受偿,性质上为一种债的担保。B.二者的运作方式不同。应收账款请求权转让后,受让人能否向第三债务人收回账款及收回多少,概与原应收账款请求权人无关;而应收账款质权则不同,即使第三债务人(付款人)到期不付款,质权人也有权请求应收账款请求权人履行,并就所收账款优先受偿。质权人行使质权后,若所收账款大于被担保的债权额,须将余额退还给出质人;相反,如有不足,则质权人有权继续向出质人(应收账款请求权人)请求偿还不足部分。C.二者的风险不同。应收账款请求权转让后,应由受让人独自承担应收账款未获清偿的风险,亦即受让人对应收账款承担坏账担保的责任;而应收账款的质权人毕竟还保有对应收账款请求权人(出质人)的请求权,风险分散于出质人和第三债务

---

①② 杜国辉:《应收账款质押若干法律问题分析》,清华大学法学硕士学位论文(2008),第7页。

人两方,相对较小。① D.二者的收益不同。根据风险与收益相一致的原则,应收账款的受让人可能获得的利益通常要高于质权人的。前者往往以较低的"贴现率"受让应收账款,若账款最终能够全部回收,其赚取的差价较大;而应收账款质押中的质权人贷款之后可能获得的只是利息收入,而不能得到大于债权本息的偿付。②

当然,尽管应收账款转让与应收账款质权在理论架构上可说是泾渭分明,唯在实践操作中,两者的界限却有模糊的趋势。特别是中国的银行为了降低风险,往往只开展有追索权的应收账款转让业务,即出让人须对第三债务人的清偿能力作出保证,一旦第三债务人无力清偿,银行仍有权向出让人追索。此种方式名为转让,其实质仍为应收账款担保贷款,只不过由第三债务人承担第一还款义务而已。但此种变异方式的出现,并不足以动摇应收账款转让和应收账款质权区分的基础。此外,《国际保理通则》第12条第1款、《联合国国际贸易应收账款转让公约》第2条a款,都提到以应收账款提供担保的,可视为应收账款的转让。因此两个公约实际上也是区分转让和质押的,只不过由于质押具有附条件转让的特点,准用转让的规定而已。质押和转让是两种不同的债权利用方式,债权人可以根据自身需要作出相应选择,肯定不能因此抹杀应收账款质押的独立价值。③

(2) 应收账款质权与保理

应收账款包括许多类型,其中重要的一类存在于保理制度之中。保理制度是一项以应收账款的转让为核心,兼具管理、收款、坏账担保等多种功能的综合性制度。它是为赊销方式出售商品或提供服务的贸易提供销售账务管理、应收账款收取、信用风险担保和资金融通便利中一项或多项服务的综合性金融业务。④ 在普通法国家里,国际保理业务的融资功能与其操作和债权质权确实比较相近⑤,确有一定的相似性。尤其是保理业务中经常发生保理商向出口商的融资,容易使人理解为出口商是以应收账款债权作质押而获取了一笔融资。在德国,有追索权保理甚至被认为实际上是债权质押借贷。⑥《国际保理通则》甚至也允许将应收账款提供担保权纳入保理的范畴(第12条)。但应收账款质权和保理毕竟不同,现以无追索权保理为例,加以说明:

---

① 杜国辉:《应收账款质押若干法律问题分析》,清华大学法学硕士学位论文(2008年),第9页。
② 刘保玉、孙超:《应收账款质押的法律解读——兼评我国物权法草案的相关规定》,北大法律信息网(www.chinalawinfo.com),2007年8月10日最后访问。转引自杜国辉:《应收账款质押若干法律问题分析》,清华大学法学硕士学位论文(2008年),第9页。
③ 杜国辉:《应收账款质押若干法律问题分析》,清华大学法学硕士学位论文(2008年),第9页。
④ 黄斌:《国际保理——金融创新及法律实务》,法律出版社2006年版,第3页。
⑤ [英]费瑞迪·萨林格:《保理法律与实务》,刘园、叶志壮译,对外经济贸易大学出版社2003年版,第124页。
⑥ 同上书,第11页。

A.在应收账款质权中,虽然债权凭证移交给质权人,但在主债权人处分和实现质权前,出质人还是债权人;而国际保理业务中,保理商和供应商签订保理合同后,不论有无融资,保理商而非出口商即以应收账款债权人的身份向债务人催收款项。B.在应收账款质权中,首先由第三债务人清偿债务,待第三债务人不能清偿时,质权人方才处分入质的应收账款债权,向第三债务人收取应收账款来清偿主债务的本息;而在国际保理业务中,保理商向供应商支付预付融资款后,是直接以债权人身份向债务人收回应收账款来得到偿付的,只有当应收账款出现商务争议时,才向出口商进行追索。C.在应收账款质权中,出质人必须向质权人清偿融资本息,出质人对出质应收账款债权变现尚不足以清偿的部分仍负责清偿;而在保理业务中,由于保理商作出了坏账担保,只要未发生商务纠纷及争议,保理商能向债务人收回多少及是否能够收回,概与出口商无关。D.在应收账款质权中,出质人获得融资后,要纳入其资产负债表的负债科目;而在保理业务中,出口商获得的预付融资款被视为其提前收回的应收账款,在资产负债表中列入其流动资产科目。E.在应收账款质权中,出质人在清偿款项后,有赎回应收账款的权利;而保理业务中,出口商显然无这一权利,当然,在出现保理商追索(反转让)时出口商又买回了其应收账款债权,但是,这时发起的主体是保理商而非出口商。①

(三) 应收账款质权的取得

1. 概述

应收账款质权连同其担保债权一同转让,受让人取得应收账款质权。由于《民法典》规定应收账款质权自办理出质登记时设立(第445条第1款),出质登记为应收账款质权的生效要件,由于《民法典》赋予此类登记具有公信力(第216条第1款),规定了物权的善意取得(第311条),应收账款质权可发生善意取得。最为常见的应收账款质权的取得,首推应收账款质权的设立,即应收账款请求权人与其债权人(质权人)签订质押合同,并自办理出质登记,由该债权人取得应收账款质权。以下专门讨论应收账款质权的设立。

2. 应收账款质权设立的意思表示

《物权法》第228条第1款前段规定,以应收账款出质的,出质人和质权人应当订立书面合同。《民法典》第445条第1款删除了此项规定,并不意味着应收账款质权的设立不需要意思表示,只是不强调设立质权的意思表示必须采取书面形式。

---

① 黄斌:《国际保理——金融创新及法律实务》,法律出版社2006年版,第21页。

[探讨]

当事人未以书面签订质押合同,合同是否有效?观点不尽相同。有专家学者主张,中国法律只承认和保护以书面形式订立的质押合同,不承认和保护以口头、录音等方式订立的质押合同。同时,从保证银行质权清晰明确的角度出发,也应当订立书面的质押合同,并在合同中对应收账款质押的有关要素作详细的约定。[1] 笔者认为,将《物权法》第228条第1款关于要式合同的规定视为强制性规定利少弊多,莫不如作为倡导性规定,质押合同虽然未作书面形式,但当事人均予承认,或有证据证明质押合同存在,法律应予承认。《民法典》意识到这些,删除了《物权法》第228条第1款所要求的"当事人应当订立书面合同",确有道理。

3. 质押登记

按照《民法典》第445条第1款的规定,应收账款质权的设立以质押登记为生效要件。

4. 通知债务人

应收账款质权的实现,取决于第三债务人(应收账款请求权人的债务人)的清偿,因而应当将设质的事实通知第三债务人。由于应收账款质权的设立,类似于应收账款债权的转让,可类推适用《民法典》第546条第1款关于"债权人转让债权,未通知债务人的,该转让对债务人不发生效力"的规定,应收账款质权的设立,应将此情通知债务人。应收账款债权人向债务人为通知,应无疑问;应收账款质权人向债务人为通知的,虽无不可,但应负举证证明其质权确实设立于该应收账款之上,以防有人冒称其为应收账款质权人。如果未将应收账款质权的设立通知给债务人,那么,类推适用《民法典》第546条第1款关于"未通知债务人的,该转让对债务人不发生效力"的规定,该质权对债务人不发生效力。

何谓该质权对债务人不发生效力?《民法典》第445条第1款规定应收账款质权自办理出质登记时设立。这表明质权人将应收账款出质的事实通知第三债务人不是质权的生效要件,只是质权设立后、于质权实行时请求第三债务人为清偿的条件。例如,债务人若不知应收账款亦为质权标的物,则于应收账款已届清偿期之时,债务人仍然向出质人清偿的,照旧发生债务消灭的效力,无须对应收账款质权人负担任何责任。质权人只得向出质人主张相应的救济而已。从第三债务人的角度观察,在质权人怠于通知时,第三债务人可以此向质权人为有关的抗辩,如在第三债务人已经向应收账款请求权人为清偿时,其债务消灭,可以对抗质权人关于清偿的请求。只有这样,才能较为公正地平衡各方当事人的利益关系。由此导出应收账款质权人负有将

---

[1] 杜国辉:《应收账款质押若干法律问题分析》,清华大学法学硕士学位论文(2008年),第15页。

应收账款质押事实通知给第三债务人的义务。质权人怠于通知,第三债务人有权向应收账款请求权人清偿,除非能够证明该第三债务人为恶意。

与此相关,将应收账款质权的设立通知给债务人,在时间点上不苛求于质权设立时为之,在该债务人为清偿之前向其为通知,也足以发生对抗效力。

关于通知的形式,《民法典》未设明文,可参考有关立法例及学说关于"以书面、言词或提示设质之书面,均无不可"的意见,予以把握。

必须指出,在法律明文规定或当事人之间明确约定应收账款债权转让须经债务人同意的情况下,仅仅将应收账款质权设立的事实通知给第三债务人,尚不使得质权设立,只有得到该第三债务人同意,质权始告设立。①

[探讨]

第三债务人以其未得应收账款债权人关于出质的通知为由,对抗质权人行使其质权,拒绝向该质权人为清偿时,质权人如何做才有权请求第三债务人向自己为清偿?这主要取决于质权人的举证证明。如果质权人仅仅举证其应收账款质权已经登记完毕,则并不足够,因为此类登记由应收账款债权人、应收账款质权人自由操作,登记机关并不审核其载明信息是否属实。这就难以保障应收账款质权的真实性。一旦登记不真实,所谓质权人并不拥有应收账款质权,于此场合第三债务人向质权人为清偿,会带来不当得利返还等复杂关系,不当地增高交易成本。有鉴于此,笔者提出的方案是:(1)最好由质权人请求应收账款债权人向第三债务人为出质的通知。只要具备该项要件,第三债务人就有义务向质权人为清偿,无权拒绝之。(2)质权人举证应收账款债权质押合同、应收账款质权登记。于此场合,虽然允许第三债务人拒绝向质权人为清偿,但这是有条件的——第三债务人必须提出反证(如质权人所举质押合同系伪造的,等等),推翻质权人的举证证明;只要该第三债务人未能举出确凿、充分的反证,就令其承担不利后果,即该第三债务人无权对抗质权人行使质权,必须满足质权人关于向其为清偿的请求。

5. 应收账款质权的顺序

应收账款质权作为物权的一类,依然遵循物权优先效力的规则,即在同一应收账款债权多次设立质权的情况下,应收账款质权的优先效力依质权设立先后确定。如果第三债务人没有收到先顺位质权人的通知,而向已为设质通知的后顺位债权人给付时,则依旧发生债务清偿的效力以及质权实现的效力,至于先顺位质权人的救济则属另外的问题。②

---

①② 参见谢在全:《民法物权论》(下),新学林出版股份有限公司2010年修订5版,第269页。

(四) 应收账款质权人的权利

1. 应收账款凭证的留置权

应收账款存在权利凭证的,在主债务人不履行到期债务致使被担保债权未获清偿前,应收账款质权人有权留置此类权利凭证。

2. 孳息的收取权

应收账款产生孳息的,质权人享有孳息收取权(《民法典》第446条、第430条)。但从公平的层面考量,应当区分应收账款债权质实行前后而有所区别。应收账款债权质于其实行前的效力不宜及于孳息,应收账款债权质权自其实行开始效力及于孳息。

[延伸]

债权质权的效力是否及于出质债权的转让对价

出质债权转让时,债权质权的效力是否及于出质债权的转让对价？应当区分类型而有结论。在债权质权尚未进入实行阶段时,出质债权为质权的效力所及;第三债务人提前清偿时,要么出质债权人提前向债权质权人清偿,要么将第三债务人的清偿结果提存,这就足以保障债权质权人的权益了。倘若再将债权质权的效力及于出质债权的转让对价,又承认质权的保全(质物价值减少的防止权、质物价值减少的恢复原状、增加担保请求权)、质权的物上请求权等制度的话,就使得债权质权揽取了超出被担保债权实现所需要的责任财产,意味着闲置了某些财产,这对债权质权人保护过度;对于出质债权人而言,人为地压缩了其以债权转让对价从事另外交易的空间,从而妨害着出质债权人转让债权的积极性,这不利于社会财富的增加。此其一。对于抵押物所生租金等法定孳息,有些立法例、判例和学说均认为抵押权于其实行前效力不及于之,①出质债权转让的对价(价款)与抵押物的租金具有类似性,按照相似的事务相同处理的公平原则,债权质权于其实行前的效力也不及于出质债权的对价。此其二。但是,债权质权一旦进入实行的状态,出质债权人就不得自主决定转让出质债权,而由质权人决定,而且自此开始,质权的效力及于出质债权的转让对价。不这样,就不足以维护债权质权的价值,有可能使债权质权担保的债权难获清偿,或者代价昂贵。

---

① 《日本民法典》第371条;[日]铃木禄弥:《物权法讲义》(第3版),创文社1985年版,第154页;[日]川井健:《担保物权法》,青林书院1975年版,第54页;[日]槙悌次:《担保物权法》,有斐阁1981年版,第157页;[日]近江幸治:《担保物权法》,祝娅、王卫军、房兆融译,沈国明、李康民审校,法律出版社2000年版,第122-123页;中华民国最高法院1933年度上字第235号;谢在全:《民法物权论》(中),新学林出版股份有限公司2010年版,第362页。

3. 入质应收账款的保全权

应收账款作为一种普通债权或不动产收益权,绝大多数没有一定的书面凭证可以将其权利固定化和表征化,质权人不占有此类入质债权的凭证,导致该权利随时可能被出质人恶意放弃、减免、向第三人转让、第三债务人主动向出质人提前清偿等情形所冲击,损害质权人的质权。为了保护应收账款质权,一旦有上述情况之一发生,质权人有权要求停止不当行为,或请求人民法院撤销出质人放弃出质应收账款请求权和减免出质应收账款请求权的行为。[1]

需要注意,只有应收账款质押合同而未办理质押登记,则应收账款质权尚未设立,于是,当出质人为放弃、减免、向第三人转让将出质的应收账款时,质权人无权请求人民法院撤销这些行为,只能要求出质人承担违反质押合同的责任。

4. 应收账款质权的处分权

《民法典》于权利质权一节没有规定质权人的转质权、放弃权,但于第446条规定:"权利质权除适用本节规定外,适用本章第一节的有关规定。"由于《民法典》在动产质权一节规定了质权人的转质权(第434条)、放弃权(第435条前段),应收账款质权人应有将应收账款转质、放弃应收账款质权的权利。

5. 提前受偿或提存的权利

在出质应收账款的付款期限先于主债务的清偿期限场合,应收账款请求权人(出质人)届期受偿,会使出质的应收账款请求权消灭,应收账款质权因其标的物消失而难以存续。为了保护质权人的合法权益,在应收账款请求权人(出质人)愿意放弃期限利益而提前向质权人为清偿时,应当允许;应收账款请求权人(出质人)若不愿放弃期限利益,有义务将第三债务人(付款人)的付款提存于第三人处,质权人有权请求应收账款请求权人(出质人)为此类提存行为(《民法典》第442条之准用)。

应收账款出质后,经质权人同意,出质人转让应收账款请求权,所得转让款,应用于向质权人提前清偿债务;应收账款请求权人(出质人)若不愿放弃期限利益,则有义务将第三债务人(付款人)的付款提存于第三人处,质权人有权请求应收账款请求权人(出质人)为此类提存行为(《民法典》第445条第2款)。

6. 享有应收账款请求权的担保利益

出质应收账款请求权附有抵押权、质权或保证时,应收账款请求权为主权利,抵押权、质权、请求保证人承担保证责任的权利等为从权利。根据担保权的效力及于担保物的从权利的原理,应收账款质权的效力及于这些担保利益。如此,在入质应收账款请求权的清偿期届满后,第三债务人(付款人)拒不付款,应收账款质权人有权代入

---

[1] 杜国辉:《应收账款质押若干法律问题分析》,清华大学法学硕士学位论文(2008年),第19-20页。

质应收账款请求权人之位而行使附带于应收账款请求权上的担保权,可以直接请求应收账款请求权的保证人予以清偿,或就担保应收账款请求权的抵押物或质物的变价,使其债权优先受偿。①

7. 别除权

在应收账款请求权人(出质人)进入破产程序时,应收账款质权人可以就已经入质的应收账款主张行使别除权,要求不将该部分财产权利列入破产财产范围。②

8. 应收账款质权的实行权

在主债务人不履行到期债务致使被担保债权未获清偿时,应收账款质权人有权实行质权,但与抵押权、留置权、动产质权以及知识产权质权的实行方式相比具有特色。

担保物权的实行,重心是将担保物变价,担保权人就该变价使被担保的债权优先受偿。变价的可能性会因担保权的类型不同而有所差异:抵押权、动产质权和留置权的实行采取拍卖或变卖的形式,被担保债权就该变价优先受偿③;知识产权质权的实行是将包含在知识产权中的财产性的权能变价,被担保债权就该变价优先受偿;指向金钱的债权的变价要通过对其收取以及为了债权人的利益而出卖收益进行利用来实现,质物的出卖可能不是唯一的变价形式。④ 具体来说,应收账款质权的实行是就入质的应收账款请求权为处分:应收账款请求权的清偿期先于被担保债权的,出质的债权人无清偿请求之权,质权人也随之欠缺此权,但有权请求应收账款请求权人提前清偿或予以提存,已如上述,此处不赘;在出质的应收账款已被冻结时,无论是出质人还是质权人均无行使清偿请求权的余地,质权人可以自己名义直接要求第三债务人提存,并就提存之物优先受偿,也可以要求出质人提供替代的担保方式;应收账款请求权已届清偿期的,质权人有权以自己名义直接请求第三债务人清偿,并就此享有优先于应收账款请求权人和一般第三人受偿的权利;应收账款请求权的清偿期后于被担保债权的清偿期的,质权人需要等待应收账款请求权的清偿期届至,才可请求第三债

---

① 李开国:《民法学》(专题讲座),西南政法大学1995年印刷,第464-466页;梁慧星、陈华彬:《物权法》(第4版),法律出版社2007年版,第361页;杜国辉:《应收账款质押若干法律问题分析》,清华大学法学硕士学位论文(2008年),第20页。

② 杜国辉:《应收账款质押若干法律问题分析》,清华大学法学硕士学位论文(2008年),第20页。

③ [德]鲍尔/施蒂尔纳:《德国物权法》(下册),申卫星、王洪亮译,法律出版社2006年版,第739页;[日]近江幸治:《担保物权法》,祝娅、王卫军、房兆融译,沈国明、李康民校,法律出版社2000年版,第27页、第28页、第86页、第121页、第133-138页;谢在全:《民法物权论》(中),新学林出版股份有限公司2010年修订5版,第462-463页;谢在全:《民法物权论》(下),新学林出版股份有限公司2010年修订5版,第241-242页。

④ [德]鲍尔/施蒂尔纳:《德国物权法》(下册),申卫星、王洪亮译,法律出版社2006年版,第734-735页。

务人为清偿,因为第三债务人并不承担期前给付的义务,而应收账款请求权人亦无权对之请求给付,不得因质权的设立而剥夺第三债务人的期限利益,或使质权人有优先于应收账款请求权人的权利,何况质权人于此场合虽然不得实行其质权,但非不得向自己的债务人(应收账款请求权人)请求清偿债务,倘其不为清偿,则须负迟延责任,此亦为质权担保效力之所及,故对质权人自仍有保障。①

前述质权人直接请求第三债务人清偿,是指质权人有权以自己的名义请求给付而径直优先受偿,即无须由应收账款请求权人(出质人)出具授权委托书,亦无须在诉讼上为之。质权人的该种直接请求给付之权,名叫收取权,乃以实现应收账款请求权的内容为目的。为达此目的,质权人对第三债务人有权催告、受领代物清偿、申请查封、申请冻结、申报破产财产。第三债务人拒绝给付时,质权人有权诉请给付,并于取得执行名义后,对之申请强制执行。②

在此,值得争辩的是,质权人行使收取权,第三债务人为清偿,是否需要征得应收账款请求权人(出质人)的同意?《民法典》未设明文,中国台湾地区"民法"采取肯定说,于第 907 条规定:"为质权标的物之债权,其债务人受质权设定之通知者,如向出质人或质权人一方为清偿时,应得他方之同意。他方不同意时,债务人应提存其为清偿之给付物。"与此不同,德国民法的立场是,于被担保债权的履行期届至,质权人的法律地位得以加强:至此他被赋予收取权,债务人只得向他清偿(《德国民法典》第 1282 条第 1 项第 1 款前段)。随着该收取权又产生了物上代位性(《德国民法典》第 1287 条):债权人(出质人)取得了在给付物上的所有权,质权人在该给付物上取得了质权(甚或一个担保性抵押权)。他可以通过出卖的方式来变价该质物。如果从第三债务人处收取了金钱,那么,质权人的债权被看作债权人(出质人)为清偿(《德国民法典》第 1288 条第 2 项,准用第 1247 条)。③

两相比较,德国民法坚持的模式可取,中国台湾地区"民法"采取的模式存在弊端。其道理在于,物权不同于债权的一个重要表现就是,物权人可径直行使其物权,而无需义务人的协助。债权质作为物权之一种,此种物权性依然如故。如此,被担保债权的履行期届至时,质权人的法律地位因具有实行权而得以加强,质权人无需经由出质人的协助,可以单独向第三债务人收取债权,该债务人也只可向质权人为清偿。不然,质权的物权效力就难被体现,至少被弱化了。④

---

① 参考谢在全:《民法物权论》(下),新学林出版股份有限公司 2010 年修订 5 版,第 306 页;[日]近江幸治:《担保物权法》,祝娅、王卫军、房兆融译,沈国明、李康民校,法律出版社 2000 年版,第 280-281 页。
② 参考谢在全:《民法物权论》(下),新学林出版股份有限公司 2010 年修订 5 版,第 306-307 页。
③ [德]鲍尔/施蒂尔纳:《德国物权法》(下册),申卫星、王洪亮译,法律出版社 2006 年版,第 744-745 页。
④ 参考谢在全:《民法物权论》(下),新学林出版股份有限公司 2010 年版,第 312 页。

债权质实行可否采取拍卖或变卖入质债权(债权转让)的方式？德国民法理论持肯定态度，①中国法也是如此，因为《民法典》第 446 条规定"权利质权除适用本节规定外，适用本章第一节的有关规定"，而动产质权一节第 436 条第 2 款规定"债务人不履行到期债务或者发生当事人约定的实现质权的情形，质权人……可以就拍卖、变卖质押财产所得的价款优先受偿。"

此外，《民法典》第 436 条第 2 款前段规定："债务人不履行到期债务或者发生当事人约定的实现质权的情形，质权人可以与出质人协议以质押财产折价。"这也是债权质权实行的形式。

[探讨]

出质债权可否被抵销？

对于出质的债权，《民法典》禁止其转让，除非经出质人与质权人协商同意转让(第 445 条第 2 款前段)，但无可否抵销的明文。《民法典》设置的抵销制度中亦无出质的债权可否抵销的规定。依比较之法，出质的债权被抵销，与将其转让给主动债权的债权人二者具有共通性。据此可以说出质的债权也不允许抵销。

如此解释，有一定道理："主要是为了保护质权人的权益，防止出质人随意处置应收账款，保证其所担保的债权的实现。出质人只有在取得质权人同意的情况下才能转让应收账款。"②这样的理由用于禁止出质人以出质债权抵销，十分妥帖，因为出质人行使抵销权就使得质权失去标的物，质权设立目的落空，质权人因此处于不利境地。

能否将这样的逻辑、理由延伸至禁止第三债务人主张抵销出质债权呢？原来，债权出质，影响到第三债务人(相对于出质人与质权人之间的关系而言，便名为第三债务人)的权益，如清偿地点(在质权人与出质人的所在地不同的场合)、清偿方式(质权人拍卖入质的债权)、清偿费用(向质权人直接清偿可能增加费用)等都可能存在差异；特别是阻碍第三债务人向出质人(第三债务人的债权人)主张抵销，至少是增添了抵销的难度。既然如此，在债权质权与第三债务人的抵销权相抵触的问题上，就不可简单地望文生义地、形式逻辑推理地断言：已经公示的物权具有对世效力，可以对抗物权人以外的任何人；债权质权一经登记，就具有绝对性，具有对世效力，可以对抗债权质权人以外的一切人，包括第三债务人。可取的思路及方法是区分情况而有不同的意见，兹分析如下：

---

① [德]鲍尔/施蒂尔纳：《德国物权法》(下册)，申卫星、王洪亮译，法律出版社 2006 年版，第 734-735 页。

② 胡康生主编：《中华人民共和国物权法释义》，法律出版社 2007 年版，第 490 页。

（1）日本民法一方面奉行出质人当然地负有不使出质的债权消灭的义务，参照《日本民法典》第481条的规定，对出质债权的索取、相抵、免除等使债权消灭、变更的行为，不能以此对抗质权人；另一方面又变通：涉及出质债权的时效时，为使时效中断，出质人可以进行催告（《日本民法典》第153条）、提起债权存在的确认之诉（大判1930.6.27，民集9卷，619页）。① 在中国，类推适用《物权法》第228条第2款前段的规定，应当坚持如下观点：第三债务人向债权人（出质人）主张抵销时，作为质权标的物的债权即归消灭，质权即无所附丽，从而应归消灭。从保护质权人的利益出发，出质人（债权人）不得以已经出质的债权作为主动债权，主张抵销，这应为当然之理。

（2）第三债务人可否以其对出质人享有的债权来抵销出质债权，从而消灭自己对于出质人所负债务？日本民法理论同样认为，参照《日本民法典》第481条，第三债务人原则上负有不使出质债权消灭、变更的义务。所以，债权质设定后，第三债务人取得对于出质人的债权，不能以之抵销出质债权。另外，在不保留异议的"承诺"的情况下，质权人的一切抗辩权被切断。② 中国台湾地区的"民法"也认为，债权质设定在先，且已通知给第三债务人了，第三债务人此后对出质人取得债权的，该第三债务人不得将该债权作为主动债权而为抵销。其道理在于，已经设立的质权，不应因出质人与第三债务人随意成立、形成新债权而受影响，也不应允许这两方采取抵销方法消灭作为质权标的物的债权，进而使质权无所附丽，导致质权的对抗效力甚至对世效力化为乌有。③ 诚哉斯言，中国法及理论对此应予承认。

（3）与此有别，如果在债权质设立之前，第三债务人对于出质人就已经享有债权，即出质人与第三债务人互享债权。这些债权作为效力齐备的权利，不但自身存在，而且抗辩及抗辩权、抵销权等形成权也先天地附随其身。只要条件具备，债权人（包括出质人和第三债务人）即可行使抵销权等形成权，主张抗辩权，裁判者可依职权援用法律关于抗辩的规定。第三债务人的这些"天赋权利"何以因出质人将其债权出质就被剥夺呢？假如允许剥夺，就为出质人为损害第三债务人的权益而恶意地出质其债权。这是违背公平正义的，不应被允许。所以，应当坚持这样的观点：如于受质权设立的通知之前，第三债务人已经取得了对于出质人的债权，其抵销权就不应因出质人为其债权人设立质权而受妨碍。

（4）不但如此，先于债权质设立，或先于得到债权质设立的通知，第三债务人便

---

①② ［日］近江幸治：《担保物权法》，祝娅、王卫军、房兆融译，沈国明、李康民校，法律出版社2000年版，第281页。

③ 孙森焱：《民法债编总论》（下册），法律出版社2006年版，第912页。

对出质人享有债权,在该债权已届清偿期时,第三债务人有权对质权人主张抵销,从而使第三债务人的债权与质权人的债权在相等数额的范围内归于消灭。

(五) 应收账款质权人的义务

1. 保管义务

应收账款质权人若占有着应收账款合同书或其他凭证,则应尽善良管理人的注意,保管好这些文件。

2. 通知义务

从上文叙述可知,将应收账款质权设立的事实通知给第三债务人(应收账款请求权人的债务人),系质权人的义务。此外,应收账款质权人对第三债务人还负有另一通知义务,即,在主债务人不履行到期债务致使担保债权未获清偿时,应收账款质权人有义务通知第三债务人向自己清偿。

3. 消除对应收账款请求权的限制

在主债务人适当清偿担保债务、质权人放弃应收账款质权等事由导致质权消灭的情况下,质权人应当消除对应收账款请求权的限制,如及时办理注销登记等(《应收账款质押登记办法》第 17 条)。

4. 不擅自转让应收账款请求权

对于出质的应收账款债权,《民法典》禁止其转让,除非经出质人与质权人协商同意转让(第 445 条第 2 款前段)。"这主要是为了保护质权人的权益,防止出质人随意处置应收账款,保证其所担保的债权的实现。出质人只有在取得质权人同意的情况下才能转让应收账款。"[1]由此决定,应收账款请求权人不得自作主张转让应收账款债权。

5. 赔偿损失

应收账款质权人对应收账款请求权人承担损害赔偿责任的情况有如下两种:(1)在应收账款质权存续期间,未经出质人同意却转质,给应收账款请求权人(出质人)造成损失的,应收账款质权人应当赔偿其损失(《民法典》第 446 条、第 434 条)。(2)应收账款质权人怠于行使质权,给应收账款请求权人(出质人)造成损失的,应当赔偿其损失(《民法典》第 446 条、第 437 条第 2 款)。

6. 不当得利返还

应收账款质权的行使,超过了被担保债权的范围,就该超出部分构成不当得利,

---

[1] 胡康生主编:《中华人民共和国物权法释义》,法律出版社 2007 年版,第 490 页;黄薇主编:《中华人民共和国民法典物权编释义》,法律出版社 2020 年版,第 596 页。

应收账款质权人应予返还(《民法典》第985条)。

[引申]

应收账款请求权人(出质人)的权利义务

应收账款请求权人(出质人)的权利和义务,一般都对应着应收账款质权人的权利义务,不再重复。所需要强调的,是如下义务:

(1) 应收账款处分权受限制

应收账款出质后,应收账款请求权受到限制,例如,对第三债务人请求清偿的权利、对债务人为破产申请的权利等均不得行使,不得擅自转让、放弃应收账款请求权等。① 但这仍不足以排除应收账款请求权人(出质人)对应收账款质权的侵害。为了保护质权人的合法权益,在签订应收账款质押合同时,应收账款质权人可请求设置如下条款:1)出质人向质权人交付基础合同文本或其他相关材料原件,以期减少出质人侵害质权行为发生的可能性。2)在应收账款请求权人(出质人)擅自以不合理的低价转让应收账款请求权,或放弃应收账款请求权的场合,若受让人或第三债务人为恶意,符合《民法典》第538条第1款规定的条件的,则应收账款质权人(债权人)有权诉请人民法院撤销该转让行为或放弃行为;若符合《民法典》第154条规定的原因的,则该转让行为或放弃行为无效;如为善意,则转让或放弃为附条件行为,仅在质权人返还质押物价值范围内才成就(有效)。为实现该等义务,就有必要规定应收账款出质的,应通知其债务人,且通知一经到达,该等义务便形成。②

(2) 保障出质应收账款请求权不发生时效瑕疵

应收账款出质后,应收账款请求权人应当及时向其债务人(第三债务人)主张权利,以中断诉讼时效,确保出质的应收账款请求权受到法律保障。不动产收费权中的绝大多数权利有较浓的行政批准色彩,出质人往往难以左右。因此,其承担的此项责任相对要轻。③

(六) 第三债务人的权利义务

应收账款质权的设立必须对第三债务人为出质的通知④。第三债务人若得到应收账款质权设立的通知,则有义务应债权人关于实行质权的主张而直接向质权人为清偿。第三债务人未得应收账款质权设立的通知的,应收账款质权对于第三债务人

---

① 谢在全:《民法物权论》(下册),三民书局2003年12月修订2版,第346页。
②③ 杜国辉:《应收账款质押若干法律问题分析》,清华大学法学硕士学位论文(2008年),第21页。
④ [德]鲍尔/施蒂尔纳:《德国物权法》(下册),申卫星、王洪亮译,法律出版社2006年版,第742页;[日]近江幸治:《担保物权法》,祝娅、王卫军、房兆融译,沈国明、李康民校,法律出版社2000年版,第279页。

不发生效力,第三债务人仍有权向出质人(应收账款请求权人)为清偿,并可以对抗应收账款质权人(《担保制度解释》第61条第3款)。于此场合,应收账款质权固因其标的物灭失而归于消灭,但出质人本不得受领第三债务人的清偿,而仍受领致应收账款请求权消灭,具有过错,应就此向应收账款质权人承担损害赔偿责任。再者,第三债务人虽然未获应收账款质权设立的通知,但若通过其他途径而获知质权已经设立的事实,则径直向质权人为清偿的,质权人有权保有该清偿。

以现有的应收账款出质,第三债务人向质权人确认应收账款的真实性后,无权以应收账款不存在或已经消灭为由对抗质权人实行质权(《担保制度解释》第61条第1款)。这意味着在权利义务的层面,就是在应收账款产生的合同关系中,本不存在的"应收账款债权"被法律认可为具有完全效力的债权,置债权人和债务人的真实意思于不顾地拟制了一个应收账款债权——《民法典》创造地、强加于应收账款合同关系中的债权人的应收账款债权,可被简称为法定债权;从应收账款债权质权的效力层面看,就是应收账款债权质权不因应收账款债权于质权设立时在实际上(逻辑上)欠缺标的物而归于不成立/无效,质权人可以基于此种应收账款产生的合同而请求债务人清偿本不存在但法律拟制存在的应收账款债权。之所以如此,是优惠保护无辜的质权人的立法政策使然,而非标的之于质押合同成立的逻辑必然。当然,如果应收账款债权人的质权人于质权设立时明知甚至于重大过失地不知应收账款债权根本不存下,是否仍然享受此等优惠保护,就可能见仁见智。若遵循法律不保护恶意之人的信条,则不应如此优惠质权人。

以现有的应收账款出质,第三债务人未确认应收账款的真实性,质权人于其举证证明办理出质登记时确实存在应收账款时,有权以应收账款债务人为被告,请求就应收账款优先受偿(《担保制度解释》第61条第2款前段)。该项规则于质权实行的条件成就时应收账款债权确实存在的场合符合法理和利益衡量,于质权实行的条件成就时应收账款债权已因可归责于应收账款的债务人、债权人的原因不复存在的场合依然符合法理和利益衡量,至于不可归责于应收账款的债权人、债务人的原因,实际上非常罕见,所谓金钱债务没有不能是也。

质权人不能举证证明办理出质登记时应收账款真实存在,仅以已经办理出质登记为由,请求就应收账款优先受偿的,难获支持(《担保制度解释》第61条第2款)。这是对未尽勤勉注意义务的质权人不予特别保护的体现。

以基础设施和公用事业项目收益权、提供服务或劳务产生的债权以及其他将有的应收账款出质,当事人为应收账款设立特定账户,发生法定或约定的质权实现事由时,质权人有权就该特定账户内的款项使被担保债权优先受偿;特定账户内的款项不足以清偿债务或未设立特定账户,质权人请求折价或拍卖、变卖项目收益权等将有的应收账款,并以所得的价款优先受偿的,人民法院依法予以支持(《担保制度解释》第61条第4款)。这是特定账户质权和质权一般原则的题中应有之义。

(七) 应收账款质权的消灭

在被担保的主债权消灭、应收账款质权实现、质权人放弃登记载明的应收账款之上的全部质权及其他导致所登记质权消灭等事由出现的情况下,应收账款质权消灭。质权人应自该情形产生之日起10个工作日内办理注销登记(《应收账款质押登记办法》第17条)。

[探讨]

中国台湾地区"民法"及其理论认为,由于债权证书可以占有改定的方式交付,债权证书的返还不能理解为债权质权当然消灭,质权人仍得基于质权设立合同请求交付。①

十一、其他财产权的质押

《物权法》第223条第7项规定,法律、行政法规规定可以出质的其他财产权利亦可作为质物,表明权利质权的体系不是封闭的。不过,该项规定较为严格,限于法律、行政法规规定的财产权,是否适于实际经济生活的需求,需要研究。

---

① 姚瑞光:《民法物权论》,1990年自版,第313页;郑玉波:《民法物权》,三民书局1963年版,第370页;[日]柚木馨、高木多喜男:《担保物权法》(第3版),有斐阁1984年版,第145页;[日]我妻荣:《民法讲义Ⅲ·新订担保物权法》,岩波书局1983年版,第183页;[日]高木多喜男等:《民法讲义3·担保物权》(改订版),有斐阁1983年版,第93页、第98页;[日]高木多喜男:《担保物权法》(新版),有斐阁1998年版,第84页。

第二十一章 留 置 权

第一节 留置权概述

一、留置权的概念

所谓留置权,是指债权人合法占有债务人的动产时,债务人不履行到期债务,债权人依法享有留置该动产,并可以该动产折价或以拍卖、变卖该财产的价款使其债权优先受偿的权利(《民法典》第 447 条第 1 款)。该动产叫作留置财产,学说通常称作留置物,一般属于债务人所有,但有些场合则属于第三人所有。该债权人为留置权人。留置权的法律性质如下:

（一）置权以他人的动产为标的物

按照《民法典》第 447 条第 1 款的规定,留置权的标的物为他人的动产,不动产、权利在现行法上均不得作为留置权的客体。① 该动产属于债务人所有的,成为留置权的标的物,容易理解;属于债务人以外的人所有的,可否成为留置权的客体,则存在争议。② 驾驶他人之车时途中抛锚,请求修理厂修理,待修理完毕后却拒付修理费,应当成立留置权。所以,至少在一定条件下,得承认债务人以外之人的动产可成立留置权。

（二）留置权为担保物权

在符合法定要件的情况下,留置权人有权留置他人的动产,并在债务人于法定期间仍不履行债务时可将留置财产变价,使其债权优先受偿(《民法典》第 447 条以下)。可见,留置权符合物权、担保物权的规格,为担保物权。

[扩展]

留置权源于罗马法上的恶意抗辩(exception doi)以及诈欺的拒绝给付权。在罗马法上,债权人如对债务人负有债务,债权人未清偿其债务,却请求债务人履行其债务,构成违反诚实信用原则时,债务人可行使抗辩权,拒绝履行其债务。此种以公平

---

① 《日本民法典》承认不动产留置权(第 295 条)。
② 谢在全:《民法物权论》(下册),三民书局 2003 年修订 2 版,第 380 页。

理念为基础的拒绝给付权,仅系一种人的抗辩,乃对人的权利,且系分散规定,而无统一的制度。后世民法在继受的过程中,未尽一致。《法国民法典》最接近罗马法的传统,仅有债务人的各种拒绝给付权的规定(第 545、555、570、867、1612、1613、1653、1673、1749、1948、2082、2280 条),而未设留置权专章。不过,学说整理出留置权的理论。《德国民法典》也继受了罗马法的恶意抗辩的理论,把留置权规定于债编总则中(第 273 条、第 274 条),以基于同一债的关系所生两对立债权之间的拒绝给付权予以构成,属于对人的抗辩权,具有债的品格。《德国商法典》设有商人留置权制度(第 369 条、第 370 条、第 371 条、第 372 条参照)。《瑞士民法典》进一步将留置权与质权并列(第 895 条~第 898 条参照),性质上与动产质权无异,具有留置权能和优先受偿权能。《瑞士债务法》规定同时履行抗辩权(第 82 条),作为双务合同的效力。留置权的担保物权性质至此遂告完成。《日本民法典》设有留置权专章(第 295 条以下),并作为一种担保物权,不过只赋予了留置的效力,而未规定优先受偿权。中国台湾地区"民法"把留置权作为担保物权,具有留置的效力和优先受偿权(第 928 条以下)。①

(三)留置权依法律的直接规定而成立

与抵押权、质权大多基于当事人的约定而设立不同,留置权于法律直接规定的要件具备时当然成立。所以,留置权为法定担保物权。

(四)留置权具有从属性

留置权从属于被担保的债权,若不存在被担保债权,就不成立留置权。

(五)留置权具有不可分性,但受有限制

留置权的不可分性,是指留置权担保债权的全部,而非部分;留置权的效力及于留置财产的全部,而非部分。考虑到留置财产的价值远远超过被担保债权时仍固守不可分性,对留置财产的所有权人过于苛刻,在一定条件下缓和留置权的不可分性也有必要,《民法典》特设第 450 条,规定"留置财产为可分物的,留置财产的价值应当相当于债务的金额。"这体现出对不可分性的限制。

(六)留置权在物上代位性方面特殊

留置权是否具有物上代位性,对此存在着分歧。肯定说依逻辑主张,因留置权为担保物权,自具有从属性、不可分性和物上代位性。② 否定说则认为,留置权是把物的

---

① 谢在全:《民法物权论》(下册),三民书局 2003 年修订 2 版,第 381-382 页;[日]近江幸治:《担保物权法》,祝娅、王卫军、房兆融译,沈国明、李康民审校,法律出版社 2000 年版,第 17 页。
② 谢在全:《民法物权论》(下册),三民书局 2003 年修订 2 版,第 383 页;王利明、尹飞、程啸:《中国物权法教程》,人民法院出版社 2007 年版,第 535 页。

留置(占有)作为效力的本体,故不得承认它有物上代位性。① 在笔者看来,留置财产若完全变形为他种性质之物,如汽车被毁灭,转换成保险金,则留置权因留置物的占有彻底消失而归于消灭,物上代位性无从谈起;不过,留置财产若只是遭受了些许损坏仍为同种之物,变形物产生,如投保的汽车被他人刺破轮胎、捣毁拖斗,保险金产生,留置权并未消灭,同时其效力及于保险金(请求权)上,表现出物上代位性。

(七)留置权不具有追及效力

留置权人对留置财产的占有被侵夺,留置权人只能基于《民法典》第462条关于占有保护的规定请求无权占有人返还留置财产,而不得基于留置权请求返还,表明留置权无追及效力。②

二、留置权与动产质权的区别

(一)标的物所有权人的范围不尽相同

留置权和动产质权虽然都以动产为标的物,在《民法典》上均可归第三人所有,但动产质权场合对第三人的范围不加限制,而留置权场合的动产则必须是与债权属于同一法律关系的动产(第448条),因而留置物的所有权人不会是泛泛的任何第三人,只有在个别情况下才会是第三人。

(二)发生的原因、功能不同

留置权因法律的规定而发生,为法定担保物权,其作用仅在确保债权的实现。动产质权原则上通过当事人的意思表示设立,为意定担保物权,其作用既确保债权清偿,又媒介融资。③

(三)成立的要件不同

留置权不仅以债务人不履行到期债务为成立要件,而且必须是担保债权与动产属于同一法律关系,除非是企业之间的留置(《民法典》第448条)。动产质权的成立则无此要求。

(四)标的物移转占有的时间不同

留置权成立前,债权人已经占有留置物;动产质权设立前鲜有债权人占有留置财产的现象。

---

① [日]近江幸治:《担保物权法》,祝娅、王卫军、房兆融译,沈国明、李康民审校,法律出版社2000年版,第16页。
② [日]近江幸治:《担保物权法》,祝娅、王卫军、房兆融译,沈国明、李康民审校,法律出版社2000年版,第29页;郑玉波:《民法物权论》,三民书局1988年修订12版,第358-359页。
③ 谢在全:《民法物权论》(下册),三民书局2003年修订2版,第384页。

(五) 将标的物折价或变价的条件不同

留置权人将留置物折价或变价,必须在债权人留置标的物后的一定期间(如60日)届满之时(《民法典》第453条)。动产质权人将留置财产折价或变价,以债务人不履行到期债务为条件,或发生了当事人约定的实现质权的情形(《民法典》第425条第1款)。

(六) 消灭的原因不同

留置权因占有的丧失、债务人另行提供担保而消灭(《民法典》第457条)。动产质权人丧失对留置财产的占有,可基于质权请求无权占有人返还留置财产,质权继续存在(《民法典》第235条),只有待不能请求返还留置财产时质权才归于消灭。出质人提供相应担保不是动产质权消灭的原因(《民法典》第433条)。

三、留置权与同时履行抗辩权的关系

(一) 留置权与同时履行抗辩权的联系与区别

留置权和同时履行抗辩权虽然都源于罗马法的拒绝履行制度,均依公平原则而设置,在历史发展上有密切的关联,但两者嗣后各有不同的演进方向,故有如下不同:

1. 法律性质不同

留置权在法国、日本的民法以及海峡两岸的民事立法上是物权,以直接支配标的物为内容,对任何人均可主张。同时履行抗辩权乃双务合同的一种效力,为债权性质,以拒绝相对人的给付请求为内容,只能对相对人主张。[1]

2. 所得拒绝的给付不同

留置权所得拒绝的给付,以与被担保债权属于同一法律关系的动产之交付为限,只有企业之间的留置权无此限制,企业之间留置的动产与债权并非同一法律关系,债权人留置第三人的财产,第三人请求债权人返还留置财产的,人民法院应予支持(《担保制度解释》第62条第3款);同时履行抗辩权所得拒绝的给付,在种类上没有限制。[2]

3. 所保护的债权不同

留置权所保护的债权,应为与动产属于同一法律关系的债权,至于该债权发生的

---

[1] [日]近江幸治:《担保物权法》,祝娅、王卫军、房兆融译,沈国明、李康民审校,法律出版社2000年版,第17页;谢在全:《民法物权论》(下册),三民书局2003年修订2版,第385页;王利明、尹飞、程啸:《中国物权法教程》,人民法院出版社2007年版,第537页;黄薇主编:《中华人民共和国民法典物权编释义》,法律出版社2020年版,第601页。

[2] 谢在全:《民法物权论》(下册),三民书局2003年修订2版,第385页;黄薇主编:《中华人民共和国民法典物权编释义》,法律出版社2020年版,第601页。

具体原因,时常不予过问;更有甚者,企业之间的留置权所保护的债权可以不与动产属于同一法律关系。同时履行抗辩权所保护的两个债权,系同一双务合同所生,且相互间原则上立于对价关系。①

4. 有无不可分性不同

留置权为从物权,与其担保的债权具有不可分性,只是有所缓和(《民法典》第450条)。同时履行抗辩权无不可分性。

5. 实行的方式不同

留置权于其实行条件具备时,权利人可以作为的方式留置动产,待一定期间届满时可将留置物变价。同时履行抗辩权只能消极地阻止相对人的给付请求,并无积极实现自己债权的手段。其原因在于,前者为担保物权,后者仅为债务人的单纯的给付拒绝权能,不具有独立的权利地位。②

6. 消灭的原因不同

留置权为担保债权而成立,于债务人另行提供担保时归于消灭。同时履行抗辩权以促使给付的交换履行为目的,所以,不因相对人另行提供担保而消灭。其原因在于,两者虽然都基于公平原则而设置,但各个公平理念所追求的目的各有不同。③

(二) 留置权与同时履行抗辩权的竞合

留置权与同时履行抗辩权发生竞合的情况时而有之,例如,在买卖合同中,价款尚未支付,买受人请求出卖人移转买卖物的所有权,出卖人拒绝买受人的该项请求,可有同时履行抗辩权和留置权的考虑。于此场合,是认可出卖人得行使任何一项权利,还是仅仅允许行使一项权利,不无疑问。

在日本,多数说为两种权利竞合。④ 在竞合说内部,看法不尽一致。有学说认为,两种权利不管何方均可行使。⑤ 也有学者主张,在对价的债务关系以外的情况下认可两种权利竞合。⑥

非竞合说则认为,一般说来,物权关系,属于二人之间无特殊关系情况下的一般

---

① 参考谢在全:《民法物权论》(下册),三民书局2003年修订2版,第385页。
②③ 谢在全:《民法物权论》(下册),三民书局2003年修订2版,第386页。
④ [日]近江幸治:《担保物权法》,祝娅、王卫军、房兆融译,沈国明、李康民审校,法律出版社2000年版,第18页。
⑤ [日]川井健:《担保物权》,青林书院1975年版,第284页;[日]高木多喜男:《担保物权法》,有斐阁1984年版,第16页;东京高判1949.7.14高民集2卷2号124页。
⑥ 参见[日]近江幸治:《担保物权法》,祝娅、王卫军、房兆融译,沈国明、李康民审校,法律出版社2000年版,第18页。

法的问题,若存在合同关系这个特殊关系,应当考虑适用合同法,排除物权法的适用。① 在理论上,有具备相同机能的两种权利的情况下,应当认为物权被包括在合同权利之中。所以,上述例子中,出卖人只能根据同时履行抗辩权拒绝移转买卖物的所有权。②

四、留置权与抵销权的区别

留置权和抵销权都源于罗马法上的恶意的抗辩权,同为维护公平而设置,但有下列区别:

(一)性质不同

留置权以对物的直接支配为内容,属于担保物权。抵销权虽然也间接地担保了债权的实现,但其本身并非担保权,而是为使双方当事人的债务在等额的范围内消灭的形成权。③

(二)成立方面的关注点不同

留置权所担保的债权与留置的动产属于同一法律关系,至于留置权人所享有的债权和债务人所享有的债权是否同种类,在所不问。企业之间的留置权连被担保债权与动产属于同一法律关系也不要求。抵销权的着眼点不在这些方面,而是要求二人所负债务在种类方面相同且相互对立。

(三)标的物不同

留置权的标的物限于动产。抵销权的标的物是给付种类相同且相互对立的债务(债权)。④

(四)目的不同

留置权的目的在于担保债权的实现。抵销权虽然间接地起到了担保债权实现的作用,但其主要目的在于避免无益的给付交换。⑤

(五)效力不同

留置权的效力,一是暂时留置特定的动产,二是待一定期间届满时将该动产折价或变价。抵销权的行使,使债权债务确定地归于消灭。⑥

---

① [日]川岛武宜:《民法理解学的诸问题》,第126页;[日]铃木禄弥:《物权法讲义》(第3版),创文社1985年版,第15页以下;[日]近江幸治:《民法讲义Ⅱ·物权法》,成文堂1990年版,第39页。

② [日]近江幸治:《担保物权法》,祝娅、王卫军、房兆融译,沈国明、李康民审校,法律出版社2000年版,第18页。

③⑤⑥ 谢在全:《民法物权论》(下册),三民书局2003年修订2版,第386页。

④ 同上书,第387页。

（六）实行方式不同

留置权的实行，主要表现为将留置物折价或变价。抵销权的行使，以意思表示向相对人为之即可。①

（七）消灭的原因不同

留置权可因债务人另行提供担保而消灭。抵销权则不因债务人提供担保而消灭。②

五、留置权的分类

大陆法系把留置权分为民事留置权和商事留置权。前者适用民法（主要就是民法典）的规定，而后者适用商事法的规定。二者具有如下区别：

（一）主体不同

商事留置权适用于商人之间因双方的商行为所生债的关系，其主体均为商人，而民事留置权无此要求（参见《德国商法典》第369条第1款前段，《日本商法典》第521条）。

（二）成立要件上不同

民事留置权的要件之一是，债权与债权人占有的动产之间具有牵连关系，而商事留置权一般不作此要求。在后者场合，商人之间因营业关系而占有的动产及其因营业关系所产生的债权，无论实际上是否存在牵连关系，只要该动产是债权人因其商行为而占有的，都成立留置权。之所以如此，是因为商人相互间的交易非常频繁且常常维持相当长的一段时间，此间各种债权债务关系不断发生、消灭，如果按照民事留置权的要求，债权人必须精确地且逐一地证明每次交易所发生的债权与其所占有的动产之间存在着个别牵连关系，非常烦琐，有时也特别困难。为了加强商业交易中的信用，确保交易的效率，故而不以动产与债权具有牵连关系为必要。③ 两种留置权的差异还表现在，民事留置权可有善意取得，而商事留置权则无（《担保制度解释》第62条）。

（三）效力不同

在一些立法例上，商事留置权的效力强于民事留置权的。例如，在日本法上，民事留置权仅具有留置效力而无优先受偿效力，故而于债务人破产时留置权不具有别除效力，而商事留置权却被视为特别的先取特权（《日本破产法》第93条），具有很强

---

①② 谢在全：《民法物权论》（下册），三民书局2003年修订2版，第386页。
③ 王利明、尹飞、程啸：《中国物权法》，人民法院出版社2007年版，第535页。

的效力。

中国没有商法典,通说主张民商合一,因此在《物权法》和《民法典》颁布之前,一般意义上的商事留置权并不存在,只有《海商法》上确立了一种独特的商事留置权即船舶留置权(第25条第2款前段)。《民法典》第448条关于"债权人留置的动产,应当与债权属于同一法律关系,但是企业之间留置的除外"的规定,显然承认了商事留置权。因为按照这一规定,如果是企业与企业之间发生债权债务关系,那么作为债权人的企业占有作为债务人的企业的动产时,无须该动产与债权具有同一关系。这种规定,明显符合上述商事留置权和民事留置权区别的第一项和第二项。①《担保制度司法解释》第62条进一步明确:"企业之间留置的动产与债权并非同一法律关系,债务人以该债权不属于企业持续经营中发生的债权为由请求债权人返还留置财产的,人民法院应予支持"(第2款)。"企业之间留置的动产与债权并非同一法律关系,债权人留置第三人的财产,第三人请求债权人返还留置财产的,人民法院应予支持"(第3款)。以下所论的留置权,除非特别指出是商事留置权(企业之间的留置权),均为民事留置权。

第二节 留置权的取得

一、概述

留置权的取得,有的是基于法律行为,有的是非基于法律行为,包括基于法律的直接规定和基于继承事实。所谓基于法律行为而取得留置权,不是基于当事人签订留置权合同而取得,而是指留置权随着被担保债权的让与而由受让人取得。最为常见的留置权取得方式为基于法律的直接规定。以下专就这种取得方式予以介绍。

传统民法通常都将法律关于留置权的产生条件划分为积极条件和消极条件。所谓积极条件,是指留置权产生所必须具备的条件。所谓消极条件,是对留置权成立的限制条件,只有这些限制条件不存在时留置权才能成立。

二、留置权成立的积极要件

(一)债权人合法占有他人的动产

留置权为担保物权,具有从属性,所以留置权人必须为债权人,而留置权的义务

---

① 王利明、尹飞、程啸:《中国物权法》,人民法院出版社2007年版,第536页。

人则必须为被担保债权的债务人,与抵押权、质权等可以第三人为担保物的提供人不同。①

该债务人的动产为留置物,比较顺理成章。第三人的动产可否为留置物,则有争论。② 鉴于动产物权的善意取得制度适用于留置权,被担保债权与第三人所有的动产发生牵连关系的事例并非鲜见,《民法典》第447条和第311条的适用应予统筹考虑,应当有条件地承认第三人的动产可作为留置物。如前述修理他人汽车而成立的留置权,属于留置权成立于债务人以外的第三人的动产之上的例子。如此,也符合《担保制度解释》第62条第1款关于"债务人不履行到期债务,债权人因同一法律关系留置合法占有的第三人的动产,并主张就该留置财产优先受偿的,人民法院应予支持。第三人以该留置财产并非债务人的财产为由请求返还的,人民法院不予支持"的明确解释。

[以案说法]③

1. 基本案情及涉案法律关系

乙公司长期为丙公司提供码头集装箱的作业、堆存、保管。截至2006年8月18日乙公司发出留置通知时,丙公司累计拖欠乙公司各类欠款485.342万元人民币,其中仅港口作业费就高达181.8万元,因此产生的滞纳金14.2万元,总计近200万元人民币欠款。

在本案中具有特别重要意义的是,截至2009年3月,丙公司拖欠的集装箱的堆存费已达100万元人民币。

乙公司多次催要上述欠款,未果,于是在2006年8月18日,向丙公司发出了留置通知,并留置了丙公司在乙公司处作业的集装箱。其中包括集装箱抬头为"××××"的100个集装箱。

在乙公司向丙公司发出留置权通知的一个多月之后,甲公司于其"要求交付甲公司集装箱的函"中声称:甲公司与丙公司有租箱协议,丙公司拖欠其租金,因此解除了与丙公司的租箱协议,在获知他们抬头为"××××"的集装箱在乙公司处时,致函乙公司要求放箱。至此,乙公司方知甲公司与丙公司之间存在着集装箱租赁合同关系,租赁物即为涉案的集装箱。

2. 本案的争议焦点

本案的争议焦点是,乙公司对不属于债务人所有的涉案集装箱是否享有留置权。

---

① 谢在全:《民法物权论》(下册),三民书局2003年修订2版,第391页。
② 同上书,第391-392页。
③ 该案发生于《物权法》《担保法》和《合同法》实施期间,《民法典》尚未制定,故该案的法律适用仍以《物权法》《合同法》的规定为准。

3. 分析

（1）乙公司对涉案集装箱享有留置权

笔者认为，根据《物权法》第230条（相当于《民法典》第447条）、《担保法》第82条和第84条、《合同法》第380条（相当于《民法典》第903条）等条款、《担保法解释》第108条（相当于《担保制度解释》第62条第1款）等条款的规定，乙公司对涉案集装箱享有留置权。其理由如下：

A. 截至2009年3月，丙公司拖欠乙公司的集装箱的堆存费已达100万元人民币，且早就应当偿付。这符合上述法律及其理论所要求的构成留置权的一项要件：双方当事人存在着债的关系，且债权已届清偿期。

B. 乙公司至今占有着涉案的集装箱，包括抬头为"××××"的集装箱100个。乙公司对丙公司所享有的100万元人民币的到期债权，系这些集装箱的堆存费。换句话说，该100万元人民币的到期债权与该100个集装箱属于同一法律关系，也可以说具有牵连关系。这符合上述法律及其理论所要求的构成留置权的另一项要件：债权与被留置的动产属于同一法律关系，或曰牵连关系。

C. 乙公司至今占有着涉案的集装箱，包括抬头为"××××"的集装箱100个。这符合上述法律所要求的构成留置权的第三项要件：债权人合法占有他人的动产，具体到本案，就是债权人乙公司合法占有着债务人丙公司的集装箱，占有着甲公司租赁给丙公司的100个集装箱。

债权人占有与其债权属于同一法律关系的动产，在留置权的构成要件里处于非常重要的地位，因为《物权法》第23条（相当于《民法典》第224条）规定动产物权的设立和转让自动产交付时发生效力，强调了占有（交付）的公示和公信的法律效力；《物权法》第106条第1款第3项（相当于《民法典》第311条第1款第1项）规定动产物权的善意取得必须由取得人占有动产，贯彻了动产占有的公信力。

按照《合同法》第380条（相当于《民法典》第903条）等规定，以及《担保法解释》第109条（相当于《担保制度解释》第62条第1款）等的规定，债权人只要占有与其债权属于同一法律关系（或曰牵连关系）的动产即可，并不刻意强调占有的动产必须属于债务人所有。就此看来，本案中，乙公司占有着债务人丙公司的集装箱，占有着甲公司租赁给丙公司的100个集装箱，应为有权占有，亦为合法占有，符合留置权成立的第三项要件。

诚然，《物权法》第230条（相当于《民法典》第447条）、《担保法》第82条关于留置权构成的规定，在字面表述上采用的是债权人合法占有债务人的动产，而乙公司占有的抬头为"××××"的100个集装箱不属于债务人丙公司所有，而是属于甲公司所有。这是否意味着乙公司对抬头为"××××"的100个集装箱不享有留置权？答案恰恰相反,乙公司对抬头为"××××"的100个集装箱享有留置权。其根据在于《物权法》第106条(相当于《民法典》第311条)、《担保法解释》第108条(相当于《担保制度解释》第62条第1款)规定的善意取得。因其较为复杂,非三言两语所能说清,在下文专门作为一个问题加以阐述。

D. 乙公司占有抬头为"××××"的100个集装箱,系基于乙公司为丙公司提供码头集装箱作业、堆存、保管的法律关系。属于有权占有,亦为合法占有,而非通过侵权行为而占有,也不与乙公司对丙公司承担的义务相抵触,还不违反公序良俗,当事人之间没有不得留置的约定。这些都符合留置权成立所需要的消极要件。

总之,乙公司对其合法占有的抬头为"××××"的100个集装箱完全享有留置权。

(2) 留置权的善意取得

在这里,需要讨论的还有,乙公司善意取得涉案集装箱的留置权,有无法律及法理依据。

按照《物权法》第230条(相当于《民法典》第447条)的规定成立留置权,是留置权取得的常态。除此而外,《物权法》第106条等规定,以及《担保法解释》第108条(相当于《担保制度解释》第62条第1款)等规定,也承认善意取得物权,包括善意取得留置权。

A. 乙公司长期为丙公司有偿地提供码头集装箱作业等服务。这符合当时法律及其理论所要求的构成动产物权善意取得的第一项要件：双方当事人之间存在着交易行为。

B. 乙公司已经占有了抬头为"××××"的100个集装箱。这符合当时法律及其理论所要求的构成动产善意取得的另一项要件：一方当事人已经占有了对方当事人的动产。

C. 乙公司与丙公司有多年的码头作业关系,丙公司在乙公司作业的集装箱从来都是由丙公司支付集装箱码头作业款项,从未涉及任何租箱公司来支付款项的情况。乙公司只知道在其作业的丙公司的集装箱,根本不知道还有任何第三方的集装箱。这些集装箱的箱号抬头由很多不同的字母组成,根本无从辨别该集装箱的所属,按照行业惯例和交易习惯,乙公司也没有义务去辨别这些集装箱的抬头。乙公司是于2006年8月18日向丙公司发出留置权通知的,在2006年11月27日,乙公司通过某海事法院执行庭的通知,才被告知上述"××××"抬头的集装箱属于甲公司。这符合现行法及其理论所要求的构成动产善意取得的第三项要件：占有动产时为善意。

D. 需要说明,由于《物权法》第106条第3款(相当于《民法典》第311条第3款)规定的是,"当事人善意取得其他物权的,参照前两款规定",而非必须完全对应《物权法》第106条第1款(相当于《民法典》第311条第1款)规定的三项构成要件,可以根据作为善意取得对象的物权的具体情况,有所变通个别要件。例如,质权的善意取得,就不要求"价格合理"这项构成要件。因此,留置权的善意取得,在构成要件方面自然允许有所变通。

总之,按照《物权法》第106条第3款(相当于《民法典》第311条第3款)关于"当事人善意取得其他物权的,参照前两款的规定"的规定,特别是《担保法解释》第108条(相当于《担保制度解释》第62条第1款)关于"债权人合法占有债务人交付的动产时,不知债务人无处分该动产的权利,债权人可以按照担保法第八十二条的规定行使留置权"的明确规定,可以肯定地得出结论:乙公司对其已经占有的抬头为"××××"的100个集装箱,完全享有留置权。

尚须申明,由于《物权法》第106条(相当于《民法典》第311条)承认了物权的善意取得,表明《物权法》第230条(相当于《民法典》第447条)关于留置权的成立要件需要"合法占有债务人的动产"的要件,并非在任何案件里总是依其字面意思那样限于"归债务人所有的动产",只要债权人占有与其到期债权属于同一法律关系的动产时不知该动产非属债务人所有,仍可成立留置权。这告诉我们,《担保法解释》第108条(相当于《担保制度解释》第62条第1款)关于善意取得留置权的明确规定,与《物权法》第106条(相当于《民法典》第311条)和第230条(相当于《民法典》第447条)等规定是一致的。既然如此,按照《物权法》第178条关于"担保法与本法的规定不一致的,适用本法"的规定,乙公司对其已经占有的抬头为"××××"的100个集装箱享有留置权无疑。

(3) 关于涉案留置权的行使

在《海商法》等特别法没有关于留置权实行的特别规定的情况下,涉案留置权的行使,应适用《物权法》第236条第1款(相当于《民法典》第453条第1款)关于"留置权人与债务人应当约定留置财产后的债务履行期间;没有约定或者约定不明确的,留置权人应当给债务人两个月以上履行债务的期间,但鲜活易腐等不易保管的动产除外。债务人逾期未履行的,留置权人可以与债务人协议以留置财产折价,也可以就拍卖、变卖留置财产所得的价款优先受偿"的规定。

乙公司于2006年8月18日向丙公司发出了留置通知,并留置了丙公司在乙公司处作业的集装箱,为涉案留置权行使的第一次效力。由于当事人各方未就债务履行问题达成协议,自2006年8月18日的次日起算满两个月,即截至2006年10月19日,丙公司仍未履行其债务,乙公司可以与甲公司、丙公司协议以抬头为"××××"的100个集装箱折价,也可以就拍卖、变卖抬头为"××××"的100个集装箱所得的价款优先受偿。由于未果,乙公司有权申请拍卖或变卖抬头为"××××"的100个集装箱,并就所得价款优先受偿。

抵押权、质权等担保物权要求其标的物具有让与性,留置权因其主要作用在于留置标的物,以迫使债务人清偿债务,就留置物变价受偿仅为次要作用,故在留置物的让与性方面要求不太严格。①

由于留置权以占有标的物为其成立要件和存续要件,必须是债权人已经占有了他人的动产,才能成立留置权。至于占有的方式,直接占有、间接占有、利用占有辅助人而为占有、与第三人共同占有,均无不可。②

（二）债权与该动产属于同一法律关系

一项优秀的法律制度需要兼顾各方利益,力求衡平,具体到留置权制度,一方面通过留置债务人或有关第三人的动产,迫使债务人清偿其债务,确保债权实现;另一方面也要考虑到债务人或有关第三人生产、生活的秩序化、计划化,再就是债务人或有关第三人的债权人(有时同时为担保权人)的合法权益。假如允许债权人任意留置债务人所有却与债权的发生无直接法律关系的动产,很可能破坏债务人生产或生活的预先安排,带来较为严重的损害,甚至牺牲了债务人或有关第三人的债权人(有时同时为担保权人)的合法权益,从整个社会的层面考虑,缺乏效率,甚至有失公正。有鉴于此,德国民法及其继受者将留置权的成立限定在债权的发生与将被留置的动产有牵连关系的场合。

在中国,《担保法》规定,因保管合同、运输合同、加工承揽合同发生的债权,债务人不履行债务的,债权人有留置权(第84条第1款)。法律规定可能留置的其他合同,适用前款规定(第84条第2款)。留置权一律发生在债权人按照合同约定占有债务人的动产场合(第82条)。这显然过于狭窄,债权人欲使其债权具有优先受偿的效力,必须在合同中约定其他的担保方式。这对于法律修养不高或经济实力不济的当事人来说,往往没有或不能约定其他担保方式,其结果,不是增加交易成本,就是债权缺乏担保权的加固。《合同法》对此有所补救,但受其目的及功能的限制,仅仅扩张到行纪合同关系,规定行纪人对委托物可有留置权(第422条)。《担保法解释》大踏步前进,规定债权人对动产的占有与其债权的发生有牵连关系,债权人可以留置其所占有的动产(第109条),拓宽了留置权制度的适用范围。《物权法》没有使用牵连关系的术语,而是采用了"债权人留置的动产,应当与债权属于同一法律关系"(第231条)的表述,较《担保法》规定的适用范围明显扩张了。由于《物权法》第178条明确规定"担保法与本法的规定不一致的,适用本法",可以肯定地说留置权的成立应以《物权法》的规定为准。《民法典》完全承继了《物权法》的规定和精神(第448条正文)。

---

① 谢在全:《民法物权论》(下册),三民书局2003年修订2版,第393页。
② 同上书,第394页;梁慧星、陈华彬:《物权法》(第4版),法律出版社2007年版,第372页。

至于同一法律关系和牵连关系是否同义,则见解不一致。有学说认为二者具有相同的意思①,也有专家主张同一法律关系只能是合同关系,不包括不当得利、无因管理、侵权行为等发生的债的关系。② 在笔者看来,牵连关系较同一法律关系在外延方面为宽,两者的关系大体表现为如下情形:(1)牵连关系包括同一法律关系。例如,甲的汽车交由乙修理,乙的修理费或报酬请求权与其应将汽车交还甲的义务,系基于同一法律关系。(2)牵连关系包括同一事实关系,而同一法律关系显然不是同一事实关系。所谓同一事实关系,又叫同一生活关系,是指无法律关系存在,仅有事实关系的现象。例如,同在一处聚餐,分手后,甲、乙二人无意地错骑对方的自行车。于此场合发生的甲对其自行车的返还请求权与对乙的自行车的返还义务,系基于同一事实关系而发生的,应承认有牵连关系。(3)牵连关系包括债权系因该动产本身而产生的两种情形。此类债权大多基于不当得利、无因管理、侵权行为等合同关系以外的关系而产生。其一,对标的物支出费用所产生的费用偿还请求权,与该物之间有牵连关系。例如,甲占有乙的汽车,就该车的养护所支出的必要费用享有偿付请求权,该债权与该汽车之间有牵连关系。其二,因标的物所产生的损害赔偿请求权,与该物之间有牵连关系。例如,踢球越过围墙,撞毁了邻居庭院里的花草,成立损害赔偿请求权,邻居对该球有留置权。③ 在债权基于不当得利、无因管理、侵权行为等关系而产生的情形,有些属于同一法律关系,如管理人因管理动产所产生的必要费用请求权,与该动产应属同一法律关系;有些则不属于同一法律关系,如买受人基于买卖奶牛合同的履行而受领了奶牛,一直喂养到 2006 年 8 月 10 日,支出必要费用 2000 元人民币。2006 年 8 月 11 日该买卖合同被撤销,买受人以出卖人拒不偿付喂养该奶牛的 2000 元必要费用为由留置该奶牛。

[探讨]

实际上,债权的发生与占有的动产之间在什么情况下,才算有牵连关系,存在着单一标准说和两项标准说(间接原因说)之争,各说内部也有不同的派别。单一标准说认为,留置权的标的物与债权的发生有无牵连关系,依统一的、单一的标准判定。两项标准说主张,债权与该动产间的牵连关系不以标的物的动产为债权发生的直接

---

① 梁慧星、陈华彬:《物权法》(第 4 版),法律出版社 2007 年版,第 372 页;王利明、尹飞、程啸:《中国物权法教程》,人民法院出版社 2007 年版,第 539 页。
② 李国光、奚晓明、金剑锋、曹士兵:《关于适用〈中华人民共和国担保法〉若干问题的解释理解与适用》,吉林人民出版社 2000 年版,第 383 页。
③ 谢在全:《民法物权论》(下册),三民书局 2003 年修订 2 版,第 396-398 页;梁慧星、陈华彬:《物权法》(第 4 版),法律出版社 2007 年版,第 373 页;[日]近江幸治:《担保物权法》,祝娅、王卫军、房兆融译,沈国明、李康民审校,法律出版社 2000 年版,第 19 页以下。

原因为限,倘若为债权的间接原因,也可认为有牵连关系。①

以上所述的同一法律关系,不适用于企业之间的留置权(《民法典》第448条的但书)。所谓企业之间的留置权,属于商事留置权,因营业关系而占有的动产,及其因营业关系所生的债权,无论实际上是否属于同一法律关系,均可成立留置权。这主要是因为企业相互间的交易频繁,如果必须证明每次交易所发生的债权与所占有的标的物属于同一法律关系,不仅烦琐,而且有时困难,从加强商业信用、确保交易便捷和安全的立场出发,在企业之间的留置权领域,适当放宽些要求,具有积极的意义。②

(三) 债权已届清偿期

债权已届清偿期通常为担保物权的实行要件,然而留置权却以之为成立要件,乃因留置权制度系为维护公平而设置,假如允许债权人在债权未届清偿期前可留置他人的动产,属于迫使债务人期前清偿债务,既不符合债的履行期的意义,也违反了留置权制度的立法目的。因此,留置权的发生不仅需要债权已经存在,而且必须已届清偿期。③

[辨析]

在境外,所谓债权已届清偿期,在定有期限的债务场合,为其期限届至之时,未定期限的债务场合,则为债务债权人请求之时。债务人是否陷入迟延,在所不问。④ 在中国大陆的现行法上,作为抵押权、质权实行要件的债务人不履行到期债务,在定有期限的债务场合,应指该期限届满;在未定期限的债务场合,需要债权人先为催告,债务人于催告所指定的宽限期届满时仍不履行债务的,抵押权人或质权人可行使抵押权或质权。但在留置权场合则有所不同,在定有期限的债务场合应为该期限届至,留置权成立;在未定期限的债务场合,需要债权人先为催告,该催告所指定的宽限期届至,留置权成立。之所以如此,是因为若将留置权成立的时间点定在债务的清偿期届满,则会出现这样的局面:在债务的履行期届至但未届满时,债权人虽有权请求债务人履行债务,但债务人拒绝履行其债务并不构成违约,若此时债务人请求债权人交付动产,债权人无权拒绝;待债权人将动产交付给债务人后,于债务履行期届满时请求债务人清偿却遭到不法拒绝时,债权人缺乏有效的救济手段,而把债权已届清偿期作

---

① 详见谢在全:《民法物权论》(下册),三民书局2003年修订2版,第394-399页;梁慧星、陈华彬:《物权法》(第4版),法律出版社2007年版,第372-374页。
② 参见谢在全:《民法物权论》(下册),三民书局2003年修订2版,第398页。
③ 谢在全:《民法物权论》(下册),三民书局2003年修订2版,第399页;梁慧星、陈华彬:《物权法》(第4版),法律出版社2007年版,第374-375页;胡康生主编:《中华人民共和国物权法释义》,法律出版社2007年版,第498页;[日]近江幸治:《担保物权法》,祝娅、王卫军、房兆融译,沈国明、李康民审校,法律出版社2000年版,第23页。
④ 谢在全:《民法物权论》(下册),三民书局2003年修订2版,第399-400页。

为留置权成立的要件,则会避免上述现象。

需要注意,债权人如受领迟延,则不得主张留置权,这是公平原则的要求。[①] 对此,《民法典》虽然未设明文,应当作此解释。

还有,在债务人无支付能力时,即使债权未届清偿期,债权人也可主张留置权。该留置权叫作紧急留置权。所谓无支付能力,是指债务人的财产状况,包括信用能力,已经无力清偿债务的现象。于此场合,如果仍要求债权人必须于其债权已届清偿期才可主张留置权,则救济滞后,缺乏效率,债权人甚至遭受损害。[②] 有鉴于此,《担保法解释》第112条规定:"债权人的债权未届清偿期,其交付占有标的物的义务已届履行期的,不能行使留置权。但是,债权人能够证明债务人无支付能力的除外。"《民法典》虽然未明文肯定《担保法解释》第112条的规定,但也不宜得出否定该规定的结论,因为紧急留置权确有存在的道理。

三、留置权成立的消极要件

所谓留置权成立的消极要件,就是阻止留置权成立的情形或因素。《民法典》第449条关于"法律规定或者当事人约定不得留置的动产,不得留置"的规定,即属此类,兹解读如下。

所谓法律规定不得留置动产,在现行法上包括以下情形:其一,债权人通过侵权行为而占有动产。由于《民法典》第447条只允许债权人"留置已经合法占有的债务人的动产",通过侵权行为而占有的动产是非法的,自然不属于合法占有,不得留置。其二,动产的留置,与债权人承担的义务相抵触。所谓与债权人承担的义务相抵触,是指债权人如留置其所占有的动产,就与其所负担的义务的本旨相违背。例如,承揽人主张定作人没有按照约定先付三分之一的报酬,而将定作人交付的材料加以留置,拒绝完成工作成果。此种行为本身就与承揽人依据合同负有的完成工作成果的义务相抵触,承揽人应当在按照合同要求完成工作成果之后,如果定作人未按约定支付报酬,则可就已完成的工作成果享有留置权。其三,动产的留置,违反了公序良俗原则。《民法典》规定:"民事主体从事民事活动,不得违反法律,不得违背公序良俗"(第8条),留置权的成立也应如此。动产的留置,若损害了社会的安全和公共利益,则应当

[①] 谢在全:《民法物权论》(下册),三民书局2003年修订2版,第400页;梁慧星、陈华彬:《物权法》(第4版),法律出版社2007年版,第375页。

[②] 谢在全:《民法物权论》(下册),三民书局2003年修订2版,第400页;王利明、尹飞、程啸:《中国物权法教程》,人民法院出版社2007年版,第540页;梁慧星、陈华彬:《物权法》(第4版),法律出版社2007年版,第375页。

认为此种留置违反了公序良俗。① 例如,在四川汶川大地震发生后,承运人因托运人未支付运费而留置运往汶川的抗震救灾的急需物品,就违反了公序良俗原则。

当事人约定不得留置的动产,不得留置。这不仅有《民法典》第449条的依据,而且有第783条规定:"定作人未向承揽人支付报酬或者材料费等价款的,承揽人对完成的工作成果享有留置权或者有权拒绝交付,但是当事人另有约定的除外。"法律之所以允许当事人通过约定加以排除,根本原因在于:法律设立留置权的目的不过是基于公平的观念而保护债权人的利益,并未涉及公共利益或第三人的利益,因此当事人的意思自治不应受到限制。②

所谓当事人约定不得留置动产,包括在特定条件下暂时地不得留置动产和终局地不得留置动产。前者的例子,如债务人将汽车交由债权人修理,双方约定汽车修复后必须交给债务人试用5日,债权人于修复该车后即以债务人未给付修理费为由留置该车,就违反了《民法典》第449条的规定。后者的例证,如甲请乙清除情书上的污痕,约定清除后务必将该情书返还自己。乙于清除后以甲未付报酬为由留置该情书,属于违反了当事人关于不得留置动产的约定,也违反了善良风俗。

第三节 留置权的效力

一、留置权所担保债权的范围

确定留置权所担保债权的范围,相较于确定抵押权、质权所担保债权的范围,有两点特殊之处:一是不得依据当事人的约定,二是债权必须与留置物属于同一法律关系。③ 在此前提下,适用《民法典》第389条前段关于"担保物权的担保范围包括主债权及其利息、违约金、损害赔偿金、保管担保财产和实现担保物权的费用"的规定。

二、留置权的效力所及于标的物的范围

留置权的效力及于留置物自身,不成问题。除此而外,法律及学说认为,留置权的效力还应及于留置物的从物、孳息(《民法典》第452条)、代位物(《民法典》第390

---

①② 王利明、尹飞、程啸:《中国物权法教程》,人民法院出版社2007年版,第541-542页。
③ 参见谢在全:《民法物权论》(下册),三民书局2003年修订2版,第416页;梁慧星、陈华彬:《物权法》(第4版),法律出版社2007年版,第376页。

条)等。①

留置物的从物有助于留置物更好地发挥效能,法律赋予留置权的效力及于留置物的从物,符合效益原则,利于留置权担保的债权完全实现。

留置权场合,留置权人占有留置物,由他来收取留置物的孳息最为方便,最为经济,故《民法典》第 452 条第 1 款的规定值得赞同。

孳息本有天然孳息和法定孳息之分,《民法典》第 452 条第 1 款未将任何一类孳息从留置权的效力范围中排除,从留置权的目的及功能方面考虑,宜解释为它们均为留置权的效力所及,除非当事人有相反的约定。

依照留置物的性能和使用方法收取孳息,对留置物所有权人也有利,可以说《民法典》第 452 条第 1 款的规定考虑得较为周到。

由于《民法典》第 452 条第 2 款规定上述孳息应当先充抵收取孳息的费用,表明留置权人不是无偿收取孳息,因而,充抵收取孳息的费用后尚有剩余的,应作为清偿被担保债权的财产,依次充抵原债权的利息、原债权。在担保债权及其利息已届清偿期时,即刻清偿;在担保债权及其利息尚未届期时,或提前清偿,或先行提存,待届期时再予清偿。假如清偿被担保债权及其利息之后,仍有剩余,应返还给出质人。

三、留置权人的权利义务

(一)留置权人的权利

1. 留置物的占有权

留置权人于其债权未获清偿时,享有留置他人的动产的权利(《民法典》第 447 条、第 454 条前段)。并且,留置物为不可分的,留置权人于其债权未获清偿时,可就留置物的全部行使留置权。这是留置权不可分性的体现。留置物为可分物的,物的价值应当相当于债务的金额(《民法典》第 450 条),这是对留置权不可分性的限制。

本来,担保物权具有不可分性,即担保物权担保的债权经过分割、部分清偿或消灭,担保物权仍为了担保各部分债权或剩余债权而存在;担保物即使经过分割或一部灭失,各部分或余存的担保物仍为担保全部债权而存在。② 可是,《民法典》第 450 条却规定"留置财产为可分物的,留置财产的价值应当相当于债务的金额",这显然是没有遵循担保物的各个部分都为担保整个债权而存在的原则,所以,《民法典》第 450 条

---

① 谢在全:《民法物权论》(下册),三民书局 2003 年修订 2 版,第 416-417 页;梁慧星、陈华彬:《物权法》(第 4 版),法律出版社 2007 年版,第 376 页;王利明、尹飞、程啸:《中国物权法教程》,人民法院出版社 2007 年版,第 542 页。

② 谢在全:《民法物权论》(中册),三民书局 2003 年 7 月修订 2 版,第 357 页。

是对不可分性的背离。

设置《民法典》第450条是必要的,因为留置权在效力顺序方面优先于质权、动产抵押权、超级优先权,只要留置的动产在价值方面足够债权获得清偿,就不必担心债权人的利益得不到实现。既然如此,在留置物可分、价值远远高于担保债权的情况下,假如仍然严守不可分性,就对留置物的所有权人过于苛刻,且阻碍着该财产的流通性,有违物尽其用的精神。与此不同,《民法典》第450条规定,留置物为可分物,留置物的价值相当于债务的金额的,留置物的其他部分不再为留置权的效力所及。这较好地平衡了各方的利益关系,值得赞同。

留置权人占有留置物的权利基于留置权为物权的本质,不仅可以对抗债务人,也可以对抗第三人,除非第三人享有的权利顺位在留置权之前。①

2. 必要费用的求偿权

留置权人占有留置物,负有妥善保管的义务(《民法典》第451条前段)。留置权人因保管留置物所支出的必要费用,有权请求留置物的所有权人予以偿还。按照《民法典》第389条的规定,该项费用为留置权的效力所及,属于留置权担保的债权范围。

3. 留置物所生孳息的收取权

《民法典》第452条第1款关于"留置权人有权收取留置财产的孳息"的规定,显然没有将留置物所生孳息的收取时间点限定在自扣押留置物时。依其文义,应当解释为留置权人于其留置权成立之时即有权收取留置物的孳息,只不过不是无偿收取,按照《民法典》第452条第2款的规定,该孳息先充抵收取孳息的费用。这是可取的,因为留置权人占有留置物,收取孳息最为方便,最有效益。否则,不仅对债权人不利,对于财产被留置的债务人也没有好处。②

4. 保管留置物所必需的使用权

一般说来,留置权人无权使用留置物,原因在于留置权为担保物权,而非用益物权。不过,保管留置物所必需的使用也被剥夺的话,对留置物所有权人却有害无益。例如,对留置的自行车,适当地利用,会阻止锈蚀;留置的赛马被适当地骑乘,有助于保持其最佳的状态。③《日本民法典》明文允许此类使用权(第298条第2项但书),中国现行法虽然未设明文,应为同样的解释。

---

① 谢在全:《民法物权论》(下册),三民书局2003年修订2版,第418页;王利明、尹飞、程啸:《中国物权法教程》,人民法院出版社2007年版,第543页。
② 参考王利明、尹飞、程啸:《中国物权法教程》,人民法院出版社2007年版,第543页。
③ 谢在全:《民法物权论》(下册),三民书局2003年修订2版,第423页;梁慧星、陈华彬:《物权法》(第4版),法律出版社2007年版,第377页。

5. 损害赔偿请求权

留置权受不法侵害,致使留置物的交换价值不足清偿被担保债权的,如第三人故意毁灭留置物,留置权人有权请求该第三人承担侵权损害赔偿责任。①

6. 物上请求权

留置物被侵夺时,留置权人可依据《民法典》第462条关于占有保护的规定,请求不法侵夺人返还留置物。

留置物被妨害或有妨害之虞的,留置权人可基于《民法典》第236条的规定,行使物权请求权,也可以按照《民法典》第462条关于占有保护的规定,请求排除妨害或消除危险。

7. 实现留置权的权利

当债务履行期限届满而债务人仍不履行债务时,留置权人在符合法定条件下有权将留置物变价并就所得价款优先受偿(《民法典》第447条第1款、第455条)。

(二) 留置权人的义务

1. 妥善保管留置物的义务

留置财产由留置权人占有,脱离开留置财产所有权人的控制,无论是从对留置财产所有权人的权益保护角度,还是在留置财产对于社会利益所起的作用层面,留置权人理应承担妥善保管的义务。《民法典》第451条为留置权人设置妥善保管义务,是必要的,适当的。

所谓妥善保管,在注意标准的层面,应以善良管理人的注意保管留置财产,而不得以对自己事务的注意标准来管理,以达最佳效果。

所谓妥善保管,其表现之一是,留置权人不得擅自使用、出借、出租、处分留置财产。当然,如果已经取得留置财产所有权人的允许,留置权人使用、出借、出租甚至处分留置财产,则属于妥善保管。再者,如果留置财产只有依其性能和用途使用才会保有甚至提高其价值的,那么,适当使用也是妥善保管,尽管留置财产所有权人未发出此项指示。

留置权人保管不善致使留置财产毁损、灭失的,应当承担赔偿责任(《民法典》第451条后段)。《民法典》第451条的措辞是"保管不善",只要于此场合不属于特殊侵权行为,那么,寻觅侵权责任的请求权基础应当是《民法典》第1165条,即以留置权人具有过错为必要。当然,也可以类推适用保管合同的请求权基础,即《民法典》第897条关于"保管期内,因保管人保管不善造成保管物毁损、灭失的,保管人应当承担赔偿责任。但是,无偿保管人证明自己没有故意或者重大过失的,不承担赔偿责任"的规

---

① 谢在全:《民法物权论》(下册),三民书局2003年修订2版,第423页。

定。在笔者看来,这也是过错责任。

2. 返还留置物的义务

留置权因债务人清偿被担保债权而消灭时,或因债务人另行提供相应的担保并被债权人接受而消灭时,留置权人负有将留置物返还给留置物所有权人的义务。

3. 及时实行留置权的义务

联系《民法典》第 7 条规定的诚信原则、第 132 条规定的禁止权利滥用原则,来理解《民法典》第 454 条关于"债务人可以请求留置权人在债务履行期限届满后行使留置权;留置权人不行使的,债务人可以请求人民法院拍卖、变卖留置财产"的规定,考虑到债务人的交易安排,可以说留置权人于留置权实行的条件具备时应当及时行使留置权,这应为义务。从对面看,债务人有权请求留置权人及时行使留置权。

《民法典》第 454 条所谓及时,不一定是留置权实行的条件具备就必须行使,应该综合债务人和留置权人之间的关系及情况,才可作出结论。例如,债务人正在积极筹备清偿债务的财产,可以在不太长的期间即可适当清偿债务,在这样的情况下,行使留置权反倒增大交易成本。

债务人催告留置权人及时行使留置权,留置权人没有理由地仍不行使的,《民法典》第 454 条给债务人留出一项救济通道——可以请求人民法院拍卖、变卖留置财产。这类似于留置权人自己实行留置权时请求人民法院拍卖留置财产,或由人民法院代留置权人变卖留置财产。

四、留置物所有权人的权利义务

(一)留置物所有权人的权利

1. 损害赔偿请求权

在留置权人未尽善良管理人的注意义务导致留置物毁损、灭失的情况下,留置物所有权人有权请求留置权人承担赔偿责任(《民法典》第 451 条)。

2. 留置物返还请求权

在留置权消灭、留置物所有权仍然存续的情况下,留置物所有权人有权基于物权请求留置权人返还留置物(《民法典》第 235 条),也有权基于占有请求留置权人返还该物(《民法典》第 462 条)。

3. 留置物的处分权

留置物的所有权人可将其留置物转让给他人,甚至把留置物出质给他人。于此场合,受让人的地位是担保物的第三取得人,虽然有基于利害关系人的身份代债务人清偿债务的权利,但无清偿的义务。①

4. 留置权的消灭请求权

留置物的所有权人有提供相应的担保以消灭留置权的权利。②

5. 请求行使留置权的权利

在留置物的所有权人就是债务人的情况下,他(它)可以请求留置权人在债务履行期届满后行使留置权;留置权人不行使的,他(它)可以请求人民法院拍卖、变卖留置财产(《民法典》第454条)。

(二) 留置物所有权人的义务

1. 返还保管费用的义务

留置权人因保管留置物而支付了必要费用的,留置物所有权人负有偿付该费用的义务。

2. 损害赔偿义务

留置物因隐有瑕疵而给留置权人造成损害的,应当类推适用《民法典》第893条关于"寄存人交付的保管物有瑕疵或者根据保管物的性质需要采取特殊保管措施的,寄存人应当将有关情况告知保管人。寄存人未告知,致使保管物受损失的,保管人不承担赔偿责任;保管人因此受损失的,除保管人知道或者应当知道且未采取补救措施外,寄存人应当承担赔偿责任"的规定,留置物所有权人于其违反告知义务时,应当负责赔偿。

该损害赔偿债权的发生若与留置物属于同一法律关系,属于留置权所担保债权的范围。③

五、留置权与动产抵押权、质权的竞存

《民法典》第456条规定:"同一动产上已经设立抵押权或者质权,该动产又被留置的,留置权人优先受偿。"结合《民法典》第416条以及《海商法》第25条赋予留置权的效力顺序在先,有其道理:(1)留置权是法定担保物权,动产抵押权、超级优先权、质权是约定担保物权,如果允许动产抵押权、超级优先权、质权优先于留置权,就等于鼓励出卖人、定作人、托运人、存货人等以其货物、定作物、托运物、保管物、仓储物等为客体设立动产抵押权、超级优先权、质权,排斥留置权的运用,导致留置权制度的功能减弱乃至丧失,使买受人、承揽人、承运人、保管人、仓储人、行纪人等处于十分不利

---

① 谢在全:《民法物权论》(下册),三民书局2003年修订2版,第426页。
② 同上书,第438页;王利明、尹飞、程啸:《中国物权法教程》,人民法院出版社2007年版,第544页。
③ 谢在全:《民法物权论》(下册),三民书局2003年修订2版,第436页。

的境地,会影响他们(它们)从事买卖、承揽、货物运输、保管、仓储、行纪等业务的积极性。有鉴于此,赋予留置权优先的效力,非常合适。至于由此可能给动产抵押权人、超级优先权人、质权人带来的不利,是可以化解的:动产抵押权、超级优先权、质权设立时可以约定,在买卖物、抵押物、质物被留置时,出卖人、抵押人或出质人另行提供相应的担保,甚至直接在其他特定物上设立。① (2)留置物中一般都凝结了留置权人的劳动价值,或由留置权人提供的材料而成,在一定意义上,可认为留置物有"共有物"(归留置权人和留置物所有权人共有)的意味。在这种背景下,如果赋予动产抵押权、超级优先权、质权优先于留置权的效力,并且就留置物的全部价值优先受偿,就意味着留置权人代留置物所有权人向抵押权人或超级优先权人或质权人承担了物上责任。这显然是不合理的。而赋予留置权优先于动产抵押权、超级优先权、质权的效力,就不会出现这种局面。②

六、留置权的实行

(一)概述

与抵押权、质权相比,留置权在效力方面的一个显著特点是,存在着第一次效力和第二次效力。所谓第一次效力,是指留置权人留置与被担保债权属于同一法律关系中的他人动产的效力。该效力以债务人不履行到期债务致使被担保债权未获清偿为发生条件。所谓第二次效力,是指自留置效力发生后的一定期间届满债务人仍不履行其债务致使被担保债权未获清偿时,留置权人可将留置物折价或变价并使其债权优先受偿的效力。该效力以自留置效力发生后的一定期间届满债务人仍不履行其债务致使被担保债权未获清偿为发生条件。

就担保物权实行的法律意义来讲,留置权发生留置的效力,留置权人拒绝返还与被担保债权属于同一法律关系的他人的动产,可以叫作留置权的实行。不过,人们通常所谓的留置权实行,非指留置他人的动产,而是留置权人将留置物变价并使被担保债权优先受偿。如此,所谓留置权实行的条件,指的是留置权人将留置物折价或变价并使其债权优先受偿的条件。本书亦在这个意义上讨论留置权的实行及其条件。

(二)留置权实行的条件

留置权实行的条件,在特别法有特别规定时,优先适用其规定;在特别法无特别

---

① 参考崔建远、宋延军:《关于抵押权的探讨》,载《吉林大学社会科学学报》1990年第3期,第74页;崔建远:《抵押权若干问题之我见》,载《法律科学》,1991年第5期,第56页。

② 参考崔建远、宋延军:《关于抵押权的探讨》,载《吉林大学社会科学学报》1990年第3期,第74页;崔建远:《抵押权若干问题之我见》,载《法律科学》,1991年第5期,第56页;许明月:《抵押权制度研究》,法律出版社1998年版,第304页。

规定时,适用《民法典》第453条第1款关于"留置权人与债务人应当约定留置财产后的债务履行期限;没有约定或者约定不明确的,留置权人应当给债务人六十日以上履行债务的期限,但是鲜活易腐等不易保管的动产除外。债务人逾期未履行的,留置权人可以与债务人协议以留置财产折价,也可以就拍卖、变卖留置财产所得的价款优先受偿"的规定,加以确定。据此,可得出如下几点结论:

1. 留置权人与债务人已经约定了留置他人动产后债务人履行其债务的期间的,该期间届满,债务人仍不履行其债务的,留置权人可以与债务人协议以留置财产折价,也可以就拍卖、变卖留置财产所得的价款优先受偿。之所以如此,是因为被债权人留置的动产可能对其所有权人具有特别的用途和意义,应当尽可能地将该动产留在所有权人之手。倘若债务人稍微迟延履行债务债权人就可径直将留置财产折价或变价,带给留置财产的所有权人的损害则较重。如果在保障债权人合法权益的前提下,能够避免这种结果,法律应予努力,给债务人纠正其"错误"提供一个机会。允许债权人和债务人再约定一个债务履行的宽限期,债务人于此期间适当地履行其债务,使债权实现,留置权人就把留置财产返还,各得其所;假如债务人不珍惜这个机会,仍不履行其债务,即不再迁就,赋予留置权人将留置财产折价或变价的权利,使其债权获得清偿。这应当是个较好的方案。①

2. 留置权人和债务人没有约定自留置他人的动产后债务人履行债务的宽限期的,或约定不明确的,便依《民法典》第453条中段的规定,债务人确定地拥有自留置效力发生之日起算60日以上的履行其债务的宽限期。其后,留置权人和债务人若就该期间达成了协议,如自留置效力发生之日起算90日的宽限期,依其约定;自留置效力发生之日起算短于60日的,该约定无效,以60日的期间为准。待该期间届满时债务人仍不履行其债务的,债权人可将留置财产折价或变价并使其债权优先受偿。

3. 被留置的动产是鲜活易腐等不易保管之物的,无法保管到留置权人和债务人约定的期间届满,也无法保管到自留置效力发生之日起算60日的期间届满,为了避免或减少损耗,留置权人可不受前述约定期间、60日期间的限制,根据鲜活易腐等不易保管的动产自身的要求,于适当时机将之变价,并使其债权优先受偿。

(三)留置权的实行方法

《民法典》第453条以及其他有关条款规定,留置权的实行方法有留置权人和债务人协议以留置财产折价,或留置权人将留置财产拍卖、变卖,就所得价款使其债权优先受偿。这些方法在抵押权的实行部分已经介绍过,此处不赘。需要指出的是,协议将留置财产折价的当事人,在留置财产属于债务人以外的第三人所有的情况下,应

---

① 王利明、尹飞、程啸:《中国物权法教程》,人民法院出版社2007年版,第546页。

当是留置权人和该第三人,而不再是留置权人和债务人。

（四）留置财产变价的确定基准

实行留置权,无论把留置财产折价还是变卖,都有合理作价的需要。作价低了,可能害及其他债权人的债权实现;作价高了,对留置权人也不利,不尽符合公平原则。为了解决这个问题,《民法典》第453条第2款明确"留置财产折价或者变卖的,应当参照市场价格",这是条可取之路,值得赞同。

（五）留置物的变价额与留置权担保债权之间的受偿关系

《民法典》第455条规定:"留置财产折价或者拍卖、变卖后,其价款超过债权数额的部分归债务人所有,不足部分由债务人清偿。"此处所谓留置财产的变价款超过债权数额的部分归债务人所有,乃自然之理,因为留置权不是所有权,留置财产不因留置权的设立而归属于留置权人,只是使留置权人的债权因该留置权的设立而具有优先受偿的效力。担保债权受偿了,实现了,留置权人的利益得到完全满足,留置权便功成身退。假如把留置财产的变价款超过债权数额的部分划归留置权人,该留置权人就获取了不当得利,这不应被允许。此其一。从另一个侧面讲,留置财产属于债务人的责任财产的组成部分,债务人适当履行物上保证责任之后,剩余的部分仍为其责任财产,当然由其享有。此其二。

留置财产的变价款全部用于清偿担保债权之后,担保债权仍未完全实现的,不得谓该债权已经消灭,而是就未实现部分继续具有请求力、执行力、保有力,即留置权人有权就其债权未实现的部分请求债务人清偿,债务人没有理由抗辩。于此场合,需要说明的是,此时的债权仅仅是普通债权,已无留置权的担保,无优先受偿的效力。

七、留置权的消灭

担保物权消灭的事由,如标的物的灭失、被征收、物权的抛弃、被担保债权消灭、担保物权的实行等,也是留置权消灭的事由,不再赘述。以下只介绍留置权人丧失了对留置物的占有、债务人另行提供了相应的担保、债务履行期已经延缓三项事由。

（一）留置权因留置权人丧失对留置物的占有而消灭

留置权以权利人对留置物的占有为成立要件和存续要件,该占有丧失,留置权归于消灭。故有《民法典》第457条的规定。

不过,《民法典》第457条所谓留置权人丧失对留置物的占有,没有字面所昭示的意思宽泛,应予限缩该条关于留置权人对留置物丧失占有规定的适用范围。详细些说,(1)留置权人有意放弃对留置物的占有的,无权再基于《民法典》第462条关于占有保护的规定请求他人返还留置物,留置权因占有的丧失而归于消灭。(2)留置权人对留置物的占有被侵夺,留置权人只是一时地丧失对留置物的控制力,基于《民法典》

第462条关于占有保护的规定请求无权占有人返还留置物,能够重新回复对留置物的占有的,不作为占有丧失对待,留置权不因此消灭。①（3）留置权人将留置物交由保管人等占有媒介人占有,自己变为间接占有,仍属于对留置物的继续占有,留置权不消灭。②

[论争]

在这一点上,存在反对说。在该说看来,留置权人对留置物的占有丧失,留置权当然消灭。纵使留置权人可依占有保护的规定如行使占有返还请求权,重新获得了对留置物的占有,也只是留置权的再生,而非原留置权的存续。留置权无追及效力,占有被侵夺时,只能根据占有保护的规定请求无权占有人返还占有物。试问,假如留置权在占有物能够请求返还时尚不消灭,何以不得基于留置权而请求返还留置物,而只能依占有保护的规定请求返还?③

（二）留置权因留置权人接受债务人另行提供担保而消灭

留置权的作用在于确保债权实现,债务人或第三人（留置物的所有权人）若已另行提供了相应的担保,所起作用与留置权的相同,不仅对留置权人没有损害,而且可避免债务人或第三人（留置物的所有权人）因突然不能使用、收益其物所遭受的损失,法律应予允许。何况留置权的发生乃基于法律的直接规定,大多不是债务人或第三人（留置物的所有权人）的本意。④《民法典》采纳了这种意见,于第457条规定,留置权人接受债务人另行提供担保的,留置权消灭。

所谓相应的担保,意指所提出的担保与留置物在价值额方面相当。是否相当,首先由留置权人认定,留置权人认为相当的,便以相当论处;若留置权人与提供担保者的意见相左,再按照客观的社会观念加以决定。所谓另行提供了担保,是指已经为担保债权人的债权设立了担保物权,或保证人已经与债权人签订了保证合同。⑤

（三）债务履行期已经延缓

其实,留置权消灭的事由不限于《民法典》第457条列举的两种,债务履行期已经

---

① 参见谢在全:《民法物权论》（下册）,三民书局2003年修订2版,第440-441页;梁慧星、陈华彬:《物权法》（第4版）,法律出版社2007年版,第380页。

② 史尚宽:《物权法论》,荣泰印书馆股份有限公司1979年版,第470页;郑玉波:《民法物权论》,三民书局1988年修订12版,第358页。

③ [日]近江幸治:《担保物权法》,祝娅、王卫军、房兆融译,沈国明、李康民审校,法律出版社2000年版,第29页;郑玉波:《民法物权论》,三民书局1988年修订12版,第358-359页;史尚宽:《物权法论》,520页。

④ 谢在全:《民法物权论》（下册）,三民书局2003年修订2版,第438页;梁慧星、陈华彬:《物权法》（第4版）,法律出版社2007年版,第379页。

⑤ 谢在全:《民法物权论》（下册）,三民书局2003年修订2版,第438-439页;梁慧星、陈华彬:《物权法》（第4版）,法律出版社2007年版,第380页。

延缓也是一种。

　　留置权的成立,以债务人不履行到期债务致使被担保债权未获清偿为条件,于是,债权人同意延缓债务的履行期,留置权成立和存续的要件不复存在,留置权已无存在的余地,应归消灭。不过,留置权消灭后,债务人没有请求返还留置物,延缓的债务履行期又届满时,仍未履行债务,债权人可主张成立新的留置权。[1]

---

[1] 史尚宽:《物权法论》,荣泰印书馆股份有限公司1979年版,第471页;谢在全:《民法物权论》(下册),三民书局2003年修订2版,第441页。

参 考 文 献

一、海峡两岸学者的物权法著作

1. 王利明、尹飞、程啸. 中国物权法教程. 北京：人民法院出版社，2007.
2. 胡康生主编. 中华人民共和国物权法释义. 北京：法律出版社，2007.
3. 黄薇主编. 中华人民共和国民法典物权编释义. 北京：法律出版社，2020.
4. 陈华彬. 建筑物区分所有权研究. 北京：法律出版社，2007.
5. 申卫星. 期待权基本理论研究. 北京：中国人民大学出版社，2006.
6. 程啸. 不动产登记法研究(第2版). 北京：法律出版社，2018.
7. 王泽鉴. 民法物权. 北京：北京大学出版社，2009.
8. 谢在全. 民法物权论(上册)修订2版. 台北：三民书局，2003.
9. 谢在全. 民法物权论(中册)修订2版. 台北：三民书局，2003.
10. 谢在全. 民法物权论(下册)修订2版. 台北：三民书局，2003.
11. 谢在全. 民法物权论(上)修订5版. 台北：新学林出版股份有限公司，2010.
12. 谢在全. 民法物权论(中)修订5版. 台北：新学林出版股份有限公司，2010.
13. 谢在全. 民法物权论(下)修订5版. 台北：新学林出版股份有限公司，2010.
14. 谢在全. 民法物权论(上)修订6版. 台北：新学林出版股份有限公司，2014.
15. 谢在全. 民法物权论(下)修订6版. 台北：新学林出版股份有限公司，2014.
16. 崔建远. 准物权研究. 北京：法律出版社，2003.
17. 王轶. 物权变动论. 北京：中国人民大学出版社，2001.
18. 梁慧星主编. 中国物权法草案建议稿：条文、说明、理由与参考立法例. 北京：社会科学文献出版社，2000.
19. 王利明主编. 中国物权法草案建议稿及说明. 北京：中国法制出版社，2001.
20. 王泽鉴. 民法学说与判例研究. 1-8册. 北京：北京大学出版社，2009.
21. 尹田. 法国物权法(第2版). 北京：法律出版社，2009.

二、德国学者的物权法著作

1. [德]迪特尔·施瓦布. 民法导论. 郑冲译. 北京：法律出版社，2006.
2. [德]鲍尔/施蒂尔纳. 德国物权法(上册). 张双根译. 北京：法律出版社，2004.
3. [德]鲍尔/施蒂尔纳. 德国物权法(下册). 申卫星、王洪亮译. 北京：法律出版社，2006.
4. [德]卡尔·拉伦茨. 德国民法通论(上、下). 王晓晔、邵建东、程建英、徐国建、谢怀栻译. 谢怀栻校. 北京：法律出版社，2003.
5. [德]曼弗雷德·沃尔夫. 物权法. 吴越、李大雪译. 北京：法律出版社，2002.

三、日本学者的物权法著作

1. [日]田山辉明. 物权法(增订本). 陆庆胜译. 齐乃宽、李康民审校. 北京:法律出版社,2001.
2. [日]近江幸治. 担保物权法. 祝娅、王卫军、房兆融译,沈国明、李康民审校. 北京:法律出版社,2000.
3. [日]柚木馨. 注释民法(9)·物权(4). 东京:有斐阁,1982.
4. [日]柚木馨、高木多喜男. 担保物权法(第3版). 东京:有斐阁,1982.
5. [日]我妻荣. 日本物权法. 有泉亨修订. 李宜芬校订. 台北:五南图书出版公司,1999.
6. [日]我妻荣. 债权在近代法上的优越地位. 王书江、张雷译. 谢怀栻校. 北京:中国大百科全书出版社,1999.
7. [日]铃木禄弥. 物权的变动与对抗. 渠涛译,北京:社会科学文献出版社,1999.
8. [日]远藤浩、川井健、高原重义、广中俊雄、水本浩、北本进一编集. 民法(3)担保物权. 东京:有斐阁,1999.
9. [日]丸山英气. 区分所有权法. 东京:大成出版社,1998.
10. [日]鹰巢信孝. 物权变动论的法理的检讨. 东京:九州大学出版会,1994.
11. [日]铃木禄弥. 物权法讲义. 东京:创文社,1994.
12. [日]小沼进一. 建筑物区分所有之法理. 东京:法律文化社,1992.
13. [日]广中俊雄. 物权法(第2版). 东京:青林书院,1989.
14. [日]川井健. 担保物权法. 东京:青林书院,1987.
15. [日]林良平. 物权法. 东京:青林书院,1986.
16. [日]玉田弘毅. 公寓的法律纷争. 东京:有斐阁,1984.
17. [日]高木多喜男. 担保物权法. 东京:有斐阁,1981.
18. [日]原岛重义等. 民法讲义·2·物权. 东京:有斐阁,1979.
19. [日]舟桥纯一. 物权法. 东京:有斐阁,1979.
20. [日]星野英一. 民法概论Ⅱ·物权·担保物权. 良书普及会,平成6年.
21. [日]我妻荣、丰岛升. 矿业法. 东京:有斐阁,1958.